Das schweizerische Steuerrecht

Peter Mäusli-Allenspach
Mathias Oertli

DAS SCHWEIZERISCHE STEUERRECHT

Ein Grundriss mit Beispielen

6. Auflage

aktualisiert
und überarbeitet

COSMOS

© 2010 by Cosmos Verlag AG, 3074 Muri b. Bern
Satz und Druck: Schlaefli & Maurer AG, 3800 Interlaken
Einband: Schumacher AG, 3185 Schmitten

ISBN: 978-3-85621-198-1

www.cosmosverlag.ch

Vorwort zur sechsten, aktualisierten und überarbeiteten Auflage

Dieses Buch ist im Jahr 2000 erstmals und schon im Jahr 2008 in der 5. Auflage erschienen. Das Werk soll in einem Band in möglichst verständlicher Art und mit Beispielen ergänzt einen Überblick über das schweizerische Steuerrecht geben und so für die **Praktikerinnen und Praktiker** einen Einstieg für die Lösung von Steuerfragen und für die **Studierenden** ein kompaktes und praxisnahes Lehrmittel für den Unterricht auf höherer Stufe sein.

Die rasante Entwicklung der Gesetzgebung in den letzten zwei Jahren macht eine erneute Aktualisierung und Überarbeitung bereits in diesem Jahr notwendig. Dies vor allem deshalb, weil am 1. Januar 2010 das neue Mehrwertsteuergesetz in Kraft getreten ist. Entsprechend wurde der V. Teil, **Mehrwertsteuer, komplett neu** verfasst.

Ausserdem sind nun die meisten Bestimmungen der **Unternehmenssteuerreform II** in Kraft. Die Änderungen durch die **Unternehmenssteuerreform II** haben wir vollständig eingebaut. Soweit Bestimmungen erst später in Kraft treten, werden die von den Änderungen betroffenen Aspekte jeweils nach geltendem Recht und gleichzeitig auch die jeweiligen Änderungen ab dem Zeitpunkt des Inkrafttretens der entsprechenden Normen dargestellt.

Gesetze, Rechtsprechung und Praxis sind auf den neuesten Stand gebracht **(Stand der Gesetzgebung: 1. Mai 2010)**.

Im Übrigen wird am bisherigen, bewährten Konzept festgehalten: Das Werk konzentriert sich in der Darstellung auf das Wesentliche, und die Auseinandersetzung mit der Thematik wird durch zahlreiche Beispiele erleichtert, die an den entsprechenden Textstellen optisch gut erkennbar eingefügt sind. Zu jedem grösseren Abschnitt wird auf **Literatur zur Vertiefung** hingewiesen. Dies soll den Leserinnen und Lesern, welche sich mit einer Fragestellung ausführlicher auseinandersetzen möchten, den raschen Zugang zur entsprechenden Fachliteratur erleichtern. Ausserdem sind Verweisungen auf **Entscheide des Bundesgerichts** eingebaut, welche wir als besonders illustrativ oder wegweisend für die Praxis erachten.

Im Jahr 2005 ist als Ergänzung zum vorliegenden Grundriss des schweizerischen Steuerrechts das Werk **«Aufgaben und Lösungshinweise zum schweizerischen Steuerrecht»** erstmals dazu gekommen. Diese Aufgabensammlung samt Lösungshinweisen zum schweizerischen Steuerrecht wird im Spätsommer 2010 ebenfalls überarbeitet und aktualisiert in der 3. Auflage erscheinen.

Ein besonderer Dank gebührt **Herrn Prof. Dr. iur. Rolf Benz**, der wie schon bei der fünften Auflage die Literaturhinweise sowie die Hinweise auf wesentliche Rechtsprechung überarbeitet und ergänzt hat. Er hat auch das Sachregister erstellt und war uns zudem bei den regelmässigen Besprechungen ein herausfordernder Sparringspartner. Rolf Benz wirkt überdies bei der aktualisierten Neu-Auflage des Werkes «Aufgaben und Lösungshinweise» als Autor mit.

Speziell danken möchten wir auch **Herrn Ivo Pollini**, Mehrwertsteuerexperte und Zollspezialist, steuerpartner ag, für die kritische Durchsicht des neu verfassten V. Teils (Mehrwertsteuer) und seine zahlreichen nützlichen Hinweise.

Last but not least geht unser Dank wiederum an **Herrn Reto Aeberli** von der Cosmos Verlag AG für die kompetente Begleitung des Projektes und an **Frau Marlies Allenspach Mäusli** für die spannenden Diskussionen um Problemlösungsstrategien sowie Zusammenhänge von Steuerrecht, Kunst und Kreativität, welche für uns als willkommener Ausgleich zum steuerrechtlichen Alltag, aber auch als Denkanstoss für unsere Arbeit immer wertvoll sind.

St. Gallen, im Juni 2010

Peter Mäusli-Allenspach
Mathias Oertli

Inhaltsverzeichnis

Darstellungsverzeichnis 29
Literaturverzeichnis 31
Abkürzungen 37
Rechtsgrundlagen 43

I. Teil   **Grundlagen** (alles)

1	**Steuern als öffentliche Abgaben** 51
2	**Das schweizerische Steuersystem** 54
3	**Einteilung der Steuern nach Steuerarten** 57
3.1	Periodische und nicht periodische Steuern 57
3.2	Subjekt- und Objektsteuern 57
3.3	Direkte und indirekte Steuern 58
3.4	Beim Empfänger erhobene Steuern und Quellensteuern 58
4	**Rechtsgrundlagen und Schranken der Besteuerung** 59
4.1	Rechtmässigkeit, Verfassungsmässigkeit und Schranken der Besteuerung 59
4.1.1	*Allgemeines* 59
4.1.2	*Die verfassungsmässigen Grundsätze und Schranken im Einzelnen* 60
4.2	Rechtsgrundlagen der Bundessteuern 63
4.3	Rechtsgrundlagen der kantonalen Steuern 64
5	**Das Steuerrechtsverhältnis** 65

II. Teil   **Direkte Steuern auf Einkommen und Vermögen von natürlichen Personen sowie auf Gewinn und Kapital von juristischen Personen**

A   **Einkommens- und** S. 91 - 129 ohne kapitel 3.3
Vermögenssteuer natürlicher Personen 67

1	**Steuerhoheit** 67
2	**Steuersubjekte** 68

2.1   Persönliche Voraussetzungen 69
2.1.1   *Allgemeines 69*
2.1.2   *Ehepaare 69*
2.1.3   *Eingetragene Partnerinnen und Partner 70*
2.1.4   *Unmündige Kinder 71*
2.1.5   *Personengemeinschaften und kollektive Kapitalanlagen 71*
2.2   Steuerrechtliche Zugehörigkeit 72
2.2.1   *Persönliche Zugehörigkeit 72*
2.2.2   *Wirtschaftliche Zugehörigkeit 74*
2.3   Umfang der Steuerpflicht 75
2.4   Beginn und Ende der Steuerpflicht 77
2.5   Steuernachfolge 79
2.6   Ausnahmen 79
3   **Einkommenssteuer 79**
3.1   Das Steuerobjekt im Allgemeinen 79
3.2   Einkommen aus unselbständiger Erwerbstätigkeit 83
3.2.1   *Begriff 84*
3.2.2   *Steuerbare Einkünfte im Allgemeinen 84*
3.2.3   *Mitarbeiterbeteiligungen 85*
3.2.4   *Kapitalabfindungen des Arbeitgebers 87*
3.2.5   *Ermittlung der steuerbaren Einkünfte 88*
3.2.6   *Abziehbare Gewinnungskosten 90*
3.3   Einkommen aus selbständiger Erwerbstätigkeit 91
3.3.1   *Allgemeines 92*
3.3.2   *Begriff und Ermittlung des*
            Einkommens aus selbständiger Erwerbstätigkeit 94
3.3.3   *Geschäftsvermögen und Privatvermögen 95*
3.3.3.1   *Allgemeines 95*
3.3.3.2   *Zuordnung bei der Einzelunternehmung 96*
3.3.3.3   *Zuordnung bei Personengesellschaften 98*
3.3.3.4   *Gewillkürtes Geschäftsvermögen 98*
3.3.4   *Die Geschäftsaktiven 99*
3.3.5   *Die Geschäftspassiven 100*
3.3.6   *Rückstellungen im Besonderen 102*
3.3.7   *Stille Reserven auf dem Warenlager 103*
3.3.8   *Abziehbare Kosten 104*
3.3.9   *Abschreibungen im Besonderen 105*
3.3.10   *Verlustverrechnung 109*
3.3.11   *Steuerbare Einkünfte 110*
3.3.11.1   *Ordentliche Erträge 110*
3.3.11.2   *Ausserordentliche Erträge 110*
3.3.11.3   *Überführung ins Privatvermögen (Privatentnahme) 112*

3.3.11.4   *Ausserordentliche Erträge bei Änderung im Bestand*
           der Beteiligten an Personenunternehmen   114
3.3.11.5   *Besonderheiten bei land- und forstwirtschaftlichen*
           Grundstücken   115
3.3.12   *Steuerneutrale Umstrukturierungen und Übertragung*
           von Vermögenswerten   116
3.3.12.1   *Umwandlungen*   117
3.3.12.2   *Fusionen*   121
3.3.12.3   *Spaltungen*   124
3.3.12.4   *Übertragung von Vermögenswerten zwischen*
           Personenunternehmen   127
3.3.13   *Ersatzbeschaffung*   129
3.4   **Ertrag aus beweglichem Vermögen**   130
3.4.1   *Allgemeines*   131
3.4.2   *Einkünfte aus Guthaben und Forderungen*   131
3.4.3   *Ertrag aus Beteiligungen*   134
3.4.3.1   *Allgemeines zur Rechtslage bis Ende 2010*   134
3.4.3.2   *Wechsel zum Kapitaleinlageprinzip per 1. Januar 2011*   137
3.4.3.3   *Liquidation und direkte Teilliquidation*   138
3.4.3.4   *Indirekte Teilliquidation*   141
3.4.3.5   *Transponierung*   143
3.4.4   *Einkünfte aus Vermietung, Verpachtung,*
           Nutzniessung oder sonstiger Nutzung   144
3.4.5   *Ertrag aus Anteilen an kollektiven Kapitalanlagen*   145
3.4.6   *Einkünfte aus immateriellen Gütern*   145
3.4.7   *Abziehbare Kosten*   146
3.5   **Ertrag aus unbeweglichem Vermögen**   146
3.5.1   *Allgemeines*   146
3.5.2   *Einkünfte aus Vermietung, Verpachtung,*
           Nutzniessung oder sonstiger Nutzung   147
3.5.3   *Mietwert bei Eigengebrauch*   147
3.5.4   *Einkünfte aus Baurechtsverträgen*   148
3.5.5   *Einkünfte aus der Ausbeutung des Bodens*   148
3.5.6   *Abziehbare Liegenschaftskosten*   148
3.6   **Einkünfte aus Vorsorge**   150
3.6.1   *Allgemeines*   150
3.6.2   *AHV/IV (1. Säule)*   152
3.6.3   *Berufliche Vorsorge (2. Säule)*   152
3.6.4   *Liquidationsgewinn bei Aufgabe der selbständigen*
           Erwerbstätigkeit   153
3.6.5   *Gebundene Selbstvorsorge (Säule 3a)*   154
3.6.6   *Freie Selbstvorsorge (Säule 3b)*   155

3.6.7	Gesetzliche Unfallversicherung 156
3.6.8	Militärversicherung 156
3.6.9	Zusammenfassung 157
3.7	Übrige Einkünfte 158
3.8	Allgemeine Abzüge und Sonderabzüge 159
3.8.1	Allgemeines 159
3.8.2	Schuldzinsen 159
3.8.3	Renten und dauernde Lasten 160
3.8.4	Unterhaltsbeiträge 161
3.8.5	Beiträge für Vorsorge und Versicherung 161
3.8.6	Krankheits- und Unfallkosten 161
3.8.7	Behinderungsbedingte Kosten 162
3.8.8	Doppelverdienerabzug und Kosten für die Betreuung von Kindern 162
3.8.9	Parteispenden 162
3.8.10	Freiwillige Leistungen 163
3.8.11	Investitionsabzug nach dem Bundesgesetz über die Risikokapitalgesellschaften 163
3.9	Sozialabzüge 164
3.10	Steuerbemessung 165
3.10.1	Allgemeines 165
3.10.2	Postnumerandobesteuerung mit Gegenwartsbemessung 166
3.11	Steuermass 167
3.11.1	Allgemeines 167
3.11.2	Steuersatz 169
3.11.3	Teileinkünfte- und Teilsatzverfahren bei der Besteuerung von Beteiligungserträgen 170
3.11.4	Kapitalleistungen aus Vorsorge 172
3.11.5	Steuersatz bei anteiliger Steuerpflicht 172
3.11.6	Vereinfachtes Abrechnungsverfahren 173
3.11.7	Steuerfuss 174
3.12	Besteuerung nach dem Aufwand (Pauschalbesteuerung) 174
4	**Vermögenssteuer** 176
4.1	Allgemeines 176
4.2	Steuerobjekt 176
4.2.1	Steuerbares Vermögen 176
4.2.2	Ausnahmen von der Steuerpflicht 177
4.2.3	Schuldenabzug 177
4.3	Bewertung 178
4.3.1	Nichtlandwirtschaftliche Grundstücke 178
4.3.2	Land- und forstwirtschaftliche Grundstücke 178

4.3.3 *Wertpapiere* 178
4.3.4 *Übriges Vermögen* 180
4.3.5 *Geschäftsvermögen* 180
4.4 Steuerfreibeträge 181
4.5 Steuermass und Steuerbemessung 181

B **Gewinn- und Kapitalsteuer**
juristischer Personen 183
1 **Allgemeines** 183
1.1 Wirtschaftliche Doppelbelastung 184
1.2 Rechtsgeschäfte zwischen Beteiligten
und Kapitalunternehmungen 186
2 **Steuerhoheit und Steuerpflicht** 187
2.1 Allgemeines 187
2.2 Persönliche Zugehörigkeit 188
2.3 Wirtschaftliche Zugehörigkeit 188
2.4 Umfang der Steuerpflicht 189
2.5 Beginn und Ende der Steuerpflicht 190
2.6 Ausnahmen von der subjektiven Steuerpflicht 191
3 **Gewinnsteuer der Kapitalgesellschaften** 192
3.1 Grundsätze bei der Ermittlung des Reingewinnes 193
3.2 Steuerbare Erträge 194
3.3 Verdeckte Gewinnausschüttungen und
Gewinnvorwegnahmen im Besonderen 195
3.4 Geschäftsmässig begründete Aufwendungen 198
3.4.1 *Allgemeines* 198
3.4.2 *Abschreibungen und Rückstellungen* 199
3.4.3 *Steuern* 199
3.4.4 *Zuwendungen an Vorsorgeeinrichtungen* 199
3.4.5 *Zuwendungen für öffentliche*
und gemeinnützige Zwecke 199
3.4.6 *Rabatte und Rückvergütungen* 200
3.5 Verlustverrechnung 200
3.6 Kapitaleinlagen und Kapitalentnahmen 201
3.6.1 *Kapitaleinlagen* 201
3.6.2 *Kapitalentnahmen* 202
3.7 Sanierung im Besonderen 204
3.8 Steuerneutrale Umstrukturierungen und Übertragung von
Vermögenswerten 207
3.8.1 *Allgemeines* 207
3.8.2 *Umwandlungen* 208

3.8.2.1   *Umwandlung einer Kapitalunternehmung*
            in eine andere Kapitalunternehmung 209
3.8.2.2   *Umwandlung einer Kapitalunternehmung*
            in eine Personenunternehmung 210
3.8.3   *Fusionen* 211
3.8.3.1   *Allgemeines* 211
3.8.3.2   *Fusion von Kapitalunternehmungen (Absorptionsfusion und*
            Kombinationsfusion) 212
3.8.3.3   *Mutter-Tochter-Absorptionsfusion von Kapitalunterneh-*
            mungen 216
3.8.3.4   *Absorption der Muttergesellschaft (Reverse Merger)* 219
3.8.3.5   *Fusionsähnlicher Zusammenschluss (Quasifusion)* 221
3.8.4   *Spaltungen* 223
3.8.4.1   *Auf- und Abspaltungen* 225
3.8.4.2   *Ausgliederungen* 230
3.8.5   *Übertragung von Vermögenswerten im Konzern* 233
3.8.5.1   *Allgemeines* 233
3.8.5.2   *Steuerneutrale Übertragungen von Vermögenswerten*
            im Konzern 235
3.8.6   *Übrige Vermögensübertragungen* 237
3.9   Ersatzbeschaffung 238
3.10   Steuerbemessung 240
3.11   Steuermass 241
4   **Kapitalsteuer der Kapitalgesellschaften** 242
4.1   Steuerobjekt 242
4.1.1   *Grundkapital* 243
4.1.2   *Versteuerte Reserven* 243
4.1.3   *Verdecktes Eigenkapital* 243
4.2   Steuerbemessung und Steuermass 246
5   **Besteuerung der Beteiligungs-, Holding-,**
            Domizil- und gemischten Gesellschaften 246
5.1   Beteiligungsgesellschaften 247
5.1.1   *Allgemeines und Begriff der Beteiligungsgesellschaft* 247
5.1.2   *Begriff des Beteiligungsertrages* 248
5.1.3   *Ermittlung des Nettobeteiligungsertrages* 251
5.1.4   *Berechnung der Ermässigung auf dem*
            Beteiligungsertrag 254
5.2   Holdinggesellschaften 255
5.3   Domizilgesellschaften 256
5.4   Gemischte Gesellschaften 259
5.5   Zusammenfassung 260

6	**Besteuerung der Vereine, Stiftungen und**	
	der übrigen juristischen Personen sowie der kollektiven	
	Kapitalanlagen 261	
6.1	Besteuerung der Vereine 261	
6.2	Besteuerung der Stiftungen	
	und der übrigen juristischen Personen 262	
6.3	Besteuerung von kollektiven Kapitalanlagen gemäss	
	KAG 262	
7	**Minimalsteuern** 263	

C	**Grundstückgewinnsteuer** 265	
1	**Allgemeines** 265	
2	**Steuersubjekt** 267	
3	**Steuerobjekt** 267	
3.1	Veräusserungen 267	
3.1.1	*Allgemeines* 267	
3.1.2	*Steuerbegründende Veräusserungen* 267	
3.1.3	*Wirtschaftliche Handänderung im Besonderen* 268	
3.1.4	*Besonderheit des monistischen Systems* 270	
3.2	Steueraufschiebende Veräusserungen 270	
3.2.1	*Übersicht* 270	
3.2.2	*Ersatzbeschaffung im Speziellen* 271	
4	**Bemessungsgrundlage** 272	
4.1	Anlagekosten 272	
4.1.1	*Erwerbspreis* 272	
4.1.2	*Anrechenbare Aufwendungen* 273	
4.2	Veräusserungserlös 274	
5	**Steuermass** 276	
5.1	Grundsatz 276	
5.2	Zuschlag auf kurzfristig erzielten Grundstückgewinnen 276	
5.3	Ermässigung bei langer Haltedauer 276	

D	**Quellensteuer** 277	
1	**Allgemeines** 277	
2	**Natürliche Personen mit steuerrechtlichem Wohnsitz**	
	oder Aufenthalt in der Schweiz 278	
2.1	Ausgestaltung der Quellensteuer 278	
2.2	Vorbehalt der ordentlichen Veranlagung 279	
3	**Natürliche und juristische Personen ohne steuerrechtli-**	
	chen Wohnsitz oder Aufenthalt in der Schweiz 280	

| 3.1 | Ausgestaltung der Quellensteuer 280 |
| 3.2 | Mit der Quellensteuer erfasste Einkünfte 280 |

E	**Verfahrensrecht** 283 S. 309 - 312 (nicht)
1	**Allgemeines** 283
2	**Behörden** 284
2.1	Eidgenössische Behörden 284
2.2	Kantonale und kommunale Behörden 285
3	**Veranlagungsverfahren** 287
3.1	Einreichung der Steuererklärung 287
3.2	Untersuchungsverfahren 288
3.2.1	*Amtspflichten* 288
3.2.2	*Untersuchungsgrundsatz* 289
3.2.3	*Mitwirkungspflichten des Steuerpflichtigen* 290
3.2.4	*Bescheinigungspflicht Dritter* 291
3.2.5	*Auskunftspflicht Dritter* 291
3.2.6	*Meldepflicht Dritter* 291
3.2.7	*Auskunfts- und Meldepflichten von Behörden* 292
3.2.8	*Verfahrensrechte des Steuerpflichtigen* 292
3.2.9	*Treu und Glauben* 293
3.2.10	*Verhältnismässigkeit* 295
3.3	Veranlagungsverfügung 295
3.4	Veranlagungsverjährung 296
4	**Ermessensveranlagung** 296
4.1	Begriff und Zweck 296
4.2	Voraussetzungen 296
4.3	Methoden 297
5	**Rechtsmittelverfahren** 298
5.1	Allgemeines 298
5.2	Einspracheverfahren 299
5.3	Beschwerde an die kantonale Steuerrekurskommission 301
5.4	Beschwerde an das Bundesgericht 302
5.4.1	*Direkte Bundessteuer* 302
5.4.2	*Kantonale Steuern* 303
6	**Änderung rechtskräftiger Veranlagungen** 305
6.1	Allgemeines 305
6.2	Revision 305
6.3	Nachsteuer 307
6.4	Rechnungsfehler und Schreibversehen 308
7	**Inventar** 309
7.1	Inventarpflicht und Gegenstand 309

7.2	Verfahren	310
8	**Bezug und Sicherung der Steuer**	310
8.1	Allgemeines	310
8.2	Fälligkeit der Steuer und Steuerbezug	310
8.3	Erlass der Steuer	311
8.4	Rückforderung bezahlter Steuern	312
8.5	Steuersicherung	312
8.6	Bezugsverjährung	312

F	**Steuerstrafrecht** 313	(ohne kapitel 6)
1	**Allgemeines** 313	
2	**Verletzung von Verfahrenspflichten** 315	
3	**Vollendete Steuerhinterziehung** 316	
3.1	Allgemeines 316	
3.2	Selbstanzeige 318	
4	**Versuchte Steuerhinterziehung** 319	
5	**Steuerbetrug** 320	
6	**Besondere Fälle** 322	
6.1	Verheimlichung oder Beiseiteschaffung von Nachlasswerten im Inventarverfahren 322	
6.2	Erbenhaftung 322	
6.3	Besondere Untersuchungsmassnahmen der EStV 322	

III. Teil Verrechnungssteuer

1	**Steuerhoheit und Merkmale der Verrechnungssteuer** 324	
2	**Die Verrechnungssteuer auf Kapitalerträgen** 326	
2.1	Steuerobjekt, Steuerberechnungsgrundlage und Steuermass 326	
2.1.1	*Allgemeines* 326	
2.1.2	*Erträge aus Obligationen, Serienschuldbriefen, Seriengülten und Schuldbuchguthaben* 326	
2.1.3	*Erträge aus Aktien, Anteilen an GmbHs, Genossenschaftsanteilen, Genussscheinen* 329	
2.1.3.1	*Dividenden* 330	
2.1.3.2	*Umstrukturierungen* 332	
2.1.3.3	*Gratisaktien, Gratisnennwerterhöhung* 333	
2.1.3.4	*Geldwerte Leistungen aus Rechtsgeschäften mit Beteiligten* 334	

2.1.3.5   *Liquidationsüberschüsse* 342
2.1.3.6   *Erwerb eigener Aktien* 344
2.1.4   *Erträge aus Anteilen an einer kollektiven Kapitalanlage
           gemäss KAG* 346
2.1.5   *Erträge aus Kundenguthaben bei inländischen Banken
           und Sparkassen* 346
2.2   Steuersubjekt und Steuerträger 348
2.3   Entstehung und Fälligkeit der Steuerforderung 349
2.4   Erfüllung der Steuerpflicht 350
2.5   Steuerrückerstattung 352
2.5.1   *Voraussetzungen* 352
2.5.1.1   *Berechtigung* 352
2.5.1.2   *Recht zur Nutzung* 355
2.5.2   *Vorbehalt der Steuerumgehung* 355
2.5.3   *Verwirkung des Rückerstattungsanspruchs* 357
2.6   Durchführung der Rückerstattung 358
2.6.1   *Geltendmachung des Anspruchs* 358
2.6.2   *Befriedigung des Anspruchs* 360
3   **Die Verrechnungssteuer auf Lotteriegewinnen** 360
3.1   Steuerobjekt, Steuerberechnungsgrundlage
           und Steuermass 360
3.2   Steuersubjekt und Steuerträger 360
3.3   Entstehung, Fälligkeit und Erfüllung der Steuerpflicht 361
3.4   Steuerrückerstattung 361
4   **Die Verrechnungssteuer auf
           Versicherungsleistungen** 362
4.1   Steuerobjekt, Steuerberechnungsgrundlage und
           Steuermass 362
4.2   Steuersubjekt und Steuerträger 362
4.3   Entstehung, Fälligkeit und Erfüllung der Steuerpflicht 363
4.4   Steuerrückerstattung 363
5   **Verfahren und Rechtsmittel** 364
6   **Strafbestimmungen** 365
6.1   Steuergefährdung 365
6.2   Steuerhinterziehung 365
6.3   Abgabebetrug 366

IV. Teil   Stempelabgaben

1   **Steuerhoheit und Merkmale der Stempelsteuer** 367
2   **Die Emissionsabgabe auf inländischen
           Beteiligungsrechten** 369

2.1	Steuerobjekt	369
2.2	Steuerberechnungsgrundlage und Steuermass	370
2.3	Abgabepflichtige Transaktionen	371
2.3.1	*Bargründungen mit Liberierung des Grundkapitals zum Nennwert*	*371*
2.3.2	*Bargründungen mit Emissionsagio*	*371*
2.3.3	*Gründungen oder Kapitalerhöhungen durch Sacheinlagen oder Sachübernahmen*	*372*
2.3.4	*Kapitalerhöhungen durch Ausgabe von Gratisaktien*	*374*
2.3.5	*Zuschüsse*	*375*
2.3.6	*Mantelhandel*	*376*
2.4	Ausnahmen	377
2.4.1	*Freigrenze bei Gründung und Kapitalerhöhung*	*377*
2.4.2	*Umstrukturierungen*	*378*
2.4.2.1	*Fusionen*	*378*
2.4.2.2	*Spaltung*	*381*
2.4.2.3	*Umwandlung*	*383*
2.4.2.4	*Übertragung von Vermögenswerten im Konzern*	*383*
2.4.3	*Sitzverlegung in die Schweiz*	*384*
2.4.4	*Risikokapitalgesellschaften*	*384*
2.4.5	*Sanierungen*	*385*
2.4.6	*Übrige Ausnahmetatbestände*	*385*
2.5	Steuersubjekt	386
2.6	Entstehung und Fälligkeit der Abgabeforderung	386
2.7	Stundung und Erlass der Abgabeforderung	387
3	**Die Emissionsabgabe auf Obligationen und Geldmarktpapieren**	**390**
3.1	Steuerobjekt	390
3.2	Steuerberechnungsgrundlage und Steuermass	391
3.3	Steuersubjekt	392
3.4	Entstehung und Fälligkeit der Abgabeforderung	392
4	**Umsatzabgabe**	**393**
4.1	Steuerobjekt	393
4.1.1	*Steuerbare Urkunden*	*393*
4.1.2	*Steuerbare Umsätze*	*394*
4.1.3	*Ausnahmen von der Abgabepflicht*	*394*
4.1.4	*Effektenhändler*	*399*
4.2	Steuerberechnungsgrundlage und Steuermass	400
4.3	Steuersubjekt und Abgabepflicht	400
4.4	Entstehung und Fälligkeit der Abgabeforderung	403
5	**Abgabe auf Versicherungsprämien**	**403**
5.1	Steuerobjekt	403

5.2   Steuerberechnungsgrundlage und Steuermass   404
5.3   Entstehung und Fälligkeit der Steuer   404
5.4   Steuersubjekt   404
6   **Verfahren und Rechtsmittel**   404
7   **Strafbestimmungen**   405

V. Teil   Mehrwertsteuer (ohne kapitel 6+7)

1   **Wesen der Mehrwertsteuer**   407
2   **Inlandsteuer**   410
2.1   **Steuersubjekt**   410
2.1.1   *Grundsatz*   410
2.1.2   *Befreiung von der Steuerpflicht*   411
2.1.2.1   *Befreiung aufgrund des Umsatzes*   411
2.1.2.2   *Befreiung für Unternehmen mit Sitz im Ausland*   412
2.1.2.3   *Befreiung nicht gewinnstrebiger Sportvereine und
          gemeinnütziger Institutionen*   412
2.1.3   *Verzicht auf die Befreiung von der Steuerpflicht*   412
2.1.4   *Gruppenbesteuerung*   413
2.1.4.1   *Voraussetzungen*   413
2.1.4.2   *Steuerfolgen*   413
2.1.4.3   *Verfahren*   415
2.1.5   *Gemeinwesen*   416
2.1.6   *Beginn der Steuerpflicht*   417
2.1.7   *Ende der Steuerpflicht*   418
2.2   **Steuerobjekt**   419
2.2.1   *Allgemeines*   419
2.2.2   *Lieferung von Gegenständen*   419
2.2.2.1   *Übertragung eines Gegenstandes*   419
2.2.2.2   *Arbeit an einem Gegenstand*   420
2.2.2.3   *Überlassen eines Gegenstandes*   420
2.2.3   *Dienstleistungen*   420
2.2.4   *Nicht-Entgelte*   421
2.2.4.1   *Subventionen und Spezialfälle von Subventionen*   421
2.2.4.2   *Spenden*   422
2.2.4.3   *Einlagen in Unternehmen, insbesondere zinslose Darlehen,
          Sanierungsleistungen und Forderungsverzichte*   422
2.2.4.4   *Dividenden, Tantiemen und Gewinnanteile*   422
2.2.4.5   *Pfandgelder*   423
2.2.4.6   *Zahlungen für Schadenersatz, Genugtuung und dergleichen*   423
2.2.4.7   *Unselbständig ausgeübte Tätigkeiten*   423

2.2.4.8	*Erstattungen, Beiträge und Beihilfen für Lieferungen von Gegenständen, die direkt ins Ausland befördert oder versendet werden* **424**	
2.2.4.9	*Gebühren, Beiträge oder sonstige Zahlungen für hoheitliche Tätigkeiten* **424**	
2.2.4.10	*Weiterleitung von Nicht-Entgelten* **424**	
2.2.5	*Mehrheit von Leistungen* **424**	
2.2.6	*Zuordnung von Leistungen, Stellvertretung* **425**	
2.3	**Ort der steuerbaren Leistungen** **427**	
2.3.1	*Ort der Lieferungen* **427**	
2.3.2	*Ort der Dienstleistungen* **428**	
2.3.2.1	*Empfängerort als Grundsatz* **428**	
2.3.2.2	*Erbringerort* **429**	
2.3.2.3	*Künstlerische, wissenschaftliche, sportliche und ähnliche Dienstleistungen* **429**	
2.3.2.4	*Gastgewerbliche Leistungen* **429**	
2.3.2.5	*Personenbeförderungsleistungen* **430**	
2.3.2.6	*Ort der Liegenschaft* **430**	
2.3.2.7	*Bestimmungsort* **430**	
2.4	**Von der Steuer ausgenommene Leistungen** **431**	
2.4.1	*Allgemeines* **431**	
2.4.2	*Ausgenommene Leistungen* **431**	
2.4.2.1	*Beförderung von Gegenständen* **432**	
2.4.2.2	*Spitalbehandlung und ärztliche Heilbehandlung in Spitälern* **432**	
2.4.2.3	*Heilbehandlung von Angehörigen der Heil- und Pflegeberufe* **433**	
2.4.2.4	*Pflegeleistungen* **433**	
2.4.2.5	*Lieferungen von menschlichen Organen und menschlichem Vollblut* **433**	
2.4.2.6	*Dienstleistungen von Gemeinschaften, deren Mitglieder Angehörige von Heil- oder Pflegeberufe sind* **433**	
2.4.2.7	*Beförderung von kranken, verletzten oder behinderten Personen* **434**	
2.4.2.8	*Leistungen von Einrichtungen und Organisationen im Sozial und Pflegebereich* **434**	
2.4.2.9	*Kinder- und Jugendbetreuung* **434**	
2.4.2.10	*Kultur- und Bildungsförderung von Jugendlichen* **435**	
2.4.2.11	*Erziehung und Bildung* **435**	
2.4.2.12	*Personalverleih durch nicht gewinnstrebige Einrichtungen* **436**	
2.4.2.13	*Leistungen von nicht gewinnstrebigen Einrichtungen gegen einen statutarisch festgesetzten Betrag* **436**	
2.4.2.14	*Kulturelle Dienstleistungen* **436**	

2.4.2.15   *Sportliche Anlässe* 437
2.4.2.16   *Kulturelle Dienstleistungen und Lieferungen von Werken durch deren Urheberinnen und Urheber* 437
2.4.2.17   *Veranstaltungen für gemeinnützige Zwecke* 438
2.4.2.18   *Versicherungs- und Rückversicherungsumsätze* 438
2.4.2.19   *Geld- und Kapitalverkehr* 438
2.4.2.20   *Dingliche Rechte an Grundstücken und Leistungen von Stockwerkeigentümergemeinschaften* 440
2.4.2.21   *Vermietung und Verpachtung von Grundstücken* 440
2.4.2.22   *Lieferung von Postwertzeichen und sonstigen amtlichen Wertzeichen* 441
2.4.2.23   *Umsätze bei Wetten, Lotterien und sonstigen Glücksspielen mit Geldeinsatz* 441
2.4.2.24   *Lieferung gebrauchter beweglicher Gegenstände* 441
2.4.2.25   *Leistungen von Ausgleichskassen* 442
2.4.2.26   *Urproduktion* 442
2.4.2.27   *Bekanntmachungsleistungen* 442
2.4.2.28   *Leistungen innerhalb des gleichen Gemeinwesens* 443
2.4.2.29   *Schiedsgerichtsbarkeit* 443
2.4.3   *Option für die Versteuerung ausgenommener Leistungen* 443
2.5   Von der Steuer befreite Leistungen 445
2.5.1   *Allgemeines* 445
2.5.2   *Befreite Leistungen* 445
2.5.2.1   *Direkte Ausfuhr von Gegenständen ins Ausland* 445
2.5.2.2   *Überlassung von Gegenständen zur Nutzung im Ausland* 446
2.5.2.3   *Lieferung von Gegenständen unter Zollüberwachung* 446
2.5.2.4   *Verbringen oder Verbringenlassen von Gegenständen ins Ausland, das nicht im Zusammenhang mit einer Lieferung steht* 447
2.5.2.5   *Einfuhr-Transportleistungen* 447
2.5.2.6   *Ausfuhr-Transportleistungen* 447
2.5.2.7   *Logistikleistungen im Ausland oder im Zusammenhang mit Gegenständen, die unter Zollüberwachung stehen* 448
2.5.2.8   *Lieferung von Luftfahrzeugen und damit zusammenhängende Leistungen an gewerbsmässige Luftverkehrsunternehmen* 448
2.5.2.9   *Vermittlungsleistungen* 448
2.5.2.10   *Dienstleistungen von Reisebüros und Organisatoren von Veranstaltungen* 449
2.5.2.11   *Luftverkehr* 449
2.5.2.12   *Eisenbahnverkehr* 449
2.5.2.13   *Busverkehr* 450
2.5.2.14   *Steuerbefreiung von Inlandlieferungen von Privatgegenständen zwecks Ausfuhr im Reiseverkehr* 450

2.6 Bemessungsgrundlage und Steuersätze 450
2.6.1 *Bemessungsgrundlage* 450
2.6.1.1 *Entgelt als Grundsatz* 450
2.6.1.2 *Leistungen an das Personal und an eng verbundene Personen* 452
2.6.1.3 *Tausch und Austauschreparaturen* 452
2.6.1.4 *Nicht steuerbare Entgelte* 453
2.6.2 *Steuersätze* 453
2.6.2.1 *Normalsatz* 453
2.6.2.2 *Reduzierter Satz* 454
2.6.2.3 *Sondersatz* 455
2.6.2.4 *Mehrheit von Leistungen* 455
2.7 Rechnungsstellung und Steuerausweis 456
2.8 Vorsteuerabzug 457
2.8.1 *Grundsatz* 457
2.8.2 *Fiktiver Vorsteuerabzug* 459
2.8.3 *Ausschluss des Anspruchs auf Vorsteuerabzug* 460
2.8.4 *Gemischte Verwendung* 461
2.8.4.1 *Korrektur nach dem effektiven Verwendungszweck* 462
2.8.4.2 *Pauschale Korrektur mit Teilzuordnung der Vorsteuern* 463
2.8.4.3 *Pauschale Korrektur ohne Zuordnung der Vorsteuern (Umsatzschlüssel)* 464
2.8.4.4 *Korrektur mittels individueller Pauschalen* 464
2.8.4.5 *Korrektur mittels Branchenpauschalen* 465
2.8.4.6 *Korrektur mittels weiterer Pauschalen* 465
2.8.4.7 *Korrektur mittels Vereinfachung* 466
2.8.5 *Eigenverbrauch* 466
2.8.5.1 *Allgemeines* 466
2.8.5.2 *Verwendung von Gegenständen bzw. Dienstleistungen ausserhalb der unternehmerischen Tätigkeit* 468
2.8.5.3 *Verwendung von Gegenständen bzw. Dienstleistungen für eine unternehmerische Tätigkeit ohne Anrecht auf Vorsteuerabzug* 468
2.8.5.4 *Verwendung von Gegenständen bzw. Dienstleistungen als Geschenke* 469
2.8.5.5 *Vorhandene Gegenstände bzw. Dienstleistungen bei Wegfall der Steuerpflicht* 470
2.8.5.6 *Eigenverbrauch bei partiellen Nutzungsänderungen* 471
2.8.5.7 *Bemessungsgrundlage beim Eigenverbrauch* 472
2.8.6 *Einlageentsteuerung* 475
2.8.7 *Kürzung des Vorsteuerabzugs* 476
3 **Bezugsteuer** 476

3.1	Steuerpflicht und Steuerobjekt	476
3.2	Steuerbemessung, Steuersätze	477
4	**Ermittlung, Entstehung und Verjährung der Steuerforderung bei der Inland- und der Bezugsteuer**	**478**
4.1	Steuerperiode	478
4.2	Abrechnungsperiode	478
4.3	Umfang der Steuerforderung und Meldeverfahren	478
4.3.1	*Effektive Abrechnungsmethode*	*479*
4.3.2	*Abrechnung nach Saldosteuersätzen*	*479*
4.3.3	*Abrechnung nach Pauschalsteuersätzen*	*480*
4.3.4	*Meldeverfahren*	*480*
4.4	Abrechnungsart	482
4.5	Entstehung der Steuerforderung	482
4.6	Nachträgliche Änderung der Umsatzsteuerschuld und des Vorsteuerabzugs	483
4.7	Festsetzungsverjährung	484
5	**Verfahrensrecht**	**484**
5.1	Behörden	484
5.1.1	*An- und Abmeldung*	*485*
5.1.2	*Auskunftspflicht, Auskunftsrecht und Aufzeichnungspflicht des Steuerpflichtigen*	*485*
5.1.3	*Einreichen der Mehrwertsteuererklärung*	*486*
5.1.4	*Korrektur von Mängeln*	*486*
5.1.5	*Ermessenseinschätzung*	*487*
5.1.6	*Überprüfung und Entscheide der EStV*	*487*
5.1.7	*Auskunftspflicht Dritter*	*488*
5.1.8	*Rechtsmittel*	*489*
5.1.9	*Bezug*	*489*
5.1.9.1	*Entrichtung der Mehrwertsteuer*	*489*
5.1.9.2	*Steuerrückerstattung*	*490*
5.1.9.3	*Zahlungserleichterung, Erlass*	*490*
6	**Steuer auf der Wareneinfuhr**	**491**
6.1	Allgemeines	491
6.2	Steuerpflicht	491
6.3	Steuerobjekt	491
6.4	Steuerberechnungsgrundlage	492
6.5	Steuersatz	492
7	**Strafbestimmungen**	**493**
7.1	Steuerhinterziehung	493
7.2	Verletzung von Verfahrenspflichten	494
7.3	Steuerhehlerei	494
7.4	Widerhandlungen im Geschäftsbetrieb	494

7.5   Selbstanzeige 494
7.6   Verfahrensgarantie 495
7.7   Verfolgungsverjährung 495
8   **Übergangsbestimmungen** 496

VI. Teil   Übrige Steuern

1   **Allgemeines** 497
2   **Übrige Steuern des Bundes** 498
2.1   Biersteuer 498
2.2   Tabaksteuer 498
2.3   Steuern auf gebrannten Wassern (Alkoholsteuer) 499
2.4   Automobilsteuer 500
2.5   Mineralölsteuer 500
2.6 CO_2-Abgabe und ähnliche Lenkungsabgaben 500
2.7   Spielbankenabgabe 502
2.8   Nationalstrassenabgabe (Autobahnvignette) 503
2.9   Leistungsabhängige Schwerverkehrsabgabe (LSVA) 503
2.10   Zölle 504
3   **Übrige kantonale und kommunale Steuern** 505
3.1   Erbschafts- und Schenkungssteuer 505
3.1.1   *Wesen* 505
3.1.2   *Steuerhoheit* 506
3.1.3   *Steuersubjekt* 507
3.1.4   *Steuerobjekt* 507
3.1.5   *Steuerbemessung und Steuermass* 509
3.2   Gewerbesteuer 511
3.3   Grundsteuer 511
3.4   Handänderungssteuer 512
3.5   Motorfahrzeugsteuer 513
3.6   Wasserfahrzeugsteuer 513
3.7   Personalsteuer 514
3.8   Vergnügungssteuer 514
3.9   Hunde- und Reittiersteuer 514
3.10   Stempelsteuern 515
3.11   Kurtaxe und Beherbergungssteuern 515
3.12   Wohnungssteuern 515
3.13   Weitere kantonale und kommunale Steuern 516

VII. Teil   Interkantonales und internationales Steuerrecht

1	**Übersicht**	517
2	**Interkantonales Steuerrecht**	518
2.1	Begriff und Rechtsquellen des interkantonalen Steuerrechts	518
2.2	Begriff der interkantonalen Doppelbesteuerung	520
2.3	Methode zur Vermeidung der Doppelbesteuerung	521
2.4	Steuerdomizile	523
2.4.1	*Begriff und Arten von Steuerdomizilen*	*523*
2.4.2	*Das Hauptsteuerdomizil natürlicher Personen*	*524*
2.4.3	*Das Hauptsteuerdomizil juristischer Personen*	*525*
2.4.4	*Nebensteuerdomizile*	*525*
2.4.4.1	*Grundeigentum*	*526*
2.4.4.2	*Geschäftsort*	*526*
2.4.4.3	*Betriebsstätte*	*526*
2.4.4.4	*Familienniederlassung*	*527*
2.5	**Zuteilungsnormen**	527
2.5.1	*Allgemeines*	*527*
2.5.2	*Einkünfte aus unselbständiger Erwerbstätigkeit*	*528*
2.5.3	*Selbständige Erwerbstätigkeit*	*528*
2.5.4	*Gewinn und Kapital juristischer Personen*	*529*
2.5.5	*Bewegliches Vermögen und Erträge daraus*	*530*
2.5.6	*Unbewegliches Vermögen und Erträge daraus*	*530*
2.5.7	*Übrige Einkünfte*	*531*
2.5.8	*Erbschaften und Schenkungen*	*531*
2.6	**Steuerausscheidung**	532
2.6.1	*Allgemeines*	*532*
2.6.2	*Steuerausscheidung bei natürlichen Personen*	*533*
2.6.2.1	*Grundsätze*	*533*
2.6.2.2	*Steuerausscheidung bei Liegenschaften des Privatvermögens*	*535*
2.6.2.3	*Steuerausscheidung bei Geschäftsorten*	*538*
2.6.2.4	*Steuerausscheidung bei separaten Hauptsteuerdomizilen von Ehepartnern*	*540*
2.6.2.5	*Steuerausscheidung bei Erbschaften*	*541*
2.6.3	*Steuerausscheidung bei Unternehmungen*	*541*
2.6.3.1	*Allgemeines*	*541*
2.6.3.2	*Kapitalausscheidung*	*541*
2.6.3.3	*Gewinnausscheidung*	*542*
2.6.3.4	*Besonderheiten bei Unternehmungsliegenschaften*	*544*

2.7   Besonderheiten bei Begründung und Aufhebung von
             Steuerdomizilen 545
2.7.1   *Allgemeines* 545
2.7.2   *Veränderung der persönlichen Zugehörigkeit* 546
2.7.2.1   *Wohnsitzverlegung einer natürlichen Person innerhalb*
             der Schweiz 546
2.7.2.2   *Sitzverlegung einer juristischen Person innerhalb*
             der Schweiz 546
2.7.3   *Verlustverrechnung nach einer Wohnsitz- bzw.*
             Sitzverlegung 548
2.7.4   *Veränderung der wirtschaftlichen Zugehörigkeit* 548
2.7.4.1   *Grundsatz* 548
2.7.4.2   *Begründung und Aufhebung der wirtschaftlichen*
             Zugehörigkeit von natürlichen Personen 548
2.7.4.3   *Begründung und Aufhebung der wirtschaftlichen*
             Zugehörigkeit von juristischen Personen 551
2.8   Verfahren 551
3   **Internationales Steuerrecht** 554
3.1   Begriff, Rechtsquellen und Funktion
             des internationalen Steuerrechts 554
3.2   Das Schweizer Aussensteuerrecht 556
3.2.1   *Steuerpflichtbegründendes Aussensteuerrecht* 556
3.2.1.1   *Allgemeines* 556
3.2.1.2   *Geschäftsbetriebe, Betriebsstätten und Grundstücke als*
             wirtschaftliche Anknüpfungspunkte 557
3.2.1.3   *Weitere wirtschaftliche Anknüpfungspunkte* 558
3.2.1.4   *Umfang der Steuerpflicht* 558
3.2.1.5   *Progressionsvorbehalt* 559
3.2.2   *Steuerpflichtbegrenzendes Aussensteuerrecht* 559
3.2.2.1   *Allgemeines* 559
3.2.2.2   *Freistellung von Geschäftsbetrieben, Betriebsstätten*
             und Grundstücken im Ausland 560
3.2.2.3   *Einschränkung der Besteuerung bei in der Schweiz*
             ansässigen Unternehmen mit starkem Auslandbezug 560
3.2.2.4   *Pauschalbesteuerung von unbeschränkt*
             steuerpflichtigen Personen 561
3.2.2.5   *Beginn und Ende der Steuerpflicht* 561
3.2.3   *Verhältnis zu den Doppelbesteuerungsabkommen* 561
3.2.4   *Vorgehen bei der Beurteilung internationaler*
             Sachverhalte 562
3.3   Die Funktionsweise der Doppelbesteuerungsabkommen
             und Ausführungsbestimmungen sowie des
             Zinsbesteuerungsabkommens 563

3.3.1	*Allgemeines* 563	
3.3.2	*Sachlicher Geltungsbereich der DBA* 564	
3.3.3	*Persönlicher Geltungsbereich der DBA (Abkommensberechtigung)* 564	
3.3.4	*Zuteilungsnormen der DBA* 566	
3.3.4.1	*Ausschliessliche und nicht ausschliessliche Zuteilung* 566	
3.3.4.2	*Zuteilungsnormen für die wichtigsten Steuerobjekte* 567	
3.3.4.3	*Transferpreise zwischen verbundenen Unternehmen* 569	
3.3.5	*Steuerausscheidung* 572	
3.3.6	*Methoden der DBA zur Vermeidung der Doppelbesteuerung* 572	
3.3.6.1	*Grundsatz* 572	
3.3.6.2	*Entlastungs- und Rückerstattungsverfahren bei Quellensteuern* 573	
3.3.6.3	*Pauschale Steueranrechnung* 575	
3.3.7	*Das Zinsbesteuerungsabkommen mit der EU* 577	
3.3.7.1	*Rechtsgrundlagen* 577	
3.3.7.2	*Steuerrückbehalt* 577	
3.3.7.3	*Quellensteuerbefreiung von Zahlungen im Konzernverhältnis* 578	
3.3.7.4	*Amtshilfe* 578	
3.3.8	*Bestimmungen zur Bekämpfung des Abkommensmissbrauchs* 579	
3.3.8.1	*Allgemeines* 579	
3.3.8.2	*Missbrauchstatbestände und «Safe haven»-Regeln* 580	
3.4	**Schweizerische Besteuerung von in der Schweiz ansässigen Personen mit Auslandbeziehung 582**	
3.4.1	*Allgemeines* 582	
3.4.2	*Unselbständige Erwerbstätigkeit im Ausland* 582	
3.4.2.1	*Allgemeines* 582	
3.4.2.2	*Monteur-Klausel* 583	
3.4.2.3	*Grenzgänger* 584	
3.4.2.4	*Tätigkeit im öffentlichen Dienst* 585	
3.4.2.5	*Ruhegehälter und Renten aus dem Ausland* 585	
3.4.3	*Selbständige Erwerbstätigkeit im Ausland (freie Berufe)* 586	
3.4.4	*Tätigkeit im Ausland als Künstler oder Sportler* 587	
3.4.5	*Kapitalanlagen im Ausland* 587	
3.4.6	*Schweizerische Personenunternehmungen mit Auslandbeziehungen* 589	
3.4.7	*Schweizerische Kapitalgesellschaften mit Auslandbeziehungen* 589	
3.4.7.1	*Allgemeines* 589	

3.4.7.2	*Besonderheiten bei Principal-Strukturen*	590
3.4.8	*Erbschaften und Schenkungen aus dem Ausland*	593
3.5	**Schweizerische Besteuerung von im Ausland ansässigen Personen mit Beziehung zur Schweiz**	593
3.5.1	*Allgemeines*	593
3.5.2	*Unselbständige Erwerbstätigkeit in der Schweiz*	594
3.5.2.1	*Allgemeines*	594
3.5.2.2	*Monteur-Klausel*	594
3.5.2.3	*Grenzgänger*	595
3.5.2.4	*Im Ausland ansässige Verwaltungsräte/Geschäftsführer einer Schweizer Gesellschaft*	595
3.5.2.5	*Tätigkeit im öffentlichen Dienst*	596
3.5.2.6	*Ruhegehälter*	596
3.5.3	*Selbständige Erwerbstätigkeit in der Schweiz (freie Berufe)*	597
3.5.4	*Tätigkeit als Künstler, Sportler oder Referent in der Schweiz*	598
3.5.5	*Kapitalanlagen in der Schweiz*	598
3.5.5.1	*Unbewegliches Vermögen*	598
3.5.5.2	*Bewegliches Vermögen*	598
3.5.6	*Ausländische Personenunternehmungen mit Beziehungen zur Schweiz*	600
3.5.7	*Ausländische Kapitalgesellschaften mit Beziehungen zur Schweiz*	601
3.5.8	*Erbschaften und Schenkungen ins Ausland*	601

Anhang 1 Publikationen der Eidgenössischen Steuerverwaltung für die direkte Bundessteuer, die Verrechnungssteuer, die Stempelabgaben und die EU-Zinsbesteuerung, Stand 1. Mai 2010 603

Anhang 2 Publikationen der Schweizerischen Steuerkonferenz (SSK), Stand 1. Mai 2010 614

Anhang 3 Publikationen der Eidgenössischen Steuerverwaltung zum Mehrwertsteuergesetz, Stand 1. Mai 2010 617

Sachregister 619

Darstellungsverzeichnis

Darstellung 1:   Öffentliche Abgaben   53

Darstellung 2:   Das schweizerische Steuersystem   55

Darstellung 3:   Steuereinnahmen Bund (im Jahr 2008) sowie Kantone
                   und Gemeinden (im Jahr 2007)   56

Darstellung 4:   Die fünf Elemente des Steuerrechtsverhältnisses   66

Darstellung 5:   Der neue Lohnausweis   89

Darstellung 6:   Merkblatt des Kantons St. Gallen über Abschreibungen
                   (Beispiel eines Kantons, welcher das Einmalerledigungs-
                   verfahren mit Ausgleichszuschlägen kennt)   106

Darstellung 7:   Zusammenfassende Übersicht
                   zum Erwerb eigener Aktien   140

Darstellung 8:   Zusammenfassende Darstellung der Einkünfte
                   aus Vorsorge   157

Darstellung 9:   Steuermass   168

Darstellung 10:   Absorption und Kombination   212

Darstellung 11:   Tochterabsorption   217

Darstellung 12:   Reverse Merger   220

Darstellung 13:   Quasifusion   222

Darstellung 14:   Spaltungen   225

Darstellung 15:   Spaltungen in Schwester- und Parallelgesellschaften   226

Darstellung 16: Ausgliederung einer Tochtergesellschaft 231

Darstellung 17: Belehnungssätze für die Ermittlung
des verdeckten Eigenkapitals 244

Darstellung 18: Gestehungskosten-Prinzip 249

Darstellung 19: Zusammenfassende Übersicht über
die privilegiert besteuerten Gesellschaften 260

Darstellung 20: Rechtsmittelverfahren
bei der direkten Bundessteuer 299

Darstellung 21: Rechtsmittelverfahren bei den kantonalen Steuern 299

Darstellung 22: Absorptionsfusion 379

Darstellung 23: Fusionsähnlicher Zusammenschluss 380

Darstellung 24: Abspaltung einer Gesellschaft 381

Darstellung 25: Minimale Deckung mit Eigenkapital 388

Darstellung 26: Übersicht über die geschuldeten Umsatzabgaben 402

Darstellung 27: «3-Topf-Methode» 462

Darstellung 28: Vorgehen bei interkantonalen Sachverhalten 523

Darstellung 29: Steuerdomizile 524

Darstellung 30: Objektmässige und quotenmässige Ausscheidung 533

Darstellung 31: Vorgehen bei internationalen Sachverhalten 562

Darstellung 32: Typische schweizerische Principal-Struktur 591

Literaturverzeichnis

Die nachfolgend angeführten Werke sind eine Auswahl aus der vielfältigen Literatur zum schweizerischen Steuerrecht. Neben wenigen älteren Standardwerken umfasst die Auswahl insbesondere Lehrbücher und Kommentare neueren Datums.

Zu Beginn der grösseren Abschnitte verweisen wir jeweils auf Textstellen der angeführten Literatur, welche zur Vertiefung der behandelten Materie beigezogen werden können. Dabei beschränken wir uns auf einzelne Lehrbücher, wobei wir darauf geachtet haben, auch französischsprachige Lehrbücher mit einzubeziehen.

Zu einigen besonderen Themen haben wir die allgemeinen Hinweise auf Literatur zur Vertiefung durch zusätzliche Literaturhinweise ergänzt. Dabei handelt es sich in der Regel um Fachartikel oder Monografien mit einem hohen Vertiefungsgrad. Diese Hinweise werden nur an der betreffenden Stelle zitiert.

• *Grundlagenliteratur zum Steuerrecht*

BLUMENSTEIN ERNST/LOCHER PETER, System des Steuerrechts, 6. Auflage, Zürich 2002 (zit. BLUMENSTEIN/LOCHER, System)

HÖHN ERNST/WALDBURGER ROBERT, Steuerrecht, 9. Auflage, Band I, Bern/Stuttgart/Wien 2001 (zit. HÖHN/WALDBURGER, Steuerrecht I)

HÖHN ERNST/WALDBURGER ROBERT, Steuerrecht, 9. Auflage, Band II, Bern/Stuttgart/Wien 2002 (zit. HÖHN/WALDBURGER, Steuerrecht II)

LOCHER PETER, Kommentar zum Bundesgesetz über die direkte Bundessteuer (DBG), I. Teil, Art. 1–48, Allgemeine Bestimmungen, Besteuerung der natürlichen Personen, Basel 2001 (zit. LOCHER, Kommentar DBG I)

LOCHER PETER, Kommentar zum Bundesgesetz über die direkte Bundessteuer (DBG), II. Teil, Art. 49–102, Besteuerung der juristischen Personen, Quellensteuer für natürliche und juristische Personen, Basel 2004 (zit. LOCHER, Kommentar DBG II)

OBERSON XAVIER, Droit fiscal suisse, 3. Auflage, Basel 2007 (zit. OBERSON, Droit fiscal)

REICH MARKUS, Steuerrecht, Zürich 2009 (zit. REICH, Steuerrecht)

RYSER WALTER/ROLLI BERNARD, Précis de droit fiscal suisse (impôts directs), 4. Auflage, Bern 2002 (zit. RYSER/ROLLI, Précis)

• *Grundlagenliteratur zum Unternehmenssteuerrecht*

BEHNISCH URS R., Die Umstrukturierung von Kapitalgesellschaften national und grenzüberschreitend, Eine rechtsvergleichende Studie, Basel 1996

CAGIANUT FRANCIS/HÖHN ERNST, Unternehmungssteuerrecht, 3. Auflage, Bern/Stuttgart/Wien 1993

DUSS MARCO/GRETER MARCO/VON AH JULIA, Die Besteuerung Selbständigerwerbender, Zürich 2004

REICH MARKUS/DUSS MARCO, Unternehmensumstrukturierungen im Steuerrecht, Basel/Frankfurt am Main 1996 (zit. REICH/DUSS, Umstrukturierung)

• *Literatur zu den direkten Steuern des Bundes und der Kantone*

AGNER PETER/JUNG BEAT/STEINMANN GOTTHARD, Kommentar zum Gesetz über die direkte Bundessteuer, Zürich 1995

AGNER PETER/JUNG BEAT/STEINMANN GOTTHARD, Kommentar zum Gesetz über die direkte Bundessteuer, Ergänzungsband, Zürich 2000

CADOSCH ROGER, Kommentar zum Bundesgesetz über die direkte Bundessteuer, 2. Auflage, Zürich 2008

KLÖTI-WEBER MARIANNE/SIEGRIST DAVE/WEBER DIETER (Hrsg.), Kommentar zum Aargauer Steuergesetz, 3. Auflage, Muri b. Bern 2009 (2 Bände)

LEUCH CHRISTOPH/KÄSTLI PETER, Praxiskommentar zum Berner Steuergesetz, Art. 1–125, Muri b. Bern 2006

NEFZGER PETER B./SIMONEK MADELEINE/WENK THOMAS P., Kommentar zum Steuergesetz des Kantons Basel-Landschaft, Basel 2004

RICHNER FELIX/FREI WALTER/KAUFMANN STEFAN/MEUTER HANS ULRICH, Handkommentar zum DBG, 2. Auflage, Zürich 2009

RICHNER FELIX/FREI WALTER/KAUFMANN STEFAN/MEUTER HANS ULRICH, Kommentar zum harmonisierten Zürcher Steuergesetz, 2. Auflage, Zürich 2006 (zit. RICHNET/FREI/KAUFMANN/MEUTER, Kommentar StG-ZH)

WEIDMANN HEINZ/GROSSMANN BENNO/ZIGERLIG RAINER/CAVELTI ULRICH/HOFMANN HUBERT/MÄUSLI PETER/OERTLI MATHIAS, Wegweiser durch das st. gallische Steuerrecht, 6. Auflage, Muri b. Bern 1999

YERSIN DANIELLE/NOËL IVES (HRSG.), Commentaire de la loi sur l'impôt fédéral direct, Basel 2008

ZWEIFEL MARTIN/ATHANAS PETER (Hrsg.), Kommentar zum Schweizerischen Steuerrecht I/1, Bundesgesetz über die Harmonisierung der direkten Steuern der Kantone und Gemeinden, 2. Auflage, Basel 2002 (zit. ZWEIFEL/ATHANAS, Kommentar StHG)

ZWEIFEL MARTIN/ATHANAS PETER (Hrsg.), Kommentar zum Schweizerischen Steuerrecht I/2a + 2b, Bundesgesetz über die direkte Bundessteuer, 2. Auflage, Basel 2008 (zit. ZWEIFEL/ATHANAS, Kommentar DBG)

• *Literatur zur Verrechnungssteuer und zu den Stempelabgaben*

OBERSON XAVIER/HINNY PASCAL (Hrsg.), LT Commentaire droits de timbre/StG Kommentar Stempelabgaben, Zürich 2006

PFUND WALTER ROBERT, Die eidgenössische Verrechnungssteuer, I. Teil, Basel 1971 (zit. PFUND, Verrechnungssteuer I)

PFUND WALTER ROBERT/ZWAHLEN BERNHARD, Die eidgenössische Verrechnungssteuer, II. Teil, Basel 1984 (zit. PFUND/ZWAHLEN, Verrechnungssteuer II)

STOCKAR CONRAD, Übersicht und Fallbeispiele zu den Stempelabgaben und zur Verrechnungssteuer, 4. Auflage, Basel 2006 (zit. STOCKAR, Übersicht und Fallbeispiele)

STOCKAR CONRAD/HOCHREUTHENER HANS-PETER, Die Praxis der Bundessteuern, II. Teil: Stempelabgaben und Verrechnungssteuern, Loseblattwerk (2 Bände), Basel

ZWEIFEL MARTIN/ATHANAS PETER/BAUER-BALMELLI MAJA (Hrsg.), Kommentar zum Schweizerischen Steuerrecht II/2, Bundesgesetz über die Verrechnungssteuer, Basel 2005 (zit. ZWEIFEL/ATHANAS/BAUER-BALMELLI, Kommentar VStG)

ZWEIFEL MARTIN/ATHANAS PETER/BAUER-BALMELLI MAJA (Hrsg.), Kommentar zum Schweizerischen Steuerrecht II/3, Bundesgesetz über die Stempelabgaben, Basel 2006 (zit. ZWEIFEL/ATHANAS/BAUER-BALMELLI, Kommentar StG)

• *Literatur zur Mehrwertsteuer*

CAMENZIND ALOIS/HONAUER NIKLAUS/VALLENDER KLAUS A., Handbuch zum Mehrwertsteuergesetz (MWSTG), 2. Auflage, Bern 2003 (altes MWSTG)

CLAVADETSCHER DIEGO/KOCHER MARTIN, Vom alten zum neuen Mehrwertsteuergesetz, Langenthal 2010 (neues MWSTG)

FREI BENNO, Das neue MehrWertSteuer-Gesetz: Handbuch für die Praxis, 4. Auflage, Muri b. Bern 2010 (neues MWSTG)

KOMPETENZZENTRUM MWST DER TREUHAND-KAMMER (Hrsg.), mwst.com: Kommentar zum Bundesgesetz über die Mehrwertsteuer, Basel 2000 (altes MWSTG)

SCHALLER NICOLAS/SUDAN YVES/SCHEUNER PIERRE/HUGUENOT PASCAL, TVA annotée, Jurisprudence, loi fédérale régissant la taxe sur la valeur ajoutée (LTVA) annotée, Zürich 2005 (altes MWSTG)

• *Literatur zum interkantonalen und internationalen Steuerrecht*

HÖHN ERNST (Hrsg.), Handbuch des Internationalen Steuerrechts der Schweiz, 2. Auflage, Bern/Stuttgart/Wien 1993

HÖHN ERNST, Internationale Steuerplanung, Bern/Stuttgart/Wien 1996

Höhn Ernst/Mäusli Peter, Interkantonales Steuerrecht, 4. Auflage, Bern/
Stuttgart/Wien 2000

Locher Pfter, Einführung in das interkantonale Steuerrecht der Schweiz,
3. Auflage, Bern 2009

Locher Peter, Einführung in das internationale Steuerrecht der Schweiz,
3. Auflage, Bern 2005

Oberson Xavier, Précis de droit fiscal international, 3. Auflage, Bern 2009

De Vries Reilingh, La double imposition intercantonale, Bern 2005

• *Sammlungen von Gesetzestexten und Verwaltungsanweisungen*

Die folgenden privaten Zusammenstellungen sind inoffizielle Sammlungen von Gesetzen und anderer amtlicher Texte.

Bolliger Bruno/Hüssy René, Neues Bundesgesetz über die direkte Bundessteuer (DBG 1995), Loseblatt-Textsammlung mit Sachregister und
Verweisungen, Basel (13 Ergänzungslieferungen. Stand Januar 2007)

Gygax Daniel R./Gerber Thomas L., Die internationalen Steuererlasse des
Bundes (inkl. OECD-Musterabkommen und Missbrauchsbeschluss),
Kompaktsammlung ausgewählter schweizerischer Doppelbesteue-
rungsabkommen und Erlasse zum schweizerischen Aussensteuerrecht,
Ausgabe 2010, Winterthur 2010

Gygax Daniel R./Gerber Thomas L., Die Steuergesetze des Bundes (inkl.
OECD-Musterabkommen), Kompaktsammlung schweizerischer Bundessteuergesetze, Ausgabe 2010, Winterthur 2010

Gygax Daniel R./Gerber Thomas L., Die Steuergesetze des Bundes (inkl.
OECD-Musterabkommen), Edition Zürich, Kompaktsammlung schweize-
rischer Bundessteuergesetze und der steuerlichen Gesetzgebung des
Kantons Zürich, Ausgabe 2010, Winterthur 2010

Gygax Daniel R./Gerber Thomas L., Die steuerrechtlichen Kreis- und Rundschreiben des Bundes (inkl. Kreisschreiben der SSK und Weisungen der
Kantone), Ausgabe 2010, Winterthur 2010

GYGAX DANIEL R./GERBER THOMAS L., Les lois fiscales fédérales (y compris le MC de l'OCDE), Ausgabe 2010, Winterthur 2010

HINNY PASCAL, Steuerrecht 2010, DBG, StHG, VStG, StG, MWSTG, OECD-MA, StG ZH, Textausgabe mit Querverweisen, Sachregister und Anmerkungen, Zürich/Genf/Basel 2010

PESTALOZZI, GMÜR & PATRY (Hrsg.), Die Eidgenössische Mehrwertsteuer, Sammlung aller geltenden Gesetzestexte und amtlichen Verlautbarungen, bearbeitet von Boss W., Bd. 1–4, Zürich 1994 ff. (Loseblattform)

WENK THOMAS P./FLURY ROLAND (Hrsg.), MWST 2005, Sämtliche Erlasse und Verwaltungsanweisungen des Bundes, Basel 2005

Abkürzungen

aBV	Bundesverfassung der Schweizerischen Eidgenossenschaft vom 29. Mai 1874 (SR 101; in Kraft bis 31.12.1999)
abzgl.	abzüglich
AG	Aktiengesellschaft
AHV	Alters- und Hinterlassenenversicherung
AlkG	Bundesgesetz über die gebrannten Wasser vom 21. Juni 1932 (Alkoholgesetz; SR 680)
ALV	Arbeitslosenversicherung
AS	Amtliche Sammlung des Bundesrechts
ASA	Archiv für Schweizerisches Abgaberecht
AStG	Automobilsteuergesetz vom 21. Juni 1996 (SR 641.51)
AStG	Aussensteuergesetz (Deutschland)
AStV	Automobilsteuerverordnung vom 20. November 1996 (SR 641.511)
BEHG	Bundesgesetz über die Börsen und den Effektenhandel vom 24. März 1995 (Börsengesetz; SR 173.110)
BehiG	Bundesgesetz über die Beseitigung von Benachteiligungen von Menschen mit Behinderungen vom 13. Dezember 2002 (Behindertengleichstellungsgesetz; SR 151.3)
BGE	Entscheidungen des Schweizerischen Bundesgerichts, zit. BGE 110 Ia 7
BGG	Bundesgesetz über das Bundesgericht vom 17. Juni 2005 (Bundesgerichtsgesetz; SR 173.110)
BGSA	Bundesgesetz über Massnahmen zur Bekämpfung der Schwarzarbeit vom 17. Juni 2005 (Bundesgesetz gegen die Schwarzarbeit; SR 822.41)
BRB 62	Bundesratsbeschluss betreffend Massnahmen gegen die ungerechtfertigte Inanspruchnahme von Doppelbesteuerungsabkommen des Bundes (Missbrauchsbeschluss; SR 672.202)
BStG	Bundesgesetz über die Biersteuer vom 6. Oktober 2006 (Biersteuergesetz; SR 641.411)
BV	Bundesverfassung der Schweizerischen Eidgenossenschaft vom 18. Dezember 1998 (SR 101; in Kraft ab 1.1.2000)

BVV3	Verordnung des Bundesrates vom 13. November 1985 über die steuerliche Abzugsberechtigung für Beiträge an anerkannte Vorsorgeformen (SR 831.461.3)
BW	Buchwert
bzw.	beziehungsweise
CHF	Schweizer Franken
CO_2	Kohlendioxid
CO_2-Gesetz	Bundesgesetz über die Reduktion der CO_2-Emissionen vom 8. Oktober 1999 (SR 641.71)
DBA	Doppelbesteuerungsabkommen
DBA-Erb	Doppelbesteuerungsabkommen betreffend Erbschafts- und/oder Nachlasssteuern
DBG	Bundesgesetz über die direkte Bundessteuer vom 14. Dezember 1990 (SR 642.11)
dBSt	direkte Bundessteuer
dgl.	dergleichen
d. h.	das heisst
EA	Emissionsabgabe
EFD	Eidgenössisches Finanzdepartement
eidg.	eidgenössisch
ELG	Bundesgesetz über Ergänzungsleistungen zur Alters-, Hinterlassenen- und Invalidenversicherung vom 6. Oktober 2006 (SR 831.30)
EMRK	Konvention zum Schutze der Menschenrechte und Grundfreiheiten vom 5. November 1950 (Europäische Menschenrechts-Konvention; SR 0.101)
EO	Erwerbsersatzordnung
EStV	Eidgenössische Steuerverwaltung
EU	Einzelunternehmung
EU	Europäische Union
EUR	Euro; europäische Währungseinheit (€)
evtl.	eventuell
FStR	Forum für Steuerrecht
FusG	Bundesgesetz über Fusion, Spaltung, Umwandlung und Vermögensübertragung vom 3. Oktober 2003 (Fusionsgesetz; SR 221.301)
FZG	Bundesgesetz über die Freizügigkeit in der beruflichen Alters-, Hinterlassenen- und Invalidenvorsorge vom 17. Dezember 1993 (Freizügigkeitsgesetz; SR 831.42)
GmbH	Gesellschaft mit beschränkter Haftung
HEL	Heizöl extraleicht
i. d. R.	in der Regel

i. S. v.	im Sinne von
IV	Invalidenversicherung
i. V. m.	in Verbindung mit
i. w. S.	im weiteren Sinne
KAG	Bundesgesetz über die kollektiven Kapitalanlagen vom 23. Juni 2006 (Kollektivanlagengesetz; SR 951.31)
KMU	kleine und mittlere Unternehmen
KS	Kreisschreiben
LGBV	Verordnung über die Besteuerung der Liquidationsgewinne bei definitiver Aufgabe der selbständigen Erwerbstätigkeit (SR 642.114; gültig ab 1. Januar 2011)
LSVA	leistungsabhängige Schwerverkehrsabgabe
MinöStG	Mineralölsteuergesetz vom 21. Juni 1996 (SR 641.61)
MWST	Mehrwertsteuer
MWSTG	Bundesgesetz über die Mehrwertsteuer vom 2. September 1999 (Mehrwertsteuergesetz; SR 641.20)
MWSTGV	Verordnung zum Bundesgesetz über die Mehrwertsteuer vom 29. März 2000 (SR 641.201)
MWSTV	Verordnung über die Mehrwertsteuer vom 22. Juni 1994 (SR 641.201)
nom.	nominal
NSAV	Verordnung vom 26. Oktober 1994 über die Abgabe für die Benützung von Nationalstrassen (Autobahnvignette; SR 741.72)
OECD	Organisation for Economic Co-operation and Development
OECD-MA	Musterabkommen der OECD
OR	Bundesgesetz über das Obligationenrecht vom 30. März 1911/18. Dezember 1936 (SR 220)
p.a.	pro Jahr (per annum)
PartG	Bundesgesetz über die eingetragene Partnerschaft gleichgeschlechtlicher Paare vom 18. Juni 2004 (Partnerschaftsgesetz; SR 211.231)
QStV	Verordnung über die Quellensteuer bei der direkten Bundessteuer vom 19. Oktober 1993 (Quellensteuerverordnung; SR 642.118.2)
RKGG	Bundesgesetz über die Risikokapitalgesellschaften vom 18. Oktober 1999 (SR 642.15)
SBG	Bundesgesetz über Glücksspiele und Spielbanken vom 18. Dezember 1998 (Spielbankengesetz; SR 935.52)
SchKG	Bundesgesetz über Schuldbetreibung und Konkurs vom 11. April 1989 (281.1)
SICAF	Société d´investissement à capital fixe

SICAV	Société d'investissement à capital variable
sog.	sogenannt
SR	Systematische Rechtssammlung des Bundes
SSK	Schweizerische Steuerkonferenz (Vereinigung schweizerischer Steuerbehörden)
ST	Der Schweizer Treuhänder
StB	St. Galler Steuerbuch
StE	Der Steuerentscheid
StG	Bundesgesetz über die Stempelabgaben vom 27. Juni 1973 (SR 641.10)
StG-ZH	Steuergesetz des Kantons Zürich (bzw. des entsprechenden Kantons)
StHG	Bundesgesetz über die Harmonisierung der direkten Steuern der Kantone und Gemeinden vom 14. Dezember 1990 (SR 642.14)
StR	Steuer Revue
StV	Verordnung über die Stempelabgaben vom 3. Dezember 1974 (641.101)
SVAG	Bundesgesetz über eine leistungsabhängige Schwerverkehrsabgabe vom 19. Dezember 1997 (Schwerverkehrsabgabegesetz; SR 641.81)
TCHF	Tausend Schweizer Franken
TStG	Bundesgesetz über die Tabakbesteuerung vom 21. März 1969 (Tabaksteuergesetz; SR 641.31)
u. a.	unter anderem
usw.	und so weiter
UStR II	Bundesgesetz über die Verbesserung der steuerlichen Rahmenbedingungen für unternehmerische Tätigkeiten und Investitionen vom 23. März 2007 (Unternehmenssteuer-reformgesetz II; AS 2008 2893)
u. U.	unter Umständen
v. a.	vor allem
u. E.	unseres Erachtens
VGG	Bundesgesetz über das Bundesverwaltungsgericht vom 17. Juni 2005 (Verwaltungsgerichtsgesetz; SR 173.32)
vgl.	vergleiche
VOC	volatile organic compounds (flüchtige organische Stoffe)
VO-PStA	Verordnung über die pauschale Steueranrechnung vom 22. August 1967 (SR 672.201)
VRKG	Verordnung über Risikokapitalgesellschaften vom 5. April 2000 (SR 642.151)

VSBG	Verordnung über Glücksspiele und Spielbanken vom 23. Februar 2000 (SR 935.521)
VSt	Verrechnungssteuer
VStG	Bundesgesetz über die Verrechnungssteuer vom 13. Oktober 1995 (SR 642.21)
VStR	Bundesgesetz über das Verwaltungsstrafrecht vom 22. März 1974 (SR 313.0)
VStV	Vollziehungsverordnung zum Bundesgesetz über die Verrechnungssteuer vom 19. Dezember 1966 (SR 221.211)
VwVG	Bundesgesetz über das Verwaltungsverfahren vom 20. Dezember 1968 (SR 172.021)
WEG	Wohnbau- und Eigentumsförderungsgesetz vom 4. Oktober 1974 (SR 843)
Wgl.	Wegleitung 2008 zur Mehrwertsteuer
z. B.	zum Beispiel
ZBl	Schweizerisches Zentralblatt für Staats- und Verwaltungsrecht
ZBstA	Abkommen zwischen der Schweizerischen Eidgenossenschaft und der Europäischen Gemeinschaft über Regelungen, die den in der Richtlinie 2003/48/EG des Rates im Bereich der Besteuerung von Zinserträgen festgelegten Regelungen gleichwertig sind, vom 26. Oktober 2004 (Zinsbesteuerungsabkommen; SR 0.641.926.81)
ZBstG	Bundesgesetz zum Zinsbesteuerungsabkommen mit der Europäischen Gemeinschaft vom 17. Dezember 2004 (Zinsbesteuerungsgesetz; SR 641.91)
ZG	Zollgesetz vom 1. Oktober 1925 (SR 631.0)
ZGB	Schweizerisches Zivilgesetzbuch vom 10. Dezember 1907 (SR 210)
z. T.	zum Teil
zit.	zitiert
zzgl.	zuzüglich

RECHTSGRUNDLAGEN

Direkte Bundessteuer

- BV 128
- Bundesgesetz vom 14. Dezember 1990 über die direkte Bundessteuer (DBG; SR 642.11)

- Verordnungen zum DBG (Stand 1. Mai 2010)
  - Verordnung vom 31. Juli 1986 über die Bewertung der Grundstücke bei der direkten Bundessteuer (SR 642.112)
  - Verordnung des Bundesrates vom 18. Dezember 1991 über Kompetenzzuweisungen bei der direkten Bundessteuer an das Finanzdepartement (SR 642.118)
  - Verordnung des Bundesrates vom 24. August 1992 über den Abzug der Kosten von Liegenschaften des Privatvermögens bei der direkten Bundessteuer (Liegenschaftskostenverordnung; SR 642.116)
  - Verordnung des Eidg. Finanzdepartementes vom 24. August 1992 über Massnahmen zur rationellen Energieverwendung und zur Nutzung erneuerbarer Energien (SR 642.116.1)
  - Verordnung der EStV vom 24. August 1992 über die abziehbaren Kosten von Liegenschaften des Privatvermögens bei der direkten Bundessteuer (EStV-Liegenschaftskostenverordnung; SR 642.116.2)
  - Verordnung des Bundesrates vom 31. August 1992 über besondere Untersuchungsmassnahmen der Eidgenössischen Steuerverwaltung (SR 642.132)
  - Verordnung des Bundesrates vom 16. September 1992 über die zeitliche Bemessung der direkten Bundessteuer bei natürlichen Personen (SR 642.117.1)
  - Verordnung des Bundesrates vom 16. September 1992 über die zeitliche Bemessung der direkten Bundessteuer bei juristischen Personen (SR 642.117.2)
  - Verordnung des Eidg. Finanzdepartementes vom 10. Dezember 1992 über Fälligkeit und Verzinsung der direkten Bundessteuer (SR 642.124)
  - Verordnung des Eidg. Finanzdepartementes vom 10. Februar 1993 über den Abzug von Berufskosten der unselbständigen Erwerbstätigkeit bei der direkten Bundessteuer (Berufskostenverordnung; SR 642.118.1)

– Verordnung des Bundesrates vom 15. März 1993 über die Besteuerung nach dem Aufwand bei der direkten Bundessteuer (SR 642.123)
– Verordnung des Eidg. Finanzdepartementes vom 3. Oktober 2000 über den Abzug besonderer Berufskosten bei der direkten Bundessteuer von vorübergehend in der Schweiz tätigen leitenden Angestellten, Spezialisten und Spezialistinnen (Expatriates-Verordnung; SR 642.118.3)
– Verordnung des Eidg. Finanzdepartementes vom 19. Oktober 1993 über die Quellensteuer bei der direkten Bundessteuer (SR 642.118.2)
– Verordnung des Bundesrates vom 20. Oktober 1993 über die Besteuerung von natürlichen Personen im Ausland mit einem Arbeitsverhältnis zum Bund oder zu einer andern öffentlich-rechtlichen Körperschaft oder Anstalt des Inlandes (SR 642.110.8)
– Verordnung des Bundesrates vom 16. November 1994 über die Errichtung des Nachlassinventars für die direkte Bundessteuer (SR 642.113)
– Verordnung des Bundesrates vom 4. März 1996 über den Ausgleich der Folgen einer kalten Progression für die natürlichen Personen bei der direkten Bundessteuer (SR 642.119.2)
– Verordnung des Eidg. Finanzdepartementes vom 19. Dezember 1994 über die Behandlung von Erlassgesuchen für die direkte Bundessteuer (SR 642.121)
– Verordnung des Bundesrates vom 13. November 1985 über die steuerliche Abzugsberechtigung für Beiträge an anerkannte Vorsorgeformen (BVV 3; SR 831.461.3)

Zahlreiche Kreisschreiben, Merkblätter und Rundschreiben der Eidg. Steuerverwaltung, aufgeführt in Anhang 1

Kantonale Steuern

• BV 3, 127, 129
• Bundesgesetz vom 14. Dezember 1990 über die Harmonisierung der direkten Steuern der Kantone und Gemeinden (StHG; SR 642.14)
• Verordnung vom 9. März 2001 über die Anwendung des Steuerharmonisierungsgesetzes im interkantonalen Verhältnis (SR 642.141)
• Kantonale Steuergesetze (vgl. Die Steuern der Schweiz, bearbeitet von der Eidgenössischen Steuerverwaltung, 16 Bände, Loseblattsammlung, Basel)

Zahlreiche Kreisschreiben der SSK, aufgeführt in Anhang 2

Verrechnungssteuer

- BV 132 Abs. 2
- Bundesgesetz vom 13. Oktober 1965 über die Verrechnungssteuer (VStG; SR 642.21)
- Verordnung vom 12. Dezember 1966 über die Verrechnungssteuer (VStV; SR 642.211)

Zahlreiche Kreisschreiben, Merkblätter und Rundschreiben der Eidg. Steuerverwaltung, aufgeführt in Anhang 1

Bekämpfung der Schwarzarbeit

- BV 110 Abs. 1
- Bundesgesetz vom 17. Juni 2005 über Massnahmen zur Bekämpfung der Schwarzarbeit (BGSA; SR 822.41)
- Verordnung des Bundesrates vom 6. September 2006 über Massnahmen zur Bekämpfung der Schwarzarbeit (VOSA; SR 822.411)

Zinsbesteuerung

- BV 173 Abs. 2
- Abkommen zwischen der Schweizerischen Eidgenossenschaft und der Europäischen Gemeinschaft vom 26. Oktober 2004 über Regelungen, die den in der Richtlinie 2003/48/EG des Rates im Bereich der Besteuerung von Zinserträgen festgelegten Regelungen gleichwertig sind (ZBstA; SR 0.641.926.81)
- Abkommen in Form eines Briefwechsels zwischen der Schweizerischen Eidgenossenschaft und der Europäischen Gemeinschaft vom 26. Oktober 2004 über den Zeitpunkt der Anwendung des Abkommens zwischen der Schweizerischen Eidgenossenschaft und der Europäischen Gemeinschaft über Regelungen, die den in der Richtlinie 2003/48/EG des Rates vom 3. Juni 2003 im Bereich der Besteuerung von Zinserträgen festgelegten Regelungen gleichwertig sind (SR 0.641.926.811)
- Bundesbeschluss vom 17. Dezember 2004 über die Genehmigung und die Umsetzung der bilateralen Abkommen zwischen der Schweiz und der EU über die Zinsbesteuerung.
- Bundesgesetz vom 17. Dezember 2004 zum Zinsbesteuerungsabkommen mit der Europäischen Gemeinschaft (ZBstG; SR 641.91)

- Verordnung des Bundesrates vom 22. Dezember 2004 über die Steuerentlastung schweizerischer Dividenden aus wesentlichen Beteiligungen ausländischer Gesellschaften (SR 672.203)
- Verordnung des EFD vom 14. Juni 2005 über die Verzinsung ausstehender EU-Steuerrückbehaltsbeträge (SR 641.912.11)
- Verordnung des EFD vom 8. Juni 2006 über den Schlüssel zur Verteilung des Kantonsanteils am EU-Steuerrückbehalt auf die Kantone (SR 641.912.21)
- Wegleitung der EStV vom 29. Februar 2008 zur EU-Zinsbesteuerung (Steuerrückbehalt und freiwillige Meldung)
- Wegleitung der EStV vom 15. Juli 2005 betreffend die Aufhebung der schweizerischen Verrechnungssteuer auf Dividendenzahlungen zwischen verbundenen Kapitalgesellschaften im Verhältnis zwischen der Schweiz und den Mitgliedstaaten der Europäischen Union

Stempelabgaben

- BV 132 Abs. 1
- Bundesgesetz vom 27. Juni 1973 über die Stempelabgaben (StG; SR 641.10)
- Verordnung vom 3. Dezember 1974 über die Stempelabgaben (StV; SR 641.101)
- Verordnung vom 15. März 1993 über die Aufhebung der Umsatzabgabe auf der Emission von Schweizerfranken-Anleihen ausländischer Schuldner (SR 641.131)
- Verordnung vom 29. November 1996 über die Verzinsung ausstehender Stempelabgaben (SR 641.153)

Kreisschreiben und Merkblätter der Eidg. Steuerverwaltung, aufgeführt in Anhang 1

Mehrwertsteuer

- BV 130
- BV 196 Ziff. 3 Abs. 2 lit. e (Übergangsbestimmung zu BV 187)
- BV 196 Ziff. 14 (Übergangsbestimmung zu BV 130)
- Bundesgesetz vom 12. Juni 2009 über die Mehrwertsteuer (MWSTG; SR 641.20)
- Mehrwertsteuerverordnung vom 27. November 2009 (MWSTV; SR 641.201)
- Verordnung der EStV vom 11. Dezember 2009 über Zertifizierungsdienste im Bereich der EIDI-V (SR 641.201.11)

- Verordnung des EFD vom 11. Dezember 2009 über elektronische Daten und Informationen (EIDI-V; SR 641.201.511)
- Verordnung des EFD vom 11. Dezember 2009 über die steuerbefreite Einfuhr von Gegenständen in kleinen Mengen, von unbedeutendem Wert oder mit geringfügigem Steuerbetrag (SR 641.204)
- Verordnung des EFD vom 11. Dezember 2009 über die Steuerbefreiung von Inlandlieferungen von Gegenständen zwecks Ausfuhr im Reiseverkehr (SR 641.202.2)
- Verordnung des EFD vom 11. Dezember 2009 über die Verzugs- und Vergütungszinssätze (SR 641.207.1)
- Bundesbeschluss vom 20. März 1998 über die Anhebung der Mehrwertsteuersätze für die AHV/IV (SR 641.203)
- Verordnung vom 19. April 1999 über das Verfahren zur Überweisung des Mehrwertsteuer-Ertragsanteils an den Ausgleichsfonds der Alters- und Hinterlassenenversicherung (AHV) (SR 641.203.2)
- Verordnung der EStV vom 8. Dezember 2009 über die Höhe der Saldosteuersätze nach Branchen und Tätigkeiten (SR 641.202.62)

Informationsbroschüre, MWST-Infos, MWST-Praxis-Info, Branchen-Infos der EStV, aufgeführt in Anhang 3.

Übrige Steuern

Biersteuer

- BV 131 Abs. 1 lit. c
- BV 196 Ziff. 15 (Übergangsbestimmung zu BV 131)
- Bundesgesetz vom 6. Oktober 2006 über die Biersteuer (Biersteuergesetz, BStG; SR 641.411)
- Verordnung vom 15. Juni 2007 über die Biersteuer (Biersteuerverordnung, BStV; SR 641.411.1)

Tabaksteuer

- BV 131 Abs. 1 lit. a
- Bundesgesetz vom 21. März 1969 über die Tabakbesteuerung (Tabaksteuergesetz, TStG; SR 641.31)
- Verordnung vom 24. September 2004 über die Änderung der Steuertarife für Schnitttabak sowie für Zigaretten und Zigarettenpapier (SR 641.310)

• Verordnung vom 15. Dezember 1969 über die Tabakbesteuerung (Tabak-steuerverordnung, TStV; SR 641.311)

Besteuerung gebrannter Wasser (Alkoholsteuer)

• BV 131 Abs. 1 lit. b
• Bundesgesetz vom 21. Juni 1932 über die gebrannten Wasser (Alkohol-gesetz, AlkG; SR 680)
• Verordnung vom 6. April 1962 zum Bundesgesetz über die gebrannten Wasser und zum Bundesgesetz über die Hausbrennerei (AlkV; SR 680.11)

Leistungsabhängige Schwerverkehrsabgabe (LSVA)

• BV 85
• Bundesgesetz vom 19. Dezember 1997 über eine leistungsabhängige Schwerverkehrsabgabe (Schwerverkehrsabgabegesetz, SVAG; SR 641.81)
• Verordnung vom 6. März 2000 über eine leistungsabhängige Schwerver-kehrsabgabe (Schwerverkehrsabgabeverordnung; SR 641.811)

Automobilsteuer

• BV 131 Abs. 1 lit. d
• Automobilsteuergesetz vom 21. Juni 1996 (AStG; SR 641.51)
• Automobilsteuerverordnung vom 20. November 1996 (AStV; SR 641.511)

Mineralölsteuer

• BV 131 Abs. 1 lit. e und Abs. 2
• BV 86 Abs. 1
• Mineralölsteuergesetz vom 21. Juni 1996 (MinöStG; SR 641.61)
• Mineralölsteuerverordnung vom 20. November 1996 (MinöStV; SR 641.611)

Nationalstrassenabgabe (Autobahnvignette)

• BV 86 Abs. 2
• Verordnung vom 26. Oktober 1994 über die Abgabe für die Benützung von Nationalstrassen (Nationalstrassenabgabe-Verordnung, NSAV; SR 741.72)
• Verordnung vom 7. November 1994 über die Aufwandentschädigung für den Verkauf der «Autobahn-Vignette» zur Benützung der National-strassen (SR 741.724)

Spielbankenabgabe

• BV 106 Abs. 3
• Bundesgesetz vom 18. Dezember 1998 über Glücksspiele und Spielbanken (Spielbankengesetz, SBG; SR 935.52)
• Verordnung vom 23. Februar 2000 über Glücksspiele und Spielbanken (Spielbankenverordnung, VSBG; SR 935.521)

Zölle

• BV 133
• Zollgesetz vom 18. März 2005 (ZG; SR 631.0)
• Zollverordnung vom 1. November 2006 (ZV; SR 631.10)

CO_2-Abgabe

• BV Art. 74
• Bundesgesetz vom 8. Oktober 1999 über die Reduktion der CO_2-Emissionen (CO_2-Gesetz; SR 641.71)
• Verordnung vom 22. Juni 2005 über die Anrechnung der im Ausland erzielten Emissionsverminderungen (CO_2-Anrechnungsverordnung; SR 641.711.1)
• Verordnung vom 8. Juni 2007 über die CO_2-Abgabe (CO_2-Verordnung; SR 641.712)
• Verordnung des UVEK vom 27. September 2007 über das nationale Emissionshandelsregister (SR 641.712.2)
• Bundesbeschluss vom 23. März 2007 über die Kompensation der CO_2-Emissionen von Gaskombikraftwerken (SR 641.72)
• Verordnung vom 21. Dezember 2007 über die Kompensation der CO_2-Emissionen von Gaskombikraftwerken (SR 641.721)

I. TEIL: GRUNDLAGEN

1 Steuern als öffentliche Abgaben

Literatur zur Vertiefung:
BLUMENSTEIN/LOCHER, System, S. 1 ff.
HÖHN/WALDBURGER, Steuerrecht I, S. 3 ff.
OBERSON, Droit fiscal, S. 3 ff.
REICH, Steuerrecht, S. 17 ff.
RYSER/ROLLI, Précis, S. 3 ff.
WYSS DANIELA, Kausalabgaben, Zürich 2009

Als Gemeinwesen treten in der Schweiz der Bund, die Kantone und die Gemeinden, in einigen Kantonen zusätzlich Bezirke und Kreise auf. Diese Gemeinwesen haben zahlreiche Aufgaben zu erfüllen. Für die Erfüllung ihrer Aufgaben erheben sie aufgrund ihrer Hoheitsgewalt von den ihnen unterstellten Personen Leistungen in Form von Naturallasten und öffentlichen Abgaben. Die Naturallasten und öffentlichen Abgaben werden als öffentliche Lasten bezeichnet.

Naturallasten sind jene Leistungen, die das Individuum persönlich (z.B. Militärdienst, Feuerwehrdienst) oder in Form von Sachaufwendungen (z.B. Parkplatz- oder Schutzraumerstellung) erbringt.

Öffentliche Abgaben sind finanzielle Leistungen des Individuums an das Gemeinwesen. Die öffentlichen Abgaben werden im Allgemeinen in Kausalabgaben und Steuern unterteilt.

Kausalabgaben sind jene öffentlichen Abgaben, die im Zusammenhang mit einer Gegenleistung des Gemeinwesens erhoben werden. Steuern dagegen sind ohne Anspruch auf eine konkrete Gegenleistung geschuldet.

Die Kausalabgaben werden weiter unterteilt in
• Gebühren;
• Vorzugslasten (auch Beiträge genannt);
• Ersatzabgaben.

Gebühren sind das Entgelt für bestimmte, vom Individuum veranlasste Amtshandlungen wie Verwaltungsgebühren (Gebühr für das Ausstellen von Ausweisen, schriftliche Bescheinigungen, Erteilen von Baubewilligungen, Gerichtsgebühren) oder für die Benützung einer öffentlichen Einrichtung (Benützungsgebühr: z. B. Schulgelder, Spitalgebühren, Müllabfuhr).

Vorzugslasten gleichen einen Sondervorteil aus, der einem Individuum aus einer öffentlichen Einrichtung erwächst. Sie werden teilweise auch als Beiträge bezeichnet und häufig im Zusammenhang mit Bauten erhoben, welche der Erschliessung von Bauland dienen (Grundeigentümerbeiträge für Strassen, Kanalisation und Kläranlagen, Wasser-, Gas- und Elektrizitätsleitungen).

Bei den Ersatzabgaben handelt es sich um finanzielle Leistungen eines Individuums als Ersatz für Naturallasten, von denen es dispensiert wird (Militärpflichtersatz, Feuerwehrpflichtersatz). z. B. wegen UT

Bei den Kausalabgaben hat das Gemeinwesen v. a. das Kostendeckungs- und das Äquivalenzprinzip zu beachten. Nach dem Kostendeckungsprinzip soll der Gesamtbetrag der Abgabe die gesamten Kosten für die Leistungserbringung nicht übersteigen. Das Äquivalenzprinzip verlangt, dass die Abgabe nicht in einem offensichtlichen Missverhältnis zum objektiven Wert der Leistung steht.

Im Gegensatz zu den Kausalabgaben sind Steuern «voraussetzungslos» geschuldet. Sie werden einzig aufgrund der Zugehörigkeit des Abgabepflichtigen zum Gemeinwesen erhoben. Unbeachtlich ist dabei, ob dieser die Leistungen des Gemeinwesens, die daraus finanziert werden, in Anspruch nimmt oder nicht.

Mit den Steuern beschaffen sich die Gemeinwesen in erster Linie die notwendigen Einnahmen zur Deckung ihrer allgemeinen Ausgaben oder zur Finanzierung bestimmter Aufgaben (fiskalischer Zweck); sie können jedoch auch der Verhaltenslenkung dienen (Lenkungsabgaben). Die Steuern sind finanzielle Leistungen der Individuen an das Gemeinwesen, die dieses aufgrund seiner Hoheitsgewalt einfordert.

Als Gemeng- oder Kostenanlastungssteuern werden Abgaben bezeichnet, die Elemente einer Kausalabgabe und einer Steuer aufweisen. Ein Teil ist Entgelt für staatliche Leistungen oder Vorteile, der Rest ist eine gegenleistungslos geschuldete Abgabe. Auch diese Abgaben stellen Steuern dar, weil sie voraussetzungslos, d. h. unabhängig vom konkreten Nutzen oder vom konkreten Verursacheranteil des Pflichtigen, erhoben werden (BGE 129 I 346 ff.).

Darstellung 1: Öffentliche Abgaben

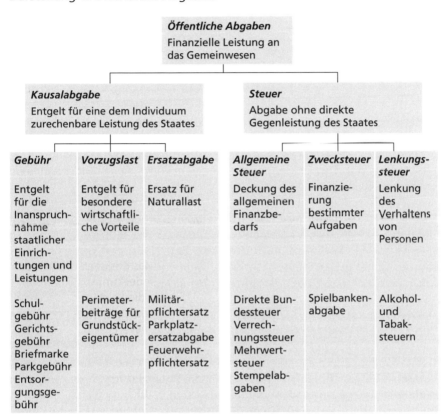

Öffentliche Abgaben
Finanzielle Leistung an
das Gemeinwesen

Kausalabgabe			**Steuer**		
Entgelt für eine dem Individuum zurechenbare Leistung des Staates			Abgabe ohne direkte Gegenleistung des Staates		
Gebühr	**Vorzugslast**	**Ersatzabgabe**	**Allgemeine Steuer**	**Zwecksteuer**	**Lenkungssteuer**
Entgelt für die Inanspruchnahme staatlicher Einrichtungen und Leistungen	Entgelt für besondere wirtschaftliche Vorteile	Ersatz für Naturallast	Deckung des allgemeinen Finanzbedarfs	Finanzierung bestimmter Aufgaben	Lenkung des Verhaltens von Personen
Schulgebühr Gerichtsgebühr Briefmarke Parkgebühr Entsorgungsgebühr	Perimeterbeiträge für Grundstückeigentümer	Militärpflichtersatz Parkplatzersatzabgabe Feuerwehrpflichtersatz	Direkte Bundessteuer Verrechnungssteuer Mehrwertsteuer Stempelabgaben	Spielbankenabgabe	Alkohol und Tabaksteuern

Gemengsteuer
(Kostenanlastungssteuer)

Beispiele für Gemeng- bzw. Kostenanlastungssteuern:
• Abgabe für Inventarerstellung in Promillen des inventarisierten Vermögens;
• Hundesteuer;
• Kurtaxen;
• Motorfahrzeugsteuern;
• Schiffssteuer;
• Verkehrstaxe.

2   Das schweizerische Steuersystem

Literatur zur Vertiefung:
BLUMENSTEIN/LOCHER, System, S. 16 ff. und S. 159 ff.
HÖHN/WALDBURGER, Steuerrecht I, S. 37 ff.
OBERSON, Droit fiscal, S. 12 ff.
REICH, Steuerrecht, S. 13 ff.

Unter einem Steuersystem versteht man die Verteilung von verschiedenen Steuerarten auf die Hoheitsträger in einem Staat. Die unterschiedlichen Steuersysteme sind geprägt von der geschichtlichen Entwicklung in einem Land, von geografischen Gegebenheiten, vom politischen Standort und von weiteren Besonderheiten.

Das schweizerische Steuersystem ist dadurch gekennzeichnet, dass sowohl der Bund als auch die 26 Kantone und sogar die rund 3000 Gemeinden z. T. gleiche und z. T. verschiedene Steuern erheben. Nebst dem Bund hat jeder Kanton sein eigenes Steuergesetz. Die Gemeinden erheben ihre Steuern i. d. R. als Zuschläge zu den kantonalen Steuern.

Darstellung 2 gibt einen Überblick über die Steuern, die vom Bund, von den Kantonen und den Gemeinden erhoben werden.

Darstellung 3 zeigt die Erträge, die dem Bund, den Kantonen und Gemeinden aus den verschiedenen Steuern für die Finanzierung ihrer Aufgaben zufliessen. Die gesamten Einnahmen von Bund, Kantonen und Gemeinden betrugen in den Jahren 2008 bzw. 2007 CHF 192 313 Mio., wobei der Anteil der Steuern mit CHF 120 317 Mio. rund 63 Prozent betrug.

Beim Bund liegt das Schwergewicht auf den Verbrauchssteuern, d. h. auf der Mehrwertsteuer, den Treibstoffbelastungen und den Zöllen (Einfuhrzölle).

Bei den Kantonen und Gemeinden machen die Einkommens- und Vermögenssteuern von natürlichen Personen sowie die Gewinn- und Kapitalsteuern von juristischen Personen 90 Prozent ihrer gesamten Steuereinnahmen aus.

Darstellung 2: Das schweizerische Steuersystem

Steuerhoheitsträger Steuer	Bund	Kantone	Gemeinden
Einkommens- und Vermögens- steuer von natürlichen Personen	Einkommenssteuer	Einkommens- und Vermögenssteuern	Einkommens- und Vermögenssteuern; i. d. R. als Zuschläge zur kantonalen Steuer
Gewinn- und Kapitalsteuer von juristischen Personen	Gewinnsteuer	Gewinn- und Kapitalsteuer	z. T. als Zuschläge zur kantonalen Steuer; oft nur Anteil am kantonalen Steuer- ertrag
Spezielle Einkommens- und Vermögenssteuern	Verrechnungssteuer	Grundstück gewinnsteuer	Grundstück- gewinnsteuer Grundsteuer (Liegenschaften- steuer)
Rechtsverkehrs- steuern	Stempelabgaben auf Urkunden (Emission, Umsatz, Versicherungs- prämien)	Erbschafts- und Schenkungssteuer Handänderungs- steuer	Erbschafts- und Schenkungssteuer Handänderungs- steuer
Wirtschaftsverkehrs- und allgemeine Verbrauchssteuern	Mehrwertsteuer Tabaksteuer Biersteuer Zölle und Zollzuschläge Alkoholsteuer Mineralölsteuer Automobilsteuer Spielbankenabgabe	Spielbankenabgabe	Kurtaxen
Besitz- und Aufwandsteuern	Schwerverkehrs- abgabe Nationalstrassen- abgabe (Autobahnvignette)	Beherbergungs- und Gastwirt- schaftssteuern Motorfahrzeug- steuer	Vergnügungssteuer Hundesteuer

Darstellung 3: Steuereinnahmen Bund (im Jahr 2008) sowie Kantone und Gemeinden (im Jahr 2007)

In Mio. CHF	Total	in %	Bund	in %	Kantone	in %	Gemeinden	in %
Einkommenssteuern	47479		9004		22809		15666	
Vermögenssteuern	5281				3109		2172	
Gewinnsteuern	17800		8509		6031		3260	
Kapitalsteuern	1734				1094		640	
Total Hauptsteuern	72294	60%	17513	30%	33043	87%	21738	93%
Grundstückgewinnsteuern	1357				837		520	
Erbschafts- und Schenkungssteuern	877				774		103	
Verrechnungssteuer	6460		6460					
Eidg. Stempelabgaben	2975		2975					
Vermögensverkehrssteuern	1126				908		218	
Zinssteuer (*)	184		166		18			
Mehrwertsteuer	20512		20512					
Tabaksteuer	2186		2186					
Alkoholsteuer	235		235					
Biersteuer	110		110					
Mineralölsteuer	5222		5222					
Automobilsteuer	363		363					
Motorfahrzeugsteuer	1974				1974			
Schwerverkehrsabgabe	1441		1441					
Nationalstrassenabgabe	333		333					
Reine Lenkungssteuern	163		163					
Grundsteuern	893				265		628	
Besitz- und Aufwandsteuern	137				84		53	
Eidg. Spielbankenabgabe	455		455					
Zölle	1017		1017					
Übrige Steuern	3		3					
Total Nebensteuern	48023	40%	41641	70%	4860	13%	1522	7%
Total Fiskaleinnahmen	120317	100%	59154	49%	37903	32%	23260	19%

(*) CHF 554 Mio (= drei Viertel der Einnahmen) überwies der Bund den 27 EU-Staaten
Quelle: Eidg. Finanzdepartement (Hrsg), Öffentliche Finanzen 2009
Abweichungen zu den amtlichen Rechnungen: Zusätzlich Zinssteuer und Alkoholsteuer erkannt.

3 Einteilung der Steuern nach Steuerarten

Literatur zur Vertiefung:
BLUMENSTEIN/LOCHER, System, S. 5 ff. und S. 156 ff.
HÖHN/WALDBURGER, Steuerrecht I, S. 44 ff.
OBERSON, Droit fiscal, S. 8 ff.
REICH, Steuerrecht, S. 24 ff.
RYSER/ROLLI, Précis, S. 17 ff.

Die Steuern können nach verschiedenen Kriterien unterteilt werden. Die hauptsächlichsten Unterscheidungskriterien werden im Folgenden dargestellt.

3.1 Periodische und nicht periodische Steuern

Periodische Steuern werden in regelmässigen Abständen erhoben. Dazu gehören insbesondere die Einkommens- und Vermögenssteuer, die Gewinn- und Kapitalsteuer sowie die Grundsteuer (z. T. als Liegenschaftensteuer bezeichnet). (wiederkehrende Steuern, einmal pro Jahr)

Einmalige Steuern werden auf unregelmässigen Ereignissen erhoben. Einmalige Steuern sind z. B. die Stempelsteuer, die Erbschafts- und Schenkungssteuer und die Grundstückgewinnsteuer.

3.2 Subjekt- und Objektsteuern

Merkmal der Unterscheidung in Subjekt- und Objektsteuern ist das Verhältnis der Steuer zur persönlichen Leistungsfähigkeit des Steuerpflichtigen.

Subjektsteuern berücksichtigen die wirtschaftliche Leistungsfähigkeit des Steuerpflichtigen. Subjektsteuern sind z. B. die Einkommens- und Vermögenssteuer sowie die Gewinn- und Kapitalsteuer.

Objektsteuern belasten ein einzelnes Steuerobjekt unbeachtlich der wirtschaftlichen Leistungsfähigkeit des Steuersubjektes. Zu den Objektsteuern zählen u. a. die Stempelsteuer, die Verrechnungssteuer und die Mehrwertsteuer.

3.3 Direkte und indirekte Steuern

Für die Unterscheidung in direkte und indirekte Steuern werden zwei Kriterien verwendet:

* Verhältnis Steuersubjekt/Steuerträger: Als direkte Steuern gelten nach diesem Kriterium solche, bei welchen Steuersubjekt und Steuerträger identisch sind. Die Steuern können nicht überwälzt werden, z.B. die Einkommens- und Vermögenssteuer sowie die Gewinn- und Kapitalsteuer. Indirekte Steuern können (oder müssen) vom Steuerpflichtigen als Steuersubjekt auf einen Dritten als Steuerträger überwälzt werden, z.B. die Verrechnungssteuer und die Mehrwertsteuer.
* Verhältnis Steuerobjekt/Berechnungsgrundlage: Nach dieser Unterscheidung ist bei den direkten Steuern das Steuerobjekt zugleich auch Steuerberechnungsgrundlage, z.B. bei der Einkommens- und Vermögenssteuer und der Gewinn- und Kapitalsteuer.
* Bei den indirekten Steuern sind Steuerobjekt und Steuerberechnungsgrundlage verschieden, z.B. bei der Mehrwertsteuer sowie der Erbschafts- und Schenkungssteuer.

3.4 Beim Empfänger erhobene Steuern und Quellensteuern

Steuern auf Leistungen können entweder beim Leistungsempfänger oder beim Leistungsschuldner erhoben werden. I.d.R. werden die Steuern beim Leistungsempfänger nachträglich, d.h. nach Eintritt des steuerbaren Ereignisses, veranlagt. Bei gewissen Steuern muss aber der Leistungsschuldner diese direkt von der dem Leistungsempfänger geschuldeten Leistung abziehen, weshalb diese Steuern als Quellensteuern bezeichnet werden, z.B. bei der Verrechnungssteuer oder der Quellensteuer auf Erwerbseinkommen von Ausländern ohne Niederlassungsbewilligung.

4 Rechtsgrundlagen und Schranken der Besteuerung

Literatur zur Vertiefung:
BLUMENSTEIN/LOCHER, System, S. 5 ff. und S. 13 ff.
HÖHN/WALDBURGER, Steuerrecht I, S. 81 ff.
OBERSON, Droit fiscal, S. 12 ff. und S. 22 ff.
REICH, Steuerrecht, S. 49 ff.
RYSER/ROLLI, Précis, S. 51 ff.

4.1 Rechtmässigkeit, Verfassungsmässigkeit und Schranken der Besteuerung

4.1.1 Allgemeines

Als Grundvoraussetzung für die Erhebung von Steuern muss einem Gemeinwesen die entsprechende Kompetenz (Steuerhoheit) in der Verfassung zugewiesen sein (vgl. nachfolgend 4.2).

Bei der Ausübung der Steuerhoheit sind relativ enge verfassungsmässige Grundsätze und Schranken zu beachten. So wird in BV 127 Abs. 1 explizit verlangt, dass die wesentlichen Elemente der Besteuerung in einem formellen Gesetz generell-abstrakt geregelt sind. So dürfen z.B. neue kantonale Steuern nicht durch eine Verordnung des Regierungsrates eingeführt werden, sondern nur durch ein referendumspflichtiges Gesetz. Ausführungsbestimmungen können aber auch im Steuerrecht auf dem Verordnungsweg geregelt sein.

Inhaltlich muss das Steuergesetz mindestens die Frage der Steuerpflicht (Steuersubjekt), den Gegenstand der Steuer (Steuerobjekt) und die Bemessungsgrundlage in den Grundzügen regeln (BV 127 Abs. 1).

Darüber hinaus hält BV 127 Abs. 2 drei wesentliche Grundsätze fest, welche vom Gesetzgeber und von den Steuerbehörden bei der Besteuerung zu berücksichtigen sind: die Grundsätze der Allgemeinheit und der Gleichmässigkeit der Besteuerung sowie der Besteuerung nach der wirtschaftlichen Leistungsfähigkeit. Hinzu kommt in BV 127 Abs. 3 das Verbot der interkantonalen Doppelbesteuerung (vgl. nachfolgend VII. 2.1).

Selbstverständlich sind auch alle übrigen verfassungsmässigen Grundsätze und Schranken bei der Ausgestaltung der Steuergesetze wie auch bei deren Anwendung zu beachten. Von Bedeutung sind dabei insbesondere der

Grundsatz der Rechtsgleichheit (BV 8), das Willkürverbot (BV 9), die Glaubens- und Gewissensfreiheit (BV 15), die Eigentumsgarantie (BV 26), die Wirtschaftsfreiheit (BV 27), die allgemeinen Verfahrensgarantien (BV 8 und 29), insbesondere der Anspruch auf gleiche und gerechte Behandlung sowie auf Behandlung innert angemessener Frist und der Anspruch auf rechtliches Gehör (vgl. nachfolgend II. E 3.2.8), die Grundsätze der Wirtschaftsordnung (BV 94) und das Verbot von Steuerabkommen (BV 129 Abs. 3).

4.1.2 Die verfassungsmässigen Grundsätze und Schranken im Einzelnen

Der Grundsatz der Allgemeinheit der Besteuerung bezieht sich auf das Steuersubjekt und verlangt, dass der Kreis der steuerpflichtigen Personen nach sachgemässen Kriterien bestimmt wird. Er beinhaltet somit einerseits ein Privilegierungs- und andererseits ein Diskriminierungsverbot.

Beispiele:

- Ein Steuergesetz, welches Parlamentarier von der Einkommenssteuerpflicht befreit, würde gegen das Privilegierungsverbot verstossen.
- Ein Verstoss gegen das Diskriminierungsverbot würde vorliegen, wenn DBG 3 Abs. 3 neben den Tatbeständen von lit. a und b vorsehen würde, dass steuerrechtlicher Aufenthalt für Personen, welche Verwandte mit Wohnsitz in der Schweiz haben, bereits bei einer Aufenthaltsdauer von 5 (mit Erwerbstätigkeit) bzw. 15 Tagen (ohne Erwerbstätigkeit) vorliegt.

Analog dazu bezieht sich der Grundsatz der Gleichmässigkeit der Besteuerung auf die objektive Seite des Steuerrechtsverhältnisses, nämlich das Steuerobjekt, die Bemessungsgrundlage und das Steuermass. Dieser Grundsatz ist insbesondere dann eingehalten, wenn eine Steuer gleiche Tatbestände jeweils gleichermassen erfasst oder freistellt und wenn die gleiche Berechnungsgrundlage auch zu gleich hohen Steuern führt. Dies schliesst aber auch ein, dass wesentlich unterschiedliche Tatbestände auch unterschiedlich behandelt werden müssen.

Beispiele:

- Die Erhebung der Billettsteuer auf dem Golfspiel, nicht aber auf dem Kegeln ist verfassungswidrig (BGE 90 I 159).
- Ein Sozialabzug für AHV-Rentner, nicht aber für IV-Rentner ist verfassungswidrig (StE 1988 SO A 21.11 Nr. 19).

Der Grundsatz der Besteuerung nach der wirtschaftlichen Leistungsfähigkeit (BV 127 Abs. 2) verlangt, dass jeder Bürger im Verhältnis der ihm zur Verfügung stehenden Mittel und der seine Leistungsfähigkeit beeinflussenden persönlichen Verhältnisse zur Deckung des staatlichen Finanzbedarfs beitragen soll.

Beispiele:

- Es ist verfassungswidrig, wenn Verheiratete stärker belastet werden als getrennt besteuerte Konkubinatspaare (BGE 112 Ia 311; BGE 120 Ia 343).
- Ein Steuerpflichtiger, dessen Einkünfte ausschliesslich aus einer IV-Rente und Ergänzungsleistungen bestehen, kann auch im Lichte der Besteuerung nach der wirtschaftlichen Leistungsfähigkeit für Einkommenssteuern veranlagt werden. Er kann nicht unter Berufung auf die Garantie des Existenzminimums die Befreiung von der gesetzmässigen Besteuerung verlangen (BGE 122 I 101).
- Degressive Steuertarife verstossen gegen den Grundsatz der Besteuerung nach der wirtschaftlichen Leistungsfähigkeit und sind unzulässig (vgl. dazu BGE 133 I 206).

Der Grundsatz der Rechtsgleichheit (BV 8) und das Willkürverbot (BV 9) verlangen, dass bei der Steuergesetzgebung keine Unterscheidungen getroffen werden, für die ein vernünftiger Grund nicht ersichtlich ist, bzw. dass umgekehrt Unterscheidungen getroffen werden, welche sich aufgrund der unterschiedlichen Verhältnisse aufdrängen. Das Willkürverbot verbietet insbesondere Steuerrechtsnormen und Steuerverfügungen, welche sich nicht auf ernsthafte und sachliche Gründe stützen lassen oder die sinn- und zwecklos sind.

Beispiele:

- Es verletzt den Grundsatz der Rechtsgleichheit, wenn nur Männer eine Feuerwehrpflichtersatzabgabe bezahlen müssen (BGE 123 I 56).
- Eine Weisung der Steuerbehörden verstösst gegen das Willkürverbot, wenn sie dazu führt, dass die Vermögenssteuerwerte von Einfamilienhäusern weniger als 60 Prozent des Marktwertes betragen (BGE 124 I 193).

Der Grundsatz der Eigentumsgarantie bedeutet im Steuerrecht, dass die Steuerbelastung nicht derart gross werden darf, dass für die Bezahlung das Einkommen und der Vermögensertrag nicht ausreichen und Vermögenswerte veräussert werden müssen (Verbot der konfiskatorischen Besteuerung). Bis heute hat das Bundesgericht erst in einem Fall eine Besteuerung als konfiskatorisch beurteilt (ASA 56, 439).

Beispiele:

- Es ist keine konfiskatorische Besteuerung, wenn eine Vermögenssteuer auf Vermögensanlagen wie z.B. Gold erhoben wird, bei welchen der Eigentümer freiwillig auf einen Ertrag verzichtet (ASA 51, 552 E. 6).
- Bei Liegenschaften ist für die Frage der konfiskatorischen Besteuerung die Würdigung der Verhältnisse auf längere Zeit massgebend. So verstösst es nicht gegen das Verbot der konfiskatorischen Besteuerung, wenn bei Liegenschaften die Steuerbelastung in einzelnen Jahren höher ist als der gesamte Ertrag aus der Liegenschaft, weil im Bereich des Immobilienbesitzes auch die Erzielung eines Kapitalgewinnes zu berücksichtigen ist.
- Grundsätzlich ist es mit der Eigentumsgarantie vereinbar, wenn der Anfall eines Rentenstammrechts der Erbschaftssteuer unterliegt und in der Folge jede einzelne Rentenzahlung als Einkommen besteuert wird; fällt jedoch eine Leibrente einer in bescheidenen Verhältnissen lebenden Person an, so ist die Belastung einer kaum existenzsichernden Rente mit insgesamt 55 Prozent (Erbschafts- und Einkommenssteuern zusammen) als konfiskatorisch zu bezeichnen (ASA 56, 439).

Der Grundsatz der Wirtschaftsfreiheit (BV 27 sowie 94 Abs. 1) darf durch steuerrechtliche Vorschriften nicht eingeschränkt werden. Dies bedeutet, dass besondere Gewerbesteuern durch allgemeine Interessen gerechtfertigt sein müssen und nicht prohibitiv wirken dürfen, d.h., sie müssen einen angemessenen Gewinn zulassen.

Gemäss den verfassungsmässigen Grundsätzen der Wirtschaftsordnung haben der Bund und die Kantone ausserdem im Rahmen ihrer Zuständigkeiten für günstige Rahmenbedingungen für die private Wirtschaft zu sorgen (BV 94 Abs. 3). Weil Steuern zu den Rahmenbedingungen für die private Wirtschaft gehören, ist dieser Grundsatz auch für das Steuerrecht von Bedeutung. Aus dieser Bestimmung kann allerdings nicht abgeleitet werden, dass die Unternehmen keine oder absolut tiefe Steuern zu bezahlen haben. Sie verpflichtet lediglich Bund und Kantone, dafür zu sorgen, dass die Unternehmensbesteuerung auch im internationalen Vergleich optimal ausgestaltet ist.

Der Grundsatz der Glaubens- und Gewissensfreiheit (BV 15) verhindert die Erhebung von Kirchensteuern von Personen, die nicht der entsprechenden Religionsgemeinschaft angehören. Nach der Praxis des Bundesgerichts können sich nur natürliche Personen auf die Glaubens- und Gewissensfreiheit berufen.

Die Frage der Kirchensteuerpflicht von juristischen Personen ist umstritten. Das Bundesgericht beurteilt die im kantonalen Recht stark verbreitete

Kirchensteuerpflicht der juristischen Personen nicht als verfassungswidrig (StE 2000 TG A 25 Nr. 8). Von der Kirchensteuerpflicht ausgenommen sind lediglich jene juristischen Personen, die eine andere religiöse oder kirchliche Zielsetzung verfolgen als die Kirchgemeinden und Landeskirchen, für welche Kirchensteuern erhoben werden.

Das Verbot der interkantonalen Doppelbesteuerung (BV 127 Abs. 3) untersagt die Besteuerung eines Steuerpflichtigen durch zwei oder mehr Kantone für das gleiche Steuerobjekt für die gleiche Zeit. Die Verfassungsnorm ermächtigt den Bund, entsprechende Massnahmen zu treffen. Ein entsprechendes Gesetz wurde bisher aber nicht geschaffen, weshalb das interkantonale Doppelbesteuerungsrecht zu einem grossen Teil auf der Praxis des Bundesgerichts basiert (sog. Richterrecht; vgl. nachfolgend VII. 2.1).

BV 129 Abs. 3 untersagt aus Gründen der Rechtsgleichheit den Kantonen, mit einzelnen Steuerpflichtigen ungerechtfertigte Steuerabkommen abzuschliessen. Die Kantone haben freiwillig ein interkantonales Konkordat über den Ausschluss von Steuerabkommen abgeschlossen, sodass der Bund bis heute keine entsprechenden Ausführungsvorschriften erlassen musste.

4.2   Rechtsgrundlagen der Bundessteuern

Der Bund benötigt für die Steuererhebung eine ausdrückliche Verfassungsgrundlage. Zurzeit hat er die Kompetenz zur Erhebung folgender Steuern:

- BV 106 Abs. 3   Spielbankenabgabe
- BV 128   Direkte Bundessteuer
- BV 130   Mehrwertsteuer
- BV 131   Verbrauchssteuern (Tabak, Alkohol, Bier, Automobile, Mineralöl, Erdgas und Treibstoffe)
- BV 132   Stempelabgabe und Verrechnungssteuer
- BV 133   Ein- und Ausfuhrzölle

Die Bundessteuern sind in Gesetzen geregelt (DBG, VStG, StG, MWSTG). In Ergänzung dazu sind auf dem Gebiet der Bundessteuern überdies Verordnungen zu den Steuergesetzen sowie Kreisschreiben, Merkblätter und Wegleitungen der EStV zu beachten. Daneben ist die Rechtsprechung des Bundesgerichts insbesondere für das interkantonale Steuerrecht von grosser Bedeutung. Ebenfalls wichtig sind die vom Bund abgeschlossenen bilateralen Staatsverträge zur Vermeidung der Doppelbesteuerung (Doppelbesteuerungsabkommen; vgl. nachfolgend VII. 3.1).

4.3   Rechtsgrundlagen der kantonalen Steuern

Die Kantone können aufgrund ihrer Souveränität gemäss BV 3 jede Steuer erheben, die nicht durch die Bundesverfassung allein dem Bund vorbehalten ist. Sie benötigen – im Gegensatz zum Bund – keine ausdrückliche Grundlage in der Kantonsverfassung. Alle 26 Kantone haben ihre Steuern in kantonalen Steuergesetzen geregelt.

Der Bund verfügt mittels der Steuerharmonisierungskompetenz gemäss BV 129 ebenfalls über eine Gesetzgebungskompetenz, die sich auf die kantonalen und kommunalen Steuern bezieht. Der Bund hat in Zusammenarbeit mit den Kantonen für die Harmonisierung der direkten Steuern von Bund, Kantonen und Gemeinden zu sorgen. Er hat das Bundesgesetz über die Harmonisierung der direkten Steuern der Kantone und Gemeinden vom 14. Dezember 1990 erlassen (Steuerharmonisierungsgesetz, StHG), welches am 1. Januar 1993 in Kraft getreten ist.

Das StHG legt die Grundsätze für die Gesetzgebung der Kantone über Steuerpflicht, Steuergegenstand, zeitliche Bemessung der Steuern, Verfahrensrecht und Steuerstrafrecht fest. Von der Harmonisierung ausgenommen sind insbesondere die Steuertarife, die Steuersätze und die Steuerfreibeträge. Das StHG verpflichtete die Kantone, bis Ende 2000 ihre Gesetzgebung an das StHG anzupassen. Seit dem Ablauf dieser Frist findet das Bundesrecht direkt Anwendung, wenn ihm das kantonale Recht widerspricht (StHG 72 Abs. 2).

5 Das Steuerrechtsverhältnis

Literatur zur Vertiefung:
BLUMENSTEIN/LOCHER, System, S. 15
HÖHN/WALDBURGER, Steuerrecht I, S. 25 ff.
OBERSON, Droit fiscal, S. 53 ff.
REICH, Steuerrecht, S. 103 ff.
RYSER/ROLLI, Précis, S. 23 ff.

Damit von einer bestimmten Person eine Steuer erhoben werden kann, muss zwischen der Person und dem Steuerhoheitsträger ein Steuerrechtsverhältnis bestehen. Das Steuerrechtsverhältnis besteht aus fünf Elementen, welche in der Verfassung oder in einem formellen Gesetz geregelt sein müssen: Steuerhoheit, Steuersubjekt, Steuerobjekt, Steuerberechnungsgrundlage und Steuermass.

Beispiel:
Die Muster AG hat ihren Sitz in St. Gallen. Sie weist in der Bilanz per Ende des Geschäftsjahres ein Eigenkapital inkl. Reserven von CHF 750 000 aus. Ihr ausgewiesener Gewinn für das abgeschlossene Geschäftsjahr beträgt CHF 150 000.

Steuerhoheit	Bund: BV 128 Abs. 1, DBG 1; Kanton SG: BV 3, StHG 2 Abs. 1. Bei der direkten Bundessteuer steht die Rechtsetzungshoheit dem Bund zu (BV 128 Abs. 1), die Verwaltungshoheit den Kantonen (BV 128 Abs. 4) und die Ertragshoheit zu 83 Prozent dem Bund und zu 17 Prozent den Kantonen (BV 128 Abs. 4). I. d. R. wird unter dem Begriff der Steuerhoheit die Rechtsetzungshoheit verstanden.
Steuersubjekt	Die Gesellschaft; Bund: DBG 49, StHG 20 Abs. 1; Kanton SG: StG-SG 1 lit. b und 70 ff.
Steuerobjekt	Der Reingewinn für die Gewinnsteuer; Bund: DBG 57, StHG 20 Abs. 1; Kanton SG: StG-SG 81. Das Eigenkapital für die Kapitalsteuer (nur Kanton), StHG 29; Kanton SG: StG-SG 96.
Steuerberechnungs-grundlage	Der Reingewinn des Geschäftsjahres; DBG 80 Abs. 1, StHG 31 Abs. 3; Kanton SG: StG-SG 103 Abs. 1. Das Eigenkapital am Ende des Geschäftsjahres (nur Kanton), StHG 31 Abs. 4; Kanton SG: StG-SG 104 Abs. 1.
Steuermass	Bund: 8,5% proportionale Gewinnsteuer, DBG 68. Kanton SG: Einfache Steuer gemäss kantonalem Tarif, StG-SG 89 für die Gewinnsteuer und StG-SG 99 für die Kapitalsteuer, multipliziert mit dem jährlich festgelegten Steuerfuss, StG-SG 6.

Diese fünf Elemente werden jeweils bei den einzelnen Steuerarten ausführlicher dargestellt, weshalb wir uns an dieser Stelle auf eine zusammenfassende Übersicht beschränken.

Darstellung 4: Die fünf Elemente des Steuerrechtsverhältnisses

Steuerhoheit	Öffentlich-rechtliche Befugnis, Steuern zu erheben.	Subjektive Seite des Steuerrechtsverhältnisses
	Die Steuerhoheit kommt nur öffentlich-rechtlichen Körperschaften mit Gebietshoheit zu. Sie umfasst drei Teilbefugnisse:	
	• die Rechtsetzungshoheit, d. h. die Befugnis, Steuern in Rechtsnormen anzuordnen;	
	• die Ertragshoheit, d. h. die Befugnis, über die Steuern zu verfügen;	
	• die Verwaltungshoheit, d. h. die Befugnis, Steuern im Einzelfall festzusetzen und einzufordern.	
	Der Bund und die Kantone besitzen eine ursprüngliche, die Gemeinden eine abgeleitete Steuerhoheit.	
Steuersubjekt	Zur Steuerleistung verpflichtete Person.	
	Voraussetzungen:	
	• gewisse persönliche Eigenschaften (insbesondere Rechtsfähigkeit);	
	• persönliche oder wirtschaftliche Zugehörigkeit;	
	• keine Ausnahme von der Steuerpflicht.	
Steuerobjekt	Gegenstand der Steuererhebung. Unterteilung in:	Objektive Seite des Steuerrechtsverhältnisses
	• Zustände (Grundeigentum für die Liegenschaftensteuer);	
	• Ereignisse (Einkommen für die Einkommenssteuer).	
Steuerberechnungsgrundlage	Wertmässige Erfassung des Steuerobjektes.	Betragsmässige Seite des Steuerrechtsverhältnisses
Steuermass	Massstab der Steuerbelastung, bestehend aus:	
	• Tarif (Steuersatz) sowie oft	
	• Steuerfuss (bei den kantonalen Einkommens- und Vermögenssteuern sowie i. d. R. bei den Gewinn- und Kapitalsteuern).	

II. TEIL: DIREKTE STEUERN AUF EINKOMMEN UND VERMÖGEN VON NATÜRLICHEN PERSONEN SOWIE AUF GEWINN UND KAPITAL VON JURISTISCHEN PERSONEN

A EINKOMMENS- UND VERMÖGENSSTEUER NATÜRLICHER PERSONEN

1 Steuerhoheit

Literatur zur Vertiefung:
BLUMENSTEIN/LOCHER, System, S. 43 ff.
HÖHN/WALDBURGER, Steuerrecht I, S. 211 ff.
LOCHER, Kommentar DBG I, Art. 1
OBERSON, Droit fiscal, S. 16 ff.
REICH, Steuerrecht, S. 175 ff.
RYSER/ROLLI, Précis, S. 23 ff.
ZWEIFEL/ATHANAS, Kommentar DBG, Art. 1 N 1 ff. (VALLENDER/LOOSER)
ZWEIFEL/ATHANAS, Kommentar StHG, Vorbemerkungen Art. 1/2 N 1 ff. (REICH)

Die Steuerhoheit für die Erhebung von Einkommenssteuern steht in der Schweiz dem Bund, den Kantonen und den Gemeinden zu. Im Gegensatz zum Bund (BV 128 Abs. 1) erheben die Kantone zusätzlich eine Vermögenssteuer (StHG 2 Abs. 1 lit. a).

Dem Bund steht dabei aufgrund seiner Stellung als Bundesstaat und der Kompetenzermächtigung in der Bundesverfassung eine sog. ursprüngliche Steuerhoheit zu. Gemäss BV 128 hat er die bis Ende 2020 befristete (BV 196 Ziff. 13) Kompetenz zur Erhebung der direkten Bundessteuer vom Einkommen der natürlichen Personen.

Die Kantone besitzen als Gliedstaaten ebenfalls eine ursprüngliche Steuerhoheit, die sich auf BV 3 und die Kantonsverfassungen stützt. Die

Steuerhoheit der Kantone ist allerdings eingeschränkt durch die ausdrücklichen Vorbehalte in der Verfassung zugunsten des Bundes, durch die Harmonisierungskompetenz des Bundes, durch das übrige Bundesrecht sowie das internationale und interkantonale Recht.

Die Gemeinden können zur Finanzierung ihrer Aufgaben i. d. R. ebenfalls Steuern erheben. Ihre Steuerhoheit wird durch die kantonale Verfassung und Gesetzgebung festgelegt, was als abgeleitete Steuerhoheit bezeichnet wird. Die Steuerhoheit steht dabei insbesondere den allgemeinen Gemeinden zu wie z. B. den politischen Gemeinden, welche alle Personen in einem bestimmten Gebiet umfassen, sowie besonderen Gemeinden wie z. B. den Kirchgemeinden, zu welchen nur ein begrenzter Personenkreis gehört.

Die staatlich anerkannten Kirchgemeinden besitzen als besondere Gemeinden ebenfalls eine Steuerhoheit. Das öffentliche kantonale Recht anerkennt regelmässig die evangelisch-reformierte und die römisch-katholische Kirche als staatliche Selbstverwaltungskörper. In einigen Kantonen besitzen auch die christkatholische Kirche und die israelischen Kultusgemeinden den Status eines Selbstverwaltungskörpers. Alle Personen, die sich zu dem von einer Kirchgemeinde vertretenen religiösen Glauben bekennen und in dem entsprechenden Gemeindegebiet wohnen, gehören von Rechts wegen der betreffenden Kirchgemeinde an. Diese Zugehörigkeit kann durch Austritt beendet werden. Die Steuerhoheit der Kirchgemeinden steht unter dem verfassungsmässigen Vorbehalt der Glaubens- und Gewissensfreiheit (vgl. vorstehend I. 4.1).

2   Steuersubjekte

Literatur zur Vertiefung:
BLUMENSTEIN/LOCHER, System, S. 53 ff.
HÖHN/WALDBURGER, Steuerrecht I, S. 221 ff.
LOCHER, Kommentar DBG I, Art. 3–5 und Art. 8–11
OBERSON, Droit fiscal, S. 63 ff.
REICH, Steuerrecht, S. 215 ff.
RYSER/ROLLI, Précis, S. 31 ff.
ZWEIFEL/ATHANAS, Kommentar DBG, Art. 3–5 (BAUER-BALMELLI/OMLIN), Art. 6
    (ATHANAS/GIGLIO), Art. 8 (BAUER-BALMELLI/OMLIN),
    Art. 9–11 (GREMINGER/BÄRTSCHI)
ZWEIFEL/ATHANAS, Kommentar StHG, Art. 3–4 (BAUER-BALMELLI/NYFFENEGGER)

Steuersubjekt ist die der Steuerhoheit gegenüber verpflichtete Person («Wer ist steuerpflichtig?»). Die Pflicht, in der Schweiz einem Gemeinwesen

Einkommenssteuern zu bezahlen, hängt von drei Voraussetzungen ab:

• Vorhandensein bestimmter persönlicher Eigenschaften;
• steuerrechtliche (persönliche oder wirtschaftliche) Zugehörigkeit zum Gemeinwesen;
• nicht von der Steuerpflicht ausgenommen.

2.1 Persönliche Voraussetzungen

2.1.1 Allgemeines

Als Steuersubjekte gelten die natürlichen Personen, also alle Menschen ungeachtet ihres Alters und Geschlechts (DBG 3, 4 und 5). Von den juristischen Personen wird die Gewinnsteuer erhoben.

2.1.2 Ehepaare

Ehegatten in tatsächlich und rechtlich ungetrennter Ehe werden für ihr Einkommen und Vermögen gemeinsam besteuert, was als sog. Faktorenaddition bezeichnet wird (DBG 9 Abs. 1). Steuersubjekte sind jedoch je der Ehemann und die Ehefrau einzeln. Die sich aus dem Steuerrechtsverhältnis ergebenden Rechte und Pflichten kommen ihnen in gleicher Weise zu. Die gesetzliche Ordnung geht im Rahmen der gemeinsamen Familienbesteuerung aber davon aus, dass die Ehegatten die Verfahrensrechte und Verfahrenspflichten gemeinsam ausüben (DBG 113 Abs. 1). Jeder Ehegatte ist allerdings auch berechtigt, die Verfahrensrechte allein wahrzunehmen, z. B. ein Rechtsmittel allein zu ergreifen, damit sich ein Verhalten des einen Ehegatten für den andern wegen der gegenseitigen Haftung für Steuerschulden nicht nachteilig auswirken kann. Bei Mitwirkung nur eines Ehegatten geht das Gesetz allerdings von der vertraglichen Vertretung des andern Ehegatten aus (DBG 113 Abs. 2).

Die gemeinsame Veranlagung der Ehegatten beginnt mit der Heirat. Sie werden dabei für die gesamte entsprechende Steuerperiode gemeinsam veranlagt (Art. 5 der Verordnung über die zeitliche Bemessung der direkten Bundessteuer bei natürlichen Personen). Massgebend sind folglich für die gesamte Steuerperiode die Verhältnisse am Ende des Jahres. Eine abweichende Regelung kennt der Kanton Zürich, der die Ehegatten im Heiratsjahr nochmals getrennt und erst ab dem auf die Heirat folgenden Jahr gemeinsam veranlagt.

Die Ehegatten unterliegen der Familienbesteuerung, solange die Ehe auch tatsächlich als eheliche Gemeinschaft besteht. Ist sie gerichtlich oder tatsächlich getrennt, werden die Ehegatten selbständig besteuert. Dabei beenden die Frau und der Mann die gemeinsame Steuerpflicht und werden inskünftig wieder separat besteuert. Als tatsächlich getrennt. gilt die Ehe, wenn der gemeinsame Haushalt aufgehoben ist, zwischen den Ehegatten keine Gemeinschaftlichkeit der Mittel für die Wohnung und den Unterhalt mehr besteht und der eine Ehegatte dem andern allfällige materielle Unterstützung nur noch in Form von Unterhaltsbeiträgen leistet. Bei Scheidung, rechtlicher oder tatsächlicher Trennung der Ehe erfolgt die separate Besteuerung allerdings nicht ab dem Zeitpunkt der Auflösung oder Trennung der Ehe, sondern jeder Ehegatte wird aus verwaltungsökonomischen Gründen für die ganze Steuerperiode separat veranlagt (Art. 5 Abs. 2 der oben erwähnten Verordnung).

Beispiel:
Das Ehepaar Monika und Max Meier, St. Gallen, trennt sich auf den 1.7.2009. Monika Meier erzielt 2009 ein steuerbares Einkommen von CHF 60 000 und Max Meier ein solches von CHF 70 000.
Für die Steuerperiode 2009 versteuert Monika Meier ein Einkommen von CHF 60 000 und Max Meier ein solches von CHF 70 000, beide zum Tarif für Alleinstehende.

Beim Ableben eines Ehegatten erfolgt bis zu dessen Todestag eine gemeinsame Veranlagung beider Ehegatten. Der überlebende Ehegatte wird für den Rest der Steuerperiode separat zu dem für ihn anwendbaren Tarif veranlagt (Art. 5 Abs. 3 der oben erwähnten Verordnung).

Gemeinsam steuerpflichtige Ehegatten haften für die Gesamtsteuer grundsätzlich solidarisch. Ist der eine Ehegatte zahlungsunfähig, so haftet der andere jedoch nur für den Steueranteil, der auf sein eigenes Einkommen und Vermögen entfällt (DBG 13 Abs. 1).

2.1.3 Eingetragene Partnerinnen und Partner

Das Einkommen von Personen, die aufgrund des Partnerschaftsgesetzes (in Kraft seit 1. Januar 2007) in rechtlich und tatsächlich ungetrennter eingetragener Partnerschaft leben, wird wie bei den Ehegatten zusammengerechnet (DBG 9 Abs. 1bis). Die Stellung der eingetragenen Partnerinnen und Partner entspricht im Steuerrecht derjenigen von Ehegatten. Dies gilt auch für Unterhaltsbeiträge während des Bestehens der eingetragenen Partnerschaft sowie für Unterhaltsbeiträge und Leistungen aufgrund vermögensrechtlicher Auseinandersetzung bei Getrenntleben und bei Auflösung einer eingetragenen Partnerschaft. Gemeinsam steuerpflichtige Partnerinnen und Partner haften auch in gleicher Weise wie steuerpflichtige Ehegatten solidarisch für die Gesamtsteuer (DBG 9 Abs. 1bis i. V. m. DBG 13 Abs. 1).

2.1.4 Unmündige Kinder

Das Einkommen der unter elterlicher Gewalt stehenden Kinder wird – mit Ausnahme des Erwerbseinkommens – dem Inhaber der elterlichen Gewalt zugerechnet. Dieser hat es zusammen mit seinen eigenen Einkünften zu versteuern (DBG 9 Abs. 2). Die Ehegatten haften mit dem Kindesvermögen solidarisch für den Steueranteil, der auf das Einkommen und Vermögen der Kinder entfällt.

Vom obigen Grundsatz ausgenommen sind die Erwerbseinkünfte der unmündigen Kinder. Diese Einkünfte sind vom Kind selbständig zu versteuern (DBG 9 Abs. 2). Minderjährige Kinder werden in der Steuerpflicht durch den Inhaber der elterlichen Gewalt vertreten, was als sog. Steuersubstitution bezeichnet wird (= gesetzliche Steuervertretung). Die Steuersubstitution ist zu unterscheiden von der vertraglichen Steuervertretung, wie sie z. B. unter Ehegatten angenommen wird (DBG 113 Abs. 2).

2.1.5 Personengemeinschaften und kollektive Kapitalanlagen

Kollektiv- und Kommanditgesellschaften, einfache Gesellschaften und Erbengemeinschaften sind mangels eigener Rechtspersönlichkeit als solche nicht steuerpflichtig. Ihr Einkommen wird anteilsmässig jedem einzelnen Teilhaber zugerechnet (DBG 10). Ist bei Erbfällen allerdings die Erbfolge ungewiss, gilt die Erbengemeinschaft selbst als Steuersubjekt.

Auch die Besteuerung von kollektiven Kapitalanlagen ist analog den Personengemeinschaften geregelt. Kollektive Kapitalanlagen gemäss dem Kollektivanlagengesetz (in Kraft seit 1. Januar 2007) sind Vermögen, die von Anlegern zur gemeinschaftlichen Kapitalanlage aufgebracht und für deren Rechnung verwaltet werden.

Kollektive Kapitalanlagen können in Form des vertraglichen Anlagefonds, der Investmentgesellschaft mit variablem Kapital, der Kommanditgesellschaft für kollektive Kapitalanlagen oder der Investmentgesellschaft mit festem Kapital errichtet werden (KAG 8 und 9).

Während vertragliche Anlagefonds und die Kommanditgesellschaft für kollektive Kapitalanlagen rechtlich Personengesamtheiten darstellen und keine Rechtspersönlichkeit besitzen, sind die Investmentgesellschaft mit variablem Kapital (SICAV) und die Investmentgesellschaft mit festem Kapital (SICAF) in der Rechtsform von Aktiengesellschaften rechtlich verselbständigt (KAG 36 ff. und 110 ff.).

Das Einkommen aus kollektiven Kapitalanlagen einschliesslich der SICAV (und auch das Vermögen) wird gemäss DBG 10 Abs. 2 den Anlegern anteilsmässig zugerechnet. Solche Anlagen werden daher steuerlich sog. transparent behandelt.

Davon ausgenommen sind die kollektiven Kapitalanlagen mit direktem Grundbesitz. Erträge und Vermögen solcher Anlagen sind von den kollektiven Kapitalanlagen als juristische Personen zu versteuern (DBG 49 Abs. 2, vgl. nachfolgend B 6.3).

Die obige Regelung gilt nicht für Investmentgesellschaften mit festem Kapital (SICAF). Diese werden, obwohl sie dem Kollektivanlagengesetz unterstehen, als Kapitalgesellschaft besteuert. Anleger haben die Dividenden als Einkommen und die Aktien als Vermögen zu versteuern.

Ausländische Personengesellschaften (ohne juristische Persönlichkeit), die aufgrund wirtschaftlicher Zugehörigkeit in der Schweiz steuerpflichtig sind, unterliegen nicht der Einkommens- und Vermögenssteuer, sondern werden nach den Bestimmungen über die juristischen Personen besteuert (DBG 11 und 49 Abs. 3).

2.2   Steuerrechtliche Zugehörigkeit

Eine Person wird an einem bestimmten Ort steuerpflichtig, wenn sie zu dem entsprechenden Gemeinwesen entweder eine steuerrechtlich relevante persönliche oder eine steuerrechtlich relevante wirtschaftliche Beziehung aufweist. Damit wird die Person an jenem Ort aufgrund persönlicher oder wirtschaftlicher Zugehörigkeit steuerpflichtig.

2.2.1   Persönliche Zugehörigkeit

Der Ort der persönlichen Zugehörigkeit bildet das Hauptsteuerdomizil einer Person, an welchem sie für ihr Einkommen generell steuerpflichtig ist. Die Steuerpflicht aufgrund persönlicher Zugehörigkeit wird deshalb auch als unbeschränkte Steuerpflicht bezeichnet.

Die persönliche Zugehörigkeit wird durch den steuerrechtlichen Wohnsitz oder Aufenthalt begründet (DBG 3 Abs. 1).

Steuerrechtlichen Wohnsitz hat eine Person an dem Ort, an dem sie sich mit der Absicht dauernden Verbleibens aufhält (DBG 3 Abs. 2), d.h. am Mittelpunkt ihrer Lebensinteressen. Der steuerrechtliche Wohnsitz entspricht i.d.R. dem zivilrechtlichen Wohnsitz. Er stellt wie dieser grundsätzlich auf zwei Momente ab, auf die Tatsache des Aufenthalts und die Absicht des dauernden Verbleibens. Massgebend ist die Gesamtheit der Umstände. Dabei kommt es auf die tatsächlichen Verhältnisse und nicht auf rein formelle Handlungen an. Die polizeiliche Anmeldung und die Hinterlegung der Schriften sind gewichtige Anhaltspunkte, für die Wohnsitzbegründung allein aber nicht entscheidend.

Besitzt eine Person zu mehreren Orten Beziehungen, so befindet sich der steuerrechtliche Wohnsitz am Ort der stärksten Beziehung (vgl. nachfolgend VII. 2.4.2). Bei getrenntem Arbeits- und Wohn- bzw. Familienort kommt Letzterem i.d.R. grössere Bedeutung zu. Dies gilt auch bei Pendlern, i.d.R. bei Wochenaufenthaltern sowie bei Abwesenheit zu Sonderzwecken (Ausbildung, auswärtige Berufsausübung, Erholung). In selteneren Fällen ist es der Arbeitsort: bei unregelmässig heimkehrenden Wochenaufenthaltern oder bei Wochenaufenthaltern in leitender Stellung.

Zusammenfassung

Besteht kein steuerrechtlicher Wohnsitz in der Schweiz, genügt zur Begründung der generellen Steuerpflicht auch ein qualifizierter Aufenthalt. Gemäss DBG 3 Abs. 3 begründet ein Aufenthalt dann eine steuerrechtlich relevante persönliche Zugehörigkeit, wenn er ungeachtet vorübergehender Unterbrechung bei Ausübung einer Erwerbstätigkeit 30 Tage und ohne Erwerbstätigkeit 90 Tage dauert. Keine Steuerpflicht wird begründet, wenn der Aufenthalt lediglich dem Besuch einer Lehranstalt oder der Pflege in einer Heilstätte dient (DBG 3 Abs. 4).

Der Steueranspruch aufgrund qualifizierten Aufenthalts einer Person kann beim Bestehen von Doppelbesteuerungsabkommen nicht durchgesetzt werden, wenn die Person gemäss dem entsprechenden Doppelbesteuerungsabkommen ihren Wohnsitz im andern Staat hat (vgl. nachfolgend VII. 3.6).

2.2.2 Wirtschaftliche Zugehörigkeit

Die Zugehörigkeit zu einem Gemeinwesen aufgrund wirtschaftlicher Beziehungen begründet ein Nebensteuerdomizil, d. h. eine begrenzte Steuerpflicht für das mit der wirtschaftlichen Zugehörigkeit zusammenhängende Einkommen und Vermögen. Diese Art der Steuerpflicht wird deshalb auch als beschränkte Steuerpflicht bezeichnet.

Personen ohne steuerrechtlichen Wohnsitz oder Aufenthalt in der Schweiz sind gemäss DBG 4 aufgrund wirtschaftlicher Zugehörigkeit steuerpflichtig, wenn sie:

- Inhaber, Teilhaber oder Nutzniesser von Geschäftsbetrieben in der Schweiz sind;
- in der Schweiz Betriebsstätten unterhalten. Als Betriebsstätte gilt eine feste Geschäftseinrichtung, in der ein wesentlicher Teil der Geschäftstätigkeit eines Unternehmens oder eines freien Berufs ausgeübt wird;

Beispiel:
Büchel und Bühler führen in Vaduz, FL, ein Baugeschäft in der Rechtsform einer Kollektivgesellschaft mit einer Zweigniederlassung in Buchs SG.
Für den Gewinn und das Kapital der Zweigniederlassung ist die Kollektivgesellschaft Büchel und Bühler in der Schweiz gemäss DBG 11 nach den Bestimmungen über die juristischen Personen steuerpflichtig.

- Eigentümer sowie Inhaber dinglicher oder diesen wirtschaftlich gleichkommender persönlicher Nutzungsrechte von in der Schweiz gelegenen Grundstücken sind;
- in der Schweiz gelegene Grundstücke vermitteln oder damit handeln;

und gemäss DBG 5, wenn sie:

- in der Schweiz eine Erwerbstätigkeit ausüben. Eine Steuerpflicht wird dabei nicht schon dadurch begründet, dass eine Person mit Wohnsitz im Ausland für einen Arbeitgeber mit Sitz in der Schweiz tätig wird, vielmehr muss der Arbeitnehmer im Rahmen seiner Erwerbstätigkeit auch physisch in der Schweiz anwesend sein (Urteil des Bundesgerichts vom 1. Oktober 2009, StR 2010,133);
- aus der Verwaltung oder Geschäftsführung von juristischen Personen mit Sitz oder Betriebsstätte in der Schweiz Tantiemen, Sitzungsgelder, feste Entschädigungen oder ähnliche Vergütungen beziehen;
- Gläubiger oder Nutzniesser von Forderungen sind, die durch Grund- oder Faustpfand auf Grundstücken in der Schweiz gesichert sind;

- Renten aufgrund eines früheren schweizerischen öffentlich-rechtlichen Arbeitsverhältnisses beziehen;
- Leistungen aus schweizerischen privatrechtlichen Einrichtungen der beruflichen Vorsorge oder der gebundenen Selbstvorsorge erhalten;
- Lohn von einem Arbeitgeber mit Sitz oder Betriebsstätte in der Schweiz für Arbeit im internationalen Verkehr (Schiff, Luftfahrzeug, Transport) erhalten.

Der Steueranspruch der Schweiz aufgrund der wirtschaftlichen Zugehörigkeit gemäss DBG 5 kann beim Bestehen von Doppelbesteuerungsabkommen nur teilweise durchgesetzt werden, da diese für einzelne Tatbestände häufig eine andere Regelung vorsehen und dem DBG vorgehen (vgl. nachfolgend VII. 3.6).

2.3   Umfang der Steuerpflicht

Nach DBG 6 Abs. 1 ist die Steuerpflicht bei persönlicher Zugehörigkeit unbeschränkt. Dies bedeutet, dass grundsätzlich das gesamte weltweite Einkommen zu versteuern ist. Davon ausgenommen sind Geschäftsbetriebe, Betriebsstätten und Grundstücke im Ausland.

DBG 6 Abs. 3 stellt Regeln auf über die Steuerausscheidung im internationalen Verhältnis bei persönlicher Zugehörigkeit, aber nur teilweiser Steuerpflicht in der Schweiz. Für ausländische Geschäftsbetriebe, Betriebsstätten und Grundstücke erfolgt die Abgrenzung der Steuerpflicht zum Ausland nach den für das interkantonale Steuerrecht geltenden Grundsätzen. Daraus folgt, dass ein schweizerisches Unternehmen, welches in der Schweiz wegen einer ausländischen Betriebsstätte nur teilweise steuerpflichtig ist, Verluste der ausländischen Betriebsstätte mit inländischen Gewinnen verrechnen kann. Die Verlustübernahme wird rückgängig gemacht, wenn innerhalb der im DBG für Inlandverluste geltenden Verlustverrechnungsfrist von 7 Jahren im Ausland die erlittenen Betriebsstätteverluste mit Betriebsstättegewinnen verrechnet werden können. Damit soll die doppelte Verlustverrechnung verhindert werden.

Beispiel:

Baum und Holz führen in Buchs SG ein Baugeschäft in der Rechtsform einer Kollektivgesellschaft mit einer Zweigniederlassung in Vaduz, FL. Im Betrieb Buchs erzielt die Kollektivgesellschaft im Jahr 2008 einen Gewinn von CHF 200 000, während aus dem Betrieb der Zweigniederlassung in Vaduz ein Verlust von CHF 100 000 resultiert. Im Jahr 2009 schliesst die Zweigniederlassung in Vaduz mit null ab, während im Jahr 2010 die Zweigniederlassung in Vaduz einen Gewinn von CHF 50 000 erzielt.

Bei der Kollektivgesellschaft Baum und Holz kann in der Steuerperiode 2008 der Verlust der Betriebsstätte Vaduz mit dem Gewinn von Buchs verrechnet werden, sodass Baum und Holz insgesamt in der Schweiz einen Gewinn von CHF 100 000 zu versteuern haben. Liechtenstein kennt eine fünfjährige Verlustverrechnungsperiode. Der Verlust des Jahres 2008 kann dort im Umfang von CHF 50 000 mit dem Gewinn von 2010 verrechnet werden. In der Schweiz wird die Veranlagung des Jahres 2008 im Umfang des in Liechtenstein verrechneten Verlustes nachträglich korrigiert, sodass das steuerbare Ergebnis der Kollektivgesellschaft Baum und Holz für das Jahr 2008 neu mit CHF 150 000 veranlagt wird. Den restlichen Verlust von CHF 50 000 hat die Schweiz weiterhin vorläufig zu übernehmen.

Andere als ausländische Betriebsstätteverluste, wie der Verlust aus einer Kapitalanlageliegenschaft, können nicht mit inländischen Einkünften verrechnet werden. Solche Verluste werden lediglich bei der Ermittlung des Steuersatzes berücksichtigt.

Beispiel:

Max Ernst wohnt in Zürich. Er erzielt in der Schweiz ein steuerbares Einkommen von CHF 200 000. Daneben besitzt er in Tuttlingen, D, ein Mehrfamilienhaus, aus welchem ein Verlust von CHF 50 000 resultiert. Ernst hat in der Schweiz CHF 200 000 zum Satz von CHF 150 000 zu versteuern.

Bei persönlicher Zugehörigkeit, aber nur teilweiser Steuerpflicht in der Schweiz wird für die Ermittlung des Steuersatzes in allen Fällen grundsätzlich auf das weltweite Einkommen abgestellt (DBG 7 Abs. 1).

Beispiel:

Beat Ernst wohnt in Basel. Er erzielt in der Schweiz ein steuerbares Einkommen von CHF 200 000. Daneben besitzt er in Tuttlingen, D, ein Mehrfamilienhaus, aus welchem ein Gewinn von CHF 50 000 resultiert. Ernst hat in der Schweiz CHF 200 000 zum Satz von CHF 250 000 zu versteuern.

Bei lediglich wirtschaftlicher Zugehörigkeit ist die Steuerpflicht gemäss DBG 6 Abs. 2 auf jene Einkommensteile beschränkt, für die eine Steuerpflicht in der Schweiz besteht. Dabei ist mindestens das in der Schweiz erzielte Einkommen zu versteuern.

Für die Ermittlung des Steuersatzes wird ebenfalls auf das weltweite Einkommen abgestellt (DBG 7 Abs. 1). Dies gilt gemäss DBG 7 Abs. 2 für Geschäftsbetriebe, Betriebsstätten und Grundstücke nur dann, wenn das weltweite Einkommen höher als das in der Schweiz erzielte Einkommen ist.

Ansonsten haben Steuerpflichtige mit Wohnsitz im Ausland die Steuer für Geschäftsbetriebe, Betriebsstätten und Grundstücke in der Schweiz mindestens zu dem Steuersatz zu versteuern, der dem in der Schweiz erzielten Einkommen entspricht. Dadurch ergibt sich für den Steuerpflichtigen kraft wirtschaftlicher Zugehörigkeit eine Schlechterstellung gegenüber dem Steuerpflichtigen kraft persönlicher Zugehörigkeit, der in der Schweiz erzielte positive und negative steuerbare Einkünfte miteinander verrechnen kann.

Beispiel:
Büchel und Bühler führen in Vaduz, FL, ein Baugeschäft in der Rechtsform einer Kollektivgesellschaft mit einer Zweigniederlassung in Buchs SG. In Vaduz erzielen sie im Jahr 2008 einen Verlust von CHF 100 000, während aus dem Betrieb der Zweigniederlassung in Buchs ein Gewinn von CHF 200 000 resultiert. Die Kollektivgesellschaft Büchel und Bühler hat in Buchs im Jahr 2008 den Gewinn aus der Betriebsstätte von CHF 200 000 zu versteuern. Der Verlust des Betriebes Vaduz von CHF 100 000 kann nicht mit dem schweizerischen Betriebsstättegewinn verrechnet werden.

2.4 Beginn und Ende der Steuerpflicht

Die Steuerpflicht aufgrund persönlicher Zugehörigkeit beginnt mit der Begründung des steuerrechtlichen Wohnsitzes oder qualifizierten Aufenthaltes in der Schweiz, in dem Kanton bzw. in der Gemeinde, d.h. mit der Geburt sowie mit dem Zuzug. Bei beschränkter Steuerpflicht aufgrund wirtschaftlicher Zugehörigkeit wird die Steuerpflicht mit dem Erwerb steuerbarer Werte oder dem Bezug bestimmter Leistungen begründet (DBG 8 Abs. 1).

Beispiel:
Eröffnung einer Zweigniederlassung in der Schweiz.

Die Steuerpflicht aufgrund persönlicher Zugehörigkeit endet mit dem Tod oder dem Wegzug aus der Schweiz (Kanton, Gemeinde) und jene aufgrund wirtschaftlicher Zugehörigkeit mit der Aufgabe der im betreffenden Gemeinwesen steuerbaren Werte bzw. dem Wegfall der Bezüge (DBG 8 Abs. 2).

> **Beispiel:**
> Fritz Fisch mit Wohnsitz in München, D, verkauft seine Ferienwohnung in St. Moritz GR.

Besondere Regeln bezüglich Beginn und Ende der Steuerpflicht gelten bei Wohnsitz- bzw. Sitzwechsel innerhalb der Schweiz.

Bei den kantonalen Steuern besteht bei Wechsel des steuerrechtlichen Wohnsitzes innerhalb der Schweiz die Steuerpflicht aufgrund persönlicher Zugehörigkeit für die ganze Steuerperiode in dem Kanton, in welchem der Steuerpflichtige am Ende der Steuerperiode seinen Wohnsitz hat (StHG 68 Abs. 1). Davon ausgenommen sind Kapitalleistungen aus Vorsorgeeinrichtungen sowie Zahlungen bei Tod oder für bleibende körperliche oder gesundheitliche Nachteile, die in dem Kanton steuerbar sind, in dem der Steuerpflichtige im Zeitpunkt der Fälligkeit seinen Wohnsitz hatte.

> **Beispiel:**
> Vera Corti zieht am 1. Oktober 2008 von Zürich nach Lugano. Das Erwerbseinkommen beträgt in Zürich für die Zeit vom 1. Januar bis 30. September 2008 CHF 54 000, in Lugano für die Zeit vom 1. Oktober bis 31. Dezember 2008 CHF 15 000. Im Juni 2008 bezieht Vera Corti für den Erwerb einer selbstbewohnten Eigentumswohnung in Lugano eine Kapitalzahlung von CHF 200 000 aus der beruflichen Vorsorge (2. Säule).
> Vera Corti hat das gesamte Erwerbseinkommen von CHF 69 000 in Lugano zu versteuern, während die Kapitalzahlung von CHF 200 000 im Kanton Zürich steuerbar ist.

Bei Begründung oder Aufhebung der Steuerpflicht aufgrund wirtschaftlicher Zugehörigkeit in einem andern Kanton als demjenigen des steuerrechtlichen Wohnsitzes besteht die Steuerpflicht in jenem Kanton für die gesamte Steuerperiode. Die unterjährige Zugehörigkeit wird allerdings im Rahmen der Steuerausscheidung entsprechend berücksichtigt (StHG 68 Abs. 2). Für eine vertiefte Darstellung wird auf nachfolgend VII. 2.7 verwiesen.

Bei der direkten Bundessteuer besteht bei Wohnortswechsel innerhalb der Schweiz die Steuerpflicht unverändert fort, wobei für die Veranlagung und den Bezug derjenige Kanton zuständig ist, in welchem der Steuerpflichtige am Ende der Steuerperiode seinen Wohnsitz hat (DBG 216 Abs. 1).

Besondere Regeln bezüglich Beginn und Ende der Steuerpflicht gelten bei Wohnsitz- bzw. Sitzwechsel innerhalb der Schweiz (vgl. StHG 22; nachfolgend E 2.2). Für die Erhebung der direkten Bundessteuer ist bei natürlichen Personen für die ganze Steuerperiode der Zuzugskanton zuständig

(DBG 216 Abs. 1). Die gleiche Regelung gilt auch für juristische Personen (DBG 105 Abs. 3).

2.5 Steuernachfolge

Beim Tod eines Steuerpflichtigen treten seine Erben ab dem Todestag in die sich aus dem Steuerrechtsverhältnis ergebenden Rechte und Pflichten des Verstorbenen ein (DBG 12; Steuersukzession bezüglich Verfahren und Zahlung).

2.6 Ausnahmen

Ausländische Angehörige diplomatischer Missionen und konsularischer Vertretungen sind z.T. aufgrund internationaler Abkommen von der Einkommenssteuerpflicht befreit (DBG 15).

3   Einkommenssteuer

3.1 Das Steuerobjekt im Allgemeinen

Literatur zur Vertiefung:
BLUMENSTEIN/LOCHER, System, S. 165 f. und S. 170 ff.
HÖHN/WALDBURGER, Steuerrecht I, S. 231 ff. und S. 290 ff.
LOCHER, Kommentar DBG I, Art. 16 Rz 1–31
OBERSON, Droit fiscal, S. 80 ff.
REICH, Steuerrecht, S. 193 ff.
RYSER/ROLLI, Précis, S. 149 ff.
ZWEIFEL/ATHANAS, Kommentar DBG, Art. 16 N 1–54 (REICH)
ZWEIFEL/ATHANAS, Kommentar StHG, Art. 7 N 1–34 (REICH)

Das steuerbare Einkommen kann umschrieben werden als Summe der wirtschaftlichen Güter, die einer Person während einer bestimmten Periode zufliessen und die sie ohne Schmälerung ihres Vermögens zu ihrem Unterhalt oder zu andern Zwecken verwenden kann. Die schweizerischen Steuergesetze enthalten keine Legaldefinition des steuerbaren Einkommens. Es werden i.d.R. zunächst grundsätzlich alle wiederkehrenden und einmaligen Einkünfte als steuerbar erklärt und anschliessend einzelne Einkommensarten beispielhaft aufgeführt. Die Ausnahmen sind bei der direkten Bundessteuer abschliessend aufgezählt.

Steuerbar ist das reine Einkommen, d.h. der Einkommensbetrag nach
Berücksichtigung der Abzüge. In ihm kommt die wirtschaftliche Leistungsfähigkeit zum Ausdruck.

Die Gesamtreineinkommensbesteuerung schliesst die gesonderte Besteuerung bestimmter Einkünfte (z.B. Grundstückgewinne aus privaten Liegenschaften mit der Grundstückgewinnsteuer, z.T. gewisse Einkünfte mit
einer separaten Jahressteuer) sowie Ausnahmen nicht aus. So sind insbesondere Kapitalgewinne auf beweglichem Privatvermögen steuerfrei
(DBG 16 Abs. 3).

Steuerbares Einkommen liegt vor, wenn die Summe der steuerbaren Einkünfte die Summe der zulässigen Abzüge übersteigt. Verluste aus einzelnen
Einkommensquellen können innerhalb der gleichen Bemessungsperiode
mit Überschüssen aus andern Quellen verrechnet werden.

Die Einkünfte werden i.d.R. in folgende Arten unterteilt:

Einkommen	• aus selbständiger Erwerbstätigkeit • aus unselbständiger Erwerbstätigkeit
Einkommen	• aus beweglichem Vermögen • aus unbeweglichem Vermögen
Einkommen aus Vorsorge	• Renten • Kapitalleistungen aus Vorsorgeeinrichtungen
Übrige Einkünfte	• Ersatzeinkommen • Entschädigungszahlungen • Versicherungsleistungen • Lotteriegewinne • Unterhaltsleistungen

Einkünfte gelten i.d.R. in dem Zeitpunkt als zugeflossen, in welchem sie
eine Steigerung der wirtschaftlichen Leistungsfähigkeit bewirken. In diesem Zeitpunkt gilt das Einkommen als realisiert und wird besteuert.

Neben den privaten Kapitalgewinnen (DBG 16 Abs. 3) unterliegen die folgenden Einkünfte, die in DBG 24 abschliessend aufgeführt sind, nicht der
Einkommenssteuer:

• Vermögensanfall infolge Erbschaft, Vermächtnis, Schenkung oder güter-
  rechtlicher Auseinandersetzung. Erbschaften, Vermächtnisse und Schenkungen unterliegen i.d.R. der kantonalen Erbschafts- und Schenkungssteuer. Damit stellt sich die Frage der Abgrenzung zwischen Schenkungen
  bzw. Erbschaften einerseits und Einkommen andererseits. Schenkungen

sind unentgeltliche Zuwendungen unter Lebenden, durch welche der Empfänger bereichert wird. Jede Leistung, die entgeltlich ist und damit ihren Grund in einer Gegenleistung hat, stellt Einkommen dar;

Beispiele:

- Ein Onkel, der seiner Nichte für eine bestandene Prüfung ein Auto zuwendet, macht eine Schenkung.
- Der Ehrenpreis, den eine gemeinnützige wissenschaftliche Stiftung für eine gute Dissertation ausrichtet, bildet in der Regel eine Schenkung.
- Ein Preis, der einem Architekten im Rahmen eines Projektwettbewerbes zuerkannt wird, stellt hingegen beim Architekten Einkommen dar.
- Trinkgelder gehören zum Einkommen.

- Vermögensanfall aus rückkaufsfähiger privater Kapitalversicherung, ausgenommen sind Freizügigkeitspolicen und Lebensversicherungen mit Einmalprämie, die nicht der Vorsorge dienen;
- Kapitalzahlungen, die bei Stellenwechsel vom Arbeitgeber oder von Einrichtungen der beruflichen Vorsorge ausgerichtet werden, wenn sie der Empfänger innert Jahresfrist zum Einkauf in eine Einrichtung der beruflichen Vorsorge oder zum Erwerb einer Freizügigkeitspolice verwendet;
- Unterstützungen aus öffentlichen oder privaten Mitteln;
- Leistungen in Erfüllung familienrechtlicher Verpflichtungen, ausgenommen Unterhaltsbeiträge aus Scheidung, rechtlicher oder tatsächlicher Trennung;
- Sold für Militär- und Schutzdienst sowie das Taschengeld für Zivildienst;
- Zahlung von Genugtuungssummen;
- Ergänzungsleistungen der AHV/IV;
- Die bei Glücksspielen in Spielbanken im Sinne des Spielbankengesetzes vom 18. Dezember 1998 erzielten Gewinne.

Das steuerbare Einkommen ist, wie erwähnt, die Summe der steuerbaren Einkünfte abzüglich der steuerlich zulässigen Abzüge. Abziehbar sind dabei die sog. Gewinnungskosten, die allgemeinen Abzüge sowie die Sozialabzüge.

Gewinnungskosten sind jene Kosten, die unmittelbar erbracht werden, um die steuerbaren Einkünfte zu erzielen. Sie bilden die unmittelbare Voraussetzung der Einkommenserzielung, weshalb sie auch als organische Abzüge bezeichnet werden. Die Gewinnungskosten sind abzugrenzen von den steuerlich nicht abziehbaren **Lebenshaltungskosten gemäss DBG 34.** Diese Kosten stehen nicht in direktem Zusammenhang mit der Einkommenserzielung, sondern fallen bei der Befriedigung der allgemeinen Lebensbedürfnisse des Menschen wie Essen, Wohnen, Kleidung, Bildung, Erholung usw. an, d. h., sie stellen **Einkommensverwendung** dar. Ebenfalls nicht abziehbar sind Anlagekosten, d.h. Kosten, die der Anschaffung, Herstellung oder Wertvermehrung von Vermögensgegenständen dienen (DBG 34 lit. d).

Neben den Gewinnungskosten können auch die sog. allgemeinen Abzüge für besondere Aufwendungen steuerlich in Abzug gebracht werden. Diese Abzüge bilden i.d.R. Lebenshaltungskosten. Sie können aber steuerlich abgezogen werden, weil sie die wirtschaftliche Leistungsfähigkeit des Steuerpflichtigen schmälern.

Als allgemeine Abzüge können i.d.R. in beschränktem Umfang, z.T. aber auch ohne Beschränkung, abgezogen werden (DBG 33):

• Schuldzinsen;
• Leibrenten und dauernde Lasten;
• Unterhaltsbeiträge bei Trennung und Scheidung;
• Beiträge für Vorsorge und Versicherung;
• Krankheits- und Unfallkosten;
• behinderungsbedingte Kosten;
• Zuwendungen für gemeinnützige und öffentliche Zwecke;
• Doppelverdienerabzug.

Einige Kantone sehen auch Abzüge für Zuwendungen an politische Parteien vor, obschon diese laut Bundesgericht harmonisierungswidrig sind (StE 2007 ZH A 23.1 Nr. 14). Ab 1. Januar 2011 werden diese Abzüge rechtmässig sein (vgl. nachfolgend 3.8.9).

Zusätzlich zu den Gewinnungskosten und den allgemeinen Abzügen können noch die Sozialabzüge, die auch als Abzüge für bestimmte Verhältnisse oder Steuerfreibeträge bezeichnet werden, steuerlich in Abzug gebracht werden. Mit den Sozialabzügen wird bestimmten Verhältnissen des Steuerpflichtigen Rechnung getragen. I.d.R. werden Abzüge gewährt für Kinder und unterstützte Personen sowie z.T. persönliche Abzüge und Haushaltsabzüge.

Das steuerbare Einkommen wird zusammenfassend nach folgendem Schema ermittelt (DBG 25):

Bruttoeinkünfte (DBG 16–24)
– Gewinnungskosten (DBG 26–32)
= Nettoeinkünfte
– Allgemeine Abzüge (Abzüge für besondere Aufwendungen; DBG 33)
= Reineinkommen
– Steuerfreibeträge (DBG 35)
= Steuerbares Einkommen = Steuerobjekt

Beispiel:		CHF
Einkünfte		
Lohn aus unselbständiger Erwerbstätigkeit		30 000
Einkommen aus selbständiger Erwerbstätigkeit		
(gemäss Erfolgsrechnung)		20 000
Ertrag aus Wertschriften		15 000
Ertrag aus Liegenschaft		25 000
AHV- und BVG-Renten		80 000
Total Einkünfte		170 000
Gewinnungskosten		
Berufsauslagen für unselbständige Erwerbstätigkeit	5 000	
Liegenschaftsunterhalt	5 000	– 10 000
Allgemeine Abzüge		
Schuldzinsen	20 000	
Versicherungsprämien	5 000	– 25 000
Reineinkommen		135 000
Sozialabzüge		
Abzug für minderjähriges Kind		– 5 000
Steuerbares Einkommen		130 000

3.2 Einkommen aus unselbständiger Erwerbstätigkeit  *(Zusammenfassung)*

Literatur zur Vertiefung:
BLUMENSTEIN/LOCHER, System, S. 175 f. und S. 248 ff.
HÖHN/WALDBURGER, Steuerrecht I, S. 303 f. und S. 343 ff.
LOCHER, Kommentar DBG I, Art. 17
OBERSON, Droit fiscal, S. 83 ff. und S. 140 ff.
REICH, Steuerrecht, S. 248 ff.
RICHNER/FREI/KAUFMANN/MEUTER, Kommentar StG-ZH, § 17 und § 26
RYSER/ROLLI, Précis, S. 164 f. und S. 188 f.
ZWEIFEL/ATHANAS, Kommentar DBG, Art. 17 (KNÜSEL) und Art. 26 (KNÜSEL)
ZWEIFEL/ATHANAS, Kommentar StHG, Art. 7 N 36–37 (REICH) und Art. 9 N 1–20 (REICH)

Zum neuen Lohnausweis:
BOSSHARD ERICH/MÖSLI SIMONE, Der neue Lohnausweis, Muri b. Bern 2007

Speziell zum Thema Gewinnungskosten:
FUNK PHILIP, Der Begriff der Gewinnungskosten nach schweizerischem Einkommens-
steuerrecht, Diss. St. Gallen 1989
WALDBURGER ROBERT/SCHMID MARTIN, Gewinnungskostencharakter von besonderen
Leistungen des Arbeitgebers an Expatriates (Gutachten), Schriftenreihe Finanz-
wirtschaft und Finanzrecht, Band 91, Bern/Stuttgart/Wien 1999

3.2.1 Begriff

Die unselbständige Erwerbstätigkeit zeichnet sich durch folgende Kriterien aus:

* Arbeitsleistung auf Zeit;
* Entgeltlichkeit der Leistung;
* Abhängigkeit, fremde Leitung, Subordination, Treuepflicht;
* kein eigenes Risiko, kein eigenes Kapital;
* privatrechtlicher Arbeitsvertrag gemäss OR 319 ff. oder öffentlich-rechtliches Arbeitsverhältnis;
* haupt-, nebenberufliche oder einmalige Tätigkeit.

3.2.2 Steuerbare Einkünfte im Allgemeinen

Sämtliche Leistungen, die ein Unselbständigerwerbender im Zusammenhang mit seiner Erwerbstätigkeit erhält, sind steuerbar. Dazu gehören:

* Leistungen des Arbeitgebers
  Hauptbestandteil des Einkommens aus unselbständiger Erwerbstätigkeit bildet der vertraglich vereinbarte Lohn oder die Besoldung aus öffentlich-rechtlicher Anstellung. Dazu gehören auch die Entschädigungen für Sonderleistungen wie Zulagen für Überzeit-, Schicht-, Nacht- oder Sonntagsarbeit, Umsatz- und Gewinnprovisionen sowie sämtliche Lohnzulagen wie Familien- und Kinderzulagen, Ortszulagen, Gefahren-, Ferien-, Teuerungszulagen usw.

  Freiwillige Leistungen des Arbeitgebers an den Arbeitnehmer, die ihren Grund im Arbeitsverhältnis haben, gehören ebenfalls zum Erwerbseinkommen. Solche Leistungen können periodisch, aber auch einmalig ausgerichtet werden. Dazu zählen z.B. Gratifikationen, Tantiemen, Dienstalters- und Jubiläumsgeschenke, Versetzungsentschädigungen usw.

* Leistungen Dritter
  Neben den Leistungen des Arbeitgebers bilden auch Leistungen Dritter wie z.B. Trinkgelder, aber auch Schmiergelder, die im Zusammenhang mit der Erwerbstätigkeit dem Arbeitnehmer zufliessen, steuerbares Erwerbseinkommen.

* Bar- und Naturalleistungen
  Das Erwerbseinkommen fliesst den Arbeitnehmern hauptsächlich in Form von Geldleistungen in bar oder mittels Gutschrift zu. Steuerbar sind aber

auch Naturalleistungen sowie alle geldwerten Vorteile. Naturalleistungen sind mit dem Wert anzurechnen, den sie hätten, wenn der Steuerpflichtige sie selbst kaufen müsste. Naturalleistungen kommen v.a. in Form von freier Verpflegung und Unterkunft vor.

- Spesenentschädigungen, die dem Arbeitnehmer aus dem Arbeitsverhältnis zufliessen, sind grundsätzlich steuerbare Einkünfte. Soweit bloss Ersatz der effektiven Auslagen vergütet wird, entsteht aber kein steuerbares Einkommen, weil die entsprechenden Aufwendungen von den steuerbaren Einkünften in Abzug gebracht werden können.

Die Einkünfte gelten i.d.R. zum Zeitpunkt der Auszahlung als zugeflossen. Auf den Fälligkeitstermin wird abgestellt, wenn dieser ausnahmsweise dem Zahlungstermin vorangeht. Für den Realisationszeitpunkt massgebend ist das Entstehen des unbedingten Anspruchs des Mitarbeiters auf die Entschädigung. So bildet z.B. ein im Januar des Folgejahres ausbezahlter 13. Monatslohn des Vorjahres steuerbares Einkommen dieses Vorjahres, weil der Rechtsanspruch auf den 13. Monatslohn im Vorjahr entstanden ist.

3.2.3   Mitarbeiterbeteiligungen

Zu den geldwerten Vorteilen gehören auch die an die Mitarbeiter zu Vorzugsbedingungen oder unentgeltlich abgegebenen Mitarbeiteraktien und Mitarbeiteroptionen. Dabei wird zwischen freien und gebundenen bzw. gesperrten Mitarbeiteraktien bzw. Mitarbeiteroptionen unterschieden (vgl. auch KS Nr. 5 der EStV vom 30. April 1997, Besteuerung von Mitarbeiteraktien und Mitarbeiteroptionen; Entwurf des Bundesgesetzes über die Besteuerung von Mitarbeiterbeteiligungen).

Unter freien Mitarbeiteraktien versteht man Aktien, die der Mitarbeiter ohne Auflagen und Bedingungen erwirbt. Dabei realisiert der Mitarbeiter steuerbares Einkommen im Umfang der Differenz zwischen effektivem Verkaufswert und tieferem Übernahmepreis der Aktie im Zeitpunkt des Erwerbs.

Gebundene Mitarbeiteraktien sind in der Regel mit einer befristeten Verfügungssperre versehen. Erst nach Ablauf dieser Sperrfrist ist die Aktie frei verfügbar. Auch bei solchen Aktien gilt die Differenz zwischen Verkehrswert und Übernahmepreis beim Bezug der Aktie als steuerbares Einkommen. Die Verfügungssperre wird durch Diskontierung des Verkehrswertes mit 6 Prozent pro Jahr Sperre (max. 10 Jahre) wertmindernd berücksichtigt. Bei 10 Jahren Sperrfrist beträgt der Einschlag 44,161 Prozent bzw. der reduzierte Verkehrswert 55,839 Prozent.

Demgegenüber fällt kein steuerbares Einkommen an, wenn für den Erwerb von Mitarbeiteraktien zuerst noch Bedingungen erfüllt werden müssen (z. B. sog. «Restricted Stock Units»). In einem solchen Fall liegt bloss eine Anwartschaft des Mitarbeiters vor und die Besteuerung erfolgt erst bei der Zuteilung.

Mitarbeiteroptionen räumen dem Mitarbeiter das Recht ein, Aktien der Arbeitgeberin zu festgelegten Bedingungen zu erwerben. Die Optionen können wie die Mitarbeiteraktien mit Verfügungssperren belegt werden.

Frei übertragbare Optionen sind im Umfang der Differenz zwischen dem tatsächlichen Wert der Mitarbeiteroption und dem tieferen Abgabepreis im Zeitpunkt der Abgabe steuerbar. Der Mitarbeiter erzielt mit einem späteren Verkauf der Option einen steuerfreien Kapitalgewinn oder einen steuerlich nicht abziehbaren Kapitalverlust.

Gesperrte Mitarbeiteroptionen sind solche, die während einer Sperrfrist weder übertrag- noch ausübbar sind. Sind die Optionen bei der Abgabe bewertbar, gilt die Differenz zwischen Verkehrswert und Übernahmepreis beim Bezug der Option in diesem Zeitpunkt als steuerbares Einkommen. Erst beim sog. Vesting (Ablauf der Sperrfrist) werden solche Optionen besteuert, die erst zu diesem Zeitpunkt unwiderruflich erworben werden und zu diesem Zeitpunkt bewertbar sind. Alle andern Mitarbeiteroptionen gelten als nicht bewertbar und werden daher erst im Zeitpunkt der Ausübung bzw. des Verkaufs besteuert.

Bei den gesperrten und bewertbaren Optionen, die im Zeitpunkt der Abgabe oder beim Vesting besteuert werden, wird die Sperrfrist wie bei den gebundenen Mitarbeiteraktien durch Diskontierung des Verkehrswertes mit 6 Prozent pro Jahr Sperre (max. 5 Jahre) wertmindernd berücksichtigt. Bei 5 Jahren Sperrfrist beträgt der Einschlag 25,274 Prozent bzw. der reduzierte Verkehrswert 74,726 Prozent.

Phantom-Stock-Options berechtigen den Mitarbeiter nicht zum künftigen Erwerb von Aktien, sondern sie stellen ihm eine Barzahlung als Differenz zwischen einem festgelegten Ausübungspreis und dem dannzumaligen Aktienwert in Aussicht. Solche Beteiligungsformen werden im Zeitpunkt des effektiven Barzuflusses besteuert.

Die neuere Praxis der Steuerbehörden ist dazu übergegangen, auch beim vorzeitigen Wegfall einer Sperrfrist oder bei nachträglichen Änderungen der Optionsbedingungen einen geldwerten Vorteil zu besteuern. Im Gegenzug wird dafür auch bei Rückgabe von gesperrten Mitarbeiteraktien, welche bei der Zuteilung besteuert wurden, ein Gewinnungskostenabzug im Umfang der dadurch erlittenen Vermögenseinbusse gewährt. Der Kanton Zürich hat die aktuelle Praxis im Merkblatt vom 21. Oktober 2009 publiziert (ZStB I Nr. 13/301). Damit wurde die Rechtsunsicherheit beseitigt, welche durch den ins Stocken geratenen Gesetzgebungsprozess entstanden war.

3.2.4 Kapitalabfindungen des Arbeitgebers

Als steuerbares Einkommen aus unselbständiger Erwerbstätigkeit gelten neben periodischen Einkünften auch einmalige Leistungen des Arbeitgebers in Form von Kapitalleistungen.

Nach DBG 17 Abs. 2 werden Kapitalabfindungen des Arbeitgebers mit Vorsorgecharakter wie Kapitalabfindungen aus einer mit dem Arbeitsverhältnis verbundenen Vorsorgeeinrichtung nach DBG 38 besteuert. Als Kapitalabfindung mit Vorsorgecharakter bzw. gleichartige Kapitalabfindung des Arbeitgebers gelten unter bestimmten Voraussetzungen Abgangsentschädigungen des Arbeitgebers bei vorzeitiger Auflösung des Arbeitsverhältnisses. Gemäss Praxis der Steuerbehörden liegt eine gleichartige Kapitalabfindung gemäss DBG 17 Abs. 2 vor, wenn folgende Voraussetzungen kumulativ erfüllt sind (KS Nr. 1 der EStV vom 3. Oktober 2002):

• Die steuerpflichtige Person verlässt das Unternehmen ab dem vollendeten 55. Altersjahr;
• Die (Haupt-)Erwerbstätigkeit wird definitiv aufgegeben oder muss aufgegeben werden;
• Durch den Austritt aus dem Unternehmen und dessen Vorsorgeeinrichtung entsteht eine Vorsorgelücke.

Kapitalabfindungen des Arbeitgebers mit Vorsorgecharakter sind auch auf dem Lohnausweis zu deklarieren. Sie werden als Vorsorgeleistung mit einer separaten Jahressteuer und bei der direkten Bundessteuer zu einem Fünftel des Tarifs besteuert (DBG 38).

Z.T. zahlt der Arbeitgeber eine Kapitalabfindung zugunsten des Arbeitnehmers direkt in die Vorsorgeeinrichtung seines Betriebes ein, um z.B. bestehende oder künftige Vorsorgelücken des ausscheidenden Arbeitnehmers zu schliessen. Solche Direktzahlungen sind ebenfalls auf dem Lohnausweis aufzuführen und werden steuerlich anerkannt, wenn
• im Zeitpunkt der Einzahlung ein Arbeitsverhältnis besteht;
• das anwendbare Vorsorgereglement einen solchen Einkauf vorsieht;

• infolge des Austritts aus dem Unternehmen und dessen Vorsorgeeinrichtung eine entsprechende Vorsorgelücke entstehen würde bzw. beim
bereits erfolgten Austritt bestanden hat.

Die Übertragung einer Kapitalabfindung des Arbeitgebers direkt auf ein
Freizügigkeitskonto oder eine Freizügigkeitspolice des Mitarbeiters ist
gemäss dem Bundesgesetz über die Freizügigkeit in der beruflichen Alters-,
Hinterlassenen- und Invalidenvorsorge (FZG) nicht zulässig.

Übrige Kapitalabfindungen des Arbeitgebers in Form von Abgangsentschädigungen mit Ersatzeinkommenscharakter oder als Entschädigung für die
Aufgabe einer Tätigkeit haben keinen Vorsorgecharakter. Werden mit der
Kapitalabfindung wiederkehrende Leistungen abgegolten, erfolgt die
Besteuerung nach DBG 37, d. h., die Einkommenssteuer wird unter Berücksichtigung der übrigen Einkünfte und der zulässigen Abzüge zu dem Steuersatz berechnet, der sich ergäbe, wenn anstelle der einmaligen Leistung
eine entsprechende jährliche Leistung ausgerichtet würde.

Weist eine Kapitalabfindung des Arbeitgebers weder Vorsorgecharakter auf,
noch werden wiederkehrende Leistungen abgegolten, erfolgt die Besteuerung zusammen mit dem übrigen Einkommen zum ordentlichen Tarif.

3.2.5 Ermittlung der steuerbaren Einkünfte

Für die Ermittlung der steuerbaren Einkünfte aus unselbständiger Erwerbstätigkeit ist der Arbeitgeber verpflichtet, alle steuerbaren Erwerbseinkünfte zu bescheinigen (DBG 127 Abs. 1 lit. a). Die Schweizerische Steuerkonferenz hat zu diesem Zweck einen Lohnausweis erstellt, der ab 2007 in
den meisten Kantonen zur Anwendung gelangt. Auf dem Lohnausweis sind
alle Einkünfte, ordentliche, ausserordentliche, Naturaleinkünfte, Gehaltsnebenleistungen usw., einzeln aufzuführen (vgl. Wegleitung zum Ausfüllen
des Lohnausweises der SSK).

Auch Spesenvergütungen sind grundsätzlich auf dem Lohnausweis zu
deklarieren. Effektive Spesenvergütungen müssen nur deklariert werden,
wenn gewisse Vorgaben bei der Spesenvergütung nicht eingehalten werden. Pauschale Spesenvergütungen sind immer zu deklarieren. Arbeitgeber
können bei der Steuerbehörde des Sitzkantons ein Gesuch um Genehmigung eines Spesenreglements stellen. Damit müssen zwar auf dem Lohnausweis die Pauschalspesen deklariert werden, diese werden aber ohne
weitere Prüfung als nicht steuerbare Leistung anerkannt. Genehmigte
Spesenreglemente werden auch von den anderen Kantonen anerkannt.

Darstellung 5: Der neue Lohnausweis

| A | **Lohnausweis – Certificat de salaire – Certificato di salario** |
| B | **Rentenbescheinigung – Attestation de rentes – Attestazione delle rendite** |

C   AHV-Nr. – No AVS – N. AVS   Neue AHV-Nr. – Nouveau No AVS – Nuovo N. AVS

F   Unentgeltliche Beförderung zwischen Wohn- und Arbeitsort
Transport gratuit entre le domicile et le lieu de travail
Trasporto gratuito dal domicilio al luogo di lavoro

D   E   Jahr – Année – Anno   von – du – dal   bis – au – al

G   Kantinenverpflegung / Lunch-Checks
Repas à la cantine / chèques-repas
Pasti alla mensa / buoni pasto

H

Nur ganze Frankenbeträge
Que des montants entiers
Unicamente importi interi

1. Lohn soweit nicht unter Ziffer 2–7 aufzuführen   / Rente
Salaire qui ne concerne pas les chiffres 2 à 7 ci-dessous   / Rente
Salario se non da indicare sotto cifra da 2 a 7 più sotto   / Rendita

2. Gehaltsnebenleistungen   **2.1** Verpflegung, Unterkunft – Pension, logement – Vitto, alloggio   +
Prestations salariales accessoires
Prestazioni accessorie al salario   **2.2** Privatanteil Geschäftswagen – Part privée voiture de service – Quota privata automobile di servizio +

    2.3 Andere – Autres – Altre   +
    Art – Genre – Genere

3. Unregelmässige Leistungen – Prestations non périodiques – Prestazioni aperiodiche   Art – Genre – Genere
   +

4. Kapitalleistungen – Prestations en capital – Prestazioni in capitale   +
   Art – Genre – Genere

5. Beteiligungsrechte gemäss Beiblatt – Droits de participation selon annexe – Diritti di partecipazione secondo allegato   +

6. Verwaltungsratsentschädigungen – Indemnités des membres de l'administration – Indennità dei membri di consigli d'amministrazione +

7. Andere Leistungen – Autres prestations – Altre prestazioni   +
   Art – Genre – Genere

8. Bruttolohn total / Rente – Salaire brut total / Rente – Salario lordo totale / Rendita   =

9. Beiträge AHV/IV/EO/ALV/NBUV – Cotisations AVS/AI/APG/AC/AANP – Contributi AVS/AI/IPG/AD/AINP   –

10. Berufliche Vorsorge   2. Säule   **10.1** Ordentliche Beiträge – Cotisations ordinaires – Contributi ordinari   –
Prévoyance professionnelle 2ᵉ pilier
Previdenza professionale 2° pilastro   **10.2** Beiträge für den Einkauf – Cotisations pour le rachat – Contributi per il riscatto –

11. **Nettolohn / Rente – Salaire net / Rente – Salario netto / Rendita**   ➡   =
In die Steuererklärung übertragen – A reporter sur la déclaration d'impôt – Da riportare nella dichiarazione d'imposta

12. Quellensteuerabzug – Retenue de l'impôt à la source – Ritenuta d'imposta alla fonte

13. Spesenvergütungen – Allocations pour frais – Indennità per spese
Nicht im Bruttolohn (gemäss Ziffer 8) enthalten – Non comprises dans le salaire brut (au chiffre 8) – Non comprese nel salario lordo (sotto cifra 8)

    13.1 Effektive Spesen   **13.1.1** Reise, Verpflegung, Übernachtung – Voyage, repas, nuitées – Viaggio, vitto, alloggio
    Frais effectifs
    Spese effettive   **13.1.2** Übrige – Autres – Altre
    Art – Genre – Genere

    13.2 Pauschalspesen   **13.2.1** Repräsentation – Représentation – Rappresentanza
    Frais forfaitaires
    Spese forfettarie   **13.2.2** Auto – Voiture – Automobile

        13.2.3 Übrige – Autres – Altre
        Art – Genre – Genere

    13.3 Beiträge an die Weiterbildung – Contributions au perfectionnement – Contributi per il perfezionamento

14. Weitere Gehaltsnebenleistungen   Art
Autres prestations salariales accessoires Genre
Altre prestazioni accessorie al salario   Genere

15. Bemerkungen
Observations
Osservazioni

I   Ort und Datum – Lieu et date – Luogo e data   Die Richtigkeit und Vollständigkeit bestätigt
inkl. genauer Anschrift und Telefonnummer des Arbeitgebers
Certifié exact et complet
y.c. adresse et numéro de téléphone exacts de l'employeur
Certificato esatto e completo
compresi indirizzo e numero di telefono esatti del datore di lavoro

605.040.18 **Form. 11** (25.8.2006)

Bitte die Wegleitung beachten
Observer s.v.p. la directive
Osservare p.f. l'istruzioni

3.2.6 Abziehbare Gewinnungskosten

Die notwendigen Auslagen, die unmittelbar für die Erzielung des Erwerbseinkommens aufgewendet werden, sind als Gewinnungskosten abziehbar.
Nicht abziehbar sind die Lebenshaltungskosten, weil sie nicht in direktem
Zusammenhang mit der Einkommenserzielung anfallen, sowie die Anlagekosten, d. h. Kosten, die der Anschaffung, Herstellung oder Wertvermehrung von Vermögensgegenständen dienen (DBG 34; vgl. vorstehend 3.1).

Nach DBG 26 Abs. 1 sind u. a. als Gewinnungskosten abzugsfähig:
• die Kosten für Fahrten zwischen Wohn- und Arbeitsstätte;
• die Mehrkosten für Verpflegung ausserhalb der Wohnstätte und bei
  Schichtarbeit;
• die übrigen für die Ausübung des Berufes erforderlichen Kosten;
• die mit dem Beruf zusammenhängenden Weiterbildungs- und Umschulungskosten.

Für die ersten drei Arten von Berufsauslagen bestehen Pauschalansätze.
Beim Abzug für die Fahrten zwischen Wohn- und Arbeitsort und für die
übrigen mit der Berufsausübung zusammenhängenden Kosten steht dem
Steuerpflichtigen der Nachweis höherer Kosten offen.

Bei den abziehbaren Kosten für die Fahrten zum Arbeitsort sind grundsätzlich die Kosten für das öffentliche Verkehrsmittel abziehbar. Nur wenn
dieses nicht zumutbar ist, können die Kosten für private Fahrzeuge in Abzug
gebracht werden (z. B. wegen Gebrechlichkeit, ungünstiger Verbindung).
Bei Wochenaufenthaltern werden die Fahrkosten für die wöchentliche
Heimkehr zum Abzug zugelassen.

Der Abzug für berufsbedingte auswärtige Verpflegung setzt voraus, dass
zwischen Arbeits- und Wohnort eine zu grosse Entfernung oder schlechte
Verkehrsverbindungen bestehen oder die Verpflegungspause zu kurz ist.

Wochenaufenthalter können die Kosten für ein Zimmer – nicht für eine
Wohnung – in Abzug bringen.

Weiterbildungskosten dienen dazu, sich im ausgeübten Beruf weiterzu-
bilden, um die berufliche Stellung zu halten oder um einen Aufstieg im
bisherigen Beruf zu ermöglichen. Weiterbildungskosten müssen in unmittelbarem Zusammenhang mit der Berufsausübung stehen und notwendig
sein. Abzugsfähig sind Fachliteratur, Kursgelder, Schulgelder, Lehrmittel,
Fahrkosten, Unterkunft, Verpflegung. Steuerlich abzugsfähig sind auch die
Umschulungskosten, die für die Umschulung auf einen neuen Beruf erfor-

derlich sind. Voraussetzung ist jedoch, dass der Steuerpflichtige durch äussere Umstände wie durch Betriebsschliessung, Krankheit oder Unfall in seiner angestammten Tätigkeit keine berufliche Zukunft mehr hat.

Die steuerlich abzugsfähigen Weiterbildungs- und Umschulungskosten sind abzugrenzen von den Ausbildungskosten. Diese dienen der Erlernung eines Berufes und sind steuerlich nicht abzugsfähig. Ebenfalls nicht abzugsfähig sind Ausbildungskosten, die dem Aufstieg in eine eindeutig vom bisherigen Beruf zu unterscheidende höhere Berufsstellung oder gar dem Umstieg in einen andern Beruf dienen.

Während die bisherige Praxis der Steuerbehörden bei der Abgrenzung sehr restriktiv war, zeichnet sich mit der Publikation des Merkblattes vom 11. November 2009 im Kanton Zürich (ZStB I Nr. 17/400) eine gewisse Lockerung ab. So werden neu auch die Aufwendungen für Anwaltsprüfung, Dissertation, Facharzttitel und gewisse berufsbegleitende Fachhochschulstudien als Weiterbildungskosten anerkannt.

3.3 Einkommen aus selbständiger Erwerbstätigkeit

Literatur zur Vertiefung:
BLUMENSTEIN/LOCHER, System, S. 176 ff. und S. 248 ff.
DUSS MARCO/GRETER MARCO/VON AH JULIA, Die Besteuerung Selbständigerwerbender, Zürich 2004
HÖHN/WALDBURGER, Steuerrecht I, S. 304 ff. und S. 349
HÖHN/WALDBURGER, Steuerrecht II, S. 309–352 und S. 361–408
LOCHER, Kommentar DBG I, Art. 18 sowie Art. 27–29 und Art. 31
OBERSON, Droit fiscal, S. 87 ff. und S. 142 ff.
REICH, Steuerrecht, S. 331 ff.
RICHNER/FREI/KAUFMANN/MEUTER, Kommentar StG-ZH, §18, § 27 und § 29
RYSER/ROLLI, Précis, S. 193 ff.
ZWEIFEL/ATHANAS, Kommentar DBG, Art. 18 (REICH), Art. 27–29 und Art. 31 (REICH/ZÜGER)
ZWEIFEL/ATHANAS, Kommentar StHG, Art. 8 und Art. 10 (REICH)

Speziell zum Begriff der selbständigen Erwerbstätigkeit sowie zur Abgrenzung Privatvermögen/Geschäftsvermögen:
HIRT BEAT, Grundfragen der Einkommensbesteuerung, Diss. St. Gallen 1998, Schriftenreihe Finanzwirtschaft und Finanzrecht, Band 90, Bern/Stuttgart/Wien 1998, S. 163 ff. (Begriff der selbständigen Erwerbstätigkeit), S. 211 ff. (Abgrenzung Privatvermögen/Geschäftsvermögen)
REICH MARKUS, Der Begriff der selbständigen Erwerbstätigkeit im DBG, in: Festschrift Oberson, Basel/Frankfurt am Main 1995, S. 115 ff.

3.3.1 Allgemeines

Selbständige Erwerbstätigkeit zeichnet sich aus durch das Zusammenbringen von Arbeit und Kapital in einer eigenen Organisation, die einen wirtschaftlichen Zweck verfolgt. Die Organisation tritt nach aussen in Erscheinung und wird auf eigene Rechnung und Gefahr mit der Absicht der Gewinnerzielung geführt. Es können folgende Arten selbständiger Erwerbstätigkeit unterschieden werden:

- nach dem Umfang der Tätigkeit: hauptberufliche und nebenberufliche selbständige Erwerbstätigkeit;
- nach der Art der Tätigkeit: Handels-, Fabrikations-, Dienstleistungsbetriebe, Gewerbe- und Industriebetriebe, Land- und Forstwirtschaft, freie Berufe, übrige Selbständigerwerbende ohne eigentlichen Betrieb;
- nach der Rechtsform der Unternehmung: Einzelunternehmen, Personengesellschaften.

Die Qualifikation als selbständige Tätigkeit ist unabhängig vom Handelsregistereintrag und von der Buchführungspflicht.

Selbständig Erwerbstätige sind Inhaber von Einzelunternehmen, Beteiligte an Kollektiv-, Kommandit- und an einfachen Gesellschaften sowie stille Teilhaber.

Die blosse Verwaltung von eigenem Vermögen gilt nicht als selbständige Erwerbstätigkeit. Die Verwaltung darf indessen nicht das Ausmass einer gewerbsmässigen Tätigkeit annehmen. Abgrenzungsfragen ergeben sich v. a. bei der Nutzung und Verwertung von Liegenschaften sowie beim Wertpapierhandel (siehe dazu KS Nr. 8 der EStV vom 21. Juni 2005 über den gewerbsmässigen Wertschriftenhandel). Der Abgrenzung kommt wegen den unterschiedlichen Steuerfolgen grosse Bedeutung zu (Einkommenssteuer/Grundstückgewinnsteuer bei der Veräusserung von Liegenschaften; Einkommenssteuer/steuerfreier Kapitalgewinn bei der Veräusserung von Wertpapieren). Das Bundesgericht hat in seiner bisherigen Rechtsprechung einen offenen Typusbegriff der selbständigen Erwerbstätigkeit verwendet und die Rechtsprechung stark auf den jeweiligen Einzelfall bezogen geprägt. Als Indizien für die Abgrenzung werden verwendet (vgl. KS Nr. 8 der EStV vom 21. Juni 2005; StE 2003 DBG B 23.1 Nrn. 53 und 54 betreffend Wertschriftenhändler; StE 1999 DBG B 23.1 Nr. 41 betreffend Liegenschaftshändler):

- Zusammenhang mit der beruflichen Tätigkeit, Einsatz von Spezialkenntnissen;

• Häufigkeit der Geschäfte;
• Planmässiges Vorgehen;
• Aufnahme von Fremdkapital;
• Wiederinvestition des Erlöses.

> *Beispiel:*
>
> Ein Bankdirektor erzielt unter Inanspruchnahme bedeutender Fremdmittel bei 330 Verkaufsgeschäften mit über 200 Titeln (Aktien und Obligationen) und einem Umsatz in zwei Jahren von rund CHF 16 Mio. einen Gesamtkapital-gewinn von rund CHF 1,7 Mio. Dieser Gewinn stellt steuerbares Einkommen aus selbständiger Erwerbstätigkeit dar, weil die Tätigkeit über die schlichte Vermögensverwaltung hinausgeht.

Nach der bundesgerichtlichen Rechtsprechung kann im Einzelfall schon das Vorliegen eines dieser Indizien zur Annahme einer selbständigen Erwerbstätigkeit führen, was mit Blick auf den Anspruch auf Gleichbehandlung und das Bedürfnis nach Rechtssicherheit unbefriedigend ist.

Zu begrüssen ist deshalb die Rechtsprechung des Verwaltungsgerichts Zürich, welches von der bundesgerichtlichen Rechtsprechung insofern abweicht, als es den Begriff der selbständigen Erwerbstätigkeit als klassifizierenden Rechtsbegriff versteht. Das bedeutet, dass für das Vorliegen einer selbständigen Erwerbstätigkeit kumulativ fünf Merkmale erfüllt sein müssen:

• Tätigwerden auf eigenes Risiko;
• Einsatz von Arbeit und Kapital;
• frei bestimmte (Selbst-)Organisation;
• Absicht der Gewinnerzielung; und
• planmässige und anhaltende (nach aussen «sichtbare») Teilnahme am wirtschaftlichen Verkehr.

Die selbständige Erwerbstätigkeit ist abzugrenzen von der Liebhaberei. Einkünfte aus Liebhaberei sind steuerfrei, Verluste im Gegenzug aber steuerlich nicht abziehbar. Eine Tätigkeit zählt als Liebhaberei, wenn sie nicht auf die Erzielung von Gewinnen ausgerichtet ist (Gewinnstrebigkeit bejaht bei der Inhaberin eines Blumengeschäfts: StE 2006 B 23.1 Nr. 59; verneint für eine Kunstmalerin: StE 2006 ZH B 23.1 Nr. 61). In der Praxis ist die Abgrenzung in Zweifelsfällen oft schwierig (vgl. zur Illustration den Entscheid des Bundesgerichts betreffend Verkauf einer Weinsammlung in: StE 2003 DBG 23.1 Nr. 51). Bei regelmässigen Nettoeinkünften wird i. d. R. selbständige Erwerbstätigkeit angenommen.

Beispiel:

Ein Arzt und Liebhaber klassischer Musik organisiert Klavierkonzerte, zu welchen er gegen einen Unkostenbeitrag Freunde klassischer Musik und Bekannte mit persönlichen Einladungen, aber auch öffentlich mit Inseraten im Gemeindepublikationsorgan einlädt. Die Kosten sind dauernd höher als die Einkünfte. Eine Erwerbstätigkeit ist nicht gegeben, denn es fehlt die Gewinnerzielungsabsicht, weshalb die Verluste nicht mit dem übrigen Einkommen verrechenbar sind.

3.3.2 Begriff und Ermittlung des Einkommens aus selbständiger Erwerbstätigkeit

Das steuerbare Einkommen aus selbständiger Tätigkeit besteht aus dem Unternehmensgewinn (= Reingewinn), wie er nach den kaufmännischen Grundsätzen und unter Beachtung besonderer steuerrechtlicher Vorschriften ermittelt wird. Er setzt sich zusammen aus dem gesamten ordentlichen und ausserordentlichen Unternehmungserfolg. Zu letzterem gehören auch sämtliche Kapitalgewinne aus dem Umlauf- und Anlagevermögen.

Zur Ermittlung des steuerbaren Geschäftsgewinnes knüpft das Steuerrecht an den handelsrechtskonformen Jahresabschluss an, wie er sich aufgrund der formell und materiell ordnungsgemäss geführten Buchhaltung ergibt. Die Steuerbehörden müssen das handelsrechtlich korrekt ausgewiesene Ergebnis übernehmen, soweit dieses mit den steuerrechtlichen Grundsätzen übereinstimmt. Andernfalls können sie es entsprechend korrigieren. Die Anlehnung des Steuerrechts an das Handelsrecht wird als «Massgeblichkeit» des Handelsrechts für das Steuerrecht bezeichnet (Massgeblichkeitsprinzip).

Die Steuerbehörden können somit vom handelsrechtlich korrekten Ergebnis abweichen, wenn und soweit das Steuerrecht solche Korrekturen vorsieht. Handelsrecht und Steuerrecht schützen entgegengesetzte Interessen. Das Handelsrecht will v. a. zum Zweck des Gläubigerschutzes eine zu gute Darstellung der Vermögenslage verhindern, weshalb es insbesondere bei der Bewertung der Aktiven Höchstwerte festlegt (OR 960). Das Steuerrecht will demgegenüber den periodengerechten Jahreserfolg ermitteln und legt deshalb für die Vermögensbewertung nach unten gewisse Mindestgrenzen (Tiefstwertvorschriften) fest. So sind z. B. Abschreibungen und Rückstellungen steuerrechtlich nur begrenzt zulässig.

Der steuerbare Unternehmungsgewinn aufgrund der kaufmännischen Grundsätze und unter Beachtung der steuerrechtlichen Vorschriften wird durch folgende vier Faktoren bestimmt, die anschliessend näher besprochen werden:

- Feststellung des Geschäftsvermögens im Gegensatz zum Privatvermögen;
- Bewertung des Geschäftsvermögens bzw. der Geschäftsaktiven und Geschäftspassiven;
- abziehbare Kosten;
- steuerbare Einkünfte.

3.3.3 Geschäftsvermögen und Privatvermögen

3.3.3.1 Allgemeines

Der Abgrenzung zwischen Geschäftsvermögen und Privatvermögen kommt im Steuerrecht massgebliche Bedeutung zu, insbesondere weil für das Geschäftsvermögen andere Grundsätze zur Anwendung gelangen als für das Privatvermögen: Abschreibungen sind zulässig, realisierte Kapitalgewinne sind grundsätzlich steuerpflichtig, Kapitalverluste grundsätzlich abzugsfähig.

Ausserdem wird das Einkommen aus selbständiger Erwerbstätigkeit aufgrund der Veränderung des Geschäftsvermögens ermittelt, d. h., die Veränderung des Geschäftsvermögens ist massgebend für die Ermittlung des Unternehmensgewinnes als Vermögensstandsgewinn.

Das Privatvermögen ist für die Ermittlung des Unternehmensgewinnes ohne Bedeutung. Abschreibungen auf Privatvermögen können steuerlich nicht in Abzug gebracht werden. Einzige Ausnahme stellt diesbezüglich die beschränkte Abschreibungsmöglichkeit auf privaten nachrangigen Darlehen dar, welche nach Art. 5 des Bundesgesetzes über die Risikokapitalgesellschaften befristet bis 30. April 2010 möglich ist. Realisierte Kapitalgewinne sind nur teilweise steuerpflichtig (Grundstückgewinne unterliegen der kantonalen Grundstückgewinnsteuer), Kapitalverluste regelmässig nicht abzugsfähig.

Die unterschiedliche einkommenssteuerrechtliche Bedeutung hat zur Folge, dass die Übertragung eines Vermögensobjektes aus dem einen in den andern Vermögensbereich steuerrechtliche Konsequenzen hat. Die Übertragung von Objekten des Geschäftsvermögens in das Privatvermögen gilt als Realisationstatbestand (Privatentnahme; DBG 18 Abs. 2). Es ist über allfällige stille Reserven abzurechnen. Umgekehrt kann die Übertragung von Liegenschaften des Privatvermögens in das Geschäftsvermögen die Grundstückgewinnsteuer auslösen (vgl. nachfolgend C 3.1).

Im interkantonalen und internationalen Steuerrecht ist bewegliches Geschäftsvermögen am Geschäftsort bzw. am Ort der Betriebsstätte steu-

erbar, während bewegliches Privatvermögen am Wohnsitz steuerbar ist
(vgl. nachfolgend VII. 2.5.5).

3.3.3.2 Zuordnung bei der Einzelunternehmung

Bei Einzelunternehmungen ist für die Zuordnung, ob ein Vermögensobjekt
zum Geschäfts- oder zum Privatvermögen gehört, auf die tatsächliche
Nutzung, auf die aktuelle Zweckbestimmung abzustellen (DBG 18 Abs. 2).
Lediglich als Indizien von Bedeutung sind die buchmässige Behandlung,
die Herkunft der Mittel für die Anschaffung sowie die Verwendung des
Erlöses.

Die Zuteilung von Gegenständen zum Geschäfts- oder Privatvermögen wird
dadurch erschwert, dass es neben den eindeutigen geschäftlich oder privat
genutzten Gütern auch sog. Alternativgüter und gemischt genutzte Güter
gibt.

Eindeutiges Geschäftsvermögen sind Verbrauchs- und Veräusserungsgüter
sowie Gebrauchsgüter der Unternehmung. Eindeutig zum Privatvermögen
gehören Güter, die offensichtlich für private Zwecke verwendet werden
oder die nach ihrer äusseren Beschaffenheit privaten Bedürfnissen entsprechen.

Beispiel:
Produktionsmaschinen gehören zum Geschäftsvermögen, während das private
Wohnhaus des Geschäftsinhabers Privatvermögen bildet, auch wenn es in der
Bilanz aufgeführt wird.

Alternativgüter sind Vermögensobjekte, die wegen ihrer Beschaffenheit
sowohl Geschäfts- als auch Privatvermögen sein können. Die Zuteilung
erfolgt aufgrund der effektiven Verwendung der Vermögensobjekte (vgl.
betreffend WIR-Darlehen StE 2001 DBG B 23.2 Nr. 22).

Beispiel:
Liegenschaften, Autos, Wertschriften, Beteiligungen können sowohl geschäftlich wie privat genutzt werden.

Gemischt genutzte Güter dienen gleichzeitig teilweise geschäftlichen, teilweise privaten Zwecken. Solche Vermögensobjekte werden entsprechend
der überwiegenden tatsächlichen Nutzung einem Vermögensbereich zugeordnet (Präponderanzmethode).

> **Beispiel:**
> Die Liegenschaft eines Arztes mit Arztpraxis gehört zum Geschäftsvermögen, wenn die Nutzung durch die Arztpraxis überwiegt und nur ein kleinerer Teil als Wohnung dient. Werden hingegen in der Liegenschaft auch noch Wohnungen vermietet, so dürfte die private Nutzung gegenüber der Nutzung für die Arztpraxis überwiegen, und die ganze Liegenschaft zählt zum Privatvermögen (vgl. zur Präponderanzmethode bei Liegenschaften StE 1998 BE/DBG B 23.2 Nr. 20).

Der erbrechtliche Übergang von Geschäftsvermögen ist für dessen Qualifikation vorerst ohne Bedeutung. Es bleibt zunächst Geschäftsvermögen im Eigentum der Erben. Erst die Dispositionen durch die Erben entscheiden darüber, ob das Vermögen Geschäftsvermögen bleibt oder zu Privatvermögen mit den aufgezeigten Steuerfolgen wird.

Mit der Unternehmenssteuerreform II wird ab dem 1. Januar 2011 folgende Erleichterung in Kraft treten: Die Besteuerung der stillen Reserven wird auf Gesuch der den Geschäftsbetrieb in der Erbteilung übernehmenden Erben bis zu einer allfälligen späteren Realisation aufgeschoben (DBG 18a Abs. 3, eingefügt durch die UStR II). Einzelne Kantone haben diese Regelung bereits ganz oder teilweise umgesetzt (StHG 8 Abs. 2^{quater}).

Nach der Praxis der Steuerbehörden wird für Geschäftsschulden verpfändetes Vermögen i.d.R. dem Geschäftsvermögen zugeordnet.

Die Vermietung bzw. Verpachtung von Geschäftsvermögen ändert grundsätzlich nichts an dessen Zuordnung. Wird ein Geschäft jedoch im Zusammenhang mit seiner endgültigen Aufgabe vermietet bzw. verpachtet, so liegt grundsätzlich eine Privatentnahme vor (vgl. StE 1996 DBG B 23.2 Nr. 16).

> **Beispiel:**
> Der Eigentümer eines Restaurants verpachtet dieses, weil er die Erwerbstätigkeit altershalber aufgibt.

Mit Wirkung ab dem 1. Januar 2011 gilt jedoch die Verpachtung eines Geschäftsbetriebes nur noch dann als Überführung in das Privatvermögen, wenn die steuerpflichtige Person einen entsprechenden Antrag stellt (DBG 18a Abs. 2, eingefügt durch die UStR II vom 23. März 2007). Das Gleiche gilt für die Kantone (StHG 8 Abs. 2bis), welche diese Regelung z.T. aber schon eingeführt haben. Vgl. zur Privatentnahme nachfolgend 3.3.11.3.

3.3.3.3   Zuordnung bei Personengesellschaften

Kollektiv- und Kommanditgesellschaften können unter ihrer Firma Rechte erwerben und Verpflichtungen eingehen (OR 562). Eigentum und Nutzung können somit auseinander fallen. Die Zuordnung des Gesellschaftsvermögens erfolgt wie bei der Einzelunternehmung grundsätzlich nach dem Kriterium der tatsächlichen Nutzung. Neben der wirtschaftlichen Zweckbestimmung sind aber auch die zivilrechtlichen Verhältnisse (Eigentumsrecht, obligationenrechtliche Beziehungen zwischen Gesellschafter und Gesellschaft) massgebend.

Objekte im Eigentum der Gesellschaft zählen i.d.R. zum Geschäftsvermögen. Werden solche Objekte aber privat genutzt, gelten sie dennoch als Privatvermögen.

Beispiel:

Die Kollektivgesellschaft Baum und Holz ist Eigentümerin einer Ferienwohnung in Ascona und führt diese in ihrer Buchhaltung. Sie dient ausschliesslich den Familien der Gesellschafter als Ferienwohnung und wurde auch zu diesem Zweck erworben.

Obwohl die Kollektivgesellschaft im Grundbuch als Eigentümerin eingetragen ist, gilt die Ferienwohnung als Privatvermögen der Gesellschafter.

Objekte im Eigentum der Gesellschafter sind i.d.R. Privatvermögen, auch wenn sie der Gesellschaft gegen ein angemessenes Entgelt überlassen werden. Werden solche Objekte von der Gesellschaft unentgeltlich oder gegen ein unangemessen tiefes Entgelt für geschäftliche Zwecke genutzt, zählen sie jedoch zum Geschäftsvermögen.

Beispiel:

Der Gesellschafter Baum stellt der Kollektivgesellschaft Baum und Holz ein in seinem Eigentum befindliches Bürogebäude zur Verfügung, welches vollumfänglich für Geschäftszwecke genutzt wird.

Erhält er dafür ein angemessenes, marktkonformes Entgelt, so gilt das Grundstück als Privatvermögen. Andernfalls gilt es als Geschäftsvermögen.

3.3.3.4   Gewillkürtes Geschäftsvermögen

Nach DBG 18 Abs. 2 letzter Satz kann eine qualifizierte Beteiligung von mindestens 20 Prozent am Grund- oder Stammkapital einer Kapitalgesellschaft oder Genossenschaft beim Erwerb dem Geschäftsvermögen zugeteilt werden. Dazu bedarf es im Zeitpunkt des Erwerbes einer ausdrücklichen Erklärung. Durch die Behandlung der Beteiligungsrechte als Geschäftsvermögen sind die darauf entfallenden Schuldzinsen steuerlich vollumfänglich abziehbar (DBG 27 Abs. 2 lit. d). Im Gegenzug unterliegt aber ein allfälliger Veräusserungsgewinn der Einkommenssteuer (DBG 18 Abs. 2; vgl. KS Nr. 1 der EStV vom 19. Juli 2000, Die Beschränkung des Schuldzinsenabzuges und die zum Geschäftsvermögen erklärten Beteiligungen nach dem Bundesgesetz vom 19. März 1999 über das Stabilisierungsprogramm 1998).

3.3.4 Die Geschäftsaktiven

Mit der Bilanzierung und Bewertung der Geschäftsaktiven wird der Unternehmungsgewinn massgeblich bestimmt.

Steuerrechtlich müssen alle Wirtschaftsgüter, die einen bleibenden Wert haben und dem Unternehmen über den Bilanzstichtag hinaus dienen, aktiviert werden.

• Entgeltlich erworbene Güter sind zum Anschaffungswert zu aktivieren bzw. zum tieferen Verkehrswert (sog. Niederstwertprinzip; OR 960 Abs. 2). Zum Anschaffungswert gehören alle Aufwendungen, die gemacht worden sind, um den Gegenstand zu erlangen, insbesondere Kaufpreis, Frachtkosten, Zoll, Transportversicherung, Lagergebühren sowie nicht als Vorsteuer rückforderbare Mehrwertsteuer.
• Selbst hergestellte bzw. in Herstellung befindliche Wirtschaftsgüter sind grundsätzlich zu den Herstellungskosten zu bilanzieren. Die Herstellungskosten beinhalten sämtliche Materialkosten, die direkten, produktiven Löhne einschliesslich Eigenlöhne sowie die anteiligen Fertigungsgemeinkosten. Nicht zu den Herstellungskosten gehören die Verwaltungs- und Vertriebsgemeinkosten.
• Privateinlagen können mit dem Verkehrswert bzw. Geschäftswert in die Bilanz aufgenommen werden.
• Unentgeltlich erworbene Wirtschaftsgüter dürfen höchstens zum Verkehrswert aktiviert werden.

Wirtschaftsgüter, die im laufenden Geschäftsjahr verwendet werden, sind als Aufwendungen der Erfolgsrechnung zu belasten.

Handelsrechtlich gelten für die Selbständigerwerbenden die allgemeinen Buchführungsvorschriften gemäss OR 957 ff. Daraus folgt, dass in allen Fällen Aktiven zum Geschäftswert bzw. Verkehrswert bilanziert werden können (OR 960 Abs. 2). Aufwertungen auf den Geschäftswert sind dabei, im Gegensatz zu den aktienrechtlichen Bewertungsvorschriften (OR 664ff.), uneingeschränkt möglich. Dennoch kann aber die Steuerbehörde bei Wertsteigerungen auf Wertschriften, Beteiligungen oder Liegenschaften eine entsprechende Aufwertung auf den Verkehrswert nicht verlangen. Nimmt

der Unternehmungsinhaber allerdings freiwillig eine Aufwertung innerhalb der handelsrechtlichen Grenze vor, so gilt der Mehrwert steuerlich als
realisiert. Mit einer buchmässigen Aufwertung können auch Geschäftsverluste steuerlich ausgeglichen werden, soweit sie noch verrechenbar sind
(DBG 31 Abs. 1). Die Verlustverrechnungsperiode kann bei der direkten
Bundessteuer mit dieser Massnahme allerdings nicht ausgedehnt werden
(DBG 28 Abs. 3).

3.3.5 Die Geschäftspassiven

Zu den Geschäftspassiven zählen das Fremdkapital und das Eigenkapital.

Als Fremdkapital gelten die bestehenden Verpflichtungen sowie die Rückstellungen für noch unbestimmte Verpflichtungen und für Forschungs- und
Entwicklungsaufträge an Dritte i. S. v. DBG 29 Abs. 1 lit. d.

Zu den bestehenden Verpflichtungen zählen die Schulden und die passiven
Rechnungsabgrenzungsposten für vorempfangene Erträge oder bereits
feststehende, aber noch zu bezahlende Aufwendungen. Die steuerlich
zulässigen Rückstellungen werden im Folgenden separat behandelt.

Das Eigenkapital setzt sich zusammen aus dem Kapitalkonto, den offenen
und versteuerten stillen Reserven sowie allfälligen Rücklagen. Als Rücklagen werden Reserven bezeichnet, die z. B. zur Finanzierung eines bestimmten zukünftigen Aufwandes oder zur Anschaffung eines aktiven Wirtschaftsgutes dienen. Versteuerte stille Reserven sind z. B. steuerlich nicht
anerkannte Abschreibungen und Rückstellungen. Was steuerrechtlich nicht
als Fremdkapital passivierbar ist, zählt zum Eigenkapital und damit zum
steuerbaren Vermögen des Selbständigerwerbenden. Das steuerbare
Eigenkapital ist somit die Differenz zwischen den Aktiven (zu Einkommens-
steuerwerten gerechnet) und den Verpflichtungen sowie den steuerlich
anerkannten Rückstellungen.

Aktiven gemäss Bilanz	Verpflichtungen Rückstellungen	
	Eigenkapital inkl. Rücklagen	Steuerbares Eigenkapital
Steuerlich nicht anerkannte Abschreibungen	Versteuerte stille Reserven	

Für die Darstellung der Geschäftsbeziehungen zwischen dem Selbständig-erwerbenden und seinem Unternehmen werden i. d. R. ein Kapital- und ein Privatkonto geführt. Auf diesen Konti sind die Privateinlagen und die Privatentnahmen zu verbuchen.

Privateinlagen aus dem Privatvermögen ins Geschäftsvermögen dürfen höchstens zum Geschäftswert (OR 960 Abs. 2) verbucht werden. Sie führen nicht zu einem steuerbaren Geschäftsgewinn und lösen somit keine Einkommenssteuer aus. Bei der Überführung von Grundstücken vom Privat- ins Geschäftsvermögen fällt aber u. U die Grundstückgewinnsteuer an (vgl. nachfolgend C 3.1).

Beispiel:

Fritz Fisch eröffnet in einer ihm gehörenden Liegenschaft, die er bisher vermietet hat, ein Speiserestaurant.
Die Anlagekosten (Erwerbspreis plus wertvermehrende Aufwendungen) belaufen sich auf CHF 1 000 000. Der Verkehrswert beträgt CHF 1 500 000. Mit der Nutzung der Liegenschaft als Speiserestaurant wird diese vom Privat- ins Geschäftsvermögen von Fritz Fisch überführt. Die Überführung kann in Kantonen, welche bei der Grundstückgewinnsteuer das dualistische System kennen (vgl. nachfolgend C 1), die Grundstückgewinnsteuer auf der Differenz zwischen dem Verkehrswert und den Anlagekosten auslösen. Bei der direkten Bundessteuer ergeben sich keine Steuerfolgen.

Privatentnahmen, d. h. die Überführung von Geschäfts- ins Privatvermögen, können steuerlich nur zu Verkehrswerten erfolgen. Nach DBG 18 Abs. 2 wird die Überführung einem Verkauf gleichgesetzt. Allfällige stille Reserven (Differenz zwischen Verkehrswert und dem steuerlich anerkannten Buchwert) gelten grundsätzlich als realisiert und werden dem steuerbaren Geschäftsgewinn hinzugerechnet (vgl. aber die Ausnahmen dazu in nachfolgend 3.3.11.2).

Beispiel:

Alfred Bohrer verlegt seine Zahnarztpraxis von der bisher als Geschäftsvermögen geltenden Praxisliegenschaft in ein Mietobjekt. Die bisherige Praxisliegenschaft mit einem Einkommenssteuerwert von CHF 500 000 und einem Verkehrswert von CHF 1 500 000 wird umgebaut und neu ausschliesslich als Wohnhaus verwendet. Die Überführung der Liegenschaft ins Privatvermögen gilt als Realisationstatbestand gemäss DBG 18 Abs. 2. Die stillen Reserven von CHF 1 000 000 unterliegen der Einkommenssteuer und der AHV.

3.3.6   Rückstellungen im Besonderen

Rückstellungen sind Passiven, die im Rechnungsjahr entstandene Aufwendungen berücksichtigen, deren Höhe oder Rechtsbestand noch ungewiss ist.

Handelsrechtlich sind Rückstellungen nach dem Grundsatz der Bilanzvorsicht und nach dem Imparitätsprinzip zu bilden. Steuerrechtlich sind sie
jedoch nur zulässig, soweit sie geschäftsmässig begründet sind.

Rückstellungen werden nach **DBG 29** steuerlich anerkannt für:
- im Geschäftsjahr bestehende Verpflichtungen, deren Höhe noch unbestimmt ist;
- Verlustrisiken, die mit Aktiven verbunden sind (Waren, Debitoren);
- andere unmittelbar drohende Verlustrisiken, die in den massgeblichen
  Geschäftsjahren bestehen;
- künftige Forschungs- und Entwicklungsaufträge an Dritte bis zu 10 Prozent des steuerbaren Gewinnes, insgesamt höchstens CHF 1 Mio.

Als nicht geschäftsmässig begründet gelten Rückstellungen insbesondere:
- wenn sie im Hinblick auf künftige Anschaffungen vorgenommen werden;
- wenn der Eintritt der Bedingung oder des die Ausgabe auslösenden Ereignisses wenig wahrscheinlich ist;
- wenn kein zwangsläufiger Zusammenhang mit der Einkommenserzielung
  besteht.

Die Rückstellungen müssen im Einzelnen sachlich begründet und nach
Bestand und Höhe nachgewiesen werden, auch wenn es sich um Schätzungen handelt. In der Praxis werden häufig Pauschalen zugestanden. Für die
allgemeinen Verlustgefahren auf Kundenguthaben (Delkredere) können
in den meisten Kantonen im Umfang von 5 bis 10 Prozent Rückstellungen
gebildet werden (Kanton Zürich 10 bzw. 20 Prozent). Für Baugarantien im
Baugewerbe werden i.d.R. Rückstellungen von 1 Prozent des gesamten
garantiepflichtigen Umsatzes der letzten zwei Jahre anerkannt. Bei Nachweis besonderer Risiken sind höhere Rückstellungen zulässig.

Rückstellungen für bevorstehende Grossreparaturen werden in der Praxis
in einem bestimmten Umfang zugelassen, wenn ein detaillierter Kosten-
voranschlag mit Angaben über den zeitlichen Ablauf der Reparaturarbeiten
vorgelegt werden kann.

Rückstellungen für Forschungs- und Entwicklungsaufträge an Dritte werden
steuerlich anerkannt bis zu 10 Prozent des steuerbaren Gewinnes, insge-

samt höchstens CHF 1 Mio. Dabei handelt es sich im Grunde genommen um Rücklagen, welche steuerlich grundsätzlich nicht als Fremdkapital gelten. Der Gesetzgeber wollte aber die steuerlich wirksame Bildung solcher Reserven bis zu einem gewissen Grad zulassen, weshalb er sie explizit bei den zulässigen Rückstellungen aufgenommen hat (DBG 29 Abs. 1 lit. d).

Fallen die Gründe für die Rückstellungen weg und werden diese nicht beansprucht, so sind sie erfolgswirksam aufzulösen (DBG 29 Abs. 2). Die Bildung von Rückstellungen reduziert, die Auflösung vergrössert den steuerbaren Gewinn.

3.3.7   Stille Reserven auf dem Warenlager

Bei der Warenbewertung werden in der Praxis recht weitgehende Wertberichtigungen, die auch als Rückstellungen bezeichnet werden, anerkannt. So darf unter bestimmten Voraussetzungen das Warenlager bis zu einem Drittel unter dem Gestehungs- bzw. Marktwert bilanziert werden, ohne dass diese Reservebildung, welche über die echte Abschreibung hinausgeht, besonders begründet werden muss. Dieser sog. Warendrittel wird als allgemeine Risikorückstellung bezeichnet. Eine weiter gehende Tieferbewertung ist zulässig, wenn ein überdurchschnittliches Lagerrisiko besteht.

Aus Kontrollgründen ist die Bildung des Warendrittels nur unter folgenden Voraussetzungen zulässig:

• Es muss ein mengenmässig vollständiges Inventar geführt werden;
• Der Steuerbehörde müssen genügend Angaben über den Anschaffungs- oder Herstellungswert bzw. den niedrigeren Marktwert der Waren offengelegt und Auskünfte über die Bewertungsgrundsätze erteilt werden;
• Es muss eine ordnungsgemässe und beweiskräftige Buchhaltung vorliegen, aus der sich der Warenbruttogewinn korrekt ermitteln lässt.

Beispiel:	*CHF*
Einstandswert des Warenlagers laut Inventar	700 000
– Abschreibung einzelner Warengattungen auf den niedrigeren Marktwert	100 000
Inventarwert des Warenlagers nach dem Tiefstwertprinzip	600 000
– Bildung der höchstzulässigen Warenlagerrückstellung 1/3	200 000
Bilanzwert Warenlager (Einkommenssteuerwert)	400 000

3.3.8 Abziehbare Kosten

Im Steuerrecht dürfen der Erfolgsrechnung nur geschäftsmässig begründete Kosten belastet werden (DBG 27 Abs. 1). Das sind v. a. solche Aufwendungen, die nicht für den Erwerb von aktivierungspflichtigen Gütern verwendet werden und auch nicht Schuldenrückzahlungen oder Privatentnahmen darstellen.

Zu den geschäftsmässig begründeten Kosten gehören nach DBG 27 Abs. 2 insbesondere

- die Abschreibungen und Rückstellungen;
- die eingetretenen und verbuchten Verluste auf Geschäftsvermögen;
- die Zuwendungen an Vorsorgeeinrichtungen zugunsten des eigenen Personals, sofern jede zweckwidrige Verwendung ausgeschlossen ist. Abziehbar sind auch Zuwendungen als Arbeitgeberbeitragsreserven i. d. R. bis zum Fünffachen der jährlichen reglementarischen Arbeitgeberbeiträge. Die Beiträge des Arbeitgebers für seine eigene berufliche Vorsorge können insoweit der Erfolgsrechnung belastet werden, als sie dem «Arbeitgeberanteil» entsprechen. Der «Arbeitnehmeranteil» gilt als aus privaten Mitteln erbracht und kann aussschliesslich nach DBG 33 Abs. 1 lit. d vom steuerbaren Einkommen in Abzug gebracht werden.

Weiter gelten beispielsweise als geschäftsmässig begründete Aufwendungen: Waren- und Personalkosten, Raumkosten, Kapitalzinsen, Versicherungsprämien, öffentliche Gebühren, Betriebsmaterial, Bürokosten, Verwaltungs- und Werbekosten.

Als Kosten nicht abziehbar sind gemäss ausdrücklicher Gesetzesbestimmung Zahlungen von Bestechungsgeldern im Sinne des schweizerischen Strafrechts an schweizerische oder fremde Amtsträger (DBG 27 Abs. 3).

Kosten, die der Befriedigung privater Bedürfnisse des Selbständigerwerbenden dienen, dürfen nicht einem Aufwandkonto, sondern müssen dem Privatkonto als Privatbezug belastet werden. Dazu gehören insbesondere auch die Einkommens- und Vermögenssteuern des Steuerpflichtigen (DBG 34 lit. e).

3.3.9   Abschreibungen im Besonderen

Unter Abschreibung wird die gewinnschmälernde Herabsetzung des Einkommenssteuerwertes eines Wirtschaftsgutes zulasten der Erfolgsrechnung verstanden. Damit wird der Entwertung des Vermögensobjektes Rechnung getragen.

Abschreibungen sind steuerrechtlich zulässig, wenn und soweit sie geschäftsmässig begründet sind (DBG 28 Abs. 1). Nach dem sog. Periodizitätsprinzip dürfen lediglich die in der Berechnungsperiode effektiv eingetretenen Wertverminderungen der Erfolgsrechnung belastet werden.

Wurden Aktiven zum Ausgleich von Verlusten aufgewertet, so können Abschreibungen nur vorgenommen werden, wenn die Aufwertungen handelsrechtlich zulässig waren und die Verluste im Zeitpunkt der Abschreibung noch verrechenbar wären (DBG 28 Abs. 3).

Abschreibungen können nur auf dem Geschäftsvermögen vorgenommen werden. Damit sie steuerrechtlich anerkannt werden, müssen sie ordnungsgemäss verbucht sein. Die Verbuchung kann in direkter oder indirekter Form mittels eines Wertberichtigungskontos erfolgen.

Mit den Abschreibungen wird der Wertverlust eines Vermögensgegenstandes auf die mutmassliche Nutzungsdauer des Abschreibungsobjektes verteilt. Die genaue Höhe der effektiv notwendigen Abschreibungen ist, weil die Nutzungsdauer und der Endwert häufig unbestimmt sind, schwer nachzuweisen. Die Steuerbehörden haben deshalb Merkblätter erlassen, in welchen die Abschreibungssätze für die verschiedenen Arten von Anlagevermögen festgelegt sind (vgl. Darstellung 6). Solange die Abschreibungen im Rahmen der Abschreibungssätze der Merkblätter bleiben, gelten sie grundsätzlich als geschäftsmässig begründet. Dabei sind zwei Abschreibungsmethoden zulässig: die degressive Abschreibung vom Buchwert und die lineare Abschreibung vom Anschaffungswert. Die linearen Abschreibungssätze sind halb so hoch wie die degressiven.

Darstellung 6: *Merkblatt des Kantons St. Gallen über Abschreibungen (Beispiel eines Kantons, welcher das Einmalerledigungsverfahren mit Ausgleichszuschlägen kennt)*

Abschreibungen

Kanton St.Gallen

Diese Abschreibungsrichtlinien entsprechen den Ansätzen gemäss Merkblatt «A 1995 – Geschäftliche Betriebe», hrsg. von der Eidg. Steuerverwaltung unter den Beilagen zum Kreisschreiben Nr. 15 vom 27. 9. 1994. Die detaillierten Ansätze und Ansätze für Unternehmen wie Elektrizitätswerke, Luftseilbahnen, Schifffahrtsanlagen befinden sich auch im St.Galler Steuerbuch (StB) 41 Nr. 2ff (Stand 1. 1. 1999).

	Abschreibungssätze vom Buchwert (vom Anschaffungswert: Reduktion der Ansätze um die Hälfte)	Ausgleichszuschläge für Überabschreibungen (Art. 23 Abs. 4 StV)	Endwerte (Art. 23 Abs. 2 StV) in % des amtlichen Verkehrswertes
1. Normalansätze			
Wohnhäuser von Immobiliengesellschaften und Personalwohnhäusern	1,5%	50%	75%
Geschäftshäuser, Büro- u. Bankgebäude, Warenhäuser, Kinogebäude	3 %	45 %	50%
Gebäude des Gastwirtschaftsgewerbes und der Hotellerie	4 %	45%	50%
Fabrikgebäude, Lagergebäude und gewerbliche Bauten (spez. Werkstatt- und Silogebäude)	7 %	40%	25%
Dient ein Gebäude verschiedenen geschäftlichen Zwecken (z. B. Werkstatt, Büro, Wohnungen), so sind die einzelnen Abschreibungssätze angemessen zu berücksichtigen.			
Hochregallager und ähnliche Einrichtungen	15%	30%	——
Fahrnisbauten auf fremden Grund und Boden	20%	24%	——
Gleisanschlüsse	20%	24%	——
Tanks (inkl. Zisternenwaggons), Container	20%	24%	——
Wasserleitungen zu industriellen Zwecken	20%	24%	——
Geschäftsmobiliar, Werkstatt- und Lagereinrichtungen mit Mobiliarcharakter	25%	21%	——
Apparate und Maschinen zu Produktionszwecken	30%	18%	——
Transportmittel aller Art ohne Motorfahrzeuge, insbesondere Anhänger	30%	18%	——
Immaterielle Werte, die der Erwerbstätigkeit dienen, wie Patent-, Firmen-, Verlags-, Konzessions-, Lizenz- und andere Nutzungsrechte; Goodwill	40%	12%	——
Automatische Steuerungssysteme	40%	12%	——
Büromaschinen	40%	12%	——
Datenverarbeitungsanlagen (Hardware und Software)	40%	12%	——
Maschinen, die im erhöhten Masse schädigenden chemischen Einflüssen ausgesetzt sind	40%	12%	——
Maschinen die vorwiegend im Schichtbetrieb eingesetzt sind, oder die unter besonderen Bedingungen arbeiten, wie z. B. schwere Steinbearbeitungsmaschinen, Strassenbaumaschinen	40%	12%	——
Motorfahrzeuge aller Art	40%	12%	——
Sicherheitseinrichtungen, elektronische Mess- und Prüfgeräte	40%	12%	——
Hotel- und Gastwirtschaftsgeschirr sowie Hotel- und Gastwirtschaftswäsche	45%	9 %	——
Werkzeuge, Werkgeschirr, Maschinenwerkzeuge, Geräte, Gebinde, Gerüstmaterial, Paletten usw.	45%	9 %	——

2. Sonderfälle

Investitionen für energiesparende Einrichtungen

Wärmeisolierungen, Anlagen zur Umstellung des Heizungssystems, zur Nutzbarmachung der Sonnenenergie u. dgl. können im ersten und zweiten Jahr bis zu 50% vom Buchwert und in den darauffolgenden Jahren zu den für die betreffenden Anlagen üblichen Sätze (Ziffer 1) abgeschrieben werden.

Umweltschutzanlagen

Gewässer- und Lärmschutzanlagen sowie Abluftreinigungsanlagen können im ersten und im zweiten Jahr bis zu 50% vom Buchwert und in den darauffolgenden Jahren zu den für die betreffenden Anlagen üblichen Sätzen (Ziffer 1) abgeschrieben werden.

Beispiel:

Kauf eines Lastwagens im Jahr 01 zum Preis von CHF 400 000. Abschreibungssatz vom Anschaffungswert 20%, vom Buchwert 40%.

	degressiv *40% vom Buchwert*	*linear* *20% vom Anschaffungswert*
Anschaffungswert	400 000	400 000
Abschreibung 01	160 000	80 000
Wert 31.12.01	240 000	320 000
Abschreibung 02	96 000	80 000
Wert 31.12.02	144 000	240 000

Abschreibungen, die höher sind, als steuerlich anerkannt wird (Überabschreibungen), führen grundsätzlich zu einer Korrektur des steuerbaren Einkommens bzw. Ertrages. Die Steuerbehörden rechnen dabei den zu viel abgeschriebenen Betrag zum Saldo der Erfolgsrechnung und zum Kapital hinzu (sog. Hinzurechnungsmethode).

Zur Berichtigung von Überabschreibungen dient aber in einigen Kantonen neben dem Hinzurechnungsverfahren auch wahlweise das Einmalerledigungsverfahren. Bei diesem Verfahren wird mittels eines Ausgleichszuschlages ein Teil der Überabschreibung einmalig dem steuerbaren Einkommen zugerechnet. Die Aufrechnung ist ein Ausgleich für den Zins- und Progressionsvorteil, der dem Steuerpflichtigen durch die nicht periodengerechte Vorverschiebung der Abschreibung zukommt.

Einzelne Kantone (AG, AR, GR, ZH) kennen zudem die Möglichkeit der Sofortabschreibung. Bei diesem System kann Anlagevermögen im Anschaffungs- oder in einem Folgejahr ohne steuerliche Korrektur auf einen vorgegebenen Endwert abgeschrieben werden.

Die kantonal unterschiedlichen Methoden zur Berichtigung von Überabschreibungen (Hinzurechnungsmethode, Einmalerledigungsverfahren, Sofortabschreibung) finden jeweils auch für die direkte Bundessteuer Anwendung.

Beispiel:

Sachverhalt wie oben. Im 1. Jahr werden CHF 300 000, im 2. CHF 80 000 abgeschrieben. Varianten: Hinzurechnung/Einmalerledigung mit Ausgleichszuschlag von 12%/Sofortabschreibung im 1. und 2. Jahr auf null möglich.

	Hinzu-rechnung	Einmal-erledigung	Sofort-abschreibung
1. Jahr			
Buchwert 1.1.01	400 000	400 000	400 000
Abschreibung 01	− 300 000	− 300 000	− 300 000
Buchwert 31.12.01	100 000	100 000	100 000
Korrektur Erfolgsrechnung			
Gewinn gemäss Buchhaltung	200 000	200 000	200 000
gebuchte Abschreibung	300 000	300 000	300 000
zulässige Abschreibung			300 000
40% von 400 000	160 000	160 000	
Überabschreibung/Aufrechnung	+ 140 000		
Ausgleichszuschlag 12% von 140 000		+ 16 800	
Steuerbarer Gewinn	340 000	216 800	200 000
Korrektur Bilanz			
Buchwert Fahrzeuge 31.12.01	100 000	100 000	100 000
Korrektur Überabschreibung	+ 140 000		
Einkommenssteuerwert 31.12.01	240 000	100 000	100 000
Korrektur steuerbares Eigenkapital	+ 140 000	keine	keine
(versteuerte stille Reserven)		Korrektur	Korrektur
2. Jahr			
Buchwert 1.1.02	100 000	100 000	100 000
Abschreibung 02	− 80 000	− 80 000	− 80 000
Buchwert 31.12.02	20 000	20 000	20 000
Korrektur Erfolgsrechnung			
Gewinn gemäss Buchhaltung	200 000	200 000	200 000
gebuchte Abschreibung	80 000	80 000	80 000
zulässige Abschreibung		80 000	
40% von 240 000	96 000		
40% von 100 000		40 000	
Auflösung versteuerter stiller Reserven	− 16 000		
Ausgleichszuschlag 12% von 40 000		+ 4 800	
Steuerbarer Gewinn	184 000	204 800	200 000
Korrektur Bilanz			
Buchwert Fahrzeuge 31.12.02	20 000	20 000	20 000
kumulierte Korrektur Überabschreibung	+ 124 000		
Einkommenssteuerwert 31.12.02	144 000	20 000	20 000
Korrektur steuerbares Eigenkapital neu	+ 124 000	keine	keine
(versteuerte stille Reserven)		Korrektur	Korrektur

Ausserordentlichen Wertverminderungen auf Vermögen kann mit ausserordentlichen Abschreibungen Rechnung getragen werden. Solche über die normalen Abschreibungssätze hinausgehenden Abschreibungen werden steuerlich akzeptiert, wenn sie handelsrechtlich notwendig sind und der Wertverlust endgültig erscheint.

> *Beispiel:*
> * Eine Liegenschaft, welche in einem Konkursverfahren zu einem übersetzten Preis übernommen wurde, muss auf den Marktwert abgeschrieben werden.
> * Mieterinvestitionen in Liegenschaften mit kurzer Mietdauer.
> * Schadenereignisse (soweit keine Versicherungsdeckung besteht).
> * Eine ausgemusterte EDV-Anlage ist noch nicht vollständig abgeschrieben.

3.3.10   Verlustverrechnung

Nach dem Grundsatz der Gesamtreineinkommensbesteuerung können Verluste aus einer Einkommensquelle innerhalb der gleichen Bemessungsperiode mit Gewinnen aus andern Einkommensquellen verrechnet werden.

Beispiel:	CHF
Einkommen aus unselbständiger Erwerbstätigkeit	60 000
Vermögensertrag	80 000
Steuerbare Einkünfte	140 000
Verlust aus Beteiligung an einer Kollektivgesellschaft	− 40 000
Steuerbares Einkommen	100 000

Ist innerhalb der gleichen Bemessungsperiode die Verlustverrechnung nicht möglich, können Geschäftsverluste in den nachfolgenden Jahren mit Einkommen verrechnet werden. Vom Reingewinn der Steuerperiode können Verluste aus sieben der Steuerperiode vorangegangenen Geschäftsjahren abgezogen werden, soweit sie bei der Berechnung des steuerbaren Einkommens dieser Jahre nicht berücksichtigt werden konnten (DBG 211). Geschäftsverluste können in den Folgejahren aber nur verrechnet werden, wenn auch in den Folgejahren noch eine selbständige Erwerbstätigkeit ausgeübt wird (Urteil des Bundesgerichts vom 27. November 2009; StR 2010, 318 ff.).

Beispiel:	CHF	CHF
2009		
Verlust aus selbständiger Erwerbstätigkeit		– 110 000
Einkommen aus unselbständiger Erwerbstätigkeit		
und Vermögensertrag		+ 70 000
Verlustvortrag		– 40 000
2010		
Gewinn aus selbständiger Erwerbstätigkeit	20 000	
Verlustvortrag	– 40 000	– 20 000
Einkommen aus unselbständiger Erwerbstätigkeit		
und Vermögensertrag		+ 80 000
Steuerbar für 2010		60 000

Im Rahmen einer Sanierung können mit Leistungen Dritter, die zum Ausgleich einer Unterbilanz erbracht werden, auch Verluste aus früheren Geschäftsjahren verrechnet werden, soweit sie noch nicht mit Einkommen verrechnet werden konnten.

3.3.11   Steuerbare Einkünfte

Zu den Einkünften aus selbständiger Erwerbstätigkeit gehören sämtliche ordentlichen und ausserordentlichen Erträge.

3.3.11.1   Ordentliche Erträge
Zu den ordentlichen Unternehmungserträgen zählen die Erlöse aus dem Verkauf von Waren und Erzeugnissen sowie die Erträge aus Dienstleistungen. Als ordentliche Einkünfte gelten auch die neutralen und übrigen Erträge wie Vermögenserträge aus Geschäftsvermögen (z. B. Mietertrag aus einer Kapitalanlageliegenschaft). Bei einem Liegenschaftenhändler gelten die Grundstückgewinne als ordentliche Einkünfte aus selbständiger Erwerbstätigkeit.

3.3.11.2   Ausserordentliche Erträge
Zum steuerbaren Einkommen aus selbständiger Erwerbstätigkeit zählen nach DBG 18 Abs. 2 auch alle ausserordentlichen Erträge. Als solche gelten alle Einkünfte, die ausserhalb der geschäftsplanmässigen Tätigkeit erzielt werden, insbesondere:

• Kapitalgewinne, die sich aus der Veräusserung einzelner Vermögenswerte ergeben;

- Aufwertungsgewinne, die bei der buchmässigen Aufwertung von Aktiven bzw. der Abwertung von Passiven entstehen;
- Liquidationsgewinne, die bei der Veräusserung eines ganzen Geschäftes erzielt werden.

Beispiel (in TCHF):

Hugo Wiefel veräussert seine Einzelunternehmung per 31.12.2007 an Doris Bolle. Die Bilanz der Einzelunternehmung Wiefel per 31.12.2007 lautet wie folgt:

Aktiven	500	Verbindlichkeiten	300
(Einkommenssteuerwert 600)		Eigenkapital	200
	500		500

Die stillen Reserven auf den Aktiven betragen 200. Darin sind 100 von den Steuerbehörden nicht anerkannte Abschreibungen (versteuerte stille Reserven) enthalten. Der Kaufpreis wird auf 400 festgesetzt.

Veräusserungserlös		400
Eigenkapital laut Handelsbilanz	200	
Versteuerte stille Reserven	100	
Einkommenssteuerwert	300	–300
Steuerbarer Liquidationsgewinn für Wiefel		100

Die Eingangsbilanz der Einzelunternehmung Bolle per 1.1.2008 lautet:

Aktiven	700	Verbindlichkeiten	300
(stille Reserven 0)		Eigenkapital	400
	700		700

Solche Gewinne auf Geschäftsvermögen entstehen durch Realisierung von stillen Reserven, welche durch Unterbewertung von Umlauf- oder Anlagevermögen bzw. durch Überbewertung von Geschäftsverbindlichkeiten entstanden sind. Ab dem 1. Januar 2011 werden die in den letzten zwei Jahren realisierten stillen Reserven reduziert besteuert, sofern die selbständige Erwerbstätigkeit nach dem vollendeten 55. Altersjahr oder wegen Invalidität aufgegeben wird (DBG 37b, eingefügt durch die UStR II; vgl. dazu nachfolgend 3.6.4). Einzelne Kantone haben diese Privilegierung bei der Aufgabe der selbständigen Erwerbstätigkeit bereits ganz oder teilweise eingeführt (StHG 11 Abs. 5). Die gleiche Erleichterung gilt auch für die überlebenden Ehegatten und die anderen Erben, wenn sie das Unternehmen nicht fortführen (DBG 37b Abs. 2; StHG 11 Abs. 5).

Ausserordentliche Erträge können sowohl auf beweglichem Geschäftsvermögen als auch auf Geschäftsliegenschaften entstehen. In beiden Fällen führt dies sowohl beim Bund als auch in den Kantonen mit dualistischem System bei der Grundstückgewinnsteuer zu steuerbarem Einkommen. Der steuerbare Gewinn errechnet sich aus der Differenz zwischen dem Erlös bzw. dem neuen Buchwert bei Aufwertung und dem bisherigen Einkommenssteuerwert (= Buchwert plus allfällige versteuerte stille Reserven).

In Kantonen mit monistischem System bei der Grundstückgewinnsteuer (vgl. dazu nachfolgend C) weicht die steuerliche Behandlung der ausserordentlichen Erträge auf Geschäftsliegenschaften von jener beim Bund und bei den übrigen Kantonen ab. Hier unterliegt ein bei Veräusserung oder Liquidation erzielter Gewinn nur im Umfang der wieder eingebrachten Abschreibungen der Einkommenssteuer, der Wertzuwachsgewinn unterliegt der Grundstückgewinnsteuer. Der Wertzuwachsgewinn errechnet sich aus der Differenz zwischen Veräusserungserlös und Anlagekosten, die wieder eingebrachten Abschreibungen ergeben sich aus der Differenz zwischen Anlagekosten und Einkommenssteuerwert.

Ausserdem bleiben in diesen Kantonen Wertzuwachsgewinne im Zuge einer Aufwertung von Liegenschaften mangels Veräusserung steuerfrei, denn die Aufwertung stellt für die Grundstückgewinnsteuer keinen Realisationstatbestand dar (vgl. StHG 12 Abs. 2). Für die Berechnung des steuerbaren Grundstückgewinnes bei einer späteren Veräusserung bleibt aber die Aufwertung über die ursprünglichen Anlagekosten hinaus unbeachtlich.

3.3.11.3   Überführung ins Privatvermögen (Privatentnahme)
Die Überführung von Geschäftsvermögen ins Privatvermögen wird nach DBG 18 Abs. 2 einer Veräusserung gleichgestellt, d. h., allfällige stille Reserven in der Differenz zwischen Verkehrswert und Einkommenssteuerwert unterliegen der Einkommenssteuer (und der AHV).

Beispiel:

Im Zusammenhang mit der Aufgabe seiner selbständigen Erwerbstätigkeit überführt Max Kalt die Geschäftsliegenschaft mit einem Buchwert von CHF 250 000 und einem Verkehrswert von CHF 600 000 ins Privatvermögen. Die Anlagekosten (Kaufpreis plus wertvermehrende Aufwendungen) betragen CHF 400 000. Abschreibungen im Betrag von CHF 100 000 sind früher steuerlich nicht anerkannt worden.

	CHF	CHF
Überführungswert		600 000
Buchwert Liegenschaft	250 000	
Versteuerte stille Reserven	100 000	
Einkommenssteuerwert	350 000	350 000
Steuerbar aus Überführung ins Privatvermögen		250 000
(DBG 18 Abs. 2)		

Diese Lösung gilt für den Bund und die Kantone mit dem dualistischen System für die Besteuerung von Grundstückgewinnen. In Kantonen, in welchen Liegenschaftsgewinne nach dem monistischen System besteuert werden, ist bei der Überführung von Geschäftsliegenschaften ins Privatvermögen lediglich über die wieder eingebrachten Abschreibungen abzurechnen. Im obigen Beispiel würden die steuerlich anerkannten Abschreibungen von CHF 50 000 bei der Privatentnahme als Einkommen aus selbständiger Erwerbstätigkeit besteuert. Zum dualistischen und monistischen System vgl. nachfolgend C.

Die steuerliche Abrechnung über die gesamten stillen Reserven von Geschäftsliegenschaften im Falle einer Überführung ins Privatvermögen, wie sie im dualistischen System vorgesehen ist, stellt den Steuerpflichtigen nicht selten vor Liquiditätsprobleme, da mit diesem Vorgang kein Geldzufluss verbunden ist.

Aus diesem Grund kann der Steuerpflichtige ab dem 1. Januar 2011 bei der Überführung von Grundstücken des Geschäftsvermögens in das Privatvermögen verlangen, dass im Zeitpunkt der Überführung nur die Differenz zwischen den Anlagekosten und dem massgebenden Einkommenssteuerwert, d. h. die sog. wieder eingebrachten Abschreibungen, besteuert werden (DBG 18a Abs. 1, eingefügt durch die UStR II; analog StHG 8 Abs. 2bis). Die Anlagekosten gelten in diesem Fall als neuer massgebender Einkommenssteuerwert. Die Besteuerung der übrigen stillen Reserven wird bis zur Veräusserung des Grundstücks aufgeschoben. Diese werden dannzumal als Einkommen aus selbständiger Erwerbstätigkeit besteuert und unterliegen überdies der AHV.

Ebenfalls als Folge der Unternehmenssteuerreform II gilt neu die Verpachtung eines Geschäftsbetriebs nur auf Antrag des Steuerpflichtigen als
Überführung ins Privatvermögen (DBG 18a Abs. 2; in Kraft ab 1. Januar
2011). Findet keine Überführung ins Privatvermögen statt, stellen die Pach-
terträge Einkommen aus selbständiger Erwerbstätigkeit dar, die überdies
auch der AHV unterliegen.

Ausserdem ist neu auch bei der Erbteilung eines Geschäftsbetriebs ein
Steueraufschub möglich, wenn der Geschäftsbetrieb nicht von allen Erben
fortgeführt wird. In diesem Fall wird die Besteuerung der stillen Reserven
auf Gesuch der den Betrieb übernehmenden Erben bis zur späteren Realisierung aufgeschoben, soweit diese Erben die massgebenden Einkommenssteuerwerte übernehmen (DBG 18a Abs. 3; in Kraft ab 1. Januar 2011;
analog StHG 8 Abs. 2^{quater}). Sie übernehmen dabei die latenten Steuern des
austretenden Erben.

3.3.11.4 Ausserordentliche Erträge bei Änderung im Bestand der Beteiligten an Personenunternehmen

Auch bei Änderungen im Bestand von Personenunternehmen durch Eintritt
oder Austritt eines Gesellschafters oder mehrerer Gesellschafter können
Steuerfolgen wegen Realisierung von stillen Reserven ausgelöst werden.

Ein neu in ein Personenunternehmen eintretender Gesellschafter wird
Gesamteigentümer am Gesellschaftsvermögen (ZGB 652). Wird den bisherigen Gesellschaftern vom Neueintretenden der Einkauf in die stillen Reserven entschädigt, so sind die bisherigen Gesellschafter für diesen Gewinn
anteilig steuerpflichtig. Das Gleiche gilt, wenn die bisherigen Gesellschafter
die stillen Reserven vorgängig buchmässig aufwerten. Keine Steuerfolgen
werden ausgelöst, wenn sich der Neueintretende nicht in die bisherigen
stillen Reserven einkauft und diese aufgrund des angepassten Gesellschafts-
vertrages weiterhin ausschliesslich den bisherigen Gesellschaftern zustehen. Diese Lösung hat allerdings den Nachteil, dass inskünftig die Alt- und
Neureserven separat festzuhalten sind, was in der Praxis schwierig ist.

Beim Austritt eines Gesellschafters aus einer Personenunternehmung
besitzt dieser einen Anspruch auf Abfindung (z.B. OR 580 für die Kollektivgesellschaft). Die Grundlage dazu bildet eine Abfindungsbilanz zu Verkehrswerten. Die Abgeltung kann in bar oder in Sachwerten geleistet
werden.

Bei Barvergütung ergibt sich für den austretenden Gesellschafter ein steu-erbarer Kapitalgewinn, soweit die Vergütung den Einkommenssteuerwert seines Kapitalkontos übersteigt. Die Gesellschaft kann im entsprechenden Umfang Aktiven steuerlich aufwerten. Erfolgt die Barabfindung ganz oder teilweise aus Privatvermögen der verbleibenden Gesellschafter, so machen diese im entsprechenden Umfang eine Kapitaleinlage in die Gesellschaft. Wird der austretende Gesellschafter ganz oder teilweise mit Sachwerten entschädigt, auf welchen stille Reserven ruhen, ist über diese abzurechnen. Der austretende Gesellschafter realisiert einen Kapitalgewinn, soweit die Abfindung den Einkommenssteuerwert seines Kapitalkontos übersteigt. Zudem kann sich auch für die verbleibenden Gesellschafter eine Steuerpflicht ergeben, wenn die stillen Reserven auf dem übernommenen Vermö-gensgegenstand grösser sind als der dem Austretenden zustehende Anteil.

Beispiel:

Max tritt aus der Kollektivgesellschaft Max, Moritz & Hermi aus. Jeder Gesell-schafter hat ein Kapitalkonto von 300. Die stillen Reserven betragen insgesamt 900. Max erhält als Abfindung die Beteiligung Stratus AG im Verkehrswert von 600.

- Variante 1: Buchwert der Beteiligung Stratus AG 300, stille Reserven 300. Max realisiert 300 stille Reserven, keine Steuerfolgen für Moritz und Hermi.

- Variante 2: Buchwert der Beteiligung Stratus AG 150, stille Reserven 450. Max realisiert 300 stille Reserven, Moritz und Hermi je 75.

- Variante 3: Buchwert der Beteiligung Stratus AG 450, stille Reserven 150. Max realisiert 150 stille Reserven auf der entnommenen Beteiligung und 150 auf andern, in der Unternehmung verbleibenden Aktiven, die entsprechend aufgewertet werden können. Keine Steuerfolgen für Moritz und Hermi.

3.3.11.5 Besonderheiten bei land- und forstwirtschaftlichen Grundstücken

Zu den ausserordentlichen Einkünften aus selbständiger Erwerbstätigkeit zählen nach DBG 18 auch die Gewinne aus der Veräusserung von land- und forstwirtschaftlichen Grundstücken bis zur Höhe der Anlagekosten, d. h. im Umfang der wieder eingebrachten Abschreibungen. Der Wertzuwachsge-winn unterliegt dagegen der Grundstückgewinnsteuer. Der Bund und diejenigen Kantone, die Grundstückgewinne auf Geschäftsvermögen grundsätzlich der Einkommenssteuer unterstellen (dualistisches System), besteuern damit ausnahmsweise Grundstückgewinne auf land- und forst-wirtschaftlichen Grundstücken auch nach dem monistischen System.

3.3.12   Steuerneutrale Umstrukturierungen und Übertragung von Vermögenswerten

Literatur zur Vertiefung:

BAKER & MCKENZIE (Hrsg.), Fusionsgesetz, Bern 2003, S. 661 ff.

MERLINO NICOLAS/MORAND DOMINIQUE, Loi sur la fusion, Aspects fiscaux, Basel 2008

OBERSON, Droit fiscal, S. 102 ff.

OERTLI MATHIAS/CHRISTEN THOMAS, Das neue Fusionsgesetz – Ein zivil- und steuerrechtlicher Überblick, in: ST 2004, S. 105 ff. und S. 219 ff.

REICH MARKUS, Steuerrechtliche Aspekte des Fusionsgesetzes, in: FStR 2001, S. 4 ff.

RICHNER/FREI/KAUFMANN/MEUTER, Kommentar StG-ZH, § 19 (Umstrukturierungen)

SONDERNUMMER ASA, Steuerrechtliche Folgen des Fusionsgesetzes im Recht der direkten Steuern (mit ausführlichem Literaturverzeichnis), in: ASA 71 (2002/2003), S. 673 ff.

ZWEIFEL/ATHANAS, Kommentar DBG, Art. 19 (REICH)

Zur steuerneutralen Umstrukturierung nach bisherigem Recht:

HÖHN/WALDBURGER, Steuerrecht II, S. 408–450

LOCHER, Kommentar DBG I, Art. 19

REICH/DUSS, Umstrukturierung, S. 11–55 (Grundlagen), S. 191–219 (Umwandlungen), S. 245–261 (Zusammenschlüsse), S. 299–312 (Teilungen)

RYSER/ROLLI, Précis, S. 245 ff.

ZWEIFEL/ATHANAS, Kommentar StHG, Art. 8 N 53–65 (REICH)

Zur Ersatzbeschaffung:

HÖHN/WALDBURGER, Steuerrecht II, S. 328 f.

LOCHER, Kommentar DBG I, Art. 30

REICH/DUSS, Umstrukturierung, S. 57–69

RICHNER/FREI/KAUFMANN/MEUTER, Kommentar StG-ZH, § 28

RYSER/ROLLI, Précis, S. 220 f.

ZWEIFEL/ATHANAS, Kommentar DBG, Art. 30 (REICH/ZÜGER)

ZWEIFEL/ATHANAS, Kommentar StHG, Art. 8 N 66–85 (REICH)

Die rechtlichen Strukturen von Unternehmen werden mittels Umstrukturierungen an neue wirtschaftliche Gegebenheiten angepasst. Zivilrechtlich sind Umstrukturierungen sowohl von Personenunternehmen als auch von Kapitalgesellschaften im Bundesgesetz über Fusion, Spaltung, Umwandlung und Vermögensübertragung (Fusionsgesetz, FusG) geregelt. Das Fusionsgesetz stellt dabei für Umstrukturierungen die Rechtsinstitute der Fusion, Spaltung, Umwandlung und Vermögensübertragung zur Verfügung.

Das Steuerrecht will wirtschaftlich begründete Umstrukturierungen ebenfalls nicht behindern. Stille Reserven von Personenunternehmen – Einzelunternehmen und Personengesellschaften – werden bei Umstrukturierungen insbesondere im Fall der Fusion, Spaltung oder Umwandlung nicht besteuert, soweit die Steuerpflicht in der Schweiz fortbesteht und die bisher für die Einkommenssteuer massgeblichen Werte übernommen werden (DBG 19; StHG 8 Abs. 3). Die Besteuerung der stillen Reserven auf Geschäftsvermögen wird demnach aufgeschoben:

- bei der Übertragung von Vermögenswerten auf eine andere Personenunternehmung;
- bei der Übertragung eines Betriebs oder Teilbetriebs auf eine juristische Person;
- beim Austausch von Beteiligungs- oder Mitgliedschaftsrechten anlässlich von Umstrukturierungen i. S. v. DBG 61 Abs. 1 oder von fusionsähnlichen Zusammenschlüssen.

Eine analoge Regelung besteht bei den juristischen Personen (DBG 61; vgl. nachfolgend B 3.8). In DBG 19 bzw. StHG 8 Abs. 3 wird allerdings den Eigenheiten der Umstrukturierung von Personenunternehmen bei der Einkommenssteuer besonders Rechnung getragen. Nachfolgend werden die einzelnen Umstrukturierungstatbestände näher dargestellt.

Bei Umstrukturierungen und Vermögensübertragungen sind auch weitere Steuern betroffen; vgl. dazu V. (Mehrwertsteuer), IV. (Emissionsabgabe, Umsatzabgabe), II. C (Grundstückgewinnsteuer) und VI. 3.3 (Handänderungssteuer).

3.3.12.1 Umwandlungen

Unter Umwandlung ist jede Änderung der Rechtsform einer Personenunternehmung zu verstehen, wie z. B. die Umwandlung einer Einzelunternehmung in eine Personengesellschaft, einer Kollektivgesellschaft in eine Kommanditgesellschaft oder einer Kommanditgesellschaft in eine Kollektivgesellschaft sowie einer Personenunternehmung in eine Kapitalgesellschaft.

Die Umwandlung einer Personengesellschaft in eine andere Personengesellschaft oder in eine Kapitalunternehmung kann zivilrechtlich nach den Regelungen über die Umwandlung gemäss FusG 53 ff. vorgenommen werden. Die Umwandlung erfolgt dabei nach dem FusG grundsätzlich als sog. rechtsformwechselnde Umwandlung, wobei lediglich eine Änderung der Rechtsform erfolgt und der bisherige Rechtsträger fortbesteht. Eine Übertragung der Rechte und Pflichten ist dabei nicht erforderlich. Nur bei der

Umwandlung einer Personengesellschaft in eine Kapitalunternehmung liegt eine sog. übertragende Umwandlung vor, weil in diesem Fall ein Rechtsträger ohne Rechtspersönlichkeit (die Personengesellschaft) in einen Rechtsträger mit eigener Rechtspersönlichkeit wie z. B. jene der Aktiengesellschaft übergeht, was zwingend den Übergang von Rechten und Pflichten bedeutet. Als Grundlage für den Nachweis des Rechtsübergangs dient dabei die Eintragung im Handelsregister (FusG 67).

Die Umwandlung eines Einzelunternehmens in eine juristische Person (z. B. Aktiengesellschaft, GmbH) ist hingegen mittels Vermögensübertragung gemäss FusG 69 ff. vorzunehmen. Die Vermögensübertragung zeichnet sich dadurch aus, dass ein im Handelsregister eingetragener Rechtsträger sein Vermögen oder Teile davon nach Massgeblichkeit eines Inventars uno actu auf einen andern Rechtsträger überträgt, ohne dass die für die Einzelübertragung der erfassten Vermögenswerte geltenden Formvorschriften erfüllt sein müssen (FusG 69 ff.). Als Grundlage für den Nachweis des Rechtsübergangs dient aber ebenfalls die Eintragung im Handelsregister (FusG 73).

Die Umwandlung eines Personenunternehmens (Einzelunternehmen und Personengesellschaften) in ein anderes Personenunternehmen kann steuerneutral vollzogen werden, wenn:

- die allgemeinen Voraussetzungen der Übernahme der Einkommenssteuerwerte sowie des Fortbestehens der Steuerpflicht in der Schweiz erfüllt sind (DBG 19 Abs. 1; StHG 8 Abs. 3) und
- Vermögenswerte im Rahmen einer Umstrukturierung auf eine andere Personenunternehmung übertragen werden (DBG 19 Abs. 1 lit. a; StHG 8 Abs. 3 lit. a).

Das Erfordernis der Übertragung von Vermögenswerten auf eine andere Personenunternehmung ist bei Umwandlungen i. d. R. erfüllt, sodass sich die Voraussetzungen auf die Übernahme der Einkommenssteuerwerte sowie das Fortbestehen der Steuerpflicht in der Schweiz beschränken. Nicht verlangt ist, dass die bisherigen Beteiligungsverhältnisse gleich bleiben oder sämtliche Gesellschafter ihr unternehmerisches Engagement aufrechterhalten.

Für die steuerneutrale Umwandlung eines Personenunternehmens – Einzelunternehmen und Personengesellschaften – in eine juristische Person wird neben den allgemeinen Voraussetzungen der Übernahme der Einkommenssteuerwerte sowie des Fortbestehens der Steuerpflicht in der Schweiz zusätzlich verlangt, dass ein Betrieb oder ein Teilbetrieb übertragen wird.

Ausserdem ist eine Sperrfrist einzuhalten, d. h., die Beteiligungsrechte dürfen während den der Umwandlung nachfolgenden fünf Jahren nicht zu einem über dem übertragenen steuerbaren Eigenkapital liegenden Preis veräussert werden (DBG 19 Abs. 1 lit. b und Abs. 2; StHG 8 Abs. 3 lit. b und Abs. 3bis).

Ein Betrieb im steuerrechtlichen Sinn lässt sich umschreiben als ein organisatorisch-technischer Komplex von Vermögenswerten, welcher für die unternehmerische Leistungserbringung eine relativ unabhängige organische Einheit darstellt. Als Teilbetrieb gilt ein für sich lebensfähiger Organismus eines Unternehmens (zu den Begriffen Betrieb und Teilbetrieb vgl. nachfolgend B 3.8.4.1).

Bei Verletzung der Sperrfrist werden die übertragenen stillen Reserven nachträglich auf Ebene des Personenunternehmers insoweit besteuert, als Beteiligungsrechte zu einem über dem übertragenen steuerlichen Eigenkapital liegenden Preis veräussert wurden. Dabei wird anteilsmässig über die stillen Reserven abgerechnet. Die Veräusserungsgründe spielen keine Rolle, d. h., es gelangt eine objektivierte Betrachtungsweise zur Anwendung. Eine Sperrfristverletzung liegt somit auch dann vor, wenn zum Zeitpunkt der Umwandlung eine Veräusserung der Beteiligungsrechte noch nicht beabsichtigt war. Die Sperrfrist gilt dagegen nicht als verletzt, wenn Anteilsrechte unentgeltlich übertragen werden, z. B. bei Erbgang oder Schenkung. Im Falle der Sperrfristverletzung kann die juristische Person die als Gewinn versteuerten stillen Reserven in der Steuerbilanz ausweisen.

Verlustvorträge bleiben bei der Umwandlung eines Personenunternehmens in ein anderes Personenunternehmen beim entsprechenden Gesellschafter bestehen, weil sich in seinem Steuerstatus keine Änderung ergibt und er weiterhin Einkommen aus selbständiger Erwerbstätigkeit erzielt.

Bei der Umwandlung einer Personenunternehmung in eine juristische Person können Geschäftsverluste auf diese übertragen werden, soweit diese Verluste noch nicht mit übrigen Einkünften der Beteiligten verrechnet worden sind.

Bei der Umwandlung einer Personenunternehmung in eine Kapitalunternehmung wird diese neu gegründet. Kapitalgesellschaften und Genossenschaften erwerben die Rechtspersönlichkeit mit dem Eintrag ins Handelsregister (OR 643 Abs. 1). Damit beginnt auch ihre Steuerpflicht. Bei Umwandlungen wird in der Praxis steuerlich eine rückwirkende Gründung bis maximal sechs Monate toleriert.

Beispiel (in TCHF):

Büchel und Bühler führen die Kollektivgesellschaft Büchel & Bühler. Gemäss Gesellschaftsvertrag sind sie zu gleichen Teilen am Gewinn und an den stillen Reserven beteiligt. Die Gesellschafter wandeln die Kollektivgesellschaft am 5.5.2010 rückwirkend per 1.1.2010 in die B&B AG um. Sie üben künftig ihre Tätigkeit als Angestellte der B&B AG aus.

Die Bilanz der Kollektivgesellschaft Büchel & Bühler per 31.12.2009 zeigt folgendes Bild:

Aktiven	2 400	
Fremdkapital		600
Kapital Büchel		900
Kapital Bühler		900
	2 400	2 400

Die stillen Reserven betragen 600. Die Aktiengesellschaft soll ein Aktienkapital von 1000 aufweisen. Büchel und Bühler übernehmen je 450 Aktien zu CHF 1000 nom. und ihre Ehefrauen je 50.

Im Geschäftsjahr 2007 erlitt die Kollektivgesellschaft einen Verlust von 200. Büchel konnte seinen Verlustanteil mit Vermögenserträgen verrechnen. Bühler konnte seinen Verlustanteil lediglich im Umfang von 60 mit übrigem Einkommen verrechnen.

Die Eröffnungsbilanz der B&B AG per 1.1.2010 lautet wie folgt:

Aktiven	2 400	
Fremdkapital		600
Darlehen Büchel		400
Darlehen Bühler		400
Aktienkapital		1 000
	2 400	2 400

Anteile an den stillen Reserven:

	Büchel	Bühler	Frau Büchel	Frau Bühler
vor Umwandlung	300 (50%)	300 (50%)	0 (0%)	0 (0%)
nach Umwandlung	270 (45%)	270 (45%)	30 (5%)	30 (5%)

Die Umwandlung erfolgt innerhalb der 6-Monate-Frist zu Buchwerten. Die Beteiligung der Ehefrauen von Büchel und Bühler ist unentgeltlich, sodass keine stillen Reserven realisiert werden und diese steuerneutral auf die AG übertragen werden können. Trotz quoten- wie auch wertmässiger Veränderung der Beteiligungsverhältnisse bleibt deshalb die Steuerneutralität gewahrt. Die Umwandlung von Eigenkapital in Darlehen im Betrag von insgesamt 800 schadet der Steuerneutralität der Umwandlung nicht, weil das Aktienkapital und die Darlehen das bisherige Eigenkapital nicht übersteigen, welches bei der Kollektivgesellschaft von den beiden Gesellschaftern ohne Einkommenssteuerfolgen hätte bezogen werden können.

Die B&B AG kann einen steuerlichen Verlustvortrag von 40 mit künftigen Gewinnen verrechnen.

3.3.12.2 Fusionen

Als Fusion wird die rechtliche Vereinigung von zwei oder mehr Gesellschaften durch Vermögensübernahme ohne Liquidation bezeichnet. Die übertragende Gesellschaft wird aufgelöst und die Aktiven und Passiven gehen durch Universalsukzession auf die übernehmende über.

Zusammenschlüsse können nach FusG 3 ff. in Form entweder der Absorptionsfusion oder der Kombinationsfusion erfolgen. Bei einer Absorptionsfusion übernimmt eine Gesellschaft eine oder mehrere andere Gesellschaften, wie z.B. die Übernahme einer Schwestergesellschaft oder die Übernahme einer Tochtergesellschaft durch die Muttergesellschaft. Bei einer Kombinationsfusion schliessen sich zwei oder mehr Gesellschaften zu einer neuen Gesellschaft zusammen (FusG 3).

Nach FusG 4 können Personengesellschaften mit andern Personengesellschaften, aber auch mit Kapitalunternehmen und Genossenschaften fusionieren.

Fusionen zwischen Einzelunternehmen, zwischen Einzelunternehmen und Personengesellschaften sowie zwischen Einzelunternehmen und Kapitalunternehmen oder Genossenschaften sind zivilrechtlich mittels Vermögensübertragung (FusG 69 ff.) vorzunehmen.

Bei der Fusion von Personenunternehmen können stille Reserven steuerneutral übertragen werden, wenn:

- die allgemeinen Voraussetzungen der Übernahme der Einkommenssteuerwerte sowie des Fortbestehens der Steuerpflicht in der Schweiz erfüllt sind (DBG 19 Abs. 1; StHG 8 Abs. 3) und
- Vermögenswerte im Rahmen einer Umstrukturierung auf eine andere Personenunternehmung übertragen werden (DBG 19 Abs. 1 lit. a; StHG 8 Abs. 3 lit. a).

Das Erfordernis der Übertragung von Vermögenswerten auf eine andere Personenunternehmung ist bei Fusionen von Personenunternehmen wie bei Umwandlungen immer erfüllt, sodass sich die Voraussetzungen auf die Übernahme der Einkommenssteuerwerte sowie das Fortbestehen der Steuerpflicht in der Schweiz beschränken.

Auch bei der Fusion wird nicht verlangt, dass die bisherigen Beteiligungsverhältnisse gleich bleiben oder sämtliche Gesellschafter ihr unternehmerisches Engagement aufrechterhalten. Ausserdem ist keine Sperrfrist einzuhalten.

Der Zusammenschluss von Personenunternehmen, an welchen die gleichen Personen beteiligt sind, ist einkommenssteuerlich i. d. R. ohne Steuerfolgen möglich, weil die Beteiligungen der einzelnen Gesellschafter in solchen Fällen regelmässig vor und nach dem Zusammenschluss insgesamt gleich bleiben und die Buchwerte ohne Weiteres übernommen werden können.

Bei Zusammenschlüssen von Personenunternehmungen mit verschiedenen Beteiligten stellt sich i. d. R. das Problem, dass die Beteiligten unterschiedlich hohe stille Reserven an ihrem Unternehmen besitzen. Werden Aufwertungen vorgenommen oder Ausgleichszahlungen geleistet, erfolgt eine Besteuerung der so realisierten stillen Reserven bei den betroffenen Gesellschaftern. Der entsprechende Betrag kann in der Steuerbilanz aktiviert und dem leistenden Gesellschafter auf seinem Kapitalkonto gutgeschrieben werden. Im Übrigen kann der Zusammenschluss steuerneutral vorgenommen werden.

> **Beispiel (in TCHF):**
> Die Einzelunternehmungen von Max und Moritz sollen zur Kollektivgesellschaft Max & Moritz zusammengeschlossen werden. Max und Moritz sollen zu gleichen Teilen an den stillen Reserven beteiligt sein. Zur Gleichstellung bezüglich der stillen Reserven wertet Max Aktiven im Betrag von 200 auf.
>
> | | EU Max | EU Moritz | KG Max & Moritz |
> |------------------------|--------|-----------|-----------------|
> | Aktiven (BW) | 400 | 425 | 1 025 |
> | Schulden | 300 | 125 | 425 |
> | Kapital Max | 100 | | 300 |
> | Kapital Moritz | | 300 | 300 |
> | Stille Reserven Max | 300 | | 100 |
> | Stille Reserven Moritz | | 100 | 100 |
> | Reinvermögen | 400 | 400 | 800 |
>
> Max realisiert mit der Aufwertung einen steuerbaren Kapitalgewinn von 200. Um diesen Betrag erhöht sich auch sein steuerbares Eigenkapital.

Werden im Zusammenhang mit einem Zusammenschluss einzelne Aktiven ins Privatvermögen überführt, ist über die stillen Reserven auf dieser Privatentnahme steuerlich abzurechnen, nicht jedoch über die stillen Reserven auf den übrigen Objekten.

Bei der fusionsweisen Übernahme eines Personenunternehmens durch eine juristische Person ist für die steuerneutrale Abwicklung zusätzlich Voraussetzung, dass ein Betrieb bzw. Teilbetrieb übertragen und eine Veräusserungssperrfrist von fünf Jahren eingehalten wird (DBG 19 Abs. 1 lit. b; StHG 8 Abs. 3 lit. b).

Als Betrieb im steuerrechtlichen Sinn gilt wie bei der Umwandlung einer Personenunternehmung in eine juristische Person ein organisatorisch-technischer Komplex von Vermögenswerten, welcher für die unternehmerische Leistungserbringung eine relativ unabhängige organische Einheit darstellt. Als Teilbetrieb gilt ein für sich lebensfähiger Organismus eines Unternehmens (zu den Begriffen Betrieb und Teilbetrieb vgl. nachfolgend B 3.8.4.1).

Bei Verletzung der Sperrfrist werden die übertragenen stillen Reserven wie bei der Umwandlung nachträglich auf Ebene des Personenunternehmers insoweit besteuert, als Beteiligungsrechte zu einem über dem übertragenen steuerlichen Eigenkapital liegenden Preis veräussert wurden. Dabei wird anteilsmässig über die stillen Reserven abgerechnet. Die Veräusserungsgründe spielen keine Rolle, d. h., es gelangt eine objektivierte Betrachtungsweise zur Anwendung. Eine Sperrfristverletzung liegt somit auch dann vor, wenn zum Zeitpunkt der Umwandlung eine Veräusserung der Beteiligungsrechte noch nicht beabsichtigt war. Die Sperrfrist gilt dagegen nicht als verletzt, wenn Anteilsrechte unentgeltlich übertragen werden, z. B. bei Erbgang oder Schenkung. Im Falle der Sperrfristverletzung kann die juristische Person die als Gewinn versteuerten stillen Reserven in der Steuerbilanz ausweisen.

Verlustvorträge bleiben bei der Fusion eines Personenunternehmens mit einem andern Personenunternehmen beim entsprechenden Gesellschafter bestehen, weil sich in seinem Steuerstatus keine Änderung ergibt und er weiterhin Einkommen aus selbständiger Erwerbstätigkeit erzielt.

Bei der Fusion eines Personenunternehmens mit einer juristischen Person können wie bei der Umwandlung von Personenunternehmen in eine juristische Person die noch nicht mit übrigen Einkünften verrechneten Geschäftsverluste des Personenunternehmens auf die juristische Person übertragen werden, sofern die selbständige Erwerbstätigkeit aufgegeben wird.

Werden lediglich einzelne Aktiven und nicht der ganze Betrieb auf die juristische Person übertragen, liegt kein steuerneutraler Zusammenschluss vor, sondern eine Privatentnahme von einzelnen Aktiven aus der Personenunternehmung zwecks Einbringung in eine juristische Person. Dabei ist über die stillen Reserven der eingebrachten Aktiven abzurechnen, nicht jedoch über jene des zurückbleibenden Teilbetriebes. Werden im Rahmen eines Zusammenschlusses nicht alle Aktiven in die juristische Person eingebracht und bilden die zurückbleibenden Aktiven und Passiven keinen eigenständigen Teilbetrieb mehr, gilt dies ebenfalls als Privatentnahme und es ist über die stillen Reserven dieser Aktiven abzurechnen.

3.3.12.3 Spaltungen

Ein Personenunternehmen kann sich einerseits spalten, indem Teile seines Vermögens gegen Gewährung von Mitgliedschaftsrechten auf ein oder mehrere andere Personenunternehmen übertragen werden, andererseits, indem Teile seines Vermögens auf eine Kapitalunternehmung übertragen werden.

Die Spaltung kann in Form der Auf- oder Abspaltung erfolgen. Bei der Aufspaltung teilt die übertragende Gesellschaft ihre Aktiven und Passiven in zwei bzw. mehrere Teile und überträgt diese auf bereits bestehende oder neu zu gründende Gesellschaften. Die übertragende Gesellschaft wird dabei aufgelöst und im Handelsregister gelöscht. Bei der Abspaltung, bei welcher ein Teil der Aktiven und Passiven auf die übernehmende Gesellschaft übertragen wird, besteht die übertragende Gesellschaft nach der Spaltung weiter.

Von einer symmetrischen Spaltung wird gesprochen, wenn die Gesellschafter der übertragenden Gesellschaft an allen übernehmenden Rechtsträgern Anteils- oder Mitgliedschaftsrechte entsprechend dem Verhältnis ihrer bisherigen Beteiligung erhalten. Bei der asymmetrischen Spaltung weichen die zugewiesenen Rechte an den übernehmenden Gesellschaften von den bisherigen Beteiligungsverhältnissen ab.

Beispiele:
- Aufteilung einer Einzelunternehmung in zwei Einzelunternehmen (symmetrische Spaltung)
- Aufteilung einer Kollektivgesellschaft mit vier Gesellschaftern in zwei Kollektivgesellschaften mit je zwei Gesellschaftern (asymmetrische Spaltung)

Zivilrechtlich können Spaltungen von Personenunternehmen nicht in Form der echten Spaltung nach FusG 29 ff. vorgenommen werden. Echte Spaltungen sind nur bei Kapitalgesellschaften und Genossenschaften möglich (FusG 30). Die Spaltung einer Personenunternehmung kann zivilrechtlich beispielsweise nach den Bestimmungen über die Vermögensübertragung gemäss FusG 69 ff. vorgenommen werden.

Die Spaltung eines Personenunternehmens in ein anderes Personenunternehmen kann dann steuerneutral durchgeführt werden, wenn:

- die allgemeinen Voraussetzungen der Übernahme der Einkommenssteuerwerte sowie des Fortbestehens der Steuerpflicht in der Schweiz erfüllt sind (DBG 19 Abs. 1; StHG 8 Abs. 3) und

• Vermögenswerte im Rahmen einer Umstrukturierung auf eine andere Personenunternehmung übertragen werden (DBG 19 Abs. 1 lit. a; StHG 8 Abs. 3 lit. a).

Das Erfordernis der Übertragung von Vermögenswerten auf eine andere Personenunternehmung ist bei der Spaltung von Personenunternehmen i.d.R. erfüllt, sodass sich die Voraussetzungen auf die Übernahme der Einkommenssteuerwerte sowie das Fortbestehen der Steuerpflicht in der Schweiz beschränken.

Wie bei der Umwandlung und der Fusion wird auch bei der Spaltung nicht verlangt, dass die bisherigen Beteiligungsverhältnisse gleich bleiben oder sämtliche Gesellschafter ihr unternehmerisches Engagement aufrechterhalten. So können bei der Spaltung einer Personenunternehmung die bisherigen Beteiligten nach der Teilung an allen Personenunternehmen im gleichen Verhältnis weiter beteiligt sein (symmetrische Spaltung) oder die Beteiligungsverhältnisse können sich ändern (asymmetrische Spaltung). Beide Teilungsarten können grundsätzlich steuerneutral durchgeführt werden, wenn die Beteiligten wertmässig einen gleichen Kapitalanteil behalten. Verändert sich für Beteiligte das Verhältnis zwischen ihrem buchmässigen Kapitalkonto und dem Anteil an den stillen Reserven und werden entsprechende Ausgleichszahlungen geleistet, gilt dies als Realisierung von stillen Reserven, welche als Einkommen aus selbständiger Erwerbstätigkeit der Einkommenssteuer (und der AHV) unterliegt.

Werden Vermögenswerte von einer Personenunternehmung im Austausch gegen Beteiligungsrechte auf eine juristische Person übertragen, wird für die steuerneutrale Übertragung der stillen Reserven zusätzlich verlangt, dass die übertragenen Vermögenswerte einen Betrieb oder Teilbetrieb darstellen (DBG 19 Abs. 1 lit. b; StHG 8 Abs. 3 lit. b). Zudem gilt auch hier für die Veräusserung der Beteiligungsrechte eine Sperrfrist von fünf Jahren, bei deren Verletzung über die übertragenen stillen Reserven abzurechnen ist (DBG 19 Abs. 2; StHG 8 Abs. 3bis).

Beispiel (in TCHF):

Die Kollektivgesellschaft Wachter & Ospelt, an der Beat Wachter und Ruth Ospelt zu gleichen Teilen beteiligt sind, wird in zwei Einzelunternehmungen aufgeteilt. Die vorläufige Teilungs-Bilanz der KG Wachter & Ospelt sieht per 31.12.09 wie folgt aus:

	KG W&O		EU Wachter		EU Ospelt	
Aktiven Betrieb Wachter	1200		1200			
Aktiven Betrieb Ospelt	1000				1000	
Fremdkapital Betrieb Wachter		550		550		
Fremdkapital Betrieb Ospelt		350				350
Kapital Wachter		700		650		
Kapital Ospelt		600				650
	2200	2200	1200	1200	1000	1000
Stille Reserven Anteil Wachter	450		500			
Stille Reserven Anteil Ospelt	450				400	

Wachter und Ospelt sind an den stillen Reserven von 900 zu gleichen Teilen beteiligt. In den Aktiven des Betriebs Wachter sind stille Reserven von 500, in den Aktiven des Betriebs Ospelt solche von 400 enthalten. Die stillen Reserven von Wachter nehmen um 50 zu, sein Kapitalkonto nimmt vorerst um 50 ab. Andererseits nehmen die stillen Reserven von Ospelt um 50 ab, während ihr Kapitalkonto um 50 zunimmt. Damit übernimmt Wachter entgeltlich einen Teil der auf Ospelt entfallenden stillen Reserven. Ospelt realisiert deshalb stille Reserven von 50, die der Einkommenssteuer unterliegen. Wachter seinerseits kann Aktiven steuerneutral um 50 aufwerten, womit sein Kapital neu 700 beträgt. Die Einzelunternehmungen von Wachter und Ospelt weisen nach der Teilung und der Aufwertung folgende Bilanzen aus:

	EU Wachter		EU Ospelt	
Aktiven Betrieb Wachter	1250			
Aktiven Betrieb Ospelt			1000	
Fremdkapital Betrieb Wachter		550		
Fremdkapital Betrieb Ospelt				350
Kapital Wachter		700		
Kapital Ospelt				650
	1250	1250	1000	1000
Stille Reserven	450		400	

Kontrolle: Wert der Beteiligung:			Vor Teilung	Nach Teilung
Wachter	Kapitalkonto		700	700
	Anteil stille Reserven		450	450
	Total		1150	1150
Ospelt	Kapitalkonto		600	650
	Anteil stille Reserven		450	400
	Total		1050	1050

Als Betrieb im steuerrechtlichen Sinn gilt wie bei der Umwandlung einer Personenunternehmung in eine juristische Person bzw. der Fusion einer Personenunternehmung mit einer juristischen Person ein organisatorisch-technischer Komplex von Vermögenswerten, welcher für die unternehmerische Leistungserbringung eine relativ unabhängige organische Einheit darstellt. Als Teilbetrieb gilt ein für sich lebensfähiger Organismus eines Unternehmens (zu den Begriffen Betrieb und Teilbetrieb vgl. nachfolgend B 3.8.4.1).

Bei Verletzung der Sperrfrist werden die übertragenen stillen Reserven wie bei der Umwandlung nachträglich auf Ebene des Personenunternehmers insoweit besteuert, als Beteiligungsrechte zu einem über dem übertragenen steuerlichen Eigenkapital liegenden Preis veräussert wurden. Dabei wird anteilsmässig über die stillen Reserven abgerechnet. Die Veräusserungsgründe spielen keine Rolle, d. h., es gelangt eine objektivierte Betrachtungsweise zur Anwendung. Eine Sperrfristverletzung liegt somit auch dann vor, wenn zum Zeitpunkt der Spaltung eine Veräusserung der Beteiligungsrechte noch nicht beabsichtigt war. Die Sperrfrist wird dagegen nicht verletzt, wenn Anteilsrechte unentgeltlich übertragen werden, z. B. bei Erbgang oder Schenkung. Im Falle der Sperrfristverletzung kann die juristische Person die als Gewinn versteuerten stillen Reserven in der Steuerbilanz ausweisen.

Die Übertragung einzelner Aktiven auf eine juristische Person gilt wie beim Zusammenschluss nicht als steuerneutrale Umstrukturierung, sondern als Privatentnahme. Dabei ist über die stillen Reserven auf den übertragenen Aktiven abzurechnen.

3.3.12.4 Übertragung von Vermögenswerten zwischen Personenunternehmen

Die Übertragung von Vermögenswerten mit stillen Reserven von einer Personenunternehmung auf eine andere ist bei den direkten Steuern steuerneutral möglich, soweit die Steuerpflicht in der Schweiz fortbesteht und die Einkommenssteuerwerte nicht verändert werden (DBG 19 Abs. 1 lit. a; StHG 8 Abs. 3 lit. a und 12 Abs. 4 lit. a).

Unter die Übertragung von Vermögenswerten auf andere Personenunternehmen fallen wie gezeigt insbesondere die Umstrukturierungstatbestände Fusion von Personenunternehmen (vgl. 3.3.12.2), Umwandlung von Personenunternehmen (vgl. 3.3.12.1) sowie die Spaltung bzw. Gründung einer neuen Personenunternehmung (vgl. 3.3.12.3).

Daneben können aber zwischen Personenunternehmen ähnlich der Vermögensübertragung im Konzern (vgl. nachfolgend B 3.8.5) auch einzelne Vermögenswerte und Grundstücke mit stillen Reserven steuerneutral übertragen werden. Es wird nicht verlangt, dass ein Betrieb übertragen wird oder dass ein Betrieb zurückbleibt. Das neue Recht sieht (im Gegensatz zur Übertragung auf eine juristische Person im Rahmen einer steuerneutralen Umstrukturierung) auch keine Sperrfrist vor.

Zivilrechtlich kann die Übertragung einzelner Vermögenswerte erfolgen durch:

- Verkauf
- Kapitaleinlage bei der Gründung einer Kollektiv- oder Kommanditgesellschaft
- Austritt eines Gesellschafters aus einer Personenunternehmung und Gründung einer neuen Personenunternehmung
- Fusion
- Umwandlung
- Vermögensübertragungen nach FusG 69 ff.

Die Grenze zwischen der steuerneutralen und der steuerbaren Übertragung bildet die Privatentnahme. Sowohl die übertragenen als auch die verbleibenden Vermögenswerte müssen vorher und nachher Geschäftsvermögen von natürlichen Personen darstellen und der selbständigen Erwerbstätigkeit dienen. Andernfalls erfolgt eine Besteuerung wegen Überführung ins Privatvermögen (DBG 18 Abs. 2; StHG 8 Abs. 1).

Beispiele:

- Das Übertragen einer Geschäftsliegenschaft von einer Bauunternehmung (Einzelunternehmen) auf eine Generalunternehmung (ebenfalls Einzelunternehmen) des gleichen Eigentümers ist steuerneutral möglich, sofern die Liegenschaft bei beiden Unternehmen betriebsnotwendiges Anlagevermögen darstellt.
- Das Überführen von Wertschriften mit stillen Reserven von einer Kollektivgesellschaft auf eine neu zu gründende Einzelunternehmung eines Gesellschafters dürfte nur dann möglich sein, wenn die Tätigkeit der Einzelunternehmung als Wertschriftenhandel und somit als selbständige Erwerbstätigkeit einzustufen ist.

Zur Übertragung von Vermögenswerten vgl. auch nachfolgend B 3.8.6.

3.3.13 Ersatzbeschaffung

Im Gegensatz zu den vorstehend dargestellten Tatbeständen der steuerneutralen Umstrukturierung und der Übertragung von Vermögenswerten zu Buchwerten liegt bei den Ersatzbeschaffungstatbeständen immer eine echte Realisation stiller Reserven infolge Verkaufs oder Tauschs vor. Trotzdem lässt aber das Steuerrecht auch in diesen Fällen einen Steueraufschub zu, wenn und soweit der Erlös für eine Ersatzbeschaffung reinvestiert wird.

Voraussetzungen für den Steueraufschub im Rahmen einer Ersatzbeschaffung sind (DBG 30; StHG 8 Abs. 4):

- Ersatz von betriebsnotwendigem Anlagevermögen;
- Anschaffung von funktionell gleichem Anlagevermögen. Ab 1. Januar 2011 entfällt diese Voraussetzung;
- Ersatzbeschaffung innert angemessener Frist (i. d. R. drei Jahre);
- Ersatzbeschaffung innerhalb der Schweiz.

Als betriebsnotwendig gilt nur Anlagevermögen, welches dem Betrieb unmittelbar und nicht bloss mittelbar als Vermögensanlage oder durch seinen Ertrag dient (DBG 30 Abs. 3).

Im Zug der UStR II wurde das Erfordernis der gleichen Funktion des Ersatzobjektes abgeschafft (in Kraft ab 1. Januar 2011). Neu genügt es, wenn das Ersatzobjekt ebenfalls betriebsnotwendiges Anlagevermögen darstellt. Es wird hingegen explizit der Ersatz von Betriebsliegenschaften durch bewegliches Betriebsvermögen vom Ersatzbeschaffungstatbestand ausgeklammert, was allerdings bereits bisheriger Praxis entspricht.

Die steuerneutrale Ersatzbeschaffung, die bei der Gewinnsteuer für die juristischen Personen identisch geregelt ist (DBG 64; StHG 24 Abs. 4), ist zu unterscheiden von der blossen Reinvestition. Bei einer Ersatzbeschaffung werden Gewinne aus der Veräusserung von betriebsnotwendigem Anlagevermögen zum Erwerb von anderem betriebsnotwendigem Anlagevermögen verwendet. Bei der blossen Reinvestition ist grundsätzlich über die stillen Reserven abzurechnen, weil das Ersatzgut betriebsnotwendig ist. Wird die Ersatzbeschaffung nicht im gleichen Geschäftsjahr getätigt, so kann im Umfang der realisierten stillen Reserven eine entsprechende Rückstellung gebildet werden. Diese muss innert angemessener Frist, d. h. je nach Kanton innert zwei bis drei Jahren, als Sofortabschreibung auf ein Ersatzobjekt übertragen werden. Dabei darf jedoch der bisherige Buchwert des veräusserten Anlageobjektes nicht unterschritten werden. Soweit die

Rückstellung nicht zur Sofortabschreibung verwendet werden kann, ist sie nach Ablauf der Frist erfolgswirksam aufzulösen.

Beispiel:

Aus dem Verkaufserlös einer alten Maschine wird zwei Jahre später eine neue Produktionsanlage gekauft.

Jahr 1:	CHF
Veräusserungserlös alte Maschine	300 000
Buchwert alte Maschine	−100 000
Realisierte stille Reserven (Kapitalgewinn)	200 000
Rückstellung für Ersatzbeschaffung	−200 000
Steuerbarer Ertrag aus Transaktion	0

Jahr 3:	
Anschaffungspreis neue Produktionsanlage	200 000
Sofortabschreibung (max. zulässig)	−100 000
Neuer Buchwert Ersatzobjekt	100 000
Auflösung Rückstellung (steuerwirksam)	100 000

Im Ausmass von CHF 100 000 wurde der Kapitalgewinn nicht in ein Ersatzobjekt investiert, weshalb darauf die Besteuerung erfolgt.

3.4 Ertrag aus beweglichem Vermögen

Literatur zur Vertiefung:
BLUMENSTEIN/LOCHER, System, S. 179 ff.
HÖHN/WALDBURGER, Steuerrecht I, S. 321 ff.
HÖHN/WALDBURGER, Steuerrecht II, S. 3–88
LOCHER, Kommentar DBG I, Art. 20 und Art. 32 Rz 1–16
OBERSON, Droit fiscal, S. 106 ff.
REICH, Steuerrecht, S. 273 ff.
RICHNER/FREI/KAUFMANN/MEUTER, Kommentar StG-ZH, § 20 (steuerbare Erträge) und
    § 30 N 1 ff. (Gewinnungskosten)
RYSER/ROLLI, Précis, S. 165 ff. und S. 187
ZWEIFEL/ATHANAS, Kommentar DBG, Art. 20 (REICH) und Art. 32 N 1 ff. (ZWAHLEN)
ZWEIFEL/ATHANAS, Kommentar StHG, Art. 7 N 38–41 sowie N 46–50 (REICH) und
    Art. 9 N 4–9 (REICH)

Speziell zur Besteuerung privater Kapitalanlagen:
HESS TONI, Die Besteuerung der Anlagefonds und der anlagefondsähnlichen Instrumente sowie deren Anteilsinhaber in der Schweiz, Schriften zum Steuerrecht (Hrsg. Markus Reich), Band 8, Zürich 2001
MÜHLEMANN DANIEL/MÜLLER FRITZ, Steuern und Kapitalanlage, 2. Auflage, Zürich 1999

3.4.1 Allgemeines

Das DBG umschreibt in Art. 20 die Erträge aus beweglichem Vermögen. Zu den Einkünften aus beweglichem Vermögen gehören die Erträge aus Guthaben und Forderungen, aus Beteiligungen und aus Anteilen an Anlagefonds (Kapitalertragseinkommen), aus der Überlassung von beweglichen Sachen (Sachertragseinkommen), aus Nutzniessung oder sonstiger Nutzung beweglicher Sachen oder nutzbarer Rechte sowie aus immateriellen Gütern.

Als Vermögenserträge im i. S. v. DBG 20 gelten nur solche aus Privatvermögen. Als Erträge des Geschäftsvermögens gelten Einkünfte aus selbständiger Erwerbstätigkeit.

Vermögensertrag liegt vor, wenn das Vermögen genutzt wird, die Vermögenssubstanz aber unangetastet bleibt. Substanzverzehr kann allenfalls einen Kapitalgewinn zur Folge haben (Tausch oder Verkauf). Im Bereich des Privatvermögens ist dieser grundsätzlich steuerfrei (DBG 16 Abs. 3). Deshalb kommt der Abgrenzung zwischen Nutzungsertrag und Kapitalgewinn im Bereich der Erträge aus beweglichem Vermögen eine massgebliche Bedeutung zu.

Steuerbar sind grundsätzlich stets die Bruttoerträge. Die Verrechnungssteuer sowie ausländische Quellensteuern, die dem Gläubiger auf Antrag zurückerstattet werden, können nicht in Abzug gebracht werden. Nicht steuerbar sind aber jene ausländischen Quellensteuern, die weder rückforderbar noch anrechenbar sind. In diesen Fällen sind die Nettoerträge steuerbar. Die Einkünfte werden in jenem Jahr besteuert, in welchem der Steuerpflichtige einen rechtlichen Anspruch auf die geschuldete Leistung erhält.

3.4.2 Einkünfte aus Guthaben und Forderungen

Steuerbarer Ertrag aus Guthaben und Forderungen wie Darlehen, Schuldbriefen, Anleihensobligationen, Pfandbriefen, Bank- und Sparguthaben sind alle geldwerten Vorteile, die dem Gläubiger aus dem entsprechenden Forderungsverhältnis zukommen und die nicht zur Tilgung der Kapitalschuld führen. Dazu gehört v. a. der ordentliche Ertrag. Dieser wird i. d. R. als periodischer Zins zu einem festen Prozentsatz entrichtet. Er kann aber auch im Rahmen eines partiarischen Darlehens gewinnabhängig festgelegt sein.

Marchzinsen auf Obligationen, die der Käufer, dem der volle nächste Zins zufliesst, dem Verkäufer als Zinsanteil für die Zeit vergütet, für welche dieser noch Besitzer des Titels war, gelten beim Käufer als Teil des Kaufpreises und stellen beim Verkäufer nicht steuerbaren Vermögensertrag, sondern Kapitalgewinn dar. Im Bereich des Privatvermögens sind Marchzinsen somit für den Verkäufer steuerfrei, können dafür aber vom Käufer auch nicht als Schuldzinsen in Abzug gebracht werden.

Eine spezielle Regelung gilt für Obligationen mit überwiegender Einmalverzinsung. Solche Forderungen unterscheiden sich von gewöhnlichen Obligationen dadurch, dass das Nutzungsentgelt ganz oder überwiegend nicht in Form von periodischen Zinszahlungen, sondern erst am Ende der Laufzeit, entweder als Differenz zwischen dem Ausgabepreis und dem Nominalwert (Emissionsdisagio bei Diskont- oder Zerobonds) oder in Form eines Globalzinses (Rückzahlungsagio bei globalverzinslichen Obligationen), fällig wird. Bei solchen Obligationen sind die Erträge nicht nur bei der Rückzahlung, sondern auch bei der Veräusserung steuerbar (DBG 20 Abs. 1 lit. b).

Beispiele:
Bea Bär verkauft im Jahr 2008 folgende zwei Obligationen:

	CHF
Nennwert der ersten Obligation	1 000
Laufzeit	10 Jahre
Emissionspreis	100% bzw. 1 000
Jährliche Verzinsung	5%
Rückzahlungsbetrag	1 000
Verkaufspreis	1 100

	CHF
Nennwert der zweiten Obligation	1 000
Laufzeit	6 Jahre
Emissionspreis	80% bzw. 800
Jährliche Verzinsung	2%
Rückzahlungsbetrag	1 000
Verkaufspreis	900

Bei der ersten Obligation handelt es sich um eine normale Obligation. Im Ausmass der Differenz zwischen Kauf- und Verkaufspreis von CHF 100 realisiert Bär einen steuerfreien Kapitalgewinn.

Bei der zweiten Obligation beträgt die Gesamtrendite aufgrund einer finanzmathematischen Berechnung 6,077%. Die periodische Verzinsung beträgt CHF 20 p.a. Dies macht 2,5% des Anlagewertes von CHF 800 und nur 41% der Gesamtrendite von 6,077% aus. Die periodische Verzinsung beträgt somit weniger als die Hälfte der Gesamtrendite, sodass die Einmalverzinsung gegenüber der periodischen Verzinsung überwiegt und diese Obligation unter DBG 20 Abs. 1 lit. b fällt. Bär hat daher den Veräusserungsgewinn von CHF 100 als Vermögensertrag zu versteuern. Wäre der periodische Zins mehr als die Hälfte der Gesamtrendite, würde die Obligation unter DBG 20 Abs. 1 lit. a fallen, und Bär würde einen steuerfreien Kapitalgewinn erzielen.

Eine überwiegende Einmalverzinsung liegt dann vor, wenn die periodische Verzinsung weniger als die Hälfte der gesamten Rendite ausmacht, wobei die periodische Verzinsung in Beziehung zum Emissionspreis der Obligation zu setzen ist (und nicht zum Nominalwert).

Auch für rückkaufsfähige Kapitalversicherungen mit Einmalprämie gilt eine spezielle Regelung. Als solche gelten rückkaufsfähige Lebensversicherungen, deren Preis der Versicherungsnehmer nicht mit periodischen Prämienzahlungen, sondern mit einer einmaligen Prämieneinlage leistet. Kapitalleistungen aus rückkaufsfähigen Lebensversicherungen sind grundsätzlich einkommenssteuerfrei (DBG 24 lit. b). Für Kapitalversicherungen mit Einmalprämie gilt dies hingegen nur, wenn sie der Vorsorge dienen. Als der Vorsorge dienend gilt die Auszahlung der Versicherungsleistung ab dem vollendeten 60. Altersjahr aufgrund eines mindestens fünfjährigen Vertragsverhältnisses, welches vor Vollendung des 66. Altersjahres begründet wurde (DBG 20 Abs. 1 lit. a gemäss Fassung vom 19. März 1999; gilt für alle Verträge, die nach dem 31. Dezember 1998 abgeschlossen wurden, für ältere Verträge vgl. DBG 205a Abs. 2). Andernfalls sind die Erträge aus rückkaufsfähigen Kapitalversicherungen mit Einmalprämie im Erlebensfall oder bei Rückkauf steuerbar.

3.4.3 Ertrag aus Beteiligungen

Literatur zur Vertiefung:
VON AH JULIA, Die Kapitalherabsetzung von Publikumsgesellschaften, Schriften zum
  Steuerrecht (Hrsg. Markus Reich), Band 10, Zürich 2001
HÖHN/WALDBURGER, Steuerrecht I, S. 324 ff.
HÖHN/WALDBURGER, Steuerrecht II, S. 28–65
LOCHER, Kommentar DBG I, Art. 20 Rz 71–137
OBERSON, Droit fiscal, S. 111 ff.
REICH, Steuerrecht, S. 277 ff.
RICHNER/FREI/KAUFMANN/MEUTER, Kommentar StG-ZH § 20 N 92 ff.
RYSER/ROLLI, Précis, S. 170 f.
ZWEIFEL/ATHANAS, Kommentar DBG, Art. 20 N 28–108 (REICH)
ZWEIFEL/ATHANAS, Kommentar StHG, Art. 7 N 51–59 (REICH)

Speziell zum Nennwertprinzip sowie zur Abgrenzung Vermögensertrag/privater Kapitalgewinn:
ALTORFER JÜRG B., Zur Theorie der indirekten Teilliquidation unter dem DBG,
  in: FStR 2002, S. 128 ff.
DUSS MARCO, Übertragung von Beteiligungen: Problembereiche «Transponierung»
  und «indirekte Teilliquidation», in: ST 63 (1989), S. 247 ff.
REICH MARKUS, Vermögensertragsbegriff und Nennwertprinzip, in: CAGIANUT FRANCIS/
  VALLENDER KLAUS (Hrsg.), Steuerrecht – Festschrift zum 65. Geburtstag von Ernst
  Höhn, Schriftenreihe Finanzwirtschaft und Finanzrecht, Band 80, Bern/Stuttgart/
  Wien 1995, S. 255 ff.
UNTERSANDER OLIVER, Kapitaleinlageprinzip und Unternehmenssteuerreform II,
  Zürich/Basel/Genf 2005
UNTERSANDER OLIVER, Kapitalrückzahlungsprinzip im schweizerischen Steuerrecht,
  Schriften zum Steuerrecht (Hrsg. Markus Reich), Band 13, Zürich 2003

3.4.3.1 Allgemeines zur Rechtslage bis Ende 2010
Der Vermögensertrag aus Beteiligungen unterscheidet sich vom Ertrag des übrigen Vermögens. Durch Ausschüttungen von Dividenden wird die ausschüttende Gesellschaft entreichert, womit die Beteiligung im entsprechen-

den Umfang an Wert einbüsst. Der Empfänger des Beteiligungsertrages wird durch den Ertragszufluss insgesamt nicht reicher, weshalb man sich fragen kann, ob überhaupt ein steuerbarer Vermögensertrag vorliegt oder ob die Ausschüttung Entgelt für die Substanzverminderung der Beteiligungsrechte darstellt.

Der Bund und die meisten Kantone beantworten diese Frage aus der Sicht der Gesellschaft und wenden damit eine objektbezogene Betrachtungsweise an. Nach DBG 20 Abs. 1 lit. c sind alle Dividenden, Liquidationsüberschüsse, Gewinnanteile und geldwerten Leistungen von juristischen Personen wie Aktiengesellschaften, GmbHs, Kommanditaktiengesellschaften und Genossenschaften steuerbar, soweit sie keine Rückzahlung bestehender Kapitalanteile darstellen (sog. Nennwertprinzip). Sämtliche von der Gesellschaft erwirtschafteten Mittel bilden damit im Zeitpunkt der Ausschüttung steuerbares Entgelt für die Nutzungsüberlassung des von den Beteiligten zur Verfügung gestellten Kapitals.

Das StHG erklärt allgemein den Vermögensertrag als steuerbar, ohne diesen näher zu konkretisieren (StHG 7 Abs. 1). Lediglich der Rückkauf eigener Anteile von Kapitalgesellschaften und Genossenschaften ist zusätzlich geregelt (StHG 7 Abs. 1bis). Den Kantonen steht damit für die Auslegung des Begriffes Vermögensertrag ein gewisser Ermessensspielraum offen.

Die Kantone Basel-Stadt und Graubünden definieren den Begriff des Vermögensertrages denn auch anders als der Bund und die meisten Kantone nicht objekt-, sondern subjektbezogen. Diese beiden Kantone beurteilen aus der Sicht des Anteilsinhabers, ob ihm steuerbarer Vermögensertrag zufliesst. Somit gilt in diesen Kantonen als steuerbarer Liquidations- bzw. Teilliquidationsüberschuss die Differenz zwischen dem Liquidationserlös und den Anschaffungs- bzw. Gestehungskosten der Beteiligung (Gestehungskosten- bzw. Anschaffungskostenprinzip).

Nach DBG 20 Abs. 1 lit. c sind auch Gratisaktien und Gratisnennwerterhöhungen, die durch Umwandlung von Reserven und Reingewinn in Aktienkapital entstehen, steuerbarer Vermögensertrag. Dies ist Ausfluss des sog. Nenn- oder Nominalwertprinzips, nach welchem bei Beteiligungen, die zum Privatvermögen gehören, alle Leistungen der juristischen Person an die Anteilsinhaber, welche nicht Rückzahlung des Nennwertes sind, als steuerbare Vermögenserträge gelten. Die Besteuerung der Gratisaktien und der Gratiskapitalerhöhung gründet auf der Überlegung, dass bei einer Kapitalherabsetzung oder Liquidation die an die Aktionäre fliessenden Mittel im Ausmass des Gratisnennwertes später eine Kapitalrückzahlung darstellen und deshalb nicht mehr besteuert werden können, womit eine ungerechtfertigte Besteuerungslücke entstehen würde. Diese Praxis gilt auch in den meisten Kantonen.

In gewissen Kantonen (z. B. ZH, SG, GR) ist aber die Ausgabe von Gratisaktien und Gratisnennwerterhöhungen steuerfrei, weil dadurch im Moment weder eine Bereicherung des Aktionärs noch eine Realisierung des Aktienmehrwertes erfolgt. Vermögensertrag ist nach dieser Praxis nur das, was die Gesellschaft über das von den Aktionären zur Verfügung gestellte Nominalkapital hinaus effektiv ausschüttet. In einem solchen System stellen Gratisaktien und Gratisnennwerterhöhungen keinen Vermögensertrag dar. Allerdings wird der so geschaffene Nennwert aber bei der Kapitalrückzahlung bzw. bei der Liquidation der Gesellschaft nicht als Kapitalrückzahlung betrachtet und somit als Vermögensertrag besteuert, womit es sich im Ergebnis lediglich um einen Steueraufschub handelt.

Als Ertrag aus Beteiligungen steuerbar sind auch die sog. geldwerten Vorteile. Als solche Vorteile werden Leistungen bezeichnet, die eine juristische Person ihren Gesellschaftern, Genossenschaftern oder diesen nahestehenden Personen ohne entsprechende Gegenleistung erbringt und die unter denselben Umständen einem unbeteiligten, aussenstehenden Dritten nicht oder nicht in gleichem Umfang gewährt worden wären. Die Leistungen können dabei als übersetzter Aufwand (verdeckte Gewinnausschüttung) oder Verkürzung des Ertrages (Gewinnvorwegnahme) erfolgen (vgl. dazu auch nachfolgend B 3.3).

Erfolgt die Leistung nicht an den Aktionär, sondern an eine diesem nahestehende Person, so unterliegt sie dennoch beim Aktionär der Einkommenssteuer (sog. Dreieckstheorie, vgl. dazu nachfolgend III. 2.1.3.4).

Mit Bezugsrechten sind grundsätzlich keine geldwerten Leistungen verbunden. Die Bezugsrechte beinhalten das Recht des Aktionärs, bei einer Kapitalerhöhung eine seinem bisherigen Aktienbesitz entsprechende Quote neuer Aktien zu beziehen. Die Veräusserung von Bezugsrechten gilt als Teilveräusserung des bisherigen Aktienbesitzes und führt im Privatvermögen zu einem steuerfreien Kapitalgewinn (DBG 20 Abs. 2).

Der Gewinn einer Kapitalgesellschaft wird zunächst mit der Gewinnsteuer und im Falle der Ausschüttung auf der Stufe des Anteilsinhabers mit der Einkommenssteuer erfasst. Zur Milderung dieser sog. wirtschaftlichen Doppelbelastung haben der Bund und die Kantone das Teileinkünfte- bzw. Teilsatzverfahren für die Besteuerung von Dividenden beim Anteilsinhaber eingeführt (DBG 20 Abs. 1bis; StHG 7 Abs. 1). Dieses greift aber nur, sofern der Anteilsinhaber eine massgebliche Beteiligung hält (mindestens 10 Prozent). Bei der direkten Bundessteuer erfolgt eine Entlastung mittels Teilein-künfteverfahren auf die Weise, dass Dividenden in reduziertem Umfang besteuert werden (zu den beiden Verfahren vgl. nachfolgend 3.11.3).

3.4.3.2   Wechsel zum Kapitaleinlageprinzip per 1. Januar 2011

Mit dem Inkrafttreten von DBG 20 Abs. 3, StHG 7b sowie VStG 5 Abs. 1bis per 1. Januar 2011 findet als eine der wesentlichen Folgen der UStR II ein Wechsel vom bisherigen Nennwertprinzip zum sog. Kapitaleinlageprinzip (auch Kapitalrückzahlungsprinzip genannt) statt. Neu wird die Rückzahlung von Einlagen, Aufgeldern und Zuschüssen, die von den Inhabern der Beteiligungsrechte nach dem 31. Dezember 1996 geleistet worden sind, gleich behandelt wie die Rückzahlung von Grund- oder Stammkapital.

Als Voraussetzung für die steuerfreie Rückzahlung der Kapitaleinlagen wird verlangt, dass diese in der Handelsbilanz separat ausgewiesen werden und dass die Gesellschaft jede Veränderung des entsprechenden Kontos der EStV meldet, obwohl dies weder in der entsprechenden Norm des DBG noch im StHG vorgeschrieben ist. Abgestützt wird dieses Erfordernis auf den Wortlaut von VStG 5 Abs. 1bis. Zudem gilt es zu beachten, dass lediglich ab 1997 geleistete Einlagen steuerfrei rückzahlbar sind. Dies bedeutet, dass bis am 31. Dezember 1996 geleistete Einlagen selbst dann nicht steuerfrei zurückgezahlt werden können, wenn der Nachweis erbracht wird, dass es sich dabei um Einlagen von Inhabern der Beteiligungsrechte handelt. Ausserdem müssen die Kapitaleinlagen spätestens per 31. Dezember 2010 in der Handelsbilanz separat ausgewiesen werden.

Weil es sich bei der Frage, ob eine steuerfreie Kapitalrückzahlung vorliegt, um eine steuermindernde Tatsache handelt, liegt die Beweislast beim Steuerpflichtigen. Deshalb liegt es im Interesse der Aktionäre, dass eine klare Reservenaufteilung per 1. Januar 1997 vorgenommen wird und die privilegierten Einlagen, welche nach dem 31. Dezember 1996 vorgenommen wurden, gut dokumentiert werden.

Unter den Begriff der Kapitaleinlage fallen gemäss Botschaft zur UStR II neben Agios und Zuschüssen à fonds perdu z.B. auch Forderungsverzichte von Aktionären, sofern der Entscheid auf ihre Eigenschaft als Aktionäre zurückzuführen ist und der Forderungsverzicht nicht im Rahmen einer Sanierung erfolgte, anlässlich der i.d.R. auch Dritte auf ihre Forderungen verzichten. Ob auch verdeckte Kapitaleinlagen für Einkommenssteuerzwecke privilegiert zu behandeln sind, ist noch umstritten. Diese und andere Fragen sollen in einer Verordnung und einem neuen Kreisschreiben detailliert geregelt werden.

3.4.3.3   Liquidation und direkte Teilliquidation

Nach DBG 20 Abs. 1 lit. c zählt zum steuerbaren Vermögensertrag auch der Überschuss, der den Berechtigten aus der Liquidation einer juristischen Person zufliesst. Gehören die Beteiligungsrechte zum Privatvermögen eines Steuerpflichtigen, so ist nach dem Nennwertprinzip der gesamte Erlös steuerbar, soweit er den Nennwert der Anteilsrechte übersteigt. In den Kantonen Basel-Stadt und Graubünden, welche wie erwähnt für den Begriff der Vermögenserträge eine subjektbezogene Betrachtungsweise anwenden, gilt als steuerbarer Liquidationsüberschuss die Differenz zwischen dem Liquidationserlös und den Gestehungskosten.

Beispiel:

Aktien im Nennwert von CHF 100 wurden für CHF 400, d.h. mit einem Agio (1998) von CHF 300, liberiert. Laura Graf hat die Aktien für je CHF 500 erworben. Bei der Liquidation resultiert ein Erlös von CHF 1000.

Lösung direkte Bundessteuer

	CHF
Liquidationserlös	1000
Nominalwert	– 100
Steuerbares Einkommen	900

Steuerbar ist somit auch die Rückzahlung des Agios.

Lösung Kantone Basel-Stadt, Graubünden

	CHF
Liquidationserlös	1000
Gestehungskosten	– 500
Steuerbares Einkommen	500

Lösung ab 1.1.2011

	CHF
Liquidationserlös	1000
Agio	– 300
Nominalwert	– 100
Steuerbares Einkommen	600

Nach dem ab dem 1.1.2011 geltenden Kapitaleinlageprinzip bleiben beim Privataktionär nicht nur der Nennwert, sondern auch die nach DBG 20 Abs. 3 dem Grund- oder Stammkapital gleichgestellten Kapitaleinlagen steuerfrei.

Bei Beteiligungsrechten im Geschäftsvermögen stellt die Differenz zwischen dem Liquidationserlös und dem Einkommenssteuerwert der Beteiligung steuerbaren Gewinn dar.

Der Begriff der Liquidation geht steuerrechtlich als Folge des Nennwertprinzips wesentlich über den Tatbestand der Auflösung der Gesellschaft hinaus. Das Gleiche gilt auch nach dem Wechsel zum Kapitaleinlageprinzip. Denn sämtliche Transaktionen, bei welchen den Beteiligten Reserven endgültig zufliessen, welche nicht als Rückzahlung von Grund- oder Stammkapital gelten, stellen eine sog. Teilliquidation dar. Dabei wird zwischen direkter und indirekter Teilliquidation unterschieden.

Eine direkte Teilliquidation liegt vor, wenn eine Kapitalgesellschaft eigene Aktien von Beteiligten, bei welchen die Anteilsrechte zum Privatvermögen gehören, zum Zwecke der Kapitalherabsetzung zurückkauft. Der Mehrwert, den der Gesellschafter über den Nennwert (bzw. ab 1. Januar 2011 über den Nennwert plus die Kapitaleinlage i.S.v. DBG 20 Abs. 3) seiner Beteiligung hinaus erhält, wird steuerlich als Liquidationsausschüttung und damit als steuerbarer Vermögensertrag qualifiziert (DBG 20 Abs. 1 lit. c i.V.m. VStG 4a Abs. 1).

Eine direkte Teillliquidation ist auch dann gegeben, wenn eine Kapitalgesellschaft eigene Aktien erwirbt und diese nicht innert angemessener Frist weiterveräussert. Gemäss VStG 4a Abs. 1 gilt beim Erwerb eigener Aktien die Differenz zwischen dem beim Rückkauf bezahlten Erwerbspreis und dem einbezahlten Nennwert (bzw. ab 1. Januar 2011 dem Nennwert plus die Kapitaleinlage i.S.v. DBG 20 Abs. 3 sowie VStG 5 Abs. 1bis, soweit der Kaufpreis dem separaten Kapitaleinlagehalter belastet wird) der entsprechenden Beteiligungsrechte als steuerbarer Vermögensertrag. Diese Steuerfolge tritt immer dann ein, wenn und soweit der Erwerb eigener Beteiligungsrechte den obligationenrechtlich zulässigen Rahmen überschreitet. OR 659 gestattet einer Gesellschaft zeitlich unbeschränkt das Halten eigener Aktien im Umfang von bis zu 10 Prozent des Aktienkapitals. Bei vinkulierten Namenaktien können zeitlich auf zwei Jahre beschränkt bis zu 20 Prozent eigene Aktien gehalten werden.

*Darstellung 7: Zusammenfassende Übersicht zum Erwerb
                eigener Aktien*

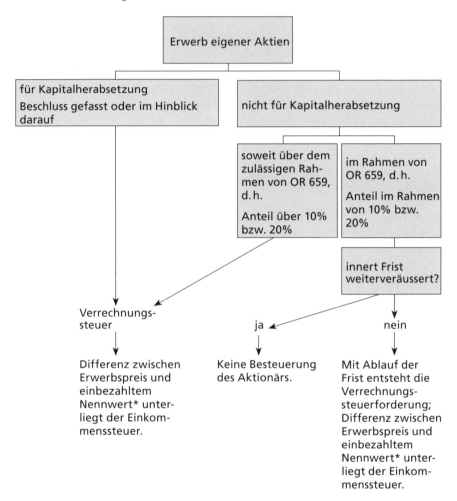

** Ab dem 1. Januar 2011 bleibt auch der Teil des Erwerbspreises steuerfrei, der zulasten
von Kapitaleinlagen verbucht wird, welche nach DBG 20 Abs. 3 im Falle einer Ausschüttung steuerfrei sind.*

Das Halten eigener Aktien im obligationenrechtlich unbefristet zulässigen
Rahmen wird jedoch dann nicht als Teilliquidation angesehen, wenn solche
Aktien innerhalb von sechs Jahren wieder veräussert werden. Hat eine
Gesellschaft oder Genossenschaft eigene Beteiligungsrechte aus Anlass von
Verpflichtungen erworben, die auf einer Wandelanleihe, einer Options-

anleihe oder einem Mitarbeiterbeteiligungsplan beruhen, so steht die Frist zur Wiederveräusserung bis zum Erlöschen der betreffenden Verpflichtungen still, im Falle eines Mitarbeiterbeteiligungsplanes jedoch längstens zwölf Jahre (vgl. dazu KS Nr. 5 der EStV vom 18. August 1999).

Soweit beim Erwerb von vinkulierten Namensaktien im Rahmen von OR 659 Abs. 2 die Schwelle von 10 Prozent überschritten wurde, erolgt die Besteuerung bereits nach Ablauf von zwei Jahren, wenn diese Quote bis dahin nicht als Folge von Weiterveräusserungen wieder bei 10 Prozent oder weniger liegt (BGE 136 II 33).

3.4.3.4   Indirekte Teilliquidation

Von einer indirekten Teilliquidation wird dann gesprochen, wenn eine natürliche Person ihre im Privatvermögen gehaltene Beteiligung an eine juristische Person oder an eine natürliche Person verkauft, welche die Aktien im Geschäftsvermögen hält, und der Erwerber den Kaufpreis aus nicht betriebsnotwendigen Mitteln der erworbenen Gesellschaft finanziert. Die erworbene Gesellschaft wird durch dieses Vorgehen entreichert. Der Verkäufer hätte die nicht betriebsnotwendigen Mittel vor dem Verkauf mittels einer bei ihm steuerbaren Dividendenausschüttung entnehmen können, wodurch sich sein Kaufpreis und auch sein Kapitalgewinn reduziert hätten. Der Verkäufer belässt die Vermögenswerte jedoch in der Gesellschaft, der Erwerber nimmt diese Mittel aus der gekauften Gesellschaft und verwendet sie für die Bezahlung des Kaufpreises. Damit fliessen sie in Form eines Veräusserungserlöses an den Verkäufer zurück.

Bis Ende 2006 war die indirekte Teilliquidation gesetzlich nicht geregelt. Es bestand eine umfangreiche Praxis des Bundesgerichts zur indirekten Teilliquidation (vgl. StE 2002 DBG B 24.4 Nr. 63). Diese Praxis beschränkte sich vorerst auf jene Fälle, bei welchen die veräusserte Gesellschaft beim Verkauf über nicht betriebsnotwendige Mittel verfügte, welche von der Käuferin, für welche das Buchwertprinzip galt, in der Folge unter Mitwirkung des Verkäufers entnommen und für die Kaufpreisfinanzierung verwendet wurden. Im Jahr 2004 hat das Bundesgericht dann seine Praxis zur indirekten Teilliquidation verschärft, indem eine Entreicherung nicht nur vorlag, wenn die nach dem Eigentümerwechsel ausgeschütteten Mittel bereits vor dem Kauf vorhanden waren (nicht betriebsnotwendige Reserven), sondern auch dann, wenn diese erst noch erwirtschaftet werden mussten (StE 2004 B 24.4 Nr. 10).

Mit dieser neuen Praxis des Bundesgerichts wurden insbesondere zahlreiche Unternehmensnachfolgen von KMUs erschwert oder verunmöglicht. Der Gesetzgeber hat deshalb mit dem Bundesgesetz vom 23. Juni 2006 über dringende Anpassungen bei der Unternehmensbesteuerung die indirekte Teilliquidation wieder einschränkend neu in DBG 20a Abs. 1 lit. a und Abs. 2 gesetzlich geregelt. Gemäss diesen Bestimmungen gilt der Erlös aus dem Verkauf einer Beteiligung dann als Ertrag aus beweglichem Vermögen und es liegt eine indirekte Teilliquidation vor, wenn folgende Merkmale erfüllt sind:

• Die Beteiligungsrechte von mindestens 20 Prozent am Grund- oder Stammkapital einer Kapitalgesellschaft oder Genossenschaft werden in das Geschäftsvermögen einer andern natürlichen oder juristischen Person verkauft;

• Der veräusserten Gesellschaft wird innert fünf Jahren nach dem Verkauf nicht betriebsnotwendige Substanz entnommen, die im Zeitpunkt des Verkaufs bereits vorhanden und handelsrechtlich ausschüttungsfähig war;

• Die Ausschüttung erfolgt unter Mitwirkung des Verkäufers. Mitwirkung heisst, dass der Verkäufer weiss oder wissen muss, dass der Gesellschaft zwecks Finanzierung des Kaufpreises Mittel entnommen und nicht wieder zugeführt werden.

Die gleiche Beurteilung gelangt zur Anwendung, wenn mehrere Beteiligte zusammen mindestens 20 Prozent einer solchen Beteiligung verkaufen oder wenn innert fünf Jahren ein Beteiligter oder mehrere Beteiligte Beteiligungen von insgesamt mindestens 20 Prozent zeitlich gestaffelt verkaufen. In diesem Fall beginnt für jeden Verkauf eine eigene Sperrfrist von fünf Jahren zu laufen (vgl. Ziff. 4.4 des KS Nr. 14 der EStV vom 6. November 2007).

Im Falle der indirekten Teilliquidation wird die ausgeschüttete Substanz beim Verkäufer gegebenenfalls nachträglich im Nachsteuerverfahren gemäss DBG 151 ff. besteuert.

Beispiel (in TCHF):

Walter Müller verkauft 100 Prozent der Aktien der Müller-AG an die Kauf-AG für 2000. Die Müller-AG weist folgende Bilanz auf:

	Aktiven	Passiven
Liquide Mittel	2000	
Übrige Aktiven	1000	
Fremdkapital		1000
Aktienkapital		200
Reserven		1800
	3000	3000

Die Müller-AG verwendet mit Wissen des Verkäufers die liquiden Mittel, um der Kauf-AG ein Darlehen von 2000 für die Finanzierung des Kaufpreises zu gewähren. Nach dem Kauf nimmt die Müller-AG eine Dividendenausschüttung von 1700 zur Rückzahlung des Darlehens vor.

Im Umfang der Dividendenausschüttung von 1700 erzielt Müller steuerbaren Vermögensertrag und nicht einen steuerfreien Kapitalgewinn. Die Voraussetzung der Mitwirkung ist im vorliegenden Fall durch die Darlehensgewährung erfüllt.

Analoge Steuerfolgen würden sich ergeben, wenn Walter Müller z.B. während fünf Jahren jährlich je 4 Prozent der Aktien an die Kauf-AG verkaufen würde (zeitlich gestaffelter Verkauf) oder wenn z.B. vier Aktionäre an der Müller-AG beteiligt sind und jeder Aktionär je 5 Prozent an der Kauf-AG verkaufen würde (gemeinsamer Verkauf).

3.4.3.5 Transponierung

Eine weitere Folge des Nennwert- sowie auch des Kapitaleinlageprinzips ist die sog. Transponierung. Überträgt eine natürliche Person eine von ihr im Privatvermögen gehaltene Beteiligung von mindestens 5 Prozent am Grund- oder Stammkapital einer Kapitalgesellschaft oder Genossenschaft auf eine Personenunternehmung oder juristische Person, an welcher der Veräusserer oder Einbringer nach der Übertragung zu mindestens 50 Prozent am Kapital beteiligt ist, so gilt die Differenz zwischen Entgelt und Nennwert der eingebrachten Beteiligungsrechte als steuerbarer Vermögensertrag (DBG 20a Abs. 1 lit. b). Diese Folge tritt auch ein, wenn das Entgelt nicht in bar oder als Darlehen, sondern in Form von Aktien mit einem höheren Nennwert entrichtet wird.

Begründet wird diese Steuerfolge damit, dass nach dieser Transaktion der Beteiligte weiterhin, allerdings indirekt über die entsprechenden Beteiligungsrechte verfügt. Er hat durch den Verkauf seiner Beteiligung zum Verkehrswert an eine Käuferin, für welche das Buchwertprinzip gilt, die latente Ausschüttungssteuerlast aufgehoben, weil die Beteiligung bei Ausschüttungen entsprechend abgeschrieben werden kann. Eine solche Disposition wird deshalb nicht als Verkauf beurteilt, sondern als Vermögensumschichtung (Transponierung), mit der Folge, dass die Differenz zwischen dem Entgelt und dem Nennwert nicht als steuerfreier Kapitalgewinn, sondern als steuerbarer Vermögensertrag gilt (vgl. zur Rechtsprechung vor der Kodifizierung in DBG 20a Abs. 1 lit. b: StE 2000 DBG/BdBSt B 24.4 Nr. 55 und StE 1999 DBG/BdBSt 1999 B 24.4 Nr. 48).

Beispiel:

Peter Meier ist Alleinaktionär der Meier AG. Ausserdem besitzt er seit einigen Jahren eine Beteiligung von 5% an der Schaufel AG (5 Aktien zu CHF 1000 nom.). Diese hält er im Privatvermögen.

Im Zuge einer Reorganisation seiner Vermögensverhältnisse verkauft er seine 5 Aktien der Schaufel AG, die einen Nennwert von insgesamt CHF 5000 aufweisen, zum Verkehrswert von CHF 30000 der Meier AG.

Infolge Transponierung erzielt Meier keinen steuerfreien Kapitalgewinn, sondern einen steuerbaren Vermögensertrag von CHF 25000.

Diese Rechtsfolge tritt allerdings nach der bisherigen Praxis zum Nennwertprinzip dann nicht ein, wenn die Differenz zwischen dem Nennwert der eingebrachten Beteiligungsrechte und dem Einbringungswert einem Reservekonto der Gesellschaft gutgeschrieben wird (sog. Agio-Lösung) oder wenn die Einbringung zum Nennwert erfolgt (verdeckte Kapitaleinlage).

Noch nicht geklärt ist die Frage, ob die Agio-Lösung auch nach dem 1. Januar 2011 möglich sein wird. Der Gesetzgeber hat es unterlassen, das Kapitaleinlageprinzip (DBG 20 Abs. 3) mit der erst kurz vorher eingeführten Sondernorm zur indirekten Teilliquidation (DBG 20a Abs. 1 lit. a) zu koordinieren. Daraus wird z. T. geschlossen, dass die Agio-Lösung künftig nicht mehr möglich sei, d. h., dass bei Vorliegen des Transponierungs-Tatbestandes immer die Einkommenssteuerfolgen beim einbringenden Privataktionär eintreten. Demgegenüber wird aber zu Recht in der Lehre die Meinung vertreten, die Agio-Lösung könne auch künftig fortgeführt werden, indem der den Nennwert (plus die Kapitaleinlagen i. S. v. DBG 20 Abs. 3) übersteigende Teil des Erlöses der eingebrachten Gesellschaft auf die offenen Reserven gebucht wird und nicht auf die separat auszuweisenden Kapitaleinlage-Reserven (VStG 5 Abs. 1bis).

3.4.4 Einkünfte aus Vermietung, Verpachtung, Nutzniessung oder sonstiger Nutzung

Zu den Einkünften aus der Überlassung beweglicher Sachen zählen i. S. v. DBG 20 Abs. 1 lit. d insbesondere die Erträge aus Miet-, Pacht-, Leasing- und andern Gebrauchsüberlassungsverträgen über Maschinen, Fahrzeuge, Mobiliar, Geschäftseinrichtung usw. Solche Erträge sind insoweit steuerbar, als sie nicht Entgelt für Sachabnützung oder einen Kaufpreisanteil wie z. B. bei Miet-Kauf-Verträgen darstellen.

3.4.5   Ertrag aus Anteilen an kollektiven Kapitalanlagen

Erträge aus Anteilen an Anlagefonds des Privatvermögens sind grundsätzlich insoweit steuerbar, als sie weder Rückzahlung des Kapitalanteils noch Ausschüttung von Kapitalgewinnen, welche auf dem Fondsvermögen erzielt worden sind, darstellen. Bei der Rücknahme eines Anteilscheins durch die Fondsverwaltung entsteht kein steuerbarer Ertrag. Ein Gewinn gilt, gleich wie beim freihändigen Verkauf, grundsätzlich als steuerfreier Kapitalgewinn.

Auch bei den kollektiven Kapitalanlagen in Form der sog. Wertzuwachs-Anlagefonds oder Thesaurierungsfonds, welche einen Teil des Gewinnes zu Anlagezwecken zurückbehalten, werden die zurückbehaltenen Erträge bereits im Zeitpunkt der Verbuchung beim Fonds und nicht erst bei der Ausschüttung dem Anteilscheininhaber als steuerbarer Vermögensertrag zugerechnet. Dies wird damit begründet, dass den Anlagefonds nach dem Bundesgesetz über die kollektiven Kapitalanlagen (KAG; SR 951.31) keine Rechtspersönlichkeit zukommt und damit grundsätzlich die Anteilscheininhaber steuerpflichtig sind.

Eine Ausnahme zu der Regel, wonach die kollektiven Kapitalanlagen und die entsprechenden Erträge ausschliesslich beim Anteilscheininhaber besteuert werden, gilt für kollektive Kapitalanlagen mit direktem Grundbesitz. Solche kollektive Kapitalanlagen werden für den Grundbesitz und die Erträge daraus wie juristische Personen besteuert. Damit Erträge aus kollektiven Kapitalanlagen mit direktem Grundbesitz nicht doppelt besteuert werden, ist der beim Inhaber von Anteilscheinen von solcher kollektiver Kapitalanlagen steuerbare Ertrag auf den Anteil beschränkt, um den die Gesamterträge die Erträge aus direktem Grundbesitz übersteigen (DBG 20 Abs. 1 lit. e).

Eine weitere Ausnahme zur dargestellten Regelung bilden die Investmentgesellschaften mit festem Kapital (SICAF). Diese werden als Kapitalgesellschaft besteuert und die Anleger haben die Dividenden als Einkommen und die Aktien als Vermögen zu versteuern (vgl. vorstehend 2.1.5).

3.4.6   Einkünfte aus immateriellen Gütern

Werden im Sinne einer privaten Kapitalanlage Dritten immaterielle Güter wie Urheberrechte, Erfindungspatente, Muster, Modelle und Marken zur Nutzung überlassen, so stellen die daraus fliessenden Erträge steuerbaren Vermögensertrag dar (DBG 20 Abs. 1 lit. f).

3.4.7 Abziehbare Kosten

Bei beweglichem Privatvermögen können die Kosten der Verwaltung durch Dritte sowie die weder rückforderbaren noch anrechenbaren ausländischen Quellensteuern abgezogen werden (DBG 32 Abs. 1). Zu den Verwaltungskosten Dritter (z. B. Banken, Vermögensverwalter) gehören die Verwaltungs-, Depot-, Safe-, Inkasso- und Transfergebühren. In der Praxis wird i. d. R. eine Pauschale zum Abzug zugelassen. Nicht abziehbar sind Kosten für die Vermögensanlage (Kommissionen und Spesen für den Ankauf oder Verkauf von Wertschriften) sowie Kosten für die Beratung für die Vermögensanlage.

3.5 Ertrag aus unbeweglichem Vermögen

Literatur zur Vertiefung:
BLUMENSTEIN/LOCHER, System, S. 184
HÖHN/WALDBURGER, Steuerrecht I, S. 336 ff.
HÖHN/WALDBURGER, Steuerrecht II, S. 113–158
LOCHER, Kommentar DBG I, Art. 21 und Art. 32 Rz 17–63
OBERSON, Droit fiscal, S. 127 ff.
REICH, Steuerrecht, S. 260 ff.
RICHNER/FREI/KAUFMANN/MEUTER, Kommentar StG-ZH, § 21 (steuerbare Erträge)
   und § 30 N 18 ff. (Gewinnungskosten)
RYSER/ROLLI, Précis, S. 173 ff. und S. 188
ZWEIFEL/ATHANAS, Kommentar DBG, Art. 21 (ZWAHLEN) und Art. 32 N 7–34 (ZWAHLEN)
ZWEIFEL/ATHANAS, Kommentar StHG, Art. 7 N 42–45 (REICH) und Art. 9 N 20a (REICH)

3.5.1 Allgemeines

Das DBG umschreibt in Art. 21 die Erträge aus unbeweglichem Vermögen. Unbewegliches Vermögen im steuerrechtlichen Sinne sind gemäss ZGB 655 Abs. 2 die Liegenschaften sowie die in das Grundbuch aufgenommenen selbständigen und dauernden Rechte. Als steuerbare Einkünfte aus unbeweglichem Vermögen gelten die Erträge aus Vermietung, Verpachtung, Nutzniessung oder sonstiger Nutzung sowie die Einkünfte aus der Ausbeutung von Kies, Sand und andern Bestandteilen des Bodens.

Die Erträge umfassen grundsätzlich alle Einkünfte, die sich aus der Nutzung von Grundstücken oder den entsprechenden Rechten an solchen ergeben, ohne dass deren Bestand angetastet wird. Führt Substanzverzehr zu einem Wertzufluss, so liegt allenfalls ein Kapitalgewinn vor, der im

Bereich des unbeweglichen Privatvermögens mit der Grundstückgewinnsteuer erfasst wird (vgl. nachfolgend C).

3.5.2 Einkünfte aus Vermietung, Verpachtung, Nutzniessung oder sonstiger Nutzung

Als Einkünfte aus unbeweglichem Vermögen gelten vorerst alle Erträge aus Vermietung und Verpachtung (OR 253 ff.). Zum steuerbaren Mietertrag gehören auch alle Vergütungen der Mieter für Nebenkosten, der Betrag einer allfälligen Mietzinsreduktion, welche dem Hauswart als Arbeitsentgelt gewährt wird, sowie allfällige Zinszuschüsse von Bund, Kanton und Gemeinde aufgrund der Erlasse über die Massnahmen zur Förderung des Wohnungsbaus (WEG; SR 843). Soweit den Vergütungen an die Mieter Aufwendungen gegenüberstehen, können diese steuerlich als Unterhalts- oder Verwaltungskosten in Abzug gebracht werden.

Zu den Einkünften aus Nutzniessung gehören auch solche aus der entgeltlichen Belastung von Grundstücken mit einem entsprechenden Nutzungsrecht (z. B. Nutzniessung an einer Liegenschaft).

Als steuerbare Einkünfte aus sonstiger Nutzung gelten grundsätzlich alle übrigen Einkünfte aus der entgeltlichen Einräumung von dinglichen oder obligatorischen Nutzungsrechten an Grundstücken, soweit sie nicht eine dauernde und wesentliche Beeinträchtigung des Grundstückes bewirken und deshalb einer Teilveräusserung gleichgestellt werden, welche allenfalls die kantonale Grundstückgewinnsteuer auslöst. Als Einkünfte aus sonstiger Nutzung gelten z. B. die Einkünfte aus der Einräumung eines Tankstellenservituts oder des Rechts zum Anbringen von Reklamen sowie der Ertrag des Waldes, soweit dieser Privatvermögen darstellt.

3.5.3 Mietwert bei Eigengebrauch

Zum Ertrag aus unbeweglichem Vermögen gehört auch der Eigengebrauch, die Nutzung eines Eigenheimes (DBG 21 Abs. 1 lit. b). Mit der steuerlichen Erfassung des Eigengebrauchs bezweckt der Gesetzgeber die steuerliche Gleichbehandlung von Grundeigentümern und Mietern. Bei gleicher wirtschaftlicher Leistungsfähigkeit müsste der Mieter, weil er die zu den Lebenshaltungskosten zählenden Mieten nicht von den steuerbaren Einkünften abziehen kann, wesentlich mehr Einkommenssteuern bezahlen als ein Grundeigentümer, dem der Nutzungswert der eigenen Wohnung nicht als Einkommen angerechnet würde, obwohl dieser Liegenschaftsunterhalt und insbesondere Schuldzinse von steuerbaren Einnahmen in Abzug bringen kann.

Die Eigenmietwertbesteuerung ist umstritten und immer wieder Gegenstand von politischen Vorstössen. Ende 2009 hat der Bundesrat beschlossen, eine Vorlage zur Abschaffung der Eigenmietwertbesteuerung auszuarbeiten. Im Gegenzug sollen Hauseigentümer nur noch sehr beschränkt im Rahmen des Ersterwerbs Hypothekarzinsen und nur noch qualitativ hochwertige Energiespar- und Umweltschutzmassnahmen steuerlich in Abzug bringen können.

Die Festsetzung des Eigenmietwertes erfolgt grundsätzlich zum Marktwert unter Berücksichtigung der ortsüblichen Verhältnisse und der tatsächlichen Nutzung bei am Wohnsitz selbstbewohnten Liegenschaften.

3.5.4 Einkünfte aus Baurechtsverträgen

Das Entgelt für die Einräumung eines Baurechtes (ZGB 779 ff.) gilt gemäss DBG 21 Abs. 1 lit. c als steuerbarer Vermögensertrag.

3.5.5 Einkünfte aus der Ausbeutung des Bodens

Die Einkünfte aus der Ausbeutung von Kies, Sand und andern Bestandteilen des Bodens gilt steuerlich nicht als Substanzverzehr, sondern als steuerbarer Ertrag aus unbeweglichem Vermögen (DBG 21 Abs. 1 lit. d).

3.5.6 Abziehbare Liegenschaftskosten

Die Aufwendungen, die zur Erzielung der Einkünfte aus unbeweglichem Vermögen anfallen, können als Gewinnungskosten steuerlich in Abzug gebracht werden. Abziehbar sind die Unterhaltskosten, die Versicherungsprämien und die Kosten der Verwaltung durch Dritte (DBG 32 Abs. 2 sowie Verordnung über den Abzug der Kosten von Liegenschaften des Privatvermögens bei der direkten Bundessteuer [SR 642.116] und Verordnung über die abziehbaren Kosten von Liegenschaften des Privatvermögens bei der direkten Bundessteuer [SR 642.116.2]).

Als abzugsfähige Unterhaltskosten gelten alle Aufwendungen, die mit der Nutzung der Liegenschaft oder deren Erhaltung zusammenhängen. Dazu gehören die Betriebskosten inkl. der Versicherungsprämien sowie die Auslagen für die Instandhaltung, die Instandstellung und Ersatzbeschaffung, soweit sie nicht wertvermehrende Aufwendungen darstellen.

Die Instandhaltungskosten beinhalten die Auslagen für die üblichen Ausbesserungsarbeiten und anfallenden Reparaturen, die zur Erhaltung der Liegenschaft in gebrauchsfähigem Zustand beitragen (Reparaturen an der Heizung, an Rollläden, Malerarbeiten usw.). Instandstellungskosten sind Aufwendungen, die über die laufenden Ausbesserungen und Reparaturen hinaus erbracht werden müssen, um den Wert der Liegenschaft erhalten zu können. Als Ersatzbeschaffung gilt beispielsweise das Auswechseln einer veralteten Heizung oder eines Kühlschrankes.

Nicht abzugsfähig sind wertvermehrende Aufwendungen (Anlagekosten).

Wird eine in vernachlässigtem Zustand erworbene Liegenschaft unmittelbar nach dem Erwerb instand gestellt, so galten die entsprechenden Auslagen in den ersten fünf Jahren nach dem Erwerb bisher als anschaffungsnahe Aufwendungen mit wertvermehrendem Charakter und waren grundsätzlich steuerlich nicht abzugsfähig (sog. Dumont-Praxis; vgl. StE 1997 BdBSt/DBG B 25.6 Nr. 30). Der Gesetzgeber hat mit dem Bundesgesetz über die steuerliche Behandlung von Instandstellungskosten bei Liegenschaften vom 3. Oktober 2008 diese Praxis aufgehoben. Die entsprechend angepasste DBG-Norm ist seit dem 1. Januar 2010 in Kraft (DBG 32 Abs. 2 Satz 1). Die meisten Kantone haben dies ebenfalls bereits getan, obwohl sie dazu erst per 1. Januar 2012 verpflichtet sind (StHG 9 Abs. 3 Satz 1). Neu sind somit auch Instandstellungskosten abziehbar, selbst wenn sie kurz nach Erwerb einer vernachlässigten Liegenschaft anfallen.

Als Verwaltungskosten sind die Kosten abziehbar, welche dem Eigentümer für die durch Dritte geführte Verwaltung anfallen. Das Gleiche gilt aber auch für die notwendigen tatsächlichen Auslagen des Steuerpflichtigen für die Eigenverwaltung, soweit sie nicht Entschädigung für die eigene Arbeit darstellen. Als solche Auslagen gelten die Kosten für Inserate, Inkasso, Prozesse, Korrespondenz, Telefonate usw.

Bei Liegenschaften, die vorwiegend Wohnzwecken dienen, kann der Steuerpflichtige anstelle der tatsächlich angefallenen und nachgewiesenen Aufwendungen einen Pauschalabzug geltend machen. Er kann dabei in jeder Veranlagungsperiode zwischen dem Abzug der tatsächlichen Aufwendungen und dem Pauschalabzug wählen (sog. Wechselpauschale). Der Pauschalabzug beträgt 10 Prozent des Bruttomietertrages bzw. des Eigenmietwertes, wenn das Gebäude bis zu zehn Jahre alt ist, bzw. 20 Prozent bei älteren Gebäuden.

3.6 Einkünfte aus Vorsorge

Literatur zur Vertiefung:
BLUMENSTEIN/LOCHER, System, S. 186 f.
HÖHN/WALDBURGER, Steuerrecht I, S. 338 ff.
HÖHN/WALDBURGER, Steuerrecht II, S. 740–742 und S. 755–840
LOCHER, Kommentar DBG I, Art. 22
OBERSON, Droit fiscal, S. 130 ff.
REICH, Steuerrecht, S. 297 ff.
RICHNER/FREI/KAUFMANN/MEUTER, Kommentar StG-ZH, § 22
RYSER/ROLLI, Précis, S. 175 ff.
ZWEIFEL/ATHANAS, Kommentar DBG, Art. 22 (STEINER)
ZWEIFEL/ATHANAS, Kommentar StHG, Art. 7 N 60–65 (REICH)

Speziell zum Thema private und berufliche Vorsorge und Versicherung:
AMSCHWAND-PILLOUD ISABELLE/JUNGO DANIEL/MAUTE WOLFGANG, Assurances-vie et
    impôts, Guide pratique, Muri b. Bern 2005
JUNGO DANIEL/MAUTE WOLFGANG, Lebensversicherungen und Steuern, Schriftenreihe
    Finanz-, Rechts- und Steuerpraxis, Band 5, Muri b. Bern 2003
MAUTE WOLFGANG/STEINER MARTIN/RUFENER ADRIAN, Steuern und Versicherungen,
    2., überarbeitete und erweiterte Auflage, Muri b. Bern 1999
PETER-SZERENYI LINDA, Der Begriff der Vorsorge im Steuerrecht, unter Berücksichti-
    gung der Zweiten und Dritten Säule, Schriften zum Steuerrecht (Hrsg. Markus
    Reich), Band 9, Zürich 2001
SCHWEIZERISCHE STEUERKONFERENZ, Vorsorge und Steuern: Anwendungsfälle zur beruf-
    lichen Vorsorge und Selbstvorsorge, Loseblattsammlung, Muri-Bern 2007

3.6.1 *Allgemeines*

Die Vorsorge basiert in der Schweiz auf dem sog. «Dreisäulenprinzip». Die erste Säule umfasst die staatliche Sozialversicherung (AHV/IV/EO), die zweite Säule die berufliche Vorsorge und die dritte Säule die Selbstvorsorge. Innerhalb der Selbstvorsorge wird zwischen der gebundenen (Säule 3a) und der freien Selbstvorsorge (Säule 3b) unterschieden.

Als Ereignisse, welche Vorsorgeleistungen aus den drei Säulen auslösen, gelten die Tatbestände Alter, Tod und Invalidität. Das massgebende Alter ist bei der 1. Säule mit dem gesetzlichen AHV-Rentenalter und bei der Säule 3a (AHV-Rentenalter abzüglich bis max. fünf Jahre) gesetzlich vorgegeben. Bei der beruflichen Vorsorge ist für die Entstehung des Leistungsanspruchs das Vorsorgereglement massgebend. Als Altersleistungen gelten bei der beruflichen Vorsorge und der gebundenen Selbstvorsorge auch vorzeitig bezogene Leistungen zum Erwerb und zur Verbesserung von selbstgenutztem Wohneigentum (BVV3 Art. 3 Abs. 3).

Als Vorsorgeleistungen im Todesfall gelten auch alle Leistungen an die Hinterlassenen aus einer Vorsorgeeinrichtung, welcher der Verstorbene angehört hat. Als Vorsorgeleistungen gelten auch Kapitalabfindungen des Arbeitgebers mit Vorsorgecharakter bei Beendigung des Arbeitsverhältnisses altershalber (vgl. vorstehend 3.2.4).

Vorsorgeleistungen fliessen in Form von Renten oder Kapitalleistungen zu. Renten sind periodisch wiederkehrende, gleich bleibende und auf das Leben einer Person gestellte Leistungen, die nicht auf eine Kapitalleistung angerechnet werden. Wesentliches Kriterium ist die Ungewissheit der Leistungsdauer. Keine Rente im steuerrechtlichen Sinne ist deshalb die sog. Zeitrente, mit der ein bestimmtes Kapital in periodisch zu leistenden, gleich bleibenden Raten zurückbezahlt wird.

Das DBG enthält für die 1. und die 2. Säule den Grundsatz, dass die Beiträge voll abzugsfähig und die Leistungen voll steuerpflichtig sind. Bei der Säule 3a sind die Beiträge in begrenztem Umfang abzugsfähig und die Leistungen voll steuerbar.

Die Besteuerung von Vorsorgeleistungen richtet sich nach folgenden Grundsätzen:

• Sofern die Beiträge voll abgezogen werden konnten, werden steuerbare Vorsorgeleistungen in Rentenform zusammen mit den übrigen Einkünften ordentlich besteuert (DBG 22 Abs. 1).
• Leibrenten (OR 516) sowie Einkünfte aus Verpfründung (OR 521) werden reduziert, nämlich lediglich zu 40 Prozent, besteuert.
• Steuerbare Vorsorgeleistungen in Form von Kapitalleistungen werden bei der direkten Bundessteuer gesondert (d. h. ohne Berücksichtigung des übrigen Einkommens für die Ermittlung des Steuertarifs) zu einem Fünftel des ordentlichen Tarifs besteuert (DBG 38). Sozialabzüge werden dabei nicht gewährt. Diese Besteuerung führt zu einem günstigen Ergebnis, wobei der Effekt namentlich bei der Säule 3a durch eine Staffelung der Leistungsbezüge aufgrund verschiedener Versicherungsverhältnisse verstärkt werden kann. Bei den Kantons- und Gemeindesteuern werden Kapitalleistungen aus Vorsorgeeinrichtungen ebenfalls für sich allein besteuert, die Tarife sind jedoch unterschiedlich ausgestaltet (StHG 11 Abs. 3).

Mit der Einführung der privilegierten Besteuerung des Liquidationsgewinnes bei der Aufgabe der selbständigen Erwerbstätigkeit (DBG 37b; in Kraft ab 1. Januar 2011) wird eine weitere Kategorie von Einkünften aus Vorsorge geschaffen. Eine andere Bestimmung findet sich auch in StHG 11 Abs. 5, die Umsetzung durch die Kantone muss ebenfalls per 1. Januar 2011 erfolgen (vgl. dazu nachfolgend 3.6.4).

3.6.2 AHV/IV (1. Säule)

Die Beiträge an die AHV/IV sind voll abzugsfähig (DBG 33 Abs. 1 lit. d), im Gegenzug sind die Leistungen voll steuerbar (DBG 22 Abs. 1). AHV-Ergänzungsleistungen (Bundesgesetz über Ergänzungsleistungen zur Alters-, Hinterlassenen- und Invalidenversicherung, ELG; SR 831.30) sind allerdings steuerfrei (DBG 24 lit. h).

Leistungen ausländischer staatlicher Sozialversicherungen, die der AHV und IV entsprechen, werden ebenfalls zu 100 Prozent erfasst, soweit Doppelbesteuerungsabkommen keine abweichende Regelung vorsehen.

3.6.3 Berufliche Vorsorge (2. Säule)

Auch bei der beruflichen Vorsorge sind die Beiträge zu 100 Prozent abzugsfähig, soweit die Grenze einer angemessenen Vorsorge nicht überschritten wird (DBG 33 Abs. 1 lit. d). Dies gilt für die gesetzlichen obligatorischen oder reglementarisch festgesetzten ordentlichen Beiträge, Erhöhungsbeiträge und Einkaufssummen. Gemäss BVG 79a dürfen Einkäufe höchstens bis zur Höhe der reglementarischen Leistungen vorgenommen werden. Bei Einkäufen dürfen die daraus resultierenden Leistungen innerhalb der nächsten drei Jahre nicht in Kapitalform aus der Vorsorge zurückgezogen werden, ansonsten werden die Einkäufe steuerlich nicht anerkannt. Von dieser Begrenzung ausgenommen sind die Wiedereinkäufe im Fall der Ehescheidung nach Art. 22c FZG (Abtretung des hälftigen Altersguthabens an den geschiedenen Ehegatten).

Die Leistungen aus der beruflichen Vorsorge sind ebenfalls zu 100 Prozent steuerbar (DBG 22 Abs. 1), Renten zusammen mit dem übrigen Einkommen, Kapitalleistungen separat zu einem Fünftel des ordentlichen Tarifs (DBG 38).

Eine Ausnahme von der vollen Besteuerung gilt aufgrund der Übergangsbestimmung von DBG 204 für Renten und Kapitalabfindungen aus beruflicher

Vorsorge, die vor dem 1. Januar 1987 zu laufen begannen oder fällig wurden oder die vor dem 1. Januar 2002 zu laufen begannen oder fällig wurden und auf einem Vorsorgeverhältnis beruhen, das am 31. Dezember 1986 bereits bestand (Einführung des Obligatoriums). Die Beiträge für solche Leistungen konnten i. d. R. steuerlich nicht vollumfänglich abgezogen werden, weshalb die Leistungen nach der Finanzierungsstruktur besteuert werden, nämlich:

- zu drei Fünfteln, wenn die Leistungen, auf denen der Anspruch des Steuerpflichtigen beruht, ausschliesslich von ihm erbracht worden sind;
- zu vier Fünfteln, wenn die Leistungen, auf denen der Anspruch des Steuerpflichtigen beruht, nur zum Teil, mindestens aber zu 20 Prozent vom Steuerpflichtigen erbracht worden sind;
- zum vollen Betrag in den übrigen Fällen.

Die reduzierten Renten werden ebenfalls zusammen mit dem übrigen Einkommen besteuert, die reduzierten Kapitalleistungen separat zu einem Fünftel des ordentlichen Tarifs.

3.6.4 Liquidationsgewinn bei Aufgabe der selbständigen Erwerbstätigkeit

Die UStR II regelt in DBG 37b (vgl. analog auch StHG 11 Abs. 5) mit Wirkung ab dem 1. Januar 2011 die Besteuerung des Liquidationsgewinns von selbständig erwerbenden Personen in gewissen Fällen neu. Grundsätzlich wird ein solcher Liquidationsgewinn heute gemäss DBG 18 zusammen mit dem übrigen Einkommen besteuert, was eine progressive Erhöhung der Einkommenssteuer zur Folge hat.

DBG 37b sieht nun vor, dass der in den letzten zwei Geschäftsjahren realisierte Liquidationsgewinn (Auflösung stiller Reserven) getrennt vom übrigen Einkommen privilegiert besteuert wird, wenn die selbständige Erwerbstätigkeit nach dem vollendeten 55. Altersjahr oder infolge Invalidität definitiv aufgegeben wird. Soweit nicht die gesonderte Besteuerung eines fiktiven Einkaufs im Sinne des nachfolgenden Absatzes greift, wird für die Satzbestimmung lediglich ein Fünftel des Liquidationsgewinnes berücksichtigt, die Steuer beträgt aber mindestens 2 Prozent.

Es besteht für die steuerpflichtige Person ferner die Möglichkeit, einen dem Einkauf in die berufliche Vorsorge entsprechenden fiktiven Einkauf (maximal im Umfang des Liquidationsgewinns) geltend zu machen. Im Umfang dieses fiktiven Einkaufs erfolgt eine separate Besteuerung und es wird der Steuertarif ähnlich, aber nicht gleich wie für Kapitalleistungen aus Vorsorge nach DBG 38 angewandt, d.h., für diesen Teil des Liquidationsgewinnes gelangt ein Fünftel des auf diesen Betrag anwendbaren Tarifs gemäss DBG 36 zur Anwendung. Der Unterschied zur Besteuerung nach DBG 38 und gleichzeitig eine Unsicherheit für die Rechtsanwendung ergeben sich daraus, dass DBG 38 Abs. 2 per 1. Januar 2011 dahingehend geändert wird, dass nicht mehr auf den Tarif gemäss DBG 36, sondern neu auf DBG 214 Abs. 1 und 2 verwiesen wird, während DBG 37b Abs. 1 weiterhin direkt auf den Tarif gemäss DBG 36 verweist. Die Verordnung über die Besteuerung der Liquidationsgewinne bei definitiver Aufgabe der selbständigen Erwerbstätigkeit (LGBV) macht jedoch keinen Unterschied und bestimmt: «Der Betrag des fiktiven Einkaufs wird nach Artikel 38 DBG besteuert» (LGBV 8).

Diese privilegierte Liquidationsbesteuerung kann unter bestimmten Voraussetzungen auch vom überlebenden Ehegatten, von den anderen Erben und den Vermächtnisnehmern geltend gemacht werden, wenn sie das Unternehmen des Erblassers nicht fortführen wollen oder können (DBG 37b Abs. 2).

Falls der steuerbare Liquidationsgewinn diesen fiktiven Einkaufsbetrag übersteigt, gilt für den restlichen Liquidationsgewinn die Besteuerung nach DBG 37b, d.h., für die separate Besteuerung dieses Teils ist für die Satzbestimmung nur ein Fünftel dieses Restbetrages massgebend, der Steuersatz beträgt aber mindestens 2 Prozent. In diesem Fall verweist DBG 37b nicht auf DBG 36, somit ist es zweifellos richtig, hier den Tarif gemäss DBG 214 anzuwenden (LGBV 10 Abs. 1).

Die Höhe des fiktiven Einkaufs gilt als steuermindernde Tatsache, welche vom Steuerpflichtigen nachzuweisen ist (LGBV 5). Einzelheiten zu dieser Berechnung finden sich in LGBV 6, das Gesetz verweist lediglich auf die «Zulässigkeit des Einkaufs» gemäss DBG 33 Abs. 1 lit. d.

3.6.5 Gebundene Selbstvorsorge (Säule 3a)

Als gebundene Selbstvorsorge gelten die gebundene Vorsorgeversicherung bei Versicherungseinrichtungen und die gebundene Vorsorgevereinbarung bei Bankstiftungen (BVV3 Art. 1).

Beiträge an Einrichtungen der gebundenen Vorsorge können in beschränktem Umfang steuerlich in Abzug gebracht werden. Die Höhe der zulässigen Abzüge wird von der EStV für jede Steuerperiode bekannt gegeben (gestützt auf BVV3 Art. 7 Abs. 1). Gehört der Steuerpflichtige einer 2. Säule an, kann er für das Jahr 2010 einen Betrag von bis zu CHF 6 566 steuerlich in Abzug bringen. Ist er keiner 2. Säule angeschlossen, kann er

20 Prozent seines Erwerbseinkommens, maximal aber CHF 32 832 pro Jahr abziehen.

Altersleistungen dürfen frühestens fünf Jahre vor Erreichen des ordentlichen Rentenalters der AHV ausgerichtet werden. Sie werden spätestens bei Erreichen des ordentlichen Rentenalters der AHV fällig (BVV3 Art. 3). Ist der Vorsorgenehmer weiterhin erwerbstätig, kann der Bezug bis höchstens fünf Jahre nach Erreichen des ordentlichen Rentenalters der AHV aufgeschoben werden. In gewissen Fällen ist eine vorzeitige Ausrichtung möglich, insbesondere für

• Erwerb und Erstellung von Wohneigentum zu Eigenbedarf;
• Beteiligung an Wohneigentum zum Eigenbedarf;
• Rückzahlung von Hypothekardarlehen.

Bei der Auszahlung der gebundenen Selbstvorsorge bilden Kapitalleistungen die Regel, Rentenzahlungen die Ausnahme (vgl. KS Nr. 18 der EStV vom 4. Oktober 2007 betreffend die steuerliche Behandlung von Vorsorgebeiträgen und -leistungen der Säule 3a).

Sämtliche Leistungen werden voll besteuert, weil die Beiträge voll abgezogen werden konnten. Kapitalleistungen werden separat zu einem Fünftel des ordentlichen Tarifs, Renten zusammen mit dem übrigen Einkommen besteuert.

3.6.6   Freie Selbstvorsorge (Säule 3b)

In den Bereich der freien Selbstvorsorge gehören v. a. Leibrenten (OR 516 ff.) aufgrund eines Versicherungsvertrages sowie Einkünfte aus Verpfründung (OR 521 ff.). Zur freien Vorsorge gehören auch Renten und Kapitalleistungen aus Todesfall- und Invaliditätsversicherungen sowie Kapitalversicherungen mit Einmalprämie.

Die Beiträge für die freie Selbstvorsorge sind im Rahmen der Abzüge für Versicherungen beschränkt abzugsfähig (DBG 33 Abs. 1 lit. g).

Leistungen in Form von Renten aus Vorsorgeformen der Säule 3b werden zusammen mit dem übrigen Einkommen, Kapitalleistungen separat zu einem Fünftel des ordentlichen Tarifs besteuert (DBG 38).

Leibrenten sind seit dem 1. Januar 2001 zu 40 Prozent steuerbar (DBG 22 Abs. 3). Im Gegenzug können private Rentenleistungen beim Schuldner zu

40 Prozent vom steuerbaren Einkommen in Abzug gebracht werden (DBG 33 Abs. 1 lit. b). Die reduzierte Besteuerung gründet darin, dass die Leibrentenzahlungen teilweise steuerfreie Rückzahlung der bezahlten Prämien und teilweise steuerbaren Zins und Zinseszins darstellen. Ausgehend von dieser Überlegung hat das Bundesgericht entschieden, dass die reduzierte Besteuerung von 40 Prozent auch auf Kapitalleistungen aus dem Rückkauf von Leibrentenversicherungen anwendbar ist (BGE 135 II 183). Als Kapitalleistung wird der steuerbare Teil überdies nach DBG 38 separat besteuert.

Kapitalleistungen aus einer privaten Risikokapitalversicherung sind in vollem Umfang steuerbar, während Kapitalleistungen aus rückkaufsfähigen privaten Lebensversicherungen steuerfrei sind (DBG 24 lit. b). Steuerbar sind hingegen Leistungen aus Kapitalversicherungen mit Einmalprämien, die nicht der Vorsorge dienen (vgl. vorstehend 3.4.2).

3.6.7 Gesetzliche Unfallversicherung

Renten und Kapitalleistungen aus gesetzlicher Unfallversicherung sind zu 100 Prozent steuerbar (DBG 23 lit. a und b). Der volle Abzug der Versicherungsprämien hat die volle Besteuerung der Rentenleistungen zur Folge.

Die Leistungen stellen i. d. R. Ersatzeinkommen dar und werden zusammen mit den übrigen Einkünften besteuert, wobei jedoch bei Kapitalleistungen für die Satzbestimmung eine Umrechnung in eine jährliche Rente erfolgt (DBG 37). Eine Ausnahme gilt für Kapitalleistungen bei Tod und für bleibende körperliche oder gesundheitliche Nachteile. Solche Zahlungen werden wie die Kapitalleistungen aus Vorsorge separat zu einem Fünftel des ordentlichen Tarifs besteuert (DBG 38).

3.6.8 Militärversicherung

Leistungen der eidgenössischen Militärversicherung sind seit dem 1. Januar 1995 grundsätzlich voll steuerbar, soweit sie auf dem Bundesgesetz über die Militärversicherung beruhen, welches ab dem 1. Januar 1994 in Kraft ist. Steuerfrei sind altrechtliche Renten, die noch aufgrund des Bundesgesetzes über die Militärversicherung geleistet werden, welches bis 31. Dezember 1993 in Kraft war.

3.6.9   Zusammenfassung

Darstellung 8:   Zusammenfassende Darstellung der Einkünfte aus Vorsorge

	Gesetzliche Bestimmungen	Beiträge	Leistungen in Rentenform	Kapital-leistungen
AHV/IV	DBG 22 Abs. 1; 33	voll abziehbar	voll steuerbar	Tarif ⅕
Berufliche Vorsorge des Arbeitgebers	DBG 22 Abs. 1; 33 Abs. 1 lit. d; 38; 48	voll abziehbar	voll steuerbar Übergangs-ordnung (DBG 204)	Tarif ⅕ Übergangs-ordnung (DBG 204)
Liquidations-gewinne bei Aufgabe der selbständigen Erwerbstätigkeit (ab 1.1.2011)	DBG 37b; 33 Abs. 1 lit. d; 36; 214			fiktiver Einkauf: Tarif ⅕ (DBG 36); übriger Liquidations-gewinn: Be-messungs-grundlage ⅕ (DBG 214)
Gebundene Selbstvorsorge (3a)	DBG 22 Abs. 2; 33 Abs. 1 lit. d; 38; 48; BVV3	beschränkt abziehbar	voll steuerbar	Tarif ⅕
Leibrenten	DBG 22 Abs. 3; 33 Abs. 1 lit. b	40% abziehbar	zu 40% steuerbar	Tarif ⅕
Rückkaufs-fähige Versiche-rungen (3b)	DBG 24 lit. b; 33 Abs. 1 lit. g	Abzug begrenzt	–	steuerfrei; Ausnahme: gewisse Kapital-versicherun-gen mit Ein-malprämie
Gesetzliche Unfall-versicherung	DBG 23 lit. a und b; 33 Abs. 1 lit. f; 37; 38; 48	voll abziehbar	voll steuerbar	Umrechnung für Satzbe-stimmung in jährliche Rente; Ausnahme: Zahlungen nach DBG 23 lit. a Tarif ⅕
Militär-versicherung	DBG 23 lit. a	keine Beiträge	voll steuerbar	–
Kapital-abfindung aus Arbeitsverhältnis mit Vorsorge-charakter	DBG 17 Abs. 2; 38	keine Beiträge	–	Tarif ⅕

3.7 Übrige Einkünfte

Literatur zur Vertiefung:
BLUMENSTEIN/LOCHER, System, S. 186 f.
HÖHN/WALDBURGER, Steuerrecht I, S. 341 ff.
LOCHER, Kommentar DBG I, Art. 23–24
OBERSON, Droit fiscal, S. 133 ff.
REICH, Steuerrecht, S. 301 ff.
RICHNER/FREI/KAUFMANN/MEUTER, Kommentar StG-ZH, §§ 23–24
RYSER/ROLLI, Précis, S. 176 ff.
ZWEIFEL/ATHANAS, Kommentar DBG, Art. 23 und Art. 24 (ZIGERLIG/JUD)
ZWEIFEL/ATHANAS, Kommentar StHG, Art. 7 N 28–34 (REICH)

In DBG 23 werden die übrigen steuerbaren Einkünfte aufgeführt:

- alle Einkünfte, die an die Stelle des Einkommens aus Erwerbstätigkeit treten – sog. Ersatzeinkommen –, wie Leistungen der Arbeitslosenversicherung oder Taggelder aus Unfallversicherungen;
- einmalige oder wiederkehrende Zahlungen bei Tod sowie für bleibende körperliche oder gesundheitliche Nachteile. Darunter fallen v. a. Zahlungen von Unfall- und Haftpflichtversicherungen bei Invalidität oder Tod. Erfolgen die Zahlungen nicht in Rentenform, sondern als Kapitalleistung, werden sie als Kapitalleistung aus Vorsorge getrennt vom übrigen Einkommen zu einem Fünftel des ordentlichen Tarifs besteuert. Steuerfrei sind hingegen Zahlungen von Genugtuungssummen (DBG 24 lit. g) sowie alle Leistungen, die dem Ausgleich von Vermögensschäden dienen;
- Entschädigungen für die Aufgabe oder Nichtausübung einer Tätigkeit und für die Nichtausübung eines Rechts, wie z. B. Leistungen im Rahmen eines Sozialplanes, Vorruhestandsabgeltung, Entschädigung des Arbeitgebers für die Einhaltung eines Konkurrenzverbotes, Entschädigung für die Nichtausübung einer Nutzniessung;
- Einkünfte aus Lotterien und lotterieähnlichen Veranstaltungen;
- Unterhaltsbeiträge, die ein Steuerpflichtiger bei Scheidung, gerichtlicher oder tatsächlicher Trennung für sich sowie für die unter seiner elterlichen Obhut stehenden Kinder erhält. Solche Leistungen sind vom Empfänger voll zu versteuern, während der Leistende sie vollumfänglich in Abzug bringen kann.

3.8 Allgemeine Abzüge und Sonderabzüge

Literatur zur Vertiefung:
BLUMENSTEIN/LOCHER, System, S. 251 (Schuldzinsen) und S. 262 ff.
HÖHN/WALDBURGER, Steuerrecht I, S. 351 ff.
LOCHER, Kommentar DBG I, Art. 33–34
OBERSON, Droit fiscal, S. 151 ff.
REICH, Steuerrecht, S. 312 ff.
RICHNER/FREI/KAUFMANN/MEUTER, Kommentar StG-ZH, §§ 31–33
RYSER/ROLLI, Précis, S. 189 ff.
ZWEIFEL/ATHANAS, Kommentar DBG, Art. 33 (ZIGERLIG/JUD) und Art. 34 (REICH)
ZWEIFEL/ATHANAS, Kommentar StHG, Art. 9 N 21–57 (REICH)

3.8.1 Allgemeines

Neben den mit der Erzielung bestimmter Einkünfte verknüpften, steuerlich abziehbaren Gewinnungskosten können noch weitere Abzüge, die nicht mit der Erzielung bestimmter Einkünfte zusammenhängen, steuerlich geltend gemacht werden. Sie betreffen i. d. R. Lebenshaltungskosten. Solche Kosten sind grundsätzlich steuerlich nicht abziehbar. Gewisse Kosten für die Lebenshaltung werden jedoch aus sozialpolitischen Überlegungen zum Abzug zugelassen. Andere als die im Gesetz erwähnten Abzugsmöglichkeiten bestehen nicht. Insbesondere können Aufwendungen, die der Anschaffung und Verbesserung von Vermögensgegenständen (Anlagekosten) oder der Schuldentilgung dienen, nicht vom steuerbaren Einkommen in Abzug gebracht werden (DBG 34 lit. c und d).

Voraussetzung für die Anrechenbarkeit der entsprechenden Aufwendungen ist deren Fälligkeit. In der Praxis wird insbesondere bei privaten Aufwendungen i. d. R. auf die tatsächliche Zahlung abgestellt.

3.8.2 Schuldzinsen

Geleistete private Schuldzinsen sind im Umfang der steuerbaren Erträge aus beweglichem und unbeweglichem Privatvermögen zuzüglich weiterer CHF 50000 abziehbar (DBG 33 Abs. 1 lit. a); dies unabhängig davon, ob ihnen Gewinnungskostencharakter zukommt, wie bei Hypothekarzinsen, oder ob sie Lebenshaltungskosten darstellen, wie bei Konsumkreditzinsen. Nicht abziehbar sind Baukreditzinsen, die zu den Anlagekosten zu rechnen sind (vgl. StE 2001 SG B 25.6 Nr. 47).

Beispiel:

Erträge aus beweglichem Vermögen brutto CHF 100000, Vermögensverwaltungskosten CHF 10000, Liegenschaftsertrag aus Vermietung eines Mehrfamilienhauses CHF 90000, Unterhalts- und Instandstellungskosten CHF 100000, Eigenmietwert Einfamilienhaus CHF 30000, Pauschalabzug CHF 6000, Schuldzinsen CHF 150000.

	CHF
Vermögensertrag brutto bewegliches Vermögen	100000
Vermögensertrag brutto unbewegliches Vermögen	90000
Eigenmietwert	30000
Total Einkünfte aus Privatvermögen (brutto)	220000
Grundbetrag	50000
Maximal zulässiger Schuldzinsenabzug	270000

Keine Schuldzinsen sind die beim Kauf von Obligationen bezahlten Marchzinsen. Diese gelten als Kaufpreisbestandteil und bilden beim Verkäufer steuerfreien Kapitalgewinn und nicht steuerbaren Vermögensertrag. Auch der Baurechtszins gilt nicht als Schuldzins und kann im Rahmen des Schuldzinsenabzuges daher nicht geltend gemacht werden.

Weiterhin vollumfänglich abziehbar sind die Zinsen auf Geschäftsschulden sowie diejenigen Zinsen, die auf Beteiligungen im Geschäftsvermögen entfallen.

3.8.3 Renten und dauernde Lasten

Die bezahlten Leibrenten sind unabhängig davon, ob eine Gegenleistung erbracht wurde, zu 40 Prozent abziehbar (DBG 33 Abs. 1 lit. b). Der Begünstigte hat die Leibrente demgegenüber zu 40 Prozent zu versteuern (vgl. vorstehend 3.6.6).

Der Schuldner von dauernden Lasten kann diese vollumfänglich in Abzug bringen. Als dauernde Lasten gelten alle Verpflichtungen zu wiederkehrenden Leistungen, die weder Renten noch Schuldzinsen sind und die auch nicht als familienrechtliche Unterhalts- oder Unterstützungspflichten geleistet werden. Zu den dauernden Lasten gehören z. B. die Grundlasten gemäss ZGB 782 ff., insoweit sie für den Belasteten Kosten zur Folge haben, die Kosten des Pfrundgebers zugunsten des Pfründers sowie der periodisch entrichtete Baurechtszins als Entschädigung für die Einräumung eines Baurechts. Baurechtszinsen können indessen nur abgezogen werden, wenn sie nicht im Zusammenhang mit einer Liegenschaft erbracht werden, die vom Steuerpflichtigen selber bewohnt wird. In diesem Fall betrifft der

Baurechtszins wie der Wohnungsmietzins den Bereich der privaten Lebenshaltungskosten und ist nicht abziehbar.

3.8.4 Unterhaltsbeiträge

Unterhaltsbeiträge an geschiedene oder getrennt lebende Personen sowie die Unterhaltsbeiträge an einen Elternteil für die unter dessen elterlicher Gewalt stehenden Kinder sind beim Leistenden voll abziehbar (DBG 33 Abs. 1 lit. c).

Werden Unterhaltsbeiträge nicht in periodischen Unterhaltszahlungen, sondern in einer einmaligen Kapitalzahlung geleistet, so kann gemäss der geltenden Rechtsprechung der zahlende Ehegatte sie steuerlich nicht in Abzug bringen. Umgekehrt ist dafür die Kapitalzahlung beim begünstigten Ehegatten steuerfrei.

3.8.5 Beiträge für Vorsorge und Versicherung

Beiträge für die AHV/IV/EO/ALV, die obligatorische Unfallversicherung sowie die Einlagen, Prämien und Beiträge für die berufliche Vorsorge sind steuerlich abzugsfähig (DBG 33 Abs. 1 lit. d und f). Die Beiträge für die AHV/IV/EO/ALV und die obligatorische Unfallversicherung sind voll abzugsfähig, jene für die berufliche Vorsorge im Rahmen des Kriteriums der angemessenen Vorsorge.

Die Beiträge an die gebundene Selbstvorsorge (Säule 3a) sind betragsmässig begrenzt abziehbar (DBG 33 Abs. 1 lit. e).

Prämien für Lebens-, Unfall-, Kranken- und andere Versicherungen können bis zu einem Höchstbetrag abgezogen werden (DBG 33 Abs. 1 lit. g bzw. bei Postnumerandobesteuerung DBG 212 Abs. 1; im Jahr 2010: CHF 1700 für Alleinstehende, CHF 3300 für Verheiratete, CHF 700 pro Kind).

3.8.6 Krankheits- und Unfallkosten

Die Kosten für Krankheit und Unfall des Steuerpflichtigen und der von ihm unterhaltenen Personen sind abziehbar, soweit sie einen Selbstbehalt von 5 Prozent der um die Aufwendungen verminderten steuerbaren Einkünfte übersteigen (DBG 33 Abs. 1 lit. h).

3.8.7 Behinderungsbedingte Kosten

Die behinderungsbedingten Kosten des Steuerpflichtigen oder der
von ihm unterhaltenen Personen mit Behinderungen im Sinne des
Behindertengleichstellungsgesetzes vom 13. Dezember 2002 sind
abziehbar, soweit der Steuerpflichtige die Kosten selber trägt (DBG 33
Abs. 1 lit. h^{bis}).

3.8.8 Doppelverdienerabzug und Kosten für die Betreuung von Kindern

Ehegatten, die beide einer Erwerbstätigkeit nachgehen und zusammen
veranlagt werden, können vom niedrigeren Erwerbseinkommen 50 Prozent, jedoch mindestens CHF 7 600 und höchstens CHF 12 500 abziehen (DBG
212 Abs. 2). Ein gleicher Abzug ist auch zulässig, wenn einer der Ehegatten
in erheblichem Ausmass im Betrieb des andern Ehegatten mitarbeitet. Mit
diesem Abzug soll dem Umstand Rechnung getragen werden, dass bei der
Erwerbstätigkeit beider Ehegatten höhere Kosten anfallen, als wenn einer
der Ehegatten sich vollumfänglich dem Haushalt widmet (Reinigung, Haus-
halthilfe, Verpflegung).

Mit Wirkung ab dem 1. Januar 2011 können ausserdem die effektiven
Kosten der Drittbetreuung bis maximal CHF 10 000 von den steuerbaren
Einkünften in Abzug gebracht werden. Voraussetzung ist, dass das betreute
Kind das 14. Altersjahr noch nicht vollendet hat und im gleichen Haushalt
lebt wie die Person, welche für dessen Unterhalt sorgt und den Abzug
geltend macht. Ausserdem müssen die Betreuungskosten in direktem kau-
salem Zusammenhang mit der Erwerbstätigkeit, Ausbildung oder Erwerbs-
unfähigkeit der steuerpflichtigen Person entstanden sein (DBG 212 Abs.
2bis; analog StHG 9 Abs. 2 lit. l).

3.8.9 Parteispenden

Natürliche Personen können ausserdem ab dem 1. Januar 2011 bei der direkten Bundessteuer Mitgliederbeiträge und Zuwendungen an politi-sche Parteien bis zu CHF 10000 vom steuerbaren Einkommen abziehen
(DBG 33 Abs. 1 lit. i; in Kraft ab 1. Januar 2011). Die Kantone können die
Obergrenze des Abzugs für ihre Steuern selber festlegen (StHG 9 Abs. 2 lit.
l, Ausgleichsbeiträge und Zuwendungen an politische Parteie). Sie haben
nach dem Inkrafttreten des Gesetzes zwei Jahre Zeit, um die kantonalen
Bestimmungen anzupassen, d.h. bis 1. Januar 2013. Privatpersonen können

gemäss dem neuen Bundesgesetz ausserdem auch Mandatssteuern (Beiträge von Inhabern politischer Ämter an die betreffende Partei) vom steuerbaren Einkommen abziehen. Die Parteien müssen im Parteienregister eingetragen und in einem kantonalen Parlament vertreten sein oder bei Wahlen des kantonalen Parlaments mindestens 3 Prozent der Stimmen erreicht haben.

Für Unternehmen wird kein neuer Abzug geschaffen. Sie können wie bisher politische Parteien über den Werbeaufwand unterstützen.

3.8.10   Freiwillige Leistungen

Die freiwilligen Geld- und Sachleistungen an juristische Personen mit Sitz in der Schweiz, die wegen öffentlicher oder gemeinnütziger Zweckverfolgung steuerbefreit sind, können vom steuerbaren Einkommen abgezogen werden, soweit sie mindestens CHF 100 und höchstens 20 Prozent der um die Aufwendungen verminderten steuerbaren Einkünfte betragen (DBG 33a).

3.8.11   Investitionsabzug nach dem Bundesgesetz über die Risikokapitalgesellschaften

Nach dem Bundesgesetz über die Risikokapitalgesellschaften (RKGG), das bis 30. April 2010 befristet war, konnten natürliche Personen, die als Investoren aus ihrem Privatvermögen an Unternehmen nachrangige Darlehen gewährten, einen pauschalen Investitionsabzug von maximal 50 Prozent des Darlehensbetrages geltend machen, sofern eine sog. Risikokapitalgesellschaft innerhalb eines Jahres mindestens denselben Betrag in das Unternehmen investierte oder das Eidg. Volkswirtschaftsdepartement das Projekt als zielkonform erachtete (RKGG 5 Abs. 1).

Der Höchstbetrag dieses Investitionsabzuges beträgt während der auf zehn Jahre festgelegten Dauer des Gesetzes CHF 500 000 (RKGG 5 Abs. 2). Der gesamte Investitionsbetrag (Kapitalbeteiligung und Darlehen) muss pro Unternehmen CHF 50 000 übersteigen (VRKG 7 Abs. 2 lit. c). Wird das Darlehen zurückbezahlt, unterliegt der zuvor steuerlich geltend gemachte Investitionsabzug der Besteuerung (RKGG 5 Abs. 3). Treten in der Folge tatsächlich Verluste auf dem Darlehen ein, welche den steuerlich geltend gemachten Investitionsabzug übersteigen, kann die Hälfte dieser Differenz, höchstens aber CHF 250 000 steuerlich in Abzug gebracht werden (RKGG 5 Abs. 4; betreffend die Privilegierung der Risikokapitalgesellschaften bei den direkten Steuern vgl. nachfolgend B 5.1 und betreffend die Emissionsabgabe vgl. nachfolgend IV. 2.2.4).

3.9 Sozialabzüge

Literatur zur Vertiefung:
BLUMENSTEIN/LOCHER, System, S. 264
HÖHN/WALDBURGER, Steuerrecht I, S. 356 f.
LOCHER, Kommentar DBG I, Art. 35
OBERSON, Droit fiscal, S. 155
REICH, Steuerrecht, S. 318 ff.
RICHNER/FREI/KAUFMANN/MEUTER, Kommentar StG-ZH, § 34
RYSER/ROLLI, Précis, S. 191 f.
ZWEIFEL/ATHANAS, Kommentar DBG, Art. 35 (BAUMGARTNER)
ZWEIFEL/ATHANAS, Kommentar StHG, Art. 9 N 58 ff. (REICH)

Mit den Sozialabzügen wird bestimmten Verhältnissen der Steuerpflichtigen Rechnung getragen. Damit soll, wie mit den allgemeinen Abzügen, besonderen wirtschaftlichen Belastungen der Steuerpflichtigen Rechnung getragen werden. Der Steuerpflichtige hat dabei nicht die Aufwendungen selbst, sondern lediglich das Vorliegen bestimmter persönlicher Verhältnisse nachzuweisen, womit er einen gesetzlich festgelegten Abzug beanspruchen kann. Massgebend sind die Verhältnisse am Ende des Steuerjahres bzw. der Steuerpflicht (DBG 213 Abs. 2).

Bei der direkten Bundessteuer können folgende Sozialabzüge geltend gemacht werden (bei Postnumerandobesteuerung DBG 213):

* Für minderjährige oder in der beruflichen Ausbildung stehende Kinder, für deren Unterhalt der Steuerpflichtige sorgt (2010: CHF 6100);
* Für erwerbsunfähige oder beschränkt erwerbsfähige Personen, an deren Unterhalt der Steuerpflichtige einen höheren Beitrag als den Abzug leistet (2010: CHF 6100);
* Für Ehepaare, die in rechtlich und tatsächlich ungetrennter Ehe leben (2010: CHF 2500).

3.10 Steuerbemessung

Literatur zur Vertiefung:
BLUMENSTEIN/LOCHER, System, S. 264 ff.
HÖHN/WALDBURGER, Steuerrecht I, S. 356 f.
LOCHER, Kommentar DBG I, Art. 40–48
OBERSON, Droit fiscal, S. 157 ff.
REICH, Steuerrecht, S. 377 ff.
RICHNER/FREI/KAUFMANN/MEUTER, Kommentar StG-ZH , § 50
RYSER/ROLLI, Précis, S. 411 f.
ZWEIFEL/ATHANAS, Kommentar DBG, Art. 35–39 (BAUMGARTNER), Art. 40–48 (SCHÄR) sowie
zur Gegenwartsbemessung inkl. Systemwechsel Art. 218 und Art. 219 (WEBER)
ZWEIFEL/ATHANAS, Kommentar StHG, Art. 15–18 (DUSS/SCHÄR) sowie zur Gegenwarts-
bemessung inkl. Systemwechsel Art. 62–64 (JAKOB) und Art. 68–70 (WEBER)

3.10.1 Allgemeines

Die Steuerberechnungsgrundlage ist massgebend für die Ermittlung des Steuerbetrages. Sie kann je nach Steuerart entweder mit dem Steuerobjekt identisch sein oder sich von diesem in sachlicher oder zeitlicher Hinsicht unterscheiden. Die Steuerberechnung wird auch Steuerbemessung genannt. Die Bemessungsgrundlage bezeichnet man bei den direkten Steuern als «Steuerfaktoren» und bei den indirekten Steuern als «Steuersubstrat».

Bei der Einkommenssteuer sind in sachlicher Hinsicht das Steuerobjekt und die Berechnungsgrundlage identisch.

Die Einkommenssteuer wird als periodische Steuer in regelmässigen Abständen erhoben. Für die Erhebung der Einkommenssteuer ist deshalb in zeitlicher Hinsicht festzulegen,

• für welchen Zeitabschnitt die Steuer geschuldet ist = Steuerperiode;
• welcher Zeitabschnitt für die Berechnung des steuerbaren Einkommens massgebend ist = Bemessungsperiode;
• in welchem Zeitabschnitt die Festsetzung des steuerbaren Einkommens vorgenommen wird = Veranlagungsperiode.

Die Einkommenssteuer wird in der Schweiz nach der Methode der einjährigen Postnumerandobesteuerung mit Gegenwartsbemessung erhoben.

3.10.2 Postnumerandobesteuerung mit Gegenwartsbemessung

Als Steuerperiode gilt im System der Postnumerandobesteuerung mit Gegenwartsbemessung das Kalenderjahr. Die Steuerperiode stimmt mit der Bemessungsperiode überein, d. h., das steuerbare Einkommen bemisst sich nach den Einkünften im Kalenderjahr bzw. in der Steuerperiode. Für die Ermittlung der Einkünfte aus selbständiger Erwerbstätigkeit ist das Ergebnis der in die Steuerperiode fallenden Geschäftsabschlüsse massgebend. Die Veranlagungsperiode folgt der Steuerperiode.

Beispiel:
Die Einkommenssteuer für das Jahr 2010 wird aufgrund der Einkünfte 2010 berechnet und im Jahr 2011 veranlagt.

Veranlagungsperiode	2008	2009	2010	2011	2012
Steuerperiode	2008	2009	2010	2011	2012
Bemessungsperiode	2008	2009	2010	2011	2012

Das steuerbare Einkommen umfasst bei der Postnumerandobesteuerung mit Gegenwartsbemessung sowohl alle regelmässig fliessenden Einkünfte als auch die nicht regelmässig fliessenden Einkünfte der Steuerperiode. Das System der Postnumerandobesteuerung kennt grundsätzlich keine Pro-rata-Besteuerung wie das System der Pränumerandobesteuerung mit Vergangenheitsbemessung.

Beispiel:

	CHF
Unselbständiger Erwerb Ehefrau 1.7.2010–31.12.2010 (Erwerbsaufnahme 1.7.2010)	36 000
Selbständiger Erwerb Ehemann Geschäftsjahr 1.7.2009–30.6.2010	80 000
Wertschriftenerträge 2010	20 000
Steuerbares Einkommen 2010	136 000
Satzbestimmendes Einkommen	136 000

Besteht die Steuerpflicht nicht während der ganzen Steuerperiode, wird die Steuer auf allen im entsprechenden Zeitraum erzielten Einkünften erhoben. Lediglich für die Satzbestimmung werden regelmässig fliessende

Einkünfte auf 12 Monate umgerechnet, während die nichtregelmässig fliessenden Einkünfte ohne Umrechnung berücksichtigt werden.

Beispiel:
Wegzug ins Ausland per 1.7.2010

	CHF	für Steuersatz CHF
Unselbständiger Erwerb Ehefrau 1.1.2010–30.6.2010	36 000	72 000
Selbständiger Erwerb Ehemann		
Geschäftsjahr 1.7.2009–30.6.2010	80 000	80 000
Wertschriftenerträge 2010 (Fälligkeiten 1. Semester)	20 000	20 000
Steuerbares Einkommen 2010	136 000	172 000

3.11 Steuermass (Zusammenfassung)

Literatur zur Vertiefung:
BLUMENSTEIN/LOCHER, System, S. 289 ff. sowie S. 294 ff.
HÖHN/WALDBURGER, Steuerrecht I, S. 361 ff.
OBERSON, Droit fiscal, S. 162 f.
REICH, Steuerrecht, S. 389 ff.
RICHNER/FREI/KAUFMANN/MEUTER, Kommentar StG-ZH, §§ 35–37
RYSER/ROLLI, Précis, S. 447 f.
ZWEIFEL/ATHANAS, Kommentar DBG, Art. 36–38 (BAUMGARTNER)
ZWEIFEL/ATHANAS, Kommentar StHG, Art. 11 (REICH)

3.11.1 Allgemeines

Das Steuermass ist der Massstab der Steuerbelastung. Dieser kann als Einheits- oder als wertabhängiges Mass ausgestaltet sein.

Beim Einheitsmass ist die Steuer in einem einheitlichen Betrag geschuldet, wenn das Steuerobjekt verwirklicht wird. Auf die wirtschaftliche Bedeutung des Objektes kommt es nicht an (z. B. Personalsteuer, Hundesteuer).

Das wertabhängige Mass kann proportional (z.B. Gewinnsteuer nach DBG, Handänderungssteuer, Grundsteuer) oder progressiv (z.B. Einkommenssteuer) sein. Bei proportionalen Steuern beträgt die Steuer immer gleich viele Prozente der Berechnungsgrundlage, d.h., der Steuersatz bleibt immer gleich.

Bei einem progressiven Steuersatz steigt dieser i.d.R. mit zunehmender Höhe der Berechnungsgrundlage an. Die Steuer steigt überproportional zur Grösse der Berechnungsgrundlage an. Die progressiven Steuertarife werden mit der Besteuerung nach der wirtschaftlichen Leistungsfähigkeit, mit der Rechtsgleichheit und mit dem abnehmenden Grenznutzen von zusätzlichem Einkommen begründet. Die Progression kann auf dem ganzen Betrag oder überschiessend sein.

Beispiele:
Steuerbares Einkommen CHF 15000 bzw. CHF 20000

• Progression auf dem ganzen Betrag:

Steuertarif		steuerbares Einkommen	geschuldete Steuer
10000–15000	CHF 1 pro CHF 100	CHF 15000	CHF 150
15001–20000	CHF 2 pro CHF 100	CHF 20000	CHF 400

• Überschiessende Progression:

Steuertarif			steuerbares Einkommen	geschuldete Steuer
1% für die ersten	10000	CHF 100	CHF 10000	CHF 100
2% für die nächsten	5000	CHF 100	CHF 15000	CHF 200
3% für die nächsten	5000	CHF 150	CHF 20000	CHF 350

Darstellung 9: Steuermass

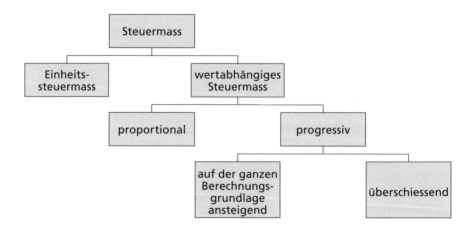

3.11.2   Steuersatz

Der Steuersatz oder Steuertarif ist das gesetzliche Grundmass der Steuer von einer bestimmten Berechnungsgrundlage. Er ist im jeweiligen Steuergesetz geregelt und je nach Steuer als Einheitsmass, proportional oder progressiv ausgestaltet. Die progressiven Steuertarife sind i. d. R. bis zu einer bestimmten Höhe progressiv, nachher proportional ausgestaltet.

Bei der direkten Bundessteuer kann aus dem Steuertarif direkt die geschuldete Steuer berechnet werden. Bei den kantonalen Steuern besteht das Steuermass aus einem Steuersatz und einem Steuerfuss (vgl. nachfolgend 3.11.7). Der Steuersatz ergibt die «einfache Steuer». Er besteht dabei häufig wie bei der direkten Bundessteuer aus einem Doppeltarif für Alleinstehende und Verheiratete. In einzelnen Kantonen gelangt bei Verheirateten ein Vollsplittingtarif (Besteuerung des gesamten Einkommens zum Satz des halben Einkommens) oder ein Teilsplittingtarif (z. B. Besteuerung des gesamten Einkommens zum Satz des höheren Einkommens) zur Anwendung. Der mildere Verheiratetentarif gilt dabei auch für Alleinerziehende, weil StHG 11 Abs. 1 die tarifliche Gleichstellung von Eineltern- und Zweielternfamilien vorschreibt (StE 2006 SG B 29.3 Nr. 29). Auch für die direkte Bundessteuer wird die Einführung eines Teilsplittingtarifs seit längerer Zeit diskutiert.

Beispiele:	Vollsplitting	Teilsplitting Satz höheres Einkommen	Teilsplitting Satz Gesamteinkommen abzgl. 30%
	CHF	*CHF*	*CHF*
Einkommen Ehemann	60 000	60 000	60 000
Einkommen Ehefrau	40 000	40 000	40 000
Steuerbares Einkommen	100 000	100 000	100 000
Steuersatz	50 000	60 000	70 000

Zur steuerlichen Entlastung von Familien mit Kindern wird mit Wirkung ab dem 1. Januar 2011 zudem für gemeinsam besteuerte Ehepaare eine Tarifkorrektur eingeführt, welche von der Anzahl der im Haushalt der steuerpflichtigen Personen lebenden Kinder abhängt (DBG 214 Abs. 2bis). Diese Korrektur erfolgt mittels eines Abzuges um CHF 250 pro Kind vom geschuldeten Steuerbetrag. Auch die Kantone werden – trotz grundsätzlicher Tarifautonomie gemäss StHG 1 Abs. 3 – dazu verpflichtet, gemeinsam besteuerte Ehegatten im Vergleich zu Alleinstehenden angemessen zu entlasten (StHG 11 Abs. 1; in Kraft ab 1. Januar 2011 mit Umsetzungsfrist bis 1. Januar 2013).

Die anstelle wiederkehrender Leistungen erbrachten Kapitalleistungen werden i. d. R. unter Berücksichtigung der übrigen Einkünfte nur zu jenem Steuersatz besteuert, der sich bei Ausrichtung der wiederkehrenden Leistung ergeben hätte (Besteuerung zum Renten- bzw. Zeitrentensatz; DBG 37).

Beispiel:

Marlies Ehrlich erhält von ihrem Arbeitgeber im Jahr 2008 eine Kapital-abfindung von CHF 100000 für die Unterlassung einer konkurrenzierenden Tätigkeit während drei Jahren.

	steuerbares Einkommen CHF	satzbestimmendes Einkommen CHF
Einkommen 2008 ohne Kapitalabfindung	100000	100000
Ausbezahlte Kapitalabfindung	100000	38411[1]
Steuerbar	200000	138411

[1] Gegenwartswert der jährlichen Zeitrente

3.11.3 Teileinkünfte- und Teilsatzverfahren bei der Besteuerung von Beteiligungserträgen

Bei der direkten Bundessteuer wurde zur Milderung der wirtschaftlichen Doppelbelastung auf Dividenden mit der Unternehmenssteuerreform II die Teilbesteuerung von Erträgen aus Beteiligungen eingeführt (sog. Teilein-künftebesteuerung; in Kraft seit 1. Januar 2009). Dabei wird nicht der Steuersatz, sondern die Bemessungsbasis reduziert. Einkünfte aus Beteili-gungen im Geschäftsvermögen von mindestens 10 Prozent werden zu 50 Prozent, solche Einkünfte aus Beteiligungen im Privatvermögen im Umfang von 60 Prozent besteuert (DBG 18b und 20 Abs. 1bis).

Beispiel:

Claudia Weil besitzt 50 Prozent der Aktien der Joy AG. Sie erhält von der Joy AG eine Dividende von CHF 50000. Die übrigen Einkünfte betragen CHF 100000.

	Einkünfte	steuerbares Einkommen
Übrige Einkünfte	CHF 100000	CHF 100000
Dividende	CHF 50000	CHF 25000
Total	CHF 150000	CHF 125000

Die Dividende von CHF 50000 wird im Betrag von CHF 25000 zusammen mit den übrigen Einkünften im Betrag von CHF 100000, insgesamt CHF 125000, zum Steuersatz von CHF 125000 besteuert.

Neu ist ausserdem, dass die Teilbesteuerung auch für Gewinne aus der Veräusserung von Beteiligungsrechten im Geschäftsvermögen Anwendung findet, wobei neben der Mindestquote von 10 Prozent auch eine Mindesthaltedauer von einem Jahr verlangt wird (DBG 18b Abs. 2).

Mit der UStR II wurden die Kantone zur Teilbesteuerung generell ermächtigt (StHG 7 Abs. 1). Sie sind aber nicht verpflichtet, die wirtschaftliche Doppelbelastung zu mildern. Eine Teilbesteuerung ist jedoch nur zulässig, wenn die Beteiligungsquote mindestens 10 Prozent beträgt. Nicht zulässig ist es ausserdem, die Teilbesteuerung auf Dividenden von Gesellschaften mit Sitz in der Schweiz zu beschränken (StE 2010 A 21.16 Nr. 13).

Die Teilbesteuerung der Dividenden kann entweder wie bei der direkten Bundessteuer mittels Herabsetzung der Berechnungsgrundlagen (Reduktion der steuerbaren Dividende = Teileinkünftebesteuerung) oder mittels Besteuerung der gesamten Dividende, aber zu einem reduzierten Satz (= Teilsatzbesteuerung) erfolgen. Das zweite Verfahren wird zurzeit noch von den meisten Kantonen angewendet.

So werden z. B. im Kanton St. Gallen ausgeschüttete Gewinne von Kapitalgesellschaften und Genossenschaften mit Sitz in der Schweiz zur Hälfte des für das steuerbare Gesamteinkommen anwendbaren Steuersatzes besteuert, wenn die steuerpflichtige Person mit wenigstens 10 Prozent am Aktien-, Grund- oder Stammkapital beteiligt ist (StG–SG 52 Abs. 5).

Beispiel:
Anna Hold, St. Gallen, besitzt 50 Prozent der Aktien der Mats AG. Sie erhält von der Mats AG eine Dividende von CHF 50 000. Die übrigen Einkünfte betragen CHF 100 000.

	steuerbares Einkommen
Dividende	CHF 50 000
übrige Einkünfte	CHF 100 000
Total	CHF 150 000

Steuerbelastung 20% (Kanton und Bund bei CHF 150 000 Einkommen).
Die Dividende von CHF 50 000 wird zum halben Satz des gesamten Einkommens, d. h. mit 10%, besteuert, während die übrigen Einkünfte im Betrag von CHF 100 000 zum Steuersatz von 20% besteuert werden.

Heute kennen bereits 24 Kantone eine Teilbesteuerung von Dividenden (Stand 1. Januar 2010; AG, AI, AR, BE, BL, FR, GE, GL, GR, JU, LU, NW, OW, SG, SH, SO, SZ, TG, TI, UR, VD, VS, ZG, ZH).

3.11.4 Kapitalleistungen aus Vorsorge

Kapitalleistungen aus Vorsorge werden mit einer separaten Jahressteuer zu einem Fünftel des für dieses Einkommen allein massgebenden Tarifs besteuert. Die Jahressteuer berechnet sich ohne Berücksichtigung von Abzügen und Freibeträgen (DBG 38 Abs. 2 und 3 i. V. m. DBG 36; ab 1. Januar 2011 gelangt der Tarif nach DBG 214 zur Anwendung). Eine analoge Besteuerung gilt für Liquidationsgewinne bei Aufgabe der selbständigen Erwerbstätigkeit (vgl. dazu vorstehend 3.6.4).

Beispiel:

Fritz Meier, verheiratet, gibt die unselbständige Erwerbstätigkeit wegen Erreichens des Pensionsalters von 65 Jahren auf. Er bezieht per 1. März 2008 eine Kapitalleistung von CHF 400 000 von der Personalvorsorgeeinrichtung.

	CHF
Ausbezahlte Kapitalleistung	400 000
Steuerbar	400 000
Geschuldete Steuer, Tarif ⅕	8 073

Auch in den Kantonen werden Kapitalleistungen aus Vorsorge separat mit einer vollen Jahressteuer erfasst (StHG 11 Abs. 3). Bezüglich der Ausgestaltung des Tarifes sind die Kantone frei. Es gelangen jedoch in allen Kantonen reduzierte Steuersätze zur Anwendung, womit der Tatsache Rechnung getragen wird, dass es sich dabei letztlich auch um eine Kapitalabfindung für lebenslänglich sich wiederholende jährliche Leistungen (Renten) handelt.

3.11.5 Steuersatz bei anteiliger Steuerpflicht

Die Steuerpflicht kann in der Schweiz auch nur für einen Teil des Einkommens (und Vermögens) bestehen, wenn der Steuerpflichtige, der in der Schweiz bzw. im Kanton wohnt, für bestimmte Einkünfte (und Vermögenswerte) im Ausland steuerpflichtig ist oder wenn Personen, die im Ausland wohnen, wegen wirtschaftlicher Zugehörigkeit in der Schweiz beschränkt steuerpflichtig sind. Die wirtschaftliche Leistungsfähigkeit eines Steuerpflichtigen wird indessen dadurch, dass er für seine Einkünfte (und Vermögenswerte) anteilig verschiedenen Steuerhoheiten unterliegt, nicht berührt. Damit in einem solchen Fall kein ungerechtfertigter Progressionsvorteil entsteht, werden die Steuern nach dem Steuersatz erhoben, der dem gesamten Einkommen (und Vermögen) entspricht (Gesamtprogression; DBG 7 Abs. 1; vgl. vorstehend 3.2). Die Sozialabzüge werden anteilsmässig gewährt. Im Ausland wohnhafte Steuerpflichtige haben die Steuern für

Geschäftsbetriebe, Betriebsstätten und Grundstücke wenigstens zu dem Steuersatz zu entrichten, der dem in der Schweiz erzielten Einkommen (und in der Schweiz gelegenen Vermögen) entspricht (DBG 7 Abs. 2).

Der Grundsatz der Besteuerung nach der Gesamtprogression gelangt analog auch im interkantonalen Steuerrecht, d. h. bei Steuerpflicht in zwei oder mehreren Kantonen, gemäss StHG 3 und 4 für das Einkommen und Vermögen zur Anwendung.

3.11.6 Vereinfachtes Abrechnungsverfahren

Für kleine Arbeitsentgelte aus unselbständiger Erwerbstätigkeit im Sinne des Bundesgesetzes gegen die Schwarzarbeit (BGSA; SR 822.41) können die Arbeitgeber seit dem 1. Januar 2008 ein vereinfachtes Abrechnungsverfahren für Steuern und Sozialversicherungsbeiträge in Anspruch nehmen, sofern (BGSA 2)

- der einzelne Lohn den Grenzbetrag gemäss AHVG 7 von CHF 20 520 nicht übersteigt (Stand 1. Januar 2010);
- die gesamte jährliche Lohnsumme des Betriebs nicht mehr als den zweifachen Betrag der maximalen jährlichen AHV-Rente, d. h. CHF 54 720, beträgt (Stand 1. Januar 2010);
- die Löhne des gesamten Personals im vereinfachten Verfahren abgerechnet werden.

Sind die Voraussetzungen für das vereinfachte Abrechnungsverfahren erfüllt und wird dieses Verfahren gewählt, liefert der Arbeitgeber die Steuern in Form einer Quellensteuer zusammen mit den Sozialversicherungsbeiträgen an die zuständige AHV-Ausgleichskasse ab (DBG 37a i. V. m. DBG 88 Abs. 1 lit. a; StHG 11 Abs. 4 i. V. m. StHG 37 Abs. 1 lit. a).

Dieser Quellensteuerabzug wird ohne Berücksichtigung der übrigen Einkünfte, allfälliger Berufskosten und Sozialabzüge vorgenommen. Damit ist die Einkommenssteuer des Mitarbeiters definitiv abgegolten, die so besteuerten Einkünfte sind von der ordentlichen Besteuerung ausgenommen. Der Mitarbeiter muss folglich diese Einkünfte in seiner Steuererklärung nicht mehr deklarieren.

Die Quellensteuerabzüge sind für die direkte Bundessteuer und die Kantons- und Gemeindesteuern zusammen vorzunehmen. Der Quellensteuerabzug für die direkte Bundessteuer beträgt 0,5 Prozent. Die Kantone und Gemeinden erheben eine Quellensteuer von i. d. R. 4,5 Prozent.

3.11.7 Steuerfuss

Der Steuerfuss ist bei den kantonalen Steuern der periodisch festgelegte Multiplikator, mit dem die einfache Steuer zum effektiven Steuerbetrag umgerechnet wird. Er soll die Steuereingänge den Finanzbedürfnissen des Staates anpassen. Der Kantonssteuerfuss ist gesetzlich nicht festgelegt, sondern wird i. d. R. vom Kantonsparlament alljährlich festgelegt.

Die Gemeinden erheben die Einkommens- und Vermögenssteuer i. d. R. nach den Bestimmungen des kantonalen Steuergesetzes. Das Steuermass besteht deshalb aus dem kantonalen Steuertarif und dem von der Gemeinde (Gemeindeversammlung bzw. Gemeindeparlament) festgesetzten Gemeindesteuerfuss.

Beispiel:

Die geschuldeten Einkommenssteuern für den Bund, den Kanton und die Gemeinde berechnen sich für das Jahr 2009 für eine verheiratete Person mit einem steuerbaren Einkommen von CHF 80000, reformiert, Wohnort Stadt St. Gallen, zusammenfassend nach folgendem Schema:

		CHF
Direkte Bundessteuer		
CHF 80000 gemäss DBG 214 Abs. 2		1196
Kantons- und Gemeindesteuern		
CHF 80000 gemäss StG-SG 50 Abs. 1 und 3		
= einfache Steuer 3890		
Kantonssteuer	Steuerfuss 95% der einfachen Steuer (StG-SG 6 Abs. 2 lit. a)	3696
Gemeindesteuer	Steuerfuss 149% der einfachen Steuer (StG-SG 6 Abs. 2 lit. b)	5796
Kirchensteuer	Steuerfuss 9% der einfachen Steuer (StG-SG Abs. 2 lit. b)	972
Total Steuern Bund, Kanton, Gemeinde im Jahr 2009		11660

3.12 Besteuerung nach dem Aufwand (Pauschalbesteuerung)

Literatur zur Vertiefung:
BLUMENSTEIN/LOCHER, System, S. 293 f.
HÖHN/WALDBURGER, Steuerrecht I, S. 370 ff.
LOCHER, Kommentar DBG I, Art. 14
OBERSON, Droit fiscal, S. 78 f.
REICH, Steuerrecht, S. 230 ff.

RICHNER/FREI/KAUFMANN/MEUTER, Kommentar StG-ZH, § 13
RYSER/ROLLI, Précis, S. 185 f.
ZWEIFEL/ATHANAS, Kommentar DBG, Art. 14 (ZWAHLEN)
ZWEIFEL/ATHANAS, Kommentar StHG, Art. 6 (ZWAHLEN)

Ausführlich zu diesem Thema:
ARTER OLIVER, Die Aufwandbesteuerung, in: AJP/PJA 2/2007, S. 156–174
BEUSCH MICHAEL, Aufwandbesteuerung – Privileg für reiche Ausländer oder aus prak-
    tischen Gründen gebotene Art der Ermessensveranlagung?, in: MICHAEL BEUSCH/
    ISIS (Hrsg.), Steuerrecht 2006, Zürich 2006, S. 185 ff.
RICHNER FELIX, Pauschalbesteuerung, in: ZStP 2000, S. 1 ff.

Natürliche Personen, die erstmals oder nach mindestens zehnjähriger Lan-
desabwesenheit in der Schweiz steuerrechtlichen Wohnsitz nehmen und
hier keiner Erwerbstätigkeit nachgehen, können die sog. Pauschalbesteuerung in Anspruch nehmen (DBG 14; StHG 6). Für Schweizer Staatsbürger,
die durch Zuzug neu steuerpflichtig werden, beschränkt sich diese Möglichkeit auf die Steuerperiode des Zuzugs (DBG 14 Abs. 1; StHG 6 Abs. 1).

Die Besteuerung erfolgt in diesen Fällen zum ordentlichen Tarif auf dem
geschätzten Lebensaufwand für die steuerpflichtige Person und ihre Familie. Es werden aber mindestens die in der Schweiz erzielten Einkünfte
(Liegenschaftsertrag inkl. Eigenmietwert, Zinsen und Dividenden aus
schweizerischer Quelle usw.) besteuert.

Bezieht eine pauschal besteuerte Person quellensteuerbelastete Einkünfte
aus dem Ausland und will sie ein Doppelbesteuerungsabkommen mit
diesem Staat zur Entlastung von dieser Quellensteuer beanspruchen, so
werden die aus dem betreffenden Staat fliessenden Einkünfte ebenfalls
ordentlich besteuert, soweit sie nicht gemäss Doppelbesteuerungsabkommen jenem anderen Staat zur Besteuerung zugewiesen sind (sog.
modifizierte Pauschalbesteuerung; DBG 14 Abs. 3 lit. f; StHG 6 Abs. 3 lit. f).

Diese Art der Besteuerung ist politisch heftig umstritten. Im Kanton Zürich
wurde die Pauschalsteuer per Volksabstimmung mit Wirkung ab dem
1. Januar 2010 abgeschafft. Auf Bundesebene sind gegenwärtig im Parlament Vorstösse zur Abschaffung hängig.

4 Vermögenssteuer

Literatur zur Vertiefung:
BLUMENSTEIN/LOCHER, System, S. 166 ff. und S. 232 ff.
HÖHN/WALDBURGER, Steuerrecht I, S. 379 ff.
OBERSON, Droit fiscal, S. 167 ff.
REICH, Steuerrecht, S. 321 ff.
RICHNER/FREI/KAUFMANN/MEUTER, Kommentar StG-ZH, §§ 38–47
RYSER/ROLLI, Précis, S. 401 ff.
ZWEIFEL/ATHANAS, Kommentar StHG, Art. 13–14 (ZIGERLIG/JUD)

4.1 Allgemeines

Die Kantone und Gemeinden, nicht jedoch der Bund erheben von den natürlichen Personen eine allgemeine Vermögenssteuer vom Reinvermögen. Seit dem 1. Januar 2001 gelangt die harmonisierte Vermögenssteuer zur Anwendung, welche im Folgenden dargestellt wird.

Die Vermögenssteuer stellt auf die subjektive Leistungsfähigkeit des Steuerpflichtigen ab, indem die Schulden von den Aktiven in Abzug gebracht werden können. Sie ist daher eine Subjektsteuer.

Der Vermögenssteuer kommt im Vergleich zur Einkommenssteuer eine untergeordnete Bedeutung zu; für die Steuerbehörden hat sie jedoch die Funktion eines Kontrollmittels, da die Angaben über das Vermögen Rückschlüsse auf das Einkommen eines Steuerpflichtigen erlauben.

4.2 Steuerobjekt

4.2.1 Steuerbares Vermögen

Gegenstand der Vermögenssteuer bildet das Reinvermögen (StHG 13 Abs. 1). Dieses ist die Summe aus dem beweglichen und unbeweglichen Vermögen abzüglich der nachgewiesenen Schulden.

Zu den steuerbaren Aktiven gehören auch Vermögensteile, an denen der Steuerpflichtige lediglich eine Nutzniessung besitzt, bei denen er folglich nicht Eigentümer ist (StHG 13 Abs. 2). So hat der Nutzniesser einer selbstbewohnten Liegenschaft diese als Vermögen zu versteuern mit der Begründung, dass der Nutzniesser das Recht auf den vollen Genuss, also auf den Besitz, den Gebrauch und die Nutzung sowie i.d.R. auf die Übertragung der Ausübung, besitzt, während dem Eigentümer lediglich das «nackte Eigentum» verbleibt (ZGB 745 ff.).

Beim Wohnrecht (ZGB 776 ff.), welches der Nutzniessung ähnlich, aber weniger umfassend ist, sind demgegenüber die vermögenssteuerliche Behandlung in der Praxis der Kantone, die Lehre und die Rechtsprechung uneinheitlich. Das Wohnrecht verleiht dem Wohnrechtsberechtigten die Befugnis, in einem Gebäude oder einem Teil eines Gebäudes zu wohnen, und er kann dieses Recht nicht auf Dritte übertragen. Ein bloss obligatorisches Wohnrecht wird i.d.R. nicht der Nutzniessung gleichgestellt, d.h., die Liegenschaft ist bei der Vermögenssteuer vom Eigentümer und nicht vom Berechtigten zu versteuern. Dingliche Wohnrechte werden in einem Teil der Kantone (z.B. GR, SG, TG, ZH) der Nutzniessung gleichgestellt, sodass der Berechtigte die Liegenschaft oder einen Teil derselben als Vermögen zu versteuern hat, während in den andern Kantonen die wohnrechtsbelastete Liegenschaft weiterhin vom Eigentümer zu versteuern ist (z.B. BE, BL, BS).

Vermögen, das aufgrund eines Treuhandverhältnisses von einer Drittperson gehalten wird, ist vom Treugeber und wirklichen Eigentümer zu versteuern. Wird das Treuhandverhältnis nicht eindeutig nachgewiesen, so ist der Treuhänder steuerpflichtig.

Der Grundsatz der Familienbesteuerung (gemeinsame Veranlagung des Ehemanns, der Ehefrau und der Kinder sowie der eingetragenen Partner) gilt auch für die Vermögenssteuer.

4.2.2   Ausnahmen von der Steuerpflicht

Von der Steuerpflicht ausgenommen sind die Stammrechte auf periodische Leistungen (Renten, Pensionen, Wohnrechte, Alimente usw.), soweit sie rein anwartschaftlicher oder nicht rückkaufsfähiger Natur sind, sowie angespartes Vermögen in den Säulen 2 und 3a. Ebenfalls nicht besteuert werden der Hausrat und die persönlichen Gebrauchsgegenstände (StG IG 13 Abs. 4).

4.2.3   Schuldenabzug

Weil nur das Reinvermögen steuerbar ist, können Schulden vom Vermögen abgezogen werden. Bei alleiniger Haftung können die Schulden voll abgezogen werden, während bei Haftung zusammen mit andern (Solidar- oder Bürgschaftsschulden) lediglich ein anteiliger Schuldenabzug möglich ist.

4.3   Bewertung

Das Vermögen ist grundsätzlich zum Verkehrswert zu bewerten, wobei der Ertragswert angemessen berücksichtigt werden kann (StHG 14 Abs. 1).

4.3.1   Nichtlandwirtschaftliche Grundstücke

Nichtlandwirtschaftlich genutzte Grundstücke werden nach dem allgemeinen Bewertungsgrundsatz zum Verkehrswert unter angemessener Berücksichtigung des Ertragswertes bewertet.

4.3.2   Land- und forstwirtschaftliche Grundstücke

Land- und forstwirtschaftliche Grundstücke werden demgegenüber zum Ertragswert bewertet (StHG 14 Abs. 2). Die Kantone behalten sich häufig vor, dass im Falle der Veräusserung oder Aufgabe der land- oder forstwirtschaftlichen Nutzung des Grundstückes eine Nachbesteuerung für die Differenz zwischen Ertrags- und Verkehrswert erfolgt. Diese sog. ergänzende Vermögenssteuer darf für höchstens 20 Jahre erhoben werden (StHG 14 Abs. 2).

4.3.3   Wertpapiere

Bei kotierten Wertschriften, d. h. solchen mit regelmässiger Kursnotierung an der Börse, gilt der Kurswert als Verkehrswert. Die EStV gibt jedes Jahr eine Kursliste heraus mit den per 1. Januar massgeblichen Kurswerten der an den schweizerischen Börsen kotierten in- und ausländischen Aktien, Obligationen und Zertifikaten von Anlagefonds. Die Kurswerte werden aufgrund des Durchschnittskurses des vorangegangenen Monates Dezember berechnet. Die Kursliste enthält weiter Angaben über die als Einkommen steuerbaren Erträge, die Kurse für Devisen und Banknoten, Gold und Edelmetalle sowie eine Übersicht über die Entlastung der Dividenden und Zinsen von ausländischen Quellensteuern. Die Kursliste ist unter www.estv. admin.ch abrufbar.

Nicht kotierte Wertpapiere werden grundsätzlich zu ihrem inneren Wert bewertet. Davon ausgenommen sind Wertpapiere, die nachweisbar aufgrund von regelmässigen Verkäufen zu einer andern Bewertung führen. Zum Zweck einer einheitlichen Bewertung hat die Schweizerische Steuerkonferenz (SSK) eine Wegleitung zur Bewertung von Wertpapieren ohne Kurswert für die Vermögenssteuer herausgegeben (KS 28 vom 28. August

2008), welche die Bewertung von nicht kotierten Aktien sowie GmbH- und Genossenschaftsanteilen regelt. Der steuerlich massgebende Wert für die Vermögenssteuer richtet sich nach dem Unternehmungswert, der i.d.R. aufgrund der einmaligen Gewichtung des Substanzwertes und der zweimaligen Gewichtung des Ertragswertes berechnet wird. Der Wert pro Anteil wird aufgrund des quotalen Unternehmungswertes berechnet.

Beispiel für die Aktienbewertung nach Wegleitung (Rz 35a):

Ertragswert	*CHF*	*CHF*
Steuerbarer Ertrag vorletzte Steuerperiode	160 000	160 000
Steuerbarer Ertrag letzte Steuerperiode (doppelt)	82 000	164 000
Total		324 000
Durchschnitt (: 3)		108 000
Kapitalisiert mit 9%[1] = Ertragswert		1 200 000
Substanzwert		
Aktienkapital, offene Reserven, besteuerte Mehrwerte		680 000
Stille Reserven (Liegenschaften)	150 000	
abzgl. latente Steuern 20%	– 30 000	120 000
Substanzwert		800 000
Unternehmungswert		
Ertragswert (doppelt)		2 400 000
Substanzwert (einfach)		800 000
		3 200 000
		: 3
Unternehmungswert		1 066 667

Wert pro Aktie in der Steuerperiode

Anzahl Aktien: 5 000 Aktien zu CHF 100 Nennwert

CHF 1 066 667 : 5 000 Aktien = CHF 213 je Aktie, abgerundet **CHF 200 je Aktie**

[1] Gültiger Satz für die Bewertung per 31.12.2009; wird von der EStV für jede Steuerperiode publiziert.

Sonderregelungen bestehen für Holding-, Vermögensverwaltungs- und Finanzierungsgesellschaften sowie für Immobiliengesellschaften, bei welchen i.d.R. eine reine Substanzwertberechnung zur Anwendung gelangt. Vermögensrechtlichen Beschränkungen (Minderheit, Vinkulierung) kann mittels eines Pauschalabzuges von 30 Prozent Rechnung getragen werden. Der Pauschalabzug wird i.d.R. für alle Beteiligungen bis und mit 50 Prozent des Aktienkapitals gewährt. Dabei wird auf die Beteiligungsverhältnisse am Ende der Steuerperiode abgestellt. Hat eine Gesellschaft Stimmrechtsaktien ausgegeben, sind die Stimmrechte massgebend. Erhält der Steuerpflichtige eine angemessene Dividende, wird der Abzug nicht gewährt. Als angemessen gilt die Dividende, wenn sie im Verhältnis zum Verkehrswert der Beteiligung mindestens 60 Prozent des für die Ermittlung des Ertragswertes massgebenden Kapitalisierungssatzes beträgt.

Einige Kantone haben Regelungen erlassen, wonach Beteiligungen von mehr als 10 Prozent an einer Gesellschaft für die Vermögenssteuer nur mit einem reduzierten Wert berücksichtigt werden. Gemäss Bundesgericht verstösst eine solche Besteuerung gegen die Grundsätze der Rechtsgleichheit und der Besteuerung nach der wirtschaftlichen Leistungsfähigkeit. Zudem fehlt es im Gegensatz zur Teilbesteuerung von Dividenden für die Vermögenssteuer an einer entsprechenden Ermächtigung im StHG (StE 2010 A 21.16 Nr. 13).

4.3.4 Übriges Vermögen

Rechte und Forderungen wie z. B. Bankguthaben und gesicherte oder ungesicherte Darlehensforderungen sind i. d. R. zum vollen Nennwert zu bewerten. Bei unsicheren oder bestrittenen Rechten und Forderungen kann die Verlustwahrscheinlichkeit bei der Bewertung berücksichtigt werden.

Rückkaufsfähige Lebens- und Rentenversicherungen werden mit dem Rückkaufswert zum steuerbaren Vermögen gerechnet. Der steuerbare Rückkaufswert ist jeweils dem Versicherungsnehmer von der Versicherungsgesellschaft per 31. Dezember zu bescheinigen.

4.3.5 Geschäftsvermögen

Das bewegliche Geschäftsvermögen – v. a. Forderungen, Warenlager, Einrichtungen – sowie Wertschriften und immaterielle Güter werden zu dem für die Einkommenssteuer massgeblichen Wert bewertet (StHG 14 Abs. 3). Grundstücke, die zum Geschäftsvermögen gehören, werden bei der Vermögenssteuer nach den oben dargestellten Grundsätzen besteuert.

4.4 Steuerfreibeträge

Vom Reinvermögen kann i.d.R. ein allgemeiner Freibetrag für den Steuerpflichtigen, für in der Steuerpflicht vertretene Kinder sowie ein zusätzlicher Freibetrag für Rentenbezüger abgezogen werden. Ausserdem kann bei drückenden Verhältnissen ein Sonderabzug vorgenommen werden.

4.5 Steuermass und Steuerbemessung

Das Steuermass besteht aus einem festen Steuersatz, der die einfache Steuer ergibt. Diese wird mit dem Steuerfuss multipliziert. Die Vermögenssteuer beträgt i.d.R. zwischen 3 und 5 Promille des steuerbaren Vermögens. Für die Steuerbemessung gilt das Stichtagprinzip. Bei ordentlicher Veranlagung ist der Vermögensstand am Ende der Steuerperiode massgebend (StHG 66 Abs. 1; für nicht kotierte Wertpapiere vgl. vorstehend 4.3.3).

B GEWINN- UND KAPITALSTEUER JURISTISCHER PERSONEN

1 Allgemeines

Literatur zur Vertiefung:
BLUMENSTEIN/LOCHER, System, S. 191 ff.
HÖHN/WALDBURGER, Steuerrecht I, S. 402 ff.
LOCHER PETER, Kommentar zum Bundesgesetz über die direkte Bundessteuer
   (DBG), I. Teil, Art. 1–48, Allgemeine Bestimmungen, Besteuerung der natürli-
   chen Personen, Basel 2001 (zit. Locher, Kommentar DBG I)
OBERSON, Droit fiscal, S. 48 ff. und S. 175 ff. sowie S. 194 f.
REICH, Steuerrecht, S. 399 ff.
RICHNER/FREI/KAUFMANN/MEUTER, Kommentar StG-ZH, § 54
RYSER/ROLLI, Précis, S. 259 ff.
ZWEIFEL/ATHANAS, Kommentar DBG, Art. 49 (ATHANAS/GIGLIO)
ZWEIFEL/ATHANAS, Kommentar StHG, Art. 20 N 1–21 (ATHANAS/WIDMER)

Zur wirtschaftlichen Doppelbelastung und Wahl der Rechtsform:
BUCHSER MICHAEL, Steueraspekte geldwerter Leistungen unter Einbezug der
   Fifty-fifty-Praxis, Muri b. Bern 2004
MONSTEIN URS, Wahl der Rechtsform eines Unternehmens unter steuerlichen
   Gesichtspunkten, Schriftenreihe Finanzwirtschaft und Finanzrecht, Band 75,
   Bern/Stuttgart/Wien 1994
REICH MARKUS, Die wirtschaftliche Doppelbelastung der Kapitalgesellschaften und
   ihrer Anteilsinhaber, Schriften zum Steuerrecht (Hrsg. Markus Reich), Band 4,
   Zürich 2000

Ein Unternehmen ist eine wirtschaftlich tätige Organisation, welche entweder in der Rechtsform einer Personenunternehmung (Einzelunternehmen oder Personengesellschaft) oder als juristische Person geführt wird.
Steuersubjekt ist der jeweilige Rechtsträger des Unternehmens. Das sind
bei der Personenunternehmung die beteiligten natürlichen Personen
jeweils für die Einkommens- und Vermögenssteuer auf ihrem Anteil am
Unternehmensgewinn und -kapital. Die juristische Person hingegen ist
unabhängig von den Beteiligten selbst Steuersubjekt für die Gewinn- und
Kapitalsteuer des Unternehmens.

Das sog. Unternehmenssteuerrecht umfasst sämtliche Normen des Steuer-rechts, welche sich mit der Besteuerung der Unternehmenstätigkeit befassen. Das sind im Bereich der direkten Steuern die Normen über die Besteuerung von Personenunternehmen aus dem Einkommens- und Vermögenssteuerrecht sowie die Normen zur Gewinn- und Kapitalsteuer juristischer Personen.

Naturgemäss weisen dabei insbesondere die Bestimmungen zur Ermittlung des steuerbaren Gewinnes grosse Gemeinsamkeiten auf, weshalb nachfol-gend da und dort auf die Ausführungen zum Einkommenssteuerrecht verwiesen werden kann.

Bevor auf die Besteuerung der juristischen Personen im Speziellen ein-gegangen wird, werden einleitend zwei Aspekte behandelt, die für die Besteuerung von juristischen Personen charakteristisch sind. Kapitalgesell-schaften und Genossenschaften, die im Folgenden als Kapitalunterneh-mungen bezeichnet werden, sind wie Personenunternehmungen häufig Träger von Unternehmungen. In Ziff. 1.1 wird der Hauptunterschied in der Besteuerung der beiden Unternehmensträger beleuchtet, nämlich die wirt-schaftliche Doppelbelastung bei den Kapitalunternehmungen. In Ziff. 1.2 finden sich grundsätzliche Überlegungen, die im Verhältnis zwischen den Kapitalunternehmungen und ihren Beteiligten zu beachten sind.

1.1 Wirtschaftliche Doppelbelastung

Beim steuerlichen Vergleich von Personenunternehmungen und Kapital-unternehmungen sind bei den Letzteren neben der Gesellschaft immer auch die Beteiligten in die Betrachtung mit einzubeziehen.

Bei Personenunternehmungen werden sämtliche Geschäftseinkünfte (Gewinn, Lohn, Eigenkapitalzinsen) beim Inhaber bzw. bei den Inhabern zusammen mit den übrigen Einkünften mit der Einkommenssteuer erfasst. Das Geschäftskapital unterliegt zudem zusammen mit dem übrigen Ver-mögen der kantonalen bzw. kommunalen Vermögenssteuer. Der Unter-nehmungsgewinn und das Unternehmungsvermögen werden folglich nur einmal zum Satz des gesamten Einkommens bzw. Vermögens besteuert.

Beispiel Einzelunternehmung:

	CHF
Gewinn Einzelunternehmung	100 000
Übriges Einkommen	10 000
Steuerbares Einkommen	110 000
Kapital Einzelunternehmung	400 000
Übriges Vermögen	50 000
Steuerbares Vermögen	450 000

Bei Kapitalunternehmungen unterliegt bei der Gesellschaft der Gewinn der Gewinnsteuer und das Kapital der kantonalen bzw. kommunalen Kapitalsteuer. Die Beteiligten haben zusätzlich die Beteiligung an der Gesellschaft als Vermögen (kantonale Vermögenssteuer) und die Erträge daraus als Vermögensertrag (Einkommenssteuer) zu versteuern. Das in Kapitalunternehmungen investierte Kapital und die daraus fliessenden Vermögenserträge werden somit zweimal besteuert, was als wirtschaftliche Doppelbelastung bezeichnet wird.

Beispiel Kapitalunternehmung:

	CHF	
Aktiengesellschaft		
Steuerbarer Gewinn	100 000	→ Gewinnsteuer
Steuerbares Kapital	400 000	→ Kapitalsteuer
Aktionär		
Dividende	100 000	→ Einkommenssteuer
Übriges Einkommen	10 000	
Steuerbares Einkommen	110 000	
Aktien (Verkehrswert; vgl. vorstehend A 4.3.3)	600 000	→ Vermögenssteuer
Übriges Vermögen	50 000	
Steuerbares Vermögen	650 000	

Trotz der wirtschaftlichen Doppelbelastung kann nicht gesagt werden, dass die Rechtsform der Kapitalgesellschaft in allen Fällen gegenüber den Personenunternehmen nachteilig ist. Der Vergleich hängt von den Verhältnissen des Einzelfalls und der Gestaltung der Beziehungen zwischen Beteiligten und Gesellschaft ab. Hinzu kommt, dass in jüngster Zeit fast alle Kantone tarifliche Massnahmen zur Milderung der wirtschaftlichen Doppelbelastung eingeführt haben. Mit der Unternehmenssteuerreform II wurde dies per 1. Januar 2009 auch bei der direkten Bundessteuer eingeführt (vgl. dazu vorstehend A 3.11.3). Diese Massnahmen führen tendenziell zu einer Angleichung der Steuerbelastung der unternehmerischen Tätigkeit unabhängig davon, ob ein Personenunternehmen oder eine Kapitalgesellschaft Unternehmensträger ist. Zudem sind für eine abschliessende Beurteilung auch die Sozialversicherungsabgaben in die Vergleichsrechnung mit einzubeziehen.

1.2 Rechtsgeschäfte zwischen Beteiligten und Kapitalunternehmungen

Kapitalunternehmungen und Beteiligte sind je selbständige Rechts- und Steuersubjekte. Rechtsgeschäfte zwischen der Kapitalunternehmung und den Beteiligten werden deshalb grundsätzlich auch steuerlich anerkannt. Ein Anteilsinhaber kann Arbeitnehmer oder Gläubiger der Gesellschaft sein. Was er als Lohn oder Zinsen bekommt, ist bei ihm zwar steuerbares Einkommen, bildet bei der Gesellschaft aber abziehbaren Aufwand, womit die wirtschaftliche Doppelbelastung entfällt.

Den Gestaltungsmöglichkeiten der Rechtsgeschäfte sind jedoch steuerlich Grenzen gesetzt. Die Steuerbehörde anerkennt nur solche Rechtsgeschäfte zwischen Gesellschaft und Beteiligten, die einem Drittvergleich standhalten. Die Rechtsgeschäfte müssen zu Bedingungen abgeschlossen werden, wie sie unter unabhängigen Dritten gelten, was auch als «dealing at arm's length» bezeichnet wird. Sonst geht die Steuerbehörde davon aus, dass in dem Umfang eine geldwerte Leistung an die Beteiligten vorliegt, in welchem der von der Gesellschaft erbrachten Leistung keine angemessene Gegenleistung gegenübersteht. Es wird dabei unterstellt, dass die Leistung nur deshalb zu diesen Bedingungen erbracht wird, weil der Leistungsempfänger der Gesellschaft nahesteht. Die Folge ist, dass die geldwerte Leistung bei der Gesellschaft zum steuerbaren Gewinn aufgerechnet und als Gewinnausschüttung beim Beteiligten mit der Einkommenssteuer erfasst wird (vgl. ausführlicher nachfolgend 3.3).

Beispiele für geldwerte Leistungen an Beteiligte:
- Übersetzter Lohn;
- Übersetzte Spesen;
- Übermässige Verzinsung eines Aktionärsdarlehens.

2 Steuerhoheit und Steuerpflicht

Literatur zur Vertiefung:
HÖHN/WALDBURGER, Steuerrecht I, S. 409 ff.
LOCHER, Kommentar DBG II, Art. 50–52 und Art. 56
OBERSON, Droit fiscal, S. 178 ff.
REICH, Steuerrecht, S. 409 ff.
RICHNER/FREI/KAUFMANN/MEUTER, Kommentar StG-ZH, §§ 55–59
RYSER/ROLLI, Précis, S. 36 ff. und S. 41 f.
ZWEIFEL/ATHANAS, Kommentar DBG, Art. 50–52 (ATHANAS/GIGLIO),
     Art. 54 (BAUER-BALMELLI/OMLIN) und Art. 56 (GRETER)
ZWEIFEL/ATHANAS, Kommentar StHG, Art. 20 N 22 ff.
     sowie Art. 21–22 (ATHANAS/WIDMER) und Art. 23 (GRETER)

2.1 Allgemeines

Der Bund erhebt vom Gewinn der juristischen Personen die Gewinnsteuer (DBG 1 lit. b). Die Kantone besteuern sowohl den Gewinn (Gewinnsteuer) als auch das Kapital und die Reserven (Kapitalsteuer).

Das kantonale Recht verleiht den Kirchgemeinden i. d. R. auch die Befugnis, die juristischen Personen zu besteuern. Wenn am Sitz der juristischen Person mehrere staatlich anerkannte Kirchgemeinden bestehen, hat sie i. d. R. an jede von diesen anteilsmässig im Verhältnis der den verschiedenen Kirchgemeinden angehörenden natürlichen Personen des betreffenden Gemeinwesens Steuern zu bezahlen. Es ist allerdings umstritten, ob die Kirchensteuerpflicht der juristischen Personen mit der verfassungsmässigen Glaubens- und Gewissensfreiheit gemäss BV 15 vereinbar ist (vgl. dazu StE 2000 TG A 25 Nr. 8).

Steuersubjekte sind die vom Bundeszivilrecht und vom kantonalen öffentlichen Recht anerkannten juristischen Personen. Dabei kommen insbesondere in Betracht: Aktiengesellschaften, Kommanditaktiengesellschaften, Gesellschaften mit beschränkter Haftung, Genossenschaften, Vereine, Stiftungen und die übrigen juristischen Personen (DBG 49 Abs. 1). Investmentgesellschaften mit festem Kapital (KAG 110) werden wie Kapitalgesellschaften besteuert. Hingegen werden die übrigen kollektiven Kapitalanlagen mit direktem Grundbesitz (KAG 57) den übrigen juristischen Personen gleichgestellt (DBG 49 Abs. 2).

Ausländische juristische Personen werden jenen inländischen juristischen Personen gleichgestellt, denen sie am ähnlichsten sind (DBG 49 Abs. 3). Das

Gleiche gilt für ausländische Personengesellschaften ohne juristische Persönlichkeit, die aufgrund wirtschaftlicher Zugehörigkeit in der Schweiz steuerpflichtig sind. Solche Gesellschaften unterliegen nicht der Einkommens- und Vermögenssteuer, sondern werden nach den Bestimmungen über die juristischen Personen besteuert (DBG 11).

Juristische Personen, die der Steuerumgehung oder Steuerverschiebung dienen, werden steuerlich nicht anerkannt. Ihre Erträgnisse und Vermögenswerte werden den Steuerpflichtigen zugerechnet, denen sie tatsächlich zustehen (StE 2006 ZH A 12 Nr. 14).

Damit eine juristische Person steuerpflichtig wird, muss sie, wie die natürlichen Personen, eine steuerrechtliche Zugehörigkeit zum Steuerhoheitsgebiet aufweisen. Dabei ist zwischen persönlicher und wirtschaftlicher Zugehörigkeit zu unterscheiden (vgl. nachfolgend 2.2 und 2.3). Ausserdem sind zahlreiche juristische Personen trotz steuerrechtlicher Zugehörigkeit von der subjektiven Steuerpflicht befreit (DBG 56; StHG 23; vgl. nachfolgend 2.6).

2.2 Persönliche Zugehörigkeit

Juristische Personen sind kraft persönlicher Zugehörigkeit an ihrem statutarischen Sitz oder am Ort ihrer tatsächlichen Verwaltung unbeschränkt steuerpflichtig (DBG 50). Der Ort der tatsächlichen Verwaltung ist dann massgebend, wenn der statutarische Sitz im Ausland liegt oder wenn diesem lediglich formelle Bedeutung zukommt.

2.3 Wirtschaftliche Zugehörigkeit

Kraft wirtschaftlicher Zugehörigkeit sind juristische Personen u. a. steuerpflichtig, wenn sie (DBG 51 Abs. 1):

- Betriebsstätten in der Schweiz unterhalten;
- Teilhaber an Geschäftsbetrieben in der Schweiz sind, d. h. an einfachen Gesellschaften oder als Kommanditär an Kommanditgesellschaften beteiligt sind;
- Eigentümer, Nutzniesser oder Beteiligte an in der Schweiz gelegenen Grundstücken sind;
- Gläubiger oder Nutzniesser von Forderungen sind, die durch Grund- oder Faustpfand in der Schweiz gesichert sind;
- in der Schweiz gelegene Liegenschaften vermitteln oder damit handeln.

Als Betriebsstätte gilt wie bei den natürlichen Personen eine feste Geschäftseinrichtung, in der die Geschäftstätigkeit eines Unternehmens ganz oder
teilweise ausgeübt wird (DBG 51 Abs. 2).

2.4   Umfang der Steuerpflicht

Nach DBG 52 Abs. 1 ist die Steuerpflicht bei persönlicher Zugehörigkeit
unbeschränkt. Dies bedeutet, dass grundsätzlich das gesamte weltweite
Einkommen zu versteuern ist. Davon ausgenommen sind Geschäftsbetriebe,
Betriebsstätten und Grundstücke im Ausland.

Bei wirtschaftlicher Zugehörigkeit ist die Steuerpflicht gemäss DBG 52
Abs. 2 auf jene Einkommensteile beschränkt, für die eine Steuerpflicht in
der Schweiz besteht.

Für Geschäftsbetriebe, Betriebsstätten oder Grundstücke im Ausland erfolgt
die Steuerausscheidung wie bei den natürlichen Personen nach den Grundsätzen über das Verbot der interkantonalen Doppelbesteuerung. Dabei
wird der steuerbare Ertrag nach Quoten auf die beteiligten Steuerhoheiten
aufgeteilt (sog. indirekte oder quotenmässige Methode).

Nach Ansicht der EStV ist aber für die direkte Bundessteuer im internationalen Verhältnis die Steuerausscheidung nach der sog. direkten (auch:
objektmässigen) Methode vorzunehmen (vgl. nachfolgend VII. 2.6 und
3.3.5). Dabei kann ein schweizerisches Unternehmen Verluste aus einer
ausländischen Betriebsstätte mit inländischen Gewinnen verrechnen,
soweit solche Verluste nicht im Betriebsstättestaat in Abzug gebracht werden konnten. Die übernommenen Verluste werden durch die Schweiz
nachträglich in den folgenden sieben Jahren in dem Umfang besteuert, in
dem die ausländische Betriebsstätte Gewinne erzielt (DBG 52 Abs. 3). Verluste aus ausländischen Liegenschaften können in der Schweiz lediglich
dann in Anrechnung gebracht werden, wenn im betreffenden Land auch
eine Betriebsstätte unterhalten wird und es sich nicht um eine reine
Kapitalanlageliegenschaft handelt. Vorbehalten bleiben allfällige anders
lautende Regelungen in Doppelbesteuerungsabkommen.

Beispiel:

Die Maschinen AG unterhält in Deutschland eine Betriebsstätte. Die Steuerausscheidung erfolgt nach der objektmässigen Methode. Im Jahr 2009 schliesst die Betriebsstätte mit einem Verlust von CHF 500000 ab. Im Jahr 2010 resultiert ein Gesamtgewinn von CHF 1500000. In der Schweiz wird in beiden Jahren ein Gewinn von CHF 1 Mio. erwirtschaftet.

2009	*CHF*
Gewinn aus der Schweiz	1000000
Verlustübernahme aus dem Ausland	– 500000
Steuerbarer Gewinn Schweiz	500000
2010	
Gewinn aus der Schweiz	1000000
Nachholung der Besteuerung 2009	+ 500000
Steuerbarer Gewinn Schweiz	1500000

Juristische Personen mit Sitz oder Verwaltung im Ausland, die in der Schweiz somit lediglich aufgrund wirtschaftlicher Zugehörigkeit steuerpflichtig sind, haben mindestens den in der Schweiz erzielten Gewinn zu versteuern (DBG 52 Abs. 4); d.h., es gelangt für diese Unternehmen immer die objektmässige Ausscheidung zur Anwendung.

2.5   Beginn und Ende der Steuerpflicht

Die Steuerpflicht beginnt bei juristischen Personen mit deren Gründung, der Verlegung des Sitzes oder des Ortes der tatsächlichen Verwaltung in die Schweiz oder durch den Erwerb steuerbarer Werte in der Schweiz (DBG 54 Abs. 1). Bei Gründungen von Kapitalunternehmungen ist für den Beginn der Steuerpflicht die Eintragung in das Handelsregister massgebend. Auch bei Sitzverlegungen aus dem Ausland ist der Handelsregistereintrag und nicht etwa der Beschluss der Generalversammlung massgebend.

Verlegt eine juristische Person während einer Steuerperiode ihren Sitz oder die tatsächliche Verwaltung von einem Kanton in einen anderen, ist sie für die gesamte Steuerperiode in beiden Kantonen steuerpflichtig. Der Gewinn und das Kapital werden aber nach den Grundsätzen der interkantonalen Steuerausscheidung anteilig den beteiligten Kantonen zugeteilt (StHG 22 Abs. 1 und 3).

Umwandlungen z.B. von Personenunternehmen in juristische Personen erfolgen i.d.R. rückwirkend auf das Datum des letzten Geschäftsabschlusses der Personenunternehmung. In der Praxis wird eine rückwirkende Gründung anerkannt, sofern zwischen dem Stichtag der Übernahmebilanz und dem Handelsregistereintrag höchstens sechs Monate liegen und mit der Umwandlung keine Steuerumgehung bezweckt wird (vgl. vorstehend A 3.3.12.1). / Mantelhandel

Verkaufen Beteiligte die Aktien einer in liquide Form gebrachten Gesellschaft, wird dies als Mantelhandel beurteilt. Der Mantelhandel wird steuerrechtlich wie eine Liquidation mit anschliessender Neugründung behandelt; d.h., dem Veräusserer wird, wenn es sich um eine natürliche Person handelt, eine geldwerte Leistung in der Differenz zwischen Veräusserungserlös und Nennwert der Beteiligung zugerechnet. Beim Erwerber liegt im Umfang des Erwerbspreises des «Mantels» eine Kapitaleinlage vor. Die Steuerpflicht beginnt in diesem Fall für die neue Gesellschaft mit dem Erwerb der Aktien.

Die Steuerpflicht juristischer Personen endet mit dem Abschluss der Liquidation, mit der Verlegung des Sitzes und des Ortes der tatsächlichen Verwaltung ins Ausland sowie mit dem Wegfall der in der Schweiz steuerbaren Werte (DBG 54 Abs. 2). Als Liquidationszeitpunkt gilt nicht die Löschung im Handelsregister, d.h. der Zeitpunkt der zivilrechtlichen Auflösung, sondern jener der tatsächlichen Beendigung der Liquidation. Die mit der Liquidation einer juristischen Person betrauten Organe haften für die Steuern bis zur Höhe des Liquidationsergebnisses (DBG 55 Abs. 1).

Bei Umwandlungen, Zusammenschlüssen oder Teilungen von juristischen Personen unterbleibt eine Liquidationsbesteuerung auf den Zeitpunkt der Beendigung der Steuerpflicht des untergehenden Rechtsträgers und die Rechtsnachfolger treten in die Rechte und Pflichten der aufgelösten juristischen Person ein.

2.6 Ausnahmen von der subjektiven Steuerpflicht

Die Steuergesetze nehmen gewisse juristische Personen des öffentlichen und privaten Rechts von der subjektiven Steuerpflicht aus. Bei der direkten Bundessteuer sind dies insbesondere (DBG 56):

- der Bund, die Kantone und die Gemeinden mit ihren Anstalten;
- Sozialversicherungs- und Ausgleichskassen sowie Personalvorsorgeeinrichtungen und kollektive Kapitalanlagen mit direktem Grundbesitz, sofern sich der Kreis der Anleger auf vorstehende Vorsorgeeinrichtungen beschränkt;
- juristische Personen, die öffentliche oder gemeinnützige Zwecke verfolgen, für den Gewinn, der diesen Zwecken gewidmet ist;

- gewisse Transportanstalten;
- juristische Personen, die gesamtschweizerisch Kultuszwecke verfolgen, für den Gewinn, der diesen Zwecken gewidmet ist.

3 Gewinnsteuer der Kapitalgesellschaften

Literatur zur Vertiefung:
BLUMENSTEIN/LOCHER, System, S. 194 f. und S. 269 ff.
HÖHN/WALDBURGER, Steuerrecht I, S. 425 ff.
HÖHN/WALDBURGER, Steuerrecht II, S. 451–520
LOCHER, Kommentar DBG II, Art. 57–72
OBERSON, Droit fiscal, S. 187 ff.
REICH, Steuerrecht, S. 419 ff.
RICHNER/FREI/KAUFMANN/MEUTER, Kommentar StG-ZH, §§ 63–77, 2. Auflage, Zürich 2006
RYSER/ROLLI, Précis, S. 276 ff.
ZWEIFEL/ATHANAS, Kommentar DBG, Art. 57–58 (BRÜLISAUER/POLTERA), Art. 59–60 (BRÜLISAUER/HELBING), Art. 61 (REICH), Art. 62–63 (KUHN/KLINGLER), Art. 64 (REICH/ZÜGER), Art. 65 (BRÜLISAUER/ZIEGLER), Art. 66 (LUTZ), Art. 67 (BRÜLISAUER/HELBING), Art. 68–70 (DUSS/ALTORFER) und Art. 71–72 (LUTZ)
ZWEIFEL/ATHANAS, Kommentar StHG, Art. 24–25 (KUHN/BRÜLISAUER), Art. 26 (LUTZ) und Art. 27–28 (DUSS/VON AH/RUTISHAUSER)

Zum Massgeblichkeitsprinzip:
BENZ ROLF, Handelsrechtliche und steuerrechtliche Grundsätze ordnungsmässiger Bilanzierung, Schriften zum Steuerrecht (Hrsg. Markus Reich), Band 2, Zürich 2000
BURKHALTER ROLAND, Massgeblichkeitsgrundsatz, Schriftenreihe Finanzwirtschaft und Finanzrecht, Band 95, Bern/Stuttgart/Wien 2003
GURTNER PETER, Neue Rechnungslegung – Prinzipielle Massgeblichkeit oder eigenständige Steuerbilanz? in: ASA 69 (2000/01), S. 63 ff.
SPORI PETER, Differenzierte Massgeblichkeit bei «getreuer Darstellung», in: ASA 69 (2000/01), S. 105 ff.

3.1 Grundsätze bei der Ermittlung des Reingewinnes

Gegenstand der Gewinnsteuer ist der Reingewinn der juristischen Personen (DBG 57). Dabei bildet wie bei den Personenunternehmen der handelsrechtskonforme Jahresabschluss die Grundlage für die Steuerveranlagung (Massgeblichkeit der Handelsbilanz für die Steuerbilanz).

Die Unterscheidung zwischen Geschäftsvermögen und Privatvermögen entfällt, weil Kapitalunternehmen bestimmungsgemäss nur Geschäftsvermögen kennen.

Buchungen, die gegen zwingendes Handelsrecht verstossen, z.B. gegen Höchstwertvorschriften, werden steuerlich korrigiert. Grundsätzlich ist der den Steuerbehörden eingereichte Jahresabschluss verbindlich. Nachträgliche Bilanzkorrekturen sind nur unter bestimmten Voraussetzungen und zeitlich begrenzt möglich. Dabei ist zwischen Bilanzberichtigungen und Bilanzänderungen zu unterscheiden.

Unter einer Bilanzberichtigung versteht man das Ersetzen eines handelsrechtswidrigen durch einen handelsrechtskonformen Bilanzansatz. Bilanzberichtigungen werden auch steuerlich berücksichtigt, solange die Veranlagung noch nicht in Rechtskraft erwachsen ist. So ist z.B. allgemein anerkannt, dass bei Aufrechnungen im Veranlagungsverfahren die Steuerrückstellung in der Steuerbilanz entsprechend erhöht werden darf.

Bei einer Bilanzänderung wird ein handelsrechtskonformer Bilanzansatz durch einen anderen, ebenfalls handelsrechtlich zulässigen Wert ersetzt. Solche Korrekturen sind nach der Abgabe der Steuererklärung ausgeschlossen, wenn die massgebenden Tatsachen vor der Abgabe der Steuererklärung bekannt waren oder bei gehöriger Sorgfalt hätten bekannt sein müssen. So werden steuerrechtlich z.B. folgende Bilanzänderungen nicht zugelassen:

- Nachträgliche Verbuchung von unterlassenen Abschreibungen und Rückstellungen;
- Wertänderungen zum Ausgleich von steuerlichen Zurechnungen im Veranlagungsverfahren;
- Umdeutung von steuerlich nicht anerkannten Spesenbezügen in verdeckten Lohn.

In zeitlicher Hinsicht richtet sich die Bestimmung des steuerbaren Reingewinnes grundsätzlich nach dem Periodizitätsprinzip. Dieses Prinzip besagt, dass der in einem bestimmten Geschäftsjahr effektiv erzielte Gewinn auch in diesem Jahr zur Besteuerung gelangt. Das Periodizitätsprinzip wird aber durch die Zulässigkeit der Verrechnung von Vorjahresverlusten durchbrochen (vgl. nachfolgend 3.5).

Für die periodengerechte Zuweisung der Erträge ist das Realisationsprinzip massgebend, wonach Einkünfte dann als erzielt gelten, wenn das Unternehmen einen Rechtsanspruch auf sie erworben hat. Bei der Zuweisung von Aufwendungen ist der Zeitpunkt der Verursachung, d. h. die Entstehung der entsprechenden Verpflichtung, massgebend.

Bei der Ermittlung des Reingewinnes ist ausserdem den Rechtsgeschäften zwischen der Kapitalgesellschaft und ihren Anteilsinhabern oder diesen nahestehenden Personen besondere Beachtung zu schenken. Bei solchen Geschäften ist der Grundsatz des Drittvergleichs einzuhalten. Danach soll ein Unternehmen bei Rechtsgeschäften mit Beteiligten das gleiche, marktkonforme Entgelt wie gegenüber unbeteiligten Dritten fordern («dealing at arm's length»). Besteht im Verhältnis Leistung/Gegenleistung zugunsten von Beteiligten oder diesen nahestehenden Personen ein erkennbares Missverhältnis, wird die Differenz als geldwerte Leistung zum Gewinn der Kapitalunternehmung hinzugerechnet (DBG 58 Abs. 1 lit. b; vgl. dazu nachfolgend 3.3).

3.2 Steuerbare Erträge

Zum steuerbaren Gewinn zählen sämtliche ordentlichen und ausserordentlichen Erträge. Als ordentlich gelten die Erträge aus Leistungserstellung (Umsatz) und aus Vermögen (Zinsen usw.). Zu den ausserordentlichen Erträgen zählen Kapitalgewinne aus der Veräusserung von Anlagevermögen, Liquidationsgewinne sowie Aufwertungsgewinne.

Für Beteiligungserträge und gewisse Kapitalgewinne von Kapitalunternehmen ist unter bestimmten Voraussetzungen eine Ermässigung der Steuer vorgesehen (Beteiligungsabzug; vgl. nachfolgend 5.1).

Zum steuerbaren Gewinn gehören auch Abschreibungen und Rückstellungen, die nicht geschäftsmässig begründet sind und deshalb steuerlich korrigiert werden, sowie die geldwerten Leistungen in Form von verdeckten Gewinnausschüttungen und Gewinnvorwegnahmen, die im Folgenden besonders behandelt werden.

3.3 Verdeckte Gewinnausschüttungen und Gewinnvorwegnahmen im Besonderen

Literatur zur Vertiefung:
BLUMENSTEIN/LOCHER, System, S. 274 ff.
HÖHN/WALDBURGER, Steuerrecht I, S. 457 ff. und S. 467 ff.
HÖHN/WALDBURGER, Steuerrecht II, S. 482–493
LOCHER, Kommentar DBG II, Art. 58
OBERSON, Droit fiscal, S. 196 ff.
REICH, Steuerrecht, S. 423 ff.
RICHNER/FREI/KAUFMANN/MEUTER, Kommentar StG-ZH, § 64 N 126 ff.
RYSER/ROLLI, Précis, S. 284 ff.
ZWEIFEL/ATHANAS, Kommentar DBG, Art. 58 N 83–255 (BRÜLISAUER/POLTERA)
ZWEIFEL/ATHANAS, Kommentar StHG, Art. 24 N 74–111 (KUHN/BRÜLISAUER)

Ausführlich zu diesem Thema:
BAUER-BALMELLI MAJA, Änderungen in der Anwendung der Dreiecks- und Direktbegünstigungstheorie, in: FStR 2001, S. 58 ff.
BUCHSER MICHAEL, Steueraspekte geldwerter Leistungen, Muri b. Bern, 2004
GEHRIG THOMAS, Der Tatbestand der verdeckten Gewinnausschüttung an einen nahestehenden Dritten, Schriftenreihe Finanzwirtschaft und Finanzrecht, Band 89, Bern/Stuttgart/Wien 1998
HEUBERGER RETO, Die verdeckte Gewinnausschüttung aus Sicht des Aktienrechts und des Gewinnsteuerrechts, Bern 2001
HILTY THOMAS, Die Besteuerung geldwerter Leistungen, Diss., St. Gallen, 2. Auflage, Bern 1990
LISSI ALBERTO, Steuerfolgen von Gewinnausschüttungen schweizerischer Kapitalgesellschaften im internationalen Konzernverhältnis, Zürich 2007
NEUHAUS MARKUS, Verdeckte Gewinnausschüttungen aus steuerrechtlicher Sicht, in: NEUHAUS u. a. (Hrsg.), Verdeckte Gewinnausschüttungen, Schriftenreihe der Treuhand-Kammer, Band 150, Zürich 1997, S. 13 ff.

Rechtsgeschäfte zwischen juristischen Personen und Beteiligten werden nach den Regeln beurteilt, die im Verkehr zwischen unbeteiligten Dritten gelten. Ansonsten könnte die vom Gesetz vorgegebene wirtschaftliche Doppelbelastung umgangen werden.

Bei verdeckten Gewinnausschüttungen erbringt die Gesellschaft als Aufwand verbuchte Leistungen an Beteiligte, welche sie im normalen Geschäftsverkehr einem unbeteiligten Dritten nicht erbringen würde (vgl. StE 2001 BdBSt/DBG B 24.4 Nr. 58). Soweit die Leistung das im Verkehr mit Dritten übliche Mass übersteigt, handelt es sich nicht um geschäftsmässig begründeten Aufwand, sondern um eine geldwerte Leistung bzw. um eine verdeckte Gewinnausschüttung. Dies bedeutet, dass die Leistungen in diesem Umfang bei der Gesellschaft zum steuerbaren Gewinn und beim Beteiligten zum steuerbaren Einkommen gerechnet werden. Die geldwerte Leistung unterliegt überdies der Verrechnungssteuer und beim Empfänger (Gesellschafter) der Einkommenssteuer.

Beispiele:
- Übersetzte Lohnbezüge von Arbeitnehmern, die gleichzeitig Aktionäre oder diesen nahestehende Personen sind;
- Übersetzte Mietzinszahlungen, wenn die Gesellschaft in einer Liegenschaft eines Aktionärs eingemietet ist;
- Übersetzte Kommissions-, Provisions-, Spesenzahlungen; Zinsen auf verdecktem Eigenkapital (vgl. nachfolgend 4.1.3).

Erwirbt eine Gesellschaft Vermögenswerte von Beteiligten zu einem über dem Verkehrswert liegenden Preis, so erbringt sie im Umfang dieser Differenz ebenfalls eine geldwerte Leistung, die beim Beteiligten der Einkommenssteuer unterliegt. Die bei der Gesellschaft handelsrechtlich notwendige Abschreibung wird steuerlich nicht anerkannt und dem Gewinn hinzugerechnet.

Beispiel:
Die Prinz AG kauft von der Alleinaktionärin Doris Prinz Wertschriften mit einem Nennwert von CHF 1000 und einem Verkehrswert von CHF 4000 für CHF 10 000.

	CHF
Verkehrswert	4 000
Kaufpreis	10 000
Geldwerte Leistung, steuerbares Einkommen bei der Aktionärin	6 000
Verrechnungssteuer (Überwälzung auf die Aktionärin, evtl. auch Meldeverfahren) 35 % von 6 000	

Verbuchung bei der AG	Wertschriften/Flüssige Mittel	4 000
	Reserven/Flüssige Mittel	6 000
	Aktionärskonto/Kreditor VSt	2 100

Auch die Gewährung von Krediten ohne angemessene Sicherheit an Beteiligte gilt als verdeckte Gewinnausschüttung. Bei der Gesellschaft wird eine allfällige Abschreibung der Forderung steuerlich nicht anerkannt und aufgerechnet. Beim Beteiligten unterliegt die Leistung der Gesellschaft in jenem Zeitpunkt der Einkommenssteuer, in welchem nach den Umständen damit zu rechnen ist, dass er den Kredit nicht mehr zurückzahlt, d. h., dass die Darlehensgewährung einem Drittvergleich nicht (mehr) standhalten würde.

Nach OR 678 sind Aktionäre und diesen nahestehende Personen in gewissen Fällen verpflichtet, an sie erbrachte verdeckte Gewinnausschüttungen zurückzuerstatten. Trotz einer solchen Rückerstattungsverpflichtung ist aber die verdeckte Gewinnausschüttung steuerbar. Die Gesellschaft muss sich auf der im Veranlagungsverfahren eingereichten Jahresrechnung behaften lassen. Erfolgt aber aufgrund der Rückerstattungspflicht eine Rückzahlung des Aktionärs, wird diese steuerlich als (erfolgsneutrale) Kapitaleinlage beurteilt.

Eine Gewinnvorwegnahme liegt dann vor, wenn eine juristische Person bei einem Rechtsgeschäft mit einem Beteiligten oder einer diesem nahestehenden Person für eine von ihr erbrachte Leistung nicht die gleiche Gegenleistung verlangt, die sie von einem unbeteiligten Dritten verlangen würde (Gewinnvorwegnahme = Schmälerung des Ertrages). Die Differenz zwischen dem wirklichen Wert der erbrachten Leistung und der zu niedrigen Gegenleistung des Beteiligten wird in diesem Fall als Gewinnvorwegnahme zum steuerbaren Gewinn hinzugerechnet.

Beispiele:
- Übertragung eines Grundstücks auf einen Beteiligten zu einem unter dem Marktwert liegenden Preis;
- Gewährung eines Kredites an einen Beteiligten zu sehr günstigen Zinskonditionen, die nicht marktkonform sind.

Die Differenz zwischen dem Markt- bzw. dem Verkehrswert der Leistung und dem verlangten Entgelt erhöht bei der Gesellschaft den steuerbaren Gewinn. Beim Beteiligten unterliegt der Betrag der Einkommenssteuer, sofern es sich nicht um Gewinnungskosten handelt (z. B. zu tiefe Schuldzinsen). Zusätzlich ist auch in diesen Fällen die Verrechnungssteuer geschuldet.

Beispiel:
Die Gut AG verkauft dem Alleinaktionär Moritz Gut für CHF 4000 Wertschriften mit einem Nennwert von CHF 1000, einem Buchwert von CHF 5000, einem Gewinnsteuerwert von CHF 5500 und einem Verkehrswert von CHF 10000.

	CHF
Verkehrswert	10000
Gewinnsteuerwert	5500
Verkaufspreis	4000
Geldwerte Leistung, steuerbares Einkommen beim Aktionär	6000
Verrechnungssteuer (Überwälzung auf den Aktionär) 35% von	6000
Aufrechnung beim steuerbaren Gewinn der AG	+ 6000
(davon 1500 nicht anerkannte Abschreibung und	
4500 Gewinnvorwegnahme)	

3.4 Geschäftsmässig begründete Aufwendungen

Literatur zur Vertiefung:
BLUMENSTEIN/LOCHER, System, S. 276 f. und S. 253 ff.
HÖHN/WALDBURGER, Steuerrecht I, S. 459 ff.
LOCHER, Kommentar DBG II, Art. 58 sowie Art. 62–63
OBERSON, Droit fiscal, S. 190 ff.
REICH, Steuerrecht, S. 351 f. sowie 424 f.
RICHNER/FREI/KAUFMANN/MEUTER, Kommentar StG-ZH, § 64 N 112–171 und § 65
RYSER/ROLLI, Précis, S. 276 ff.
ZWEIFEL/ATHANAS, Kommentar DBG, Art. 58 N 1–82 (BRÜLISAUER/POLTERA) und Art. 59
    (BRÜLISAUER/HELBING) sowie Art. 62–63 (KUHN/KLINGLER)
ZWEIFEL/ATHANAS, Kommentar StHG, Art. 24 N 1–73 und Art. 25 N–27 (KUHN/BRÜLISAUER)

3.4.1 Allgemeines

Als geschäftsmässig begründete Aufwendungen sind alle mit der Erzielung des Umsatzes oder der Produktion zusammenhängenden Kosten vom steuerbaren Ertrag abziehbar, soweit sie nicht aktivierungspflichtig sind, Schuldentilgung darstellen oder der Befriedigung privater Bedürfnisse dienen. Aufwendungen, die in Erfüllung des Gesellschaftszweckes getätigt werden, sind abziehbar, unbeachtlich, ob der mit dem Aufwand geplante Erfolg eintritt oder der Aufwand sich auch hätte vermeiden lassen.

Nicht abziehbar sind insbesondere geschäftsmässig nicht begründete Abschreibungen und Rückstellungen sowie Kosten für die Anschaffung, Herstellung oder Wertvermehrung von Gegenständen des Anlagevermögens. Soweit solche nicht geschäftsmässig begründeten Aufwandposten in der Erfolgsrechnung enthalten sind, werden die entsprechenden Beträge dem steuerbaren Gewinn hinzugerechnet. Das Gleiche gilt für die der Erfolgsrechnung belasteten Einlagen der Gesellschaft in ihre Reserven und für die verdeckten Gewinnausschüttungen sowie für die geschäftsmässig nicht begründeten Zuwendungen an nahestehende Dritte (vgl. DBG 59 Abs. 1 lit. c).

Wie bei den Selbständigerwerbenden gilt auch bei den juristischen Personen die Zahlung von Bestechungsgeldern im Sinne des schweizerischen Strafrechts an schweizerische oder ausländische Amtsträger steuerlich als nicht geschäftsmässig begründeter Aufwand (DBG 59 Abs. 2).

3.4.2 Abschreibungen und Rückstellungen

Juristische Personen können Abschreibungen und Rückstellungen wie die Selbständigerwerbenden steuerlich in Abzug bringen, soweit sie geschäftsmässig begründet sind (DBG 62 und 63). Es kann daher auf jene Ausführungen verwiesen werden (vgl. vorstehend A 3.3.6 und A 3.3.9).

3.4.3 Steuern

Im Gegensatz zu den natürlichen Personen können juristische Personen die eidgenössischen, kantonalen und kommunalen sowie ausländische Steuern, nicht aber Steuerbussen steuerlich in Abzug bringen (DBG 59 lit. a). Abziehbar sind schon die für die laufende Steuerperiode geschuldeten Steuern. Es ist nicht notwendig, dass die Steuerschuld am Ende des Geschäftsjahres durch die Steuerbehörde genau festgelegt und die Steuer fällig ist. Für die geschuldeten Steuern des laufenden Geschäftsjahres können im Jahresabschluss erfolgswirksam entsprechende Steuerrückstellungen gebildet werden.

3.4.4 Zuwendungen an Vorsorgeeinrichtungen

Die von einer juristischen Person als Arbeitgeberin geleisteten Beiträge und Zuwendungen an Einrichtungen der beruflichen Vorsorge zugunsten des eigenen Personals sind steuerlich abziehbar, sofern jede zweckwidrige Verwendung ausgeschlossen ist (DBG 59 lit. b). Der Arbeitgeberin steht dabei wie den Selbständigerwerbenden die Möglichkeit offen, Arbeitgerbeitragsreserven bis zum Fünffachen der jährlichen reglementarischen Arbeitgeberbeiträge zu bilden (vgl. vorstehend A 3.3.8).

3.4.5 Zuwendungen für öffentliche und gemeinnützige Zwecke

Nach DBG 59 lit. c können juristische Personen freiwillige Geldleistungen an juristische Personen mit Sitz in der Schweiz, die im Hinblick auf öffentliche oder ausschliesslich gemeinnützige Zwecke von der Steuerpflicht befreit sind, steuerlich in Abzug bringen. Dieser Abzug ist jedoch nur beschränkt möglich, nämlich nur bis maximal 20 Prozent des Reingewinnes. Übersteigen die freiwilligen Zuwendungen diese Limite oder erfüllt die begünstigte juristische Person die Voraussetzungen der Steuerbefreiung nicht, so wird die Zuwendung bzw. die übermässige Zuwendung nicht als geschäftsmässig begründet anerkannt und deshalb dem steuerbaren Ertrag zugerechnet. In solchen Fällen erfolgt allenfalls auch eine Überprüfung der

Zuwendung unter dem Aspekt der verdeckten Gewinnausschüttung (vgl. vorstehend 3.3). Eine solche liegt z. B. vor, wenn die Zuwendung im ausschliesslichen oder überwiegenden Interesse der Hauptaktionäre oder von diesen nahestehenden Personen liegt.

3.4.6 Rabatte und Rückvergütungen

Rabatte, Skonti, Umsatzbonifikationen und Rückvergütungen auf dem Entgelt für Lieferungen und Leistungen sowie Überschusszahlungen von Versicherungsgesellschaften an die Versicherten sind als geschäftsmässig begründete Aufwendungen steuerlich abziehbar (DBG 59 lit. d).

3.5 Verlustverrechnung

Literatur zur Vertiefung:
BLUMENSTEIN/LOCHER, System, S. 279 f. und S. 259 ff.
HÖHN/WALDBURGER, Steuerrecht I, S. 471
LOCHER, Kommentar DBG II, Art. 67
OBERSON, Droit fiscal, S. 192
REICH, Steuerrecht, S. 426 f.
RICHNER/FREI/KAUFMANN/MEUTER, Kommentar StG-ZH, § 70
RYSER/ROLLI, Précis, S. 231 f.
ZWEIFEL/ATHANAS, Kommentar DBG, Art. 67 (BRÜLISAUER/HELBING)
ZWEIFEL/ATHANAS, Kommentar StHG, Art. 25 N 28–91 (KUHN/BRÜLISAUER)

Ausführlich zu diesem Thema (siehe auch Hinweise zum Thema Sanierung):
LAMPERT FRANK, Die Verlustverrechnung von juristischen Personen im Schweizer Steuerrecht, unter besonderer Berücksichtigung des DBG und des StHG, Basel/ Genf/München 2000
SIMONEK MADELEINE, Ausgewählte Probleme der steuerlichen Behandlung von Verlusten bei Kapitalgesellschaften, in: ASA 67 (1998/99), S. 513 ff.

Bei der direkten Bundessteuer können vom Reingewinn der Steuerperiode Verluste aus sieben der Steuerperiode vorangegangenen Geschäftsjahren abgezogen werden (DBG 67).

Der Verlustvortrag gemäss Handelsbilanz entspricht nicht immer dem für die Verlustverrechnung bei der Ermittlung des steuerbaren Reingewinns massgebenden Betrag. In der Bilanz können alte, nicht mehr verrechenbare Verluste enthalten sein, oder die einmal erlittenen Verluste können direkt mit dem Gewinnvortrag oder mit Reserven verrechnet worden sein. Dies schliesst eine steuerliche Verlustverrechnung nicht aus.

Bei einem Mantelhandel (vgl. vorstehend 2.5) ist die Verrechnung früher erlittener Verluste mit später erzielten Gewinnen ausgeschlossen.

Für die Verlustverrechnung bei Sanierungen verweisen wir auf nachfolgend 3.7, für die Verlustverrechnung bei Fusionen auf nachfolgend 3.8.3.1 und für die Verlustverrechnung nach einem Sitzwechsel innerhalb der Schweiz auf nachfolgend VII. 2.7.3.

3.6   Kapitaleinlagen und Kapitalentnahmen

Literatur zur Vertiefung:
BLUMENSTEIN/LOCHER, System, S. 270
HÖHN/WALDBURGER, Steuerrecht I, S. 453 ff.
HÖHN/WALDBURGER, Steuerrecht II, S. 457–459 und S. 475–493
LOCHER, Kommentar DBG II, Art. 60
OBERSON, Droit fiscal, S. 189 f.
REICH, Steuerrecht, S. 421 ff.
RICHNER/FREI/KAUFMANN/MEUTER, Kommentar StG-ZH, § 66
RYSER/ROLLI, Précis, S. 221 ff.
ZWEIFEL/ATHANAS, Kommentar DBG, Art. 60 (BRÜLISAUER/HELBING)
ZWEIFEL/ATHANAS, Kommentar StHG, Art. 24 N 132–163 (KUHN/BRÜLISAUER)

Ausführlich zu diesem Thema:
GLAUSER PIERRE-MARIE, Apports et impôt sur le bénéfice, Le principe de déterminance
    dans le contexte des apports et autres contributions de tiers, Genf/Zürich/Basel
    2005
UNTERSANDER OLIVER, Kapitalrückzahlungsprinzip im schweizerischen Steuerrecht,
    Zürich 2003

3.6.1   *Kapitaleinlagen*

Kapitaleinlagen der Gesellschafter sind erfolgsneutral und gehören grundsätzlich nicht zum steuerbaren Gewinn. Das gilt nach DBG 60 lit. a für:

- Einzahlungen und Einlagen auf das Gesellschaftskapital bei der Gründung;
- Aufgelder bei Kapitalerhöhungen (Agios);
- A-fonds-perdu-Zuwendungen.

Forderungsverzichte von Gesellschaftern sind grundsätzlich erfolgswirksam. Hievon wird in der Praxis jedoch abgesehen (vgl. KS Nr. 14 der EStV vom 1. Juli 1981), wenn

• die entsprechenden Forderungen bisher steuerlich als verdecktes Eigenkapital behandelt wurden;
• es sich um Gesellschafterdarlehen handelt, die erstmalig oder zusätzlich wegen schlechten Geschäftsgangs gewährt wurden und unter den gleichen Umständen von unabhängigen Dritten in jenem Zeitpunkt nicht mehr zugestanden worden wären.

Diese Praxis ist umstritten. Massgebend sollte sein, ob der Grund des Forderungsverzichtes im Beteiligungs- oder in einem Gläubigerverhältnis begründet ist. Forderungsverzichte sollten immer dann steuerlich erfolgsneutral sein, wenn Beteiligte allein auf Forderungen verzichten oder wenn deren Forderungsverzichte jene der Drittgläubiger prozentual übersteigen. Leisten Beteiligte Forderungsverzichte jedoch zusammen und lediglich im gleichen Ausmass wie Drittgläubiger, sollten die Forderungsverzichte steuerbaren Ertrag darstellen. Gewisse Kantone wenden diese differenzierte Praxis an.

3.6.2   Kapitalentnahmen

Das Gegenstück zur Kapitaleinlage bildet die Kapitalentnahme. Als Kapitalentnahme gilt dabei jede Übertragung von Vermögen der Kapitalgesellschaft auf Beteiligte, deren Grund in der gesellschaftsrechtlichen Beziehung und nicht in einem Leistungsaustausch besteht. Dabei gilt es zwischen offener und verdeckter Kapitalentnahme zu unterscheiden.

Die offene Kapitalentnahme erfolgt durch Kapitalrückzahlung oder Ausschüttung von Dividenden. Beide Vorgänge reduzieren das buchmässige Eigenkapital der Gesellschaft und beeinflussen den steuerbaren Ertrag nicht.

Die verdeckten Kapitalentnahmen erfolgen auf dem Wege der verdeckten Gewinnausschüttung oder der Gewinnvorwegnahme (vgl. dazu vorstehend 3.3). Für diese Vorgänge ist bezeichnend, dass sie immer mit einer steuerlichen Korrektur des ausgewiesenen Reingewinnes einhergehen: Die den Beteiligten oder diesen nahestehenden Personen zugeflossenen geldwerten Leistungen werden zunächst beim steuerbaren Gewinn der Gesellschaft aufgerechnet. Weil aber in diesen Fällen der aufgerechnete Gewinn den Beteiligten bereits zugeflossen ist, liegt gleichzeitig eine verdeckte Kapitalentnahme vor, welche das steuerbare Eigenkapital in der Steuerbilanz der Gesellschaft wieder schmälert. Das handelsrechtlich ausgewiesene Eigenkapital bleibt somit in diesen Fällen unverändert, weshalb von verdeckter Kapitalentnahme gesprochen wird.

Beispiel:
Die Bastel AG überträgt Wertschriften für CHF 600 000 auf ihren Alleinaktionär. Der Buchwert der Wertschriften beträgt CHF 500 000, der Verkehrswert CHF 800 000.

Die Differenz zwischen dem Verkehrswert von CHF 800 000 und dem Buchwert von CHF 500 000 stellt steuerbaren Ertrag dar. Bei der Gesellschaft wird daher der Betrag von CHF 300 000 dem steuerbaren Ergebnis zugerechnet, und zwar unabhängig von der Höhe des vom Aktionär effektiv geleisteten Kaufpreises.

Weil aber der Alleinaktionär einen Kaufpreis bezahlt hat, der um CHF 100 000 über dem Buchwert liegt, sind ihm lediglich CHF 200 000, d. h. die Differenz zwischen Verkehrswert und geleistetem Kaufpreis, als verdeckte Kapitalentnahme (Gewinnvorwegnahme) zugeflossen.

In den Büchern der Gesellschaft wurde handelsrechtlich ein Gewinn von CHF 100 000 ausgewiesen, was das Eigenkapital entsprechend erhöht. Die bei der Gesellschaft aufgerechnete Gewinnvorwegnahme von CHF 200 000 erhöht zunächst ebenfalls das steuerbare Eigenkapital, allerdings nur in der Steuerbilanz. Weil dieser Betrag der Gesellschaft aber gar nie zugeflossen, sondern beim Aktionär verblieben ist, liegt eine verdeckte Kapitalentnahme vor, welche das Eigenkapital in der Steuerbilanz wieder um den gleichen Betrag kürzt.

Für die Beurteilung der Steuerfolgen von Kapitalentnahmen bei Beteiligten, welche die Aktien im Privatvermögen halten, ist entscheidend, ob es sich um eine verdeckte Gewinnausschüttung bzw. eine Gewinnvorwegnahme handelt oder ob lediglich eine Rückzahlung von Kapital vorliegt. Die verdeckte Gewinnausschüttung und die Gewinnvorwegnahme werden immer als Vermögensertrag qualifiziert und unterliegen daher der Einkommenssteuer. Sind die entsprechenden Voraussetzungen erfüllt, wird dabei in den meisten Kantonen und beim Bund die wirtschaftliche Doppelbelastung durch Teilbesteuerung dieser Beteiligungserträge gemildert (vgl. zur Teilbesteuerung von Einkünften aus Beteiligungen vorstehend A 3.11.3).

Bis 31. Dezember 2010 unterliegt die Rückzahlung von Kapital beim Bund und in den meisten Kantonen jedoch insoweit der Einkommenssteuer, als es sich nicht um Rückzahlung von Nominalkapital handelt (sog. Nennwertprinzip). Einige Kantone besteuern hingegen bereits heute die Kapitalentnahme nach dem sog. Kapitaleinlageprinzip, bei welchem sämtliche vom Aktionär geleisteten Zuschüsse (so z. B. in ZH) oder die Gestehungskosten (so in BS und GR) bei der Rückzahlung steuerfrei bleiben (vgl. dazu und zum Nennwertprinzip vorstehend A 3.4.3.1).

Ab 1. Januar 2011 wird mit der UStR II das Kapitaleinlageprinzip auch für die direkte Bundessteuer (DBG 20 Abs. 3), die Verrechnungssteuer (VStG 5 Abs. 2) und für alle Kantone verbindlich (StHG 7b) eingeführt (vgl. vorstehend A 3.4.3.2). Dabei gelten jedoch im Sinne einer Übergangsregelung nur jene Einlagen, Aufgelder und Zuschüsse von Beteiligten als Eigenkapital, welche nach dem 31. Dezember 1996 geleistet wurden. Damit diese neue Regelung richtig angewendet werden kann, müssen solche Einlagen jährlich separat ausgewiesen werden (DBG 125 Abs. 3).

Werden die Beteiligungen im Geschäftsvermögen gehalten, beurteilen sich die Steuerfolgen der Kapitalentnahme grundsätzlich immer nach dem realisierten Gewinn (Buchwertprinzip). Soweit es sich um Beteiligungsertrag handelt, wird bei Anwendung des Teileinkünfte- bzw. Teilsatzverfahrens auch in diesen Fällen die wirtschaftliche Doppelbelastung gemildert.

3.7 Sanierung im Besonderen

Literatur zur Vertiefung:
BLUMENSTEIN/LOCHER, System, S. 280
HÖHN/WALDBURGER, Steuerrecht I, S. 453 ff.
HÖHN/WALDBURGER, Steuerrecht II, S. 461–463
LOCHER, Kommentar DBG II, Art. 67
OBERSON, Droit fiscal, S. 189 f.
RICHNER/FREI/KAUFMANN/MEUTER, Kommentar StG-ZH, § 64 N 105–109
RYSER/ROLLI, Précis, S. 222 f.
ZWEIFEL/ATHANAS, Kommentar DBG, Art. 67 N 18 ff. (BRÜLISAUER/HELBING)
ZWEIFEL/ATHANAS, Kommentar StHG, Art. 25 N 51–78 (KUHN/BRÜLISAUER)

Ausführlich zu diesem Thema:
BRÜLISAUER PETER, Sanierung und Verlustverrechnung: Die ordentliche zeitlich befristete und ausserordentliche zeitlich unbefristete Verlustverrechnung gemäss Art. 67 Abs. 1 und 2 DBG, in: ST 74 (2000), S. 843 ff.
RIEDWEG PETER, Steuerrechtliche Aspekte der Sanierung, in: ST 69 (1995), S. 247 ff.

Im Zusammenhang mit der Sanierung von Unternehmungen sind i.d.R. neben organisatorischen Massnahmen auch solche der Mittelbeschaffung notwendig. Als Sanierungsmassnahmen kommen dabei insbesondere in Betracht:
• Herabsetzung und anschliessende Erhöhung des Eigenkapitals;
• Umwandlung von Fremd- in Eigenkapital;

- Forderungsverzichte von Dritten (z. B. Banken, Lieferanten) und Beteiligten;
- Kapitaleinzahlungen à fonds perdu durch Beteiligte oder Dritte.

Gewisse Sanierungsvorgänge berühren ausschliesslich Bestandeskonten: Die Kapitalerhöhung durch Bareinzahlung führt zu einer Erhöhung der liquiden Mittel und des Eigenkapitals. Bei Umwandlung von Fremdkapital in Eigenkapital findet lediglich eine Umfinanzierung und eine Verschiebung innerhalb der Bilanzpassiven statt.

Andere Sanierungsmassnahmen wie die Kapitalherabsetzung, Forderungsverzichte und A-fonds-perdu-Beiträge, mit denen die Verrechnung von Verlusten, das Nachholen von Abschreibungen und die Bildung von Rückstellungen bezweckt werden, berühren sowohl Bestandes- als auch Aufwandkonten.

In steuerlicher Hinsicht ist zwischen erfolgswirksamen und erfolgsneutralen Sanierungsleistungen zu unterscheiden. Forderungsverzichte und A-fonds-perdu-Beiträge von Dritten sind erfolgswirksam, d. h., sie bilden steuerbaren Ertrag (= echte Sanierungsgewinne). Erfolgsneutral sind die Kapitalherabsetzung, A-fonds-perdu-Beiträge von Beteiligten und die Umwandlung von Fremd- in Eigenkapital (= unechte Sanierungsgewinne). Solche Leistungen gehören folglich nicht zum steuerbaren Ertrag.

Forderungsverzichte von Gesellschaftern im Rahmen einer Sanierung sind grundsätzlich ebenfalls steuerlich erfolgswirksam, wenn nicht die besonderen Bedingungen erfüllt sind, unter welchen der Forderungsverzicht erfolgsneutral erfolgen kann (vgl. vorstehend 3.6.1).

Im Rahmen einer Sanierung der Bilanz werden Verluste, Abschreibungen und Rückstellungen mit steuerlich erfolgswirksamen und erfolgsneutralen Sanierungsleistungen verrechnet. Dabei können nach DBG 67 Abs. 2 mit Leistungen Dritter zum Ausgleich einer Unterbilanz auch Verluste verrechnet werden, die in früheren Geschäftsjahren, d. h. ausserhalb der siebenjährigen Verlustverrechnungsperiode, entstanden sind und noch nicht mit Gewinnen verrechnet werden konnten. Steuerlich gilt die Verrechnung von Verlusten, Abschreibungen und Rückstellungen mit erfolgsneutralen Sanierungsleistungen als nicht erfolgt. Reichen die echten Sanierungsgewinne nicht aus, um den Verlustvortrag und die verrechenbaren Aufwendungen des laufenden Geschäftsjahres zu decken, verbleibt ein steuerlicher Verlustvortrag.

Beispiel einer Sanierung (in TCHF):

Bilanz vor Sanierung

Umlaufvermögen	100	Fremdkapital	290
Anlagevermögen	300	Eigenkapital	160
Verlustvortrag	50		
	450		450

Sanierungsmassnahmen: Kapitalherabsetzung um 30
Forderungsverzicht von Dritten 40
A-fonds-perdu-Beitrag von Beteiligten zwecks
Schuldentilgung 50

Die steuerlich noch verrechenbaren Verluste betragen 40 (aus den beiden Vorjahren), weitere 10 des Verlustvortrages sind wegen Ablauf der Verrechnungsperiode von sieben Jahren nicht mehr verrechenbar. Das operative Ergebnis im laufenden Geschäftsjahr beträgt 50.

Sanierungskonto

Mittelverwendung		Mittelherkunft	
Verlustbeseitigung	50	Kapitalherabsetzung	30
Rückstellung Umlaufvermögen	20	Forderungsverzicht von Dritten	40
Abschreibung Anlagevermögen	40	A-fonds-perdu-Beitrag	50
Sanierungsrückstellung	10		
	120		120

Bilanz nach Sanierung

Umlaufvermögen	80	Fremdkapital	200
Anlagevermögen	260	Rückstellung	10
		Eigenkapital	130
	340		340

Der steuerliche Verlustvortrag wird ausserhalb der Handels- und der Steuerbilanz mitgeführt und verfällt nach Ablauf der siebenjährigen Verlustverrechnungsperiode (DBG 67 Abs. 1), sofern er nicht innerhalb dieser Zeit mit steuerbaren Gewinnen verrechnet werden konnte.

Er berechnet sich in diesem Beispiel wie folgt:

Leistungen Dritter zum Ausgleich einer Unterbilanz	40
Verrechnung mit verfallenen Verlustvorträgen (DBG 67 Abs. 2)	– 10
verbleibende erfolgswirksame Sanierungsmassnahmen	30
aufwandwirksame Sanierungsmassnahmen	– 70
Aufwandüberschuss	– 40
operatives Ergebnis laufendes Geschäftsjahr	+ 50
Gewinn des laufenden Geschäftsjahres	+ 10
noch verrechenbare Verluste Vorperioden	– 40
steuerbares Ergebnis im laufenden Geschäftsjahr	0
Total noch verrechenbarer Verlustvortrag	– 30

3.8 Steuerneutrale Umstrukturierungen und Übertragung von Vermögenswerten

Literatur zur Vertiefung:
Zur steuerneutralen Umstrukturierung nach FusG:
Baker & McKenzie (Hrsg.), Fusionsgesetz, Bern 2003, S. 661 ff.
Locher, Kommentar DBG II, Art. 61
Oberson, Droit fiscal, S. 206 ff.
Oertli Mathias/Christen Thomas, Das neue Fusionsgesetz – Ein zivil- und steuer- rechtlicher Überblick, in: ST 2004, S. 105 ff. und S. 219 ff.
Reich, Steuerrecht, S. 427 ff.
Reich Markus, Steuerrechtliche Aspekte des Fusionsgesetzes, in: FStR 2001, 4 ff.
Richner/Frei/Kaufmann/Meuter, Kommentar StG-ZH, § 67
Sondernummer ASA, Steuerrechtliche Folgen des Fusionsgesetzes im Recht der direkten Steuern (mit ausführlichem Literaturverzeichnis), in: ASA 71 (2002/03), S. 673 ff.
Zweifel/Athanas, Kommentar DBG, Art. 61 (Reich)

Zur steuerneutralen Umstrukturierung nach bisherigem Recht:
Höhn/Waldburger, Steuerrecht II, S. 520–666
Reich/Duss, Umstrukturierung, S. 11–55 sowie S. 69–110 (Grundlagen), S. 219–244 (Umwandlungen), S. 245–249 und S. 256–298 (Zusammenschlüsse), S. 299–302 und S. 313–346 (Teilungen)
Ryser/Rolli, Précis, S. 324 ff.
Zweifel/Athanas, Kommentar StHG, Art. 24 N 179–211 (Kuhn/Brülisauer)

3.8.1 Allgemeines

Das DBG und das StHG regeln wie bei den natürlichen Personen vier Haupt- arten von Unternehmungsumstrukturierungen: Umwandlungen, Fusionen, Spaltungen und Übertragung von Vermögenswerten (DBG 61; StHG 24 Abs. 3).

Bei den juristischen Personen sind neben den Steuerfolgen auf der Ebene der Gesellschaft auch jene auf der Ebene der Beteiligten zu beachten. Umstrukturierungen sind für die Beteiligten grundsätzlich dann steuerneu- tral möglich und führen nicht zu einer Besteuerung von stillen Reserven, wenn das Entgelt mit dem ausgeschiedenen Wirtschaftsgut wirtschaftlich identisch ist.

> **Beispiel:**
> Bei der Umwandlung einer GmbH in eine AG erhalten die Gesellschafter der GmbH für die hingegebenen Anteilscheine Aktien der neu gegründeten AG mit entsprechendem Nominalwert.

Als generelle Voraussetzungen müssen wie bei den Personenunternehmen auch bei den juristischen Personen für alle steuerneutralen Umstrukturierungen zwei Grundvoraussetzungen erfüllt sein:

- Weiterbestehen der Steuerpflicht in der Schweiz und
- Fortführung der steuerlich massgebenden Buchwerte (Gewinnsteuerwerte).

Bei steuerneutralen Umstrukturierungen und Vermögensübertragungen gilt es auch die Auswirkungen auf andere Steuern zu beachten, vgl. dazu V. (Mehrwertsteuer), IV. (Emissionsabgabe, Umsatzabgabe), VI. 3.3 (Handänderungssteuer) und II. C (Grundstückgewinnsteuer).

3.8.2 Umwandlungen

Unter Umwandlung wird die Änderung der Rechtsform einer Gesellschaft in eine andere unter Fortbestand sämtlicher vermögens- und mitgliedschaftlicher Beziehungen verstanden. Nach dem Fusionsgesetz können Umwandlungen durch blosse Änderung der Rechtsform (sog. rechtsformwechselnde Umwandlung) erfolgen. Die Neugründung einer Gesellschaft und die Übertragung der Rechtsverhältnisse durch Universalsukzession entfallen und erleichtern dadurch den Rechtskleidwechsel.

Das Fusionsgesetz lässt Umwandlungen insoweit zu, als die Rechtsformen in ihren Strukturen miteinander vereinbar sind. So sind beispielsweise Umwandlungen von Aktiengesellschaften in Gesellschaften mit beschränkter Haftung oder von Kollektivgesellschaften in Kapitalgesellschaften möglich. Die Umwandlung einer überschuldeten oder einen Kapitalverlust aufweisenden Gesellschaft ist jedoch verboten. Der Wechsel von einer juristischen Person zu einer Personengesellschaft ist im Fusionsgesetz nicht vorgesehen und muss daher mittels Vermögensübertragung gemäss FusG 69 ff. erfolgen.

Bei einer rechtsformwechselnden Umwandlung tritt lediglich ein Wechsel in der rechtlichen Erscheinungsform ein. Die rechtliche Identität der Kapitalunternehmung und damit das Steuersubjekt bleiben unverändert, sodass sich die Frage der Abrechnung über allfällige stille Reserven mangels Realisationstatbestand überhaupt nicht stellt.

Bei der Umwandlung einer juristischen Person wird diese in eine andere juristische Person oder in eine Personenunternehmung umgewandelt. In der Praxis beschränken sich die Umwandlungen juristischer Personen fast ausschliesslich auf solche von Kapitalunternehmungen, weshalb nachfolgend diese Fälle dargestellt werden.

3.8.2.1 Umwandlung einer Kapitalunternehmung in eine andere Kapitalunternehmung

Die Umwandlung einer Kapitalunternehmung in eine andere Kapitalunternehmung erfolgt i.d.R. als rechtsformwechselnde Umwandlung. In diesem Fall bleiben die rechtliche Identität der Kapitalunternehmung und damit das Steuersubjekt unverändert, sodass sich die Frage der Abrechnung über allfällige stille Reserven wie erwähnt überhaupt nicht stellt.

Die Umwandlung einer Kapitalunternehmung in eine andere Kapitalunternehmung kann zivilrechtlich aber auch mittels Vermögensübertragung i.S.v. FusG 69 ff. erfolgen. Dabei wird die bestehende juristische Person liquidiert und sämtliche Aktiven und Passiven werden auf eine neu gegründete Unternehmung übertragen. In steuerlicher Hinsicht können die stillen Reserven nach DBG 61 Abs. 1 auch bei diesem Vorgehen steuerneutral auf das neue Unternehmen übertragen werden, wenn die generellen Voraussetzungen des Weiterbestehens der Steuerpflicht in der Schweiz und der Fortführung der steuerlich massgebenden Gewinnsteuerwerte erfüllt sind.

Im Gegensatz zur früheren Umstrukturierungspraxis ist es seit Inkrafttreten des FusG nicht mehr notwendig, dass nach der Umwandlung die bisherigen Beteiligungsverhältnisse gleich bleiben, sämtliche Gesellschafter ihr unternehmerisches Engagement aufrechterhalten und der Geschäftsbetrieb unverändert weitergeführt wird.

Beispiel:
Die Gamma GmbH weist ein Stammkapital von CHF 50 000 und stille Reserven von CHF 300 000 auf. Einziger Gesellschafter ist Kurt Zweidler. Kurt Zweidler wandelt die GmbH unter zivilrechtlicher Auflösung in die Gamma AG um. Im Zuge dieser Umwandlung wird das Kapital durch die Ausgabe von 50 Aktien zu nom. CHF 1000 auf CHF 100 000 erhöht. Die neuen Aktien werden von Kurt Zweidlers Bruder René mit einem Agio von CHF 300 000 zum Ausgleich der stillen Reserven gezeichnet.

Die Umwandlung kann grundsätzlich steuerneutral erfolgen, wenn die Steuerpflicht in der Schweiz fortbesteht und die steuerlich massgebenden Gewinnsteuerwerte weitergeführt werden. Die Veränderung der Beteiligungsverhältnisse steht bei der Umwandlung einer Kapitalgesellschaft in eine andere der Steuerneutralität nicht entgegen. Selbst wenn René Zweidler die Aktien zum Nennwert gezeichnet und CHF 150 000 zum Ausgleich der stillen Reserven direkt an Kurt Zweidler bezahlt hätte, würde dieser somit einen steuerfreien Kapitalgewinn realisieren, sofern er die Aktien im Privatvermögen hält.

Verlustvorträge bleiben bei der rechtsformwechselnden Umwandlung beim Kapitalunternehmen mit der neuen Rechtsform bestehen und können im Rahmen der siebenjährigen Verlustverrechnungsperiode geltend gemacht werden. Aber auch bei einer Umwandlung mittels Vermögensübertragung geht ein bestehender steuerlicher Verlustvortrag mittels Universalsukzession auf den neuen Rechtsträger über.

3.8.2.2 Umwandlung einer Kapitalunternehmung in eine Personenunternehmung

Die Umwandlung einer Kapital- in eine Personenunternehmung erfolgt mittels Vermögensübertragung (FusG 69 ff.) und bedingt zivilrechtlich die Auflösung und Liquidation der Kapital- und die Neugründung der Personenunternehmung.

Die Umwandlung einer Kapitalgesellschaft in eine Personenunternehmung löst bei der Gewinnsteuer keine Steuerfolgen aus, soweit die Steuerpflicht in der Schweiz fortbesteht und die bisher für die Gewinnsteuer massgebenden Werte übernommen werden (DBG 61 Abs. 1 lit. a; StHG 24 Abs. 3 lit. a). In steuerlicher Hinsicht entfällt damit auf der Ebene der Gesellschaft eine Besteuerung der stillen Reserven, weil die fiskalische Erfassung der stillen Reserven des übertragenen Vermögens im Geschäftsvermögen der Gesellschafter erhalten bleibt.

Steuerlich noch nicht berücksichtigte Verlustvorträge können von den an der übernehmenden Personenunternehmung beteiligten natürlichen Personen inskünftig von ihrem steuerbaren Einkommen aus selbständiger Erwerbstätigkeit in Abzug gebracht werden.

Bei den Beteiligten ist jedoch wegen des Wegfalls der wirtschaftlichen Doppelbelastung die bei der Liquidation einer Kapitalgesellschaft gesetzlich vorgesehene Besteuerung auf Stufe der Beteiligungsinhaber vorzunehmen. Weil es sich dabei um eine Schlussdividende handelt, wird die wirtschaftliche Doppelbelastung aber gemildert, soweit die Teilbesteuerung von Dividendenerträgen zur Anwendung gelangt (vgl. vorstehend 3.6.2 und A 3.11.3).

Zählt die Beteiligung zum Privatvermögen des Gesellschafters, stellt der Liquidationsüberschuss als Differenz zwischen dem Verkehrswert der übertragenen Aktiven und Passiven und dem nominellen Eigenkapital steuerbaren Vermögensertrag dar. Das bedeutet, dass beim Anteilsinhaber sowohl die offenen als auch die stillen Reserven der Einkommenssteuer unterliegen, soweit sie den Nennwert der Aktien bzw. die steuerfrei rückzahlbare Kapitaleinlage übersteigen (vgl. zum Nennwert- bzw. Kapitaleinlageprinzip vorstehend A 3.4.3.1 und A 3.4.3.2). Im Geschäftsbereich unterliegt die Differenz zwischen dem Verkehrswert der Aktiven und Passiven und dem Gewinnsteuerwert der Beteiligungsrechte der Einkommens- bzw. Gewinnsteuer.

Bei einer späteren Liquidation der Personenunternehmung werden aber dieselben stillen Reserven nochmals als Einkommen aus selbständiger Erwerbstätigkeit besteuert und zusätzlich mit Sozialabgaben belastet (zur Besteuerung des Liquidationsgewinnes vgl. vorstehend A 3.3.11.2 und A 3.6.4). Deshalb ist die Steuerneutralität der Umwandlung auf Stufe der Gesellschaft gegenüber der direkten Liquidation mit zusätzlicher Abrechnung und Besteuerung der realisierten stillen Reserven auf Stufe der Gesellschaft i.d.R. nicht attraktiv.

3.8.3 Fusionen

3.8.3.1 Allgemeines
Bei einer Fusion werden zwei oder mehrere Unternehmen zu einem verschmolzen. Das Fusionsgesetz sieht eine grosse Zahl von zulässigen Fusionen vor (FusG 4). So sind insbesondere Fusionen zwischen Kapitalunternehmen unbeschränkt möglich. Daneben können Kapitalgesellschaften jedoch auch Personenunternehmungen übernehmen. Ist eine Fusion gesetzlich nicht vorgesehen, so steht i.d.R. mit dem neuen Rechtsinstitut der Vermögensübertragung ein Auffanginstrument zur Erreichung des wirtschaftlich gleichen Resultats zur Verfügung (unechte Fusion).

Die Übernahme einer Gesellschaft durch eine andere, bereits bestehende (Absorptionsfusion) und der Zusammenschluss mehrerer Gesellschaften zu einer neuen (Kombinationsfusion) sind im Fusionsgesetz explizit vorgesehen (echte Fusion). Ein Sonderfall der Absorptionsfusion ist die Absorptionsfusion einer Tochtergesellschaft durch die Muttergesellschaft (vgl. nachfolgend 3.8.3.3).

Die grösste Bedeutung kommt der Fusion von Kapitalunternehmen als echte Fusion gemäss FusG 3 ff. oder als unechte Fusion mittels Vermögensübertragung gemäss FusG 69 ff. in der Form der Absorptionsfusion zu; die Kombinationsfusion ist seltener anzutreffen.

Darstellung 10: Absorption und Kombination

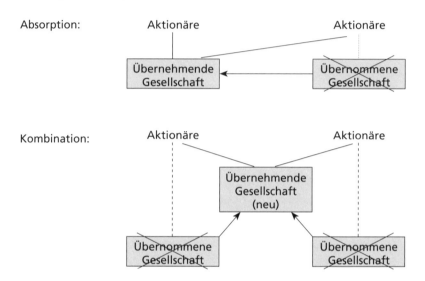

Gemäss FusG 6 ist es auch zulässig, dass eine Gesellschaft mit Kapitalverlust oder Überschuldung von einem anderen Unternehmen übernommen wird. Voraussetzung ist jedoch, dass der übernehmende Rechtsträger über frei verwendbares Eigenkapital im Umfang der Unterdeckung resp. Überschuldung verfügt, oder dass die Gläubiger der an der Fusion beteiligten Gesellschaften im Rang hinter alle anderen Gläubiger zurücktreten.

Häufig erfolgen Zusammenschlüsse auch ohne eigentliche Verschmelzung als sog. fusionsähnliche Zusammenschlüsse (Quasifusionen). Diese Formen der Zusammenschlüsse werden nachfolgend in 3.8.3.5 behandelt.

3.8.3.2 Fusion von Kapitalunternehmungen (Absorptionsfusion und Kombinationsfusion)

Bei der Fusion von Kapitalunternehmen wird die übertragende Gesellschaft aufgelöst und die Gesamtheit ihrer Aktiven und Passiven geht durch Universalsukzession auf die übernehmende Gesellschaft über.

Stille Reserven können sowohl bei der echten als auch bei der unechten Fusion von Kapitalunternehmen nach DBG 61 Abs. 1 und StHG 24 Abs. 3 steuerneutral übertragen werden, soweit

• die Steuerpflicht in der Schweiz fortbesteht;
• die Gewinnsteuerwerte übernommen werden.

Im Gegensatz zur früheren Umstrukturierungspraxis wird seit dem Inkrafttreten des FusG für die Steuerneutralität bei Fusionen nicht vorausgesetzt, dass die bisherigen Beteiligungsverhältnisse gleich bleiben oder sämtliche Gesellschafter ihr unternehmerisches Engagement aufrechterhalten. Es wird auch nicht verlangt, dass die Gesellschafter des untergehenden Rechtsträgers ausschliesslich durch Beteiligungsrechte der übernehmenden Gesellschaft entschädigt werden. Es ist auch keine Sperrfrist bezüglich gleich bleibender Beteiligungsverhältnisse einzuhalten.

Das bedeutet, dass nicht nur in sich geschlossene betriebliche Einheiten übertragen werden können. Auch Immobiliengesellschaften und Holdinggesellschaften, die das Betriebserfordernis nicht erfüllen (vgl. dazu bei der Spaltung nachfolgend 3.8.4.1), können steuerneutral fusionieren. Steuerlich nicht anerkannt wird jedoch die Fusion von Aktienmänteln oder liquidationsreifen Gesellschaften. Solche Tatbestände werden steuerlich wie der Mantelhandel als Liquidation mit anschliessender Sacheinlage behandelt.

Ergibt sich im Rahmen einer Fusion ein Fusionsagio, so stellt dieses eine steuerneutrale Kapitaleinlage dar (DBG 60; StHG 24 Abs. 2). Dies gilt auch für übernommene stille Reserven; diesen kommt die Bedeutung einer verdeckten Kapitaleinlage zu.

Bei echten Fusionen findet als Folge der Universalsukzession auch eine Steuersukzession statt (DBG 54 Abs. 3). Das bedeutet, dass die übernehmende Gesellschaft die von der übernommenen Gesellschaft bis zum Ende ihrer Steuerpflicht geschuldeten Steuern zu entrichten hat und auch in deren verfahrensrechtliche Stellung eintritt.

Sowohl bei der echten als auch bei der unechten Fusion von juristischen Personen wird im System der Postnumerandobesteuerung für die aufgelöste Gesellschaft auf den Zeitpunkt der Auflösung über die laufenden Steuern abgerechnet. Die übernehmende Unternehmung muss keine Steuerfaktoren der aufgelösten Gesellschaft in ihre Bemessungsgrundlagen übernehmen. Noch nicht verrechnete Verluste der übernommenen Gesellschaft können hingegen auf die übernehmende Gesellschaft übertragen werden. Eine Übernahme der Vorjahresverluste wird nicht zugelassen, wenn eine Steuerumgehung vorliegt. Eine solche wird dann angenommen, wenn die übertragende Gesellschaft wirtschaftlich liquidiert oder in liquide Form gebracht worden ist (Mantelhandel) oder wenn ein durch Fusion übertragener Betrieb kurz nach der Fusion eingestellt wird.

Die Anteilsinhaber der übernommenen Gesellschaft erhalten i. d. R. Beteiligungsrechte der übernehmenden Gesellschaft im Tausch für ihre Anteilsrechte an der übernommenen Gesellschaft. Ein Nennwertzuwachs bei den Beteiligten wird wie die Ausgabe von Gratisaktien behandelt (vgl. vorstehend A 3.4.3.1). Werden die Beteiligungsrechte im Privatvermögen gehalten, ist der Zuwachs bei der direkten Bundessteuer steuerbarer Vermögensertrag. Bei Beteiligungen im Geschäftsvermögen ist die Verbuchung massgebend (DBG 19 Abs. 1 lit. c; StHG 8 Abs. 1 lit. c).

Die Möglichkeit, das Umtauschverhältnis der Anteilsrechte durch eine ergänzende Barabgeltung auszugleichen, ist im Fusionsgesetz ausdrücklich vorgesehen. Diese Ausgleichszahlung wird neu auf 10 Prozent des wirklichen Wertes der gewährten Anteile beschränkt (FusG 7 Abs. 2). Ausnahmsweise kann ein Wahlrecht zwischen Anteilsrechten und einer Abfindung eingeräumt werden. Sofern mindestens 90 Prozent der stimmberechtigten Gesellschafter der übertragenden Gesellschaft zustimmen, kann die Gegenleistung sogar ausschliesslich in der Auszahlung einer Abfindung bestehen (sog. Barfusion oder Squeeze-Out, FusG 8 i. V. m. FusG 18).

Werden die Ausgleichszahlungen von den an der Fusion beteiligten Gesellschaften geleistet, handelt es sich um Ausschüttungen, die beim Empfänger sowohl im Privat- als auch im Geschäftsvermögensbereich steuerbar sind. Das gilt sowohl, wenn die Ausgleichszahlung von der übernehmenden, als auch, wenn sie von der übertragenden Gesellschaft geleistet wird. Ausgleichszahlungen an Empfänger, welche die Beteiligung im Privatvermögensbereich halten, sind bei einer echten oder unechten Fusion nur insoweit steuerbar, als ihnen keine Nennwertverluste gegenüberstehen oder – bei Anwendung des Kapitaleinlageprinzips (vgl. vorstehend A 3.4.3.2) – die Ausgleichszahlung nicht zulasten einer früher erfolgten Kapitaleinlage erfolgt. Im Geschäftsvermögensbereich ist in solchen Fällen die buchmässige Behandlung massgebend.

Werden die Ausgleichszahlungen zwischen den Beteiligten entrichtet, stellen die dabei realisierten Gewinne Kapitalgewinne dar, die im Bereich des Privatvermögens steuerfrei sind. Im Geschäftsvermögensbereich sind sie steuerbar. Diese Beurteilung gilt auch für den Fall des Squeeze-Out.

Beispiel:

Die Alpha AG mit einem Aktienkapital von CHF 100000 (100 Aktien zu nom. CHF 1000) übernimmt mittels Absorptionsfusion alle Aktiven und Passiven der Beta AG, die ebenfalls ein Aktienkapital von CHF 100000 (100 Aktien zu nom. CHF 1000) aufweist. Aufgrund des inneren Wertes der Alpha-Aktien und der Beta-Aktien wird ein Austauschverhältnis von 2 : 1 festgelegt, d.h., die Alpha AG erhöht ihr Aktienkapital um CHF 200000 (200 Aktien zu CHF 1000) und die Aktionäre der Beta AG erhalten für eine Beta-Aktie zwei Alpha-Aktien. Ausserdem erhalten die Aktionäre der Alpha AG von dieser eine Ausgleichszahlung von CHF 100 je Alpha-Aktie.

Die Bilanzen der beiden Gesellschaften lauten per 31. Dezember 2009 wie folgt (in TCHF):

	Alpha AG		Beta AG		Fus. Alpha AG	
Liquide Mittel	1000		200		1190	
Sonstiges Umlaufvermögen	6000		2400		8400	
Immobilien	6000		2300		8300	
Sonstiges Anlagevermögen	5000		1700		6700	
Fremdkapital		13000		5400		18400
Aktienkapital		100		100		300
Reserven, Gewinnvortrag		4900		1100		4890
Fusionsagio						1000
	18000	18000	6600	6600	24590	24590

Liquide Mittel der fusionierten Alpha AG nach Ausgleichszahlung: 10
Der Zusammenschluss der Alpha AG und der Beta AG kann grundsätzlich steuerneutral erfolgen. Das Fusionsagio ist als Kapitaleinlage steuerneutral (DBG 60 lit. a). Die Ausgleichszahlung der Alpha AG gilt bei den Aktionären der Alpha AG als steuerbarer Vermögensertrag. Die Nominalwertzunahme um 100 Aktien zu nom. CHF 1000 gilt bei den Aktionären der Beta AG steuerlich als Ausgabe von Gratisaktien und wird bei der direkten Bundessteuer als steuerbarer Vermögensertrag erfasst, wenn sie die Aktien im Privatvermögensbereich halten (DBG 20 Abs. 1 lit. c).

Bei Fusionen zwischen reinen Schwestergesellschaften (100-prozentige Identität der Gesellschafter) ist ein Aktientausch oder eine Abfindung nicht erforderlich. In steuerlicher Hinsicht gelten die obigen Ausführungen auch für Fusionen zwischen Schwestergesellschaften. Als Besonderheit sind bei Fusionen zwischen Schwestergesellschaften auch sog. Sanierungsfusionen nach FusG 6 möglich. Bei einer Sanierungsfusion übernimmt eine überschuldete Gesellschaft durch Absorption die Aktiven und Passiven einer von den gleichen Gesellschaftern beherrschten Gesellschaft bzw. eine überschuldete Gesellschaft wird von einer Schwestergesellschaft mit Reserven übernommen. In steuerlicher Hinsicht bewirkt eine solche Fusion eine Reduktion der latenten Ausschüttungssteuerlast. Die Gesellschafter erlangen durch die Sanierung der überschuldeten Gesellschaft zulasten einer Schwestergesellschaft mit Reserven und Gewinnvortrag in Anwendung der

Dreieckstheorie eine geldwerte Leistung. Gleiches gilt auch bei Vorteilszuwendungen an sanierungsbedürftige Schwestergesellschaften, soweit latentes Ausschüttungssubstrat vernichtet wird.

Beispiel:

Die Alpha AG mit einem Aktienkapital von CHF 100 000 (100 Aktien zu nom. CHF 1000) übernimmt mittels Absorptionsfusion alle Aktiven und Passiven der Schwestergesellschaft Beta AG, die ebenfalls ein Aktienkapital von CHF 100 000 (100 Aktien zu nom. CHF 1000) aufweist. Alleinaktionär an beiden Gesellschaften ist Matthias Wachter. Die Bilanzen der beiden Gesellschaften lauten per 31. Dezember 2009 wie folgt (in TCHF):

	Alpha AG		Beta AG		Fus. Alpha AG	
Umlaufvermögen	2 600		1 000		3 600	
Anlagevermögen	1 700		500		2 200	
Fremdkapital		3 100		1 600		4 700
Aktienkapital		100		100		100
Reserven, Gewinn-/						
Verlustvortrag		1 100		–200		1 000
	4 300	4 300	1 500	1 500	5 800	5 800

Durch den Zusammenschluss der Alpha AG und der Beta AG gehen zusätzlich zum Nennwertverlust von 100 auch 100 Reserven/Gewinnvortrag der Alpha AG unter. In Anwendung der Dreieckstheorie gilt diese Sanierungsfusion als geldwerte Leistung an Matthias Wachter. 100 unterliegen der Verrechnungssteuer und bei Matthias Wachter als Vermögensertrag der Einkommenssteuer.

3.8.3.3 Mutter-Tochter-Absorptionsfusion von Kapitalunternehmungen

Die Absorption einer Tochtergesellschaft durch die Muttergesellschaft ist ein Sonderfall der Absorptionsfusion. Das Besondere ist dabei, dass bei der Tochterabsorption eine bestehende Gesellschaft sämtliche Aktiven und Passiven einer anderen Gesellschaft übernimmt, an welcher sie bisher beteiligt war. Ein Aktientausch oder eine Abfindung entfällt und die Absorption kann zivilrechtlich unter erleichterten Bedingungen erfolgen. In der Bilanz der Muttergesellschaft treten an die Stelle des Buchwertes der bisherigen Beteiligung die Aktiven und Passiven der Tochtergesellschaft.

Darstellung 11: Tochterabsorption

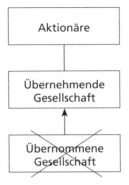

Für die steuerliche Beurteilung sind die Folgen bei der Mutter- bzw. bei der Tochtergesellschaft auseinanderzuhalten. Die Anteilsinhaber sind hingegen durch diesen Vorgang nicht betroffen.

Bei der Tochtergesellschaft erfolgt keine Abrechnung über die auf die Muttergesellschaft übertragenen stillen Reserven, dies unter der Voraussetzung (DBG 61 Abs. 1; StHG 24 Abs. 3), dass

• die Steuerpflicht in der Schweiz fortbesteht und
• sämtliche Aktiven und Passiven zu Gewinnsteuerwerten auf die Muttergesellschaft übertragen werden.

In der Bilanz der Muttergesellschaft wird die Beteiligung an der Tochtergesellschaft ersetzt durch deren Aktiven und Passiven. Dabei kann ein buchmässiger Fusionsgewinn oder -verlust entstehen.

Ein Fusionsgewinn liegt vor, wenn in der Bilanz der Muttergesellschaft der Buchwert der übernommenen Aktiven und Passiven den Buchwert der bisherigen Beteiligung an der Tochtergesellschaft übersteigt. Ein Fusionsgewinn unterliegt der Gewinnsteuer. Dabei kann die Ermässigung auf Beteiligungserträgen (DBG 69) in dem Umfang geltend gemacht werden, in dem der Buchwert der übertragenen Aktiven und Passiven die Gestehungskosten der untergehenden Beteiligung bei der Muttergesellschaft übersteigt (vgl. KS Nr. 9 der EStV vom 9. Juli 1998, Ziff. 2.4.1 Abs. 2 lit. b; ASA 67, 117 ff.).

Beispiel (in TCHF):

Bilanz M AG vor Absorption

Umlaufvermögen	1 000	Verbindlichkeiten	1 000
Anlagevermögen	2 000	Aktienkapital	200
Beteiligung T AG	300	Reserven	2 100
	3 300		3 300

Gestehungskosten Beteiligung T AG 400

Bilanz T AG vor Absorption

Umlaufvermögen	200	Verbindlichkeiten	200
Anlagevermögen	500	Aktienkapital	400
	—	Reserven	100
	700		700

Stille Reserven 500

Bilanz M AG nach Absorption

Umlaufvermögen	1 200	Verbindlichkeiten	1 200
Anlagevermögen	2 500	Aktienkapital	200
		Reserven	2 100
	—	Fusionsgewinn	200
	3 700		3 700

Die Absorption kann ohne Besteuerung der stillen Reserven durchgeführt werden. Der Fusionsgewinn von CHF 200 gilt bei der M AG als steuerbarer Gewinn, wobei sie auf 100 (= 500 Buchwert der Nettoaktiven der T AG minus 400 Gestehungskosten) die Ermässigung auf Beteiligungserträgen geltend machen kann.

Demgegenüber entsteht ein Fusionsverlust, wenn in der Bilanz der Muttergesellschaft der Buchwert der übernommenen Aktiven und Passiven kleiner ist als der Buchwert der bisherigen Beteiligung der Tochtergesellschaft. Ein Fusionsverlust bewirkt eine buchmässige Abschreibung. Diese ist nur dann geschäftsmässig begründet, wenn der Verkehrswert der übernommenen Aktiven und Passiven unter dem bisherigen Buchwert der Beteiligung liegt (echter Fusionsverlust). Übersteigt jedoch der Verkehrswert des übernommenen Vermögens wegen der vorhandenen stillen Reserven den Buchwert der Beteiligung, so kann ein Fusionsverlust steuerlich nicht in Abzug gebracht werden (unechter Fusionsverlust; DBG 61 Abs. 5).

Ein unechter Fusionsverlust kann handelsrechtlich als Goodwill aktiviert werden. Diese Aktivierung kann steuerneutral erfolgen, sofern sich die Gesellschaft bereit erklärt, dass die Abschreibungen auf dem Goodwill zum ausgewiesenen Reingewinn hinzugerechnet werden.

Steuerlich noch nicht berücksichtigte Vorjahresverluste der übertragenden Tochtergesellschaft können von der übernehmenden Muttergesellschaft im Rahmen der siebenjährigen Verlustverrechnungsperiode geltend gemacht werden (DBG 67 Abs. 1). Die Übernahme von solchen Vorjahresverlusten ist auch dann möglich, wenn die Beteiligungsrechte an der übertragenden Tochtergesellschaft vorgängig abgeschrieben werden mussten oder wenn ein echter Fusionsverlust anfällt. Eine Übernahme von Vorjahresverlusten ist jedoch in Fällen der Steuerumgehung ausgeschlossen. Dies ist beispielsweise der Fall, wenn die Tochtergesellschaft faktisch liquidiert ist, wenn der übertragene Betrieb der Tochtergesellschaft kurz nach der Fusion eingestellt wird oder wenn die Tochtergesellschaft kurz vor der Fusion durch die Muttergesellschaft saniert wurde und sich diese Sanierung bei der Tochtergesellschaft nicht erfolgswirksam ausgewirkt hat (unechter Sanierungsgewinn; vgl. dazu vorstehend 3.7).

3.8.3.4 Absorption der Muttergesellschaft (Reverse Merger)

Die Absorption der Muttergesellschaft durch die Tochtergesellschaft ist ebenfalls ein Sonderfall der Absorptionsfusion. Das Besondere ist, dass die Gesellschafter anders als bei der Mutter-Tochter-Absorptionsfusion ihre Beteiligungsrechte an der Muttergesellschaft gegen die Beteiligungsrechte an der Tochtergesellschaft tauschen. Die Muttergesellschaft wird dann aufgelöst.

Ein Reverse Merger kann sich aus Praktikabilitätsgründen aufdrängen, damit z. B. Liegenschaften oder Immaterialgüterrechte nicht auf eine neue Gesellschaft übertragen werden müssen. Zivilrechtlich ist ein Reverse Merger wie die Mutter-Tochter-Absorptionsfusion mittels echter Fusion (FusG 3 ff.) oder als unechte Fusion durch Vermögensübertragung (FusG 69 ff.) abzuwickeln.

Bei einer Mutterabsorption übernimmt die Tochtergesellschaft sämtliche Aktiven und Passiven der Muttergesellschaft. Die Tochtergesellschaft gelangt dadurch auch in den Besitz ihrer eigenen Beteiligungsrechte, die sie im Tausch mit den Aktien der Muttergesellschaft an die Aktionäre der Aktiengesellschaft weiterleitet. Mit der Fusion wird die Muttergesellschaft aufgelöst und im Handelsregister gelöscht (FusG 3 Abs. 2).

Darstellung 12: Reverse Merger

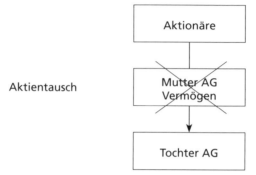

Für die steuerliche Beurteilung sind wie bei der Tochterabsorption die Folgen bei der Mutter- und bei der Tochtergesellschaft auseinanderzuhalten. Anders als bei der Tochterabsorption sind bei der Mutterabsorption auch die Anteilsinhaber durch diesen Vorgang betroffen.

Bei der Muttergesellschaft erfolgt keine Abrechnung über die auf die Tochtergesellschaft übertragenen stillen Reserven unter den allgemeinen Voraussetzungen, dass sämtliche Aktiven und Passiven zu Gewinnsteuerwerten auf die Tochtergesellschaft übertragen werden und dass die Steuerpflicht in der Schweiz fortbesteht (DBG 61 Abs. 1; StHG 24 Abs. 3).

Die Tochtergesellschaft übernimmt beim Reverse Merger sämtliche Aktiven und Passiven der Muttergesellschaft. Die Mutterabsorption stellt in steuerlicher Hinsicht grundsätzlich eine Kapitaleinlage der Beteiligten in die übernehmende Tochtergesellschaft dar (DBG 60 lit. a). Die Differenz zwischen den übertragenen Aktiven ohne die Beteiligungsrechte an der Tochtergesellschaft und dem Fremdkapital stellt ein steuerneutrales Fusionsagio oder -disagio dar.

Ein steuerneutrales Fusionsagio entsteht mit andern Worten in dem Umfang, in welchem die von der Muttergesellschaft übernommenen Aktiven ohne die Beteiligungsrechte an der Tochtergesellschaft grösser sind als das übernommene Fremdkapital. Ist das von der Muttergesellschaft übernommene Fremdkapital hingegen grösser als die übernommenen Aktiven ohne die Beteiligungsrechte an der Tochtergesellschaft, so entsteht ein steuerneutrales Disagio.

Die Anteilsinhaber der Muttergesellschaft erhalten Beteiligungsrechte der Tochtergesellschaft. Ein Nennwertzuwachs bei den Beteiligten wird wie die Ausgabe von Gratisaktien behandelt (vgl. vorstehend A 3.4.3.1). Werden die Beteiligungsrechte im Privatvermögen gehalten, ist der Zuwachs bei der direkten Bundessteuer steuerbarer Vermögensertrag. Bei Beteiligungen im Geschäftsvermögen ist die Verbuchung massgebend (DBG 19 Abs. 1 lit. c; StHG 8 Abs. 1 lit. c).

Beispiel (in TCHF):
Die T AG übernimmt am 20.4.2010 mit Wirkung per 1.1.2010 sämtliche Aktiven und Passiven der M AG, die ihrerseits 100% der Aktien der T AG hält. Die T AG übernimmt in diesem Zusammenhang ihre eigenen Beteiligungsrechte und bietet sie den Aktionären der M AG zum Tausch gegen deren Beteiligungsrechte an.

Bilanz M AG vor Absorption

Umlaufvermögen	1 000	Verbindlichkeiten	1 000
Anlagevermögen	2 000	Aktienkapital	200
Beteiligung T AG	300	Reserven	2 100
	3 300		3 300

Gestehungskosten Beteiligung T AG 400, stille Reserven 200

Bilanz T AG vor Absorption

Umlaufvermögen	200	Verbindlichkeiten	200
Anlagevermögen	500	Aktienkapital	400
		Reserven	100
	700		700

Stille Reserven 500

Bilanz T AG nach Absorption

Umlaufvermögen	1 200	Verbindlichkeiten	1 200
Anlagevermögen	2 500	Aktienkapital	400
		Reserven	100
		Fusionsagio	2 000
	3 700		3 700

Die Mutterabsorption kann ohne Besteuerung der stillen Reserven durchgeführt werden. Das Fusionsagio von 2000 gilt als steuerneutrale Kapitaleinlage der Aktionäre. Bei den Aktionären stellt der Nennwertzuwachs von 200 steuerbaren Vermögensertrag dar, sofern sie die Aktien im Privatvermögen halten. Halten sie die Aktien im Geschäftsvermögen, ist die Verbuchung massgebend.

3.8.3.5 Fusionsähnlicher Zusammenschluss (Quasifusion)

Die Quasifusion stellt eine wirtschaftliche Vereinigung von Unternehmen ohne deren rechtliche Verschmelzung dar und kann somit nicht unter die echten oder unechten Fusionen subsumiert werden. Bei der Quasifusion erhalten die Gesellschafter gegen Hingabe der Aktien der zu übernehmenden Gesellschaft solche der übernehmenden Unternehmung. Im Gegensatz zur echten oder unechten Fusion werden die beiden Gesellschaften nicht verschmolzen, sondern es kommt bloss zu einer engen beteiligungsmässigen Verbindung. Die übernommene Gesellschaft wird zur Tochter der übernehmenden Gesellschaft.

Darstellung 13: Quasifusion

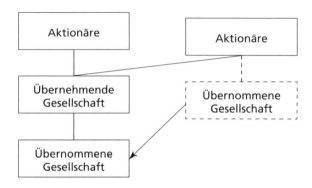

Bei der übernommenen Gesellschaft ergeben sich, weil sie unverändert bestehen bleibt, keine speziellen Gewinnsteuerfolgen. Bei der übernehmenden Gesellschaft stellt die Einlage der Beteiligungsrechte der übernommenen Unternehmung eine steuerneutrale Kapitaleinlage dar.

Auf Stufe der Gesellschafter ist wie bei der Fusion entscheidend, ob die Anteilseigner der fusionierenden Gesellschaften die Beteiligungsrechte im Privat- oder im Geschäftsvermögen halten. Dabei sind gesetzlich lediglich die Steuerfolgen für den Fall geregelt, dass sich die Beteiligungsrechte im Geschäftsvermögen befinden (DBG 19 Abs. 1 lit. c bzw. DBG 61 Abs. 1 lit. c; StHG 8 Abs. 3 lit. c bzw. StHG 24 Abs. 3 lit. c). In diesem Fall ergeben sich beim Tausch von Beteiligungsrechten keine Steuerfolgen, soweit die bisherigen Einkommens- bzw. Gewinnsteuerwerte beibehalten werden. Ein allfälliger durch die Fusion bewirkter Nennwertzuwachs ist irrelevant. Ausgleichszahlungen sowie Abfindungen der übernehmenden oder der übertragenden Gesellschaft stellen dagegen beim Gesellschafter Vermögens- bzw. Beteiligungsertrag dar. Kapitalgesellschaften und Genossenschaften steht in diesem Zusammenhang die Ermässigung der Gewinnsteuer mittels Beteiligungsabzug offen (DBG 69).

Der Tausch von Beteiligungsrechten im Privatvermögen im Zusammenhang mit einer Quasifusion gilt nach bundesgerichtlicher Rechtsprechung als Veräusserungsgeschäft (vgl. StE 2002 BdBSt/DBG B 24.4 Nr. 66, E. 5b). Damit stellen Ausgleichszahlungen sowie auch ein allfälliger Nominalwertzuwachs bei im Privatvermögen gehaltenen Beteiligungen steuerfreie Kapitalgewinne dar. Davon ausgenommen ist eine Quasifusion mit anschliessender Absorptionsfusion, welche nach der Praxis des Bundesgerichts steuerlich als Absorptionsfusion beurteilt wird (StE 2002 BdBSt/DBG B 24.4 Nr. 66).

Beispiel:

Die Manta AG mit einem Aktienkapital von CHF 100 000 (100 Aktien zu nom. CHF 1000) übernimmt alle Aktien der Golf AG, die ebenfalls ein Aktienkapital von CHF 100 000 (100 Aktien zu nom. CHF 1 000) aufweist. Aufgrund des inneren Wertes der Manta-Aktien und der Golf-Aktien wird ein Austauschverhältnis von 2 : 1 festgelegt, d. h., die Manta AG erhöht ihr Aktienkapital um CHF 200 000 (200 Aktien zu CHF 1 000) und die Aktionäre der Golf AG erhalten für eine Golf-AG-Aktie zwei Manta-AG-Aktien. Ausserdem erhalten die Aktionäre der Golf AG von der Manta AG eine Ausgleichszahlung von CHF 100 je Golf-Aktie.

Die Bilanzen der beiden Gesellschaften lauten per 31. Dezember 2009 wie folgt (in TCHF):

	Manta AG		Golf AG		Manta AG nach Übernahme Golf AG
Liquide Mittel	1 000		200		990
Sonstiges Umlaufvermögen	6 000		2 400		6 000
Immobilien	6 000		2 300		6 000
Sonstiges Anlagevermögen	5 000		1 700		5 000
Beteilung Golf AG[1])					210
Fremdkapital		13 000		5 400	13 000
Aktienkapital		100		100	300
Reserven, Gewinnvortrag		4 900		1 100	4 900
	18 000	18 000	6 600	6 600	18 200 18 200

[1])Gestehungskosten der Beteiligung Golf AG: Neu ausgegebene Aktien von 200 plus Ausgleichszahlung von 10

Die Ausgleichszahlung der Manta AG gilt bei den Aktionären der Golf AG als steuerfreier Kapitalgewinn, ebenso die Nominalwertzunahme um 100 Aktien zu nom. CHF 1000, wenn sie die Aktien im Privatvermögensbereich halten.

3.8.4 Spaltungen

Bei einer Spaltung überträgt ein Kapitalunternehmen Teile seines Vermögens auf eine oder mehrere andere Gesellschaften gegen Gewährung von Anteils- oder Mitgliedschaftsrechten an die Inhaber der übertragenden Gesellschaft. Im FusG sind als Spaltungsformen lediglich die Auf- und Abspaltung von Kapitalgesellschaften und Genossenschaften explizit vorgesehen (FusG 29). Dabei kann sich beispielsweise eine Aktiengesellschaft in eine GmbH und eine Genossenschaft aufteilen. Eine Spaltung in eine oder mehrere Personengesellschaften ist dagegen nicht zulässig, weil dadurch die Liquidationsvorschriften für juristische Personen umgangen werden könnten. Das abzuspaltende Teilvermögen muss zwingend einen

Aktivenüberschuss aufweisen. Die im Spaltungsinventar festgehaltenen Aktiven und Passiven werden uno actu auf die übernehmende Gesellschaft übertragen. Damit müssen die allgemeinen gesetzlichen Formvorschriften für die Übertragung der einzelnen Aktiven nicht eingehalten werden. Ist eine vorgesehene Spaltung gesetzlich nicht explizit geregelt, kann mit dem Rechtsinstitut der Vermögensübertragung (FusG 69 ff.) i. d. R. ein wirtschaftlich ähnliches Resultat erreicht werden.

Bei der Aufspaltung teilt die übertragende Gesellschaft ihre Aktiven und Passiven in zwei oder mehr Teile und überträgt diese auf bereits bestehende oder neu zu gründende Gesellschaften. Die übertragende Gesellschaft wird dabei aufgelöst und im Handelsregister gelöscht.

Bei der Abspaltung, bei welcher ein Teil der Aktiven und Passiven auf die übernehmende Gesellschaft übertragen wird, besteht die übertragende Gesellschaft nach der Spaltung weiter. Begrifflich wird auch zwischen symmetrischer und asymmetrischer Spaltung unterschieden (FusG 31 Abs. 2 lit. a und b). Von einer symmetrischen Spaltung wird gesprochen, wenn die Gesellschafter der übertragenden Gesellschaft an allen übernehmenden Rechtsträgern Anteils- oder Mitgliedschaftsrechte entsprechend dem Verhältnis ihrer bisherigen Beteiligung erhalten. Bei der asymmetrischen Spaltung weichen die zugewiesenen Rechte an den übernehmenden Gesellschaften von den bisherigen Beteiligungsverhältnissen ab.

Bei der Ausgliederung erfolgt die Übertragung von Vermögenswerten auf eine Tochtergesellschaft. Das FusG regelt die Ausgliederung, welche auch als horizontale Spaltung bezeichnet werden kann, nicht explizit. Es gelangen deshalb die Vorschriften der Vermögensübertragung und nicht diejenigen der Spaltung zur Anwendung.

Darstellung 14: Spaltungen

Abspaltung

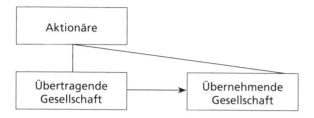

Aufspaltung

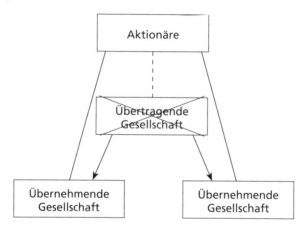

3.8.4.1 Auf- und Abspaltungen

Die Bildung von Parallel- oder Schwestergesellschaften kann sowohl durch Auf- als auch durch Abspaltung erfolgen. Am häufigsten wird der Weg der Abspaltung gewählt. Deshalb werden nachfolgend die Steuerfolgen der Abspaltung dargestellt. Diese gelten analog auch für die Aufspaltung.

Die Gesellschaften werden als Schwestergesellschaften bezeichnet, wenn an der neuen Gesellschaft alle bisherigen Anteilsinhaber beteiligt sind (symmetrische Spaltung). Ist mit der Teilung eine Aufteilung in der Beherrschung verbunden, so spricht man von Parallelgesellschaften (asymmetrische Spaltung).

Darstellung 15: Spaltungen in Schwester- und Parallelgesellschaften

Bildung einer Schwestergesellschaft durch Abspaltung (je 50%-Beteiligung)

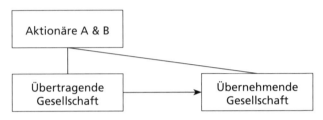

Bildung einer Parallelgesellschaft durch Abspaltung (je 100%-Beteiligung)

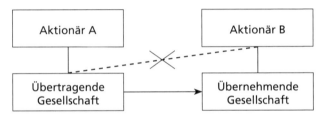

Stille Reserven können bei Unternehmungsabspaltungen im Sinne eines Steueraufschubes steuerneutral auf die neu gegründeten Gesellschaften übertragen werden, soweit

- die Steuerpflicht in der Schweiz fortbesteht;
- die Gewinnsteuerwerte übernommen werden;
- ein oder mehrere Betriebe oder Teilbetriebe übernommen werden;
- die nach der Spaltung bestehenden juristischen Personen einen Betrieb oder Teilbetrieb weiterführen.

Als Betrieb gilt nach der Praxis der EStV ein organisatorisch-technischer Komplex von Vermögenswerten, welcher für die unternehmerische Leistungserstellung eine relativ unabhängige organische Einheit darstellt. Als Teilbetrieb gilt ein für sich lebensfähiger Organismus eines Unternehmens.

Ein Betrieb oder Teilbetrieb liegt nur dann vor, wenn kumulativ folgende Erfordernisse erfüllt sind:
- die Unternehmung erbringt Leistungen auf dem Markt oder an verbundene Unternehmen;
- die Unternehmung verfügt über Personal;
- der Personalaufwand steht in einem sachgerechten Verhältnis zum Ertrag.

Aus der Spaltung können Betriebs-, Holding-, Finanz- oder Immobilienge-sellschaften hervorgehen. Das Halten und Verwalten von Wertschriften, die lediglich der eigenen Vermögensanlage dienen, stellt aber gemäss Praxis auch bei grossen Vermögen nie einen Betrieb dar.

Das Halten und Verwalten von Liegenschaften stellt in der Praxis lediglich dann einen selbständigen Betrieb bzw. Teilbetrieb dar, wenn
• ein Marktauftritt erfolgt oder Betriebsliegenschaften an Konzerngesell-schaften vermietet werden;
• die Unternehmung mindestens einen Mitarbeiter für die Verwaltung der Immobilien beschäftigt (eine Vollzeitstelle für rein administrative Arbeiten);
• der Personalaufwand für die Immobilienverwaltung 5 Prozent der Miet-erträge nicht übersteigt.

Diese Voraussetzungen müssen kumulativ erfüllt sein und werden bei der Bildung von Immobilienunternehmungen selten erfüllt, weshalb die Spal-tung eines Immobilienbereichs aus einem Betrieb nur in Ausnahmefällen steuerneutral vorgenommen werden kann.

Dem Betriebs- bzw. Teilbetriebserfordernis kommt deshalb für eine steuer-neutrale Spaltung eine grosse Bedeutung zu. Wenn nur einzelne Aktiven wie z. B. eine Liegenschaft abgespalten werden, sind die Voraussetzungen einer steuerneutralen Spaltung nicht erfüllt. Die übertragenen stillen Reser-ven unterliegen auch dann der Gewinnsteuer, wenn die übernehmende Gesellschaft bereits einen Betrieb führt oder verschiedene Gesellschaften einzelne Aktiven durch Abspaltung zu einem neuen Betrieb zusammenfüh-ren. Das Betriebserfordernis gilt nicht nur für die übertragenen Vermögens-werte, sondern auch für die übertragende Gesellschaft. Erfüllt die übertra-gende Gesellschaft das Betriebserfordernis nach der Spaltung nicht mehr, wird die Gewinnsteuer auf den verbleibenden stillen Reserven der übertra-genden Gesellschaft erhoben. Damit treten unbeachtlich der gewählten zivilrechtlichen Gestaltung immer die gleichen Steuerfolgen ein. Ist über stille Reserven abzurechnen, so kann die betroffene Gesellschaft in der Steuerbilanz eine entsprechende, als Gewinn versteuerte stille Reserve geltend machen.

Für eine steuerneutrale Spaltung wird nicht verlangt, dass der Betrieb bzw. Teilbetrieb unverändert weitergeführt wird, sondern lediglich, dass er weitergeführt wird. Damit sind betriebsnotwendige und begründbare Anpassungen möglich, ohne dass sie zu einer nachträglichen Besteuerung von stillen Reserven führen.

Eine quoten- wie auch wertmässige Änderung der Beteiligungsverhältnisse steht der Steuerneutralität nicht entgegen. Der Gesetzgeber hat zudem auf eine Veräusserungssperrfrist bei Auf- und Abspaltungen von juristischen Personen bewusst verzichtet.

Die Übernahme von bestehenden Verlustvorträgen bei Spaltungen ist in den Steuergesetzen nicht speziell geregelt. Zivilrechtlich gehen jedoch alle im Inventar aufgeführten Aktiven und Passiven mit der Eintragung der Spaltung im Handelsregister von Gesetzes wegen auf die übernehmende Gesellschaft über. Bei einer Spaltung können deshalb nach der Praxis der EStV die bei der Berechnung des steuerbaren Reingewinnes noch nicht berücksichtigten Vorjahresverluste, die auf den übernommenen Betrieb bzw. Teilbetrieb entfallen, auf die übernehmende Gesellschaft übertragen werden und nach DBG 67 im Rahmen der siebenjährigen Verlustverrechnungsperiode mit steuerbaren Gewinnen verrechnet werden. Eine Übertragung der Vorjahresverluste ist jedoch dann ausgeschlossen, wenn eine Steuerumgehung vorliegt. Von einer solchen ist insbesondere dann auszugehen, wenn der übertragene Betrieb kurz nach der Spaltung eingestellt wird.

Eine Abspaltung zwecks Sanierung der übernehmenden Gesellschaft durch Aufwertung der übertragenen Vermögenswerte gilt als Steuerumgehung (vgl. zum Begriff der Steuerumgehung III. 2.5.2). Ein solches Vorgehen führt wie eine gewöhnliche Vorteilszuwendung zwischen verbundenen Unternehmen zu einer Besteuerung der übertragenen, unversteuerten stillen Reserven bei der übertragenden Gesellschaft. Die übernehmende Gesellschaft kann deshalb zwar die Aufwertungsgewinne nicht mit dem eigenen Verlustvortrag verrechnen, sie darf aber in der Steuerbilanz eine entsprechende, als Gewinn versteuerte stille Reserve ausweisen.

Bei einer Abspaltung kann das Grundkapital der abgespaltenen Gesellschaft durch Kapitalherabsetzung oder durch Reservenverwendung der zu teilenden Gesellschaft gebildet werden. Im ersten Fall setzt die zu teilende Gesellschaft ihr Kapital im Umfang des Grundkapitals der neuen Gesellschaft herab, während die Anteilsinhaber entsprechende Anteile am Kapital der neuen Gesellschaft erhalten. Im Fall der Reservenverwendung werden Reserven der bisherigen Gesellschaft in Grundkapital der neuen Gesellschaft umgewandelt, d. h., die Aktionäre der neuen Gesellschaft erhalten von dieser Gratisaktien.

Wird das Kapital der abgespaltenen Gesellschaft aus Reserven der bisherigen Gesellschaft gebildet, gilt dies als Ausgabe von Gratisaktien der bisherigen Gesellschaft an die Anteilsinhaber, die der Verrechnungssteuer sowie der direkten Bundessteuer bei jenen Aktionären unterliegt, welche die Aktien im Privatvermögen halten (DBG 20 Abs. 1 lit. c; vgl. auch A 3.4.3.1).

Beispiel:

Von der X AG wird die Y AG als Schwestergesellschaft abgespalten. Auf die Y AG mit einem Aktienkapital von CHF 100 000 wird der Betrieb B mit einem Buchwert von CHF 100 000 übertragen. Der Betrieb wird unverändert weitergeführt (in TCHF).

| | X AG vor Abspaltung | | Nach Abspaltung mit Kapitalherabsetzung | | | |
			X AG		Y AG	
Aktiven Betrieb A	500		500			
Aktiven Betrieb B	300				300	
Verschiedene Aktiven	400		400			
Schulden Betrieb A		100		100		
Schulden Betrieb B		200				200
Verschiedene Schulden		100		100		
Aktienkapital		500		400		100
Reserven		300		300		
	1 200	1 200	900	900	300	300

| | X AG vor Abspaltung | | Nach Abspaltung ohne Kapitalherabsetzung | | | |
			X AG		Y AG	
Aktiven Betrieb A	500		500			
Aktiven Betrieb B	300				300	
Verschiedene Aktiven	400		400			
Schulden Betrieb A		100		100		
Schulden Betrieb B		200				200
Verschiedene Schulden		100		100		
Aktienkapital		500		500		100
Reserven		300		200		
	1 200	1 200	900	900	300	300

Da es sich beim Betrieb B um einen Teilbetrieb handelt und die Betriebe A und B weitergeführt werden, kann die Abspaltung, die zu Buchwerten erfolgt, steuerneutral vorgenommen werden. Wird die Teilung ohne Kapitalherabsetzung durchgeführt und werden die Aktien der Y AG aus Reserven der X AG liberiert, bewirkt dies bei den Aktionären eine Nominalwertzunahme um 100 Aktien zu nom. CHF 1000. Diese Nominalwertzunahme wird bei den Aktionären steuerlich wie Gratisaktien behandelt und stellt bei der direkten Bundessteuer steuerbaren Vermögensertrag dar, wenn sie die Aktien im Privatvermögensbereich halten.

Wird eine Abspaltung steuerlich nicht als Reorganisation, sondern als Liquidation oder Teilliquidation beurteilt, so hat die übertragende Gesellschaft über die übertragenen stillen Reserven abzurechnen. Die übernehmende Gesellschaft kann in der Steuerbilanz versteuerte stille Reserven geltend machen. Ist das Betriebserfordernis zwar beim übertragenen Vermögen, aber als Folge der Spaltung nicht mehr bei der übertragenden Gesellschaft erfüllt, so liegt ebenfalls keine steuerneutrale Reorganisation vor. Gemäss Praxis der Steuerbehörden muss in diesem Fall die übertragende Gesellschaft über die stillen Reserven auf den verbleibenden Aktiven abrechnen, obwohl bezüglich dieser Aktiven kein Realisationstatbestand vorliegt. Weil die Umstrukturierungsnorm von DBG 61 lediglich eine Ausnahme für Fälle statuiert, bei denen grundsätzlich ein Realisationstatbestand die steuerliche Abrechnung erfordern würde, wird diese Praxis u. E. zu Recht kritisiert. Steuersystematisch richtig müsste auf jenen Aktiven abgerechnet werden, welche der Gesellschaft entnommen werden, ohne dass dafür – weil die Voraussetzungen für eine steuerneutrale Umstrukturierung nicht erfüllt sind – eine Ausnahme für die Besteuerung greift. Auf jeden Fall kann die übertragende Gesellschaft dafür entsprechende stille Reserven in der Steuerbilanz geltend machen.

Sind die Voraussetzungen für eine steuerneutrale Spaltung nicht erfüllt, so hat dies auch Steuerfolgen für die Anteilsinhaber: Bei den Beteiligten wird im Privatvermögensbereich nach dem Nennwertprinzip die Differenz zwischen dem Nettovermögen der abgespaltenen Gesellschaft und dem Grundkapital grundsätzlich als geldwerte Leistung der Gesellschaft an die Anteilsinhaber der Einkommens- und der Verrechnungssteuer unterworfen (vgl. vorstehend A 3.4.3.1). Die Beteiligten können jedoch in der Praxis im Rahmen der sog. modifizierten Dreieckstheorie eine Besteuerung vermeiden. Sie müssen dazu aber gegenüber der Steuerbehörde eine Bestätigung abgeben (Revers), wonach sie bei einem Verkauf der Beteiligungsrechte an der übernehmenden Gesellschaft innert fünf Jahren nach der Spaltung einem Nachsteuerverfahren zustimmen.

3.8.4.2 Ausgliederungen
Bei einer Tochterausgliederung (horizontale Spaltung) überträgt eine Gesellschaft Vermögenswerte auf eine Gesellschaft, an der sie sich beteiligt oder bereits beteiligt ist. Für die Ausgliederung einer Kapitalgesellschaft wird i. d. R. die Form einer Sacheinlagegründung gewählt. Bei der Muttergesellschaft tritt in der Bilanz anstelle der auf die Tochtergesellschaft übertragenen Aktiven und Passiven der entsprechende Wert der Beteiligung. Zivilrechtlich erfolgt die Ausgliederung mittels Vermögensübertragung nach FusG 69 ff. und nicht mittels Spaltung.

Darstellung 16: Ausgliederung einer Tochtergesellschaft

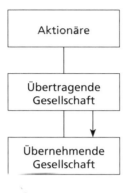

Bei Ausgliederungen von juristischen Personen können Betriebe, Teilbetriebe und sogar einzelne Gegenstände des betrieblichen Anlagevermögens gewinnsteuerneutral auf eine Tochtergesellschaft übertragen werden, soweit

- die Steuerpflicht in der Schweiz fortbesteht;
- die Gewinnsteuerwerte übernommen werden;
- die Muttergesellschaft zu mindestens 20 Prozent am Grund- oder Stammkapital der Tochtergesellschaft beteiligt ist (DBG 61 Abs. 1 lit. d); und
- eine Veräusserungssperrfrist von fünf Jahren für die übertragenen Vermögenswerte sowie die Beteiligungsrechte an der Tochtergesellschaft eingehalten wird (DBG 61 Abs. 2).

Im Unterschied zur Spaltung in Schwestergesellschaften ist bei der Ausgliederung eine Veräusserungssperrfrist für den Verkauf der Tochtergesellschaft durch die Muttergesellschaft zu beachten. Wird die Sperrfrist von fünf Jahren nicht eingehalten, hat die übertragende Gesellschaft nachträglich auf den Zeitpunkt der Übertragung über die vorhandenen stillen Reserven abzurechnen. Die übernehmende Tochtergesellschaft kann entsprechende, als Gewinn versteuerte stille Reserven geltend machen.

Werden nicht ein Betrieb bzw. Teilbetrieb oder Gegenstände des betrieblichen Anlagevermögens, sondern einzelne Aktiven z. B. des Umlaufvermögens zum Buchwert als sog. verdeckte Kapitaleinlage auf eine Tochtergesellschaft übertragen, ist nach der Praxis der EStV über allfällige stille Reserven abzurechnen (KS Nr. 9 der EStV vom 9. Juli 1998, Ziff. 2.5.3 lit. c).

Die Anpassung der Gestehungskosten der Tochtergesellschaft bei der Muttergesellschaft ergibt sich aus dem Aktivenüberschuss des ausgegliederten Teilbetriebes oder des betrieblichen Anlagevermögens, wobei auf die Gewinnsteuerwerte abgestellt wird. Die Gestehungskosten sind insbesondere bei einer späteren Veräusserung für die Berechnung des steuerbaren Gewinnes von Bedeutung (vgl. nachfolgend 5.1.2).

Bei der Ausgliederung können die bei der Berechnung des steuerbaren Reingewinnes noch nicht berücksichtigten Vorjahresverluste, die auf den übertragenen Betrieb oder Teilbetrieb entfallen, auf die übernehmende Gesellschaft übertragen werden und von dieser im Rahmen der siebenjährigen Verlustverrechnungsperiode geltend gemacht werden. Eine Übertragung von Vorjahresverlusten wird aber dann nicht anerkannt, wenn eine Steuerumgehung vorliegt. Eine solche wird dann vermutet, wenn der übertragene Betrieb kurz nach der Ausgliederung eingestellt wird.

Beispiel:

Die X AG überträgt den Betrieb B zum Buchwert von CHF 200 000 auf die neu gegründete Tochtergesellschaft Y AG, welche ein Aktienkapital von CHF 100 000 aufweist. Der Betrieb wird in der Y AG weitergeführt (in TCHF).

| | X AG vor Ausgliederung | | Nach Ausgliederung | |
			X AG	Y AG
Aktiven Betrieb A	500		500	
Aktiven Betrieb B	300			300
Verschiedene Aktiven	400		400	
Beteiligung Y AG			200	
Schulden Betrieb A		200	200	
Schulden Betrieb B		100		100
Verschiedene Schulden		100	100	
Aktienkapital		500	500	100
Reserven		300	300	100
	1200	1200	1100 1100	300 300

Unter der Voraussetzung, dass die Y AG während der Sperrfrist von fünf Jahren nicht veräussert wird und die Steuerpflicht in der Schweiz fortbesteht, kann die Ausgliederung, die zu Buchwerten erfolgt, steuerneutral vorgenommen werden. Die Gestehungskosten für die Beteiligung Y AG betragen CHF 200 000.

Die Anteilsinhaber der Muttergesellschaft werden durch die Ausgliederung nicht berührt.

Die Ausgliederung von wesentlichen Beteiligungen ist in DBG 61 Abs. 3 geregelt. Dabei überträgt eine Kapitalunternehmung eine Beteiligung an einer anderen Gesellschaft auf eine Tochtergesellschaft. Der Verkauf der Beteiligung zum Gewinnsteuerwert gilt ebenfalls als Ausgliederung. Die Ausgliederung einer Beteiligung von mindestens 20 Prozent am Grund- oder Stammkapital einer Kapitalunternehmung auf eine in- oder auslän- dische Tochtergesellschaft kann steuerneutral zum Gewinnsteuerwert erfolgen. Die Tochtergesellschaft übernimmt für die Beteiligung den Gewinnsteuerwert und die Gestehungskosten sowie die Haltedauer von der Muttergesellschaft. Auch für diese Ausgliederung gilt aber die Veräus- serungssperrfrist von fünf Jahren (DBG 61 Abs. 4).

3.8.5 Übertragung von Vermögenswerten im Konzern

3.8.5.1 Allgemeines

Der Gesetzgeber hat in DBG 61 Abs. 3 bzw. StHG 24 Abs. 3[quater] Bestimmun- gen erlassen, welche die steuerneutrale Übertragung von Vermögens- werten zwischen Konzerngesellschaften nach oben zur Muttergesellschaft sowie zur Seite in Schwestergesellschaften steuerneutral zulassen. Zivil- rechtlich werden diese im Steuerrecht explizit erwähnten Übertragungen von Vermögenswerten sehr oft, aber nicht immer Vermögensübertragun- gen i.S.v. von FusG 69 ff. darstellen. Es gilt daher zunächst, den unterschied- lichen Anwendungsbereich des Begriffes Vermögensübertragung im Zivil- recht gemäss FusG 69 ff. und im Steuerrecht gemäss DBG 61 Abs. 3 bzw. StHG 24 Abs. 3[quater] gegeneinander abzugrenzen.

Das Rechtsinstitut der Vermögensübertragung nach FusG 69 ff. stellt einerseits eine Alternative zur echten Fusion und Umwandlung dar, ande- rerseits kommt es aber auch als Auffangtatbestand für alle anderen Über- tragungen von Vermögenswerten zur Anwendung.

Mittels Vermögensübertragungen gemäss FusG 69 ff. können im Handels- register eingetragene Gesellschaften und Einzelunternehmen ihr Vermö- gen oder Teile davon mit Aktiven und Passiven in einem Akt auf andere Rechtsträger des Privatrechts übertragen. Dem übertragenden Rechtsträ- ger kann für die Vermögensübertragung eine Gegenleistung gewährt werden. Diese ist aber nicht zwingend. Sobald die Gesellschafter der übertragenden Gesellschaft als Gegenleistung Anteils- oder Mitglied- schaftsrechte der übernehmenden Gesellschaft erhalten, gelten nicht die Vorschriften zur Vermögensübertragung, sondern diejenigen zur Spal- tung.

Der Anwendungsbereich der steuerneutralen Übertragung von Vermö- genswerten im Konzern i.S.v. DBG 61 Abs. 3 ist weiter gefasst als der zivilrechtliche Begriff der Vermögensübertragung. Er umfasst die zivilrechtliche Übertragung von Vermögenswerten im Konzern durch

- Vermögensübertragung gemäss FusG 69 ff. auf Schwester- oder Muttergesellschaft, aber auch mittels
- Verkauf an Schwester- oder Muttergesellschaft;
- Abspaltung einer Schwestergesellschaft (FusG 29 lit. b);
- Naturaldividende an Muttergesellschaft;
- Naturaldividende an Muttergesellschaft und Sacheinlage in Schwestergesellschaft.

Die Übertragung von Vermögenswerten im Konzern kann dann steuerneutral durchgeführt werden, wenn sie gesetzessystematisch als Umstrukturierung gemäss DBG 19 bzw. 61 und StHG 8 Abs. 3 bzw. 24 Abs. 3 gilt. Dies sind die eigentlichen Umstrukturierungen, d.h. die unechten Fusionen, Spaltungen und Umwandlungen, die zivilrechtlich nicht nach den Bestimmungen über die Fusion, Spaltung und Umwandlung, sondern mittels Vermögensübertragungen abgewickelt werden, sowie die fusionsähnlichen Zusammenschlüsse bzw. Quasifusionen. Vermögensübertragungen sind weiter steuerneutral, wenn sie gemäss ausdrücklicher gesetzlicher Regelung in den erwähnten Bestimmungen als steuerneutral bezeichnet sind. Dagegen sind Vermögensübertragungen i.d.R. steuerbar, wenn sie beispielsweise Veräusserungen, Ausschüttungen oder Liquidationen darstellen.

Vermögensübertragungen gemäss FusG 69 ff. und die steuerlichen Übertragungen von Vermögenswerten i.S.v. DBG 61 Abs. 3 und StHG 24 Abs. 3[quater] können somit bei juristischen Personen wie folgt unterteilt werden:

- Steuerneutrale Vermögensübertragungen bei (unechten) Fusionen, Spaltungen inkl. Ausgliederungen und Umwandlungen sowie bei fusionsähnlichen Zusammenschlüssen bzw. Quasifusionen;
- Steuerneutrale Übertragungen von Vermögenswerten im Konzern (sog. steuerneutrale Vermögensübertragungen im Rahmen des erweiterten Umstrukturierungsbegriffs, dazu zählt auch die steuerneutrale Übertragung von Vermögenswerten zwischen Personenunternehmen; vgl. vorstehend A 3.3.12.4);
- Übrige Vermögensübertragungen.

Das Steuerrecht beurteilt Umstrukturierungen bekanntlich nach ihrem wirtschaftlichen Gehalt. Für eine steuerneutrale Umstrukturierung ist deshalb nicht entscheidend, ob diese mittels zivilrechtlicher Fusion, Spaltung oder Umwandlung durchgeführt wird oder als Alternative das neue Rechtsinstitut der Vermögensübertragung zum Einsatz gelangt. Damit kann für unechte Fusionen, Spaltungen, Umwandlungen und Quasifusionen auf die steuerlichen Ausführungen in jenen Teilen verwiesen werden.

3.8.5.2 Steuerneutrale Übertragungen von Vermögenswerten im Konzern

Der Gesetzgeber hat in DBG 61 Abs. 3 bzw. StHG 24 Abs. 3[quater] Bestimmungen erlassen, welche die Übertragung von Vermögenswerten zwischen Konzerngesellschaften nach oben zur Muttergesellschaft sowie zur Seite in Schwestergesellschaften steuerneutral zulassen. Für konzerninterne Übertragungen nach unten in eine Tochtergesellschaft kommen als Ausnahme die Bestimmungen zur Ausgliederung gemäss DBG 61 Abs. 1 lit. d zur Anwendung. Ebenso fällt die Übertragung von wesentlichen Beteiligungen in eine Tochtergesellschaft unter den Tatbestand von DBG 61 Abs. 1 lit. d und Abs. 3 letzter Satz (vgl. vorstehend 3.8.4.2).

Zivilrechtlich kann die Übertragung wie erwähnt erfolgen durch Vermögensübertragung gemäss FusG 69 ff. auf Schwester- oder Muttergesellschaft, Verkauf an Schwester- oder Muttergesellschaft, Abspaltung einer Schwestergesellschaft (FusG 29 lit. b), Naturaldividende an Muttergesellschaft oder Naturaldividende an Muttergesellschaft und Sacheinlage in Schwestergesellschaft.

In steuerlicher Hinsicht wird nicht auf die zivilrechtliche Abwicklung abgestellt. Es gilt eine wirtschaftliche Betrachtungsweise, sodass allein die Ausgangslage und das Ergebnis der Transaktion massgebend sind. Vermögensübertragungen im Konzern sind dann steuerneutral möglich, wenn folgende Voraussetzungen erfüllt werden (DBG 61 Abs. 3 und 4; StHG 24 Abs. 3[quater] und 3[quinquies]):

- Übertragung zwischen inländischen Kapitalgesellschaften und Genossenschaften;
- Übertragender und übernehmender Rechtsträger stehen durch Stimmenmehrheit oder auf andere Weise unter einheitlicher Leitung einer Kapitalgesellschaft oder Genossenschaft (Konzerngesellschaften);
- Übernahme der massgeblichen Gewinnsteuerwerte;
- Übertragene Vermögenswerte gelten als Betriebe, Teilbetriebe, betriebliches Anlagevermögen oder direkt bzw. indirekt gehaltene Beteiligungen von mindestens 20 Prozent am Grund- oder Stammkapital von Kapitalgesellschaften oder Genossenschaften;
- Einhaltung einer Veräusserungssperrfrist von fünf Jahren bzw. Beibehaltung der einheitlichen Leitung.

Als inländische Konzerngesellschaften gelten solche, die direkt oder indirekt von einer in- oder ausländischen Kapitalunternehmung beherrscht werden. Eine Beherrschung wird angenommen, wenn die Muttergesellschaft über 50 Prozent oder mehr der Stimmrechte verfügt. Möglich ist auch die steuerneutrale Übertragung von Vermögenswerten auf eine schweizerische Betriebsstätte einer ausländischen Konzerngesellschaft.

Für die Qualifikation als «Betrieb» bzw. «Teilbetrieb» gelten die gleichen Kriterien wie für die Spaltung (vgl. vorstehend 3.8.4.1). Im Unterschied zur Spaltung ist es jedoch nicht erforderlich, dass nach der Übertragung bei der übertragenden inländischen Konzerngesellschaft ein Betrieb verbleibt.

Bei der Übertragung von Betrieben bzw. Teilbetrieben können die bei der Berechnung des steuerbaren Reingewinnes noch nicht berücksichtigten Vorjahresverluste, die auf den übernommenen Betrieb bzw. Teilbetrieb entfallen, auf die übernehmende Gesellschaft übertragen werden und nach DBG 67 im Rahmen der siebenjährigen Verlustverrechnungsperiode mit steuerbaren Gewinnen verrechnet werden. Eine Übertragung der Vorjahresverluste ist dann ausgeschlossen, wenn eine Steuerumgehung vorliegt. Von einer solchen ist insbesondere dann auszugehen, wenn der übertragene Betrieb kurz nach der Übertragung eingestellt wird.

Als Gegenstände des betrieblichen Anlagevermögens, die steuerneutral im Konzern übertragen werden können, gelten solche, die dem Betrieb unmittelbar oder mittelbar dienen. Umlaufvermögen und finanzielles Anlagevermögen zählen nicht zum betrieblichen Anlagevermögen. Die Beurteilung der übertragenen Vermögenswerte ist aus der Sicht der übernehmenden Gesellschaft vorzunehmen. Es ist somit nicht erforderlich, dass die übertragende inländische Gesellschaft nach der Übertragung einen Betrieb weiterführt.

Als Steuerumgehung gilt die Übertragung von Vermögenswerten zwischen inländischen Konzerngesellschaften zwecks Sanierung der übernehmenden Gesellschaft durch Aufwertung der übertragenen Vermögenswerte. Ein solches Vorgehen führt wie eine gewöhnliche Vorteilszuwendung zwischen verbundenen Unternehmen zu einer Besteuerung der übertragenen, unversteuerten stillen Reserven bei der übertragenden Gesellschaft. Die übernehmende Gesellschaft kann eine entsprechende, als Gewinn versteuerte stille Reserve geltend machen.

Werden Vermögenswerte während der fünfjährigen Sperrfrist veräussert oder wird die einheitliche Leitung aufgegeben, werden die übertragenen stillen Reserven im Nachsteuerverfahren besteuert. Entsprechende, als

Gewinn versteuerte stille Reserven können in der Steuerbilanz geltend gemacht werden (DBG 61 Abs. 4; StHG 24 Abs. 3). Die im Zeitpunkt der Sperrfristverletzung unter einheitlicher Leitung zusammengefassten inländischen Kapitalgesellschaften und Genossenschaften haften für die Nachsteuer solidarisch. Da sich die Besteuerung auf den Zeitpunkt der Übertragung der stillen Reserven bezieht, kann die neue Regelung dazu führen, dass eine Konzerngesellschaft eine Steuerrechnung zu begleichen hat, die sich auf den Zeitraum vor ihrer Zugehörigkeit zum Konzern bezieht.

Beispiel (in TCHF):
Die Tecno AG verkauft ein Patent zum Buchwert von 100 (= Gewinnsteuerwert) an ihre Schwestergesellschaft Pat AG. Der Verkehrswert des Patentes beträgt 400. Das Patent gilt als betriebliches Anlagevermögen der Pat AG. Alleinaktionärin der beiden Gesellschaften ist die Reno Holding AG.

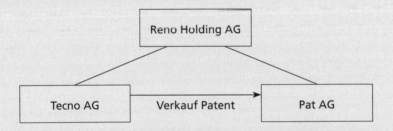

Weil es sich beim Patent um betriebliches Anlagevermögen der übernehmenden Pat AG handelt, liegt eine steuerneutrale Vermögensübertragung im Konzern vor. Die Pat AG übernimmt das Patent zu den Anschaffungskosten von 100 (= Gewinnsteuerwert) in die Bilanz. Die Pat AG hat eine fünfjährige Sperrfrist für die Veräusserung des Patentes einzuhalten, ansonsten die Tecno AG über die übertragenen stillen Reserven abzurechnen hätte. Die Pat AG könnte dann eine entsprechende, als Gewinn versteuerte stille Reserve geltend machen.

3.8.6 Übrige Vermögensübertragungen

Neben den steuerneutralen Vermögensübertragungen im Rahmen von Umstrukturierungen und der Übertragung von Vermögenswerten im Konzern können Vermögensübertragungen i.S.v. FusG 69 ff. auch für Vorgänge eingesetzt werden, für welche sich die Steuerfolgen nach den allgemeinen Gewinnermittlungsvorschriften und dem allgemeinen Realisationsbegriff richten.

Darunter fallen beispielsweise
- die Übertragung von Umlaufvermögen im Konzern;
- die Übertragung von nicht betriebsnotwendigem Anlagevermögen im Konzern;
- der Verkauf eines Unternehmungsteils;
- die Abwicklung einer Liquidation durch Überführung von Aktiven und Passiven auf die bisherigen Gesellschafter.

In solchen Fällen ist i.d.R. über allfällige stille Reserven abzurechnen.

Beispiele (in TCHF):

- Die Finanz AG verkauft Wertschriften zum Buchwert von 100 (= Gewinnsteuerwert) an ihre Schwestergesellschaft Invest AG. Der Verkehrswert der Wertschriften beträgt 400. Weil die Wertschriften nicht als betriebliches Anlagevermögen gelten, können sie nicht steuerneutral übertragen werden.

- Die Planungs AG verkauft ein Mehrfamilienhaus zum Buchwert von 2500 (= Gewinnsteuerwert) an ihre Schwestergesellschaft Bau AG. Der Verkehrswert der Liegenschaft beträgt 5000. Weil die Liegenschaft nicht als betriebliches Anlagevermögen gilt, kann sie nicht steuerneutral übertragen werden, d.h., 2500 werden als Gewinnvorwegnahme bei der Planungs AG zum steuerbaren Gewinn aufgerechnet.

- Die Vorteilszuwendung an die Schwestergesellschaft Bau AG gilt in Anwendung der Dreieckstheorie als geldwerte Leistung an den Gesellschafter der entreicherten Gesellschaft. Die geldwerte Leistung unterliegt der Verrechnungssteuer, bei den Gesellschaftern der Einkommenssteuer und bei der Bau AG der Emissionsabgabe.

3.9   Ersatzbeschaffung

Literatur zur Vertiefung:
HÖHN/WALDBURGER, Steuerrecht II, S. 328 f. und S. 350
LOCHER, Kommentar DBG II, Art. 64
OBERSON, Droit fiscal, S. 203 ff.
RICHNER/FREI/KAUFMANN/MEUTER, Kommentar SVG-ZH, § 68
RYSER/ROLLI, Précis, S. 220 f.
ZWEIFEL/ATHANAS, Kommentar DBG, Art. 64 (REICH/ZÜGER)
ZWEIFEL/ATHANAS, Kommentar StHG, Art. 24 N 212–216 (KUHN/BRÜLISAUER)

Ausführlich zu diesem Thema:
REICH/DUSS, Umstrukturierung, S. 57–69

Der Steueraufschub bei Ersatzbeschaffung von betriebsnotwendigem Anlagevermögen auf ein Ersatzobjekt bei den juristischen Personen entspricht der Regelung bei den natürlichen Personen, sodass auf jene Ausführungen verwiesen werden kann (DBG 64; vgl. vorstehend A 3.3.13).

Beim Ersatz von Beteiligungen können die stillen Reserven auf eine neue Beteiligung übertragen werden, sofern die veräusserte Beteiligung mindestens 20 Prozent des Grund- oder Stammkapitals ausmacht und als solche während mindestens eines Jahres im Besitz der Kapitalgesellschaft oder Genossenschaft war (DBG 64 Abs. 1bis; StHG 24 Abs. 4bis).

Mit der Unternehmenssteuerreform II wurde diese Mindestbeteiligung von heute 20 Prozent auf neu 10 Prozent gesenkt. Ausserdem kann alternativ zur Beteiligung am Grund- oder Stammkapital auf die Höhe der Beteiligung am Gewinn und an den Reserven abgestellt werden, was z. B. bei Partizipationsscheinen oder bei Existenz von Stimmrechtsaktien von Bedeutung sein kann. Diese Neuerungen treten allerdings erst per 1. Januar 2011 in Kraft. Bei der veräusserten Beteiligung kann es sich um eine solche an einer in- oder ausländischen Kapitalgesellschaft oder Genossenschaft handeln.

Findet die Ersatzbeschaffung nicht im gleichen Geschäftjahr statt, so kann im Umfange der stillen Reserven eine Rückstellung gebildet werden. Diese Rückstellung ist innert angemessener Frist zur Abschreibung auf dem Ersatzobjekt zu verwenden oder zugunsten der Erfolgsrechnung aufzulösen. Als angemessene Frist zur Verwendung oder Auflösung der Rückstellung gelten i.d.R. zwei bis drei Jahre. Die Gewährung des Beteiligungsabzuges bei Auflösung der Rückstellung richtet sich nach den Verhältnissen im Zeitpunkt der Veräusserung der Beteiligung. Wieder eingebrachte Abschreibungen und Wertberichtigungen berechtigen nicht zur Ersatzbeschaffung, weil diese gestützt auf DBG 62 Abs. 4 gleichsam schon vorgängig des Verkaufs dem steuerbaren Gewinn zuzurechnen sind und daher nicht ersatzbeschaffungsfähigen Kapitalgewinn darstellen.

Das Ersatzobjekt kann eine Beteiligung an einer in- oder ausländischen Kapitalgesellschaft oder Genossenschaft sein.

Beispiel (in TCHF):

Die Beta Holding AG verkauft ihre Beteiligung Gamma AG für 2000 (Gewinn-steuerwert 500, Gestehungskosten 600) und erwirbt eine 70-prozentige Beteiligung an der Delta AG für 1600.

Veräusserungserlös Gamma AG	2000
Gewinnsteuerwert Gamma AG	– 500
Realisierte stille Reserven (Kapitalgewinn)	1500
Kaufpreis Delta AG	1600
Sofortabschreibung (max. zulässig)	– 1100
Gewinnsteuerwert Ersatzobjekt nach Übertragung stille Reserven	500
Steuerbarer Ertrag aus Transaktion	400

Im Ausmass von 400 wird der Kapitalgewinn nicht in ein Ersatzobjekt inves-tiert, weshalb darauf die Besteuerung erfolgt. Auf 100 wäre überdies keine Ersatzbeschaffung möglich, weil es sich dabei um wieder eingebrachte Abschreibungen handelt.

Handelt es sich bei der Gamma AG um eine Neu-Beteiligung, könnte auf 300 der Beteiligungsabzug geltend gemacht werden; im Falle einer Alt-Beteiligung wären 400 voll zu versteuern (vgl. nachfolgend 5.1).

3.10   Steuerbemessung

Literatur zur Vertiefung:
BLUMENSTEIN/LOCHER, System, S. 264 ff.
HÖHN/WALDBURGER, Steuerrecht I, S. 471
LOCHER, Kommentar DBG II, Art. 79–82
OBERSON, Droit fiscal, S. 223
REICH, Steuerrecht, S. 435 ff.
RICHNER/FREI/KAUFMANN/MEUTER, Kommentar StG-ZH, §§ 83–84
RYSER/ROLLI, Précis, S. 411 ff.
ZWEIFEL/ATHANAS, Kommentar DBG, Art. 79–82 (DUSS/SCHÄR)
ZWEIFEL/ATHANAS, Kommentar StHG, Art. 31 (DUSS/SCHÄR)

Die juristischen Personen werden beim Bund seit dem 1. Januar 1995 nach dem System der Postnumerandobesteuerung mit Gegenwartsbemessung besteuert (DBG 80). Die meisten Kantone haben gleichzeitig mit dem Bund die Postnumerandobesteuerung eingeführt; verpflichtet dazu sind sie seit dem 1. Januar 2001 (StHG 31).

Als Steuerjahr gilt das Geschäftsjahr und nicht wie für natürliche Personen das Kalenderjahr (DBG 79 Abs. 2).

In Kantonen, welche einen progressiven Steuertarif anwenden, wird bei unter- oder überjährigem Geschäftsjahr der Steuersatz nach dem auf zwölf Monate umgerechneten Reinertrag bestimmt. Bei der direkten Bundessteuer erübrigt sich als Folge des proportionalen Tarifs eine derartige Umrechnung.

3.11 Steuermass

Literatur zur Vertiefung:
BLUMENSTEIN/LOCHER, System, S. 289 ff. sowie S. 294 ff.
HÖHN/WALDBURGER, Steuerrecht I, S. 472 ff.
LOCHER, Kommentar DBG II, Art. 68–70
OBERSON, Droit fiscal, S. 224 f.
REICH, Steuerrecht, S. 439 ff.
RICHNER/FREI/KAUFMANN/MEUTER, Kommentar StG-ZH, §§ 71–77
RYSER/ROLLI, Précis, S. 447 f.
ZWEIFEL/ATHANAS, Kommentar DBG, Art. 68–70 und Art. 207a (DUSS/ALTORFER)
ZWEIFEL/ATHANAS, Kommentar StHG, Art. 27–28 (DUSS/VON AH/RUTISHAUSER)

Der Bund belastet den steuerbaren Reingewinn mit einer Proportionalsteuer von 8,5 Prozent (DBG 68). In den Kantonen gelangen z. T. ebenfalls Proportionaltarife, z. T. aber auch progressive Tarife oder Stufentarife zur Anwendung.

Bei den Stufentarifen wird beispielsweise der Gewinn, der einer hypothetischen Normalrendite entspricht, privilegiert besteuert. Damit wird die wirtschaftliche Doppelbelastung gemildert. Der übrige Gewinn wird dann zu einem höheren Satz besteuert. Ein solcher Tarif wird auch als «gespaltener Steuertarif» bezeichnet.

> **Beispiel:**
> StG-SG 89 (in der Fassung gültig bis 31.12.2006; seit dem 1.1.2007 gilt ein Proportionaltarif von 4,5 Prozent):
>
> Die Kapitalgesellschaften und die Genossenschaften entrichten als einfache Steuer vom steuerbaren Gewinn
> a) 4,5 Prozent, soweit der Gewinn 6 Prozent des steuerbaren Eigenkapitals oder CHF 200000 nicht übersteigt;
> b) 7,5 Prozent auf dem verbleibenden steuerbaren Gewinn.

In den Kantonen wird die aufgrund des Steuersatzes berechnete einfache Steuer i. d. R. mit dem Staatssteuerfuss und häufig mit gewissen Zuschlägen für die Gemeinden auf die geschuldete Steuer hochgerechnet.

Sind im steuerbaren Reingewinn Beteiligungserträge enthalten, so ermässigt sich u. U. die geschuldete Steuer im Verhältnis der Nettobeteiligungserträge zum Gesamtgewinn (sog. Beteiligungsabzug nach DBG 69 und StHG 28 Abs. 1; vgl. nachfolgend 5.1). Ausserdem gelten für die sog. Holding-, Domizil- und gemischten Gesellschaften auf kantonaler Ebene besondere Privilegien (vgl. nachfolgend 5.2–5.4).

Die Unternehmenssteuerreform II sieht vor, dass die Kantone die Gewinnsteuer an die Kapitalsteuer anrechnen können (StHG 30 Abs. 2; in Kraft ab 1. Januar 2009). Es ist anzunehmen, dass die Kantone diese Möglichkeit rasch in kantonales Recht umsetzen werden.

4 Kapitalsteuer der Kapitalgesellschaften

Literatur zur Vertiefung:
HÖHN/WALDBURGER, Steuerrecht I, S. 487 ff.
OBERSON, Droit fiscal, S. 226 ff.
REICH, Steuerrecht, S. 432 ff.
RICHNER/FREI/KAUFMANN/MEUTER, Kommentar StG-ZH, §§ 78–82
RYSER/ROLLI, Précis, S. 359 f.
ZWEIFEL/ATHANAS, Kommentar StHG, Art. 29–30 (ZWAHLEN)

Die Kantone bzw. z. T. auch die Gemeinden erheben auf dem Kapital von juristischen Personen die Kapitalsteuer. Der Bund hat die Kapitalsteuer per 1. Januar 1998 aufgehoben.

4.1 Steuerobjekt

Das steuerbare Eigenkapital setzt sich zusammen aus dem Grundkapital, den offenen und als Gewinn versteuerten stillen Reserven sowie dem verdeckten Eigenkapital (StHG 29 Abs. 2 lit. a).

4.1.1 Grundkapital

Steuerbar ist grundsätzlich das einbezahlte Grundkapital:

- bei der Aktiengesellschaft und der Kommanditaktiengesellschaft das einbezahlte Aktienkapital;
- bei der Gesellschaft mit beschränkter Haftung das einbezahlte Stammkapital;
- bei der Genossenschaft das einbezahlte Einlagekapital.

Zum steuerbaren Eigenkapital zählt bei Aktiengesellschaften auch das Partizipationskapital gemäss OR 656a. Da Genussscheine gemäss OR 657 keinen Nennwert aufweisen, sind sie für die Ermittlung des steuerbaren Eigenkapitals ohne Bedeutung.

4.1.2 Versteuerte Reserven

Zum steuerbaren Eigenkapital zählen die offenen und die als Gewinn versteuerten stillen Reserven. Zu den offenen Reserven zählen die gesetzlichen, die freien und die Spezialreserven sowie das Agio und der Gewinnvortrag. Als Gewinn versteuerte stille Reserven gelten insbesondere die steuerlich nicht anerkannten Abschreibungen und Rückstellungen.

4.1.3 Verdecktes Eigenkapital

Die zweckmässige und angemessene Finanzierung einer Kapitalunternehmung ist grundsätzlich Sache der Unternehmung und der Beteiligten. Wenn diese der juristischen Person allerdings in ungewöhnlichem Ausmass Fremdkapital zur Verfügung stellen, um der wirtschaftlichen Doppelbelastung auszuweichen, so wird von der Steuerbehörde derjenige Teil des Fremdkapitals als sog. verdecktes Eigenkapital qualifiziert, dem wirtschaftlich gleich wie dem Eigenkapital die Funktion von Risikokapital zukommt. Das verdeckte Eigenkapital wird zum steuerbaren Eigenkapital hinzugerechnet und die Verzinsung hierauf als verdeckte Gewinnausschüttung aufgerechnet (DBG 65; StHG 29a).

Wesentlich ist, dass nur derjenige Teil als verdecktes Eigenkapital gilt, der direkt oder indirekt von Anteilsinhabern oder diesen nahestehenden Personen stammt. Wird das Fremdkapital ohne Sicherstellung seitens des Anteilsinhabers oder diesem nahestehenden Personen von unabhängigen Dritten zur Verfügung gestellt, liegt kein verdecktes Eigenkapital vor.

Die Bestimmung der Höhe des verdeckten Eigenkapitals hängt wesentlich mit der Bewertung der Aktiven zusammen. Dabei wird vom Verkehrswert der Vermögenswerte ausgegangen. Massgebend sind die Verkehrswerte am Ende der Steuerperiode. Sofern keine höheren Verkehrswerte nachgewiesen werden, geht die Steuerbehörde bei ihrer Beurteilung jedoch von den Gewinnsteuerwerten aus.

Die Berechnung des verdeckten Eigenkapitals erfolgt in der Praxis schematisch. Gemäss KS Nr. 6 vom 6. Juni 1997 der EStV zum verdeckten Eigenkapital gelangen i.d.R. die Ansätze gemäss der Darstellung 17 als Höchstbetrag der von der Gesellschaft aus eigener Kraft erhältlichen fremden Mittel zur Anwendung (Belehnung in Prozent des Verkehrswertes).

Darstellung 17: Belehnungssätze für die Ermittlung des verdeckten Eigenkapitals

Flüssige Mittel	100%
Forderungen aus Lieferungen und Leistungen	85%
Andere Forderungen	85%
Vorräte	85%
Übriges Umlaufvermögen	85%
In- und ausländische Obligationen Schweizer Franken	90%
Ausländische Obligationen in Fremdwährung	80%
Kotierte in- und ausländische Aktien	60%
Übrige Aktien und GmbH-Anteile	50%
Beteiligungen	70%
Darlehen	85%
Betriebseinrichtungen	50%
Fabrikliegenschaften	70%
Villen, Eigentumswohnungen, Ferienhäuser und Bauland	70%
Übrige Liegenschaften	80%
Gründungs-, Kapitalerhöhungs- und Organisationskosten	0%
Andere immaterielle Anlagen	70%

Für Finanzgesellschaften beträgt das maximal zulässige Fremdkapital i.d.R. sechs Siebtel der Bilanzsumme.

Der betroffenen Kapitalunternehmung steht in allen Fällen der Nachweis aussergewöhnlicher Finanzierungsmöglichkeiten offen, d.h., dass die Finanzierung einem Drittvergleich standhält.

Beispiel (in TCHF):

Total der ausgewiesenen Schulden laut Bilanz			8 000
(davon Darlehen des Anteilsinhabers 7 500)			

Aktiven	Verkehrswert	Belehnung in %	Belehnung
Flüssige Mittel	400	100%	400
Debitoren	100	85%	85
Waren	500	85%	425
Fabrikgebäude	5 000	70%	3 500
Wohnliegenschaften	2 000	70%	1 400
Betriebseinrichtungen	1 000	50%	500

Mögliche Belehnung	6 310
Fremdfinanzierung gemäss Bilanz (davon Darlehen Aktionär 7 500)	8 000
Verdecktes Eigenkapital	1 690

Das verdeckte Eigenkapital wird zum steuerbaren Eigenkapital gerechnet.

Ausserdem gelten die auf das verdeckte Eigenkapital entfallenden Zinsen nicht als geschäftsmässig begründet, sondern als geldwerte Leistungen an die Anteilsinhaber, welche bei diesen als steuerbarer Beteiligungsertrag erfasst werden. In der Praxis wird aber i. d. R. nur jener Anteil aufgerechnet, welcher den Zins übersteigt, der sich kalkulatorisch aufgrund der steuerlich anerkannten Höchstzinssätze für das anerkannte Fremdkapital errechnet. Der zulässige Höchstzinssatz wird jährlich von der EStV festgelegt und publiziert.

Beispiel (Sachverhalt wie im vorangehenden Beispiel):

Verbuchter Zins auf Darlehen des Anteilsinhabers (Variante a und b):
a. 4% von 7500 = 300
b. 6% von 7500 = 450

Der als verdecktes Eigenkapital qualifizierte Teil des Aktionärsdarlehens von 1690 darf steuerlich nicht verzinst werden. Auf dem als Fremdkapital anerkannten Teil des Darlehens (7500 – 1690 = 5810) ergibt sich somit folgende Verzinsung:

a. 300 = 5,16% von 5810
b. 450 = 7,75% von 5810

Bei einem zulässigen Höchstzinssatz von 6% ergibt sich folgende Beurteilung:
a. 5,16%: dieser Zins liegt innerhalb des zulässigen Rahmens, sodass eine Aufrechnung unterbleibt.
b. 7,75%: bei einem zulässigen Höchstzinssatz von 6% liegt eine geldwerte Leistung von 101,7 vor (1,75% von 5810).

4.2   Steuerbemessung und Steuermass

Für die Steuerberechnung ist das Eigenkapital am Ende der Steuerperiode massgebend (StHG 31 Abs. 4; Stichtagprinzip). Kapitalveränderungen im Laufe der Steuer- bzw. Bemessungsperiode bleiben unberücksichtigt.

Die Kantone erheben i.d.R. eine einfache Kapitalsteuer von einem festen Promillesatz, der mit dem Steuerfuss und häufig einem festen Zuschlag für die Gemeinden auf die geschuldete Kapitalsteuer aufgerechnet wird.

In gewissen Kantonen ist ein Beteiligungsabzug auch für die Kapitalsteuer vorgesehen (vgl. nachfolgend 5.1). Ausserdem entrichten sog. Holding-, Domizil- und gemischte Gesellschaften i.d.R. lediglich eine reduzierte Kapitalsteuer (vgl. nachfolgend 5.2–5.4).

Gemäss Unternehmenssteuerreform II können die Kantone die Gewinnsteuer an die Kapitalsteuer anrechnen (vgl. vorstehend 3.11).

5   Besteuerung der Beteiligungs-, Holding-, Domizil- und gemischten Gesellschaften

Literatur zur Vertiefung:
BLUMENSTEIN/LOCHER, System, S. 277 ff.
HÖHN/WALDBURGER, Steuerrecht I, S. 495 ff.
LOCHER, Kommentar DBG II, Art. 69–70
OBERSON, Droit fiscal, S. 230 ff.
REICH, Steuerrecht, S. 443 ff.
RICHNER/FREI/KAUFMANN/MEUTER, Kommentar StG-ZH, §§ 72–75
RYSER/ROLLI, Précis, S. 347 ff.
ZWEIFEL/ATHANAS, Kommentar StHG, Art. 28 (DUSS/VON AH/RUTISHAUSER)

Zum Beteiligungsabzug:
GRETER MARCO, Der Beteiligungsabzug im harmonisierten Gewinnsteuerrecht, Schriften zum Steuerrecht (Hrsg. Markus Reich), Band 3, Zürich 2000
WIDMER ANNE, La réduction pour participations, Basel 2006
ZWEIFEL/ATHANAS, Kommentar DBG, Art. 69–70 (DUSS/ALTORFER)
ZWEIFEL/ATHANAS, Kommentar StHG, Art. 28 N 26–98 (DUSS/VON AH/RUTISHAUSER)

Mit der besonderen Besteuerung der Beteiligungs- und Holdinggesellschaften wird bezweckt, die wirtschaftliche Mehrfachbelastung von Gewinnen zu mildern, die sich sonst bei Ausschüttungen von einer Kapitalunternehmung an andere Kapitalunternehmungen ergeben würde. Ohne besondere

Besteuerungsregeln würde z. B. in den Fällen, wo eine Beteiligung von einer juristischen Person gehalten wird, eine Dreifachbelastung resultieren: Der Gewinn würde bei der Gesellschaft, die ihn erwirtschaftet hat, besteuert (Untergesellschaft), die Ausschüttung (Dividende) bei der Gesellschaft, welche die Beteiligung hält (Obergesellschaft), und deren Ausschüttung bei den Beteiligten an dieser Gesellschaft (Anteilsinhaber).

Einen besonderen Steuerstatus besitzen auch die Domizil- sowie die sog. gemischten Gesellschaften, weil diese die schweizerische Infrastruktur kaum beanspruchen. Diese Gesellschaften werden z. T. auch als Verwaltungs-, Principal- oder Hilfsgesellschaften bezeichnet.

5.1 Beteiligungsgesellschaften

5.1.1 Allgemeines und Begriff der Beteiligungsgesellschaft

Unter einer Beteiligungsgesellschaft wird eine Gesellschaft mit massgeblicher Beteiligung am Grundkapital einer andern Gesellschaft verstanden. Als massgeblich gilt eine Beteiligung, die mindestens 20 Prozent des Grundkapitals einer andern Gesellschaft ausmacht oder deren Verkehrswert mindestens CHF 2 Mio. beträgt (DBG 69; StHG 28 Abs. 1).

Als Folge der UStR II sinkt per 1. Januar 2011 die Schwelle für die Qualifikation als massgebliche Beteiligung deutlich (DBG 69; StHG 28): Eine massgebliche Beteiligung liegt demnach vor, wenn eine Gesellschaft am Grundoder Stammkapital einer anderen Gesellschaft oder neu am Gewinn und an den Reserven dieser Gesellschaft mit mindestens 10 Prozent beteiligt ist, oder aber wenn die Beteiligungsrechte einen Verkehrswert von mindestens CHF 1 Mio. aufweisen. Neben der Senkung der Mindestbeteiligungsquote wird mit dieser Neuerung die Ermässigung für Beteiligungserträge nun insbesondere auch für Genussscheine eingeführt.

Als Beteiligung gelten Anteilsrechte an einer Kapitalgesellschaft oder Genossenschaft. Partizipationsscheine – nach bisherigem Recht nicht aber Genussscheine – gelten ebenfalls als Beteiligungskapital. Dies gilt auch für ein als verdecktes Eigenkapital qualifiziertes Aktionärsdarlehen. Beteiligungen an ausländischen Kapitalunternehmen sind grundsätzlich den schweizerischen Beteiligungen gleichgestellt, sofern es sich um eine den schweizerischen Kapitalgesellschaften vergleichbare Gesellschaftsform handelt. Keine Beteiligungsrechte sind die Anteile an einer ausländischen Personengesellschaft ohne eigene Rechtspersönlichkeit, soweit diese im Ausland nicht wie eine juristische Person besteuert wird, oder Gründerrechte an einer liechtensteinischen Anstalt mit ungeteiltem Kapital (vgl. BGE 107 Ib 309).

Für sog. Risikokapitalgesellschaften galt befristet bis zum 30. April 2010 die Besonderheit, dass schon Beteiligungen von lediglich 5 Prozent bzw. mit einem Verkehrswert von mindestens CHF 250 000 als massgeblich gelten (Bundesgesetz über die Risikokapitalgesellschaften vom 8. Oktober 1999, Art. 4 Abs. 2). Als Risikokapitalgesellschaften gelten schweizerische Aktiengesellschaften, die zum Zweck haben, schweizerischen Unternehmungen Risikokapital zur Verfügung zu stellen (Art. 2 und 3 des erwähnten Gesetzes).

Gesellschaften mit massgeblichen Beteiligungen haben bei der direkten Bundessteuer und bei den kantonalen Steuern Anspruch auf eine Ermässigung der Gewinnsteuer im Verhältnis des Anteils der Nettoerträge aus massgeblichen Beteiligungen zum gesamten Reingewinn (DBG 69; StHG 28 Abs. 1). In den Kantonen haben Beteiligungsgesellschaften z.T. zudem Anspruch auf eine Reduktion der Kapitalsteuer im Verhältnis der Beteiligungen zu den gesamten Aktiven (z.B. StG-SG 99 Abs. 2).

Die Ermässigung der Gewinnsteuer erfolgt auf dem geschuldeten Steuerbetrag, indem die Gewinnsteuer im Verhältnis der Nettobeteiligungserträge zum gesamten Reinertrag reduziert wird (DBG 70; StHG 28 Abs. 1; vgl. dazu KS Nr. 9 der EStV vom 9. Juli 1998).

5.1.2 Begriff des Beteiligungsertrages

Zum Beteiligungsertrag gehören

- ordentliche Gewinnausschüttungen wie Dividenden, Gewinnanteile auf Stammeinlagen, Zinsen auf Genossenschaftsanteilen sowie ab 1. Januar 2011 Gewinnausschüttungen auf Genussscheinen;
- ausserordentliche Ausschüttungen, z.B. Anteile am Ergebnis einer Teil- oder Totalliquidation (Liquidationsüberschüsse und Fusionsgewinne), soweit der Erlös die Gestehungskosten übersteigt;
- Ausschüttungen auf Partizipationsscheinen;
- verdeckte Gewinnausschüttungen, sofern die leistende Kapitalgesellschaft eine Gewinnaufrechnung erfahren hat;
- gewisse Kapitalgewinne aus der Veräusserung von Beteiligungen sowie der dazugehörigen Bezugsrechte in dem Umfang, in dem der Veräusserungserlös die Gestehungskosten übersteigt (DBG 70 Abs. 4 lit. a).

Kapitalgewinne aus der Veräusserung von Beteiligungen gelten nur dann als Beteiligungsertrag, welcher für die Ermässigung auf der Gewinnsteuer qualifiziert, wenn kumulativ folgende Voraussetzungen erfüllt sind (DBG 70 Abs. 4):

- Das veräusserte Beteiligungspaket muss mindestens 20 Prozent des Grund- oder Stammkapitals der anderen Gesellschaft ausmachen. Mehrere Verkäufe im gleichen Geschäftsjahr können für diesen Test zusammengerechnet werden, sofern sie auf dem gleichen unternehmerischen Entscheid beruhen.
- Die veräusserte Beteiligung muss während mindestens zwölf Monaten im Besitz der Kapitalgesellschaft oder Genossenschaft gewesen sein.

Sind diese Voraussetzungen erfüllt, gilt nicht der ganze buchmässig ausgewiesene Kapitalgewinn als Beteiligungsertrag, sondern nur die Differenz zwischen dem Veräusserungserlös und den Gestehungskosten (DBG 70 Abs. 4 lit. a). Dieser Betrag wird oft mit dem ausgewiesenen Kapitalgewinn übereinstimmen. Immer dann aber, wenn früher auf der Beteiligung Abschreibungen verbucht worden sind, wird nur ein Teil des Kapitalgewinnes bei der Berechnung der Ermässigung als Beteiligungsertrag berücksichtigt. Die wieder eingebrachten Abschreibungen unterliegen der vollen Besteuerung, weil sie in früheren Jahren den steuerbaren Ertrag geschmälert haben.

Darstellung 18: Gestehungskosten-Prinzip

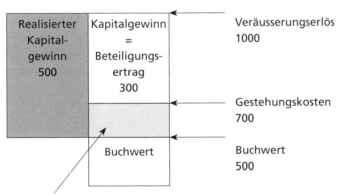

= wieder eingebrachte
Abschreibungen 200

Die Gestehungskosten einer Beteiligung entsprechen grundsätzlich den Anschaffungskosten für die Beteiligung. Diese werden durch alle Investitionen in die Beteiligung erhöht, und zwar unabhängig von der Art der

Bilanzierung, d.h. neben den offenen auch durch die verdeckten Kapitaleinlagen. Umgekehrt vermindern Desinvestitionen die Gestehungskosten, so z.B. eine Kapitalherabsetzung oder eine Substanzdividende mit entsprechendem Abschreibungsbedarf.

Aufwertungsgewinne auf Beteiligungen gelten nicht als Beteiligungsertrag und berechtigen somit nicht für eine Ermässigung der Gewinnsteuer (DBG 70 Abs. 2 lit. c). Umgekehrt erhöhen aber solche Aufwertungsgewinne die Gestehungskosten nicht, sodass bei einer späteren Veräusserung ein entsprechend erhöhter Beteiligungsertrag für die Berechnung der Ermässigung eingesetzt werden kann.

Beispiel (in TCHF):
Die X-AG wertet die 100-Prozent-Beteiligung an der Y-AG im Zuge einer Sanierung um 20 auf. Fünf Jahre später wird die Beteiligung für 200 verkauft.

Buchwert vor Aufwertung (= Gestehungskosten)	100
Aufwertung (ordentlich besteuert)	20
Buchwert nach Aufwertung	120
Verkauf für 200	200
Kapitalgewinn aus Verkauf	80
Beteiligungsertrag (200 minus unveränderte Gestehungskosten 100)	100

Der für die Ermässigung berechtigte Beteiligungsertrag ist somit in diesem Fall grösser als der realisierte Kapitalgewinn. Die Ermässigung führt deshalb gesamthaft betrachtet nur zu einer Entlastung für die X-AG, wenn sie im Geschäftsjahr des Verkaufs der Y-AG mindestens einen steuerbaren Gewinn von 100 ausweist.

Bis Ende 2006 galt eine Übergangsregelung, welche zwischen Alt- und Neu-Beteiligungen unterschied. Die Ermässigung auf Kapitalgewinnen beschränkte sich bis dahin auf die sog. Neu-Beteiligungen, d.h. auf Beteiligungsrechte, welche nach dem 31. Dezember 1996 erworben wurden (DBG 207a Abs. 1).

Als Alt-Beteiligung gelten jene Beteiligungen, welche schon vor dem 1. Januar 1997 im Besitz einer Unternehmung waren. Für diese gilt auch nach Ablauf der Übergangsfrist aus Praktikabilitätsgründen die Besonderheit, dass für die Gestehungskosten auf den Gewinnsteuerwert zu Beginn des Geschäftsjahres abgestellt wird, welches im Kalenderjahr 1997 endete (DBG 207a Abs. 2).

Gestützt auf die entsprechende Kompetenznorm (StHG 28 Abs. 1bis) haben auch die Kantone diese Ausdehnung des Beteiligungsabzuges auf Kapitalgewinne umgesetzt.

Die Unternehmenssteuerreform II bringt auch in diesem Bereich Erleichterungen, indem die massgebliche Beteiligungsquote per 1. Januar 2011 von bisher 20 auf 10 Prozent herabgesetzt wird und auch Veräusserungsgewinne auf Genussscheinen als Beteiligungsertrag qualifizieren können (DBG 70 Abs. 4 lit. b in der Fassung ab 1. Januar 2011).

Neu ist die Regelung bei zeitlich gestaffelten Veräusserungen: Wer einmal bei einem Verkauf beide Voraussetzungen (Haltedauer von einem Jahr und mindestens 10 Prozent Beteiligung) erfüllt hat, soll bei weiteren Teilveräusserungen den Beteiligungsabzug auch für Quoten beanspruchen können, die unter 10 Prozent liegen, sofern die Beteiligungsrechte am Ende des Steuerjahres vor dem Verkauf zwar weniger als 10 Prozent ausmachten, aber einen Verkehrswert von mindestens CHF 1 Mio. hatten (DBG 70 Abs. 4 lit. b zweiter Halbsatz; StHG 28 Abs. 1bis).

Die EStV hat bereits eine Praxisanweisung (KS Nr. 27 der EStV vom 17. Dezember 2009) publiziert, welche ab dem 1. Januar 2011 zur Anwendung gelangt und das bisherige KS Nr. 9 der EStV vom 9. Juli 1998 ersetzt.

5.1.3   Ermittlung des Nettobeteiligungsertrages

Von dem nach den vorstehend dargelegten Grundsätzen ermittelten Beteiligungsertrag sind in einem nächsten Schritt die Abschreibungen in Abzug zu bringen, welche mit einer Ausschüttung im Zusammenhang stehen (DBG 70 Abs. 3). Damit wird verhindert, dass bei einer sog. Substanzdividende die Dividende steuerfrei bleibt, während gleichzeitig die durch die Reduktion des Eigenkapitals notwendig gewordene Abschreibung den übrigen steuerbaren Ertrag schmälert. Eine Substanzdividende liegt vor, wenn nicht nur Gewinne des abgelaufenen Geschäftsjahres, sondern darüber hinaus auch offene Reserven ausgeschüttet werden und dadurch das ausgewiesene Eigenkapital reduziert wird.

Ausserdem sind dem Beteiligungsertrag die anteiligen Verwaltungs- und Finanzierungskosten zu belasten. Dabei sieht das Gesetz für die Verwaltungskosten eine Pauschale von 5 Prozent des Beteiligungsertrages vor (DBG 70 Abs. 1). Vorbehalten bleibt der Nachweis der effektiven Verwaltungskosten. Das bedeutet insbesondere, dass die steuerpflichtige Gesellschaft den Nachweis erbringen kann, dass die effektiven Verwaltungskosten niedriger sind als die Pauschale, was v. a. dann von grosser Bedeutung sein kann, wenn im Beteiligungsertrag grosse Kapitalgewinne aus der Veräusserung von Beteiligungen enthalten sind.

Als Finanzierungskosten gelten neben den Schuldzinsen aber auch andere mit der Fremdfinanzierung des Unternehmens im Zusammenhang stehende Aufwendungen. Der auf den Beteiligungsertrag entfallende Anteil an den Finanzierungskosten wird pauschal ermittelt. Als Grundlage für die Aufteilung dient das Verhältnis der Gewinnsteuerwerte der ertragbringenden Beteiligungen zu jenem der Gesamtaktiven. Ertragbringende Beteiligungen sind nur diejenigen, von welchen im laufenden Geschäftsjahr ein Beteiligungsertrag zugeflossen ist. Für die Ermittlung dieser Quote mitberücksichtigt werden aber auch die im Geschäftsjahr veräusserten Beteiligungen, und zwar mit ihrem Gewinnsteuerwert im Zeitpunkt des Verkaufs.

Bei Aufwandüberschüssen gilt die sog. Einzelfallbetrachtung. Das bedeutet einerseits, dass der pro Beteiligung erzielte Nettoertrag einzeln zu ermitteln ist und nicht im Sinne einer Gesamtbetrachtung als Summe aller positiven und negativen Komponenten der Beteiligungserträge. Andererseits hat die Einzelfallbetrachtung zur Folge, dass Beteiligungen mit einem negativen Nettoertrag für die Berechnung der Ermässigung auf Beteiligungserträgen ganz ausser Betracht fallen.

Damit ist für die Ermittlung des Nettobeteiligungsertrages für jede einzelne wesentliche Beteiligung folgende Rechnung anzustellen:

+ Offene und verdeckte Gewinnausschüttungen
– Abschreibungen nach Substanzdividende (DBG 70 Abs. 3)
+ Kapitalgewinn aus der Veräusserung von Beteiligungsrechten (soweit sie als Beteiligungsertrag gelten)
– Anteil Verwaltungskosten (i. d. R. pauschal 5%)
– Anteil Finanzierungskosten (proportional nach Gewinnsteuerwerten)

= Nettobeteiligungsertrag

Der für die Berechnung der Ermässigung auf dem Beteiligungsertrag massgebende Nettobeteiligungsertrag entspricht der Summe der pro Beteiligung einzeln ermittelten positiven Nettoerträge.

Beispiel (in TCHF):

Die Inter Holding AG hält verschiedene Beteiligungen. Die Jahresrechnung 2009 der Inter Holding AG präsentiert sich wie folgt:

Bilanz

Beteiligung Alpha AG 100%	400	
Beteiligung Beta AG 50%	100	
Beteiligung Delta AG 15%[1]	100	600
Übrige Aktiven		200
Fremdkapital		600
Aktienkapital		100
Reserven		100
	800	800

Erfolgsrechnung

Beteiligungsertrag Alpha AG (Substanzdividende)		200
Beteiligungsertrag Beta AG		50
Beteiligungsertrag Delta AG		50
Kapitalgewinn aus Verkauf Gamma AG (100%)[2]		200
Verwaltungskosten	50	
Abschreibung Alpha AG	200	
Zinsaufwand	30	
Übrige Aufwendungen	20	
Reingewinn	200	
	500	500

[1] Verkehrswert 1500
[2] Erwerb 1998, Verkauf 1.1.2009

Der Nettobeteiligungsertrag errechnet sich wie folgt:

Beteiligung	Buchwert 31.12.09	in %
Alpha AG	400	50
Beta AG	100	12,5
Delta AG	100	12,5
Gamma AG	0[3]	0
	600	75
Total Aktiven	800	100

Beteiligung	Brutto-ertrag	Abschrei-bungen	Finanzierungs-aufwand[1]	Verwaltungs-aufwand	Netto-ertrag
Alpha AG	200	−200	− 15	0	0
Beta AG	50	0	−3,75	−2,5	43,75
Delta AG	50	0	−3,75	−2,5	0[2]
Gamma AG, Kap.Gew.	200	0	0[3]	− 5[4]	195
	500	−200	−22,5	− 10	238,75

[1] in % des Aktivenanteils
[2] weniger als 20% bzw. CHF 2 Mio.
[3] 0, da Verkauf per 1.1.2009
[4] nachgewiesene effektive Verwaltungskosten (< 5% des Bruttoertrages bzw. des Kapitalgewinnes)

5.1.4 Berechnung der Ermässigung auf dem Beteiligungsertrag

Nach dem im DBG und StHG verankerten System der Steuerentlastung von Beteiligungserträgen werden diese nicht von der Besteuerung ausgenommen, wie dies im Ausland weit verbreitet ist (sog. Befreiungsmethode). Es wird lediglich die auf dem steuerbaren Reingewinn inkl. Beteiligungserträgen geschuldete Gewinnsteuer proportional im Verhältnis des Nettoertrages aus den Beteiligungen zum gesamten Reingewinn herabgesetzt.

Beispiel: Berechnung der Ermässigung auf Beteiligungserträgen

		CHF	
Angaben zum Sachverhalt:			
Beteiligung X-AG (100%)		500 000	25%
Übrige Aktiven		1 500 000	75%
Total Aktiven		2 000 000	100%
Ertrag aus massgeblicher Beteiligung		200 000	
Schuldzinsen		– 40 000	
Reingewinn		400 000	
Steuer		25%	

Berechnung der geschuldeten Steuer:

		CHF	CHF
Steuer auf dem Reingewinn	25% von 400 000		100 000
Beteiligungsertrag		200 000	
minus 5% Verwaltungskosten		– 10 000	
minus Schuldzinsen gemäss Aktivenanteil			
25% von 40 000		– 10 000	
Nettobeteiligungsertrag		180 000	

$$\text{Ermässigung} \quad \frac{180\,000 \times 100}{400\,000} = 45\% \qquad -45\,000$$

Geschuldete Steuer			55 000

Die in der Schweiz geltende Methode der Ermässigung der Gewinnsteuer führt dazu, dass ein Verlust aus betrieblicher Tätigkeit mit einem positiven Nettobeteiligungsertrag verrechnet wird. Das bedeutet, dass der Beteiligungsertrag den in den Folgejahren verrechenbaren Verlustvortrag kürzt und gleichzeitig die Ermässigung auf Beteiligungserträgen ganz oder teilweise ins Leere läuft, denn die geschuldete Steuer wird maximal auf null reduziert.

> **Beispiel:**
> Die Axo GmbH weist aus der betrieblichen Tätigkeit einen Verlust von 100 und Nettobeteiligungserträge von 50 aus. Die Beteiligungserträge kürzen den in den Folgejahren verrechenbaren Verlustvortrag auf 50, und die steuerliche Ermässigung läuft ins Leere.

Die Quote der proportionalen Kürzung der Gewinnsteuer ergibt sich aus dem Verhältnis des Nettobeteiligungsertrages zum gesamten Reingewinn des Geschäftsjahres. Aus dem Gesetz geht nicht eindeutig hervor, ob bei noch verrechenbaren Verlustvorträgen auf den steuerbaren Reingewinn vor oder nach Verlustverrechnung abgestellt werden muss. Für die direkte Bundessteuer hat die EStV die Frage im vorstehend (5.1.1) erwähnten KS Nr. 9 vom 9. Juli 1998 (Ziff. 2.7) dahingehend geklärt, dass auf den Reingewinn nach Verlustverrechnung abzustellen ist. Die meisten Kantone folgen dieser Praxis.

> **Beispiel:**
> Die Axo GmbH erzielt im Folgejahr insgesamt einen Gewinn von 100 und Nettobeteiligungserträge von 20. Der steuerlich verrechenbare Verlustvortrag beträgt 50. Der für die Berechnung der Ermässigung auf dem Beteiligungsertrag massgebende Gewinn beträgt 50, sodass sich ein Beteiligungsabzug von 40 Prozent ergibt.

5.2 Holdinggesellschaften

Die Kantone kennen für die sog. Holdinggesellschaften ein besonderes Steuerprivileg. Als Holdinggesellschaften gelten im Steuerrecht Kapitalgesellschaften und Genossenschaften, die zur Hauptsache die dauernde Verwaltung von Beteiligungen bezwecken und die in der Schweiz keine Geschäftstätigkeit ausüben (StHG 28 Abs. 2).

Das Verbot der Geschäftstätigkeit in der Schweiz bedeutet, dass es einer als Holdinggesellschaft besteuerten Unternehmung nicht gestattet ist, mittels einer industriellen, gewerblichen oder kommerziellen Tätigkeit als Produzentin oder Anbieterin von Waren, Immaterialgütern oder Dienstleistungen gegen aussen am schweizerischen Wirtschaftsverkehr teilzunehmen. Im Ausland ist hingegen der Holdinggesellschaft eine Geschäftstätigkeit erlaubt. Im Rahmen der Beteiligungsverwaltung sind indessen auch in der Schweiz ausgeübte Verwaltungstätigkeiten sowie Hilfsfunktionen im Konzern zulässig.

Die Holdinggesellschaft kann im Rahmen ihrer Verwaltungstätigkeit Beteiligungen veräussern und neue erwerben, wenn dadurch der Charakter als Holdinggesellschaft (d. h. das Halten und Verwalten von Beteiligungen im Gegensatz zum Handel mit Wertpapieren) nicht beeinträchtigt wird. Beteiligungsfinanzierungen an neu gegründeten oder jungen Unternehmungen mit Eigenkapital (sog. Private Equity Investments) sind grundsätzlich auch für Holdinggesellschaften möglich, wenn die Geschäftsführung dieser Gesellschaften nicht durch die Holdinggesellschaft erfolgt.

Zu den zulässigen Hilfstätigkeiten im Konzern gehören z. b. die Bereitstellung eines zentralen Führungs- und Reportingsystems für die Konzernorganisation, Marktforschung im Interesse des Gesamtkonzerns, Rechts- und Steuerberatung auf Konzernebene, Personalberatung im Bereich der Führungskräfte, Konzernkommunikation, Investor Relations, Konzernfinanzierung durch zentrale Mittelbeschaffung auf dem Kapitalmarkt und Finanzierung der Tochtergesellschaften. Die Bewirtschaftung von Immaterialgüterrechten ist als Nebenzweck in den meisten Kantonen nur dann zulässig, wenn diese Tätigkeit im Vergleich zu den beteiligungsbezogenen Aktivitäten geringfügig ist.

Holdinggesellschaften zahlen auf dem Reingewinn keine kantonale Steuer, sofern die Beteiligungen oder die Erträge aus den Beteiligungen längerfristig mindestens zwei Drittel der gesamten Aktiven oder Erträge ausmachen. Davon ausgenommen sind allfällige Liegenschaftserträge aus schweizerischen Liegenschaften, die zum ordentlichen Tarif versteuert werden müssen (StHG 28 Abs. 2). Holdinggesellschaften entrichten bei den kantonalen Steuern i. d. R. eine reduzierte Kapitalsteuer.

Bei der direkten Bundessteuer werden Holdinggesellschaften ordentlich besteuert, wobei sie die Ermässigung auf Beteiligungserträge geltend machen können, sofern die Voraussetzungen dazu erfüllt sind (DBG 69; vgl. vorstehend 5.1).

5.3   Domizilgesellschaften

Domizilgesellschaften zeichnen sich dadurch aus, dass sie in der Schweiz – wie die Holdinggesellschaften – lediglich eine Verwaltungstätigkeit, aber keine Geschäftstätigkeit ausüben dürfen. Solche Gesellschaften können z. B. die Vermögensverwaltung oder gewisse Hilfsfunktionen für ausländische Konzerngesellschaften übernehmen (Inkasso, Fakturierung). Domizilgesellschaften sind in Bezug auf ihren Sitz sehr flexibel. Sie siedeln sich daher dort an, wo die steuerlichen Bedingungen besonders günstig sind, weshalb in den Kantonen für solche Gesellschaften ein besonders günstiges Steuerprivileg gilt.

Domizilgesellschaften entrichten bei den kantonalen Steuern die Gewinnsteuer wie folgt (StHG 28 Abs. 3):

- Erträge aus massgeblichen Beteiligungen i.S.v. StHG 28 Abs. 1 sowie Kapital- und Aufwertungsgewinne auf solchen Beteiligungen sind steuerfrei;
- die übrigen Einkünfte aus der Schweiz werden zum ordentlichen Tarif besteuert;
- die übrigen Einkünfte aus dem Ausland werden mit einer Quote entsprechend der Bedeutung der Verwaltungstätigkeit in der Schweiz zum ordentlichen Tarif besteuert. Die steuerbare Quote liegt i. d. R. zwischen null und 20 Prozent, je nachdem ob es sich um reine Briefkastendomizile ohne eigene Büros und Personal handelt oder ob die Domizilgesellschaft über eine eigene Infrastruktur mit eigenem Personal verfügt.

Domizilgesellschaften zahlen häufig wie die Holdinggesellschaften bei den kantonalen Steuern ebenfalls nur eine reduzierte Kapitalsteuer.

Die direkte Bundessteuer kennt kein entsprechendes Steuerprivileg für Domizilgesellschaften. Sie unterliegen deshalb der ordentlichen Besteuerung, wobei sie allenfalls für Beteiligungserträge die Ermässigung nach DBG 69 geltend machen können.

Soweit die Domizilgesellschaft die Voraussetzungen einer sog. Principal-Gesellschaft erfüllt, gelangen für die direkte Bundessteuer besondere Regeln für die Steuerausscheidung zur Anwendung, welche im Ergebnis ebenfalls eine Niedrigbesteuerung in der Schweiz bewirken (vgl. dazu nachfolgend VII. 3.5.5).

Beispiel (in TCHF):
Die Doni (Schweiz) AG weist für das Jahr 2009 folgende Bilanz und Erfolgsrechnung aus:

Bilanz per 31.12.2009

Flüssige Mittel	100	Fremdkapital	500
Wertschriften Ausland	1 000	Aktienkapital	500
Wertschriften Inland	100	Reserven	300
Lizenzen	1 600	Gewinnvortrag	1 700
Beteiligungen (100%)	200		
	3 000		3 000

Erfolgsrechnung 2009

Allgemeiner Verwaltungsaufwand	150	Lizenzertrag Ausland	1 600	80%
Zinsaufwand	40	Lizenzertrag Inland	20	1%
Lizenzverwaltung Ausland	200	Wertschriftenertrag Ausland	260	13%
Lizenzverwaltung Inland	10	Wertschriftenertrag Inland	20	1%
Gewinn	1 600	Beteiligungsertrag	100	5%
	2 000		2 000	100%

Annahme: Aufgrund der vorhandenen Infrastruktur sowie der in der Schweiz ausgeübten Verwaltungstätigkeit beträgt die Quote des steuerbaren Auslandertrages 10 Prozent.

Nach kantonalem Recht wird der steuerbare Reingewinn wie folgt ermittelt:

Erträge	Beteiligungen	Inlandertrag	Auslandertrag
Lizenzertrag Ausland			1 600
Lizenzertrag Inland		20	
Wertschriftenertrag Ausland			260
Wertschriftenertrag Inland		20	
Beteiligungsertrag	100	—	——
Zwischentotal	100	40	1 860

Abzüglich direkt
zurechenbarer Aufwand

– Lizenzverwaltung Ausland			– 200
– Lizenzverwaltung Inland		– 10	
Restlicher Aufwand von 190 nach Hilfsfaktoren (hier nach dem Verhältnis der Erträge)	– 9,5 (5%)	– 3,8 (2%)	– 176,7 (93%)
Spartengewinn	90,5	26,2	1 483,3

Ermittlung des steuerbaren Reingewinnes:

Beteiligungsertrag	steuerfrei
Inlandertrag zu 100%	26,2
Auslandertrag zu 10%	148,3
Total steuerbarer Reingewinn	174,5
zum Satz von	1 600,0

Für die direkte Bundessteuer beträgt der steuerbare Reingewinn 1 600, wobei auf 100 die Ermässigung auf Beteiligungserträgen geltend gemacht werden kann.

5.4 Gemischte Gesellschaften

Die sog. gemischten Gesellschaften sind den Domizilgesellschaften sehr ähnlich. Im Gegensatz zu den Domizilgesellschaften dürfen sie aber in der Schweiz eine «untergeordnete Geschäftstätigkeit» ausüben. Ihre Geschäftstätigkeit muss allerdings «überwiegend auslandbezogen» sein (StHG 28 Abs. 4).

Die Beurteilung, was «überwiegend auslandbezogen» und «untergeordnete Geschäftstätigkeit» bedeuten, wird in den Kantonen nicht einheitlich vorgenommen. I. d. R. wird aber maximal ein Inlandumsatz von 20 Prozent des Gesamtumsatzes noch als untergeordnete schweizerische Geschäftstätigkeit anerkannt. Dabei setzt sich immer mehr auch die Meinung durch, dass für diese Beurteilung sowohl die Aufwand- als auch die Ertragsseite der Erfolgsrechnung zu berücksichtigen ist. Nicht als schweizerische Geschäftstätigkeit gelten dabei jene schweizerischen Verwaltungstätigkeiten und Hilfsfunktionen, welche auch bei den Holding- und Domizilgesellschaften der Gewährung des Privilegs nicht entgegenstehen.

Für die Besteuerung dieser Gesellschaften gelten grundsätzlich die gleichen Vorschriften wie für die Domizilgesellschaften. Das bedeutet, dass der in der Schweiz erzielte Anteil am Gewinn sowie eine Quote des im Ausland erzielten Gewinnes der kantonalen Gewinnsteuer unterliegen.

In gewissen Kantonen wird diesen Gesellschaften nicht ein besonderer Steuerstatus gewährt. Die Umsetzung des Domizilprivilegs von StHG 28 Abs. 4 erfolgt in diesen Kantonen auf dem Weg der Steuerausscheidung. Der überwiegenden Auslandbezogenheit wird dadurch Rechnung getragen, dass für die internationale Steuerausscheidung eine ausländische Betriebsstätte angenommen wird (vgl. z. B. StG-SG 73 Abs. 1 zweiter Satz), womit nur ein Teil des Auslandgewinnes in der Schweiz zur Besteuerung gelangt. Im Ergebnis entspricht diese Lösung jener von StHG 28 Abs. 4.

Bei der direkten Bundessteuer ist auch für diese Gesellschaften kein besonderes Steuerprivileg vorgesehen.

5.5   Zusammenfassung

Darstellung 19:   Zusammenfassende Übersicht über die privilegiert besteuerten Gesellschaften

	Beteiligungs- gesellschaft	Holding- gesellschaft	Domizil- gesellschaft	Gemischte Gesellschaft
Rechtliche Bestim- mungen	DBG 69, 70; StHG 28 Abs. 1 und 1bis	DBG keine Regelung; StHG 28 Abs. 2	DBG keine Regelung; StHG 28 Abs. 3	DBG keine Regelung; StHG 28 Abs. 4
Begriff	Gesellschaft mit massgeblicher Beteiligung am Grundkapital einer andern Gesellschaft; DBG 69: mindestens 20% oder Verkehrs- wert der Beteiligung mindestens CHF 2 Mio.[1]	Gesellschaft, deren Aktiven und/oder Erträge zu zwei Dritteln aus mass- geblichen Beteiligungen oder Beteili- gungserträgen bestehen und deren Haupt- zweck das dauernde Halten von Beteiligun- gen ist.	Gesellschaft, die in der Schweiz keine Geschäfts- tätigkeit ausübt; Vermögens- verwaltungs- und Hilfstätig- keiten für andere Gesellschaften sind zulässig.	Gesellschaft, die in der Schweiz lediglich eine untergeordnete Geschäftstätig- keit ausübt und deren Geschäfts- tätigkeit überwiegend auslandbezogen ist.
Gewinn- steuer	Ermässigung im Verhältnis des Anteils der Nettoerträge inkl. gewisser Kapitalgewinne aus mass- geblichen Beteiligungen zum Reinge- winn (Beteiligungs- abzug)	Keine Gewinnsteuer (nur Kantone) Beteiligungs- abzug (direkte Bundes- steuer)	Erträge aus massgeblichen Beteiligungen sowie Kapital- und Aufwer- tungsgewinne auf solchen Beteiligungen sind steuerfrei; die Einkünfte aus der Schweiz werden zum ordentlichen Tarif besteuert; die übrigen Einkünfte aus dem Ausland werden nach der Bedeutung der Verwaltungs- tätigkeit besteuert. Kein Privileg bei der direkten Bundessteuer	Erträge aus massgeblichen Beteiligungen sowie Kapital- und Aufwer- tungsgewinne auf solchen Beteiligungen sind steuerfrei; die Einkünfte aus der Schweiz werden zum ordentlichen Tarif besteuert; die Einkünfte aus dem Ausland unterliegen lediglich mit einer Quote von 10–20% der Besteuerung in der Schweiz. Kein Privileg bei der direkten Bundessteuer
Kapital- steuer (nur Kantone)	z.T. reduzierte Kapitalsteuer	z.T. reduzierte Kapitalsteuer	z.T. reduzierte Kapitalsteuer	z.T. reduzierte Kapitalsteuer

[1] Die Unternehmenssteuerreform II bringt Änderungen (in Kraft ab 1.1.2011), vgl. vorstehend 5.1.1

6 Besteuerung der Vereine, Stiftungen und der übrigen juristischen Personen sowie der kollektiven Kapitalanlagen

Literatur zur Vertiefung:
Höhn/Waldburger, Steuerrecht I, S. 482 ff.
Oberson, Droit fiscal, S. 222 ff.
Locher, Kommentar DBG II, Art. 66 und 71
Reich, Steuerrecht, S. 406
Richner/Frei/Kaufmann/Meuter, Kommentar StG-ZH, § 69
Ryser/Rolli, Précis, S. 359
Zweifel/Athanas, Kommentar DBG, Art. 66 und Art. 71 (Lutz)
Zweifel/Athanas, Kommentar StHG, Art. 26 (Lutz)

Zur Besteuerung der Anlagefonds:
Hess Toni, Die Besteuerung der Anlagefonds und der anlagefondsähnlichen Instrumente sowie deren Anteilsinhaber in der Schweiz, Schriften zum Steuerrecht (Hrsg. Markus Reich), Band 8, Zürich 2000

6.1 Besteuerung der Vereine

Die allgemeinen Regeln über die Gewinnermittlung gelten auch für die Vereine, sofern sie nicht wegen Gemeinnützigkeit oder der Verfolgung eines öffentlichen oder Kultuszweckes von den Steuern befreit sind.

Als Besonderheit ist bei der Vereinsbesteuerung zu beachten, dass die Mitgliederbeiträge nicht zum Gewinn gerechnet werden. Die übrigen Erträge sind steuerbar. Aufwendungen, die nicht mit steuerbaren Erträgen in direktem Zusammenhang stehen, müssen vorerst mit den steuerfreien Mitgliederbeiträgen verrechnet werden. Nur wenn sie die Mitgliederbeiträge übersteigen, können sie von den steuerbaren Erträgen in Abzug gebracht werden (DBG 66 Abs. 2).

Bei der direkten Bundessteuer entrichten die Vereine eine proportionale Gewinnsteuer von 4,25 Prozent, wobei Gewinne unter CHF 5000 steuerfrei sind (DBG 71).

Für Vereine gilt bei den kantonalen Steuern i. d. R. das Reinvermögen als steuerbares Eigenkapital. Das Reinvermögen wird nach den Regeln für natürliche Personen ermittelt.

6.2 Besteuerung der Stiftungen und der übrigen juristischen Personen

Die allgemeinen Regeln über die Gewinnermittlung gelten wie bei den Vereinen ebenfalls für die Stiftungen und die übrigen juristischen Personen (Korporationen des Privatrechts sowie Körperschaften und Anstalten des öffentlichen Rechts). Diese sind jedoch oft wegen Gemeinnützigkeit oder der Verfolgung eines öffentlichen oder Kultuszweckes von der Steuerpflicht befreit. Bei der direkten Bundessteuer und in den Kantonen sind Zuwendungen an Stiftungen steuerfrei (DBG 66 Abs. 1, StHG 26 Abs. 1). Bei den kantonalen Steuern unterliegen jedoch Zuwendungen an nicht steuerbefreite Stiftungen i. d. R. der Schenkungssteuer.

Die nicht steuerbefreiten Stiftungen und übrigen juristischen Personen bezahlen bei der direkten Bundessteuer wie die Vereine eine proportionale Gewinnsteuer von 4,25 Prozent, wobei Gewinne unter CHF 5000 steuerfrei sind (DBG 71).

Für Stiftungen und die übrigen juristischen Personen gilt ebenfalls wie bei den Vereinen das Reinvermögen als steuerbares Kapital (StHG 29 Abs. 2 lit. c).

6.3 Besteuerung von kollektiven Kapitalanlagen gemäss KAG

Die offenen kollektiven Kapitalanlagen (vertraglicher Anlagefonds gemäss KAG 25 ff. und Investmentgesellschaften mit variablem Kapital, sog. SICAV, gemäss KAG 36 ff.) sowie die Kommanditgesellschaften für kollektive Kapitalanlagen (KAG 98 ff.) werden steuerlich transparent behandelt. Das bedeutet, dass deren Ertrag und Kapital den einzelnen Anlegern anteilig zugerechnet werden und von diesen zu versteuern sind.

Demgegenüber werden die Investmentgesellschaften mit festem Kapital nach KAG 110 (sog. SICAF) steuerlich den Kapitalgesellschaften gleichgestellt. Sowohl für die Gewinnermittlung als auch für die Besteuerung gelten demnach die vorstehend dargestellten Grundsätze der Gewinn- und Kapitalsteuern von Kapitalgesellschaften. Entsprechend gelangt der Steuertarif von 8,5 Prozent auf diese Gewinne zur Anwendung.

Eine dritte Kategorie kollektiver Kapitalanlagen schliesslich, nämlich diejenigen offenen kollektiven Kapitalanlagen sowie Kommanditgesellschaften für kollektive Kapitalanlagen, welche direkten Grundbesitz halten (KAG 57), wird für die Besteuerung dieser Immobilien und der Erträge daraus den übrigen juristischen Personen gleichgestellt (DBG 49 Abs. 2). Somit entrichten diese Anlagevehikel auf den Immobilienerträgen eine

Gewinnsteuer von 4,25 Prozent (DBG 66 Abs. 3 und 72). Bei den Anteils-inhabern erfolgt keine Besteuerung dieser Erträge und dieses Vermögens. Für allfällige übrige Erträge (Zinsen aus der Anlage liquider Mittel usw.) gilt hingegen auch bei diesen Anlagevehikeln der Grundsatz der transparenten Besteuerung, d. h. Zurechnung anteilig bei den Anteilsinhabern.

Analoge Regelungen gelten für die kantonalen Gewinn- und Kapitalsteuern (StHG 20 Abs. 1, 26 Abs. 3 und 29 Abs. 2 lit. c).

7 Minimalsteuern

Etwas weniger als die Hälfte der Kantone kennt für juristische Personen eine Minimalsteuer, welche zur Sicherung eines minimalen Steueraufkommens von diesen Steuersubjekten anstelle der ordentlichen Gewinn- und Kapitalsteuer erhoben wird. Die Minimalsteuer ist eine subsidiäre Steuer und wird nur dann erhoben, wenn sie den für die Gewinn- und Kapitalsteuer ermittelten Steuerbetrag übersteigt.

Als Bemessungsgrundlage für die Minimalsteuer ist das Grundeigentum am weitesten verbreitet (AR, BS, LU, NW, OW, SH, TG und TI). In einzelnen Kantonen wird aber auch auf den Bruttoumsatz abgestellt (FR, VS, in VD kombiniert mit dem im Kanton investierten Kapital).

Das Bundesgericht musste sich verschiedentlich zur Zulässigkeit der Minimalsteuer äussern. Es sieht darin weder einen Verstoss gegen die Grundsätze der Besteuerung nach der wirtschaftlichen Leistungsfähigkeit und der Gleichbehandlung noch eine Verletzung des interkantonalen Doppelbesteuerungsverbotes, solange die Minimalsteuer ein bestimmtes tiefes Mass nicht übersteigt. Im Zusammenhang mit der Minimalsteuer auf Grundstücken hat das Bundesgericht eine Belastung von 2 Promille des Verkehrswertes der Liegenschaft als Obergrenze bezeichnet (vgl. BGE 110 Ia 253 sowie StE 2007 AG A 21.16 Nr. 9).

Der Bund und die übrigen Kantone erheben keine Minimalsteuer.

C GRUNDSTÜCKGEWINNSTEUER

1 Allgemeines

Literatur zur Vertiefung:
BLUMENSTEIN/LOCHER, System, S. 188 f.
HÖHN/WALDBURGER, Steuerrecht I, S. 557 ff.
HÖHN/WALDBURGER, Steuerrecht II, S. 159–189
OBERSON, Droit fiscal, S. 248 ff.
REICH, Steuerrecht, S. 164 f.
RYSER/ROLLI, Precis, S. 368 ff.
ZWEIFEL/ATHANAS, Kommentar StHG, Art. 12 (ZWAHLEN)

Zum monistischen System:
RICHNER/FREI/KAUFMANN/MEUTER, Kommentar StG-ZH, §§ 216–226a

Zum dualistischen System:
WEIDMANN/GROSSMANN/ZIGERLIG u. a., Wegweiser durch das st. gallische Steuerrecht,
6. Auflage 1999, S. 219 ff.

Die Grundstückgewinnsteuer ist eine sog. Spezialeinkommenssteuer. Sie wird bei der Veräusserung von Liegenschaften anstelle der Einkommenssteuer auf Grundstückgewinnen erhoben. Weil sie ohne Berücksichtigung der übrigen Einkommensverhältnisse der steuerpflichtigen Person erhoben wird, zählt sie zu den sog. Objektsteuern.

Der Bund erhebt keine Grundstückgewinnsteuer. Sie wird jedoch in allen Kantonen (z. T. auch von den Gemeinden) erhoben.

StHG 12 lässt zwei Systeme der Grundstückgewinnsteuer zu: das dualistische System (auch als St. Galler System bezeichnet) und das monistische System (auch als Zürcher System bezeichnet).

• Beim dualistischen System werden grundsätzlich mit der Grundstückgewinnsteuer nur Gewinne aus der Veräusserung von Grundstücken des Privatvermögens erfasst, während Gewinne aus der Veräusserung von Liegenschaften des Geschäftsvermögens der Einkommens- bzw.

Gewinnsteuer unterliegen. Dieses System gilt in den Kantonen AG, AI, AR, FR, GE, GL, GR, LU, NE, OW, SG, SH, SO, VD, VS, und ZG.

- Beim monistischen System unterliegen neben den Gewinnen aus der Veräusserung von Privatvermögen auch die sog. Wertzuwachsgewinne auf Geschäftsliegenschaften der Grundstückgewinnsteuer (StHG 12 Abs. 4). Im monistischen System sind somit Grundstückgewinne im Geschäftsbereich nur insoweit der allgemeinen Einkommens- und Gewinnsteuer unterworfen, als diese wieder eingebrachte Abschreibungen darstellen. Das monistische System gilt in den Kantonen BE, BL, BS, JU, NW, SZ, TI, UR und ZH.

- Eine spezielle Regelung weist das Steuergesetz des Kantons Thurgau auf: Grundstückgewinne werden in Anlehnung an das monistische System bei natürlichen Personen und Personengesellschaften mit der Grundstückgewinnsteuer erfasst (d. h. Gewinne auf Privat- und Geschäftsliegenschaften). Bei den juristischen Personen jedoch unterliegen die Grundstückgewinne wie im dualistischen System der Gewinnsteuer (Ausnahme: gewisse steuerbefreite juristische Personen, bei welchen die Grundstückgewinnsteuer zur Anwendung gelangt).

Beispiel:

Die Produkt-AG veräussert für CHF 1 600 000 eine Liegenschaft, welche einen Buchwert von CHF 1 100 000 aufweist. Die ursprünglichen Anlagekosten lagen bei CHF 1 400 000.

In einem Kanton mit dualistischem System unterliegt der auf diesem Geschäftsaktivum realisierte Kapitalgewinn von CHF 500 000 der Gewinnsteuer.

In einem Kanton mit monistischem System werden die wieder eingebrachten Abschreibungen von CHF 300 000 mit der Gewinnsteuer und wird der Wertzuwachsgewinn von CHF 200 000 mit der Grundstückgewinnsteuer erfasst.

Einzelne Kantone mit dualistischen Systemen erfassen systemwidrig auch die Gewinne ausserkantonaler Liegenschaftshändler, die nur aufgrund ihres Immobilienbesitzes im Kanton steuerpflichtig sind, mit der Grundstückgewinnsteuer (AI, GL, SG, SO und ZG; der Kanton Luzern hebt die entsprechende Bestimmung mit Wirkung ab dem 1. Januar 2011 auf). Dies steht im Widerspruch zu dem aus dem interkantonalen Doppelbesteuerungsverbot (BV 127 Abs. 3) abgeleiteten Schlechterstellungsverbot, wenn es sich zuungunsten des Steuerpflichtigen auswirkt (zum Schlechterstellungsverbot vgl. nachfolgend V. 2.2). Das Bundesgericht hat dazu seit inkrafttreten des Steuerharmonisierungsgesetzes noch nicht Stellung genommen.

Nachfolgend wird primär das dualistische System dargestellt, wie es in StHG Abs. 1–3 normiert ist. Auf das monistische System wird eingegangen, soweit sich daraus Besonderheiten ergeben. Die Zulässigkeit des monistischen Systems ist in StHG 12 Abs. 4 ausdrücklich festgehalten.

2 Steuersubjekt

Steuerpflichtig ist der Veräusserer eines Grundstückes, und zwar auch dann, wenn der Erwerber vertraglich verpflichtet wird, die Grundstückgewinnsteuer ganz oder teilweise zu übernehmen.

3 Steuerobjekt

3.1 Veräusserungen

3.1.1 Allgemeines

Der Grundstückgewinnsteuer unterliegen Wertzuwachsgewinne, die sich bei Veräusserung eines Grundstückes des Privatvermögens (bzw. im monistischen System auch des Geschäftsvermögens) ergeben. Steuerbar ist der realisierte Gewinn, soweit der Erlös die Anlagekosten übersteigt.

Der Begriff des Grundstückes richtet sich nach ZGB 655. Grundstücke sind Liegenschaften, die ins Grundbuch aufgenommenen selbständigen und dauernden Rechte (z.B. Baurecht), Bergwerke sowie Miteigentumsanteile an Grundstücken (z.B. Stockwerkeigentum). Nach dem zivilrechtlichen Eigentumsbegriff erstreckt sich das Eigentum an einem Grundstück auch auf seine Bestandteile (ZGB 641 Abs. 1). Das bedeutet, dass auch die auf Bestandteilen realisierten Mehrwerte der Grundstückgewinnsteuer unterliegen. Hingegen gilt i.d.R. das Zugehör (ZGB 644 ff.) als bewegliches Vermögen, welches nicht unter die Grundstückgewinnsteuer fällt.

3.1.2 Steuerbegründende Veräusserungen

Die Steuerpflicht wird grundsätzlich durch jede Veräusserung eines Grundstückes begründet. Neben den privatrechtlichen Kauf- und Tauschgeschäften stellen auch die entgeltlichen Eigentumsübertragungen kraft öffentlich-rechtlicher Zwangsverwertung oder Expropriation Veräusserungen dar.

Der Veräusserung sind gleichgestellt (StHG 12 Abs. 2):

- Rechtsgeschäfte, die in Bezug auf die Verfügungsgewalt über ein Grundstück wirtschaftlich wie eine Veräusserung wirken, was auch als wirtschaftliche Handänderung bezeichnet wird (StHG 12 Abs. 2 lit. a; vgl. dazu nachfolgend 3.1.3);
- Die Überführung eines Grundstücks vom Privat- ins Geschäftsvermögen (dies gilt jedoch nicht im monistischen System; StHG 12 Abs. 4 lit. b);
- Die Belastung von Grundstücken mit privatrechtlichen Dienstbarkeiten oder öffentlich-rechtlichen Eigentumsbeschränkungen, sofern dadurch die Bewirtschaftung oder der Veräusserungswert wesentlich beeinträchtigt ist und dafür ein Entgelt entrichtet wird;
- Die Übertragung von einzelnen Beteiligungsrechten (des Privatvermögens) an einer Immobiliengesellschaft, sofern das kantonale Steuerrecht dies ausdrücklich vorsieht (StHG 12 Abs. 2 lit. d). Mit dieser Regelung ist nicht die wirtschaftliche Handänderung gemeint. Die Kantone sind vielmehr gemäss dieser Bestimmung des StHG befugt, eine spezielle Kapitalgewinnsteuer auf jeder entgeltlichen Quotenverschiebung zwischen den Beteiligten an einer Immobiliengesellschaft einzuführen;
- Sofern nach kantonalem Recht vorgesehen, auch die ohne Veräusserung erzielten Planungsmehrwerte im Sinne des Raumplanungsgesetzes (z. B. infolge Umzonung).

3.1.3 Wirtschaftliche Handänderung im Besonderen

Als wirtschaftliche Handänderung i.S.v. StHG 12 Abs. 2 lit. a gilt jede Übertragung der wirtschaftlichen Verfügungsgewalt über ein Grundstück, ohne dass dabei das zivilrechtliche Eigentum übertragen wird. Dabei ist zu unterscheiden zwischen den sog. Kettengeschäften und der Übertragung einer Mehrheitsbeteiligung an einer Immobiliengesellschaft.

Ein sog. Kettengeschäft liegt vor, wenn wirtschaftlich betrachtet die Verfügungsgewalt über ein Grundstück einmal oder mehrmals übertragen wird, bevor es zu einer zivilrechtlichen Handänderung kommt. Ein solches Kettengeschäft kann insbesondere darin bestehen, dass ein Kauf-, Kaufrechts- oder Vorkaufrechtsvertrag mit einer Substitutionsklausel versehen wird, welche den Berechtigten dazu ermächtigt, eine Drittperson in seine Rechte und Pflichten eintreten zu lassen. Mit dem Eintritt der Drittperson in den Vertrag steht ihr die Verfügungsgewalt über das Grundstück zu.

Beispiel:

Hans Anselm und Reto Burri schliessen einen auf ein Jahr befristeten Kaufrechtsvertrag mit Substitutionsklausel über ein von Anselm als Architekt und Bauherr erstelltes Einfamilienhaus ab. Der vereinbarte Kaufpreis beträgt CHF 750 000. Der Vertrag wird am 1. März 2008 beurkundet.

Zwei Monate später überträgt Burri das Kaufrecht für CHF 45 000 auf Priska Caluori, gestützt auf die Substitutionsklausel. Caluori übt gleichentags das Kaufrecht aus und meldet den Eigentumsübergang beim Grundbuch an.

Es liegen zwei Veräusserungen im Sinne des Grundstückgewinnsteuerrechts vor:

- Eine wirtschaftliche Handänderung von Anselm an Burri. Der Erwerbspreis beträgt CHF 750 000.
- Eine wirtschaftliche Handänderung von Burri an Caluori. Der Erwerbspreis beträgt CHF 795 000.

Die notwendigerweise ebenfalls stattfindende zivilrechtliche Eigentumsübertragung zwischen Anselm und Caluori bleibt im Falle des Vorliegens eines Kettengeschäfts unbeachtlich, d. h., es werden nur die wirtschaftlichen Handänderungen besteuert.

Die Übertragung der Mehrheitsbeteiligung an einer Kapitalgesellschaft gilt nur dann als wirtschaftliche Handänderung von Immobilien, wenn diese in steuerlicher Hinsicht die Voraussetzungen einer Immobiliengesellschaft erfüllt. Als Immobiliengesellschaft gilt eine juristische Person, die sich ausschliesslich oder überwiegend mit der Nutzbarmachung oder Wertsteigerung ihres Grundbesitzes oder dessen Verwendung als sichere und nutzbringende Kapitalanlage befasst (Veräusserung, Vermietung, Verpachtung, Überbauung). Für die Beurteilung ist dabei nicht bloss auf den statutarischen Zweck, sondern auf das tatsächliche Geschäftsgebaren abzustellen. Massgebender Zeitpunkt für die Qualifikation als Immobiliengesellschaft ist jener des Übergangs der wirtschaftlichen Verfügungsgewalt.

Eine wirtschaftliche Handänderung liegt dann vor, wenn gesamthaft oder in Tranchen mehr als 50 Prozent der Beteiligungsrechte und damit die Verfügungsgewalt über eine Immobiliengesellschaft entgeltlich übertragen werden. In einzelnen Kantonen (z. B. TG) wird bereits die Übertragung von 50 Prozent der Beteiligungsrechte als wirtschaftliche Handänderung behandelt. Eine wirtschaftliche Handänderung infolge Übertragung einer Mehrheitsbeteiligung kann aber auch dann vorliegen, wenn mehrere Minderheitsbeteiligte aufgrund einer besonderen Abrede (z. B. im Rahmen einer einfachen Gesellschaft) ihre Beteiligungen veräussern.

Im Gegensatz zur zivilrechtlichen Handänderung, bei welcher die Eigentumsübertragung und damit die Übertragung der Verfügungsgewalt erst mit dem Eintrag im Grundbuch erfolgt, bestimmt bei der wirtschaftlichen

Handänderung die Übertragung des Eigentums an den Beteiligungsrechten den Zeitpunkt des Übergangs der wirtschaftlichen Verfügungsgewalt.

3.1.4 Besonderheit des monistischen Systems

Weil im monistischen System sowohl private wie auch geschäftliche Wertzuwachsgewinne auf Grundstücken mit der Grundstückgewinnsteuer erfasst werden, stellt in diesem System die Privatentnahme nur insoweit eine steuersystematische Realisation dar, als wieder eingebrachte Abschreibungen der Einkommenssteuer unterliegen. Der im Zeitpunkt der Überführung bestehende Wertzuwachsgewinn unterliegt nach wie vor latent der Grundstückgewinnsteuer, weshalb die Besteuerung aufgeschoben wird.

Analog stellt auch die Überführung eines Grundstückes vom Privat- ins Geschäftsvermögen im monistischen System keine steuersystematische Veräusserung dar (StHG 12 Abs. 4 lit. b).

3.2 Steueraufschiebende Veräusserungen

3.2.1 Übersicht

Nicht jede Veräusserung führt jedoch unmittelbar zu einer Erhebung der Grundstückgewinnsteuer. Eine Reihe von sog. steueraufschiebenden Veräusserungen führt dazu, dass die Besteuerung ganz oder teilweise auf einen späteren Zeitpunkt, nämlich bis zur nächsten (steuerbegründenden) Veräusserung, aufgeschoben wird. Als steueraufschiebende Veräusserungen gelten (StHG 12 Abs. 3):

- Erbgang (Erbfolge, Erbteilung, Vermächtnis);
- Erbvorbezug und Schenkung (im Falle eines gemischten Rechtsgeschäftes, d.h. einer teilweise entgeltlichen Übertragung des Grundstückes, wird die Grundstückgewinnsteuer anteilsmässig erhoben und nur teilweise aufgeschoben);
- Die Übertragung von Grundstücken zur Abgeltung güter- und scheidungsrechtlicher Ansprüche sowie ausserordentlicher Beiträge gemäss ZGB 165;
- Landumlegungen zwecks Güterzusammenlegung, Quartierplanung, Grenzbereinigung, Abrundung landwirtschaftlicher Heimwesen sowie bei Landumlegungen im Enteignungsverfahren oder bei drohender Enteignung;

- Ersatzbeschaffung und Reinvestition innert angemessener Frist im Bereich der Land- und Forstwirtschaft;
- Ersatzbeschaffung innert angemessener Frist für das ständig selbstgenutzte Eigenheim.

3.2.2 Ersatzbeschaffung im Speziellen

Sowohl die Ersatzbeschaffung eines Eigenheimes als auch jene im land- und forstwirtschaftlichen Bereich kann als Folge der Steuerharmonisierung auch ausserhalb des bisherigen Belegenheitskantons erfolgen. Als angemessene Frist gelten in den Kantonen unterschiedliche Zeitspannen, welche i.d.R. zwischen ein und drei Jahren liegen.

Bei Ersatzbeschaffung im geschäftlichen und privaten Bereich erfolgt ein vollständiger Steueraufschub, wenn der ganze Veräusserungserlös in ein Ersatzobjekt investiert wird. Wenn die Reinvestition jedoch geringer ausfällt als der Veräusserungserlös, stellt sich die Frage nach der Höhe des Steueraufschubs. Das Bundesgericht hat entschieden, dass dabei die absolute Methode zur Anwendung gelangt (BGE 130 II 202). Nach dieser Berechnungsart wird der bei der Veräusserung erzielte Grundstückgewinn insoweit nicht besteuert, als der Veräusserungserlös für das Ersatzobjekt verwendet wird. Für den Fall, dass die Reinvestitionskosten unter den ursprünglichen Anlagekosten des ersetzten Objektes liegen, kann – analog zur Ersatzbeschaffung von betrieblichem Anlagevermögen (vgl. vorstehend A 3.3.13) – kein Besteuerungsaufschub erfolgen.

Zurzeit ist aber auf Bundesebene eine Gesetzesvorlage in Vorbereitung, welche die sog. relative (oder auch proportionale) Methode für alle Kantone verbindlich erklärt. Bei der relativen Methode wird die Besteuerung des Gewinns im Verhältnis der Reinvestition zum erzielten Erlös aufgeschoben. Dies führt dazu, dass auch ein Teil des frei verfügbaren Grundstückgewinns, welcher nicht reinvestiert wird, dem Steueraufschub unterliegt.

Im monistischen System gilt ausserdem auch die Übertragung eines Grundstückes im Rahmen einer einkommens- bzw. gewinnsteuerneutralen Umstrukturierung als steueraufschiebende Veräusserung (StHG 12 Abs. 4 lit. a).

4 Bemessungsgrundlage

Als steuerbarer Grundstückgewinn gilt der Betrag, um den der Erlös die
Anlagekosten übersteigt (StHG 12 Abs. 1).

4.1 Anlagekosten

Die Anlagekosten setzen sich zusammen aus dem Erwerbspreis und den
anrechenbaren Aufwendungen.

4.1.1 Erwerbspreis

Der Erwerbspreis entspricht grundsätzlich dem durch die Grundbuchbelege
ausgewiesenen Kaufpreis unter Einschluss aller weiterer Leistungen.

Bei Tauschgeschäften wird auf den aktuellen Verkehrswert (Marktwert) der
getauschten Grundstücke unter Einschluss allfälliger Aufgelder abgestellt.

> **Beispiel:**
> A und B tauschen ihre Liegenschaften. Sie vereinbaren, dass der Tausch wie
> folgt abgewickelt werden soll:
>
> Vereinbarter Tauschpreis:
> Grundstück A: CHF 100 000
> Grundstück B: CHF 250 000
> Aufgeld von A an B: CHF 150 000
>
> Das Grundstück von A weist einen Verkehrswert von CHF 150 000, jenes von B
> einen solchen von CHF 300 000 auf. Somit beträgt der massgebende Erwerbs-
> preis für das Grundstück B nicht CHF 250 000 wie vereinbart, sondern entspre-
> chend den Verkehrswerten CHF 300 000.

Wurde das veräusserte Grundstück durch Privatentnahme vom Geschäfts-
ins Privatvermögen überführt, so gilt beim dualistischen System der in
jenem Zeitpunkt massgebende Einkommenssteuerwert als Erwerbspreis.

Hat der Veräusserer das Grundstück auf dem Wege einer steueraufschiebenden Veräusserung erworben (z. B. Erbschaft, Schenkung), so wird auf den
Erwerbspreis der letzten steuerauslösenden Veräusserung und die seither
angefallenen wertvermehrenden Aufwendungen abgestellt. War die Übertragung teilweise unentgeltlich (z. B. gemischte Schenkung), so erhöht sich der
Erwerbspreis in dem Ausmass, in welchem das damals zu leistende Entgelt die
Anlagekosten des Rechtsvorgängers überstiegen hat. Auf jenem Betrag wurde
zum damaligen Zeitpunkt bereits die Grundstückgewinnsteuer abgerechnet.

> **Beispiel:**
>
> Vater A schenkt im Juni 2009 seiner Tochter B ein Grundstück mit einem Verkehrswert von CHF 500 000 gegen Übernahme der Hypothekarschuld von CHF 300 000:
>
> Anlagekosten Vater (Erwerb 1970): CHF 275 000
> Hypothek 2007: CHF 300 000
>
> Es handelt sich um eine gemischte Schenkung. Im Betrag der Hypothek von CHF 300 000 ist das Rechtsgeschäft entgeltlich. Der Vater hat damit im Jahr 2009 die Differenz zwischen dem entgeltlichen Teil von CHF 300 000 und seinen Anlagekosten von CHF 275 000, d.h. CHF 25 000, mit der Grundstückgewinnsteuer abzurechnen. Bei einer späteren Veräusserung durch die Tochter B beträgt ihr Erwerbspreis CHF 300 000.

Die Praxis im Kanton Zürich ist grosszügiger. Sie gewährt bei einer gemischten Schenkung einen vollständigen Aufschub der Grundstückgewinnsteuer.

Die Kantone dürfen vorsehen, dass in bestimmten Fällen anstelle des Erwerbspreises auf einen Ersatzwert abgestellt wird (StHG 12 Abs. 1). In diesem Sinne sieht z. B. das Zürcher Steuergesetz vor, dass der steuerpflichtige Grundstückveräusserer anstelle des Erwerbspreises den (höheren) Verkehrswert des Grundstücks vor 20 Jahren in Anrechnung bringen kann (StG-ZH 220 Abs. 2).

4.1.2 Anrechenbare Aufwendungen

Als anrechenbare Aufwendungen gelten zunächst jene Ausgaben, welche eine Wertsteigerung des Grundstückes bewirken. Die Wertsteigerung kann sowohl in körperlichen als auch in rechtlichen Verbesserungen am Grundstück bestehen. Soweit hingegen Ausgaben im Zusammenhang mit einem Grundstück nicht wertvermehrenden, sondern werterhaltenden Charakter haben, sind diese als laufende Unterhaltskosten im Rahmen der Einkommenssteuer abzugsfähig (vgl. vorstehend A 3.5.6).

Als anrechenbare Aufwendungen gelten i. d. R.:

- Baukosten für die Erstellung, Erweiterung oder Verbesserung eines Grundstückes;
- Projektkosten von Architekten, Bauingenieuren und Generalunternehmern, soweit das Projekt ausgeführt oder zusammen mit dem Grundstück veräussert wird;
- Kosten für die Nachholung von Unterhalt in den ersten Jahren nach dem Erwerb einer im Unterhalt vernachlässigten Liegenschaft (anschaffungs-

nahe Aufwendungen, die sich preismindernd ausgewirkt haben), soweit in jenem Zeitpunkt die Instandstellungskosten als wertvermehrend eingestuft wurden (aufgrund der sog. Dumont-Praxis des Bundesgerichts; vgl. vorstehend I. A 3.5.6);

- Abbruchkosten;
- Grundeigentümerbeiträge an die Kosten staatlicher Infrastruktur, die eine Wertsteigerung des Grundstückes zur Folge haben (z. B. Perimeterbeiträge für den Strassenbau);
- Kosten für rechtliche Verbesserungen des Grundstückes wie z. B. die Errichtung einer Dienstbarkeit zugunsten des Grundstücks oder für die Ablösung einer belastenden Dienstbarkeit;
- Eigenleistungen am Grundstück mit wertvermehrendem Charakter, soweit diese mit der Einkommenssteuer erfasst wurden bzw. im Zeitpunkt der Veräusserung erfasst werden;
- Schuldzinsen, soweit sie als Anlagekosten gelten. Dies ist insbesondere bei Baukreditzinsen der Fall, welche für die Zeit vor der Fertigstellung einer Baute bezahlt und bei der Einkommenssteuer nicht zum Abzug zugelassen wurden;
- Ortsübliche Mäklerprovisionen an Dritte für die Vermittlung oder den Nachweis einer Kaufs- bzw. Verkaufsgelegenheit;
- Nebenkosten im Zusammenhang mit dem Erwerb bzw. der Veräusserung eines Grundstückes (z. B. Insertionskosten, Beratungskosten, Handänderungssteuern, Grundbuchgebühren, Vermessungskosten, Kosten für Bewilligungsverfahren).

4.2 Veräusserungserlös

Als Veräusserungserlös gilt der vereinbarte Kaufpreis unter Einschluss aller weiterer Leistungen des Erwerbers. Der Veräusserungserlös entspricht bei einer späteren Veräusserung dem Erwerbspreis (Anlagekosten) des Erwerbers. Deshalb kann auf die vorstehend zum Erwerbspreis gemachten Ausführungen verwiesen werden (vgl. vorstehend 4.1.1).

Erfolgt die Veräusserung ganz oder teilweise gegen Einräumung eines Nutzungsrechtes (z. B. unentgeltliches Wohnrecht) oder einer Rente, so ist der Barwert derselben dem Veräusserungserlös zuzurechnen. Wird im Kaufvertrag die Übernahme der Grundstückgewinnsteuer durch den Erwerber vereinbart, so stellt dies eine zusätzliche Leistung zum Kaufpreis dar. Der massgebende Veräusserungserlös wird daher entsprechend erhöht.

Beim Verkauf einer Mehrheitsbeteiligung an einer Immobiliengesellschaft (wirtschaftliche Handänderung) ergibt sich der Veräusserungserlös für die so übertragene(n) Liegenschaft(en) aus der Summe von vereinbartem Kaufpreis für die Aktien und Fremdmittel der Gesellschaft im Zeitpunkt des Erwerbs abzüglich nicht liegenschaftlicher Aktiven und/oder Passiven.

Beispiel:

Aktionär Hans Schnell veräussert sämtliche Aktien der Immobiliengesellschaft Wohn-AG, deren Hauptaktivum aus einem Wohnhaus besteht, welches vor 20 Jahren für CHF 5 300 000 erworben wurde (ohne wertvermehrende Investitionen). Der vereinbarte Kaufpreis beträgt CHF 3 000 000.

Die Bilanz der Wohn-AG im Zeitpunkt der Veräusserung präsentiert sich wie folgt (in CHF):

Aktiven		*Passiven*	
Bank	100 000	Hypothek	2 800 000
Debitoren	20 000	Rückstellung	200 000
Wohnhaus	5 000 000	Aktienkapital	500 000
		Reserven	1 620 000
	5 120 000		5 120 000

Der Veräusserungserlös errechnet sich wie folgt:

Vereinbarter Kaufpreis für die Aktien		CHF 3 000 000
+ Hypothek		CHF 2 800 000
nichtliegenschaftliche Werte		
– Bank	– CHF 100 000	
– Debitoren	– CHF 20 000	– CHF 120 000
Veräusserungserlös für die Liegenschaft		CHF 5 680 000

Bei Anlagekosten von CHF 5 300 000 beträgt der steuerbare Grundstückgewinn somit CHF 380 000. Im Falle einer späteren Weiterveräusserung der Immobiliengesellschaft gilt der Betrag von CHF 5 680 000 als Erwerbspreis für die Liegenschaft. Für die kantonale Gewinnsteuer kann i. d. R. ebenfalls dieser Wert übernommen werden (Steuerbilanz). Hingegen gilt für die direkte Bundessteuer weiterhin der Buchwert gemäss Handelsbilanz (bzw. der bisherige Gewinnsteuerwert).

5   Steuermass

5.1   Grundsatz

Das StHG belässt den Kantonen wie bei der Einkommenssteuer ihre Autonomie bei der Festlegung des Steuertarifes. Das Steuermass richtet sich
daher grundsätzlich nach kantonalem bzw. kommunalem Recht.

I. d. R. gelangt ein progressiv ausgestalteter Steuersatz zur Anwendung. Oft
werden für die Satzbestimmung auch mehrere im gleichen Jahr erzielte
Gewinne zusammengezählt.

5.2   Zuschlag auf kurzfristig erzielten Grundstückgewinnen

In Abweichung vom Grundsatz der Tarifautonomie schreibt StHG 12
Abs. 5 den Kantonen vor, dass kurzfristig realisierte Grundstückgewinne
stärker besteuert werden müssen. Damit soll der Bodenspekulation vorge-
beugt werden.

Dieser Vorschrift wird durch einen Zuschlag bei kurzer Haltedauer (Spekulationszuschlag) Genüge getan.

Beispiele:
- Wenn das Grundstück weniger als fünf Jahre im Eigentum des Veräusserers
  war, wird der einfache Steuerbetrag für das fünfte und jedes volle Jahr
  weniger um 1% erhöht (vgl. StG-SG 141 Abs. 1).
- Der Steuerbetrag erhöht sich bei einer Besitzesdauer von weniger als einem
  Jahr um 50%, bei weniger als zwei Jahren um 25% (StG-ZH 225 Abs. 2)

5.3   Ermässigung bei langer Haltedauer

Die kantonalen Steuergesetze sehen regelmässig vor, dass sich der Grund-
stückgewinn bei langer Besitzesdauer kontinuierlich reduziert. Zu diesem
Zwecke wird in Abhängigkeit von der Haltedauer die Steuer ermässigt (sog.
Eigentumsdauerrabatt). Damit wird in pauschaler Art und Weise v.a. der
Geldentwertung Rechnung getragen.

Beispiel:
- Eigentumsdauerrabatt: Bei einer Haltedauer von mindestens fünf Jahren
  wird der Grundstückgewinnsteuerbetrag um 5% und pro zusätzliches Jahr
  um je weitere 3% (max. aber 50%) reduziert (vgl. StG-ZH 225 Abs. 3).

D QUELLENSTEUER

1 Allgemeines

Literatur zur Vertiefung:
BLUMENSTEIN/LOCHER, System, S. 80 ff.
HÖHN/WALDBURGER, Steuerrecht I, S. 366 ff.
LOCHER, Kommentar DBG II, Art. 83–101
OBERSON, Droit fiscal, S. 243 ff.
REICH, Steuerrecht, S. 475 ff.
RYSER/ROLLI, Précis, S. 443 ff.
ZWEIFEL/ATHANAS, Kommentar DBG, Art. 83–101 (ZIGERLIG/JUD)
ZWEIFEL/ATHANAS, Kommentar StHG, Art. 32–38 (ZIGERLIG/RUFENER)

Bei gewissen Steuerpflichtigen wird anstelle der Durchführung des ordentlichen Veranlagungs- und Bezugsverfahrens eine Quellensteuer erhoben (DBG 83 ff.). Der Schuldner einer steuerbaren Leistung wird dabei verpflichtet, von seiner Leistung die vom Empfänger geschuldete Quellensteuer in Abzug zu bringen und den Steuerbehörden zu überweisen.

Steuersubjekt ist zwar der Empfänger der steuerbaren Leistung, er wird aber im Steuerverfahren vom Schuldner vertreten (sog. Steuersubstitution).

Es sind zwei Gruppen von Steuerpflichtigen, bei welchen für bestimmte Einkünfte die Quellensteuer anstelle der ordentlichen Steuerveranlagung zum Tragen kommt:

- Die ausländischen Arbeitnehmer, welche zwar steuerrechtlichen Wohnsitz in der Schweiz haben, jedoch nicht im Besitz einer fremdenpolizeilichen Niederlassungsbewilligung (Ausländerausweis C) sind (DBG 83–90);
- Die natürlichen und juristischen Personen mit Wohnsitz bzw. Sitz im Ausland, welche aufgrund wirtschaftlicher Zugehörigkeit in der Schweiz nur beschränkt steuerpflichtig sind (DBG 91–101).

Genau gleich wie die Einkommens- bzw. die Gewinnsteuer des Bundes wird auch die Quellensteuer von den kantonalen Steuerbehörden vereinnahmt. Die kantonalen Quellensteuervorschriften sind harmonisiert (StHG 32–38). Die anwendbaren Steuersätze schliessen den Tarif für die Bundessteuer ein

(StHG 33 Abs. 1), variieren aber als Folge der kantonalen Tarifhoheit von Kanton zu Kanton.

Die Quellensteuer kommt nur für Steuerpflichtige mit mehr oder weniger starkem Bezug zu einer ausländischen Steuerhoheit zum Tragen. Sie unterliegt daher häufig den Einschränkungen des internationalen Steuerrechts. Stehen Bestimmungen eines Doppelbesteuerungsabkommens der Erhebung der Quellensteuer entgegen oder beschränken sie diese im Umfang, so gehen diese Normen als übergeordnetes Recht vor.

2 Natürliche Personen mit steuerrechtlichem Wohnsitz oder Aufenthalt in der Schweiz

2.1 Ausgestaltung der Quellensteuer

In der Schweiz unbeschränkt steuerpflichtige ausländische Arbeitnehmer ohne fremdenpolizeiliche Niederlassungsbewilligung unterliegen für ihre Einkünfte aus unselbständiger Erwerbstätigkeit der Quellensteuer (DBG 87 Abs. 1). Ehegatten werden jedoch beide im ordentlichen Verfahren veranlagt, wenn einer von ihnen das Schweizer Bürgerrecht oder die Niederlassungsbewilligung besitzt.

Der Quellensteuer unterliegen die steuerbaren Erwerbseinkünfte aus unselbständiger Erwerbstätigkeit sowie die Ersatzeinkünfte (insbesondere Taggelder und gewisse Renten bzw. Kapitalleistungen aus Versicherung). Ausgenommen sind jedoch jene Einkünfte, welche im vereinfachten Abrechnungsverfahren gemäss DBG 37a abgerechnet werden (DBG 83 Abs. 1 zweiter Satz; vgl. dazu vorstehend A 3.11.6). Grundlage der Besteuerung bilden die Bruttoeinkünfte. Im Gegensatz zum ordentlichen Veranlagungsverfahren werden weder Gewinnungskosten noch Sozialabzüge berücksichtigt. Diesen wird in der Ausgestaltung des massgebenden Tarifs pauschalisiert Rechnung getragen. Deshalb gelten vier unterschiedliche Tarife (QStV 1 Abs. 1):

- Tarif für alleinstehende Steuerpflichtige;
- Tarif für Verheiratete sowie alleinstehende Steuerpflichtige, die zusammen mit eigenen Kindern einen Haushalt führen;
- Tarif für verheiratete Steuerpflichtige, die beide hauptberuflich in der Schweiz erwerbstätig sind;
- Tarif für im Nebenerwerb tätige Steuerpflichtige.

2.2 Vorbehalt der ordentlichen Veranlagung

Mit dem Abzug an der Quelle sind grundsätzlich sowohl die kantonalen wie auch die Einkommenssteuern des Bundes abgegolten. Vorbehalten bleibt jedoch in gewissen Fällen die sog. ergänzende ordentliche Veranlagung oder die nachträgliche ordentliche Veranlagung.

Die ergänzende ordentliche Veranlagung wird für jene Einkünfte eines Quellensteuerpflichtigen durchgeführt, welche nicht dem Abzug an der Quelle unterliegen (DBG 90 Abs. 1). Es sind dies insbesondere Vermögenserträge sowie Einkünfte aus dem Ausland. Ausserdem wird die kantonale Vermögenssteuer im ordentlichen Verfahren veranlagt. Dieses Verfahren wird als ergänzende ordentliche Veranlagung bezeichnet, weil es nicht völlig losgelöst von der Quellensteuer durchgeführt wird. So werden insbesondere die mit der Quellensteuer bereits erfassten Einkommensbestandteile für die Satzbestimmung mitberücksichtigt.

Die nachträgliche ordentliche Veranlagung kommt dann zum Tragen, wenn die der Quellensteuer unterliegenden Einkünfte pro Kalenderjahr einen bestimmten Betrag übersteigen (DBG 90 Abs. 2). Zurzeit liegt diese Grenze bei CHF 120000. In diesem Fall wird nachträglich eine ordentliche Veranlagung durchgeführt. Die bereits abgerechnete Quellensteuer wird an den im ordentlichen Verfahren veranlagten Steuerbetrag angerechnet. Die an der Quelle erhobene Steuer wird dadurch zu einer reinen Sicherungssteuer.

> **Beispiel:**
>
> Angela Deuss, deutsche Staatsangehörige, ist als Informatikerin bei der Soft GmbH in St. Gallen angestellt. Sie verfügt für das Jahr 2007 über eine fremdenpolizeiliche Daueraufenthaltsbewilligung (Ausweis B-EG). Ihr Gehalt beträgt CHF 8000 (13 Monatsgehälter). Im Dezember wird ihr zusätzlich ein Bonus von CHF 25000 zugesprochen.
>
> Angela Deuss verfügt ausserdem über ein Wertschriften-Depot mit einem Wert von CHF 150000 bei einer Schweizer Bank, woraus ihr im Jahr 2007 CHF 5000 an Erträgen (Zinsen, Dividenden) zugeflossen sind.
>
> Angela Deuss unterliegt für ihr Erwerbseinkommen der Quellensteuer nach DBG 83–90 (StHG 32–34). Die Soft GmbH muss daher von ihrem Gehalt die Quellensteuer nach sankt-gallischem Steuergesetz (StG-SG 105 ff.) in Abzug bringen und dem Steueramt abliefern. Für das Wertschriftenvermögen sowie die Erträge daraus ist grundsätzlich eine ergänzende ordentliche Veranlagung (DBG 90 Abs. 1) vorzunehmen. Weil aber das Jahreserwerbseinkommen von Angela Deuss die Grenze von CHF 120000 überschreitet, werden ohnehin sämtliche Einkünfte und Vermögenswerte im nachträglichen ordentlichen Veranlagungsverfahren (DBG 90 Abs. 2) erfasst. Die bereits in Abzug gebrachte Quellensteuer wird dabei angerechnet.

3 Natürliche und juristische Personen ohne steuerrechtlichen Wohnsitz oder Aufenthalt in der Schweiz

3.1 Ausgestaltung der Quellensteuer

Gewisse natürliche und juristische Personen, welche ihren steuerrechtlichen Wohnsitz oder Aufenthalt bzw. ihren steuerlich massgebenden Sitz nicht in der Schweiz haben, unterliegen für bestimmte Einkünfte der Quellensteuer. Gemeinsam ist ihnen, dass sie in der Schweiz lediglich aufgrund ihrer wirtschaftlichen Zugehörigkeit (DBG 5 und 51) und deshalb nur beschränkt steuerpflichtig sind. Im Gegensatz zu den im Abschnitt «Natürliche Personen mit steuerrechtlichem Wohnsitz oder Aufenthalt in der Schweiz» dargestellten Fällen greift bei den nachstehend aufgezählten Einkünften die Quellensteuer auch dann, wenn es sich um Schweizer Bürger mit Wohnsitz im Ausland handelt.

In den hier beschriebenen Fällen stellt die Quellensteuer die definitive Steuerbelastung auf den entsprechenden Einkünften dar (sog. echte Quellensteuer). Sowohl die nachträgliche wie auch die ergänzende ordentliche Veranlagung sind ausgeschlossen. In der Schweiz steuerbare Einkünfte einer steuerpflichtigen Person, welche nicht der Quellensteuer unterliegen (z. B. schweizerisches Grundeigentum und daraus fliessende Erträge), werden ohne Berücksichtigung von allfälligen auf anderen Einkünften erhobenen Quellensteuern im ordentlichen Verfahren veranlagt.

3.2 Mit der Quellensteuer erfasste Einkünfte

Folgende Einkünfte von Personen ohne Wohnsitz oder Sitz in der Schweiz unterliegen der Quellensteuer:

* Erwerbseinkommen von Unselbständigerwerbenden, die als Grenzgänger, Wochenaufenthalter oder vorübergehend für kurze Zeit in der Schweiz tätig sind (DBG 91);
* Einkünfte von Angestellten eines Schweizer Unternehmens für die Arbeit im internationalen Verkehr an Bord eines Schiffes, Luftfahrzeuges oder auf der Strasse (DBG 97);
* Entschädigungen für die persönliche Tätigkeit in der Schweiz von Künstlern, Sportlern und Referenten (DBG 92);
* Vergütungen an Verwaltungsräte und Geschäftsführer von schweizerischen Unternehmen oder Betriebsstätten (DBG 93);

- Zinsen auf Forderungen, welche hypothekarisch durch ein in der Schweiz gelegenes Grundstück gesichert sind (DBG 94);
- Renten und andere Vergütungen, welche aufgrund eines früheren öffentlich-rechtlichen Arbeitsverhältnisses in der Schweiz ausgerichtet werden (DBG 95);
- Leistungen aus Einrichtungen der beruflichen Vorsorge oder aus anerkannten Formen der gebundenen Selbstvorsorge (Säulen 2 und 3a; DBG 96).

Beispiel:

Rosa Heller hat ihren Wohnsitz in Bonn, D. Sie ist Verwaltungsratspräsidentin der MindSoft AG mit Sitz in St. Gallen. Ihr jährliches Verwaltungsratshonorar beträgt CHF 80 000, die Spesen werden effektiv ersetzt. Daneben besitzt sie in Rorschacherberg SG ein Ferienhaus.

Rosa Heller unterliegt für ihr Verwaltungsratshonorar der Quellensteuer nach DBG 93 (StHG 35 Abs. 1 lit. d). Die MindSoft AG muss daher von ihrem Verwaltungsratshonorar die Quellensteuer von 5% nach DBG 93 Abs. 3 plus 20% nach sankt-gallischem Steuergesetz (StG-SG 117), also insgesamt 25%, in Abzug bringen und dem Steueramt abliefern.

Für das Ferienhaus wird sie als beschränkt Steuerpflichtige unabhängig von einer Besteuerung an der Quelle ordentlich veranlagt.

Zu beachten sind ausserdem die Einschränkungen durch das DBA CH-D. Dieses weist das Besteuerungsrecht für das Verwaltungsratshonorar (DBA CH-D 16) und das Grundeigentum (DBA CH-D 6 und 22) der Schweiz zu.

E VERFAHRENSRECHT

1 Allgemeines

Literatur zur Vertiefung:
BLUMENSTEIN/LOCHER, System, S. 379–442
HÖHN/WALDBURGER, Steuerrecht I, S. 925–989
OBERSON, Droit fiscal, S. 441–503
REICH, Steuerrecht, S. 455 ff.
RYSER/ROLLI, Précis, S. 449–496
ZWEIFEL/CASANOVA, Schweizerisches Steuerverfahrensrecht, Zürich/Basel/Genf 2008

Das Veranlagungsverfahren bezweckt die verpflichtende Festsetzung des geschuldeten Steuerbetrages im Einzelfall. Es umfasst die Ermittlung des für den Bestand und den Umfang der Steuerpflicht wesentlichen Sachverhaltes. Grundsätzlich können drei Veranlagungsverfahren unterschieden werden: die amtliche Veranlagung, die Selbstveranlagung und die gemischte Veranlagung.

Bei der amtlichen Veranlagung wird die Veranlagung von der Steuerbehörde ohne vorangehende aktive Mitwirkung des Steuerpflichtigen vorgenommen. Sie ist nur bei einfachen Sachverhalten möglich, die zudem den Behörden von Amtes wegen bekannt sind, wie bei der Personalsteuer, Grundsteuer, Handänderungssteuer, Motorfahrzeugsteuer, Wasserfahrzeugsteuer, Hundetaxe.

Bei der Selbstveranlagung wird die Veranlagung vom Steuer- oder Abrechnungspflichtigen selbst vorgenommen, indem dieser den Steuerbetrag selbst ermittelt und von sich aus den Steuerbehörden abliefert. Die staatliche Tätigkeit beschränkt sich auf Kontrollen und allfällige Berichtigungen. Dieses Verfahren setzt voraus, dass den Steuerpflichtigen aufgrund ihrer Kenntnisse und ihrer Tätigkeit eine derartige Verfahrensbeteiligung zugemutet werden kann. Im Selbstveranlagungsverfahren werden u.a. die Mehrwertsteuer, die Verrechnungssteuer, die Stempelabgabe und die Quellensteuer erhoben.

Die gemischte Veranlagung ist eine Kombination von amtlicher und Selbstveranlagung. Den Steuerpflichtigen trifft eine Deklarationspflicht. Die

Steuer wird nach durchgeführter Untersuchung von der Steuerbehörde verfügt. Dieses Verfahren findet insbesondere Anwendung bei der Einkommens- und Vermögenssteuer sowie der Gewinn- und Kapitalsteuer.

Im Folgenden wird das gemischte Veranlagungsverfahren näher dargestellt, wie es für die Einkommens- und Vermögenssteuer sowie die Gewinn- und Kapitalsteuer zur Anwendung gelangt.

2 Behörden

Literatur zur Vertiefung:
REICH, Steuerrecht, S. 458 ff.
ZWEIFEL/ATHANAS, Kommentar DBG, Art. 102–103 (BEUSCH), Art. 104–108 (ZIGERLIG/ JUD) und Art. 109–112 (ZWEIFEL)

Bei den Behörden kann unterschieden werden zwischen den eidgenössischen und den kantonalen Behörden.

2.1 Eidgenössische Behörden

Für die direkte Bundessteuer sind folgende eidgenössischen Behörden zuständig (DBG 102):

• das Eidgenössische Finanzdepartement;
• die Eidgenössische Steuerverwaltung;
• das Bundesgericht;
• die Eidgenössische Erlasskommission.

Das Eidgenössische Finanzdepartement übt die Aufsicht über die Steuererhebung aus (DBG 102 Abs. 1).

Die Eidgenössische Steuerverwaltung (EStV) ist dafür besorgt, dass die Kantone, welche die Veranlagung sowohl für die natürlichen als auch für die juristischen Personen vornehmen, das Gesetz über die direkte Bundessteuer einheitlich anwenden. Sie hat zu diesem Zweck Vorschriften für die richtige und einheitliche Veranlagung und den Bezug der direkten Bundessteuer zu erlassen. Mittel dazu sind die Kreisschreiben, Rundschreiben und Merkblätter der EStV, mit welchen den Kantonen die Veranlagung bestimmter Sachverhalte und Änderungen in der Veranlagungspraxis mitgeteilt werden. Zur Durchsetzung der richtigen Anwendung des Gesetzes stehen der EStV verschiedene aufsichtsrechtliche Massnahmen zur Verfügung (DBG 103):

- Durchführen von Kontrollen;
- Teilnahme an Verhandlungen;
- Anordnung von Untersuchungsmassnahmen;
- Eröffnung von Veranlagungen und Einspracheentscheiden ihr gegenüber.

Rechtsstreitigkeiten bei der direkten Bundessteuer werden letztinstanzlich vom Bundesgericht entschieden (vgl. nachfolgend 5.4).

Ist ein Steuerpflichtiger nicht imstande, seine Steuern zu bezahlen, kann er u.a. um einen Steuererlass nachsuchen. Zuständig für die Prüfung von Erlassgesuchen bei der direkten Bundessteuer ist die Eidgenössische Erlasskommission, die sich aus dem Präsidenten und dem Vizepräsidenten, die beide vom Bundesgericht bezeichnet werden, sowie einem Vertreter der EStV und einem Vertreter der Verwaltung des betreffenden Kantons zusammensetzt (DBG 102 Abs. 4).

2.2 Kantonale und kommunale Behörden

Die kantonale Verwaltung für die direkte Bundessteuer leitet und überwacht den Vollzug und die einheitliche Anwendung des Gesetzes über die direkte Bundessteuer (DBG 104 Abs. 1). Zuständige Behörde ist i.d.R. das kantonale Steueramt. Die Veranlagungen werden somit von denselben Personen vorgenommen, welche auch die natürlichen und die juristischen Personen bei den kantonalen Steuern veranlagen.

Die Veranlagung der Einkommens- und Vermögenssteuern der natürlichen Personen wird durch den kantonalen Steuerkommissär in Zusammenarbeit mit den Gemeindesteuerämtern vorgenommen. Die Gemeindesteuerämter führen die Steuerregister, bereiten die Veranlagungen administrativ vor, vollziehen die Verfügungen, verwahren die Steuerakten und arbeiten bei der Veranlagung einfacher Fälle mit.

Für die Veranlagung der direkten Bundessteuer ist bei persönlicher Zugehörigkeit für die natürlichen Personen die Behörde desjenigen Kantons zuständig, in welchem die natürliche Person am Ende der Steuerperiode ihren steuerrechtlichen Wohnsitz oder Aufenthalt hatte (DBG 216 Abs. 1).

Beispiel:
Silvia Kolb hatte am 1.1.2009 Wohnsitz in St. Gallen. Sie zieht per 1.10.2009 nach Chur. Der Kanton Graubünden ist zuständig für die Veranlagung der direkten Bundessteuer 2009.

Für die juristischen Personen ist die Behörde desjenigen Kantons zuständig, in welchem die juristische Person am Ende der Steuerperiode ihren Sitz oder ihre Verwaltung hat (DBG 105 Abs. 3).

> *Beispiel:*
>
> Die Mini AG, Geschäftsjahr 1.7. bis 30.6., verlegt ihren Sitz per 1.1.2010 von St. Gallen nach Chur.
>
> Bei den juristischen Personen entspricht das Geschäftsjahr der Steuerperiode. Für die direkte Bundessteuer ist somit für die Steuerperiode 2008/09 der Kanton St. Gallen zuständig, für die Steuerperiode 2009/10 der Kanton Graubünden.

Bei wirtschaftlicher Zugehörigkeit ist für die Veranlagung der direkten Bundessteuer für natürliche Personen die Behörde desjenigen Kantons zuständig, in welchem die natürliche Person am Ende der Steuerperiode die Voraussetzungen der wirtschaftlichen Zugehörigkeit erfüllt wie z. B. eine Betriebsstätte oder das Eigentum an Liegenschaften (DBG 217 Abs. 1).

> *Beispiel:*
>
> Brigitte Janz wohnt in München, D. Sie besitzt am 31.12.2009 in Davos eine Eigentumswohnung. Der Kanton Graubünden ist zuständig für die Veranlagung der direkten Bundessteuer 2009.

Bei juristischen Personen ist bei wirtschaftlicher Zugehörigkeit für die Veranlagung der direkten Bundessteuer die Behörde desjenigen Kantons zuständig, in welchem die juristische Person am Ende der Steuerperiode wirtschaftlich zugehörig ist (DBG 106 Abs. 1). Wenn in verschiedenen Kantonen eine Steuerpflicht besteht, ist der Kanton zuständig, in dem sich am Ende der Steuerperiode der grösste Teil der steuerbaren Werte befindet (DBG 106 Abs. 2).

> *Beispiel:*
>
> Die Versicherungs AG mit Sitz und Hauptverwaltung in Stuttgart, D, führt per 31.12.2009 in St. Gallen, Chur und Zürich Versicherungsagenturen (Betriebsstätten). Der Umsatz und das Kapital verteilen sich wie folgt (in CHF):
>
> | | St. Gallen | Chur | Zürich |
> |---------|-----------:|--------:|--------:|
> | Umsatz | 500 000 | 200 000 | 400 000 |
> | Kapital | 200 000 | 50 000 | 70 000 |
>
> Der Kanton St. Gallen ist für die Veranlagung der direkten Bundessteuer für die Steuerperiode 2009 zuständig.

Für eine gesamtschweizerisch einheitliche Veranlagungspraxis der natürlichen und juristischen Personen ist auch die Schweizerische Steuerkonferenz besorgt (SSK; www.steuerkonferenz.ch). Die SSK ist die Konferenz der staatlichen Steuerbeamten. Sie fördert insbesondere die reibungslose Abwicklung des Verkehrs zwischen den kantonalen Steuerverwaltungen und erlässt zu diesem Zweck Kreisschreiben, mit welchen zu speziellen Steuerfragen eine gesamtschweizerische Steuerpraxis festgelegt wird. Den Kreisschreiben der SSK kommt neben den Kreisschreiben, Merkblättern und Rundschreiben der EStV (vgl. vorstehend 2.1) für die Steuerpraxis grosse Bedeutung zu.

3   Veranlagungsverfahren

Literatur zur Vertiefung:
REICH, Steuerrecht, S. 461 ff.
STAMPE MICHÈLE, Die Praxisänderung im Steuerrecht, Zürich/Genf/Basel 2007
ZWEIFEL/ATHANAS, Kommentar DBG, Art. 113–119 (ZWEIFEL), Art. 120 (BEUSCH)
    sowie Art. 122–131 (ZWEIFEL)
ZWEIFEL/ATHANAS, Kommentar StHG, Art. 39–46 (ZWEIFEL) und Art. 49 (Quellen-
    steuer; ZIGERLIG/RUFENER)

3.1   Einreichung der Steuererklärung

Das eigentliche Veranlagungsverfahren beginnt mit der behördlichen Aufforderung zur Abgabe der Steuererklärung. I. d. R. stellen die Steuerbehörden jedem Steuerpflichtigen die Steuererklärung samt den Beilagen zu. Die Nichtzustellung der Formulare befreit den Steuerpflichtigen jedoch nicht von der Deklarationspflicht, sondern er hat die Formulare von sich aus bei der zuständigen Veranlagungsbehörde zu verlangen (DBG 124 Abs. 1).

Gemeinsam steuerpflichtige Ehegatten müssen zusammen eine Steuererklärung einreichen, die auch von beiden Ehegatten zu unterzeichnen ist (DBG 113 Abs. 2). Hat ein Ehegatte nicht unterschrieben, wird ihm dafür eine Frist eingeräumt, nach deren unbenutztem Ablauf vertragliche Vertretung durch den anderen Ehegatten angenommen wird.

Mit der Steuererklärung sind diejenigen Tatsachen, die für die Vornahme der Veranlagung, d. h. die Festlegung der Steuerschuld, wesentlich sind, schriftlich darzulegen. Der Steuerpflichtige hat dabei über die persönlichen und wirtschaftlichen Verhältnisse Auskunft zu geben, wie über Berufs- und Familienverhältnisse, bei den juristischen Personen über Firma, Sitz, Zweck und Organe sowie über die Zusammensetzung und wertmässige Höhe des

steuerbaren Einkommens bzw. Gewinnes sowie des steuerbaren Vermögens bzw. Kapitals. Die Steuererklärung ist eine Wissenserklärung und
keine Beweisurkunde. Die Vollständigkeit und die Richtigkeit der gemachten Angaben sind unterschriftlich zu bestätigen (DBG 124 Abs. 2), womit
der Steuerpflichtige die Verantwortung dafür übernimmt.

Zusammen mit der Steuererklärung sind auch die notwendigen Beilagen
auszufüllen und einzureichen. Unselbständigerwerbende haben den Lohnausweis beizulegen (vgl. vorstehend A 3.2.5). Selbständigerwerbende und
juristische Personen müssen ihrer Steuererklärung die unterzeichneten Jahresrechnungen der entsprechenden Steuerperiode oder, wenn eine kaufmännische Buchhaltung fehlt, Aufstellungen über die Aktiven und Passiven,
Einnahmen und Ausgaben sowie Privatentnahmen und Privateinlagen bei-
legen (DBG 125 Abs. 2). Kapitalgesellschaften und Genossenschaften müssen
ausserdem ab dem 1. Januar 2011 sicherstellen, dass in der Handelsbilanz
das Eigenkapital per Ende der Steuerperiode so aufgeschlüsselt ist, dass die
Einlage, Aufgelder und Zuschüsse i. S. v. DBG 20 Abs. 3 ausgewiesen werden
(DBG 125 Abs. 3 in der Fassung gültig ab 1. Januar 2010).

Natürliche Personen haben mit der Steuererklärung ausserdem ein besonderes Wertschriftenverzeichnis einzureichen, welches Auskunft gibt über
Beteiligungen und Guthaben mit den entsprechenden Erträgen, sowie ein
Schuldenverzeichnis mit der Angabe der Gläubiger, Sicherheiten und den
bezahlten Schuldzinsen. Mit dem Wertschriftenverzeichnis ist der Antrag
auf Rückerstattung der von den Wertschriftenerträgen in Abzug gebrachten Verrechnungssteuer verbunden (vgl. nachfolgend III. 2.6).

3.2   Untersuchungsverfahren

Die Steuerbehörde überprüft die eingereichten Steuererklärungen auf ihre
inhaltliche Richtigkeit. Sie hat im Zusammenhang mit der Prüfung der
Steuererklärung und der Vornahme der Veranlagung gewisse Grundsätze
zwingend einzuhalten. Die Grundsätze sind z. T. in den Steuergesetzen
festgelegt, z. T. ergeben sie sich aus dem allgemeinen Verwaltungsrecht.
Die wichtigsten Grundsätze werden im Folgenden dargestellt.

3.2.1   Amtspflichten

Die Steuerbeamten und auch Kommissionsmitglieder unterstehen dem
allgemeinen Beamtenrecht, wodurch für diese Personen insbesondere der
Schutz des Amtsgeheimnisses nach StGB 320 gilt. Zudem sind in den meisten

Steuergesetzen die Schweige- und Geheimhaltungspflicht (Steuergeheimnis) und die Ausstandspflicht ausdrücklich geregelt (DBG 109–112; StHG 39; vgl. auch KS Nr. 19 der EStV vom 7. März 1995 betreffend die Auskunfts-, Bescheinigungs- und Meldepflicht im DBG). Ausnahmen von der Schweigepflicht bedürfen einer gesetzlichen Grundlage, wie z.B. das Recht auf Akteneinsicht und Auskunftserteilung unter Steuerbehörden (DBG 111; StHG 39 Abs. 2).

3.2.2 Untersuchungsgrundsatz

Die Veranlagungsbehörde ist verpflichtet, den massgeblichen Sachverhalt von Amtes wegen abzuklären, was als sog. Untersuchungsgrundsatz oder Offizialmaxime bezeichnet wird (DBG 129 Abs. 1). Sie ist dabei nicht an die Angaben des Steuerpflichtigen gebunden, sondern muss deren Richtigkeit im Zweifelsfall abklären. Die Praxis zum Untersuchungsgrundsatz verlangt aus verwaltungsökonomischen Gründen allerdings nicht, dass die Steuerbehörde jede Steuererklärung vertieft auf ihre Richtigkeit überprüfen muss. Die Veranlagungsbehörde steht in jedem Fall vor der Ermessensfrage, ob sie den Angaben des Steuerpflichtigen Glauben schenken oder sie im Rahmen einer Untersuchung genauer überprüfen soll. Anhaltspunkte dafür, dass die Selbstdeklaration des Steuerpflichtigen falsch sein könnte, können sein:

• die Vermögensentwicklung stimmt nicht mit dem Einkommen überein;
• Meldungen von Dritten über nicht deklarierte Einkünfte liegen vor;
• die Buchhaltungsergebnisse stimmen nicht mit Erfahrungszahlen überein;
• das Einkommen stimmt nicht mit dem Lebensaufwand überein;
• die deklarierten Einkünfte und Abzüge sind nicht glaubhaft.

Zur Überprüfung des Sachverhaltes hat die Steuerbehörde umfassende Befugnisse. Sie kann Auskünfte vom Steuerpflichtigen und von gewissen Drittpersonen einverlangen, Einsicht in Geschäftsbücher, Belege und weitere Bescheinigungen und Urkunden über den Geschäftsverkehr nehmen (DBG 126 Abs. 2; StHG 42 Abs. 2), Belege und Bescheinigungen vom Steuerpflichtigen und von bestimmten Dritten einholen, Sachverständige beiziehen sowie eine Buchprüfung oder einen Augenschein durchführen. Die Steuerbehörde hat die Möglichkeit, von anderen Steuerbehörden sowie von anderen Behörden des Bundes, der Kantone, Bezirke, Kreise und Gemeinden Amtshilfe zu verlangen (DBG 111 f.; StHG 39 Abs. 2 und 3). Das Post- und das Bankgeheimnis bleiben vorbehalten (DBG 112 Abs. 3). Die Leitung des Untersuchungsverfahrens obliegt dem zuständigen Steuerkommissär.

Bezüglich der Beweislastverteilung gilt aufgrund der Rechtsprechung, dass steuerbegründende Tatsachen vom Fiskus zu beweisen sind, allerdings unter Mitwirkungspflicht des Steuerpflichtigen, steuermindernde Tatsachen dagegen vom Steuerpflichtigen.

Wenn der Steuerpflichtige seinen gesetzlichen Verfahrenspflichten trotz Mahnung nicht nachkommt, wird er nach pflichtgemässem Ermessen veranlagt (DBG 130 Abs. 2; StHG 46 Abs. 3; vgl. nachfolgend 4). Ausserdem kann ihm eine Ordnungsbusse auferlegt werden (DBG 174; StHG 55; vgl. nachfolgend F 2).

3.2.3   Mitwirkungspflichten des Steuerpflichtigen

Für die Steuerpflichtigen besteht eine allgemeine Verpflichtung, im Veranlagungsverfahren mitzuwirken. Sie haben die Steuererklärung wahrheitsgetreu und vollständig ausgefüllt samt den notwendigen Beilagen einzureichen (DBG 124 Abs. 2). Sie müssen alles tun, um eine vollständige und richtige Veranlagung zu ermöglichen, und sind dabei zur mündlichen oder schriftlichen Auskunftserteilung sowie zur Herausgabe von Unterlagen verpflichtet (DBG 126 Abs. 1 und 2). Selbständigerwerbende und juristische Personen haben die mit der Geschäftätigkeit im Zusammenhang stehenden Unterlagen während zehn Jahren aufzubewahren (DBG 126 Abs. 3).

Das gesetzlich geschützte Berufsgeheimnis, wie es z. B. die Banken, Anwälte und Ärzte im Verhältnis zu ihren Kunden kennen, geht der steuerrechtlich statuierten Auskunftspflicht grundsätzlich vor. Eine gegenüber ihren Kunden zur Geheimhaltung verpflichtete Person kann sich als auskunftspflichtige Drittperson auf das Berufsgeheimnis berufen, wenn sie nicht vom Steuerpflichtigen von der Geheimhaltungspflicht entbunden wird. In eigener Sache gibt es hingegen kein Berufsgeheimnis. Der Steuerpflichtige hat seine Buchhaltung so einzurichten, dass sie überprüfbar ist, ohne dass geheim zu haltende Tatsachen ersichtlich sind.

Beispiel:

Ein Rechtsanwalt verweigert gegenüber der Steuerbehörde unter Berufung auf sein Berufsgeheimnis die Vorlage von Aufzeichnungen über sein Berufseinkommen sowie die Angabe des Gläubigers einer von ihm deklarierten Schuld.

Der Rechtsanwalt hat seine Jahresrechnung so zu erstellen und die Buchhaltung so zu führen, dass das Berufsgeheimnis gewahrt bleibt, z. B. durch Erstellen von Zusammenzügen und Abdecken von Namen. Die deklarierte Schuld betrifft eine Sache in eigener Angelegenheit. Wenn der Rechtsanwalt den Namen des Gläubigers nicht bekannt gibt, wird die Steuerbehörde die Schuld sowie die entsprechenden Schuldzinsen nicht akzeptieren und aufrechnen.

3.2.4 Bescheinigungspflicht Dritter

Bestimmte Dritte sind ebenfalls ins Veranlagungsverfahren des Steuerpflichtigen mit einbezogen. So besteht für folgende Personen eine Bescheinigungspflicht gegenüber den steuerpflichtigen Personen (DBG 127 Abs. 1):

- Der Arbeitgeber ist verpflichtet, für jeden Arbeitnehmer einen Lohnausweis über sämtliche Entschädigungen samt Angaben über Spesenentschädigungen und Naturalleistungen auszustellen;
- Gläubiger oder Schuldner sind verpflichtet, eine Bescheinigung über Bestand, Höhe, Verzinsung und Sicherstellung von Forderungen auszustellen;
- Die Versicherer sind verpflichtet, Bescheinigungen über den Rückkaufswert von Versicherungen und über die aus dem Versicherungsverhältnis ausbezahlten oder geschuldeten Leistungen auszuhändigen;
- Treuhänder und Vermögensverwalter, die Vermögen des Steuerpflichtigen verwalten, sind verpflichtet, diesem eine Bescheinigung über die Zusammenstellung seines Vermögens und dessen Erträge zu übergeben;
- Personen, die mit dem Steuerpflichtigen Geschäfte tätigen oder getätigt haben, sind verpflichtet, die beiderseitigen Ansprüche und Leistungen zu bescheinigen, insofern diese für die steuerliche Sachverhaltsermittlung von Bedeutung sind.

Nur wenn der Steuerpflichtige die nötigen Bescheinigungen trotz Mahnung nicht einreicht, können diese von der Veranlagungsbehörde direkt bei den Dritten eingefordert werden. Die gesetzlichen Berufsgeheimnisse und das Bankgeheimnis bleiben vorbehalten (DBG 127 Abs. 2).

3.2.5 Auskunftspflicht Dritter

Gewisse Dritte sind auch direkt gegenüber der Steuerbehörde auskunftspflichtig. So haben Gesellschafter, Miteigentümer und Gesamteigentümer auf Verlangen der Steuerbehörde über ihr Rechtsverhältnis zum Steuerpflichtigen Auskunft zu erteilen, insbesondere über dessen Anteile, Ansprüche und Bezüge (DBG 128).

3.2.6 Meldepflicht Dritter

Für bestimmte natürliche und juristische Personen besteht überdies von Gesetzes wegen eine Meldepflicht gegenüber der Veranlagungsbehörde (DBG 129):

- Die juristischen Personen haben über ihre Leistungen an Mitglieder der Verwaltung und an andere Organe mittels eines entsprechenden Formulars Meldung zu erstatten. Das Formular ist der Steuererklärung der juristischen Person beizulegen;
- Die Einrichtungen der beruflichen Vorsorge und der Selbstvorsorge (Stiftungen, Banken und Versicherungen) müssen ihre Leistungen an Vorsorgenehmer oder Begünstigte der Steuerbehörde melden;
- Die einfachen Gesellschaften und die Personengesellschaften haben gegenüber der Steuerbehörde insbesondere die Anteile der Teilhaber am Einkommen und Vermögen zu bescheinigen.

Die Meldungen sind der Steuerbehörde direkt zuzustellen, mit Kopie an die Steuerpflichtigen.

3.2.7 Auskunfts- und Meldepflichten von Behörden

Die Steuerbehörden des Bundes und der Kantone unterstützen sich gegenseitig in der Erfüllung ihrer Aufgabe; d.h., sie erteilen sich gegenseitig die notwendigen Auskünfte und gewähren Einsicht in die Akten (DBG 111). Diese Zusammenarbeit zwischen den Steuerbehörden erfolgt teils auf Verlangen, teils erfolgen die Meldungen automatisiert. Die Konferenz staatlicher Steuerbeamter hat als das Kontaktgremium der kantonalen Steuerverwaltungen eine Spezialkommission für das interkantonale Meldewesen gebildet, welche für die Kantone und die EStV einen Informationsdienst aufbaut.

Neben den Steuerverwaltungen sind grundsätzlich alle Organe der öffentlichen Verwaltung und der Rechtspflege des Bundes, der Kantone, Bezirke, Kreise und Gemeinden gegenüber der Veranlagungsbehörde zur Auskunft verpflichtet (DBG 112).

3.2.8 Verfahrensrechte des Steuerpflichtigen

Die Verfahrensrechte des Steuerpflichtigen sind in den Steuergesetzen wesentlich weniger umfassend geregelt als seine Pflichten. Gewisse verfahrensmässige Minimalrechte ergeben sich bereits aus der Bundesverfassung und sind deshalb z.T. in den Steuergesetzen nicht ausdrücklich geregelt. Dazu gehören insbesondere die in BV 29 verankerten allgemeinen Verfahrensgarantien.

BV 29 Abs. 1 legt auch für das Steuerrecht fest, dass die Steuerpflichtigen Anspruch auf gleiche und gerechte Behandlung und auf Beurteilung innert angemessener Frist haben.

Ausserdem garantiert BV 29 Abs. 2 den Anspruch auf rechtliches Gehör, welcher auch im Steuerverfahren zu beachten ist. Das rechtliche Gehör beinhaltet das Recht der Steuerpflichtigen, im Veranlagungsverfahren zur Art und Weise der Tatsachenfeststellung, zur Beweiserhebung und zum Beweisverfahren Stellung nehmen zu können: Steuerpflichtige dürfen daher auch ihre Begehren mündlich begründen und Beweise vorlegen.

Ausdrücklich im Gesetz geregelt sind insbesondere das Recht auf Akteneinsicht (DBG 114), das Recht auf Beweisabnahme (DBG 115) und das Recht auf schriftliche Eröffnung der Veranlagung (DBG 131). Abgeleitet aus dem Anspruch auf rechtliches Gehör haben die Steuerpflichtigen ausserdem Anspruch darauf, dass bei der Eröffnung der Veranlagung die Abweichungen von der Steuererklärung bekannt gegeben werden (DBG 131 Abs. 2).

> *Beispiel:*
> Wenn im Zusammenhang mit einer Liegenschaftenschätzung die Schätzungskommission einen Augenschein vornimmt, ist der Eigentümer davon in Kenntnis zu setzen, und er ist einzuladen, am Augenschein teilzunehmen bzw. sich vertreten zu lassen, damit auch er seine Meinung einbringen kann. Werden der Augenschein und die Schätzung vorgenommen, ohne dass der Eigentümer die Möglichkeit hat, seine Ansicht in die Schätzung einzubringen, gilt dies als Verletzung des rechtlichen Gehörs.

Der Steuerpflichtige hat überdies das Recht, sich vor der Steuerbehörde vertreten zu lassen, soweit seine persönliche Mitwirkung nicht notwendig ist (DBG 117).

3.2.9 Treu und Glauben

Der Grundsatz von Treu und Glauben, der auch als Vertrauensprinzip bezeichnet wird, gilt im gesamten Verwaltungsrecht und damit auch im Steuerrecht (BV 5 Abs. 3). Dieser Grundsatz ist in den Steuergesetzen i. d. R. nicht ausdrücklich aufgeführt. Das Vertrauensprinzip basiert auf dem Willkürverbot von BV 9 und verlangt, dass die Steuerbehörde und der Steuerpflichtige sich so verhalten, wie es Treu und Glauben gebieten. Im Steuerrecht findet der Grundsatz von Treu und Glauben v. a. bei der Beurteilung von widersprüchlichem Verhalten und bei der Verbindlichkeit behördlicher Auskünfte Anwendung.

Steuerpflichtige müssen sich grundsätzlich die im Steuerverfahren abgegebenen Erklärungen auch bei späteren Veranlagungen entgegenhalten
lassen (Verbot widersprüchlichen Verhaltens).

> *Beispiele:*
>
> - Die Fix AG hat die von der Generalversammlung genehmigte Jahresrechnung
>   mit der Steuererklärung eingereicht. Nachträglich stellt sich heraus, dass
>   nicht die vollen Abschreibungsmöglichkeiten ausgeschöpft wurden. Die Fix
>   AG möchte daher im noch laufenden Veranlagungsverfahren eine Bilanzän
>   derung vornehmen. Dies lehnt die Steuerbehörde unter Berufung auf die
>   Verbindlichkeit der abgegebenen Erklärungen ab.
> - Felix Schlau hat seinerzeit Instandstellungskosten für eine Liegenschaft im
>   Betrag von CHF 50 000 als Unterhaltskosten bei der Einkommenssteuer in
>   Abzug gebracht, was die Steuerbehörde akzeptierte. Bei der Veräusserung
>   der Liegenschaft macht er die gleichen Ausgaben als wertvermehrende
>   Aufwendungen geltend. Auch wenn die seinerzeit als Unkosten zugelasse
>   nen Aufwendungen tatsächlich wertvermehrenden Charakter gehabt haben,
>   muss sich Schlau auf seiner ursprünglichen Beurteilung behaften lassen und
>   kann nicht dieselben Kosten ein zweites Mal, nun bei der Grundstückge
>   winnsteuer, in Abzug bringen.

Wegen der Komplexität des Steuerrechts und der Unübersichtlichkeit der
Steuerpraxis holen die Steuerpflichtigen und ihre Berater häufig vor der
Durchführung von steuerrechtlich relevanten Transaktionen bei der Steuerbehörde Auskunft oder einen verbindlichen Vorbescheid über die mit den
Transaktionen verbundenen Steuerfolgen ein.

Die Verbindlichkeit von Auskünften von Steuerbehörden beurteilt sich
ebenfalls nach dem Grundsatz von Treu und Glauben. Unrichtige Auskünfte
einer Steuerbehörde vermögen grundsätzlich keine vom Gesetz abweichende Behandlung zu rechtfertigen.

Ausnahmsweise ist jedoch auch eine unrichtige Auskunft, auf die sich der
Steuerpflichtige verlassen hat, unter folgenden Voraussetzungen bindend
(vgl. StE 1985 SH A 21.14 Nr. 2):

- die Amtsstelle, welche die unrichtige Auskunft erteilt hat, muss für die
  Auskunftserteilung zuständig gewesen sein;
- der Steuerpflichtige konnte die Unrichtigkeit des Bescheides nicht ohne
  Weiteres erkennen;
- der Steuerpflichtige hat im Vertrauen auf die Auskunft eine nicht wieder
  rückgängig zu machende Disposition getroffen.

Beispiele:

- Anton Fleissig erkundigt sich bei der Telefonistin des kantonalen Steueramtes, ob er seine Einkünfte aus sporadischem Nebenerwerb, welche CHF 2000 pro Jahr nicht übersteigen, auch zu versteuern habe, was diese verneint. Diese Auskunft bindet die Steuerbehörde nicht, da die Telefonistin für diese Frage offensichtlich nicht zuständig war.
- Dem Baugeschäft Bau AG wird vom zuständigen Steuerkommissär die Auskunft erteilt, dass eine Unternehmungteilung in einen Betriebsbereich und einen Immobilienbereich bei der Gewinnsteuer steuerneutral erfolgen könne. In der Folge wird die Unternehmungteilung vorgenommen. Die Steuerbehörde erklärt nachträglich, dass die Voraussetzungen für eine steuerneutrale Unternehmungteilung nicht gegeben seien und dass über die übertragenen stillen Reserven abzurechnen sei. Unter der Voraussetzung, dass der Sachverhalt der Steuerbehörde im Zusammenhang mit dem Vorbescheid korrekt dargelegt wurde, ist die Steuerbehörde an die vorgängige Auskunft gebunden: Die Bau AG konnte davon ausgehen, dass der Steuerkommissär zuständig war, die Unrichtigkeit des Bescheides war nicht ohne Weiteres zu erkennen, und es wurde eine nicht wieder rückgängig zu machende Disposition getroffen.

3.2.10 Verhältnismässigkeit

Der Grundsatz der Verhältnismässigkeit leitet sich ebenfalls aus BV 9 ab und besagt insbesondere, dass Verfügungen und Auflagen die Steuerpflichtigen lediglich so stark belasten dürfen, wie dies für eine pflichtgemässe Veranlagung notwendig ist. So darf von den Steuerpflichtigen insbesondere bei der Beschaffung von Beweismitteln nichts Unzumutbares verlangt werden.

3.3 Veranlagungsverfügung

Nach Abschluss des Untersuchungsverfahrens setzt die Veranlagungsbehörde das Ergebnis, d.h. bei den natürlichen Personen das steuerbare Einkommen (und für die kantonale Steuer das Vermögen) bzw. bei den juristischen Personen den steuerbaren Gewinn (und für die kantonale Steuer das steuerbare Kapital), in einer verbindlichen Veranlagungsverfügung fest (DBG 131 Abs. 1). Die Veranlagungsverfügung muss den Steuerpflichtigen schriftlich eröffnet werden und eine Rechtsmittelbelehrung enthalten (DBG 116 Abs. 1). Abweichungen von der Steuererklärung sind den Steuerpflichtigen spätestens im Zusammenhang mit der Eröffnung der Veranlagungsverfügung mitzuteilen (DBG 131 Abs. 2).

3.4   Veranlagungsverjährung

Das Recht zur Einleitung des Veranlagungsverfahrens erlischt bei der direkten Bundessteuer grundsätzlich fünf Jahre nach Ablauf der Steuerperiode (DBG 120).

Die Verjährung wird unterbrochen und beginnt neu mit:

- jeder auf Feststellung oder Geltendmachung der Steuerforderung gerichteten Amtshandlung;
- jeder ausdrücklichen Anerkennung der Steuerforderung durch den Steuerpflichtigen;
- der Einreichung eines Erlassgesuches;
- der Einleitung einer Strafverfolgung wegen vollendeter Steuerhinterziehung oder Steuerbetruges.

Für die Vornahme der Steuerveranlagung besteht bei der direkten Bundessteuer eine absolute Verjährungsfrist von 15 Jahren (DBG 120 Abs. 2).

4   Ermessensveranlagung

Literatur zur Vertiefung:
ZWEIFEL/ATHANAS, Kommentar DBG, Art. 130 N 30 ff. (ZWEIFEL)
ZWEIFEL/ATHANAS, Kommentar StHG, Art. 46 N 29 ff. (ZWEIFEL)

4.1   Begriff und Zweck

Falls Steuerpflichtige die ihnen obliegenden Pflichten im Veranlagungsverfahren nicht genügend erfüllen, sehen die Steuergesetze regelmässig die Veranlagung nach pflichtgemässem Ermessen vor. Mit der Ermessensveranlagung soll die gesetzmässig geschuldete Steuer auf dem Weg einer Schätzung festgestellt werden. Sie ist eine besondere Methode der Sachverhaltsermittlung, die der Sicherstellung einer möglichst gleichmässigen Behandlung aller Steuerpflichtigen dient.

4.2   Voraussetzungen

Eine Ermessensveranlagung darf nur dann durchgeführt werden, wenn für eine ziffernmässig genaue Veranlagung die notwendigen Grundlagen fehlen, entweder weil die steuerpflichtige Person trotz Mahnung ihre Verfahrenspflichten nicht erfüllt, z. B. keine Steuererklärung einreicht, oder weil die Steuerfaktoren mangels zuverlässiger Unterlagen nicht einwandfrei ermittelt werden können (DBG 131 Abs. 2).

4.3 Methoden

Für die Schätzung der Steuerfaktoren sieht DBG 130 Abs. 2 die Berücksichtigung von Erfahrungszahlen, Vermögensentwicklung und Lebensaufwand des Steuerpflichtigen vor. Im Einzelfall ist jene Methode anzuwenden, die am wenigsten Unsicherheitsfaktoren in sich birgt. Die Ermessensveranlagung kann sich auch auf einzelne, nicht bekannte Einkünfte beschränken, wenn die übrigen Einkünfte bekannt sind.

Liegen Erfahrungswerte vor, ist primar nach dieser Methode vorzugehen. Daher werden branchentypische Erfahrungszahlen (Bruttogewinn usw.) aufgrund statistischer Durchschnittswerte oder Erfahrungszahlen des gleichen Betriebes aus früheren Jahren verwendet.

Die Ermessensveranlagung nach dem Lebensaufwand geht davon aus, dass das Reineinkommen mindestens so hoch sein muss, dass es zur Bestreitung der Kosten für den Lebensunterhalt der von diesem Einkommen lebenden Personen ausreicht. Der Lebensaufwand wird aufgrund der tatsächlichen oder angenommenen Ausgaben für Wohnen, Verpflegung, Verkehrsmittel, Steuern, Versicherungen, Ausbildung, Krankheiten usw. festgelegt. Wenn möglich wird auch die Vermögensentwicklung berücksichtigt, was allerdings die Deklaration des Vermögens zu Beginn und am Ende der Veranlagungsperiode voraussetzt.

Fehlen die Voraussetzungen für eine Einschätzung aufgrund von Erfahrungszahlen oder nach dem Lebensaufwand und ist auch kein Vermögensvergleich möglich, wird das steuerbare Einkommen und Vermögen in freier Würdigung der Verhältnisse festgelegt.

Eine Ermessensveranlagung hat verfahrensmässig zur Folge, dass dagegen eine Einsprache nur bei offensichtlicher Unrichtigkeit möglich ist, was vom Steuerpflichtigen nachzuweisen ist (vgl. nachfolgend 5.2).

5 Rechtsmittelverfahren

Literatur zur Vertiefung:
REICH, Steuerrecht, S. 491 ff.
ZWEIFEL/ATHANAS, Kommentar DBG, Art. 132–135 (Einsprache; ZWEIFEL)
    und Art. 140–146 (Beschwerde; CAVELTI)
ZWEIFEL/ATHANAS, Kommentar StHG, Art. 48 (Einsprache; ZWEIFEL) und Art. 50
    (Rekurs; CAVELTI)

5.1 Allgemeines

Wenn Steuerpflichtige mit der Steuerveranlagung der Steuerbehörde nicht
einverstanden sind, steht ihnen die Möglichkeit offen, sich mit Hilfe eines
Rechtsmittels zur Wehr zu setzen. Die Steuergesetze schreiben genau vor,
welche Rechtsmittel den Steuerpflichtigen zur Verfügung stehen. Der
Rechtsmittelweg, der auch als Instanzenzug bezeichnet wird, ist für die
direkte Bundessteuer anders als für die kantonalen Steuern.

Die folgenden Darstellungen geben vorerst einen Überblick über den
Rechtsmittelweg bei der direkten Bundessteuer und bei den kantonalen
Steuern. Anschliessend werden die Rechtsmittel einzeln anhand der
direkten Bundessteuer erläutert. Bei den kantonalen Steuern stimmen die
Rechtsmittel der Einsprache sowie des Rekurses bzw. der Beschwerde weit-
gehend mit jenen der direkten Bundessteuer überein (StHG 48 und 50).
Gewisse Unterschiede ergeben sich bei der Beschwerde an das Bundesge-
richt (vgl. nachfolgend 5.4).

Darstellung 20: Rechtsmittelverfahren bei der direkten Bundessteuer

Rechtsmittel	Anfechtungsobjekt	Rechtsmittelinstanz	Entscheid
Einsprache	Veranlagungs-verfügung	Veranlagungs-behörde	Einsprache-entscheid
Beschwerde	Einspracheentscheid[1]	Kantonale Steuer-rekurskommission[2]	Beschwerde-entscheid
Beschwerde[2]	Beschwerdeentscheid	Kantonales Verwal-tungsgericht	Verwaltungsge-richtsentscheid
Beschwerde in öffentlich-rechtlichen Angelegenheiten	Beschwerdeentscheid oder Entscheid der weiteren Rechtsmit-telinstanz	Bundesgericht	Bundesgerichts-entscheid

[1] Evtl. Veranlagungsverfügung bei Sprungbeschwerde nach DBG 132 Abs. 2.
[2] Falls eine zweite Beschwerdeinstanz auch für das kantonale Recht vorgesehen ist (DBG 145; StE 2005 DBG B 96.21 Nr. 12)

Darstellung 21: Rechtsmittelverfahren bei den kantonalen Steuern

Rechtsmittel	Anfechtungsobjekt	Rechtsmittelinstanz	Entscheid
Einsprache	Veranlagungs-verfügung	Veranlagungs-behörde	Einsprache-entscheid
Rekurs bzw. Beschwerde	Einspracheentscheid	Kantonale Steuer-rekurskommission	Rekurs- bzw. Beschwerde-entscheid
Beschwerde[1]	Rekurs- bzw. Beschwerdeentscheid	Kantonales Verwaltungsgericht	Verwaltungs-gerichtsent-scheid
Beschwerde in öffentlich-rechtlichen Angelegenheiten[1]	Verwaltungsgerichts-entscheid	Bundesgericht	Bundesgerichts-entscheid

[1] Fakultativ können die Kantone eine zweite Beschwerdeinstanz vorsehen.

5.2 Einspracheverfahren

Die Einsprache ist derjenige Rechtsbehelf, mit welchem die Steuerpflichti-gen eine Veranlagungsverfügung in erster Instanz anfechten können (DBG 132). Die Einsprache richtet sich gegen die Veranlagung und bewirkt ein Zurückkommen der Veranlagungsbehörde auf ihre Verfügung.

Die Rechtsnatur der Einsprache war lange Zeit umstritten, da sie nicht von einer unabhängigen Instanz beurteilt wird. Das Einspracheverfahren wurde deshalb auch zum Veranlagungsverfahren i. w. S. gezählt. Die Einsprache weist allerdings die Eigenheiten eines ordentlichen (hemmt den Eintritt der formellen Rechtskraft), vollkommenen (sämtliche Mängel des Veranlagungsverfahrens können geltend gemacht werden) und reformatorischen (der Entscheid der Einsprachebehörde ersetzt den Veranlagungsentscheid) Rechtsmittels auf und gilt deshalb heute als eigentliches Rechtsmittel (StE 2005 B 95.2 Nr. 9).

Die Einsprache ist mit einem Antrag innert 30 Tagen schriftlich bei der Veranlagungsbehörde zu erheben (DBG 132 Abs. 1). Es besteht ein Anspruch auf mündliche Anhörung.

Mittels einer Einsprache wird der gesamte Fall neu aufgerollt, d. h., die Veranlagungsbehörde kann die gesamte Veranlagung neu überprüfen, auch wenn nur gegen einen bestimmten Teil der Veranlagung Einsprache erhoben wird. Die Einsprachebehörde kann deshalb mit dem Einspracheentscheid die ursprüngliche Verfügung sowohl zugunsten des Steuerpflichtigen (reformatio in melius) als auch zu dessen Nachteil (reformatio in peius) abändern. Aus diesem Grund wird das Einspracheverfahren trotz einem Rückzug der Einsprache durch den Steuerpflichtigen weitergeführt, wenn nach den Umständen davon auszugehen ist, dass die Veranlagung unrichtig war (DBG 134 Abs. 2).

Beispiel:

Fritz Müller hat in der Steuererklärung Schuldzinsen im Betrag von CHF 10 000 nicht in Abzug gebracht und ein steuerbares Einkommen von CHF 75 000 deklariert. Dabei hat er irrtümlicherweise bei den Berufskosten für den Fahrtweg zum Arbeitsort für das Auto eine Kilometerentschädigung von 1 Franken/km anstatt der zulässigen 0.7 Franken/km in Abzug gebracht, was eine Differenz von CHF 4000 ergibt. Er erhält eine Veranlagungsverfügung mit einem steuerbaren Einkommen von CHF 75 000 gemäss der eingereichten Steuererklärung.

Müller erhebt gegen die Veranlagungsverfügung Einsprache mit dem Begehren, die Schuldzinsen von CHF 10 000 noch in Abzug zu bringen. Die Steuerbehörde akzeptiert das nachträgliche Vorbringen der Schuldzinsen und lässt sie zum Abzug zu (reformatio in melius), sie kann aber ihrerseits im Rahmen der Einsprache auf die Fahrkosten zurückkommen und die CHF 4000 aufrechnen (reformatio in peius).

Richtet sich die Einsprache gegen eine einlässlich begründete Veranlagungsverfügung, kann sie mit Zustimmung des Steuerpflichtigen direkt als Beschwerde an die Steuerrekurskommission weitergeleitet werden (Sprungbeschwerde; DBG 132 Abs. 2). Mit der Sprungbeschwerde soll der Verwaltungsaufwand reduziert werden.

> **Beispiel:**
> Hugo Meier hat das Begehren um eine Zwischenveranlagung wegen Aufgabe der selbständigen Erwerbstätigkeit gestellt, welchem vom zuständigen Steuerkommissar nicht stattgegeben wird. Vorgängig des formellen Entscheides hat es zwischen Meier und dem Steuerkommissär diverse Korrespondenzen und Gespräche gegeben, und der Steuerkommissär hat seine Ablehnung ausführlich begründet. Da der Einspracheentscheid, der ebenfalls vom Steuerkommissär erlassen wird, von vornherein klar ist, können sich Meier und der Steuerkommissär einigen, dass die Verfügung, mit welcher das Gesuch um eine Zwischenveranlagung abgewiesen wird, direkt mittels Beschwerde bei der Steuerrekurskommission angefochten wird.

Eine Einsprache gegen eine Veranlagung nach pflichtgemässem Ermessen ist nur wegen offensichtlicher Unrichtigkeit möglich. Die Einsprache muss überdies im Gegensatz zur Einsprache in allen anderen Fällen begründet werden und allfällige Beweismittel nennen (DBG 132 Abs. 3). Fehlt eine Begründung oder werden die notwendigen Beweismittel nicht bezeichnet, so darf die Steuerbehörde auf die Einsprache nicht eintreten, weil sie die formellen Mindestanforderungen nicht erfüllt.

Der Einspracheentscheid ist dem Steuerpflichtigen schriftlich zu eröffnen. Nebst einer Rechtsmittelbelehrung muss der Entscheid eine Begründung enthalten, welche die dem Entscheid zugrunde liegenden tatsächlichen und rechtlichen Überlegungen darlegt (DBG 135 Abs. 2). Das Einspracheverfahren ist i.d.R. kostenfrei (DBG 135 Abs. 3).

5.3 Beschwerde an die kantonale Steuerrekurskommission

Gegen den Einspracheentscheid steht den Steuerpflichtigen die Beschwerde an die kantonale Steuerrekurskommission offen. Die Steuerrekurskommission ist die erste verwaltungsunabhängige Instanz, welche den Einspracheentscheid der Veranlagungsbehörde überprüft. Sie ist ein sog. Spezialgericht, und das Beschwerdeverfahren ist ein eigentlicher Steuerprozess, in dem sich jeweils die Steuerpflichtigen und der Staat als Parteien gegenüberstehen.

Die Beschwerde ist schriftlich mit Begehren und Begründung innert 30 Tagen ab der Zustellung des Einspracheentscheides bei der Steuerrekurskommission zu erheben (DBG 140 Abs. 1).

Die Steuerrekurskommission hat eine umfassende Überprüfungsbefugnis, d.h., sie überprüft den Sachverhalt voll in tatsächlicher und rechtlicher Hinsicht wie die Veranlagungsbehörde im Veranlagungsverfahren (DBG 142

Abs. 3). Sie ist nicht an die Anträge der Parteien gebunden und kann den Einspracheentscheid wie im Einspracheverfahren zugunsten der Steuerpflichtigen, aber auch zu deren Nachteil abändern.

Beispiel:

Sepp Wiefel hat Einsprache gegen die Höhe des veranlagten Eigenmietwertes erhoben. Die Einsprache wurde abgewiesen. Im anschliessenden Rekursverfahren bestätigt die Steuerrekurskommission den steuerlich festgelegten Eigenmietwert. Sie stellt aber im Zuge ihrer Überprüfung fest, dass die Unterhaltspauschale für die Liegenschaft zum Nachteil des Steuerpflichtigen falsch berechnet wurde, und korrigiert diesen Fehler.

Es ist den Kantonen überlassen, ob sie für die direkte Bundessteuer eine weitere kantonale Beschwerdeinstanz, i.d.R. das Verwaltungsgericht, bezeichnen wollen (DBG 145). Das Gleiche gilt für die kantonalen Steuern (StHG 50 Abs. 3). Das Bundesgericht hat allerdings festgelegt, dass die Kantone auch für die direkte Bundessteuer eine zweite kantonale Instanz vorsehen müssen, wenn sie eine solche für die kantonalen Steuern eingeführt haben (StE 2004 DBG B 96.21 Nr. 11 und StE 2005 DBG B 96.21 Nr. 12).

5.4 Beschwerde an das Bundesgericht

5.4.1 Direkte Bundessteuer

Gegen den Beschwerdeentscheid der Steuerrekurskommission bzw. der zusätzlichen kantonalen Instanz betreffend die direkte Bundessteuer steht den Steuerpflichtigen die Beschwerde in öffentlich-rechtlichen Angelegenheiten ans Bundesgericht offen (DBG 146 i.V.m. BGG 82 ff.).

Die Beschwerde ist schriftlich mit Begehren und Begründung innert 30 Tagen ab der Zustellung des Beschwerdeentscheides beim Bundesgericht zu erheben (BGG 100 Abs. 1).

Die Beschwerde in öffentlich-rechtlichen Angelegenheiten wird als unvollkommenes Rechtsmittel bezeichnet, weil das Bundesgericht keine umfassende Überprüfungsbefugnis hat. Das Bundesgericht ist grundsätzlich an die Darstellung des Sachverhaltes durch die Vorinstanz gebunden (BGG 105). Es kann nur dann vom Sachverhalt abweichen, wenn dessen Feststellung offensichtlich unrichtig, unvollständig oder unter Verletzung wesentlicher Verfahrensbestimmungen zustande gekommen ist. Rechtsfragen überprüft das Bundesgericht hingegen frei.

Beispiel:

Eine Beschwerde in öffentlich-rechtlichen Angelegenheiten von Sepp Wiefel gegen die Festsetzung des Eigenmietwertes, mit der Begründung, das Haus sei in schlechtem Zustand, wird keine Aussicht auf Erfolg haben, wenn die Tatsache von Wiefel vorgängig vorgebracht und von der Vorinstanz in Erwägung gezogen worden ist. Hat sie das Vorbringen jedoch ohne Begründung ignoriert, könnte dieses Verhalten als Willkür gerügt werden. Das Bundesgericht könnte die Beschwerde von Wiefel in dem Sinne gutheissen, dass die Sache zur näheren Abklärung an die Vorinstanz zurückgewiesen wird.

5.4.2 Kantonale Steuern

Die Kantone sind in ihrer Gesetzgebung und Rechtsprechung autonom, soweit ihre Souveränität nicht durch die Bundesverfassung eingeschränkt wird (BV 3). Deshalb überprüft das Bundesgericht grundsätzlich kantonales Recht sowie kantonale Verfügungen und letztinstanzliche Entscheide der Kantone nur eingeschränkt in Bezug auf die Verletzung von verfassungsmässigen Rechten oder übergeordnetem Bundesrecht. Das Rechtsmittel zur Rüge solcher Verletzungen ist wie bei der direkten Bundessteuer die Beschwerde in öffentlich-rechtlichen Angelegenheiten (BGG 82 ff.). Diese ist wie vorstehend (5.4.1) aufgeführt ein unvollkommenes Rechtsmittel, weil das Bundesgericht eine eingeschränkte Kognitionsbefugnis hat und zusätzlich bei Angelegenheiten des kantonalen Rechts eine Rechtsverletzung lediglich prüft, wenn und soweit diese in der Beschwerde gerügt wird (BGG 106 Abs. 2).

In StHG 73 ist aber festgelegt, dass Entscheide der letzten kantonalen Instanz, die eine in den Titeln 2–5 und 6 in Kapitel 1 StHG geregelte Materie betreffen, der Beschwerde in öffentlich-rechtlichen Angelegenheiten an das Bundesgericht unterliegen. Im Rahmen einer solchen Beschwerde nimmt das Bundesgericht eine vollständige Überprüfung betreffend die Verletzung von Rechtsfragen vor. An den Sachverhalt ist das Bundesgericht gebunden, sofern dieser von der Vorinstanz nicht offensichtlich unrichtig oder unter Verletzung wesentlicher Verfahrensbestimmungen festgestellt wurde (BGG 105). Damit wird nun das harmonisierte kantonale Steuerrecht zu einem grossen Teil letztinstanzlich vom Bundesgericht überprüft, was eine wesentliche Einschränkung der kantonalen Autonomie darstellt.

Gegen den Entscheid der Steuerrekurskommission oder des Verwaltungsgerichtes als letzte kantonale Instanz kann damit für alle in StHG 73 aufgeführten Tatbestände Beschwerde an das Bundesgericht erhoben werden. Die Beschwerde in öffentlich-rechtlichen Angelegenheiten an das Bundesgericht ist somit zulässig z. B. für Fragen betreffend die Steuerpflicht nach kantonalem Recht, die Ermittlung des steuerbaren Einkommens und Vermögens bei natürlichen Personen sowie des steuerbaren Gewinnes und Kapitals bei juristischen Personen.

Die umfassende Beschwerde in öffentlich-rechtlichen Angelegenheiten gestützt auf StHG 73 ist aber insbesondere nicht zulässig für Fragen im Zusammenhang mit dem Steuermass und den Steuerfreibeträgen, welche von der Harmonisierung ausgenommen sind (StHG 1 Abs. 3). Bei solchen Tatbeständen kann mittels der Beschwerde in öffentlich-rechtlichen Angelegenheiten weiterhin lediglich die Verletzung verfassungsmässiger Rechte gerügt werden (BGG 95), insbesondere die Verletzung des Willkürverbotes und des Verbotes interkantonaler Doppelbesteuerung (zum Rechtsmittelverfahren bei interkantonaler Doppelbesteuerung vgl. nachfolgend VII. 2.8).

Beispiel:

Der Kanton A wendet aufgrund einer besonderen Gesetzesbestimmung bei der Einkommenssteuer auf Dividenden, welche von einer Gesellschaft mit Sitz im Kanton ausgeschüttet wurden, nur den halben Steuersatz an. Zur Vereinfachung der Veranlagung erfolgt diese Entlastung dadurch, dass die Dividenden in der Bemessungsgrundlage lediglich zur Hälfte berücksichtigt werden.

Roland Günti mit Wohnsitz im Kanton A hat in seiner Steuererklärung Dividenden einer Gesellschaft mit Sitz im Kanton B auch nur zur Hälfte deklariert. Weil es sich um Dividenden einer ausserkantonalen Gesellschaft handelt, werden diese aber in der Veranlagung zu 100 Prozent berücksichtigt. Roland Günti ficht diese Veranlagung als willkürlich an und verlangt, gestützt auf das Gleichbehandlungsgebot, dass auch die ausserkantonalen Dividenden lediglich zur Hälfte berücksichtigt werden. Er unterliegt vor den kantonalen Instanzen.

Weil es sich um eine Frage des nicht harmonisierten Steuertarifs handelt, kann er das letztinstanzliche Urteil nicht mit dem ordentlichen Rechtsmittel der Beschwerde nach StHG 73 anfechten. Es steht ihm jedoch das ausserordentliche Rechtsmittel der Beschwerde in öffentlich-rechtlichen Angelegenheiten offen, mit welcher er die Verletzung seiner verfassungsmässigen Rechte geltend machen kann.

6 Änderung rechtskräftiger Veranlagungen

Literatur zur Vertiefung:
REICH, Steuerrecht, S. 484 ff.
ZWEIFEL/ATHANAS, Kommentar DBG, Art. 147–153 (VALLENDER/LOOSER)
ZWEIFEL/ATHANAS, Kommentar StHG, Art. 51–53 (VALLENDER)

6.1 Allgemeines

Veranlagungsverfügungen werden nach unbenutztem Ablauf der Rechtsmittelfrist formell rechtskräftig. Formelle Rechtskraft einer Verfügung bedeutet, dass diese grundsätzlich nicht mehr mit einem Rechtsmittel angefochten werden kann.

Rechtskräftige Veranlagungsverfügungen sind aber auch für die Steuerbehörde bindend. Dies bedeutet, dass auch die Steuerbehörde Verfügungen, die sie einmal eröffnet hat, von sich aus nicht mehr abändern darf. Dies wird als materielle Rechtskraft oder Rechtsbeständigkeit von Verfügungen bezeichnet.

Der Grundsatz der Rechtskraft wird in Ausnahmefällen kraft ausdrücklicher Gesetzesbestimmung durchbrochen bei:

- Revisionen;
- Nachsteuern;
- Schreib- und Rechenfehlern.

6.2 Revision

Mittels einer Revision kann eine rechtskräftige Steuerverfügung zugunsten des Steuerpflichtigen abgeändert werden (DBG 147 Abs. 1), wenn

- neue Tatsachen und Beweismittel entdeckt werden;
- aktenkundige, erhebliche Tatsachen nicht berücksichtigt wurden;
- wesentliche Verfahrensvorschriften verletzt wurden;
- auf die Verfügung oder den Entscheid mit strafbaren Mitteln eingewirkt wurde.

Vereinzelt gilt in den Kantonen ausserdem die Praxis, dass bei interkantonalen oder internationalen Doppelbesteuerungskonflikten einem Revisionsgesuch stattgegeben wird, wenn die Steuerbehörde zum Schluss kommt, dass dem anderen Kanton bzw. dem anderen Staat aufgrund der anwendbaren Kollisionsnormen das Besteuerungsrecht zusteht und der Steuerpflichtige die Doppelbesteuerung nicht absichtlich oder fahrlässig selbst veranlasst hat (vgl. StE 2010 ZH B 97.11 Nr. 25). Das erspart in diesen Fällen den Steuerpflichtigen den mühsamen Weg durch alle Instanzen (Beschwerde in öffentlich-rechtlichen Angelegenheiten bzw. allenfalls Verständigungsverfahren aufgrund eines Doppelbesteuerungsabkommens), nur um dann einen gültigen Revisionsgrund in der Hand zu halten. In einzelnen Kantonen ist dieser Revisionsgrund auch gesetzlich verankert (z. B. StG-SG 197 Abs. 1 lit. d).

Eine Revision ist jedoch immer ausgeschlossen, wenn der Antragsteller einen Revisionsgrund vorbringt, den er bei zumutbarer Sorgfalt schon im ordentlichen Verfahren, z. B. mittels Einsprache, hätte geltend machen können (DBG 147 Abs. 2).

Beispiele:

- Die Steuerbehörde berücksichtigt bei der Veranlagung eines Grundstückgewinnes den Haltedauerabzug nicht, obwohl er von John Pech in der Grundstückgewinnsteuererklärung deklariert wurde. Die Grundstückgewinnsteuerveranlagung erwächst in Rechtskraft, da Pech den Fehler vorerst nicht bemerkt. Nach Ablauf der Einsprachefrist bemerkt Pech den Fehler. Er leitet ein Revisionsverfahren ein mit der Begründung, dass die Steuerbehörde aktenkundige, erhebliche Tatsachen nicht berücksichtigt habe. Da Pech den Fehler mittels Einsprache hätte rügen können, wird sein Revisionsbegehren abgewiesen.
- Kurt Reich konnte als Alleinerbe seines Onkels Felix CHF 1 Mio. erben. Auf diesem Betrag hat Reich auch die Erbschaftssteuer bezahlt. Nachträglich stellt sich heraus, dass Reich einem bisher nicht bekannten Gläubiger des Onkels ein Darlehen von CHF 100 000 noch zurückzahlen muss. In diesem Fall sind die Voraussetzungen für eine Revision der Erbschaftssteuerveranlagung aufgrund einer neuen Tatsache erfüllt, und der Revisionsgrund konnte überdies mangels Kenntnis der steuermindernden Tatsache nicht mit einer Einsprache gerügt werden.
- Alex Rüdisühli findet im Jahre 2009 beim Aufräumen zusätzliche Belege für Unterhaltsarbeiten an seinem Haus im Jahre 2007, die er steuerlich nicht geltend gemacht hat. Die Veranlagung für das Steuerjahr 2007 ist bereits rechtskräftig. Das Gesuch von Rüdisühli um Revision ist aussichtslos, weil der verpasste Abzug seiner mangelnden Sorgfalt zuzuschreiben ist.

Das Revisionsbegehren muss innert 90 Tagen nach Entdeckung des Revisionsgrundes, spätestens aber innert 10 Jahren nach Eröffnung der Verfügung oder des Entscheides bei jener Behörde eingereicht werden, welche die frühere Verfügung erlassen hat (DBG 148 f.).

Auf das Revisionsverfahren finden grundsätzlich die gleichen Verfahrens-vorschriften Anwendung wie im Verfahren, in welchem die frühere Verfü-gung oder der frühere Entscheid ergangen ist (DBG 149 Abs. 3).

Besteht ein Revisionsgrund, so hebt die Behörde ihre frühere Verfügung oder ihren Entscheid auf und verfügt oder entscheidet neu (DBG 149 Abs. 2). Sowohl gegen den Entscheid auf Abweisung des Revisionsbegeh-rens als auch gegen die neue Verfügung oder den neuen Entscheid können die gleichen Rechtsmittel wie gegen die frühere Verfügung oder den frü-heren Entscheid ergriffen werden (DBG 149 Abs. 3).

6.3 Nachsteuer

Mit einer Nachsteuerveranlagung wird eine Verfügung zuungunsten des Steuerpflichtigen abgeändert. Das Nachsteuerverfahren setzt kein Ver-schulden voraus und wird durchgeführt, wenn aufgrund von Tatsachen und Beweismitteln, die der Steuerbehörde im Zeitpunkt der Veranlagung nicht bekannt waren, eine Veranlagung zu Unrecht unterblieben oder eine rechtskräftige Veranlagung unvollständig ist (DBG 151 Abs. 1). In diesem Fall wird die nicht erhobene Steuer samt Zins als Nachsteuer eingefordert.

Beispiele:

- Alfred Bühler hilft seiner greisen Mutter bei der Steuerdeklaration. Dabei stösst er auf ein Sparheft, welches sein verstorbener Vater bisher nicht dekla-riert hat. Dieses Vermögen und die Zinsen darauf werden mit der Nachsteuer erfasst.
- Silvio Gross, Alleinaktionär und Geschäftsführer der Gross AG, wird aufgrund der eingereichten Steuererklärung veranlagt. Bei der nachträglichen Revi-sion der Gross AG beurteilt der zuständige Steuerkommissär einen Teil der erstmals bezogenen Pauschalspesen als geldwerte Leistung. Die Steuerveran-lagung von Gross wird aufgrund dieser neuen Tatsache neu vorgenommen, und Gross hat eine entsprechende Nachsteuer für die geldwerte Leistung zu bezahlen.

Das Recht, ein Nachsteuerverfahren einzuleiten, erlischt 10 Jahre nach Ablauf der Steuerperiode, für die eine Veranlagung zu Unrecht unterblie-ben oder eine rechtskräftige Veranlagung unvollständig ist (DBG 152 Abs. 1). Die Nachsteuer muss spätestens 15 Jahre nach Ablauf der betreffen-den Steuerperiode festgelegt sein (absolute Verwirkungsfrist).

Die Eröffnung eines Nachsteuerverfahrens wird dem Steuerpflichtigen schriftlich mitgeteilt (DBG 153 Abs. 1). Die Eröffnung eines Strafverfahrens wegen Steuerhinterziehung oder Steuerbetrugs gilt gleichzeitig auch als

Einleitung des Nachsteuerverfahrens (DBG 152 Abs. 2). Wie im Revisionsverfahren finden auch im Nachsteuerverfahren die gleichen Verfahrensvorschriften wie bei der früheren Verfügung sinngemäss Anwendung (DBG
153 Abs. 3).

Im Sinne einer Erleichterung für die Erben werden seit dem 1. Januar 2010
die Nachsteuer und die Verzugszinsen nur noch für die letzten drei (statt
zehn) vor dem Tod des Erblassers abgelaufenen Steuerperioden erhoben
(DBG 153a; StHG 53a). Diese erleichterte Nachbesteuerung kann jedoch nur
beansprucht werden, wenn die Unterbesteuerung des Erblassers von den
Erben selbst offengelegt wird und diese den Steuerbehörden noch nicht
bekannt war. Ausserdem müssen die Erben die Steuerbehörden bei den
Ermittlungen der Nachsteuerfaktoren vorbehaltlos unterstützen und sich
ernstlich um die Bezahlung der Nachsteuer bemühen. Wird die Erbschaft
amtlich oder konkursamtlich liquidiert, ist die vereinfachte Nachbesteuerung ausgeschlossen. Die vereinfachte Nachbesteuerung kommt erst zur
Anwendung bei Todesfällen, die nach dem Inkrafttreten der Gesetzesän-
derungen, also nach dem 1. Januar 2010, eingetreten sind. Sie kann von
jedem Erben, dem Willensvollstrecker oder vom Erbschaftsverwalter verlangt werden, mit Wirkung für alle Erben.

6.4   Rechnungsfehler und Schreibversehen

Im Zusammenhang mit Steuerveranlagungen können der Steuerbehörde
Rechnungsfehler und Schreibversehen unterlaufen. Als Rechnungsfehler
gelten rechnerische Fehler bei einer mathematischen Operation.

Schreibversehen sind z.B. Fehler bei der Übertragung von Zahlen oder die
Anwendung eines falschen Tarifs.

Rechnungsfehler und Schreibversehen können innert fünf Jahren nach
Eintritt der Rechtskraft berichtigt werden (DBG 150).

> *Beispiele:*
>
> - Werner Boll deklariert in der Grundstückgewinnsteuererklärung einen steuerbaren Grundstückgewinn von CHF 550 000. Die Steuerbehörde veranlagt Boll aufgrund einer falschen Addition für einen Grundstückgewinn von CHF 350 000. Der Additionsfehler gilt als Rechnungsfehler und kann, auch nachdem die Veranlagungsverfügung in Rechtskraft erwachsen ist, von der Steuerbehörde innert fünf Jahren berichtigt werden.
> - Die steuerpflichtigen Eheleute Haas werden als konfessionslos statt als katholisch besteuert, obwohl ihre Konfessionszugehörigkeit aktenkundig ist. Der Übertragungsfehler gilt als Schreibversehen und kann, auch nachdem die Veranlagungsverfügung in Rechtskraft erwachsen ist, von der Steuerbehörde innert fünf Jahren berichtigt werden.
> - Gustav Vogel hat in der Steuererklärung ein steuerbares Einkommen von CHF 85 000 deklariert. Der Veranlagungsbeamte beabsichtigt, Vogel aufgrund der eingereichten Steuererklärung zu veranlagen. Bei der Eingabe der Steuerfaktoren in den Computer wird irrtümlicherweise ein steuerbares Einkommen von CHF 65 000 eingegeben. Die Steuerbehörde veranlagt Vogel in der Folge für ein Einkommen von CHF 65 000. Dieser Eingabefehler gilt als Schreibversehen und kann, auch nachdem die Veranlagungsverfügung in Rechtskraft erwachsen ist, von der Steuerbehörde innert fünf Jahren berichtigt werden.

7 Inventar

Literatur zur Vertiefung:
ZWEIFEL/ATHANAS, Kommentar DBG, Art. 154–159 (WETZEL)
ZWEIFEL/ATHANAS, Kommentar StHG, Art. 54 (WETZEL)

7.1 Inventarpflicht und Gegenstand

Nach dem Tod eines Steuerpflichtigen ist grundsätzlich innert zwei Wochen ein amtliches Inventar aufzunehmen (DBG 154 Abs. 1). Damit soll überprüft werden, ob der Verstorbene seinen steuerlichen Pflichten korrekt nachgekommen ist. Zugleich dient sie den kantonalen Steuerbehörden als Grundlage für die Erbschaftssteuern.

Mit der Inventaraufnahme wird das am Todestag bestehende Vermögen des Erblassers, seines in ungetrennter Ehe lebenden Ehegatten und der unter seiner Gewalt stehenden minderjährigen Kinder festgestellt.

Keine Inventaraufnahme ist erforderlich, wenn anzunehmen ist, dass kein Vermögen vorhanden ist (DBG 154 Abs. 2).

7.2 Verfahren

Zur Sicherung der Inventaraufnahme dürfen die Erben und Personen, die das Nachlassvermögen verwalten, über dieses nur mit Zustimmung der Inventarbehörde verfügen.

Die Erben, deren gesetzliche Vertreter, die Erbschaftsverwalter und die Willensvollstrecker sind zur Mitwirkung und Offenlegung sowie Herausgabe der notwendigen Unterlagen verpflichtet, damit die Inventaraufnahme korrekt vorgenommen werden kann (DBG 157). Auch Dritte, die Vermögenswerte des Erblassers verwahren, sind auf Verlangen zur schriftlichen Auskunft gegenüber den Erben zuhanden der Inventarbehörde verpflichtet.

8 Bezug und Sicherung der Steuer

Literatur zur Vertiefung:
BLUMENSTEIN/LOCHER, System, S. 307–350
STÄHLI PETER, Das Steuergrundpfandrecht unter besonderer Berücksichtigung
    des Bernischen Rechtes, Bern 2006
ZWEIFEL/ATHANAS, Kommentar DBG, Art. 160–173 (FREY)

8.1 Allgemeines

Der Steuerbezug ist das Mittel, mit welchem der Bund, die Kantone und die Gemeinden die veranlagten Steuern erheben. Kantone und Gemeinden erheben ihre Steuern nach verschiedenen Systemen. In den meisten Kantonen besteht ein ratenweiser Bezug; so werden die Steuern in den Kantonen Zürich, Bern und St. Gallen in drei, im Kanton Genf in zehn Raten pro Jahr erhoben.

Im Folgenden werden die Bezugsregelungen bei der direkten Bundessteuer näher dargestellt.

8.2 Fälligkeit der Steuer und Steuerbezug

Die direkte Bundessteuer wird mittels eines jährlichen Bezugs durch den Kanton erhoben, welcher die Veranlagung vorgenommen hat. Der Zeitpunkt der Fälligkeit wird vom Eidgenössischen Finanzdepartement festgelegt; zurzeit ist es der 1. März des folgenden Jahres (DBG 161 Abs. 1). Von diesem allgemeinen Fälligkeitstermin wird in den folgenden Fällen abgewichen, in denen die Steuer sofort anfällt:

• beim Verlassen des Landes;
• mit der Handelsregisteranmeldung bei der Liquidation einer Gesellschaft;
• bei Konkurseröffnung;
• beim Tod eines Steuerpflichtigen.

Beispiel:
Andreas Sonne beabsichtigt, seinen Wohnsitz nach Spanien zu verlegen. Er meldet sich am 30.6.2009 bei der Einwohnerkontrolle in Sargans ab. Die Steuern für die Zeit vom 1.1. bis zum 30.6.2009 werden auf diesen Zeitpunkt fällig, in Abweichung vom allgemeinen Fälligkeitstermin des 1. März des Folgejahres.

Die direkte Bundessteuer wird aufgrund der definitiven Veranlagung erhoben (DBG 162 Abs. 1). Ist die Veranlagung im Zeitpunkt der Fälligkeit noch nicht vorgenommen, wird die Steuer aufgrund der eingereichten Steuererklärung der letzten Veranlagung oder des mutmasslich geschuldeten Steuerbetrages provisorisch bezogen.

Erfolgt der Steuerbezug aufgrund einer provisorischen Veranlagung und ist der Betrag zu hoch, wird der zu viel bezogene Steuerbetrag zurückbezahlt. Im andern Fall wird der zu wenig bezahlte Steuerbetrag nachgefordert (DBG 162 Abs. 3).

Die Steuer muss innerhalb von 30 Tagen nach Fälligkeit bezahlt werden (DBG 163). Nach Ablauf der Zahlungsfrist werden Verzugszinsen erhoben.

Die direkte Bundessteuer wird durch den Kanton bezogen, welcher 83 Prozent der bei ihm eingegangenen Steuerbeträge, Bussen und Zinsen dem Bund abzuliefern hat (BV 128 Abs. 4; DBG 196; Stand 1. Januar 2010).

8.3   Erlass der Steuer

Wenn die Bezahlung von Steuer, Zinsen oder Busse für einen Steuerpflichtigen infolge einer Notlage eine grosse Härte bedeuten würde, können diese Beträge ganz oder teilweise erlassen werden (DBG 167).

8.4   Rückforderung bezahlter Steuern

Hat ein Steuerpflichtiger irrtümlicherweise zu viel Steuern bezahlt, kann er diese zurückverlangen (DBG 168). Der Rückerstattungsanspruch muss innert fünf Jahren nach Ablauf des Kalenderjahres, in dem die Zahlung geleistet worden ist, geltend gemacht werden.

8.5   Steuersicherung

Hat der Steuerpflichtige keinen Wohnsitz in der Schweiz oder erscheint die Bezahlung der von ihm geschuldeten Steuer gefährdet, so kann die Steuerbehörde jederzeit Sicherstellung des Steuerbetrages verlangen (DBG 169). Die Sicherstellung muss in Geld, durch Hinterlegung sicherer Wertschriften oder durch Bankbürgschaft geleistet werden.

Das kantonale Recht kann für Steuerforderungen, die eine besondere Beziehung zu einem Grundstück aufweisen, gesetzliche Steuerpfandrechte vorsehen. Solche Grundpfandrechte sind namentlich zulässig für Grundstückgewinnsteuern, Handänderungs- und Liegenschaftssteuern. Gemäss der bundesgerichtlichen Rechtsprechung sind gesetzliche Grundpfandrechte auch für Einkommens- und Gewinnsteuern zulässig, wenn Gewinne betroffen sind, die ihre Ursache in Liegenschaften haben (BGE 122 I 351; vgl. z.B. StG-SG 227 für Grundstückgewinnsteuern; StG-GR 160 Abs. 1 für Steuern auf dem Wertzuwachs von Grundstücken).

Eine Sicherstellungsverfügung der Steuerbehörde gilt gleichzeitig als Arrestbefehl i.S.v. SchKG 274, welcher durch das zuständige Betreibungsamt vollzogen werden kann (DBG 170).

8.6   Bezugsverjährung

Das Recht zum Bezug veranlagter Steuern verjährt, fünf Jahre nachdem die Veranlagung rechtskräftig geworden ist (DBG 121). Die absolute Bezugsverjährung beträgt 10 Jahre.

F STEUERSTRAFRECHT

1 Allgemeines

Literatur zur Vertiefung:
BEZGOVSEK ROK, Art. 6 Ziff. 1 EMRK und das steuerrechtliche Verfahren, Schriften
  zum Steuerrecht (Hrsg. Markus Reich), Band 12, Zürich 2002
BLUMENSTEIN/LOCHER, System, S. 351–376
HÖHN/WALDBURGER, Steuerrecht I, S. 993 ff.
OBERSON, Droit fiscal, S. 504 ff.
RYSER/ROLLI, Précis, S. 497 ff.
ZWEIFEL/ATHANAS, Kommentar DBG, Vorbemerkungen zu Art. 174–185 (SIEBER)
ZWEIFEL/ATHANAS, Kommentar StHG, Vorbemerkungen zu Art. 55–58 (SIEBER)

Speziell zur Verletzung von Verfahrenspflichten:
ZWEIFEL/ATHANAS, Kommentar DBG, Art. 174 (SIEBER)
ZWEIFEL/ATHANAS, Kommentar StHG, Art. 55 (SIEBER)

Speziell zur Steuerhinterziehung:
ZWEIFEL/ATHANAS, Kommentar DBG, Art. 175–184 (SIEBER)
ZWEIFEL/ATHANAS, Kommentar StHG, Art. 56–58 (SIEBER)

Speziell zum Steuerbetrug:
ZWEIFEL/ATHANAS, Kommentar DBG, Art. 186–189 (DONATSCH)
ZWEIFEL/ATHANAS, Kommentar StHG, Art. 59–61 (DONATSCH)

Die Steuergesetze schreiben den Steuerpflichtigen ein bestimmtes Verhalten vor. Um die Verhaltenspflichten notfalls zwangsweise durchsetzen zu können, enthalten die Steuergesetze entsprechende Strafnormen.

Eine Steuerstrafe setzt stets ein Verschulden des Steuerpflichtigen in Form von Vorsatz oder Fahrlässigkeit voraus (sog. Verschuldensprinzip). Für eine Bestrafung reicht dabei schon die pflichtwidrige Nichtbeachtung von gesetzlichen oder behördlichen Anordnungen aus.

Aus dem Verschuldensprinzip folgt auch, dass Steuerstrafen höchstpersönlicher Natur sind. Dritte wie z.B. der Steuervertreter und auch die Erben können deshalb für Steuerstrafen des Steuerpflichtigen ohne eigenes Verschulden nicht haftbar gemacht werden (BGE 134 III 59).

Durchbrochen wird das Verschuldensprinzip dadurch, dass sich die Steuerstrafe i.d.R. nach der Höhe der Nachsteuer richtet, welche für die bisher ungenügende Versteuerung zu leisten ist (Erfolgsprinzip).

Es ist heute unbestritten, dass die Sanktionen der Steuerdelikte echte Strafen darstellen. Deshalb ist auch im Steuerstrafverfahren den Verfahrensgrundsätzen des allgemeinen Strafrechtes Rechnung zu tragen:

- Jede Person gilt bis zur rechtskräftigen Verurteilung als unschuldig (BV 32 Abs. 1).
- Zu beachten sind insbesondere auch die Mindestgarantien für ein faires Verfahren gemäss Art. 6 der Konvention zum Schutze der Menschenrechte und Grundfreiheiten vom 5. November 1950 (Europäische Menschenrechts-Konvention, EMRK).

Das Steuerbetrugs- und das Steuerhinterziehungsverfahren stellen Strafverfahren im Sinne der EMRK dar. Verstösse gegen die Garantien der EMRK können deshalb mittels einer sog. Individualbeschwerde beim Europäischen Gerichtshof für Menschenrechte gerügt werden. Vom Bundesgericht bisher noch nicht beurteilt ist die Frage, ob die minimalen Verfahrensgrundsätze der EMRK auch auf die Bestrafung wegen Verletzung von Verfahrenspflichten anzuwenden sind. Die herrschende Lehre geht davon aus, dass die Mindestgarantien der EMRK auch in diesem Verfahren einzuhalten sind.

Wegen den Verfahrensgarantien der EMRK sind per 1. Januar 2008 die Rechte der Steuerpflichtigen im Steuerstrafverfahren entsprechend diesen Grundsätzen angepasst worden. So sind Steuerpflichtige, gegen die ein Strafverfahren wegen Steuerhinterziehung eingeleitet wird, auf ihr Recht hinzuweisen, die Aussage und ihre Mitwirkung zu verweigern (DBG 183 Abs. 1).

Überdies dürfen Beweismittel aus einem Nachsteuerverfahren in einem Strafverfahren wegen Steuerhinterziehung nur dann verwendet werden, wenn sie weder unter Androhung einer Veranlagung nach pflichtgemässem Ermessen mit Umkehr der Beweislast noch unter Androhung einer Busse wegen Verletzung von Verfahrenspflichten beschafft worden sind (DBG 183 Abs. 1bis).

Strafbare Handlungen sind die vollendete und die versuchte Steuerhinterziehung sowie der Steuerbetrug.

2 Verletzung von Verfahrenspflichten

Eine Verletzung von Verfahrenspflichten begeht, wer vorsätzlich oder fahrlässig trotz Mahnung

• die Steuererklärung oder die dazu verlangten Beilagen nicht einreicht;
• eine Bescheinigungs-, Auskunfts- oder Meldepflicht nicht erfüllt;
• Pflichten verletzt, die ihm als Erbe oder Drittperson im Inventarverfahren obliegen (DBG 174 Abs. 1).

Als delikts- und straffähige Person wird in DBG 174 Abs. 1 jedermann («wer») erklärt, der eine ihm obliegende Verfahrenspflicht verletzt, d.h.:

• der Steuerpflichtige;
• Drittpersonen, die eine ihnen auferlegte Bescheinigungs-, Auskunfts- oder Meldepflicht nicht erfüllen;
• die juristische Person, wenn mit Wirkung für diese Verfahrenspflichten verletzt wurden;
• Erben oder Dritte, die im Inventarverfahren Pflichten verletzen.

> **Beispiel:**
> Heinz Sorglos wurde zur Einreichung der Steuererklärung gemahnt. Er reagiert innert der ihm gesetzten Frist nicht und wird, unter Ansetzung einer neuen Frist zur Einreichung, gebüsst. Hält er auch diese Frist nicht ein, kann er erneut gebüsst werden.

Steuerwiderhandlungen werden mit Bussen bis zu CHF 1000, in schweren Fällen und bei Rückfall bis zu CHF 10 000 bestraft. Bei Ordnungswidrigkeit kann die Busse wiederholt ausgefällt werden, bis die verlangte Handlung erbracht wird.

Begeht ein Steuerpflichtiger eine Steuerhinterziehung oder einen Steuerbetrug, liegt stets auch eine Verletzung von Verfahrenspflichten vor. Die Verletzung von Verfahrenspflichten steht jedoch mit den übrigen Tatbestanden in sog. unechter Konkurrenz, d.h., sie wird durch Letztere konsumiert. Keine Konsumation liegt vor, wenn zuerst wegen Verletzung von Verfahrenspflichten eine Ordnungsbusse ausgefällt und erst daraufhin z.B. eine Steuerhinterziehung festgestellt wird.

Zuständige Strafbehörde ist die kantonale Steuerbehörde (DBG 182 Abs. 4). Das Recht, ein Steuerstrafverfahren wegen Steuerwiderhandlungen einzuleiten, verjährt zwei Jahre nach dem rechtskräftigen Abschluss des Verfahrens, in dem die Verfahrenspflicht verletzt wurde (DBG 184 Abs. 1 lit. a).

3 Vollendete Steuerhinterziehung

3.1 Allgemeines

Eine vollendete Steuerhinterziehung begeht nach DBG 175 Abs. 1,

- wer vorsätzlich oder fahrlässig bewirkt, dass eine Veranlagung zu Unrecht unterbleibt oder eine rechtskräftige Veranlagung unvollständig ist;
- wer als Verpflichteter den Quellensteuerabzug nicht oder nicht vollständig vornimmt;
- wer eine unrechtmässige Steuerrückerstattung oder einen ungerechtfertigten Steuererlass bewirkt.

Das Delikt der Steuerhinterziehung ist damit erst dann vollendet, wenn die gemäss rechtskräftiger Veranlagung zu erbringende Steuerleistung niedriger ist als jene, die bei ordnungsgemässer Versteuerung erbracht werden müsste. Die vollendete Steuerhinterziehung setzt voraus, dass die unvollständige Veranlagung rechtskräftig ist oder dass eine Veranlagung zu Unrecht unterblieb. Entdeckt die Steuerbehörde die Verheimlichung steuerbarer Tatbestände im Veranlagungsverfahren und korrigiert sie die Selbstdeklaration, ist das Delikt der Steuerhinterziehung nicht vollendet, aber es liegt eine ebenfalls strafbare versuchte Steuerhinterziehung nach DBG 176 vor (vgl. nachfolgend 4).

Bei der vollendeten Steuerhinterziehung sind delikts- und straffähige Personen:

- der Steuerpflichtige;
- im Falle der Hinterziehung von Quellensteuern der Schuldner der steuerbaren Leistung, der zum Steuerabzug verpflichtet ist;
- die juristische Person, wenn mit Wirkung für diese Steuern hinterzogen wurden (DBG 181). Die persönliche Bestrafung von Organen, Mitarbeitern und Vertretern wegen Teilnahme bleibt aber vorbehalten (DBG 181 Abs. 3).

> **Beispiel:**
> Guido Falsch unterhält in Liechtenstein ein Sparkonto, welches er in der Steuererklärung nicht deklariert. Mit Eintritt der Rechtskraft der zu tiefen Veranlagung macht sich Guido Falsch einer vollendeten Steuerhinterziehung schuldig.

Für den hinterzogenen Betrag sind Nachsteuern samt Zinsen zu bezahlen. Zusätzlich ist eine Busse zu entrichten. Diese beträgt i. d. R. das Einfache der hinterzogenen Steuer. Sie kann bei leichtem Verschulden bis auf einen Drittel ermässigt, bei schwerem Verschulden bis auf das Dreifache erhöht werden (DBG 175 Abs. 2).

Auch das Nichtdeklarieren von geldwerten Leistungen bei Kapitalgesellschaften und die ungenügende Belastung des Privatkontos bei Personenunternehmen können den objektiven Tatbestand der Steuerhinterziehung erfüllen, sofern diese Nichtdeklaration eine Pflichtverletzung des Steuerpflichtigen darstellt. Gewinnvorwegnahmen in Form von nicht deklarierten vereinnahmten Geschäftserträgen erfüllen stets den objektiven Tatbestand der Steuerhinterziehung (und allenfalls des Steuerbetrugs). Bei anderen nicht deklarierten geldwerten Leistungen ist zu unterscheiden, ob diese ausschliesslich den privaten oder teils den privaten und teils den geschäft lichen Bereich betreffen. Im ersten Fall ist stets der objektive Tatbestand der Steuerhinterziehung erfüllt. Im Fall des gemischten Charakters (geschäftlich und privat) beruht die Annahme einer nicht deklarierten geldwerten Leistung auf einer unterschiedlichen Schätzung des geschäftlichen Teils von Steuerbehörde und Steuerpflichtigem. Die nicht deklarierte geldwerte Leistung stellt deshalb grundsätzlich mangels Pflichtverletzung keine Steuerhinterziehung dar.

> *Beispiele:*
> * Eine ausschliesslich private Malerrechnung wird über ein Geschäftskonto bezahlt und ganz der Erfolgsrechnung belastet. Die objektiven Tatbestandsmerkmale der (vollendeten oder versuchten) Steuerhinterziehung sind erfüllt. Gleichzeitig kann dieses Vorgehen den Tatbestand des Steuerbetruges erfüllen (vgl. nachfolgend 5).
> * Ein Alleinaktionär einer Unternehmung bezieht einen Lohn von CHF 500 000, der ordentlich als Lohnaufwand verbucht ist. Im Rahmen des Veranlagungsverfahrens der Aktiengesellschaft werden CHF 350 000 als geschäftsmässig begründet anerkannt, während CHF 150 000 als geldwerte Leistung beurteilt werden. Die Belastung der Erfolgsrechnung mit einem steuerlich nachträglich z. T. nicht akzeptierten Lohn beruht auf einer unterschiedlichen Schätzung und erfüllt den objektiven Tatbestand der Steuerhinterziehung nicht.

Ehegatten, die in rechtlich und tatsächlich ungetrennter Ehe leben, werden nur für die Hinterziehung ihrer eigenen Steuerfaktoren gebüsst (DBG 180). DBG 177 betreffend Anstiftung, Gehilfenschaft, Mitwirkung bleibt vorbehalten. Die Mitunterzeichnung einer nicht korrekten Steuererklärung gilt für sich allein noch nicht als Widerhandlung gemäss DBG 177.

Teilnehmer, die vorsätzlich zu einer Steuerhinterziehung anstiften (Anstiftung), Hilfe leisten (Gehilfenschaft) oder als Vertreter des Steuerpflichtigen eine Steuerhinterziehung bewirken oder an einer solchen mitwirken (Mitwirkung), werden ebenfalls mit Busse bestraft (DBG 177).

Zuständig für die Durchführung des Steuerstrafverfahrens ist die kantonale Steuerbehörde. Für die direkte Bundessteuer kann die EStV die Einleitung des Strafverfahrens verlangen (DBG 183 Abs. 2).

Das Recht, ein Steuerstrafverfahren wegen vollendeter Steuerhinterziehung einzuleiten, verjährt zehn Jahre nach Ablauf der Steuerperiode, für die der Steuerpflichtige nicht oder unvollständig veranlagt wurde bzw. die Quellensteuer nicht korrekt abgeliefert oder eine unrechtmässige Steuerrückerstattung oder ein ungerechtfertigter Steuererlass bewirkt wurde (DBG 184 Abs. 1 lit. b).

3.2 Selbstanzeige

Am 1. Januar 2010 trat das Bundesgesetz vom 20. März 2008 über die Vereinfachung der Nachbesteuerung in Erbfällen und die Einführung der straflosen Selbstanzeige in Kraft. Dieses sieht einerseits die vereinfachte Nachbesteuerung in Erbfällen vor, wonach bei der Offenlegung von bisher vom Erblasser nicht versteuerten Vermögenswerten durch die Erben lediglich die Nachsteuer und Verzugszinsen für die drei letzten Steuerperioden vor dem Todesjahr erhoben werden (DBG 153a; vgl. vorstehend 6.3). Anderseits führt das Gesetz die Möglichkeit ein, einmal im Leben eine straflose Selbstanzeige vorzunehmen (DBG 175 Abs. 3). Das Gleiche gilt auch für juristische Personen (DBG 181a).

Bei einer erstmaligen Selbstanzeige einer Steuerhinterziehung wird von einer Strafverfolgung abgesehen, sofern die Hinterziehung den Steuerbehörden bisher nicht bekannt war. Weiter setzt die Straflosigkeit voraus, dass der Steuerpflichtige die Steuerbehörden bei der Festsetzung der Nachsteuer vorbehaltlos unterstützt und dass er sich ernstlich um die Bezahlung derselben bemüht. Die Nachsteuer für die 10 letzten Steuerperioden (DBG 152; vgl. vorstehend E 6.3) und Verzugszinsen bleiben somit geschuldet, nur die Busse entfällt.

Jede weitere Selbstanzeige wird wie bisher mit Busse von einem Fünftel der hinterzogenen Steuern bestraft (DBG 175 Abs. 4).

Auch Teilnehmer (Anstifter, Gehilfen, Vertreter usw.) können eine Selbstanzeige einreichen und dadurch einmalig der Bestrafung sowie der solidarischen Haftung für die hinterzogenen Steuern entgehen. Wollen der Haupttäter (Steuerpflichtiger) und der Teilnehmer gemeinsam straflos ausgehen, müssen sie die Selbstanzeige gleichzeitig einreichen.

Zudem kann die straflose Selbstanzeige auch für den Tatbestand der Verheimlichung oder Beiseiteschaffung von Nachlasswerten im Inventarverfahren beansprucht werden (DBG 178 Abs. 4). Auch in diesem Fall ist aber die straflose Selbstanzeige nur einmal im Leben möglich.

Die straflose Selbstanzeige ist auch im Bereich von juristischen Personen möglich. Werden die übrigen Bedingungen der Neuheit, der Mitwirkung und der Bezahlung eingehalten, so wird von einer Strafverfolgung der juristischen Person abgesehen. Auch die Organe und Vertreter können straffrei ausgehen, und zudem entfällt ihre persönliche Solidarhaftung für die Nachsteuerschulden der juristischen Person.

Bei einer erstmaligen Selbstanzeige bleiben ausserdem weitere Straftaten, die im Zusammenhang mit der Steuerhinterziehung stehen, ebenfalls straffrei. So erfolgt insbesondere keine Strafverfolgung wegen Steuerbetrugs oder Urkundenfälschung gemäss StGB 251 (DBG 186 Abs. 3) oder Veruntreuung von Quellensteuern (DBG 187 Abs. 2).

Nach dem allgemeinen Grundsatz des milderen Rechts (Lex mitior) ist das neue Recht auch auf Steuerhinterziehungen und damit verbundene Straftaten, die vor dem 1. Januar 2010 begangen wurden, anzuwenden, wenn es für den Täter das mildere ist als jenes, welches zur Zeit der Tat galt. Dementsprechend sind die Regeln über die straflose Selbstanzeige ab 1. Januar 2010 nicht nur auf alle einzuleitenden, sondern auch auf alle hängigen Fälle anzuwenden.

4 Versuchte Steuerhinterziehung

Wer vorsätzlich eine Steuer zu hinterziehen versucht, wird mit Busse bestraft. Die Busse beträgt i. d. R. zwei Drittel der Busse, die bei vorsätzlicher und vollendeter Steuerhinterziehung erhoben würde. Die versuchte Steuerhinterziehung setzt als Tätigkeitsdelikt begriffsnotwendig immer Vorsatz bzw. Absicht voraus.

Beispiel:

Ulrich Schwan hat 2009 bei der Spar Bank ein Sparkonto eröffnet. In der Steuererklärung 2009 deklariert er dieses Konto nicht. Die Steuerbehörde stösst bei der Prüfung aufgrund eines eingereichten Bankbeleges auf das neue Konto. Die fehlende Deklaration wird im Einschätzungsverfahren entdeckt und gilt als versuchte Steuerhinterziehung.

Das Recht, ein Steuerstrafverfahren wegen versuchter Steuerhinterziehung einzuleiten, verjährt vier Jahre nach Ablauf der Steuerperiode, in welcher die versuchte Steuerhinterziehung begangen wurde (DBG 184 Abs. 1 lit. a).

Im Übrigen gelten die Ausführungen zur vollendeten Steuerhinterziehung analog.

5 Steuerbetrug

Steuerbetrug begeht, wer absichtlich bzw. vorsätzlich zum Zweck der Steuerhinterziehung oder der Erwirkung oder Sicherung eines andern Vorteils gefälschte, verfälschte oder inhaltlich unwahre Urkunden zur Täuschung der Steuerbehörde gebraucht oder diese arglistig irreführt oder deren Irrtum arglistig ausnützt (DBG 186).

Das DBG zählt beispielhaft die Geschäftsbücher, Bilanzen, Erfolgsrechnungen, Lohnausweise und andere Bescheinigungen Dritter als Urkunden auf.

Die weite Umschreibung des Urkundenbegriffes gemäss DBG führt nach der Rechtsprechung des Bundesgerichtes zum Urkundenbegriff (vgl. BGE 125 IV 17) dazu, dass immer dann, wenn im Zusammenhang mit einer Steuerhinterziehung Bilanzen oder Erfolgsrechnungen eingereicht werden, gleichzeitig auch der objektive Tatbestand des Steuerbetrugs erfüllt ist. Diese Gerichtspraxis wird kritisiert, weil Bilanz und Erfolgsrechnung, anders als z. B. Bescheinigungen Dritter, im Veranlagungsverfahren nicht als richtig betrachtet werden, sondern Ausgangspunkt der behördlichen Überprüfung bilden. Zudem können Handlungen mit gleichem Unrechtsgehalt zu einer steuerstrafrechtlich unterschiedlichen Beurteilung führen. Selbständig erwerbstätige Steuerpflichtige, die unvollständige Aufzeichnungen über ihr Einkommen einreichen, können lediglich wegen Steuerhinterziehung, bei Einreichen einer Erfolgsrechnung aber wegen Steuerbetrugs belangt werden. In der Veranlagungspraxis werden deshalb solche Fälle häufig nur als Steuerhinterziehung beurteilt.

Beispiel:

- Der selbständigerwerbende Louis Frech hat in seiner Steuererklärung sein Erwerbseinkommen zu niedrig deklariert. Der Steuererklärung lag eine Jahresrechnung bei, welche einen niedrigeren als den erzielten Geschäftsertrag auswies, weil nicht alle Geschäftsvorfälle verbucht wurden. Die Jahresrechnung gilt als Urkunde. Das absichtliche Nichtverbuchen und die falsche Jahresrechnung, welche der Steuerbehörde eingereicht wurde, gelten als Steuerbetrug. Der Steuerbetrug ist ein reines Tätigkeitsdelikt, sodass der Tatbestand erfüllt ist, sowohl wenn er im Veranlagungsverfahren als auch wenn er erst nach Eintritt der Rechtskraft der Veranlagung erkannt wird.

- Hans Schlaumeier verbucht den Aufwand für die Ferien mit seiner Familie unter dem Titel «Werbekosten» in seiner Buchhaltung als Selbständigerwerbender. Damit erstellt er eine falsche Urkunde und erfüllt den Tatbestand des Steuerbetruges, sobald er diese zusammen mit seiner Steuererklärung einreicht.

Die delikts- und straffähigen Personen sind beim Steuerbetrug offen umschrieben («wer»). Als delikts- und straffähige Personen kommen insbesondere in Betracht:

- der Steuerpflichtige bzw. sein gesetzlicher oder vertraglicher Vertreter;
- Organe sowie deren vertragliche Vertreter, wenn mit Wirkung für eine juristische Person ein Steuerbetrug begangen wird.

Zusätzlich ist strafbar, wer Beihilfe leistet, den Steuerbetrug begünstigt oder als Vertreter am Steuerbetrug teilnimmt.

Steuerbetrug wird mit Gefängnis oder mit Busse bis CHF 30 000 bestraft. Bei vollendeter Steuerhinterziehung wird zusätzlich die Nach- und Strafsteuer erhoben (DBG 186).

Für das Verfahren sind beim Steuerbetrug die ordentlichen Strafverfolgungs- und Strafjustizbehörden zuständig (DBG 188). Die Anzeige erfolgt i.d.R. durch die kantonale Steuerbehörde. Aber auch die EStV kann die Strafverfolgung verlangen.

Das Recht, ein Steuerstrafverfahren wegen Steuerbetrugs einzuleiten, verjährt zehn Jahre nach Ablauf der Steuerperiode, in welcher der Steuerbetrug begangen wurde (DBG 189 Abs. 1).

6   Besondere Fälle

6.1   Verheimlichung oder Beiseiteschaffung von Nachlasswerten im Inventarverfahren

Wer als Erbe, Erbenvertreter, Testamentsvollstrecker oder Dritter Nachlasswerte verheimlicht oder beiseite schafft in der Absicht, sie der Inventaraufnahme zu entziehen, zu deren Bekanntgabe er im Inventarverfahren verpflichtet ist, wird mit Busse bis zu CHF 10 000, in schweren Fällen oder bei Rückfall bis CHF 50 000 bestraft (DBG 178).

Auch in diesen Fällen ist die einmalige straflose Selbstanzeige möglich (DBG 178 Abs. 4; vgl. vorstehend 3.2).

6.2   Erbenhaftung

Die Haftung der Erben für die Bussen eines Steuerpflichtigen, der eine Steuerhinterziehung begangen hat, ist per 1. März 2005 aufgehoben worden. Von den Erben zu bezahlen sind in solchen Fällen hingegen die Nachsteuern samt Zinsen (vgl. vorstehend E 6.3).

6.3   Besondere Untersuchungsmassnahmen der EStV

Wenn der Verdacht besteht, dass schwere Steuerwiderhandlungen wie die fortgesetzte Hinterziehung grosser Steuerbeträge oder Steuerbetrugshandlungen begangen wurden, kann die EStV vom Bundesrat ermächtigt werden, besondere Untersuchungen durchzuführen (DBG 190).

III. TEIL: VERRECHNUNGSSTEUER

Literatur zur Vertiefung:

BAUER-BALMELLI MAJA, Der Sicherungszweck der Verrechnungssteuer, unter besonderer Berücksichtigung der Erträge aus Beteiligungsrechten, Schriften zum Steuerrecht (Hrsg. Markus Reich), Band 7, Zürich 2001

BLUMENSTEIN/LOCHER, System, S. 196 ff. und S. 335 ff.

HÖHN/WALDBURGER, Steuerrecht I, S. 517 ff.

OBERSON, Droit fiscal, S. 258 ff.

PFUND, Verrechnungssteuer I, Art. 1–20

PFUND/ZWAHLEN, Verrechnungssteuer II, Art. 21–33

REICH, Steuerrecht, S. 511 ff.

RYSER/ROLLI, Précis, S. 287 ff.

STOCKAR, Übersicht und Fallbeispiele, S. 67 ff.

STOCKAR/HOCHREUTENER (Hrsg.), Praxis der Bundessteuern, Teil II, Band 2

ZWEIFEL/ATHANAS/BAUER-BALMELLI, Kommentar VStG

Speziell zum steuerbaren Ertrag:

DUSS MARCO, Der unbewältigte Obligationenbegriff des Stempel- und Verrechnungssteuerrechts, in: StR 36 (1981), S. 94 ff.

JAUSSI THOMAS, Emissionsabgabe und Verrechnungssteuer bei strukturierten Finanzierungen, in: ST 1997, S. 571 ff.

JECK WALTER, Neueste Entwicklungen bei der Besteuerung moderner Finanzinstrumente, in: ASA 68 (1999/2000), S. 177 ff.

NEUHAUS MARKUS, Die Besteuerung des Aktienertrages, Diss., Zürich 1988

VUILLEMIN F., Zum Begriff des steuerbaren Ertrages im Verrechnungssteuerrecht, in: ST 1981, S. 20 ff.

Speziell zum Rückkauf eigener Aktien:

VON AH JULIA, Die Kapitalherabsetzung von Publikumsgesellschaften, Schriften zum Steuerrecht (Hrsg. Markus Reich), Band 10, Zürich 2001

ATHANAS PETER/JURT PATRICK, Fristenstillstand beim Erwerb eigener Aktien – Neuigkeiten zum Begriff des ursprünglichen kausalen Zusammenhangs, in: FStR 2001, S. 67 ff.

STOCKAR CONRAD, Gesetzliche Regelung des Erwerbs eigener Aktien, in: ASA 66 (1997/98), S. 685 ff.

Speziell zur Steuerrückerstattung:
BAUER-BALMELLI MAJA, Die Steuerumgehung im Verrechnungssteuerrecht,
    in: FStR 2002, S. 162 ff.
PÜRRO-SCHWOB I., Grenzen bei der Rückerstattung der Verrechnungssteuer
    bei natürlichen Personen, in: ST 1994, S. 606 ff.

1   Steuerhoheit und Merkmale der Verrechnungssteuer

Der Bund ist aufgrund von BV 132 Abs. 2 befugt, eine Verrechnungssteuer
zu erheben

* auf dem Ertrag von beweglichem Kapitalvermögen;
* auf Lotteriegewinnen;
* auf Versicherungsleistungen.

Die Verrechnungssteuer ist im Bundesgesetz vom 13. Oktober 1965 über die
Verrechnungssteuer und in der zugehörigen Verordnung vom 19. Dezember
1966 geregelt. Die Kantone erhalten vom jährlichen Mehrertrag der Verrechnungssteuer einen Anteil von 10 Prozent (VStG 2 Abs. 1). Die Aufteilung
auf die einzelnen Kantone erfolgt aufgrund deren Wohnbevölkerung.

Die Verrechnungssteuer ist eine Objektsteuer, da sie ohne Berücksichtigung der wirtschaftlichen Leistungsfähigkeit des Steuerpflichtigen erhoben
wird. Sie ist auch eine Quellensteuer, d.h., sie wird beim Schuldner und
nicht beim Empfänger der steuerbaren Leistung erhoben. Die ausschüttende Aktiengesellschaft hat die Verrechnungssteuer durch entsprechende
Kürzung der Dividende auf den Aktionär zu überwälzen. Diese Überwälzungspflicht ist zwingend vorgeschrieben und kann nicht durch Vereinbarung zwischen der Gesellschaft und den Begünstigten beseitigt werden
(vgl. ASA 62, S. 286). Die steuerpflichtige Aktiengesellschaft trägt somit die
Verrechnungssteuer nicht selber, sondern belastet sie dem Aktionär und
liefert sie der EStV ab. Aufgrund ihres Zweckes und ihrer gesetzlichen Ausgestaltung gilt die Verrechnungssteuer als Spezialeinkommenssteuer.

Die Verrechnungssteuer ist für inländische Steuerpflichtige eine Sicherungssteuer. Wenn die Einkünfte ordnungsgemäss als Einkommen deklariert
werden, ist die Verrechnungssteuer vollständig rückforderbar. Im andern
Fall ist das Rückerstattungsrecht verwirkt, und die Steuer verfällt dem Bund.

Für im Ausland wohnhafte Empfänger von Kapitalerträgen und Lotteriegewinnen aus schweizerischen Quellen stellt die Verrechnungssteuer eine
definitive Steuerbelastung dar. Besteht zwischen der Schweiz und dem

Wohnsitzstaat des Empfängers ein Abkommen zur Vermeidung der Doppelbesteuerung (Doppelbesteuerungsabkommen), kann die Verrechnungssteuer ganz oder teilweise zurückgefordert werden. Versicherungsleistungen an Ausländer unterliegen nicht der Verrechnungssteuer.

Die Erhebung der Steuer erfolgt grundsätzlich anonym, d.h., die Person des Empfängers der steuerbaren Leistung ist der Steuerverwaltung i.d.R. nicht bekannt. Es ist in der Folge Sache des in der Schweiz wohnhaften Begünstigten, gegenüber der Steuerverwaltung durch Abgabe einer vollständigen Steuererklärung aus der Anonymität hervorzutreten und die Rückerstattung zu beantragen. Im Ausland wohnhafte Begünstigte werden der Steuerverwaltung erst durch den Antrag auf Rückerstattung der Verrechnungssteuer bekannt, welcher sich auf ein Doppelbesteuerungsabkommen stützen muss. Macht der Empfänger der steuerbaren Leistung von der Möglichkeit der Rückforderung der Verrechnungssteuer nicht Gebrauch oder wohnt er in einem Staat, mit welchem die Schweiz kein Doppelbesteuerungsabkommen abgeschlossen hat, verbleibt die Verrechnungssteuer dem Bund.

Das Fürstentum Liechtenstein gilt bei der Verrechnungssteuer, anders als bei der Stempelsteuer und der Mehrwertsteuer, nicht als Inland. Im Fürstentum Liechtenstein ansässige natürliche und juristische Personen gelten als Ausländer und haben mangels eines entsprechenden Doppelbesteuerungsabkommens keinen Anspruch auf Rückerstattung der auf sie überwälzten Verrechnungssteuer. Umgekehrt unterliegen Gewinnausschüttungen von liechtensteinischen Gesellschaften und Genossenschaften nicht der schweizerischen Verrechnungssteuer.

Im Folgenden wird die Verrechnungssteuer auf den Erträgen des beweglichen Kapitalvermögens, den Lotteriegewinnen und den Versicherungsleistungen separat dargestellt.

2 Die Verrechnungssteuer auf Kapitalerträgen

2.1 Steuerobjekt, Steuerberechnungsgrundlage und Steuermass

2.1.1 Allgemeines

Der Verrechnungssteuer auf Kapitalerträgen unterliegen gemäss VStG 4 Abs. 1 die Zinsen, Renten, Gewinnanteile und sonstigen Erträge

- der von einem Inländer ausgegebenen Obligationen, Serienschuldbriefe, Seriengülten und Schuldbuchguthaben;
- der von einem Inländer ausgegebenen Aktien, Anteile an Gesellschaften mit beschränkter Haftung, Genossenschaftsanteile, Partizipationsscheine und Genussscheine;
- der von einem Inländer oder einem Ausländer i.V.m. einem Inländer ausgegebenen Anteile an einer kollektiven Kapitalanlage gemäss Kollektivanlagengesetz vom 23. Juni 2006;
- der Kundenguthaben bei inländischen Banken und Sparkassen.

Als Inländer gilt, wer im Inland Wohnsitz, dauernden Aufenthalt oder statutarischen Sitz hat oder als Unternehmen im inländischen Handelsregister eingetragen ist (VStG 9 Abs. 1). Als Inländer gelten auch juristische Personen oder Handelsgesellschaften ohne juristische Persönlichkeit, die ihren statutarischen Sitz im Ausland haben, jedoch tatsächlich im Inland geleitet werden oder hier eine Geschäftstätigkeit ausüben.

Die Verrechnungssteuer auf Kapitalerträgen beträgt 35 Prozent (VStG 13 Abs. 1 lit. a).

2.1.2 Erträge aus Obligationen, Serienschuldbriefen, Seriengülten und Schuldbuchguthaben

Der Verrechnungssteuer unterliegen alle Erträge aus inländischen Obligationen, Serienschuldbriefen, Seriengülten und Schuldbuchguthaben (VStG 4 Abs. 1 lit. a und VStV 15). Der Begriff der Obligation im Sinne der Verrechnungssteuer ist dabei wesentlich weiter zu verstehen als im normalen Sprachgebrauch. Er umfasst alle auf feste Beträge lautenden Schuldanerkennungen, die zwecks kollektiver Kapitalbeschaffung in einer Mehrzahl von Exemplaren zu gleichen oder gleichartigen Bedingungen ausgegeben werden (vgl. KS Nr. 15 der EStV vom 7. Februar 2007, Obligationen und derivative Finanzinstrumente als Gegenstand der direkten Bundessteuer, der Verrechnungssteuer sowie der Stempelabgaben).

Als Obligationen gelten einmal die eigentlichen Anleihensobligationen als Teilschuldverschreibungen in Wertpapierform einer mittel- oder langfristigen Anleihe. Jede Obligation entspricht dabei einem bestimmten Teil der Gesamtanleihe. Nach der Praxis der EStV liegt eine Anleihensobligation aber auch vor, wenn ein Schuldner bei mehr als 10 Gläubigern gegen Ausgabe von Schuldanerkennungen Geld zu gleichen Bedingungen aufnimmt. Die gesamte Schuldsumme muss dabei mindestens CHF 500 000 betragen (vgl. Merkblatt S-02.122.1 der EStV vom April 1999 betreffend Obligationen).

Beispiel:

Die Optima AG, St. Gallen, offeriert ihren 15 Kadermitarbeitern, bei ihr feste Geldanlagen von je CHF 100 000 zu tätigen zu einem Vorzugszinssatz, der 1,5% über dem Zinssatz der St. Galler Kantonalbank für ungesicherte Darlehen liegt. Alle 15 Mitarbeiter gewähren darauf der Optima AG entsprechende Darlehen mit einer Laufzeit über fünf Jahre. Die Darlehen gelten als Obligationen im Sinne des Verrechnungssteuergesetzes. Die Optima AG ist verpflichtet, bei der Auszahlung der Zinsen die Verrechnungssteuer in Abzug zu bringen und an die EStV zu überweisen.

Als Obligationen gelten auch die Kassenobligationen. Diese zeichnen sich dadurch aus, dass sie auf runde Beträge lautende Obligationen sind, die von den Banken je nach Bedarf und in dem von den Kunden gewünschten Umfang am Schalter ausgegeben werden. Gemäss Praxis der EStV liegen Kassenobligationen auch vor, wenn ein Schuldner (Nichtbank) bei mehr als 20 Gläubigern gegen Ausgabe von Schuldanerkennungen fortlaufend Geld zu variablen Bedingungen aufnimmt und die gesamte Kreditsumme mindestens CHF 500 000 beträgt.

Beispiel:

Bei der Optima AG können zudem alle Mitarbeiter je nach Wunsch einzeln feste Geldanlagen von je CHF 5000 oder einem Mehrfachen zu einem Vorzugszinssatz tätigen. 30 Mitarbeiter machen von dieser Möglichkeit Gebrauch, sodass die gesamten Anlagen nach zwei Jahren mehr als CHF 500 000 betragen. Die Anlagen gelten als Kassenobligationen im Sinne der Verrechnungssteuer. Die Optima AG ist verpflichtet, bei der Auszahlung der Zinsen die Verrechnungssteuer in Abzug zu bringen und an die EStV zu überweisen.

Den Obligationen sind gleichgestellt:

• die in einer Mehrzahl ausgegebenen Wechsel, die wechselähnlichen Schuldverschreibungen und andere Diskontpapiere, sofern sie zur Unterbringung im Publikum bestimmt sind (VStV 15 Abs. 1 lit. b);

- Ausweise über Unterbeteiligungen an Darlehensforderungen;
- die in einer Mehrzahl ausgegebenen, der kollektiven Kapitalbeschaffung dienenden Buchforderungen;
- Pfandbriefe.

Weder als Obligationen i.S.v. VStG 4 Abs. 1 lit. a noch als Kundenguthaben i.S.v. VStG 4 Abs. 1 lit. d gelten mit Wirkung ab dem 1. August 2010 die zwischen Konzerngesellschaften bestehenden Guthaben (VStV 14a). Als Konzerngesellschaften gelten Gesellschaften, deren Jahresrechnungen nach anerkannten Standards zur Rechnungslegung in einer Konzernrechnung vollkonsolidiert werden. Ausgenommen sind jedoch Obligationen einer ausländischen Konzerngesellschaft, für welche eine inländische Gesellschaft des gleichen Konzerns eine Garantie leistet (VStV 14a Abs. 3).

Als steuerbarer Ertrag von Obligationen gilt jede auf dem Schuldverhältnis beruhende geldwerte Leistung an den Gläubiger, die sich nicht als Rückzahlung der Kapitalschuld darstellt (VStV 14 Abs. 1). Der Verrechnungssteuer unterliegen also v. a. die vom inländischen Schuldner von Obligationen zu bezahlenden Zinsen. Diese sind um die Verrechnungssteuer von 35 Prozent zu kürzen.

> **Beispiel:**
> Urs Ernst kauft eine Obligation zu CHF 1000 nom. der Bank Vontal mit einem Zins von 4% (Zinstermin 31.3.) und einer Laufzeit von zehn Jahren. Der Erwerbspreis sowie die Rückzahlung erfolgen zu 100%. Der Zins von CHF 40 p.a. unterliegt der Verrechnungssteuer. Die Bank Vontal hat 35% bzw. CHF 14 an die EStV und den Nettozins von 65% bzw. CHF 26 an Urs Ernst zu bezahlen.

Beim Verkauf einer Obligation hat der Käufer dem Verkäufer den aufgelaufenen Zins, als Marchzins bezeichnet, zu bezahlen. Der Marchzins gilt als Teil des Kaufpreises und nicht als Vermögensertrag. Er unterliegt nicht der Verrechnungssteuer, weil er nicht vom Schuldner, sondern vom Käufer der Obligation zu bezahlen ist. Dem Käufer steht in der Folge der gesamte Jahreszins zu, der bei ihm als steuerbarer Vermögensertrag gilt und auf welchem die Verrechnungssteuer in Abzug gebracht wird.

> **Beispiel:**
> Urs Ernst verkauft am 30.9.2009 die Obligation zu CHF 1000 nom. der Bank Vontal mit einem Zins von 4% (Zinstermin 31.3.) und einer Laufzeit von zehn Jahren nach vier Jahren zum Kurs von 1010.
>
> | | CHF |
> |--------------------------|------|
> | Verkauf vom 30.9.2009 | 1010 |
> | Marchzins für 180 Tage | 20 |
> | | 1030 |

Der Kursgewinn von CHF 10 und der Marchzins von CHF 20 gelten als Teil des Verkaufspreises und unterliegen nicht der Verrechnungssteuer.

Macht ein Obligationenschuldner von der Möglichkeit der vorzeitigen Rückzahlung einer Anleihe Gebrauch, so unterliegt neben dem Schlusszins auch das allfällige Rückzahlungsagio der Verrechnungssteuer.

Beispiel:
Das Kraftwerk Energie kann gemäss Emissionsbedingungen die Obligation nach achteinhalb Jahren zu 103% zurückzahlen. Das Rückzahlungsagio von 3% bzw. CHF 30 unterliegt neben dem Bruchzins (Teilzins) von CHF 20 ebenfalls der Verrechnungssteuer.

Zinsen für gewöhnliche Darlehen, d.h. solche, die verrechnungssteuerlich nicht als Obligationen gelten, unterliegen nicht der Verrechnungssteuer.

2.1.3 Erträge aus Aktien, Anteilen an GmbHs, Genossenschaftsanteilen, Genussscheinen

Nach VStG 4 Abs. 1 lit. b unterliegen der Verrechnungssteuer alle Erträge der von einem Inländer ausgegebenen Aktien, Anteile an Gesellschaften mit beschränkter Haftung, Genossenschaftsanteile, Partizipationsscheine und Genussscheine.

Als steuerbarer Ertrag gilt jede geldwerte Leistung an die Inhaber gesellschaftlicher Beteiligungsrechte oder an diesen nahestehende Personen, die keine Rückzahlung der Anteile am einbezahlten Grund- oder Stammkapital darstellt (VStV 20). Der Verrechnungssteuer unterliegen nicht nur die Dividenden, sondern auch die Gratisaktien, die Liquidationsüberschüsse sowie die verdeckten Gewinnausschüttungen. Verrechnungssteuerfrei ist bis 31. Dezember 2010 nur die Rückzahlung des Nennwertes.

Das UStR II führt für Erträge aus Beteiligungen neu das Kapitaleinlageprinzip ein (in Kraft per 1. Januar 2011; vgl. dazu vorstehend II.A 3.4.3.2). Danach ist neu die Rückzahlung von unmittelbar durch die Inhaber der Beteiligungsrechte geleisteten Einlagen, Aufgeldern und Zuschüssen bei diesen steuerfrei, wenn sie die Beteiligungsrechte im Privatvermögen halten. Analog unterliegen solche Kapitalrückzahlungen auch nicht mehr der Verrechnungssteuer (VStG 5 Abs. 1bis). Voraussetzungen sind überdies, dass die Einlagen, Aufgelder und Zuschüsse nach dem 31. Dezember 1996 geleistet sowie auf einem separaten Konto ausgewiesen wurden und jede Veränderung der EStV gemeldet wurde.

Anders als bei den direkten Steuern lösen die Tatbestände der sog. indirekten Teilliquidation und der Transponierung nach der geltenden Praxis der EStV die Verrechnungssteuerpflicht nicht aus (zu den Begriffen indirekte Teilliquidation und Transponierung vgl. vorstehend II. A 3.4.3.3 und II. A 3.4.3.4). Ist bei der Transponierung ein ausländischer Aktionär beteiligt, kann sich möglicherweise die Frage der Steuerumgehung stellen.

2.1.3.1 Dividenden
Der Verrechnungssteuer unterliegen alle Zahlungen für Dividenden. Dividenden sind Gewinnausschüttungen von Aktiengesellschaften, von Gesellschaften mit beschränkter Haftung und von Genossenschaften, welche zulasten der offenen Reserven inkl. Gewinnvortrag vorgenommen werden. Es ist folglich unbeachtlich, ob die Ausschüttungen aus dem Gewinn des abgelaufenen Geschäftsjahres oder aus thesaurierten Gewinnen früherer Jahre geleistet werden. Der Verrechnungssteuer unterliegt deshalb bis 31. Dezember 2010 auch die Rückleistung von Reserveeinlagen der Anteilsinhaber (Agios). Ab dem 1. Januar 2011 gilt dies nur noch für Einlagen der Aktionäre, welche vor dem 1. Januar 1997 geleistet wurden (VStG 5 Abs. 1bis). Mit Wirkung ab dem 1. Januar 2011 sind Dividenden zulasten von Reserveeinlagen der Anteilsinhaber steuerfrei, sofern sie nach dem 31. Dezember 1996 geleistet und auf einem separaten Konto ausgewiesen wurden (VStG 5 Abs. 1bis; vgl. vorstehend 2.1.3).

Als verrechnungssteuerpflichtige Dividenden gelten auch alle geldwerten Leistungen, die separat besprochen werden (vgl. nachfolgend 2.1.3.3).

Bei der Zahlung einer Dividende hat die leistende Gesellschaft als Schuldnerin zwingend die Verrechnungssteuer von 35 Prozent in Abzug zu bringen und an die EStV abzuliefern; sie darf dem Aktionär nur 65 Prozent der Dividende auszahlen.

Beispiel:
Die Fix AG zahlt eine Dividende von CHF 10 000 an die Aktionärin Marta Fix.
Die Abrechnung für die Dividende lautet wie folgt:

	CHF
Bruttodividende	10 000
35 % Verrechnungssteuer	− 3 500
Nettodividende	6 500

Die Ausrichtung einer Dividende kann anstatt als Barzahlung auch als sog. Naturaldividende in Form von Wertschriften oder Sachwerten erfolgen. Auch in diesen Fällen ist grundsätzlich die Verrechnungssteuer geschuldet,

wobei es verschiedene Möglichkeiten der Abwicklung gibt. Bei nicht auf-
teilbaren Sach- oder Naturalleistungen kann der Leistungsempfänger den
Steuerbetrag an den Schuldner zurückvergüten. Erfolgt keine Rückleistung,
wird die Überwälzungspflicht in der Weise durchgesetzt, dass die effektiv
erbrachte Sachleistung als 65 Prozent der steuerbaren Leistung betrachtet
wird, welche zur Bestimmung der Verrechnungssteuer anschliessend «ins
Hundert» umgerechnet wird.

Unter gewissen Voraussetzungen kann die Verrechnungssteuerpflicht bei
Naturaldividenden auch mittels einer Meldung an die EStV erfüllt werden.
Die Voraussetzungen, damit das Meldeverfahren beansprucht werden
kann, sind (VStV 24; zum Meldeverfahren in weiteren Fällen vgl. nachfolgend 2.4):

• die Aktionäre müssen Inländer sein;
• es dürfen nicht mehr als 20 Aktionäre sein;
• die Aktionäre müssen Eigentümer oder Nutzniesser sein.

Die Gesellschaft hat beim Meldeverfahren die Aktionäre der Steuerbehörde
bekannt zu geben, welche dann prüft, ob die Naturaldividende von den
begünstigten Aktionären deklariert wird. In diesem Fall ist die Verrechnungssteuer abgegolten, ansonsten muss sie von der Gesellschaft nachbe-
zahlt werden.

Beispiel:
• Die Manz AG beschliesst eine Dividende von TCHF 1000. Die Dividende wird
  dem Alleinaktionär Franz Manz als Naturaldividende in Form von Wertschriften ausgeschüttet.
  Manz kann entweder die Verrechnungssteuer von TCHF 350 an die Manz
  AG zur Weiterleitung an die EStV einzahlen. In diesem Fall erzielt er einen
  steuerbaren Vermögensertrag von TCHF 1000 (sog. Bruttomethode). Geht
  die Verrechnungssteuer zulasten der Manz AG, wird die Sachdividende «ins
  Hundert» hochgerechnet. Die TCHF 1000 entsprechen 65%, und die Manz
  AG hat die Verrechnungssteuer von 35% bzw. TCHF 538 an die EStV zu
  bezahlen. Die TCHF 538 gelten bei der Manz AG als zusätzliche Ausschüttung und sind den Reserven zu belasten (sog. Nettomethode). Die Manz
  AG bucht:

Gewinnvortrag bzw. Reserven an Wertschriften	TCHF 1000	Ausschüttung an Aktionär
Gewinnvortrag bzw. Reserven an Bank	TCHF 538	Überweisung an EStV

  Manz hat in diesem Fall eine Dividende von TCHF 1 538 in seinem Wertschriftenverzeichnis zu deklarieren.

Weil die Anzahl der Begünstigten weniger als 20 beträgt und Franz Manz in der Schweiz wohnhaft ist, kann die Verrechnungssteuer auch mittels des Meldeverfahrens abgewickelt werden (VStV 24 Abs. 1 lit. c). In diesem Fall braucht Manz lediglich TCHF 1000 in seinem Wertschriftenverzeichnis zu deklarieren.

- Die Genossenschaft Lämmli, die ein Restaurant betreibt, gibt den Genossenschaftern pro Anteilschein einen Gutschein für Essen von CHF 65 ab. Die Überwälzung der Verrechnungssteuer kann in der Art vorgenommen werden, dass die Anteilsinhaber an die Genossenschaft Lämmli CHF 22,75 bzw. 35% zu vergüten haben. Die Genossenschaft kann aber auch die CHF 65 als Nettoleistung betrachten und die Verrechnungssteuer von CHF 35 auf einer Bruttoleistung von CHF 100 entrichten. Die Verrechnungssteuer von CHF 35 gilt als zusätzliche Dividendenzahlung. Die Genossenschafter erhalten eine Bruttodividende von CHF 100, CHF 65 in Form von Essensgutscheinen und CHF 35 in Form des Rückerstattungsanspruches gegenüber der Steuerverwaltung. Beträgt die Anzahl der Anteilsinhaber nicht mehr als 20 und sind diese in der Schweiz wohnhaft, kann die Verrechnungssteuer auch mittels des Meldeverfahrens abgewickelt werden (VStV 24).

2.1.3.2 Umstrukturierungen

Bei Umstrukturierungen nach DBG 61, d.h. bei Fusionen, Umwandlungen, Spaltungen oder Übertragungen von Vermögenswerten im Konzern, können Reserven und Gewinne einer Kapitalgesellschaft verrechnungssteuerfrei auf Reserven einer anderen Kapitalgesellschaft übertragen werden (VStG 5 Abs. 1 lit. a).

Beispiel (in TCHF):

Die Rado AG absorbiert die Mikro AG, eine 100-prozentige Tochtergesellschaft. Beide Gesellschaften haben ihren Sitz in der Schweiz. Die Bilanzen der Rado AG und der Mikro AG vor Fusion und die fusionsweise erweiterte Bilanz der Rado AG lauten wie folgt:

	Rado AG		Mikro AG		Rado AG nach Fusion	
Umlaufvermögen	1000		500		1500	
Anlagevermögen	1500		1000		2500	
Beteiligung Mikro AG	500					
Fremdkapital		1000		700		1700
Aktienkapital		500		100		500
Reserven		1500		700		1500
Fusionsgewinn						300
	3000	3000	1500	1500	4000	4000

Durch die Fusion gehen Reserven der Mikro AG im Umfang von 300 auf die Reserven der Rado AG über, während Reserven der Mikro AG im Umfang von 400 untergehen. Die auf die Rado AG übergehenden Reserven von 300 sind von der Verrechnungssteuer nach VStG 5 Abs. 1 lit. a ausgenommen. Auf den untergehenden Reserven von 400 ist die Verrechnungssteuer geschuldet, wobei das Meldeverfahren geltend gemacht werden kann (VStV 24 Abs. 1 lit. c).

2.1.3.3 Gratisaktien, Gratisnennwerterhöhung

Als Gratisaktien werden Aktien bezeichnet, welche eine Gesellschaft zulasten der frei verfügbaren Reserven schafft und unentgeltlich an ihre Aktionäre abgibt. Bei einer solchen Kapitalerhöhung wird die Anzahl der Aktien einer Gesellschaft vergrössert, ohne dass sich ihre Substanz verändert. Bei der Ausgabe von Gratisaktien wird die Verrechnungssteuer von 35 Prozent vom Nominalwert der neu geschaffenen Aktien erhoben (VStV 20 Abs. 1; vgl. betreffend Umwandlung von Partizipationsscheinen in Aktien: ASA 62, S. 280).

Bei der Gratisnennwerterhöhung wird der Nennwert der bestehenden Aktien zulasten der frei verfügbaren Reserven liberiert und unentgeltlich den Aktionären zugehalten. Auch in diesem Fall ist die Verrechnungssteuer mit 35 Prozent vom gratis erhöhten Nominalwert geschuldet.

Gleich wie bei Naturaldividenden besteht bei Gratisaktien das Problem, dass die Verrechnungssteuer von 35 Prozent nicht einfach von den Aktien in Abzug gebracht werden kann. Die Abwicklung der Verrechnungssteuer kann auf drei Arten erfolgen:

• Die Gesellschaft zahlt die Verrechnungssteuer zusätzlich und selber zulasten der Reserven. Der Nominalwert der Gratisaktien entspricht dann 65 Prozent. Die 35 Prozent Verrechnungssteuer gelten als zusätzliche Dividende und unterliegen ebenfalls der Verrechnungssteuer (Netto-methode).

• Die Gesellschaft verlangt die Verrechnungssteuer von den Leistungs-empfängern, d.h., die Aktionäre müssen die Verrechnungssteuer von 35 Prozent, berechnet vom Nominalwert der ihnen zugeteilten Gratis-aktien bzw. der Gratisnennwerterhöhung, an die Gesellschaft einzahlen (Bruttomethode). Die Gesellschaft hat die Verrechnungssteuer an die EStV weiterzuleiten.

• Als dritte Variante kann die Gesellschaft, wie bei der Naturaldividende, das Meldeverfahren beantragen. In diesem Fall kann die Verrechnungs-steuer mittels einer Meldung an die EStV abgewickelt werden. Die Gesell-schaft gibt dabei die begünstigten Aktionäre der Steuerbehörde bekannt, welche dann prüft, ob die Gratisaktien von den Aktionären deklariert werden (VStV 24 Abs. 1 lit. b; vgl. nachfolgend 2.4).

> **Beispiel:**
>
> Die Cash AG erhöht ihr Aktienkapital von bisher CHF 100 000 (100 Aktien zu CHF 1000 nom.) auf CHF 200 000 durch Ausgabe von 100 Aktien zu CHF 1000 nom. zulasten der freien Reserven.
>
> Die Überwälzung der Verrechnungssteuer kann in der Art vorgenommen werden, dass die Aktionäre der Cash AG die Verrechnungssteuer von CHF 35 000 bzw. 35 % zu vergüten haben (Bruttomethode). Die Cash AG kann aber auch die CHF 100 000 als Nettoleistung betrachten und die Verrechnungssteuer von CHF 53 846 auf einer Bruttoleistung von CHF 153 846 entrichten (Nettomethode). Die Verrechnungssteuer von CHF 53 846 gilt als zusätzliche Dividendenzahlung. Die Aktionäre erhalten eine Bruttodividende von CHF 153 846, CHF 100 000 in Form von Gratisaktien und CHF 53 846 in Form des Rückerstattungsanspruches gegenüber der Steuerverwaltung. Beträgt die Anzahl der Anteilsinhaber nicht mehr als 20 und sind diese in der Schweiz wohnhaft, so kann, als einfachste Variante, die Verrechnungssteuer mittels des Meldeverfahrens abgewickelt werden (VStV 24 Abs. 1 lit. b).

2.1.3.4 Geldwerte Leistungen aus Rechtsgeschäften mit Beteiligten

Der Verrechnungssteuer unterliegen auch die sog. geldwerten Leistungen im Zusammenhang mit Rechtsgeschäften mit Beteiligten oder diesen nahestehenden Dritten. Erbringt der Beteiligte bei solchen Rechtsgeschäften in einem erkennbaren Ausmass keine angemessene Gegenleistung, die im Verkehr mit einem unbeteiligten Dritten erbracht würde, so wird diese geldwerte Leistung bei der Verrechnungssteuer wie eine offene Gewinnausschüttung behandelt. Die geldwerten Leistungen können unterteilt werden in verdeckte Gewinnausschüttungen und Gewinnvorwegnahmen.

Bei der verdeckten Gewinnausschüttung erbringt die Gesellschaft Leistungen an Beteiligte oder diesen nahestehende Personen unter der Bezeichnung «Aufwand», welche sie im normalen Geschäftsverkehr einem unbeteiligten Dritten nicht erbringen würde. Soweit die Leistung das im Verkehr mit Dritten übliche Mass übersteigt, handelt es sich nicht um geschäftsmässig begründeten Aufwand, sondern um eine geldwerte Leistung bzw. um eine verdeckte Gewinnausschüttung. Dies bedeutet, dass in diesem Umfang eine Gewinnausschüttung vorliegt, welche der Verrechnungssteuer unterliegt. Bei der Gesellschaft wird sie überdies zum steuerbaren Gewinn und beim Beteiligten zum steuerbaren Einkommen hinzugerechnet.

Als verdeckte Gewinnausschüttungen gelten z. B. geschäftsmässig nicht begründete Löhne an Beteiligte (vgl. StE 1989 SZ B 72.13.22 Nr. 12). Grundsätzlich ist der Arbeitgeber frei bei der Festsetzung der Löhne und Saläre. Wo allerdings die Höhe des Salärs des Aktionärs mit der beteiligungsrechtlichen Beziehung erklärt werden muss, ist von einer verdeckten Gewinnausschüttung auszugehen. Kriterien für die Beurteilung, ob das Gehalt des

Aktionärs übersetzt ist, sind insbesondere das Verhältnis des Aktionärsgehaltes zu den Löhnen der nicht an der Gesellschaft beteiligten Mitarbeiter, Branchenvergleiche sowie Anzahl der Mitarbeiter, Höhe des Umsatzes und des Gewinnes.

> **Beispiel:**
> Armin Grob ist Alleinaktionär der Grob AG. Die Grob AG, eine Familienunternehmung, stellt Kunststoffprodukte her. Die Gesellschaft beschäftigt 100 Mitarbeiter, erzielt einen Umsatz von CHF 30 Mio. und einen Reingewinn von CHF 200 000. Armin Grob bezieht als Präsident des Verwaltungsrates ein Salär von CHF 500 000, der Geschäftsführer ein solches von CHF 200 000.
>
> Gelangt die Steuerbehörde zur Auffassung, dass für Armin Grob höchstens ein Lohn von CHF 350 000 als geschäftsmässig begründet anerkannt werden kann, so gelten CHF 150 000 als verrechnungssteuerpflichtige geldwerte Leistung. Wenn die Verrechnungssteuer nicht auf Armin Grob überwälzt werden kann, gelten die CHF 150 000 als 65% der geldwerten Leistung. Häufig sind jedoch in solchen Fällen auch die Voraussetzungen für das Meldeverfahren gegeben (VStV 24 Abs. 1 lit. a oder c).
>
> Bei den direkten Steuern gelten die CHF 150 000 als nicht geschäftsmässig begründeter Lohnaufwand, welcher der Grob AG zum steuerbaren Gewinn aufgerechnet wird. Bei Armin Grob erfolgt keine weitere Hinzurechnung, da bei ihm CHF 150 000 des bezogenen Lohnes in Vermögensertrag umqualifiziert wird. Weil die Grob AG auf CHF 500 000 AHV abgerechnet hat, kann sie den zu viel bezahlten Betrag von der zuständigen AHV-Ausgleichskasse zurückverlangen.

Analoge Überlegungen wie für übersetzte Gehälter von Beteiligten gelten für Spesenzahlungen an Beteiligte. Beruht die Höhe von Spesenzahlungen auf dem Beteiligtenverhältnis, so gilt der geschäftsmässig nicht begründete Teil der Spesen als verrechnungssteuerpflichtige Leistung. Steuerrechtlich wird die nachträgliche Umqualifizierung von übersetzten Spesen in Lohn nicht anerkannt, auch wenn ein entsprechend höherer Lohn steuerlich anerkannt worden wäre.

Übernimmt eine AG für einen Beteiligten private Lebenshaltungskosten und werden diese buchhalterisch nicht dem Aktionär belastet, liegt ebenfalls eine verdeckte Gewinnausschüttung vor, welche der Verrechnungssteuer unterliegt und bei den direkten Steuern der AG zum steuerbaren Gewinn sowie beim Aktionär zum steuerbaren Einkommen aufgerechnet wird.

Beispiel:

Die Prass AG stellt der Hauptaktionärin und Verwaltungsrätin Karin Prass unentgeltlich ein Geschäftsfahrzeug der Marke Mercedes für Geschäfts- und Privatfahrten zur Verfügung. Wird Karin Prass für die private Benützung des Fahrzeuges nicht ein Privatanteil belastet, gilt ein solcher als verrechnungssteuerpflichtige verdeckte Gewinnausschüttung, die überdies bei der Prass AG zum steuerbaren Gewinn und bei Karin Prass zum steuerbaren Einkommen aufgerechnet wird.

Beteiligte können grundsätzlich einer Kapitalunternehmung Darlehen zur Verfügung stellen. Zahlt die Gesellschaft dem Beteiligten für das in Anspruch genommene Darlehen einen über dem marktüblichen Satz liegenden Zins oder erhält sie vom Beteiligten für das diesem gewährte Darlehen einen unter dem marktüblichen Satz liegenden Darlehenszins, liegt in der Differenz zwischen dem marktüblichen und dem bezahlten Zins ebenfalls eine geldwerte Leistung vor. Die EStV legt periodisch in einem besonderen Rundschreiben die von ihr anerkannten Höchst- bzw. Mindestzinssätze fest (vgl. Rundschreiben der EStV vom 28. Januar 2010 betreffend Zinssätze 2010 für die Berechnung der geldwerten Leistungen).

Beispiel:

Die Gut AG gewährt dem Aktionär Stefan Gut ein Darlehen von CHF 1 000 000 zu einem Vorzugszinssatz von 1,25% p.a. Gemäss dem Rundschreiben vom 28. Januar 2010 der EStV beträgt der Mindestzinssatz für Darlehen an Beteiligte 2,25% p.a. Die Differenz von 1,0% bzw. CHF 10 000 gilt als geldwerte Leistung, welche der Verrechnungssteuer unterliegt. Die CHF 10 000 werden bei der Gut AG zudem als Gewinnvorwegnahme zum steuerbaren Gewinn und bei Stefan Gut für die Einkommenssteuer zum steuerbaren Einkommen hinzugerechnet. Stefan Gut kann einen entsprechenden Schuldzinsenabzug geltend machen, sodass bei ihm per saldo keine Erhöhung der Bemessungsgrundlage erfolgt.

Auch die Gewährung von Krediten an Beteiligte ohne angemessene Sicherheit gilt als verdeckte Gewinnausschüttung, wenn eine Rückzahlung des Darlehens nie gewollt oder wegen fehlender Bonität aller Voraussicht nach nicht möglich sein wird (vgl. StE 2001 DBG B 24.4 Nr. 58). Merkmale von solchen sog. simulierten Darlehen sind das Fehlen eines schriftlichen Darlehensvertrages, der Verzicht auf Sicherstellung bei schlechter Bonität, keine vereinbarte Laufzeit sowie die laufende Erhöhung der Darlehensschuld. Häufig werden auch die Zinsen nicht tatsächlich bezahlt, sondern dem Darlehen aufgerechnet. Das Darlehen gilt beim Beteiligten zu jenem Zeitpunkt als Gewinnausschüttung, in welchem nach den Umständen damit zu rechnen ist, dass es nicht mehr zurückbezahlt wird, d. h., dass das Darlehensgeschäft einem Drittvergleich nicht (mehr) standhält. Zu diesem Zeitpunkt ist die Verrechnungssteuer und beim Beteiligten die Einkommenssteuer geschuldet. Bei der Gesellschaft wird eine allfällige Abschreibung der Forderung in jenem Zeitpunkt steuerlich als nicht geschäftsmässig begründet aufgerechnet.

Beim Vorliegen von verdecktem Eigenkapital unterliegen die entsprechenden Schuldzinsen als geldwerte Leistungen ebenfalls der Verrechnungssteuer. Als verdecktes Eigenkapital gilt Fremdkapital, welches Beteiligte der juristischen Person in ungewöhnlichem Ausmass zur Verfügung stellen und dem wirtschaftlich gleich wie dem Eigenkapital die Funktion von Risikokapital zukommt. Für die steuerliche Behandlung des verdeckten Eigenkapitals wird im Übrigen auf die entsprechenden Ausführungen bei den juristischen Personen verwiesen (vgl. vorstehend II. B 4.1.3).

Eine verdeckte Gewinnausschüttung liegt ausserdem vor, wenn eine Gesellschaft für Beteiligte eine Bürgschaftsverpflichtung z. B. gegenüber einer Bank eingeht und bereits zu diesem Zeitpunkt damit rechnen muss, dass der Beteiligte später seine Verpflichtung nicht einlösen kann, oder wenn die Bürgschaftsverpflichtung nicht gegen ein angemessenes Entgelt (Drittvergleich) eingegangen wird. In diesem Fall gilt die aufgrund der Bürgschaft zu leistende Zahlung an den Dritten als verrechnungssteuerpflichtige geldwerte Leistung, welche bei der Gewinnsteuer nicht als Aufwand zugelassen und beim Beteiligten bei der Einkommenssteuer zum steuerbaren Einkommen hinzugerechnet wird. Eine geldwerte Leistung liegt daher auch vor, wenn eine Gesellschaft eine Verpflichtung von Beteiligten ablöst und darauf einen Verlust erleidet. Die gleiche Beurteilung ergibt sich, wenn die Verpflichtung gegenüber anderen nahestehenden Personen eingegangen wird.

Beispiele:

- Die Bank Cash gewährt Max Blank ein Darlehen von CHF 1 Mio. Als Sicherheit dient der Bank u. a. eine Bürgschaft der Blank AG über CHF 1 Mio., für welche Max Blank keine Entschädigung zu leisten braucht. Wenn Max Blank das Darlehen nicht zurückzahlen kann und die Blank AG dafür von der Bank Cash in Anspruch genommen wird, gilt dies als verrechnungssteuerpflichtige Leistung, die bei der Blank AG steuerlich nicht als Aufwand anerkannt und bei Max Blank zum steuerbaren Einkommen hinzugerechnet wird.

- Die Mager Immobilien AG erhöht 2010 ihren Kontokorrentkredit bei der Bank Cash auf CHF 1,5 Mio. Als Sicherheit dient der Bank eine Bürgschaft von Hans Mager im Betrag von CHF 1,5 Mio. Als die Mager Immobilien AG in finanzielle Schwierigkeiten gerät, gewährt ihr die Mager Betriebs AG, eine Schwestergesellschaft ebenfalls mit Hans Mager als Alleinaktionär, einen ungesicherten Kredit von CHF 1,5 Mio. zur Rückzahlung des Bankkredites. Weil die Mager Immobilien AG aller Voraussicht nach nicht in der Lage sein wird, den Kredit zurückzuzahlen, und die Mager Betriebs AG ihren Kredit abschreiben muss, gilt dies als geldwerte Leistung, welche der Verrechnungssteuer unterliegt. Bei Hans Mager stellt der gleiche Betrag steuerbares Einkommen dar. Die Abschreibung des Darlehens wird bei der Mager Betriebs AG zudem zum steuerbaren Gewinn hinzugerechnet.

Erwirbt eine Gesellschaft Vermögenswerte von Beteiligten zu einem über dem Verkehrswert liegenden Preis, so erbringt sie im Umfang dieser Differenz ebenfalls eine geldwerte Leistung, die der Verrechnungssteuer und beim Beteiligten der Einkommenssteuer unterliegt.

Beispiel:

Eine AG kauft von ihrem Aktionär Wertschriften mit einem Nennwert von CHF 100 und einem Verkehrswert von CHF 400 für CHF 1000.

	CHF
Verkehrswert	400
Kaufpreis	1000
Geldwerte Leistung, steuerbares Einkommen beim Aktionär	600
Verrechnungssteuer (Überwälzung auf den Aktionär, evtl. auch Meldeverfahren) 35% von 600	210

Fordert eine juristische Person bei einem Rechtsgeschäft mit einem Beteiligten oder einer diesem nahestehenden Person für eine von ihr erbrachte Leistung nicht die gleiche Gegenleistung, welche sie von einem unbeteiligten Dritten verlangen würde, so gilt die Differenz zwischen dem wirklichen Wert der erbrachten Leistung und der zu niedrigen Gegenleistung des Beteiligten als Gewinnvorwegnahme (= Schmälerung des Ertrages).

Die Gewinnvorwegnahme unterliegt der Verrechnungssteuer. Sie wird überdies bei der juristischen Person zum steuerbaren Gewinn und beim Beteiligten zum steuerbaren Einkommen hinzugerechnet, sofern es sich bei diesem nicht um Gewinnungskosten handelt (z. B. Schuldzinsen).

Beispiel:

Die Moll AG verkauft der Aktionärin Silvia Moll Wertschriften mit einem Nennwert von CHF 100, einem Buchwert von CHF 500, einem Gewinnsteuerwert von CHF 550 und einem Verkehrswert von CHF 1000 für CHF 400.

	CHF
Verkehrswert	1000
Gewinnsteuerwert	550
Verkaufspreis	400
Geldwerte Leistung	600
Verrechnungssteuer (Überwälzung auf die Aktionärin) 35% von 600	210
Steuerbares Einkommen Silvia Moll	+ 600
Steuerbarer Gewinn Moll AG	+ 600
(wovon CHF 150 nicht anerkannte Abschreibung und CHF 450 Gewinnvorwegnahme)	

Erbringt eine juristische Person eine geldwerte Leistung nicht an Beteiligte, sondern an diesen nahestehende Personen, so wendet die EStV für die Verrechnungssteuer grundsätzlich die sog. Direktbegünstigungstheorie an. Diese besagt, dass die geldwerte Leistung direkt der nahestehenden Person als Begünstigter zugerechnet wird. Der Rückerstattungsanspruch richtet sich deshalb nach den Voraussetzungen bei der nahestehenden Person und nicht beim Beteiligten.

Als nahestehende Person gilt dabei jede Person, welcher nach dem Willen der Anteilsinhaber eine geldwerte Leistung zufliesst. Dies ist auch dann der Fall, wenn die Anteilsinhaber es zulassen, dass eine Drittperson die Gesellschaft für ihre Transaktionen wie eine eigene benutzen kann (z. B. Handelsgeschäfte; vgl. ASA 68, S. 746).

Die Direktbegünstigungstheorie steht im Gegensatz zur sog. Dreieckstheorie, welche bei den direkten Steuern zur Anwendung gelangt und bei welcher davon ausgegangen wird, dass die geldwerte Leistung zunächst an die Beteiligten erbracht und bei diesen entsprechend aufgerechnet wird und von diesen an die nahestehende Person weiterfliesst.

Die EStV wendet nun aufgrund einer im Jahr 2001 eingeführten neuen Praxis ausnahmsweise auch bei der Verrechnungssteuer die Dreieckstheorie in folgenden Fällen an (vgl. auch Merkblatt der EStV vom Februar 2001 zur Bestimmung des Leistungsempfängers bei der Verrechnungssteuer):

- Bei geldwerten Leistungen zwischen verbundenen, vom gleichen Aktionärskreis beherrschten Gesellschaften im Falle der Sanierung einer nahestehenden Gesellschaft sowie bei Sanierungsfusionen.

Bei der Sanierung einer Gesellschaft durch eine Schwester- oder nahestehende Gesellschaft gilt für die Verrechnungssteuer die Dreieckstheorie, weil die Sanierung einer notleidenden Gesellschaft als Sache des Aktionärs gilt. Der an die Schwester- oder nahestehende Gesellschaft geleistete Sanierungsbeitrag, z.B. in Form eines Forderungsverzichtes oder einer A-fonds-perdu-Zahlung, gilt in einem ersten Schritt als geldwerte Leistung an den Aktionär, der dann konsequenterweise einen Zuschuss in die begünstigte Gesellschaft vornimmt. Der Zuschuss unterliegt grundsätzlich der Emissionsabgabe, wobei aber die Frage des Erlasses zu prüfen ist (vgl. nachfolgend IV. 2.7).

Bei einer Sanierungsfusion wird eine sanierungsbedürftige Gesellschaft mit einer über Reserven verfügenden Gesellschaft mittels Fusion zusammengeschlossen. Dabei wird die sanierungsbedürftige Gesellschaft ebenfalls mit Mitteln bzw. bilanziell mit den Reserven der gesunden Schwester- oder nahestehenden Gesellschaft saniert. Die Verwendung der Reserven der gesunden Gesellschaft für die sanierungsbedürftige Gesellschaft gilt in Anwendung der Dreieckstheorie als geldwerte Leistung an den Aktionär, der dann wiederum einen Zuschuss in die sanierungsbedürftige Gesellschaft vornimmt. Die Emissionsabgabe wird allerdings nicht erhoben, da eine nach StG 6 Abs. 1 lit. a[bis] befreite Fusion vorliegt.

- Bei geldwerten Leistungen zugunsten von nahestehenden Personen ausserhalb des Kreises verbundener Gesellschaften.

Als geldwerte Leistungen zugunsten von nahestehenden Personen ausserhalb des Kreises verbundener Gesellschaften gelten geldwerte Leistungen an eine nahestehende natürliche Person, die ausschliesslich auf familiären oder freundschaftlichen Beziehungen zwischen dem Aktionär der leistenden Gesellschaft und der nach aussen als Leistungsempfängerin erkennbaren natürlichen Person beruhen. Die leistende Gesellschaft wird in diesem Fall von der Steuerbehörde als vorgeschobenes Schenkungsinstrument des Aktionärs beurteilt, weshalb dieser in Anwendung der Dreieckstheorie für die Verrechnungssteuer als Leistungsbegünstigter gilt. Steht hingegen die begünstigte Leistungsempfängerin gleichzeitig in einer Geschäftsbeziehung, z.B. als Arbeitnehmer oder Organ, zur Gesellschaft, gelangt die Direktbegünstigungstheorie zur Anwendung.

Als geldwerte Leistungen zugunsten von nahestehenden Personen ausserhalb des Kreises verbundener Gesellschaften gelten auch Leistungen an eine nahestehende, nicht vom gleichen Aktionärskreis beherrschte juristische Person, die ausschliesslich auf familiären oder freundschaftlichen Beziehungen zwischen den Inhabern der Beteiligungsrechte der beiden Gesellschaften beruhen. Die Steuerbehörde unterstellt dabei wiederum in Anwendung der Dreieckstheorie, dass auch in diesem Fall der Aktionär der leistenden Gesellschaft seine Unternehmung nur als Instrument für die Vornahme einer Schenkung benützt. Auf Seiten der empfangenden juristischen Person gilt die Leistung als Zuschuss, der grundsätzlich der Emissionsabgabe unterliegt (vgl. nachfolgend IV. 2.3.5).

In jenen Fällen, in welchen die Dreieckstheorie zur Anwendung gelangt, ist die Verrechnungssteuer nicht auf den unmittelbaren Empfänger der Leistung, sondern auf den Aktionär der leistenden Gesellschaft zu überwälzen. Die Voraussetzungen für die Rückerstattung der Verrechnungssteuer müssen demzufolge bei diesem erfüllt sein.

Beispiel:

Aldo Monti ist Alleinaktionär der Monti AG mit Sitz in St. Gallen. Die Monti AG bezahlt der in Vaduz, FL, domizilierten Beratungs AG, welche im Alleineigentum von Claudia Hübsch, der Lebensgefährtin von Aldo Monti, steht, für die Erarbeitung eines Gutachtens CHF 50 000, während einem Dritten höchstens CHF 20 000 bezahlt würden. Claudia Hübsch wohnt in Feldkirch, A. Sie hat Monti zudem auf eine Geschäftsreise auf die Bahamas begleitet, wobei die entsprechenden Kosten von der Monti AG bezahlt wurden.

Auf den beiden geldwerten Leistungen ist die Verrechnungssteuer geschuldet. Diese muss auf die beiden Empfänger überwälzt werden.

Für die Frage des Empfängers der geldwerten Leistung und der Rückerstattung der Verrechnungssteuer ist zu prüfen, ob die Direktbegünstigungs- oder die Dreieckstheorie zur Anwendung gelangt. Im Falle der geldwerten Leistung an die Beratungs AG liegt eine Geschäftsbeziehung zugrunde, sodass die Direktbegünstigungstheorie greifen wird. Die Beratungs AG kann als Ausländerin die Verrechnungssteuer nicht aufgrund des internen schweizerischen Rechts zurückverlangen. Mangels eines entsprechenden Doppelbesteuerungsabkommens zwischen der Schweiz und Liechtenstein verbleibt die Verrechnungssteuer als definitive Steuerbelastung.

Die Zuwendung an Claudia Hübsch beruht allein auf der freundschaftlichen Beziehung zu Aldo Monti, sodass in diesem Fall auch bei der Verrechnungssteuer die Dreieckstheorie zur Anwendung gelangt. Empfänger der geldwerten Leistung ist Monti, dem als Inländer der Rückerstattungsanspruch aufgrund des Verrechnungssteuergesetzes zusteht.

2.1.3.5 Liquidationsüberschüsse

Bei der Liquidation einer juristischen Person werden die bestehenden offenen Reserven und die im Zusammenhang mit der Liquidation realisierten stillen Reserven zusammen mit dem Grundkapital an die Beteiligten zurückbezahlt. Dabei unterliegt der Verrechnungssteuer alles, was dem Berechtigten über den Nominalwert der Aktien hinaus zufliesst (VStV 20 Abs. 1).

Dies gilt bis 31. Dezember 2010 auch für ein Agio, welches von den Beteiligten bei der Gründung oder Kapitalerhöhung bezahlt worden ist. Ab 1. Januar 2011 ist wegen des neu eingeführten Kapitaleinlageprinzips die Rückzahlung von Agioeinzahlungen steuerfrei, sofern diese nach dem 31. Dezember 1996 geleistet und auf einem separaten Konto verbucht wurden (VStG 5 Abs. 1bis).

Beispiel:

Bei der Gründung der Fix AG im Jahr 1985 wurde das Aktienkapital von CHF 100 000 mit einem separat verbuchten Agio von CHF 300 000 liberiert. Die gesamte Kapitaleinlage betrug CHF 400 000. Bei der Liquidation der Fix AG im Jahr 2011 resultiert ein Liquidationserlös von CHF 600 000.

	CHF
Liquidationserlös	600 000
Nominalwert	− 100 000
Verrechnungssteuerpflichtiger Betrag	500 000
Geschuldete Verrechnungssteuer 35 % von CHF 500 000	175 000

Wäre die Fix AG im Jahr 1998 gegründet worden, würde neben dem Nominalwert von CHF 100 000 auch die Rückzahlung des Agios von CHF 300 000, insgesamt damit CHF 400 000, nicht der Verrechnungssteuer unterliegen. Der verrechnungssteuerpflichtige Betrag würde in diesem Fall CHF 200 000 und die geschuldete Verrechnungssteuer CHF 70 000 betragen.

Auch der sog. Mantelhandel gilt bei der Verrechnungssteuer als Liquidation der Gesellschaft. Als Mantelhandel wird die Übertragung der Mehrheit der Beteiligungsrechte an einer in liquide Form gebrachten Aktiengesellschaft bezeichnet (vgl. ASA 66, S. 493). Dabei sollen die Liquidation der bestehenden und die Gründung einer neuen Gesellschaft umgangen werden. Der Aktienverkäufer will die mit der Liquidation und der Käufer die mit der Gründung einer Gesellschaft verbundenen Kosten vermeiden. Beim Mantelhandel ist die Verrechnungssteuer auf dem Liquidationsüberschuss geschuldet. Auch für die Gewinnsteuer gilt der Mantelhandel als Liquidation (vgl. vorstehend II. B 2.5) und für die Emissionsabgabe als Neugründung (vgl. nachfolgend IV. 2.3.6).

Beispiel:

Die Mantel AG war als Handelsunternehmung tätig. Vor zwei Jahren wurde die Geschäftstätigkeit eingestellt, die Aktiven wurden veräussert und mit dem Erlös wurden v. a. Wertschriften gekauft.

Bilanz der Mantel AG:

	CHF	CHF
Liquide Mittel, Wertschriften	2 000 000	
Bankdarlehen		200 000
Aktienkapital		500 000
Reserven, Gewinnvortrag		1 300 000
	2 000 000	2 000 000

Max Mantel verkauft die Aktien der Mantel AG an die nicht nahestehende Kauf AG zum Preis von CHF 1 800 000. Der Liquidationsüberschuss von CHF 1 300 000 unterliegt der Verrechnungssteuer von 35%, was CHF 455 000 ausmacht. Für die Neugründung ist zudem die Emissionsabgabe von 1% von CHF 800 000 (CHF 1 800 000 – CHF 1 000 000) zu bezahlen.

Weist die verkaufte Gesellschaft bei einem Mantelhandel als Folge eines Verlustvortrages ein Eigenkapital auf, welches kleiner ist als der Nennwert der Aktien, und wird dieses in der Folge mit neuen Gewinnen wieder aufgefüllt, so wird dies steuerlich als Gratisliberierung von Aktien beurteilt, welche wie die Gratisnennwerterhöhung der Verrechnungssteuer von 35 Prozent unterliegt (VStG 4 Abs. 1 lit. b und VStV 20 Abs. 1).

Beispiel:

Die Mantel AG weist folgende vereinfachte Bilanz auf:

	CHF	CHF
Liquide Mittel	100 000	
Verlustvortrag	900 000	
Bankdarlehen		100 000
Aktienkapital		900 000
	1 000 000	1 000 000

Der Verlustvortrag wird in den Jahren 1 und 2 mit je CHF 450 000 beseitigt. In diesen beiden Geschäftsjahren ist die Verrechnungssteuer von 35% je auf CHF 450 000 geschuldet. Die Emissionsabgabe ist wegen dem Freibetrag von CHF 1 000 000 gemäss StG 6 Abs. 1 lit. h nicht geschuldet.

Die Verlegung des Sitzes eines Kapitalunternehmens ins Ausland wird ebenfalls einer Liquidation gleichgestellt, d. h., auf dem Liquidationsüberschuss ist die Verrechnungssteuer geschuldet (VStG 4 Abs. 2).

Beispiel:

Die Wegzug AG, mit Sitz und einer Liegenschaft in St. Gallen, verlegt ihren Sitz per 1.1.2008 nach Vaduz, FL, wobei die Liegenschaft als Kapitalanlageliegenschaft zurückbleibt. Die Bilanz der Wegzug AG per 31.12.2007 sieht wie folgt aus:

	CHF	CHF
Umlaufvermögen	800 000	
Liegenschaft	500 000	
Übriges Anlagevermögen	700 000	
Bankdarlehen		200 000
Aktienkapital		100 000
Reserven, Gewinnvortrag		1 700 000
	2 000 000	2 000 000

Die stillen Reserven betragen auf dem Umlaufvermögen CHF 100 000, auf der Liegenschaft CHF 400 000 und auf dem übrigen Anlagevermögen CHF 500 000.

Für die Verrechnungssteuer ist es unbeachtlich, dass die Wegzug AG aufgrund der Liegenschaft in St. Gallen weiterhin steuerpflichtig bleibt. Die gleiche Beurteilung würde sich auch beim Zurücklassen einer Betriebsstätte ergeben. Die Sitzverlegung wird einer Liquidation gleichgestellt; d.h., es ist der Liquidationsüberschuss zu berechnen. Dies bedeutet, dass vorerst auf der Stufe der Gesellschaft über die stillen Reserven abzurechnen ist. Wird bei der Wegzug AG mit einer Steuerbelastung von 20% gerechnet, ergeben sich zusätzliche verrechnungssteuerpflichtige Reserven von CHF 800 000 (stille Reserven CHF 1 000 000 abzgl. 20% Steuern = CHF 200 000), sodass die geschuldete Verrechnungssteuer 35% von CHF 2 500 000 bzw. CHF 875 000 beträgt. Wenn die Voraussetzungen erfüllt sind (nicht mehr als 20 Aktionäre mit Wohnsitz in der Schweiz), kann die Verrechnungssteuer mit dem Meldeverfahren abgewickelt werden (VStV 24 Abs. 1 lit. d).

Die Tatbestände der Transponierung und der indirekten Teilliquidation (vgl. II. A 3.4.3.3 und 3.4.3.4) lösen nach geltender Praxis der EStV die Verrechnungssteuer nicht aus, obwohl bei den direkten Steuern ein steuerbarer Vermögensertrag unterstellt wird.

2.1.3.6   Erwerb eigener Aktien

Der Erwerb eigener Aktien durch eine Aktiengesellschaft gilt als verrechnungssteuerpflichtige Teilliquidation, sofern dem Beteiligten Reserven endgültig zufliessen.

Eine Teilliquidation liegt somit vor, wenn eine Kapitalgesellschaft von Beteiligten zum Zwecke der Kapitalherabsetzung eigene Aktien zurückkauft. Der Mehrwert, den der Gesellschafter über den Nennwert seiner Beteiligung hinaus erhält, wird steuerlich als Liquidationsausschüttung und damit als verrechnungssteuerpflichtiger Vermögensertrag qualifiziert (VStG 4a Abs. 1).

Ab 1. Januar 2011 ist jedoch auch die Rückzahlung von Kapitaleinlagen unter bestimmten Voraussetzungen nicht mehr verrechnungssteuerpflichtig (vgl. vorstehend 2.1.3.5).

Eine Teilliquidation liegt auch dann vor, wenn und soweit der Erwerb eigener Beteiligungsrechte den obligationenrechtlich zulässigen Rahmen des Haltens eigener Aktien überschreitet. OR 659 (OR 783 für die Stammanteile der GmbH) gestattet einer Gesellschaft zeitlich unbeschränkt das Halten eigener Aktien im Umfang von bis zu 10 Prozent des Aktienkapitals. Bei vinkulierten Namenaktien kann eine Gesellschaft auf zwei Jahre beschränkt bis zu 20 Prozent eigene Aktien halten. Werden diese Anteile überschritten, unterliegt die Differenz zwischen dem beim Rückkauf bezahlten Erwerbspreis und dem einbezahlten Nennwert der Verrechnungssteuer (VStG 4a Abs. 1 letzter Satz und Abs. 2). Ab dem 1. Januar 2011 werden auch in diesen Fällen die Einlagen, Aufgelder und Zuschüsse der Anteilsinhaber i. S. v. VStG 5 Abs. 1[his] dem Nennwert gleichgestellt und schmälern somit den der Verrechnungssteuer unterliegenden Betrag.

Aber auch das Halten eigener Aktien im obligationenrechtlich zulässigen Rahmen von 10 Prozent wird als verrechnungssteuerpflichtige Teilliquidation angesehen, wenn solche Aktien nicht innerhalb von sechs Jahren wieder veräussert werden. Hat eine Gesellschaft oder Genossenschaft eigene Beteiligungsrechte aus Anlass von Verpflichtungen erworben, die auf einer Wandelanleihe, einer Optionsanleihe oder einem Mitarbeiterbeteiligungsplan beruhen, so steht die Frist zur Wiederveräusserung bis zum Erlöschen der betreffenden Verpflichtungen still, im Falle eines Mitarbeiterbeteiligungsplanes jedoch längstens zwölf Jahre (VStG 4a Abs. 3).

Bei vinkulierten Namensaktien, welche im Rahmen von OR 659 Abs. 2 zurückgekauft wurden, gilt für die Wiederveräusserung eine Frist von zwei Jahren, soweit beim Rückruf die Schwelle von 10 Prozent überschritten wurde (BGE 136 II 33).

Beim Erwerb eigener Aktien kann die Verrechnungssteuerpflicht im Meldeverfahren erfüllt werden, wenn gewisse Voraussetzungen erfüllt sind (VStV 24a; zum Meldeverfahren vgl. nachfolgend 2.4):

- die Verrechnungssteuer ist aufgrund von VStG 4a Abs. 2 geschuldet; d. h., die Aktien wurden ohne Kapitalherabsetzung erworben und sind nicht innert Frist wieder veräussert worden;
- die erworbenen Beteiligungsrechte stammen aus dem Geschäftsvermögen des Verkäufers;

- der Verkäufer war im Zeitpunkt des Erwerbs durch die Gesellschaft in der Schweiz unbeschränkt steuerpflichtig;
- der Verkäufer hat den Verkauf ordnungsgemäss verbucht.

Die Regelung bei der Verrechnungssteuer stimmt mit derjenigen bei der Einkommenssteuer überein. Bei der Rückgabe von Aktien gilt bei einer natürlichen Person, welche die Aktien im Privatvermögen hält, ein Liquidationsüberschuss immer auch in dem Jahre als steuerbarer Vermögensertrag, in welchem die Verrechnungssteuerforderung entsteht (DBG 20 Abs. 1 lit. c; vgl. die zusammenfassende Darstellung vorstehend II. A 3.4.3.3).

2.1.4 Erträge aus Anteilen an einer kollektiven Kapitalanlage gemäss KAG

Gemäss VStG 4 Abs. 1 lit. c unterliegen der Verrechnungssteuer sodann die Erträge aus Anteilen an einer kollektiven Kapitalanlage gemäss Kollektivanlagengesetz vom 23. Juli 2006, wenn die Anteile von einem Inländer oder von einem Ausländer i. V. m. einem Inländer ausgegeben werden.

Steuerbarer Ertrag ist jede geldwerte Leistung an die Anteilsinhaber, die nicht mittels eines separaten Coupons für die Rückzahlung der Kapitaleinzahlung oder für Kapitalgewinne ausgerichtet wird (VStG 5 Abs. 1 lit. d und VStV 28 Abs. 1). Die in einer kollektiven Kapitalanlage erzielten Kapitalgewinne können folglich über einen separaten Coupon verrechnungssteuerfrei ausgeschüttet werden.

Die Verrechnungssteuer wird zudem nicht erhoben auf Auszahlungen an Ausländer, wenn die kollektive Kapitalanlage glaubhaft macht, dass ihr Ertrag voraussichtlich dauernd zu mindestens 80 Prozent aus ausländischen Quellen stammen wird (VStV 34 Abs. 1). Dies geschieht mittels einer Bankenerklärung (sog. Affidavit), welche von der depotführenden Bank ausgestellt werden kann, wenn die Voraussetzungen von VStV 36 ff. erfüllt sind.

2.1.5 Erträge aus Kundenguthaben bei inländischen Banken und Sparkassen

Auf Erträgen aus Kundenguthaben bei inländischen Banken und Sparkassen fällt ebenfalls die Verrechnungssteuer an. Ausgenommen sind:

- Zinsen von Kundenguthaben, wenn der Zinsbetrag für ein Kalenderjahr CHF 200 nicht übersteigt (VStG 5 Abs. 1 lit. c);
- Zinsen auf Einlagen in Alters-, Invaliditäts- oder Hinterlassenenversicherungskassen (VStG 5 Abs. 1 lit. d).

Der Begriff «Bank» bzw. «Sparkasse» versteht sich weiter als der bankenrechtliche Begriff. Er umfasst Personen, die sich öffentlich zur Annahme verzinslicher Gelder empfehlen oder fortgesetzt Gelder gegen Zins entgegennehmen. Eine fortgesetzte Entgegennahme verzinslicher Gelder liegt vor, sobald der Bestand an Gläubigern die Zahl 20 übersteigt und die gesamte Schuldsumme mindestens CHF 500 000 beträgt (vgl. Merkblatt S-02.122.2 der EStV vom April 1999 betreffend Kundenguthaben)

> **Beispiel:**
> Die Terza AG offeriert ihren Mitarbeitern, Gelder auf Konten zu einem Vorzugszinssatz anzulegen. Wenn mehr als 20 Mitarbeiter von dieser Möglichkeit Gebrauch machen und die gesamten Anlagen mehr als CHF 500 000 betragen, gilt die Terza AG als Bank im Sinne des VStG, und sie ist verpflichtet, bei der Auszahlung der Zinsen die Verrechnungssteuer in Abzug zu bringen und an die EStV zu überweisen.

Ausdrücklich von der Verrechnungssteuer ausgenommen sind Zinsen von Kundenguthaben, wenn der Zinsbetrag für ein Kalenderjahr CHF 200 nicht übersteigt (VStG 5 Abs. 1 lit. c). Bei fünf oder mehr Sparheften prüft die EStV, ob ein offenbarer Missbrauch vorliegt. Ist dies der Fall, werden die Zinsen zusammengerechnet (vgl. VStG 5 Abs. 2).

Ebenfalls nicht der Verrechnungssteuer unterliegen Zinsen auf Interbankguthaben, d. h. auf den zwischen den Banken untereinander bestehenden Guthaben. Eine weitere Ausnahme gilt mit Wirkung ab dem 1. August 2010 generell für die Zinsen auf Guthaben zwischen Konzerngesellschaften (vgl. dazu und zur Einschränkung bei Obligationen ausländischer Konzerngesellschaften vorstehend 2.1.2).

Auch bei Treuhandanlagen inländischer Banken bei ausländischen Banken fällt keine Verrechnungssteuer an. Bei solchen Treuhandanlagen legt eine inländische Bank Gelder der Kunden in eigenem Namen, aber auf Rechnung der Kunden bei einer ausländischen Bank an. Diese zahlt, als ausländische Bank, die Zinsen wirtschaftlich an die Bankkunden (Treugeber), weshalb auf der Weiterleitung der Zinsen von der Treuhänderbank an die Bankkunden keine Verrechnungssteuer geschuldet ist. Das Treuhandverhältnis muss gegenüber der Steuerbehörde offen gelegt werden. Den Nachweis der Treuhandschaft hat dabei die Treuhänderbank zu erbringen. Sie muss durch Vorlage eines schriftlichen Treuhandvertrages oder einer schriftlichen Vollmacht die Treuhandanlage als solche und insbesondere die Risiko- und Kostenübernahme durch die Kunden nachweisen können.

2.2 Steuersubjekt und Steuerträger

Steuersubjekt und damit steuerpflichtig ist der Schuldner der steuerbaren Leistung (VStG 10 Abs. 1).

Bei Kapitalerträgen hat die inländische Gesellschaft oder Genossenschaft (z. B. Obligationenschuldner, Aktiengesellschaften, Banken) die Verrechnungssteuer von 35 Prozent an die EStV zu bezahlen.

Bei kollektiven Kapitalanlagen gemäss Kapitalanlagengesetz sind die Fondsleitung, die Investmentgesellschaft mit variablem Kapital, die Investmentgesellschaft mit festem Kapital und die Kommanditgesellschaft steuerpflichtig (VStG 10 Abs. 2). Die Verrechnungssteuer beträgt ebenfalls 35 Prozent.

Für die Verrechnungssteuer haften grundsätzlich die Steuersubjekte, d. h. die betroffenen Schuldner, welche die Verrechnungssteuer zu bezahlen haben. In bestimmten Fällen haften weitere Personen solidarisch mit dem Steuerpflichtigen:

- Für die Steuer einer aufgelösten juristischen Person, einer Handelsgesellschaft ohne juristische Persönlichkeit oder einer kollektiven Kapitalanlage: die mit der Liquidation betrauten Personen bis zum Betrage des Liquidationsergebnisses (VStG 15 Abs. 1 lit. a);
- Für die Steuer einer juristischen Person oder einer kollektiven Kapitalanlage, die ihren Sitz ins Ausland verlegt: die Organe und im Falle der Kommanditgesellschaft für kollektive Kapitalanlagen die Depotbank bis zum Betrage des reinen Vermögens der juristischen Person bzw. der kollektiven Kapitalanlage (VStG 15 Abs. 1 lit. b).

Die solidarische Haftung der Liquidatoren bzw. der Organe ist beschränkt auf die Steuer-, Zins- und Kostenforderungen, die während ihrer Geschäftsführung entstanden, geltend gemacht oder fällig geworden sind. Sie entfällt, soweit die Personen nachweisen, dass sie alles ihnen Zumutbare zur Feststellung der Steuerforderung und Erfüllung der Steuerpflicht getan haben (VStG 15 Abs. 2).

Die Verrechnungssteuer ist von Gesetzes wegen zwingend auf den Empfänger der steuerbaren Leistung zu überwälzen, indem die Leistung um den Steuerbetrag gekürzt wird (VStG 14). Die Überwälzung ist zwingend und kann nicht durch Vereinbarung ausgeschlossen werden. Nach VStG 63 ist die Verletzung der Überwälzungspflicht strafbar.

2.3 Entstehung und Fälligkeit der Steuerforderung

Bei Kapitalerträgen entsteht die Steuerforderung im Zeitpunkt, in dem die steuerbare Leistung fällig wird (VStG 12 Abs. 1), d. h. bei Obligationen im Zeitpunkt der Fälligkeit des Zinses, bei Dividenden und geldwerten Leistungen mit deren Fälligkeit.

Die Verrechnungssteuer auf dem Ertrag von Anleihensobligationen sowie auf Dividenden wird 30 Tage nach Entstehung der Steuerforderung zur Zahlung fällig (VStG 16). Die Steuer auf den Zinsen von Kassenobligationen und Kundenguthaben bei inländischen Banken oder Sparkassen wird 30 Tage nach Ablauf jedes Geschäftsvierteljahres für die in diesem Zeitraum fällig gewordenen Zinsen zur Zahlung fällig.

> **Beispiel:**
> Die Generalversammlung der Fix AG beschliesst am 10.6.2010 eine Dividende von CHF 100 000. Der Anspruch der Aktionäre auf die Dividende und damit der Verrechnungssteueranspruch gemäss VStG 12 entsteht einen Tag nach der Generalversammlung, falls nicht ein bestimmter Fälligkeitstermin festgelegt wird. Die Verrechnungssteuer wird gemäss VStG 16 Abs. 1 lit. c 30 Tage später, d. h. am 10.7.2010, zur Zahlung fällig.

Beim Erwerb eigener Beteiligungsrechte (vgl. dazu vorstehend 2.1.3.5), welcher als Teilliquidation i.S.v. VStG 4a Abs. 2 qualifiziert, entsteht die Verrechnungssteuerforderung nach Ablauf der dort genannten Frist (VStG 4a Abs. 2 und 3). Der Rückkauf eigener Aktien i.S.v. VStG 4a Abs. 1 hat die sofortige Entstehung der Verrechnungssteuerforderung beim Abschluss des Kaufgeschäftes zur Folge. In allen diesen Fällen gilt die übliche Fälligkeitsfrist von 30 Tagen nach Entstehung der Steuerforderung (VStG 16 Abs. 1 lit. c).

Für die Erträge von Genossenschaftsanteilen galt im Gegensatz zu allen übrigen Fällen noch bis Ende 2008 nicht das Selbstdeklarationsprinzip. Die Verrechnungssteuer auf Erträgen von Genossenschaftsanteilen war innert 30 Tagen nach der behördlichen Veranlagung zu entrichten. Seit dem Inkrafttreten der Unternehmenssteuerreform II per 1. Januar 2009 gilt diese Sonderregelung nicht mehr und der Verrechnungssteueranspruch entsteht wie bei Kapitalgesellschaften mit der Fälligkeit des Ertrages und wird innert 30 Tagen zur Zahlung fällig (VStV 23 Abs. 2).

Bei den Erträgen von Thesaurierungsfonds entsteht der Verrechnungssteueranspruch mit der Gutschrift des steuerbaren Ertrages (VStG 12 Abs. 1ter). Die Verrechnungssteuer ist 30 Tage nach Entstehung der Steuerforderung zu bezahlen (VStG 16 Abs. 1 lit. c).

Die Verrechnungssteuerforderung der EStV verjährt fünf Jahre nach Ablauf des Kalenderjahres, in dem sie entstanden ist (VStG 17 Abs. 1). Unter bestimmten Voraussetzungen beginnt die Verjährung nicht, steht still oder wird unterbrochen (VStG 17 Abs. 2–4).

2.4   Erfüllung der Steuerpflicht

Die Steuerpflicht kann durch Bezahlung der Steuer, aber unter gewissen Umständen auch mittels Meldung der steuerbaren Leistung erfüllt werden (VStG 20 und VStV 24 ff.).

Bei Kapitalerträgen kann ausnahmsweise, wenn die Steuerentrichtung zu unnötigen Umtrieben oder zu einer offenbaren Härte führen würde, dem Steuerpflichtigen gestattet werden, die Steuerpflicht durch Meldung der steuerbaren Leistung zu erfüllen (VStG 20). Die zulässigen Fälle sind in der Verordnung abschliessend umschrieben (VStV 24 Abs. 1, 24a und 26a). Das Meldeverfahren gelangt in solchen Fällen zur Anwendung, in welchen die Sicherungsfunktion der Verrechnungssteuer entfällt oder in welchen die Überwälzung der Steuer durch Kürzung der steuerbaren Leistung um die Verrechnungssteuer entweder nicht bzw. nicht mehr möglich ist oder mangels liquider Mittel zu Schwierigkeiten führen kann.

Die Fälle, in denen das Meldeverfahren zulässig ist, lassen sich grob in drei Kategorien einteilen, nämlich:

• Erwerb eigener Beteiligungsrechte ohne Kapitalherabsetzung (VStV 24a);
• Dividenden im Konzernverhältnis (VStV 26a);
• Übrige Fälle (VStV 24).

Beim Erwerb eigener Aktien ohne Kapitalherabsetzung wird insbesondere verlangt, dass der Verkäufer diese im Geschäftsvermögen gehalten hat und im Zeitpunkt des Verkaufs in der Schweiz steuerpflichtig war (vgl. vorstehend 2.1.3.5). Damit entfällt die Sicherungsfunktion der Verrechnungssteuer, weil die Besteuerung des realisierten Gewinnes beim Verkäufer schon im Zeitpunkt der Verbuchung erfolgt ist.

Ist eine Kapitalunternehmung zu mindestens 20 Prozent am Grund- oder Stammkapital einer anderen Gesellschaft beteiligt, so kann sie diese mittels eines amtlichen Formulars anweisen, ihr Bardividenden ohne Abzug der Verrechnungssteuer auszurichten (VStV 26a). Das gleiche Formular dient auch als Meldung an die EStV, welche prüft, ob die dividendenberechtigte Gesellschaft berechtigt wäre, die Rückerstattung der Verrechnungssteuer geltend zu machen. Ist dies nicht der Fall, muss die Verrechnungssteuer nachträglich abgeliefert werden.

In den übrigen Fällen ist das Meldeverfahren zulässig (VStV 24),

- wenn die Steuerpflicht eine in einem Vorjahr fällig gewordene Leistung betrifft und diese anlässlich einer Kontrolle durch die Steuerbehörde festgestellt wird (geldwerte Leistungen);
- bei der Ausgabe von Gratisaktien oder bei Gratisnennwerterhöhungen;
- bei der Ausrichtung von Naturaldividenden oder eines Liquidationsüberschusses durch Abtretung von Aktiven;
- bei der Sitzverlegung ins Ausland.

Das Meldeverfahren ist in diesen übrigen Fällen nur zulässig, wenn feststeht, dass die Personen, auf welche die Steuer zu überwälzen wäre, Anspruch auf Rückerstattung hätten, und wenn ihre Zahl 20 nicht übersteigt (VStV 24 Abs. 2). Für den Anspruch auf Rückerstattung wird Wohnsitz oder Sitz in der Schweiz vorausgesetzt. Für ausländische Begünstigte besteht die Möglichkeit des Meldeverfahrens daher nicht, selbst wenn ihnen aufgrund eines Doppelbesteuerungsabkommens ein teilweiser oder vollständiger Rückerstattungsanspruch zusteht.

Beispiel:
Die Delta AG erhöht ihr Aktienkapital von bisher CHF 100 000 (100 Aktien zu CHF 1000 nom.) auf CHF 200 000 durch Ausgabe von 100 Aktien zu CHF 1000 nom. zulasten der freien Reserven. Aktionäre der Delta AG sind Urs Franz mit Wohnsitz in Herisau zu 40%, Daniel Meier mit Wohnsitz in Schaan, FL, zu 30% und Alex Schnell mit Wohnsitz in Stuttgart, D, ebenfalls zu 30%.

Das Meldeverfahren kann für Franz für CHF 40 000 geltend gemacht werden, nicht aber für Meier und Schnell (obwohl mit Deutschland ein Doppelbesteuerungsabkommen besteht, welches die Vermeidung der Doppelbesteuerung auf Dividenden regelt, während mit Liechtenstein kein solches Abkommen besteht). Die Verrechnungssteuer ist entweder von Meier und Schnell zu bezahlen oder die Leistung von je CHF 30 000 wird «ins Hundert» hochgerechnet. Schnell kann die Verrechnungssteuer aufgrund des DBA CH-D z. T. zurückfordern, während Meier mangels eines DBA mit Liechtenstein keinen Rückerstattungsanspruch besitzt.

Wenn der Bezug der Verrechnungssteuer gefährdet erscheint, kann die EStV unter gewissen Voraussetzungen eine Sicherstellung für Steuern, Zinsen und Kosten verlangen, auch wenn diese weder rechtskräftig festgesetzt noch fällig sind (VStG 47). Dies trifft insbesondere für ausländisch beherrschte Gesellschaften zu (VStV 9), wenn

- an einer solchen zu mehr als 80 Prozent Personen mit Wohnsitz im Ausland beteiligt sind und
- die Aktiven der Gesellschaft sich zur Hauptsache im Ausland befinden oder aus Forderungen oder anderen Rechten gegenüber Ausländern bestehen und
- die Gesellschaft nicht alljährlich eine angemessene Ausschüttung vornimmt; als angemessen gilt in der Praxis eine Ausschüttung von mindestens 6 Prozent der Eigenmittel.

2.5 Steuerrückerstattung

2.5.1 Voraussetzungen

Die Rückerstattung der Verrechnungssteuer ist an zwei positive und eine negative Voraussetzung gebunden. Als positive Voraussetzungen werden verlangt (VStG 21 Abs. 1):

- die Berechtigung aufgrund von persönlichen Eigenschaften sowie
- das Recht zur Nutzung der steuerbaren Leistung.

In negativer Hinsicht darf die Rückerstattung nicht zu einer Steuerumgehung führen (VStG 21 Abs. 2).

2.5.1.1 Berechtigung
Natürliche Personen sind anspruchsberechtigt, wenn sie bei Fälligkeit der steuerbaren Leistung im Inland Wohnsitz hatten (VStG 22 Abs. 1) oder infolge qualifizierten Aufenthaltes bei den Kantons- und Gemeindesteuern unbeschränkt steuerpflichtig waren (VStG 22 Abs. 2). Natürliche Personen, die wegen wirtschaftlicher Zugehörigkeit in der Schweiz beschränkt steuerpflichtig sind, können die Rückerstattung der Verrechnungssteuer bis zu dem Betrag beanspruchen, der auf die auf den verrechnungssteuerbelasteten Einkünften geschuldeten Einkommens- und Vermögenssteuern entfällt (VStG 22 Abs. 2 i. V. m. VStV 51 Abs. 2).

Juristische Personen und Personengesellschaften haben Anspruch auf Rückerstattung der Verrechnungssteuer, wenn sie bei Fälligkeit der steuerbaren Leistung ihren Sitz im Inland hatten (VStG 24 Abs. 2).

Gleich wie juristische Personen haben Gemeinschaftsunternehmen und Stockwerkeigentümergemeinschaften Anspruch auf Rückerstattung der Verrechnungssteuer (VStV 55 lit. a). Als Gemeinschaftsunternehmen im Sinne der Verrechnungssteuer gelten Baukonsortien und dgl., d.h. einfache Gesellschaften gemäss OR 530, bei welchen die Gesellschafter gemeinsam einen Werkvertrag oder Auftrag erfüllen. Das Konsortium hat nur Aktiven und Passiven, die zur Vertragserfüllung nötig sind, und kein Eigentum am zu bearbeitenden Objekt. Das Konsortium ist zeitlich bis zur Vertragserfüllung gegenüber dem Dritten beschränkt. Der Rückerstattungsanspruch ist bei Gemeinschaftsunternehmen und Stockwerkeigentümergemeinschaften aber auf denjenigen Teil beschränkt, welcher auf die im Inland domizilierten Teilhaber entfällt. Aus diesem Grund muss dem Antrag auf Rückerstattung auch ein Verzeichnis der Beteiligten mit Ausweis der entsprechenden Beteiligungsquoten beigelegt werden.

Bei anderen einfachen Gesellschaften, die nicht i.S.v. VStV 55 lit. a als Gemeinschaftsunternehmen gelten, müssen die einzelnen Gesellschafter die Rückerstattung der Verrechnungssteuer anteilsmässig selber beantragen.

Bei Erbfällen muss für die Rückerstattung der Verrechnungssteuer unterschieden werden, ob die verrechnungssteuerbelasteten Leistungen noch zu Lebzeiten des Erblassers oder nach dessen Tod fällig wurden. Im ersten Fall müssen die Voraussetzungen für die Rückerstattung der Verrechnungssteuer beim Erblasser erfüllt sein. Dieser Anspruch auf Rückerstattung der Verrechnungssteuer geht mit seinem Tode uneingeschränkt auf die Erben über. Diese können die Rückerstattung der Verrechnungssteuer ohne Rücksicht auf ihren Wohnsitz beantragen (VStG 58 lit. a). Der Rückerstattungsanspruch ist gemeinsam mittels eines speziellen Formulars (S-167) bei der am Veranlagungsort zuständigen kantonalen Behörde einzureichen (VStV 59 Abs. 1).

Im zweiten Fall, d.h. bei verrechnungssteuerbelasteten Leistungen, die nach dem Tod des Erblassers fällig werden, müssen die Voraussetzungen für die Rückerstattung der Verrechnungssteuer bei dem bzw. den Erben erfüllt sein. Sind beim Ableben eines Erblassers mehrere Erben vorhanden, so bilden diese bis zur Erbteilung eine Erbengemeinschaft. Werden zugunsten der Erbengemeinschaft, d.h. nach dem Tod des Erblassers und vor der Erbteilung, verrechnungssteuerbelastete Erträge fällig, steht jedem Erben, soweit er die persönlichen Voraussetzungen erfüllt, der Anspruch auf Rückerstattung der Verrechnungssteuer nach Massgabe seiner Quote an der Erbschaft zu. Der Rückerstattungsanspruch ist ebenfalls gemeinsam mittels des Formulars S-167 bei der am Veranlagungsort zuständigen kantonalen Behörde einzureichen (VStV 59 Abs. 2).

Beispiel:

Die Erblasserin Hanni Engel, St. Gallen, verstirbt am 31.12.2009. Erben sind Ueli Engel, Zürich, Petra Wyss-Engel, St. Gallen, und Fredy Engel, München, D. Die Erbteilung wird per 30.6.2010 vorgenommen. Die verrechnungssteuerbelasteten Vermögenserträge betragen für das Jahr 2009 CHF 600 000, die in Abzug gebrachte Verrechnungssteuer beläuft sich auf CHF 210 000. Für die Zeit vom 1.1. bis 30.6.2010 betragen die verrechnungssteuerbelasteten Vermögenserträge CHF 180 000 und die in Abzug gebrachte Verrechnungssteuer beläuft sich auf CHF 63 000.

Die Erben haben die Vermögenserträge des Jahres 2009 für die Erblasserin in St. Gallen zu versteuern. Sie können dabei den Anspruch auf Rückerstattung der vollen Verrechnungssteuer von CHF 210 000 im Kanton St. Gallen mit dem Formular S-167 geltend machen.

Die verrechnungssteuerbelasteten Vermögenserträge für die Zeit vom 1.1. bis 30.6.2010 haben die Erben anteilig mit je CHF 60 000 an ihren Wohnorten zu versteuern. Die in der Schweiz steuerpflichtigen Ueli Engel und Petra Wyss-Engel haben ihren Anspruch auf Rückerstattung von je CHF 21 000 im Kanton St. Gallen gemeinsam mittels des Formulars S-167 geltend zu machen, während sich der Rückerstattungsanspruch von Fredy Engel nach dem DBA CH-D richtet.

Ausländische Unternehmen mit schweizerischen Betriebsstätten haben Anspruch auf Rückerstattung der Verrechnungssteuer, welche von den Einkünften aus dem in der Schweiz steuerbaren Betriebsvermögen abgezogen wurde (VStG 24 Abs. 3).

Kollektive Kapitalanlagen sind für die auf den Einkünften der kollektiven Kapitalanlagen lastende Verrechnungssteuer rückerstattungsberechtigt, wenn sie selbst verrechnungssteuerpflichtig sind (VStG 26).

Ausländische Inhaber von Anteilen an kollektiven Kapitalanlagen haben Anspruch auf Rückerstattung der Verrechnungssteuer, wenn die Erträge dieser Anteile zu mindestens 80 Prozent aus ausländischen Quellen stammen (VStG 27). Der Nachweis darüber obliegt grundsätzlich dem Empfänger der verrechnungssteuerbelasteten Erträge. Der Nachweis ist erbracht, wenn von der depotführenden Bank eine Bankenerklärung (Affidavit) vorliegt.

Ausländische Staaten, internationale Organisationen, diplomatische Missionen und Konsulate sind rückerstattungsberechtigt, soweit die Verrechnungssteuer auf Zinsen von Guthaben abgezogen wurde, die ausschliesslich für die Bedürfnisse ihrer Vertretungen dienen (VStG 28).

Natürliche und juristische Personen mit Wohnsitz bzw. Sitz im Ausland sind im Rahmen des Verrechnungssteuergesetzes nicht rückerstattungsberechtigt. Sie können aber aufgrund eines zwischen der Schweiz und dem betreffenden Staat abgeschlossenen Doppelbesteuerungsabkommens Anspruch auf ganze oder teilweise Entlastung haben (vgl. nachfolgend VII. 3.3.6.2 und 3.5.5.2).

2.5.1.2 Recht zur Nutzung

Die Berechtigten haben nur dann Anspruch auf Rückerstattung der Verrechnungssteuer, wenn sie bei Fälligkeit des Kapitalertrages das Recht zur Nutzung des den steuerbaren Ertrag abwerfenden Vermögenswertes besassen (VStG 21 Abs. 1 lit. a). Das Recht zur Nutzung besitzt grundsätzlich diejenige Person, welche einen obligatorischen Anspruch auf den Ertrag besitzt. Das Nutzungsrecht muss dabei am Stammrecht, d.h. am Aktien- bzw. Obligationentitel, bestehen und nicht nur am Dividenden- bzw. Zinscoupon.

2.5.2 Vorbehalt der Steuerumgehung

Die Rückerstattung der Verrechnungssteuer ist in allen Fällen unzulässig, in denen sie zu einer Steuerumgehung führen würde (VStG 21 Abs. 2). Eine Steuerumgehung liegt nach der Rechtsprechung des Bundesgerichts vor, wenn kumulativ folgende Voraussetzungen erfüllt sind:

- die von den Beteiligten gewählte Rechtsgestaltung erscheint als ungewöhnlich, sachwidrig oder absonderlich, und
- es ist anzunehmen, dass die Wahl lediglich deshalb getroffen wurde, um Steuern zu sparen, die bei sachgemässer Ordnung geschuldet wären, und
- das gewählte Vorgehen würde tatsächlich zu einer erheblichen Steuerersparnis führen, falls es von der Steuerbehörde hingenommen würde.

Bei der Verrechnungssteuer gelten insbesondere Sachverhalte als Steuerumgehung, bei welchen die steuerbaren Leistungen formell einem Inländer, wirtschaftlich jedoch einem Ausländer zufliessen. Werden solche Fälle von der Steuerbehörde als rechtsmissbräuchlich qualifiziert, wird dem Inländer die Rückerstattung der Verrechnungssteuer verweigert. Gemäss Rechtsprechung des Bundesgerichts wird die Rückerstattung in diesen Fällen in vollem Umfang verweigert, auch wenn aufgrund eines Doppelbesteuerungsabkommens eine ganze oder teilweise Entlastung möglich wäre (vgl. ASA 50, 583).

> **Beispiel:**
>
> Ein Schweizer nimmt eine Stelle in Schweden an und gibt seinen schweizerischen Wohnsitz auf. Er verkauft seine schweizerischen Wertpapiere zum Kurswert von CHF 1,5 Mio. seinem Vater mit dem Recht, sie später zum gleichen Betrag wieder zurückkaufen zu können. Der Kaufpreis wird als verzinsliches Darlehen stehen gelassen.
>
> Der Vater ist rechtlich wohl Eigentümer der Wertpapiere und damit für die Verrechnungssteuer grundsätzlich rückerstattungsberechtigt. Da der Kaufpreis offen bleibt, der Sohn sich das Rückkaufsrecht vorbehalten hat und die Wertschriftenerträge faktisch als Darlehenszinsen verrechnungssteuerfrei an den Sohn weitergeleitet werden, geht die Steuerbehörde von einer Steuerumgehung aus und verweigert dem Vater die Rückerstattung der Verrechnungssteuer.

Bei ausländisch beherrschten Vermögensverwaltungsgesellschaften besteht für die Ausländer grundsätzlich die Möglichkeit, die Verrechnungssteuerbelastung dadurch zu vermeiden, dass die Wertpapiere von hoch fremdfinanzierten schweizerischen Gesellschaften gehalten werden. Diese Gesellschaften können grundsätzlich die auf vereinnahmten Dividenden abgezogene Verrechnungssteuer zurückfordern. Durch die hohe Fremdfinanzierung, welche i. d. R. von den Beteiligten darlehensweise geleistet wird, fliesst im Ergebnis die Dividende verrechnungssteuerfrei als Zins an die ausländischen Beteiligten. Die EStV hat aus diesem Grund schematische Kriterien festgelegt, in welchen Fällen sie bei ausländisch beherrschten Vermögensverwaltungsgesellschaften Steuerumgehung vermutet, nämlich (vgl. Rundschreiben Nr. 2215 der Schweizerischen Bankiervereinigung Basel an die Mitgliedbanken vom 13. Juli 1953 betreffend Rückerstattung der Verrechnungssteuer an inländische Finanzgesellschaften mit ausländischer Interessenbeteiligung):

- wenn das Verhältnis Eigenkapital zu Fremdkapital höher als 1:6 ist;
- wenn das Fremdkapital mit mehr als 4 Prozent verzinst wird.

Werden die Mindestkapitalisierung und die Maximalverzinsung eingehalten, gilt umgekehrt die Vermutung, dass keine Steuerumgehung vorliegt, und es erfolgt keine weitere Prüfung durch die EStV («safe haven»). Andernfalls muss die betroffene Gesellschaft die Steuerumgehungsvermutung entkräften, um ihren Rückerstattungsantrag erfolgreich durchsetzen zu können.

Beispiel:

Die Anlage AG mit Sitz in St. Gallen bezweckt die Vermögensverwaltung und besitzt in- und ausländische Wertschriften. Aktionäre der Anlage AG sind Hubert Hoch und Bernhard Bühler mit Wohnsitz Vaduz, FL. Die Jahresrechnung der Anlage AG per 31.12.2009 sieht wie folgt aus:

	CHF	CHF
Liquide Mittel	100 000	
Wertschriften	1 900 000	
Darlehen Aktionäre		1 600 000
Aktienkapital		100 000
Reserven, Gewinnvortrag		300 000
	2 000 000	2 000 000
Zinsaufwand 8%	128 000	
Übriger Aufwand	22 000	
Gewinn	50 000	
Wertschriftenertrag Schweiz (VSt-belastet)		200 000
	200 000	200 000

Bei einer Bilanzsumme von CHF 2 000 000 müssen die eigenen Mittel der Anlage AG mindestens CHF 286 000 betragen. Diese Voraussetzung ist mit einem Eigenkapital von CHF 400 000 erfüllt. Die Darlehen der Aktionäre betragen CHF 1 600 000. Sie wurden zu 8% bzw. CHF 128 000 verzinst. Zulässig sind nur 4% bzw. CHF 64 000, da die Aktionäre Ausländer sind.

Der Anlage AG wird die Rückerstattung der Verrechnungssteuer auf den Wertschriftenerträgen verweigert, weil die ganze Konstruktion als Steuerumgehung angesehen wird. Soweit ausserdem die Verzinsung der Aktionärsdarlehen über dem zulässigen Höchstsatz gemäss Rundschreiben der EStV liegt (vgl. die jährlich von der EStV veröffentlichten Zinssätze für die Berechnung der geldwerten Leistungen; www.estv.admin.ch), ist darauf als geldwerte Leistung die Verrechnungssteuer abzuliefern.

2.5.3 Verwirkung des Rückerstattungsanspruchs

Unter dem Gesichtspunkt der Steuerumgehung prüft die EStV auch Transaktionen, durch welche die definitive Verrechnungssteuerbelastung auf künftigen Ausschüttungen grundsätzlich reduziert wird. Bei solchen Transaktionen überträgt häufig ein Ausländer seine Beteiligungsrechte an einer Schweizer Gesellschaft mit verrechnungssteuerbelasteten Reserven entweder an einen Inländer, der grundsätzlich vollumfänglich rückerstattungsberechtigt ist, oder an einen andern Ausländer, der aufgrund eines Doppelbesteuerungsabkommens für einen höheren Anteil rückerstattungsberechtigt ist als der Verkäufer. Die EStV kann in solchen Fällen auf Altreserven die bisher vorhandene Verrechnungssteuerbelastung einverlangen (sog. Altreservenpraxis).

Beispiel:

Monika Malé mit Wohnsitz in Monaco verkauft alle Aktien der Elektro AG, Zug, an die Luna Investment AG, Zug. Die Elektro AG besitzt ein Aktienkapital von CHF 1 Mio. und Reserven von CHF 19 Mio. Der Kaufpreis wird auf CHF 20 Mio. festgelegt. Mit dem Kaufpreis erhält Monika Malé wirtschaftlich die Reserven der Elektro Grosshandel AG, ohne dass die Verrechnungssteuer anfällt. Unmittelbar nach dem Verkauf schüttet die Elektro AG eine Substanzdividende von CHF 15 Mio. an die Luna Investment AG aus.

Die EStV wird auf der Substanzdividende das Meldeverfahren verweigern, die Verrechnungssteuer einfordern und einen Rückerstattungsanspruch der Luna Investment AG mit der Begründung der Steuerumgehung ablehnen.

Auch internationale (Teil-)Liquidations- und Transponierungsfälle werden von der EStV bezüglich der Verrechnungssteuer auf Steuerumgehung überprüft (vgl. vorstehend 2.1.3.5).

Kein Anspruch auf Rückerstattung der Verrechnungssteuer besteht, wenn der Anspruch verwirkt und daher untergegangen ist.

Natürliche Personen verwirken den Rückerstattungsanspruch, wenn sie die mit der Verrechnungssteuer belasteten Einkünfte der zuständigen Steuerbehörde nicht ordentlich deklariert haben (VStG 23).

Beispiel:

Walter Bill deklariert in der Steuererklärung 2009 die Dividende der Gut AG für das Jahr 2009 nicht. Die Nichtdeklaration kommt bei der Veranlagung des Jahres 2009 zum Vorschein. Mit der Nichtdeklaration hat Bill den Anspruch auf Rückerstattung der Verrechnungssteuer verwirkt. Bei den direkten Steuern gilt die Nichtdeklaration zudem als vollendete Steuerhinterziehung, welche grundsätzlich eine Nachsteuer und eine Strafsteuer auslöst.

Juristische Personen sowie Handelsgesellschaften ohne juristische Persönlichkeit (Kollektiv- und Kommanditgesellschaften) verwirken den Rückerstattungsanspruch, wenn sie die belasteten Einkünfte nicht ordnungsgemäss als Ertrag verbucht haben (VStG 25).

2.6   Durchführung der Rückerstattung

2.6.1   Geltendmachung des Anspruchs

Natürliche Personen haben den Anspruch auf Rückerstattung der Verrechnungssteuer auf Kapitalerträgen und Lotteriegewinnen bei der Steuerbehörde jenes Kantons geltend zu machen, in dem sie am Ende des Kalenderjahres, in dem die steuerbare Leistung fällig wurde, Wohnsitz hatten (VStG 30 Abs. 1). I. d. R. erfolgt dies mittels des Rückerstattungsantrages im Wertschriftenverzeichnis der Steuererklärung.

> **Beispiel:**
> Silvia Schmid wohnte bis 1.2.2009 in Zürich, zog auf dieses Datum bis zum 20.12.2009 nach Bern und verlegte den Wohnsitz dann nach Buchs SG. Schmid hat die Verrechnungssteuer auf den Kapitalerträgen mit Fälligkeit 2008 im Kanton Zürich und jene auf den Erträgen mit Fälligkeit 2009 im Kanton St. Gallen geltend zu machen.

Juristische Personen, Handelsgesellschaften ohne juristische Persönlichkeit sowie alle sonstigen Anspruchsberechtigten haben den Antrag bei der EStV einzureichen (VStG 30 Abs. 2).

Der Rückerstattungsantrag ist schriftlich einzureichen. Er kann i.d.R. frühestens nach Ablauf des Fälligkeitsjahres gestellt werden. Rückerstattungsberechtigte, die ihren Anspruch gegenüber dem Bund geltend machen, können bereits im Jahr der Fälligkeit der verrechnungssteuerbelasteten Einkünfte und nicht erst im Folgejahr Abschlagsrückerstattungen beantragen, wenn sie glaubhaft machen, dass ihr Rückerstattungsantrag für das ganze Jahr mindestens CHF 4 000 beträgt (VStV 65). Der Anspruch auf Abschlagsrückerstattungen beläuft sich auf drei Viertel des voraussichtlichen Rückerstattungsanspruchs des betreffenden Kalender- oder Geschäftsjahres (VStV 65a). Die Zahlungen zu je einem Viertel erfolgen grundsätzlich auf das Ende der ersten drei Vierteljahre. Fallen die mit der Verrechnungssteuer belasteten Einkünfte vorwiegend in einem Quartal des Kalender- oder Geschäftsjahres an, wird dies bei der Bemessung der Abschlagsrückerstattungen berücksichtigt.

Der Anspruch auf Rückerstattung der Verrechnungssteuer erlischt, wenn der Antrag nicht innert drei Jahren nach Ablauf des Kalenderjahres, in welchem die steuerbare Leistung fällig geworden ist, gestellt wird (VStG 32 Abs. 1).

Wenn die Verrechnungssteuer erst aufgrund einer Beanstandung der EStV zu bezahlen ist, beginnt mit der Steuerentrichtung eine neue Frist von 60 Tagen zur Einreichung des Antrages, wenn die Dreijahresfrist bereits abgelaufen ist oder innerhalb von weniger als 60 Tagen seit der Steuerentrichtung abläuft (VStG 32 Abs. 2). Mit dieser Bestimmung bleibt der Rückerstattungsanspruch auch bei nachträglicher Feststellung von z. B. geldwerten Leistungen gewahrt. Diese Regelung gilt nicht, wenn der Rückerstattungsanspruch verwirkt ist, weil die verrechnungssteuerbelasteten Einkünfte nicht deklariert bzw. verbucht wurden.

2.6.2 Befriedigung des Anspruchs

Die Verrechnungssteuer wird von den Kantonen i. d. R. mit den Kantons- und Gemeindesteuern verrechnet (VStG 31). Ein allfälliger Überschuss wird in bar ausbezahlt. Die Kantone können auch die volle Rückerstattung in bar vorsehen. Diese Rückerstattungsart wird auch von der EStV bei der Rückerstattung an juristische Personen angewendet.

3   Die Verrechnungssteuer auf Lotteriegewinnen

3.1   Steuerobjekt, Steuerberechnungsgrundlage und Steuermass

Nach VStG 6 unterliegen Geldtreffer von über CHF 50 aus Lotterien, gewerbsmässigen Wetten und lotterieähnlichen Veranstaltungen, die im Inland durchgeführt werden, der Verrechnungssteuer. Nicht der Verrechnungssteuer unterliegen Naturaltreffer und Sachgewinne wie Radios, Fernsehgeräte usw., wenn nicht statt des Naturalpreises wahlweise Bargeld bezogen oder der Preis in Bargeld umgewandelt werden kann.

Den Lotterien gleichgestellt sind die gewerbsmässigen Wetten und lotterieähnlichen Veranstaltungen. Als solche Veranstaltungen gelten Zahlenlotto, Sport-Toto, Preisausschreiben, Tombola, Wettbewerbe, Rennwetten. Voraussetzung für die Verrechnungssteuerpflicht bei Preisausschreiben und Wettbewerben ist, dass die Teilnahme von der Leistung eines Einsatzes oder vom Abschluss eines Rechtsgeschäftes abhängt (Kauf von Waren, Abonnieren einer Zeitschrift). Nicht unter VStG 6 fallen die Gewinne in Spielcasinos aus Roulette, Black Jack usw.

Die Verrechnungssteuer auf Lotteriegewinnen beträgt wie bei den Kapitalerträgen 35 Prozent.

3.2   Steuersubjekt und Steuerträger

Bei Lotteriegewinnen ist der Veranstalter der im Inland durchgeführten Lotterie steuerpflichtig (VStG 10 Abs. 1).

Die Verrechnungssteuer ist wie bei den Kapitalerträgen von Gesetzes wegen zwingend auf den Empfänger der steuerbaren Leistung zu überwälzen, indem die Leistung um den Steuerbetrag gekürzt wird (VStG 14). Die Überwälzung ist zwingend und kann nicht durch Vereinbarung ausgeschlossen werden. Nach VStG 63 ist die Verletzung der Überwälzungspflicht strafbar.

3.3 Entstehung, Fälligkeit und Erfüllung der Steuerpflicht

Die Steuerforderung entsteht im Zeitpunkt der Fälligkeit des steuerbaren Lotteriegewinnes (VStG 12 Abs. 1). Die Verrechnungssteuer ist innert 30 Tagen nach Entstehung der Steuerforderung an die EStV zu bezahlen (VStG 16 Abs. 1 lit. c).

Bei Lotteriegewinnen ist die Bezahlung vorgeschrieben. Weil nur Geldtreffer der Verrechnungssteuer unterstehen, ist die Möglichkeit eines Meldeverfahrens nicht vorgesehen.

3.4 Steuerrückerstattung

Als Voraussetzung für die Rückerstattung der Verrechnungssteuer wird bei Lotteriegewinnen speziell verlangt, dass die Berechtigten bei der Ziehung des Lotteriegewinnes Eigentümer des Loses gewesen sein müssen (VStG 21 Abs. 1 lit. b).

Für die Rückerstattung der Verrechnungssteuer benötigen die Lotteriegewinner eine Bescheinigung. Die Veranstalter oder Zahlstellen haben deshalb die Empfänger der um die Steuer gekürzten Treffer darauf hinzuweisen, dass sie die Verrechnungssteuer nur aufgrund einer Bescheinigung zurückhalten, und ihnen auf Verlangen eine solche auszustellen (VStV 41 Abs. 3).

Bei Sport-Toto-Klubs und dgl. steht die Rückerstattung jedem einzelnen Teilhaber nach Massgabe seines Anteils am Gewinn zu. Sind alle Teilhaber im gleichen Kanton steuerpflichtig, kann die kantonale Behörde eine gemeinsame Rückerstattung bewilligen (VStV 60 Abs. 2).

Im Übrigen kann für die Rückerstattung der Verrechnungssteuer und die Durchführung der Rückerstattung auf die Ausführungen bei den Kapitalerträgen verwiesen werden.

4   Die Verrechnungssteuer auf Versicherungsleistungen

4.1   Steuerobjekt, Steuerberechnungsgrundlage und Steuermass

Gegenstand der Verrechnungssteuer auf Versicherungsleistungen sind Kapitalleistungen aus Lebensversicherungen sowie Leibrenten und Pensionen, sofern die Versicherung zum inländischen Bestand des Versicherers gehört und bei Eintritt des versicherten Ereignisses der Versicherungsnehmer oder der Anspruchsberechtigte Inländer ist (VStG 7 Abs. 1). Anders als die Verrechnungssteuer auf Kapitalerträgen und Lotteriegewinnen ist die Verrechnungssteuer auf Versicherungsleistungen eine reine Inländersteuer.

> *Beispiel:*
>
> Toni Angst, Wohnsitz in St. Moritz, hat eine Lebensversicherung über CHF 2 Mio. bei der Life AG, Zürich, abgeschlossen und seine Tochter Ruth mit Wohnsitz in Südfrankreich als Begünstigte eingesetzt. Er hat eine weitere Lebensversicherung bei der Leben AG in München, D, abgeschlossen und seinen Sohn Max mit Wohnsitz in München als Begünstigten eingesetzt. Toni Angst verstirbt, und Ruth und Max erhalten die Versicherungsleistungen ausbezahlt.
>
> Die Verrechnungssteuer ist auf der Versicherungsleistung an Ruth wegen des Wohnsitzes von Toni Angst als Versicherungsnehmer im Zeitpunkt des versicherten Ereignisses geschuldet, obwohl Ruth in Südfrankreich wohnt. Auf der Versicherungsleistung an Max ist keine Verrechnungssteuer geschuldet, da die Versicherung nicht zum inländischen Bestand eines Versicherers gehört.

Von der Verrechnungssteuer ausgenommen sind (VStG 8):

- Kapitalleistungen aus Lebensversicherungen von nicht mehr als CHF 5 000;
- Leibrenten und Pensionen von nicht mehr als CHF 500 pro Jahr;
- AHV- und IV-Renten.

Die Verrechnungssteuer beträgt 15 Prozent auf Leibrenten und 8 Prozent auf den sonstigen Versicherungsleistungen (VStG 13 Abs. 1 lit. b und c).

4.2   Steuersubjekt und Steuerträger

Bei Versicherungsleistungen ist der Versicherer der steuerbaren Kapitalleistung, Leibrente oder Pension steuerpflichtig. Die Verrechnungssteuer ist ebenfalls grundsätzlich auf den Versicherungsnehmer oder den Anspruchsberechtigten zu überwälzen, wobei dies entfällt, wenn die Steuerpflicht mittels einer Meldung an die EStV erfüllt wird.

4.3 Entstehung, Fälligkeit und Erfüllung der Steuerpflicht

Bei Versicherungsleistungen entsteht die Steuerforderung im Zeitpunkt, in welchem die steuerbare Leistung erbracht wird (VStG 12 Abs. 2). Fällig wird die Verrechnungssteuer auf Versicherungsleistungen 30 Tage nach Ablauf jedes Monats für die in diesem Monat erbrachten Leistungen (VStG 16 Abs. 1 lit. d).

Der Versicherer erfüllt seine Steuerpflicht i. d. R. durch Meldung der steuerbaren Versicherungsleistung an die EStV. Diese Meldung ersetzt die Entrichtung der Verrechnungssteuer. Der Versicherer hat die Verrechnungssteuer von der steuerbaren Versicherungsleistung jedoch dann in Abzug zu bringen, wenn der Versicherungsnehmer oder ein Anspruchsberechtigter bei ihm schriftlich Einspruch gegen die Meldung erhoben hat (VStG 19). Der Versicherer hat in diesem Fall den Empfänger der Versicherungsleistung darauf hinzuweisen, dass er die Steuer nur aufgrund einer Abzugsbescheinigung zurückfordern kann, und ihm auf Verlangen eine solche auszustellen (VStV 50 und 3 Abs. 2).

4.4 Steuerrückerstattung

Die Rückerstattung der Verrechnungssteuer auf Versicherungsleistungen ist ohne grosse Bedeutung, weil – wie ausgeführt – das Meldeverfahren die Regel ist.

Für die Rückerstattung der Verrechnungssteuer auf Versicherungsleistungen wird speziell verlangt, dass die berechtigte Person eine Abzugsbescheinigung des Versicherers beibringt und alle Angaben macht, die zur Geltendmachung der Steueransprüche des Bundes und der Kantone erforderlich sind (VStG 33 Abs. 1).

Der Rückerstattungsanspruch ist innert drei Jahren nach Ablauf des Kalenderjahres, in dem die Versicherungsleistung erbracht worden ist, bei der EStV schriftlich geltend zu machen (VStG 33 Abs. 2).

5   Verfahren und Rechtsmittel

Die Verrechnungssteuer ist eine Selbstveranlagungssteuer; d. h., wer verrechnungssteuerpflichtig wird, hat sich unaufgefordert bei der EStV anzumelden, muss die Verrechnungssteuer selber deklarieren, das Formular unaufgefordert der EStV einreichen und die Steuer bezahlen (VStG 38).

Die EStV überprüft die Anmeldung der Steuerpflichtigen, die Steuerabrechnungen und die Steuerzahlungen sowie die Erfüllung der Meldepflicht gemäss VStG 10 und 20 (VStG 40). Der Steuerpflichtige hat dabei eine umfassende Auskunftspflicht (VStG 39). Sind die Steuerforderung, die Mithaftung oder die Überwälzung bestritten, erlässt die EStV anfechtbare Verfügungen und Entscheide (VStG 41).

Die EStV ist für juristische Personen und Personenunternehmen auch Rückerstattungsbehörde (vgl. vorstehend 2.6.1). Entspricht die EStV einem Antrag nicht oder nur teilweise und lässt sich der Anstand nicht auf andere Weise erledigen, erlässt sie ebenfalls eine anfechtbare Verfügung (VStG 51).

Gegen Verfügungen und Entscheide der EStV kann der Steuerpflichtige innerhalb von 30 Tagen schriftlich Einsprache erheben (VStG 42). Einspracheentscheide der EStV können mittels Beschwerde innert 30 Tagen beim Bundesverwaltungsgericht (VwVG 50) und dessen Entscheide wiederum mit Beschwerde in öffentlich-rechtlichen Angelegenheiten beim Bundesgericht angefochten werden (BGG 82 ff.).

Für die natürlichen Personen ist das kantonale Verrechnungssteueramt Rückerstattungsbehörde (vgl. vorstehend 2.6.1). Das kantonale Verrechnungssteueramt prüft die eingereichten Anträge und trifft dann einen Entscheid über den Rückerstattungsanspruch. Gegen den Entscheid des kantonalen Verrechnungssteueramts kann innert 30 Tagen schriftlich Einsprache bei diesem Amt erhoben werden (VStG 53). Gegen den Einspracheentscheid des kantonalen Verrechnungssteueramtes kann innert 30 Tagen schriftlich Beschwerde bei der kantonalen Steuerrekurskommission erhoben werden (VStG 54) und gegen diesen Entscheid kann Beschwerde in öffentlich-rechtlichen Angelegenheiten beim Bundesgericht erhoben werden (BGG 82 ff.).

6 Strafbestimmungen

Die Verrechnungssteuer kennt die allgemeinen steuerrechtlichen Straftatbestände der Steuergefährdung, der Steuerhinterziehung und des Abgabebetrugs. Der Tatbestand des Abgabebetrugs ist im Bundesgesetz über das Verwaltungsstrafrecht (VStR) geregelt. Zusätzlich kennt das VStG als spezielle Straftatbestände noch die Verletzung der Überwälzungsvorschrift (VStG 63) sowie die Ordnungswidrigkeiten (VStG 64).

Für das Verfahren ist das Verwaltungsstrafrechtsgesetz anwendbar (VStG 67), zuständig ist die EStV. Lediglich für Ordnungsbussen bis zu CHF 500 sind die kantonalen Behörden unter Anwendung des kantonalen Verfahrensrechts zuständig (VStG 67 Abs. 3).

Bei juristischen Personen, Kollektiv- oder Kommanditgesellschaften oder bei Geschäftsführung im Auftrags- oder Anstellungsverhältnis sind die Strafbestimmungen auf diejenigen natürlichen Personen anwendbar, welche die Tat verübt haben (VStR 6). Verletzt ein Geschäftsherr, Arbeitgeber, Auftraggeber oder Vertreter seine Sorgfaltspflichten, können die Strafbestimmungen auch auf diese Person angewendet werden, bei juristischen Personen auf deren verantwortliche Organe (VStR 6 Abs. 2 und 3).

6.1 Steuergefährdung

Eine Steuergefährdung liegt vor, wenn ein Steuerpflichtiger bestimmte Mitwirkungs- oder Verfahrenspflichten nicht beachtet, wie z. B. die Steuererklärung nicht einreicht, unrichtige Abzugsbescheinigungen aushändigt, unrichtige Auskünfte erteilt, Einblick in bestimmte Unterlagen verweigert, obwohl er nach VStG 39 dazu verpflichtet wäre, usw. (VStG 62). Steuergefährdung kann mit einer Busse bis CHF 20 000 bestraft werden.

6.2 Steuerhinterziehung

Eine Steuerhinterziehung begeht nach VStG 61 Abs. 1, wer vorsätzlich oder fahrlässig
• dem Bund Verrechnungssteuern vorenthält;
• die Pflicht zur Meldung einer steuerbaren Leistung nicht erfüllt oder eine unwahre Meldung erstattet;
• eine ungerechtfertigte Rückerstattung der Verrechnungssteuer oder einen andern unrechtmässigen Steuervorteil erwirkt.

Eine Steuerhinterziehung liegt z.B. vor, wenn die Gesellschaft eine Dividende ausschüttet, ohne die Verrechnungssteuer zu bezahlen, und auf dem entsprechenden Formular bestätigt, dass sie keine Dividende ausgeschüttet hat.

Die Hinterziehung der Verrechnungssteuer wird mit Busse bis CHF 30 000 oder, wenn dies einen höheren Betrag ergibt, bis zum Dreifachen der hinterzogenen Steuer oder des unrechtmässigen Vorteils bestraft (VStG 61 Abs. 2).

6.3   Abgabebetrug

Beim Abgabebetrug wird dem Bund durch arglistiges Verhalten eine geschuldete Steuer vorenthalten, wobei der Steuerpflichtige die Steuerbehörde insbesondere durch Vorspiegelung oder Unterdrückung von Tatsachen mittels gefälschter Urkunden wie z.B. unvollständiger Geschäftsbücher arglistig irreführt.

Der Tatbestand des Abgabebetrugs ist wie erwähnt im Bundesgesetz über das Verwaltungsstrafrecht zu finden (VStR 14 Abs. 2), wo auch das Strafverfahren geregelt ist. Mit der Bestrafung wegen Abgabebetrugs ist auch die Steuerhinterziehung abgegolten (VStG 61).

IV. TEIL: STEMPELABGABEN

Literatur zur Vertiefung:
HÖHN/WALDBURGER, Steuerrecht I, S. 697 ff.
OBERSON, Droit fiscal, S. 283 ff.
OBERSON/HINNY, Kommentar StG
STOCKAR, Übersicht und Fallbeispiele, S. 25 ff.
STOCKAR/HOCHREUTENER (Hrsg.), Praxis der Bundessteuern, Teil II, Band 1
ZWEIFEL/ATHANAS/BAUER-BALMELLI, Kommentar StG

Speziell zu den Stempelabgaben bei Umstrukturierungen:
ATHANAS PETER/WIDMER STEFAN, Die Emissionsabgabe im Umfeld der gewinnsteuerli-
    chen Gesetzesänderungen aufgrund des Fusionsgesetzes, in: FStR 2001, S. 172 ff.
REICH/DUSS, Umstrukturierung, S. 137 ff.

1 Steuerhoheit und Merkmale der Stempelsteuer

Der Bund ist aufgrund von BV 132 Abs. 1 befugt, auf Wertpapieren, auf
Quittungen von Versicherungsprämien und auf anderen Urkunden des Han-
delsverkehrs eine Stempelsteuer zu erheben; ausgenommen von der Stempelsteuer sind Urkunden des Grundstück- und Grundpfandverkehrs. Wie die
Bezeichnung Stempelabgabe besagt, wurden diese Steuern früher mittels
Stempelmarken oder Urkundenstempeln erhoben. Besteuert wurden allerdings auch damals schon nicht die Urkunden, sondern bestimmte Vorgänge.

Die eidgenössischen Stempelabgaben, die im Bundesgesetz über die Stempelabgaben vom 27. Juni 1973 (Stempelgesetz, StG) und in der Verordnung
über die Stempelabgaben vom 3. Dezember 1973 geregelt sind, besteuern
die Kapitalbeschaffung und den Umsatz von Urkunden sowie Versicherungsprämien. Sie gehören zu den Rechtsverkehrssteuern. Es können dabei
drei Arten von Abgaben unterschieden werden (StG 1 Abs. 1):

- die Emissionsabgabe auf der Ausgabe inländischer Beteiligungsrechte,
  Obligationen und Geldmarktpapiere;
- die Umsatzabgabe auf dem Umsatz bestimmter in- und ausländischer
  Urkunden wie Beteiligungsrechte, Fondsanteile, Obligationen und diesen
  gleichgestellte Urkunden;

• die Abgabe auf Versicherungsprämien, d. h. auf der Zahlung von Versicherungsprämien gegen Quittung.

Werden bei steuerbaren Rechtsvorgängen keine Urkunden ausgestellt, so treten an deren Stelle die Geschäftsbücher oder sonstigen Urkunden, welche der Feststellung der Rechtsvorgänge dienen (StG 1 Abs. 2).

Für die Qualifikation der Urkunden und Rechtsvorgänge und damit für die Qualifikation der Steuerpflicht ist der wirkliche Inhalt der Urkunden und nicht die von den Beteiligten verwendete, allenfalls unrichtige Bezeichnung und Ausdrucksweise massgebend (StG 27 Abs. 1). Steht der Sachverhalt nicht eindeutig fest, ist er unter Abwägung aller pflichtgemäss festgestellten Umstände zu erschliessen (StG 27 Abs. 2).

Die Kantone dürfen Urkunden, welche das Stempelgesetz steuerpflichtig oder steuerfrei erklärt, nicht mit einer gleichgearteten Abgabe oder Registrierungsgebühr belasten (StG 3).

In StG 4 werden die Begriffe «Inländer», «Investmentgesellschaften mit festem Kapital nach KAG 110», «Obligationen», «den Obligationen gleichgestellte Urkunden» und «Geldmarktpapiere» umschrieben. Diese Begriffsdefinitionen gelten für alle drei Abgabearten.

Als Inländer im Sinne des Stempelgesetzes gelten Kapitalgesellschaften oder Genossenschaften, die ihren statutarischen oder gesetzlichen Sitz in der Schweiz haben, natürliche Personen mit Wohnsitz oder dauerndem Aufenthalt in der Schweiz sowie Unternehmen, die im inländischen Handelsregister eingetragen sind (StG 4).

Liechtensteinische juristische und natürliche Personen unterliegen aufgrund des Zollanschlussvertrages von 1923 dem Stempelgesetz, d.h., das Fürstentum Liechtenstein gilt stempelsteuerrechtlich wie bei der Mehrwertsteuer als Inland.

2 Die Emissionsabgabe auf inländischen Beteiligungs-rechten

2.1 Steuerobjekt

Der Emissionsabgabe unterliegen die Begründung und die Erhöhung des Nennwertes von Beteiligungsrechten an inländischen Kapitalgesellschaften oder Genossenschaften (StG 5 Abs. 1).

Zu den Beteiligungsrechten gehören:

• Aktien inländischer Kapitalgesellschaften und Kommanditaktiengesell-schaften;
• Stammanteile inländischer Gesellschaften mit beschränkter Haftung;
• Genossenschaftsanteile inländischer Genossenschaften;
• Genussscheine inländischer Gesellschaften oder Genossenschaften. Als Genussscheine gelten stimmrechtslose Urkunden ohne Nennwert, welche einen Anspruch auf einen Anteil am Reingewinn oder am Liquidations-ergebnis beinhalten (OR 657);
• Partizipationsscheine inländischer Gesellschaften, Genossenschaften oder gewerblicher Unternehmen des öffentlichen Rechts. Partizipations-scheine sind stimmrechtslose Wertpapiere mit Nennwert, die einen Anteil am Grundkapital einer Gesellschaft oder Genossenschaft darstellen (OR 656a ff.).

Als Begründung bzw. Erhöhung von Beteiligungsrechten gelten insbeson-dere:

• Bargründungen mit Liberierung des Grundkapitals zum Nennwert;
• Bargründungen mit Emissionsagio;
• Gründungen oder Kapitalerhöhungen durch Sacheinlagen oder Sach-übernahmen;
• Kapitalerhöhungen durch Ausgabe von Gratisaktien.

Der Begründung von Beteiligungsrechten sind gleichgestellt (StG 5 Abs. 2 lit. a und b):

• Zuschüsse, welche Beteiligte ohne entsprechende Gegenleistung an die Gesellschaft und ohne Erhöhung des nominellen Kapitals erbringen (z.B. Agio und andere Kapitaleinlagen in die Reserven i.S.v. VStG 5 Abs. 1bis bzw. DBG 20 Abs. 3, in Kraft ab dem 1. Januar 2011; vgl. dazu III. 2.1.3 sowie II. A 3.4.3.2);

- der Handwechsel der Mehrheit der Beteiligungsrechte an einer inländischen Gesellschaft oder Genossenschaft, die wirtschaftlich liquidiert worden ist oder deren Aktiven in liquide Form gebracht worden sind (sog.
Mantelhandel).

Durch diese beiden Bestimmungen will der Gesetzgeber einer Steuerumgehung vorbeugen, damit eine Abgabe nicht dadurch vermieden werden
kann, dass z. B. beim Mantelhandel die Aktien einer bereits bestehenden
Gesellschaft, die nicht mehr unternehmerisch tätig ist, erworben werden,
statt eine neue Gesellschaft zu gründen.

Die Umwandlung von Namenaktien in Inhaberaktien oder umgekehrt ist
nicht steuerbar, sofern der Nominalwert gleich bleibt. Auch der sog. Aktiensplit, bei welchem anstelle von bestehenden Aktien neu solche mit einem
kleineren Nominalwert und dafür in entsprechend grösserer Zahl ausgegeben werden, unterliegt nicht der Emissionsabgabe, sofern der totale Nominalwert gleich bleibt.

2.2 Steuerberechnungsgrundlage und Steuermass

Die Emissionsabgabe auf Beteiligungsrechten beträgt 1 Prozent. Sie wird
wie folgt berechnet (StG 8):

- Bei der Begründung und Erhöhung des Nennwertes von Beteiligungsrechten: 1 Prozent vom Betrag, welcher der Gesellschaft oder Genossenschaft als Gegenleistung für die Beteiligungsrechte zufliesst, mindestens
aber vom Nennwert. Sacheinlagen und Sachübernahmen sind für die
Berechnung der Emissionsabgabe zum Verkehrswert zu bewerten.
- Bei der Begründung oder Erhöhung von Beteiligungsrechten aufgrund
von Fusionen, Spaltungen oder Umwandlungen von Einzelunternehmen,
Handelsgesellschaften ohne juristische Persönlichkeit, Vereinen, Stiftungen oder Unternehmen des öffentlichen Rechts wird die Emissionsabgabe
mit 1 Prozent vom Nennwert, nach Abzug der Freigrenze von CHF 1 Mio.,
berechnet, sofern der bisherige Rechtsträger während mindestens fünf
Jahren bestand. Werden die Beteiligungsrechte während den der
Umstrukturierung nachfolgenden fünf Jahren veräussert, wird nachträglich über den Mehrwert im Zeitpunkt der Umstrukturierung abgerechnet
(StG 9 Abs. 1 lit. e; vgl. nachfolgend 2.4.2).
- Auf Zuschüssen: 1 Prozent vom Betrag des Zuschusses.
- Beim Mantelhandel: 1 Prozent vom Reinvermögen, das sich im Zeitpunkt
des Mantelhandels in der Gesellschaft oder Genossenschaft befindet,
mindestens aber vom Nennwert aller bestehenden Beteiligungsrechte.

Die Emissionsabgabe auf nennwertlosen Genussscheinen beträgt CHF 3 pro Titel (StG 9 Abs. 1 lit. d).

Die Emissionsabgabe kennt zahlreiche Ausnahmen (StG 6; vgl. nachfolgend 2.4). So sind insbesondere bei der Gründung oder Kapitalerhöhung einer Aktiengesellschaft, einer Kommanditaktiengesellschaft oder einer Gesellschaft mit beschränkter Haftung entgeltlich ausgegebene Beteiligungsrechte ausgenommen, soweit die Leistungen der Gesellschafter gesamthaft CHF 1 Mio. nicht übersteigen.

2.3 Abgabepflichtige Transaktionen

2.3.1 Bargründungen mit Liberierung des Grundkapitals zum Nennwert

Bei Bargründungen mit vollständiger oder teilweiser Liberierung des Grundkapitals zum Nennwert beträgt die Abgabe 1 Prozent des Nennwertes (StG 8 Abs. 1 lit. a). In Anrechnung gebracht werden kann die Freigrenze von CHF 1 Mio. (StG 6 Abs. 1 lit. h). Emissionskosten können dagegen nicht in Abzug gebracht werden, weil die Abgabe mindestens auf dem Nennwert zu berechnen ist.

Beispiel: Ausgabe von Aktien zum Nennwert	
	CHF
Nennwert der Aktien	1 500 000
Ausgabepreis	1 500 000
Emissionskosten	10 000
Freigrenze	1 000 000
Emissionsabgabepflichtiger Betrag	500 000
Emissionsabgabe 1% von CHF 500 000	5 000

Die Emissionsabgabe von 1% von CHF 500 000 ist sowohl geschuldet, wenn die Aktien voll liberiert werden, als auch dann, wenn sie nur teilweise, z. B. zur Hälfte mit CHF 750 000, liberiert werden.

2.3.2 Bargründungen mit Emissionsagio

Werden bei der Bargründung einer Gesellschaft die Beteiligungsrechte mit einem Agio liberiert, ist nach StG 8 Abs. 1 Berechnungsgrundlage für die Emissionsabgabe derjenige Betrag, welcher der Gesellschaft als Gegenleistung für die Beteiligungsrechte zufliesst. Die Emissionsabgabe ist somit auch auf dem Agio zu bezahlen. Bei Überpari-Emissionen können aber die

Emissionskosten (Beurkundungs- und Handelsregistergebühren) sowie die Emissionsabgabe selber von der Berechnungsgrundlage in Abzug gebracht werden (vgl. Urteil des Bundesgerichts in ASA 51, S. 493); der Abzug der Emissionsabgabe erfolgt dabei durch Umrechnung der Bemessungsgrundlage von 101 Prozent auf 100 Prozent. Zusätzlich kann wiederum der Freibetrag von CHF 1 Mio. in Abzug gebracht werden.

Beispiel: Ausgabe über dem Nennwert

	CHF
Nennwert	1 000 000
Ausgabepreis	2 000 000
Emissionskosten	10 000
Emissionsabgabepflichtiger Betrag (2 000 000 – 1 000 000 – 10 000) : 101 x 100	980 198
Emissionsabgabe 1% von CHF 980 198	9 802

2.3.3   Gründungen oder Kapitalerhöhungen durch Sacheinlagen oder Sachübernahmen

Bei der Gründung oder Kapitalerhöhung einer Kapitalgesellschaft oder Genossenschaft durch Sacheinlagen oder Sachübernahmen wird die Emissionsabgabe ebenfalls vom Betrag berechnet, welcher der Gesellschaft als Gegenleistung für die Beteiligungsrechte zufliesst. Sachleistungen werden zum Verkehrswert bewertet. Die Emissionsspesen sowie die Emissionsabgabe selber sind abziehbar, wenn und soweit die Ausgabe der Beteiligungsrechte über dem Nennwert erfolgt.

Beispiel: Sacheinlage von Wertschriften

	CHF
Aktienkapital-Erhöhung von CHF 1 000 000 um	500 000
Sacheinlage mittels Wertschriften, Anrechnung zum Nominalwert	500 000
Verkehrswert der Wertschriften	2 000 000
Emissionskosten	10 000
Emissionsabgabepflichtiger Betrag (2 000 000 – 10 000) : 101 x 100	1 970 297
Emissionsabgabe 1% von CHF 1 970 297	19 703

Bei Sacheinlage- oder Sachübernahmegründungen besteht das übernommene Sachvermögen sehr oft aus einem Gesamtvermögen eines Unternehmens, welches im Zuge einer Umstrukturierung übertragen wird. In diesen Fällen gelangt bei Kapitalgesellschaften und Genossenschaften die Ausnahmebestimmung von StG 6 Abs. 1 lit. a[bis] zur Anwendung, sofern die entsprechenden Voraussetzungen erfüllt sind (vgl. nachfolgend 2.4.2).

Bei der Begründung oder Erhöhung von Beteiligungsrechten von Kapitalgesellschaften oder Genossenschaften aufgrund von Fusionen, Spaltungen
oder Umwandlungen von Einzelunternehmen, Handelsgesellschaften ohne
juristische Persönlichkeit, Vereinen, Stiftungen oder Unternehmen des
öffentlichen Rechts wird die Emissionsabgabe mit 1 Prozent vom Nennwert,
nach Abzug der Freigrenze von CHF 1 Mio., berechnet, sofern der bisherige
Rechtsträger während mindestens fünf Jahren bestand und die Beteiligungsrechte während den der Umstrukturierung nachfolgenden fünf Jahren nicht veräussert werden. Bei einem Verkauf während der Sperrfrist wird
nachträglich über den Mehrwert abgerechnet (StG 9 Abs. 1 lit. e). Der
Mehrwert beinhaltet das neu geschaffene Aktienkapital, die offenen und
stillen Reserven inkl. des Goodwills. Zu diesem Zweck wird der Verkehrswert
des Unternehmens nach der Formel (Substanzwert plus Ertragswert) : 2
ermittelt, was auch als Praktikermethode bezeichnet wird. Bei einem Teil-
verkauf ist anteilig über den Mehrwert abzurechnen.

Beispiel: Umwandlung einer Einzelunternehmung in eine Aktiengesellschaft

Die Einzelunternehmung Dora Rutz wird am 25.10.2010 mit Wirkung auf den
1.7.2010 in die Arin AG umgewandelt. Die Bilanz der Einzelunternehmung
Dora Rutz zeigt per 30.6.2010 folgendes Bild:

	CHF	*CHF*
Umlaufvermögen	200 000	
Liegenschaft	800 000	
übriges Anlagevermögen	1 400 000	
Fremdkapital		600 000
Eigenkapital		1 800 000
	2 400 000	2 400 000

Die stillen Reserven auf dem Umlaufvermögen betragen CHF 100 000, jene auf
dem übrigen Anlagevermögen CHF 300 000. Die Liegenschaft hat einen
Verkehrswert von CHF 1 200 000. Die Aktiengesellschaft soll ein Aktienkapital
von CHF 1 000 000 aufweisen. Ein Kapitalüberschuss wird Rutz als Darlehen
gutgeschrieben. Der Gewinn für die letzten 3 Geschäftsjahre beträgt nach
Abzug eines Lohnanteils und der Zinsen für das Darlehen D. Rutz CHF 200 000,
250 000, 300 000. Die Emissionskosten betragen CHF 10 000.

Eröffnungsbilanz Arin AG:

	CHF	*CHF*
Umlaufvermögen	200 000	
Liegenschaft	800 000	
übriges Anlagevermögen	1 400 000	
Fremdkapital		600 000
Darlehen D. Rutz		800 000
Aktienkapital		1 000 000
	2 400 000	2 400 000

Die Emissionsabgabe beträgt nach Abzug des Freibetrages von CHF 1 Mio. null.

Am 10.5.2012, d.h. während der fünfjährigen Sperrfrist, verkauft Dora Rutz die Aktien der Arin AG für CHF 2,5 Mio. Dora Rutz hat deshalb nachträglich die Emissionsabgabe auf dem Verkehrswert der Arin AG per 1.7.2010 abzurechnen, unter Berücksichtigung der Freigrenze von CHF 1 000 000.
Die Berechnung der Emissionsabgabe mit 1% vom Verkehrswert (StG 8 Abs. 1 und 3) erfolgt nach der sog. Praktikermethode.

Berechnung der Emissionsabgabe: 1% vom Verkehrswert (StG 8 Abs. 1)

Die Berechnung des Verkehrswertes erfolgt nach der sog. Praktikermethode:

	CHF	CHF	CHF
Substanzwert			
Aktienkapital		1 000 000	
stille Reserven	800 000		
– 20% latente Steuern	– 160 000	640 000	1 640 000
Ertragswert			
durchschnittlicher Gewinn der letzten			
3 Geschäftsjahre (CHF 250 000)			
kapitalisiert mit 10% (Annahme)			2 500 000
Unternehmungswert			
(CHF 1 640 000 + CHF 2 500 000) : 2			2 070 000
Emissionsabgabepflichtiger Betrag			
(CHF 2 070 000 – CHF 1 000 000 – CHF 10 000) : 101 x 100			1 049 505
Emissionsabgabe 1% von CHF 1 049 505			10 495

Hätte Dora Rutz nur 50% der Aktien verkauft, müsste sie die Emissionsabgabe nachträglich anteilig auf 50% des Verkehrswertes abrechnen.

2.3.4 Kapitalerhöhungen durch Ausgabe von Gratisaktien

Bei der Erhöhung des Grundkapitals durch Ausgabe von Gratisaktien wird die Emissionsabgabe vom Nominalwert der ausgegebenen Gratisaktien berechnet.

Beispiel:
Die Gonzen AG erhöht ihr Aktienkapital von CHF 200 000 auf CHF 300 000. Die neuen Aktien werden aus statutarischen Reserven, die aus Gewinnen gebildet worden sind, liberiert. Geschuldet ist die Emissionsabgabe mit 1% von CHF 100 000. Die Freigrenze von CHF 1 000 000 kann nicht in Abzug gebracht werden, da die neuen Beteiligungsrechte nicht mit Leistungen der Gesellschafter geschaffen werden (StG 6 Abs. 1 lit. h). Die noch nicht beanspruchten CHF 800 000 aus der Freigrenze können allerdings bei einer späteren Kapitalerhöhung in Abzug gebracht werden.

2.3.5 Zuschüsse

Als Zuschüsse gelten Leistungen an die Gesellschaft, welche die Gesellschafter oder Genossenschafter ohne entsprechende Gegenleistung erbringen und die zu keiner Erhöhung des im Handelsregister eingetragenen Grund-, Stamm- oder Genossenschaftskapitals führen.

Solche Zuschüsse, die eine Stärkung der Substanz der Gesellschaft durch Zunahme der stillen Reserven oder allenfalls durch Erhöhung der offenen Reserven bewirken, unterliegen der Emissionsabgabe mit 1 Prozent des Betrages, welcher der Gesellschaft zukommt (StG 8 Abs. 1 lit. b). Bei Zuschüssen kann die Emissionsabgabe selber, anders als bei Agioliberierungen, nicht in Abzug gebracht werden.

Zu den Zuschüssen gehören insbesondere A-fonds-perdu-Zuwendungen und Forderungsverzichte von Beteiligten. Solche Forderungsverzichte werden nicht besteuert, wenn sie im Zuge einer formellen Liquidation der Gesellschaft erfolgen.

Neben den offenen Zuschüssen unterliegen auch die verdeckten Kapitaleinlagen der Emissionsabgabe. Bei verdeckten Kapitaleinlagen erbringen Beteiligte Leistungen an die Gesellschaft, die unter ihrem wirklichen Wert angerechnet werden. In der Höhe der Differenz zwischen dem wirklichen Wert und dem Anrechnungswert erbringt der Beteiligte eine Kapitaleinlage, die buchmässig nicht als solche erkennbar ist und deshalb «verdeckten» Charakter hat.

> **Beispiel:**
> Die Muttergesellschaft verkauft der Tochtergesellschaft eine Liegenschaft zum Buchwert von CHF 2 Mio. statt zum Verkehrswert von CHF 3,5 Mio. Die Differenz zwischen dem Verkaufspreis und dem Verkehrswert von CHF 1,5 Mio. gilt steuerlich als verdeckte Kapitaleinlage und damit als emissionsabgabepflichtiger Zuschuss.

Verdeckte Kapitaleinlagen gelten nur dann als emissionsabgabepflichtige Zuschüsse, wenn sie einmalig erfolgen. Periodische Kapitaleinlagen, wie sie z.B. zinslose Darlehen an inländische Tochtergesellschaften darstellen, werden gemäss der Praxis der EStV nicht besteuert.

Der Abgabe unterliegen nur Zuschüsse von Beteiligten. Erfolgen die Zuschüsse im Konzernverhältnis, z.B. von Schwestergesellschaften, wird gemäss geltender Praxis die Abgabe grundsätzlich nicht erhoben.

> **Beispiel:**
> Die Alpha AG stellt ihrer Tochtergesellschaft Beta AG ein Darlehen zinslos zur Verfügung. Der Verzicht auf den Zins gilt nicht als emissionsabgabepflichtiger Zuschuss. Werden hingegen während fünf Jahren Zinse auf ein Kontokorrent gutgeschrieben und verzichtet die Alpha AG in der Folge auf die Zinsforderungen, gilt dies als emissionsabgabepflichtiger Zuschuss.

In jenen Fällen allerdings, in welchen bei geldwerten Leistungen zwischen Schwestergesellschaften bei der Verrechnungssteuer ausnahmsweise die Dreieckstheorie zur Anwendung gelangt (Sanierung einer nahestehenden Gesellschaft), gelangt konsequenterweise auch bei der Emissionsabgabe die Dreieckstheorie zur Anwendung. Danach gilt diese Leistung dann als emissionsabgabepflichtiger Zuschuss der Muttergesellschaft an die begünstigte Tochtergesellschaft (vgl. vorstehend III. 2.1.3.4).

> **Beispiel:**
> Die Gamma AG leistet ihrer Not leidenden Schwestergesellschaft Beta AG eine A-fonds-perdu-Zahlung von CHF 500 000. Diese Zahlung gilt bei der Verrechnungssteuer als geldwerte Leistung der Gamma AG an die Muttergesellschaft Alpha AG, welche ihrerseits einen emissionsabgabepflichtigen Zuschuss von CHF 500 000 an die Beta AG vornimmt.

2.3.6 Mantelhandel

Die Übertragung der Mehrheit der Anteile an einer inländischen Kapitalgesellschaft oder Genossenschaft, die entweder wirtschaftlich liquidiert oder in liquide Form gebracht worden ist, wird als Mantelhandel bezeichnet.

Beim Mantelhandel wird steuerlich unterstellt, dass die inaktive Gesellschaft im Zeitpunkt des Handwechsels liquidiert und neu gegründet worden ist. Beim Mantelhandel unterliegt das Reinvermögen, das sich im Zeitpunkt des Handwechsels in der Gesellschaft oder Genossenschaft befindet, mindestens aber der Nennwert aller bestehenden Beteiligungsrechte der Emissionsabgabe (StG 8 Abs. 1 lit. c). Dabei kann, obwohl im Gesetz nicht ausdrücklich vorgesehen, in der Praxis auch beim Mantelhandel die Freigrenze von CHF 1 Mio. in Anrechnung gebracht werden.

> **Beispiel:**
>
> Urs Blättli ist Alleinaktionär der Blättli AG. Die Blättli AG weist ein Aktienkapital von CHF 500 000 und offene Reserven von CHF 900 000 aus. Stille Reserven bestehen nicht. Die Blättli AG war zunächst als Handelsunternehmung im Textilbereich tätig. 2008 wurde die Geschäftstätigkeit eingestellt und die Aktiven wurden veräussert. Ende 2009 bestanden die Aktiven der Blättli AG nur noch aus Bankguthaben und Wertschriften. Anfang 2010 verkauft Blättli die Aktien der Blättli AG an die unabhängige Kauf Holding AG zum Preis von CHF 1 400 000.
>
> Die Emissionsabgabe wird wie bei einer Neugründung berechnet. Sie beträgt 1% von CHF 400 000, wobei im vorliegenden Fall die Emissionsabgabe selber, weil es sich um eine Agioliberierung handelt, in Abzug gebracht werden kann, d.h., die geschuldete Abgabe beträgt 1% von CHF 396 000 (CHF 1 400 000 – CHF 1 000 000 : 101 x 100) = CHF 3 960.

2.4 Ausnahmen

StG 6 zählt eine Reihe von Tatbeständen auf, die von der Emissionsabgabe ausgenommen sind.

2.4.1 Freigrenze bei Gründung und Kapitalerhöhung

Die Ausgabe von Beteiligungsrechten, die bei der Gründung oder Kapitalerhöhung einer Aktiengesellschaft, Kommanditaktiengesellschaft oder Gesellschaft mit beschränkter Haftung entgeltlich ausgegeben werden, unterliegt nicht der Emissionsabgabe, soweit die Leistungen der Gesellschafter gesamthaft CHF 1 Mio. nicht übersteigen (StG 6 Abs. 1 lit. h). Die Freigrenze von CHF 1 Mio. gilt generell bei Gründungen und Kapitalerhöhungen für die ersten CHF 1 Mio.

> **Beispiel:**
>
> Die Serve AG erhöht ihr Aktienkapital von CHF 800 000 um CHF 400 000 auf CHF 1 200 000. Die Serve AG hat die Emissionsabgabe von 1% auf CHF 200 000, d.h. CHF 2000, zu bezahlen.

Wie erwähnt, wird die Emissionsabgabe auch beim Mantelhandel bis CHF 1 Mio. nicht erhoben.

2.4.2 Umstrukturierungen

Von der Emissionsabgabe ausgenommen sind auch Umstrukturierungstatbestände, d. h. Beteiligungsrechte, die in Durchführung von Beschlüssen
über Fusionen oder diesen wirtschaftlich gleichkommende Zusammenschlüsse, Umwandlungen und Spaltungen von Aktiengesellschaften, Kommanditaktiengesellschaften, Gesellschaften mit beschränkter Haftung oder
Genossenschaften begründet oder erhöht werden (StG 6 Abs. 1 lit. a^bis).

Für die Emissionsabgabe werden dabei die Umstrukturierungstatbestände
gleich wie für die Einkommens- bzw. Gewinnsteuer und die Verrechnungs-
steuer definiert. Damit sind z. B. die bei der Gewinnsteuer steuerneutralen
Umstrukturierungen immer auch ausgenommene Tatbestände bei der
Emissionsabgabe (vgl. auch KS Nr. 5 der EStV vom 2. Juni 2004 betreffend
Umstrukturierungen).

2.4.2.1 Fusionen

Von der Emissionsabgabe ausgenommen sind, wenn die nachfolgenden
Voraussetzungen erfüllt sind,

- die echten Fusionen von Kapitalgesellschaften und Genossenschaften,
  die zivilrechtlich nach FusG 3 ff. abgewickelt werden,
- die unechten Fusionen von Kapitalgesellschaften und Genossenschaften,
  die zivilrechtlich in der Form von Vermögensübertragungen gemäss FusG
  69 ff. stattfinden, sowie
- die fusionsähnlichen Zusammenschlüsse.

Echte Fusionen sind Zusammenschlüsse nach FusG 3 ff. in Form der Absorptionsfusion oder Kombinationsfusion.

Bei einer echten Fusion übernimmt die übernehmende Gesellschaft Aktiven
und Passiven der übertragenden Gesellschaft und entschädigt die Aktionäre dieser Gesellschaft mit Aktien der übernehmenden Gesellschaft. Zu
diesem Zweck schafft die übernehmende Gesellschaft i. d. R. neues Aktienkapital. Möglich sind zudem finanzielle Ausgleichszahlungen bzw. lediglich
eine Barabfindung (FusG 7 Abs. 7, FusG 8).

Darstellung 22: Absorptionsfusion

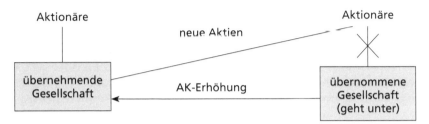

Bei echten Fusionen ist die Begründung oder Erhöhung von Beteiligungsrechten nach StG 6 Abs. 1 lit. a bis von der Emissionsabgabe ausgenommen.

Die Abgabe wird jedoch in den folgenden Fällen erhoben:
- auf der das nominelle Kapital der untergehenden Gesellschaft übersteigenden Kapitalerhöhung der übernehmenden Gesellschaft, sofern die Merkmale der Abgabeumgehung erfüllt sind. Ist die Kapitalerhöhung im Austauschverhältnis begründet, liegt i. d. R. keine Abgabeumgehung vor;
- auf einer Kapitalerhöhung der untergehenden Gesellschaft im Hinblick auf eine Fusion;
- auf einer zusätzlichen Kapitalerhöhung der übernehmenden Gesellschaft.

Bei der Absorption einer Tochtergesellschaft durch die Muttergesellschaft ist eine allfällige Kapitalerhöhung der Muttergesellschaft bis zur Höhe des Aktienkapitals der Tochtergesellschaft von der Emissionsabgabe ausgenommen (StG 6 Abs. 1 lit. a bis). Geschuldet ist auf der Kapitalerhöhung hingegen die Verrechnungssteuer.

Bei einer Absorption der Mutter- durch die Tochtergesellschaft (Reverse Merger) werden sämtliche Aktiven und Passiven der Muttergesellschaft auf die Tochtergesellschaft übertragen. Die Mutterabsorption stellt grundsätzlich eine Kapitaleinlage der Aktionäre der Muttergesellschaft in die übernehmende Tochtergesellschaft dar (vgl. vorstehend II. B 3.8.3.4). Eine Kapitalerhöhung der Tochtergesellschaft ist bis zur Höhe des Grundkapitals der übertragenden Muttergesellschaft nach StG 6 Abs. 1 lit. a bis von der Emissionsabgabe ausgenommen. Allfällige Nennwertgewinne unterliegen hingegen der Verrechnungssteuer.

Bei einer Sanierungsfusion wird die Emissionsabgabe nicht erhoben mit der Begründung, dass es sich um eine nach StG 6 Abs. 1 lit. a bis befreite Fusion handelt (zur Sanierungsfusion vgl. vorstehend II. 3.8.3.2; Merkblatt der EStV zur Bestimmung des Leistungsempfängers bei der Verrechnungssteuer vom Februar 2001).

Bei unechten Fusionen schliessen sich Kapitalgesellschaften und/oder Genossenschaften zivilrechtlich nicht mittels Fusion, sondern mittels Vermögensübertragung gemäss FusG 69 ff. zusammen und verwenden die Aktiven und Passiven der übertragenden Gesellschaft als Sacheinlage zur Kapitalbegründung oder -erhöhung bei der übernehmenden Gesellschaft. Damit die Ausgabe der neuen Beteiligungsrechte von der Emissionsabgabe befreit ist, müssen die oben für die echte Fusion dargestellten Voraussetzungen analog erfüllt sein.

Der echten Fusion gleichgestellt sind gewisse fusionsähnliche Zusammenschlüsse. Fusionsähnliche Zusammenschlüsse sind Vereinigungen von Kapitalgesellschaften und/oder Genossenschaften, die zu einer stimmrechtsmässigen Beherrschung von mindestens 50 Prozent der übernommenen Unternehmung durch die übernehmende Gesellschaft führen, nicht aber zu deren Untergang bzw. Liquidation.

Als fusionsähnlicher Tatbestand gilt insbesondere die Übernahme der Aktien einer Gesellschaft durch die übernehmende Gesellschaft, wobei die Aktionäre der übernommenen Gesellschaft mit Aktien der übernehmenden Gesellschaft entschädigt werden.

Darstellung 23: Fusionsähnlicher Zusammenschluss

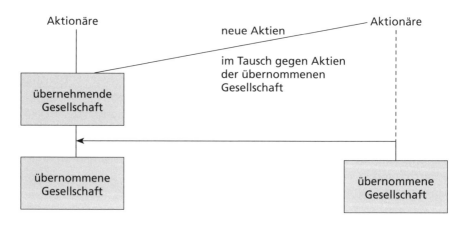

Beteiligungsrechte, die in Durchführung von Beschlüssen über fusionsähnliche Zusammenschlüsse begründet oder erhöht werden, sind gemäss StG 6 Abs. 1 lit. a[bis] ebenfalls von der Emissionsabgabe ausgenommen.

Die Abgabe wird in den folgenden Fällen erhoben:

- auf der das nominelle Kapital der übernommenen Gesellschaft übersteigenden Kapitalerhöhung der übernehmenden Gesellschaft, sofern die Merkmale der Abgabeumgehung erfüllt sind. Eine solche wird wie bei der echten Fusion angenommen, wenn die Kapitalerhöhung nicht im Austauschverhältnis begründet ist;
- auf dem Einbringen von Beteiligungsrechten, die nicht zu einer stimmrechtsmässigen Beherrschung von mindestens 50 Prozent führt.

2.4.2.2 Spaltung

Neben der Fusion und den fusionsähnlichen Zusammenschlüssen sind auch Spaltungen von Aktiengesellschaften, Kommanditaktiengesellschaften, Gesellschaften mit beschränkter Haftung und Genossenschaften abgabebefreit. Zivilrechtlich sind Spaltungen in der Form von Aufspaltungen oder Abspaltungen möglich (FusG 29). Bei einer Aufspaltung teilt eine Gesellschaft ihr Vermögen auf und überträgt es auf andere Gesellschaften. Die Gesellschafter erhalten Anteils- oder Mitgliedschaftsrechte der übernehmenden Gesellschaften. Die übertragende Gesellschaft wird aufgelöst und im Handelsregister gelöscht.

Bei einer Abspaltung überträgt eine Gesellschaft einen oder mehrere Teile ihres Vermögens auf andere Gesellschaften. Die Gesellschafter erhalten dafür Anteils- oder Mitgliedschaftsrechte der übernehmenden Gesellschaften. Die übertragende Gesellschaft bleibt bestehen.

Bei einer Aufspaltung wird eine Gesellschaft in zwei oder mehrere selbständige Teile (Teilbetriebe) aufgegliedert. Zu diesem Zweck ist i. d. R. eine Gesellschaft neu zu gründen, oder eine bestehende Gesellschaft nimmt zum Ausgleich der übernommenen Aktiven und Passiven eine Kapitalerhöhung vor.

Darstellung 24: Abspaltung einer Gesellschaft

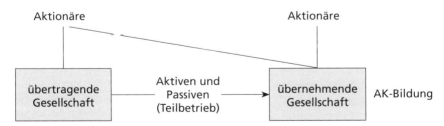

Beteiligungsrechte, die in Durchführung von Beschlüssen über Spaltungen begründet oder erhöht werden, sind gemäss StG 6 Abs. 1 lit. a[bis] von der Emissionsabgabe ausgenommen.

Damit eine Auf- oder Abspaltung (vertikale Spaltung) von der Emissionsabgabe befreit ist, wird wie bei der Gewinnsteuer vorausgesetzt, dass ein oder mehrere Betriebe oder Teilbetriebe übertragen werden und dass die nach der Spaltung bestehenden Gesellschaften einen Betrieb oder Teilbetrieb weiterführen. Wie bei der Gewinnsteuer besteht bei vertikalen Spaltungen in Schwester- oder Parallelgesellschaften keine Veräusserungssperrfrist für die Beteiligungsrechte an den nach der Spaltung bestehenden Kapitalgesellschaften oder Genossenschaften.

Von der Emissionsabgabe nicht befreit ist derjenige Teil des neu geschaffenen nominellen Kapitals der übernehmenden Gesellschaft, der das minimal erforderliche Eigenkapital nach dem Kreisschreiben Nr. 6 der EStV vom 6. Juni 1997 betreffend das verdeckte Eigenkapital bei Kapitalgesellschaften und Genossenschaften übersteigt, sofern die Merkmale der Abgabeumgehung erfüllt sind.

Liegt keine gewinnsteuerneutrale vertikale Spaltung vor, ist die Emissionsabgabe nur auf dem Nennwert der neuen Beteiligungsrechte abzüglich der allfälligen Freigrenze nach StG 6 Abs. 1 lit. h von CHF 1 Mio. geschuldet.

Die Ausgliederung von Betrieben oder Teilbetrieben (horizontale Spaltungen) sowie von Gegenständen des betrieblichen Anlagevermögens auf eine Tochtergesellschaft gilt auch bei der Emissionsabgabe als eine von der Steuer ausgenommene Umstrukturierung (StG 6 Abs. 1 lit. a[bis]). Dabei gelten die für die Gewinnsteuer erforderlichen Voraussetzungen für eine steuerneutrale Ausgliederung auch für die Emissionsabgabe (vgl. vorstehend II. B 3.8.4.2). Insbesondere ist die Sperrfrist für den Verkauf der Beteiligung an der Tochtergesellschaft oder der übertragenen Vermögenswerte während den der Ausgliederung nachfolgenden fünf Jahren zu beachten. Bei Verletzung dieser Veräusserungsfrist ist die Emissionsabgabe anteilsmässig auf dem Verkehrswert des übertragenen Aktivenüberschusses geschuldet. Dieser berechnet sich aus dem Aktienkapital zuzüglich offener Reserven und Gewinnvortrag sowie stiller Reserven inkl. Goodwill abzüglich einer allfälligen Freigrenze von CHF 1 Mio. gemäss StG 6 Abs. 1 lit. h.

Die Ausgliederung von Beteiligungen von mindestens 20 Prozent am Grund- oder Stammkapital anderer Kapitalgesellschaften oder Genossenschaften auf eine Tochtergesellschaft gilt wie bei der Gewinnsteuer auch bei der Emissionsabgabe als steuerneutrale Umstrukturierung gemäss StG 6

Abs. 1 lit. a^{bis}. Im Gegensatz zur Ausgliederung von Betrieben oder Teilbetrieben sowie von Gegenständen des betrieblichen Anlagevermögens auf eine Tochtergesellschaft besteht bei der Ausgliederung von Beteiligungen keine Veräusserungssperrfrist.

Nicht abgabebefreit ist auch bei Ausgliederungen derjenige Teil des neu geschaffenen nominellen Kapitals der übernehmenden Gesellschaft, der das minimal erforderliche Eigenkapital nach dem Kreisschreiben Nr. 6 der EStV vom 6. Juni 1997 betreffend das verdeckte Eigenkapital bei Kapitalgesellschaften und Genossenschaften übersteigt, sofern die Merkmale der Abgabeumgehung erfüllt sind.

2.4.2.3 Umwandlung
Von der Emissionsabgabe ebenfalls ausgenommen sind Beteiligungsrechte, die bei Umwandlungen von Aktiengesellschaften, Kommanditaktiengesellschaften, Gesellschaften mit beschränkter Haftung und Genossenschaften begründet oder erhöht werden.

Bei rechtsformwechselnden Umwandlungen gemäss FusG 54, wie z. B. die Umwandlung einer Gesellschaft mit beschränkter Haftung in eine Aktiengesellschaft, werden keine neuen Beteiligungsrechte begründet oder erhöht. Die Emissionsabgabe ist in diesen Fällen nicht betroffen.

Die mit «indirekten Umwandlungen» von Kapitalgesellschaften oder Genossenschaften verbundene Begründung oder Erhöhung von Beteiligungsrechten ist nach StG 6 Abs. 1 lit. a^{bis} von der Emissionsabgabe ausgenommen, soweit das bisherige Grund- oder Stammkapital nicht überstiegen wird. Als «indirekte Umwandlung» gilt die Liquidation der bisherigen und Sacheinlagegründung einer neuen Gesellschaft oder die Umwandlung mittels Vermögensübertragung mit Liquidation der bisherigen und Gründung einer neuen Gesellschaft.

2.4.2.4 Übertragung von Vermögenswerten im Konzern
Beteiligungsrechte, die im Zusammenhang mit der Übertragung von Beteiligungen, Betrieben, Teilbetrieben sowie von Gegenständen des betrieblichen Anlagevermögens auf eine inländische Konzerngesellschaft (Mutter- oder Schwestergesellschaft) begründet oder erhöht werden, sind ebenfalls nach StG 6 Abs. 1 lit. a^{bis} von der Emissionsabgabe ausgenommen (zum Begriff der Vermögensübertragung im Konzern vgl. vorstehend II. B 3.8.5.1).

Bei Verletzung der im DBG vorgesehenen Veräusserungssperrfrist bei der Übertragung von Betrieben oder Teilbetrieben sowie von Gegenständen des betrieblichen Anlagevermögens auf eine inländische Konzerngesellschaft (DBG 61 Abs. 3) ist die Emissionsabgabe anteilsmässig auf dem Nennwert der neuen Beteiligungsrechte abzüglich einer allfälligen Freigrenze nach StG 6 Abs. 1 lit. h geschuldet. Bei Aufgabe der einheitlichen Leitung ist die Emissionsabgabe ebenfalls auf dem Nennwert der neuen Beteiligungsrechte zu entrichten. Die Abrechnung der Emissionsabgabe auf dem Nennwert der neuen Beteiligungsscheine und nicht dem Verkehrswert des übertragenen Aktivenüberschusses wird mit der zur Anwendung gelangenden Direktbegünstigungstheorie begründet, wonach Vorteilszuwendungen einer Konzerngesellschaft der Verrechnungssteuer und somit konsequenterweise nicht auch der Emissionsabgabe unterliegen (vgl. vorstehend III. 2.1.3.4).

Beispiel (in TCHF):

Die Rhein AG und die Pat AG sind 100-prozentige Tochtergesellschaften der Rhein Holding AG. Die Rhein AG verkauft ein Patent zum Buchwert von 100 (= Gewinnsteuerwert) an ihre Schwestergesellschaft Pat AG. Der Verkehrswert des Patentes beträgt 400. Das Patent gilt als betriebliches Anlagevermögen der Pat AG.

Weil es sich beim Patent um betriebliches Anlagevermögen der übernehmenden Pat AG handelt, liegt eine als Umstrukturierung zu qualifizierende steuerneutrale Vermögensübertragung im Konzern vor. Die Pat AG übernimmt das Patent zu den Anschaffungskosten von 100 (= Gewinnsteuerwert) in die Bilanz. Auch wenn die Pat AG die Sperrfrist verletzt und z. B. das Patent nach drei Jahren verkauft, ist keine Emissionsabgabe geschuldet, weil keine Beteiligungsrechte begründet oder erhöht werden und die Vorteilszuwendung – in Anwendung der Dreieckstheorie – nicht von der Aktionärin stammt (kein Zuschuss).

2.4.3   Sitzverlegung in die Schweiz

Die Sitzverlegung einer ausländischen Gesellschaft in die Schweiz ist von der Emissionsabgabe ausgenommen. Voraussetzung ist jedoch, dass die Sitzverlegung nicht kurz nach der im Ausland erfolgten Gründung stattfindet. Ein solcher Fall wird unter dem Gesichtspunkt der Abgabeumgehung geprüft.

2.4.4   Risikokapitalgesellschaften

Eine weitere Ausnahme ist im Bundesgesetz vom 8. Oktober 1999 über die Risikokapitalgesellschaften festgelegt. Nach Art. 4 dieses Gesetzes, das für 10 Jahre ab Inkrafttreten (d. h. bis 30. April 2010) gilt, sind die anerkannten Risikokapitalgesellschaften von der eidgenössischen Emissionsabgabe befreit.

Als Risikokapitalgesellschaften gelten im Wesentlichen schweizerische Aktiengesellschaften, die zum Zweck haben, nicht börsenkotierten schweizerischen Unternehmungen mit innovativen, international ausgerichteten Projekten im Bereich von Produkten und Dienstleistungen Risikokapital in Form von Eigenkapital oder nachrangigen Darlehen zur Verfügung zu stellen.

2.4.5 Sanierungen

Seit dem 1. Januar 2009 wird gemäss StG 6 Abs. 1 lit. k bei Sanierungen von Kapitalgesellschaften oder Genossenschaften bei der Begründung von Beteiligungsrechten oder der Erhöhung von deren Nennwert bis zur Höhe vor der Sanierung sowie auf Zuschüssen von Gesellschaftern bei stillen Sanierungen ein Freibetrag von CHF 10 Mio. gewährt, soweit bestehende Verluste beseitigt werden (vgl. zum Begriff Sanierung nachfolgend 2.7). Damit unterliegen Sanierungsleistungen bis CHF 10 Mio. nicht (mehr) der Emissionsabgabe.

Der Freibetrag kann sich auf mehrere Sanierungen aufteilen. Überschreiten die Sanierungsleistungen den Freibetrag, kann für den CHF 10 Mio. übersteigenden Betrag wie nach dem bis Ende Dezember 2008 geltenden Recht ein Erlassgesuch gemäss StG 12 eingereicht werden (vgl. nachfolgend 2.7).

Der Bereich der Sanierung wird bei der Emissionsabgabe ausserdem entlastet, indem auch die Begründung oder Erhöhung von Beteiligungsrechten zwecks Übernahme eines Betriebs oder Teilbetriebs einer sanierungsbedürftigen Kapitalgesellschaft oder Genossenschaft von der Emissionsabgabe ausgenommen ist, sofern gemäss letzter Bilanz die Hälfte des Kapitals und der gesetzlichen Reserven dieser Gesellschaft nicht mehr gedeckt ist (StG 6 Abs. 1 lit. j). Damit sind auch die Begründung oder Erhöhung von Beteiligungsrechten von «Auffanggesellschaften» von der Emissionsabgabe befreit, soweit damit ein Betrieb oder Teilbetrieb einer überschuldeten Gesellschaft übernommen wird.

2.4.6 Übrige Ausnahmetatbestände

Bei den folgenden Ausnahmetatbeständen fällt ebenfalls keine Emissionsabgabe an:

- Die Beteiligungsrechte an Kapitalgesellschaften und Genossenschaften, die keinen Erwerbszweck, sondern gemeinnützige Zwecke verfolgen oder sich der Beschaffung von Wohnungen zu mässigen Preisen widmen, sowie an Bürgschaftsgesellschaften und -genossenschaften, sofern nach den Statuten die Dividendenhöhe auf höchstens 6 Prozent beschränkt ist, die Ausrichtung von Tantiemen ausgeschlossen ist und bei Auflösung die Reserven einem der erwähnten Zwecke zuzuwenden sind (StG 6 Abs. 1 lit. a);

- Die Beteiligungsrechte an Genossenschaften, solange die Leistungen der Genossenschafter insgesamt CHF 1 Mio. nicht übersteigen (StG 6 Abs. 1 lit. b);
- Die Beteiligungsrechte an Transportunternehmen, die aus Investitonsbeträgen der öffentlichen Hand zu deren Gunsten begründet oder erhöht werden (StG 6 Abs. 1 lit. c);
- Die Beteiligungsrechte, die unter Verwendung früherer Aufgelder (Agios) und Zuschüsse der Gesellschafter oder Genossenschafter begründet oder erhöht werden, sofern die Gesellschaft oder Genossenschaft nachweist, dass sie auf diesen Leistungen die Emissionsabgabe entrichtet hat (StG 6 Abs. 1 lit. d);
- Die Zuschüsse, welche die Gesellschafter oder Genossenschafter mit der Übertragung von Arbeitsbeschaffungsreserven aufgrund des Bundesgesetzes über die Bildung steuerbefreiter Arbeitsbeschaffungsreserven leisten (StG 6 Abs. 1 lit. f);
- Die Beteiligungsrechte, die unter Verwendung von Partizipationskapital begründet oder erhöht werden, sofern die Gesellschaft nachweist, dass auf dem Partizipationskapital die Emissionsabgabe entrichtet worden ist (StG 6 Abs. 1 lit. g). Das Gleiche gilt nach der Praxis der EStV für die Umwandlung von Aktienkapital in Partizipationskapital;
- Die Begründung von Anteilen von kollektiven Kapitalanlagen gemäss KAG (StG 6 Abs. 1 lit. i).

2.5   Steuersubjekt

Bei der Emissionsabgabe ist die Gesellschaft oder Genossenschaft, welche die Beteiligungsrechte ausgibt, abgabepflichtig (StG 10 Abs. 1). Dies trifft auch für Zuschüsse und den Mantelhandel zu. Beim Mantelhandel haftet aber auch der Veräusserer der Beteiligungsrechte solidarisch.

2.6   Entstehung und Fälligkeit der Abgabeforderung

Die Abgabeforderung entsteht (StG 7):

- Bei Aktien, bei Partizipationsscheinen und bei Stammeinlagen von Gesellschaften mit beschränkter Haftung im Zeitpunkt der Eintragung der

Begründung oder Erhöhung des Nennwertes von Beteiligungsrechten im Handelsregister;

- Bei Beteiligungsrechten, die im Verfahren der bedingten Kapitalerhöhung begründet werden (OR 653), im Zeitpunkt ihrer Ausgabe. Diese Regelung gilt gemäss der Praxis der EStV auch für das genehmigte Kapital nach OR 651;
- Bei Genossenschaftsanteilen im Zeitpunkt ihrer Begründung oder Erhöhung;
- Bei Genussscheinen im Zeitpunkt ihrer Ausgabe oder Erhöhung;
- Bei Zuschüssen und beim Mantelhandel im Zeitpunkt des Zuschusses oder des Handwechsels.

Zur Zahlung fällig wird die Emissionsabgabe 30 Tage nach der Entstehung der Abgabeforderung (StG 11), bei Genossenschaftsanteilen 30 Tage nach Geschäftsabschluss (StG 11 lit. a).

2.7 Stundung und Erlass der Abgabeforderung

Nach StG 12 kann bei einer offenen oder stillen Sanierung einer Aktiengesellschaft, Kommanditaktiengesellschaft, Gesellschaft mit beschränkter Haftung oder Genossenschaft die Emissionsabgabe gestundet oder erlassen werden, wenn deren Erhebung eine offenbare Härte bedeuten würde.

Eine Sanierung im Sinne des Stempelgesetzes liegt dann vor, wenn in der Gesellschaft aufgelaufene Bilanzverluste durch entsprechende Massnahmen beseitigt werden. Von einer offenen Sanierung spricht man in diesem Zusammenhang, wenn das Kapital einer Gesellschaft zwecks Eliminierung des Verlustes herabgesetzt und anschliessend wieder erhöht wird. Dabei ist es unerheblich, ob die bisherigen oder neue Aktionäre die neuen Beteiligungsrechte liberieren. Soweit das Grund- oder Stammkapital über den bisherigen Stand erhöht wird, wird die Emissionsabgabe auf diesem zusätzlichen Teil nicht erlassen. Als sog. stille Sanierung gelten Leistungen, die von den Aktionären zwecks Minderung der von der Gesellschaft erlittenen Verluste erbracht werden, wie A-fonds-perdu-Beiträge und Forderungsverzichte.

In der Praxis wird die Emissionsabgabe auf offenen und stillen Sanierungsleistungen erlassen, wenn die folgenden Bedingungen erfüllt sind:

- Die Gesellschaft ist tatsächlich sanierungsbedürftig; d. h., die Gesellschaft darf über keine offenen oder stillen Reserven mehr verfügen, welche die ausgewiesenen Verluste decken.

- Die Gesellschaft darf nicht aufgelöst sein oder vor der Auflösung stehen, nicht wirtschaftlich liquidiert oder in liquide Form gebracht worden sein und keine Tätigkeit mehr ausüben.
- Die Gesellschaft darf den Konkurs nicht angemeldet haben.
- Die Sanierungsbedürftigkeit darf nicht auf verdeckte Gewinnausschüttungen zurückzuführen sein.
- Die Gesellschaft muss durch die Sanierungsleistungen tatsächlich saniert werden, d. h., die Überschuldung muss beseitigt sein. Nicht verlangt wird, dass die Gesellschaft keinen Bilanzverlust mehr ausweist.
- Die Gesellschaft darf nicht unterkapitalisiert sein, d. h., die Sanierungsbedürftigkeit der Gesellschaft darf nicht auf das Fehlen ausreichender eigener Mittel zurückzuführen sein. In der Praxis verlangt die EStV wie bei der Bestimmung des verdeckten Eigenkapitals (vgl. vorstehend II. B 4.1.3) für den Durchschnitt von drei Jahren unter Einschluss des Sanierungsjahres eine minimale Eigenkapitaldeckung. Die entsprechenden Ansätze ergeben sich aus den maximalen Belehnungssätzen bei der Ermittlung des verdeckten Eigenkapitals:

Darstellung 25: Minimale Deckung mit Eigenkapital

	Deckung mit Eigenkapital
Flüssige Mittel	0%
Forderungen aus Lieferungen und Leistungen	15%
Andere Forderungen	15%
Vorräte	15%
Übriges Umlaufvermögen	15%
In- und ausländische Obligationen Schweizer Franken	10%
Ausländische Obligationen in Fremdwährung	20%
Kotierte in- und ausländische Aktien	40%
Übrige Aktien und GmbH-Anteile	50%
Beteiligungen	30%
Darlehen	15%
Betriebseinrichtungen	50%
Fabrikliegenschaften	30%
Villen, Eigentumswohnungen, Ferienhäuser und Bauland	30%
Übrige Liegenschaften	20%
Gründungs-, Kapitalerhöhungs- und Organisationskosten	100%
Andere immaterielle Anlagen	30%

Beispiel:
Bilanz der Verlust AG per 31.12.2009

	Aktiven CHF	Passiven CHF
Flüssige Mittel	110 000	
Debitoren	2 200 000	
Waren	2 300 000	
Einrichtungen, Maschinen, Fahrzeuge	2 490 000	
Verlustsaldo	10 500 000	
Kreditoren		2 100 000
Bankschulden		3 000 000
Darlehen Aktionär		11 000 000
Eigenkapital		1 500 000
	17 600 000	17 600 000

Zur Sanierung der Verlust AG verzichtet der Aktionär im Umfang von
CHF 10 500 000 auf seine Forderung. Die Verlust AG schuldet somit grundsätz-
lich die Emissionsabgabe auf CHF 500 000 (nach Abzug des Freibetrages von
CHF 10 Mio. gemäss StG 6 Abs. 1 lit. k) und stellt bei der EStV das Gesuch um
Erlass der Emissionsabgabe.

Die EStV wird folgende Berechnung anstellen, wobei sie in der Praxis auf den
Durchschnitt der Bilanz nach Sanierung und der beiden Vorjahre abstellt (hier
vereinfacht nur die letzte Bilanz berücksichtigt):

	Aktiven CHF	erforderliches EK in %	erforderliches EK in CHF
Flüssige Mittel	110 000	0%	0
Debitoren	2 200 000	15%	330 000
Waren	2 300 000	15%	345 000
Einrichtungen, Maschinen, Fahrzeuge	2 490 000	50%	1 245 000
			1 920 000

Die Gesellschaft ist unterkapitalisiert. Sie hätte ein Eigenkapital von
CHF 1 920 000, anstatt das bestehende nach Sanierung von CHF 1 500 000
ausweisen müssen. Das Darlehen Aktionär wird im Umfang von CHF 420 000 als
verdecktes Eigenkapital beurteilt. Dem Erlass wird deshalb im Umfang von
CHF 420 000 nicht stattgegeben. Dem Erlassgesuch wird jedoch im Betrag von
CHF 80 000 stattgegeben unter der Voraussetzung, dass die übrigen Bedingungen erfüllt sind (keine offenen oder stillen Reserven, nicht im Konkurs, keine
Überschuldung nach Zuschuss, die Sanierungsbedürftigkeit ist nicht auf
verdeckte Gewinnausschüttungen zurückzuführen).

3 Die Emissionsabgabe auf Obligationen und Geldmarktpapieren

3.1 Steuerobjekt

Gegenstand der Abgabe auf Obligationen und Geldmarktpapieren ist die Ausgabe von Obligationen und diesen gleichgestellten Urkunden sowie von Geldmarktpapieren durch einen Inländer (StG 5a). Obligationen und Geldmarktpapiere unterscheiden sich lediglich durch ihre Laufzeit.

Der stempelabgaberechtliche Begriff der Obligation ist weiter gefasst als derjenige des Wertpapierrechts. Obligationen sind schriftliche, auf feste Beträge lautende Schuldanerkennungen mit einer Laufzeit von über einem Jahr, die zum Zweck der kollektiven Kapitalbeschaffung oder Anlagegewährung an die Gesellschaft in einer Mehrzahl von Exemplaren ausgegeben werden. Als Obligationen gelten Anleihens- und Kassenobligationen, aber auch Rententitel, Pfandbriefe, Wechsel, wechselähnliche Schuldverschreibungen, Ausweise über Unterbeteiligungen an Darlehensforderungen sowie in einer Mehrzahl ausgegebene, der kollektiven Kapitalbeschaffung dienende Buchforderungen (StG 4 Abs. 3 und 4).

In der Praxis wird der Begriff der Obligation damit wie bei der Verrechnungssteuer weit gefasst. So liegt eine Anleihensobligation auch vor, wenn ein Schuldner bei mehr als 10 Gläubigern gegen Ausgabe von Schuldanerkennungen Geld zu gleichen Bedingungen aufnimmt. Die Schuldsumme muss dabei mindestens CHF 500 000 betragen. Kassenobligationen liegen vor, wenn ein Schuldner (Nichtbank) bei mehr als 20 Gläubigern gegen Ausgabe von Schuldanerkennungen fortlaufend Geld zu variablen Bedingungen aufnimmt und die gesamte Kreditsumme mindestens CHF 500 000 beträgt.

Geldmarktpapiere sind Obligationen mit einer festen Laufzeit von nicht mehr als 12 Monaten (StG 4 Abs. 5).

Weder als Obligationen noch als Geldmarktpapiere i.S.v. StG 5a Abs. 1 gelten mit Wirkung ab dem 1. August 2010 die zwischen Konzerngesellschaften bestehenden Guthaben (StV 16a). Als Konzerngesellschaften gelten Gesellschaften, deren Jahresrechnungen nach anerkannten Standards zur Rechnungslegung in einer Konzernrechnung vollkonsolidiert werden. Ausgenommen sind jedoch Obligationen einer ausländischen Konzerngesellschaft, für welche eine inländische Gesellschaft des gleichen Konzerns eine Garantie leistet (StV 16a Abs. 3).

Der Ausgabe gleichgestellt ist die Erneuerung der Obligationen und Geld-marktpapiere. Als Erneuerung gelten die Erhöhung des Nennwertes, die Verlängerung der vertraglichen Laufzeit sowie die Veränderung der Zins-bedingungen bei Titeln, welche ausschliesslich auf Kündigung hin rückzahl-bar sind (StG 5a Abs. 2).

3.2 Steuerberechnungsgrundlage und Steuermass

Die Emissionsabgabe auf Obligationen und Geldmarktpapieren wird vom Nominalwert berechnet. Die Emissionsabgabe beträgt:

- bei Anleihensobligationen, Rententiteln, Pfandbriefen und Schuldbuch-forderungen, Wechseln usw. 1,2 Promille für jedes volle oder angefan-gene Jahr der maximalen Laufzeit (StG 9a lit. a);
- bei Kassenobligationen, Kassen- und Depositenscheinen 0,6 Promille für jedes volle oder angefangene Jahr der maximalen Laufzeit (StG 9a lit. b);
- bei Geldmarktpapieren 0,6 Promille, berechnet für jeden Tag der Laufzeit je zu $1/360$ dieses Abgabesatzes (StG 9a lit. c).

Das Abstellen auf die maximale Laufzeit wirkt sich bei Obligationen und Kassenobligationen bei vorzeitiger Rückzahlung negativ aus, indem die Abgabe auch für eine Periode entrichtet werden muss, in welcher die Schuld bereits zurückbezahlt ist (StV 17a Abs. 1). Eine Ausnahme bilden die Wan-delobligationen, bei welchen die bezahlte Abgabe für noch nicht angebro-chene Laufzeitjahre an die geschuldete Abgabe für die neuen Beteiligungs-rechte angerechnet werden kann (StV 17a Abs. 2).

Beispiele:

- Obligation mit vorzeitiger Rückzahlungsmöglichkeit:
  Die Kraftwerk AG begibt eine Anleihe von CHF 50 000 000, 10 000 Inhaber-obligationen zu CHF 5000 nom., Zins 4,5%, Laufzeit 2000–2010.
  Der Emissionspreis der Obligationen beträgt 102%. Gemäss den Anleihens-bedingungen hat die Kraftwerk AG das Recht, die Anleihe nach 8 Jahren zurückzuzahlen.

  Die Emissionsabgabe beträgt 1,2‰ von CHF 50 000 000 für jedes volle oder angefangene Jahr der maximalen Laufzeit. Die Kraftwerk AG hat folglich 1,2% (10 x 1,2‰) von CHF 50 000 000 bzw. CHF 600 000 zu bezahlen. Falls die Kraftwerk AG die Anleihe bereits nach 8 Jahren zurückzahlt, hat sie keinen Anspruch auf eine anteilige Rückerstattung der bei der Emission für die Maximallaufzeit von 10 Jahren bezahlten Abgabe, sie hat dann somit CHF 120 000 «zu viel» bezahlt.

- Wandelobligation:
  Die Flug AG emittiert im Jahr 2004 eine Wandelanleihe von CHF 20 000 000,
  20 000 Obligationen zu CHF 1000 nom., Zinssatz 5%, Laufzeit 10 Jahre,
  Zinstermine 30.6. Die Bank City übernimmt die Anleihe fest für 98% und gibt
  sie zu 101% aus.

  Die Wandelobligation kann in den Jahren 2008 und 2009 in eine Aktie für
  CHF 250 nom. umgetauscht werden, zuzüglich einer Barzuzahlung von
  CHF 100 pro Aktie.

  Die Generalversammlung der Flug AG beschliesst eine bedingte Kapitalerhöhung des Aktienkapitals von CHF 5 Mio., unter Ausschluss des Bezugs-
  rechtes der Aktionäre, gleichzeitig mit der Ausgabe der Wandelobligationen,
  um die Wandelung der Obligationen in Aktien sicherzustellen.

  Im Jahr 2008 werden Obligationen im Betrag von CHF 5 Mio. gewandelt,
  d.h., es werden 5 000 neue Aktien mit einem Nennwert von insgesamt
  CHF 1 250 000 geschaffen. Das Entgelt beträgt 5 000 Obligationen mit einem
  Nennwert von je CHF 1000, somit CHF 5 000 000 plus insgesamt CHF 500 000
  Aufgeld (CHF 100 pro bezogene Aktie), d.h. total CHF 5 500 000.

	CHF
Die Emissionsabgabe ist wie folgt abzurechnen:	
2004	
Abrechnung Emissionsabgabe bei Ausgabe der Wandelobligationen	
Emissionsabgabe 10 x 1,2‰ = 1,2% von CHF 20 Mio.	240 000
2008	
Abrechnung Emissionsabgabe bei Wandelung	
Emissionsabgabepflichtiger Betrag CHF 5 500 000 : 101 x 100	5 445 000
Geschuldete Emissionsabgabe 1% von CHF 5 445 000	54 450
./. bezahlte Emissionsabgabe auf Obligationen für 6 Jahre	
0,72% von CHF 5 Mio.	− 36 000
zu zahlende Emissionsabgabe	18 450

3.3 Steuersubjekt

Abgabepflichtig ist der Schuldner der Obligationen und Geldmarktpapiere.
Die bei der Emission mitwirkenden Banken haften solidarisch für die Entrichtung der Abgabe (StG 10 Abs. 3).

3.4 Entstehung und Fälligkeit der Abgabeforderung

Die Abgabeforderung entsteht bei den Obligationen und Geldmarkt-
papieren im Zeitpunkt ihrer Ausgabe (StG 7 Abs. 1 lit. f). Die Emissionsab-
gabe wird bei Kassenobligationen und Geldmarktpapieren 30 Tage nach
Ablauf des Vierteljahres fällig, in dem die Abgabeforderung entstanden ist
(StG 11 lit. b), und in den übrigen Fällen 30 Tage nach Entstehung der
Abgabeforderung (StG 11 lit. c).

4 Umsatzabgabe

4.1 Steuerobjekt

Die Umsatzabgabe wird auf der entgeltlichen Übertragung von Eigentum an bestimmten Urkunden erhoben, sofern eine Partei oder ein Vermittler inländischer Effektenhändler ist (StG 13 Abs. 1). Damit die Umsatzabgabepflicht eintritt, müssen folgende Voraussetzungen erfüllt sein:

• es muss sich um steuerbare Urkunden handeln;
• an den Urkunden muss das Eigentum entgeltlich übertragen werden;
• die Übertragung ist nicht von der Umsatzabgabe ausgenommen;
• es muss mindestens ein inländischer Effektenhändler als Partei oder als Vermittler beteiligt sein.

4.1.1 Steuerbare Urkunden

Steuerbare Urkunden sind nach StG 13 Abs. 2 lit. a die von einem Inländer ausgegebenen

• Obligationen: Der Begriff der Obligation ist bei der Umsatzabgabe gleich weit gefasst wie bei der Emissionsabgabe und der Verrechnungssteuer;
• Aktien, Anteilscheine von Gesellschaften mit beschränkter Haftung und Genossenschaften, Partizipationsscheine, Genussscheine;
• Anteile an kollektiven Kapitalanlagen gemäss KAG.

Als steuerbare Urkunden gelten weiter die von einem Ausländer ausgegebenen Urkunden mit gleicher wirtschaftlicher Funktion (StG 13 Abs. 2 lit. b). Der Bundesrat kann die Ausgabe – nicht aber den Handel – von ausländischen Titeln von der Umsatzabgabe ausnehmen, wenn die Entwicklung der Währungslage oder des Kapitalmarktes dies erfordert (StG 13 Abs. 2 lit. b). Von dieser Kompetenz hat der Bundesrat Gebrauch gemacht und die Ausgabe von in Schweizer Franken ausgegebenen Anleihensobligationen ausländischer Schuldner von der Abgabe ausgenommen (Verordnung über die Aufhebung der Umsatzabgabe auf der Emission von Schweizer-Franken-Anleihen ausländischer Schuldner; SR 641.131). Die Ausgabe ausländischer Beteiligungsrechte und auf fremde Währung lautender Obligationen ausländischer Schuldner ist bereits gemäss StG 14 Abs. 1 lit. f von der Umsatzabgabe ausgenommen.

Ausweise über Unterbeteiligungen an steuerbaren Urkunden gelten ebenfalls als steuerbare Urkunden (StG 13 Abs. 3).

Werden keine eigentlichen Urkunden umgesetzt, treten an deren Stelle die
der Feststellung der Rechtsgeschäfte dienenden Urkunden und Geschäftsbücher (StG 1 Abs. 2).

> **Beispiel:**
> Die Aktien einer Einmann-Aktiengesellschaft, für welche nie Titel ausgestellt
> wurden, werden an die Kauf AG verkauft. An die Stelle der ausgegebenen
> Urkunden tritt der Kaufvertrag. Gilt die Kauf AG als Effektenhändlerin, muss
> sie auf diesem Kauf, obwohl keine Titel physisch übertragen werden, die
> Umsatzabgabe entrichten.

Keine steuerbaren Urkunden im Sinne des Stempelgesetzes sind Optionen
und Financial Futures. Die Umsatzabgabe fällt erst an, wenn es in Ausübung
der Optionen oder in Erfüllung von Financial Futures zu einer Lieferung
von steuerbaren Urkunden kommt.

4.1.2   Steuerbare Umsätze

Die Umsatzabgabe setzt die entgeltliche Übertragung des Eigentums an
steuerbaren Urkunden voraus. Diese Voraussetzung ist gemäss Kreisschreiben Nr. 12 der EStV vom 20. Dezember 2005 zur Umsatzabgabe nicht gegeben bei Securities Lending und Borrowing sowie bei der Verpfändung oder
Hinterlegung von steuerbaren Urkunden.

Der Tausch von Urkunden gilt als entgeltliches Rechtsgeschäft bzw. als zwei
steuerbare Umsätze, wobei als Kaufpreis der Verkehrswert der Urkunden
gilt. Am Erfordernis der Entgeltlichkeit fehlt es hingegen bei Schenkungen
und Erbgang, bei welchen keine Umsatzabgabe anfällt.

4.1.3   Ausnahmen von der Abgabepflicht

Wie bei der Emissionsabgabe sind auch bei der Umsatzabgabe verschiedene
entgeltliche Eigentumsübertragungen von steuerbaren Urkunden von der
Abgabepflicht ausgenommen (StG 14). Dabei fällt insbesondere dann keine
Umsatzabgabe an, wenn bereits die Emissionsabgabe geschuldet ist. Zudem
soll mit gewissen weiteren Ausnahmen der Finanzplatz Schweiz gestärkt
werden.

Abgabefreie Umsätze sind gemäss StG 14 Abs. 1:

- Die Ausgabe inländischer Aktien, Anteilscheine von Gesellschaften mit beschränkter Haftung und von Genossenschaften, Partizipationsscheine, Genussscheine, Anteile an kollektiven Kapitalanlagen gemäss KAG, Obligationen und Geldmarktpapiere. Abgabefrei ist dabei neben der Ausgabe der Titel auch die Festübernahme durch eine Bank oder Beteiligungsgesellschaft und die anschliessende Platzierung bei den Anlegern (StG 14 Abs. 1 lit. a).
- Die Sacheinlage von Urkunden zur Liberierung in- oder ausländischer Aktien, Stammeinlagen von Gesellschaften mit beschränkter Haftung, Genossenschaftsanteile, Partizipationsscheine und Anteile an kollektiven Kapitalanlagen gemäss KAG (StG 14 Abs. 1 lit. b).

Beispiel:

Die Alpha Holding AG, Glarus, ist Effektenhändlerin. Sie gründet die Beta AG, Glarus, mit einem Aktienkapital von CHF 500 000 und liberiert das Kapital mit Aktien von verschiedenen börsenkotierten inländischen und ausländischen Gesellschaften mit einem Verkehrswert von CHF 500 000.

Die Übertragung der Aktien der inländischen und ausländischen Gesellschaften zwecks Liberierung der Aktien der Beta AG ist ein entgeltliches Rechtsgeschäft, welches gemäss StG 14 Abs. 1 lit. b von der Umsatzabgabe ausgenommen ist. Nicht steuerbar ist gemäss StG 14 Abs. 1 lit. a aber auch die Übertragung der Aktien der Beta AG auf die Alpha Holding AG, weil auf der Ausgabe die Emissionsabgabe geschuldet ist.

Würde es sich bei der Beta AG um eine ausländische Tochtergesellschaft handeln, wäre die Übertragung der Aktien zur Liberierung des Grundkapitals der Beta AG ebenfalls steuerfrei. Nicht der Umsatzabgabe unterliegen würde auch in diesem Fall nach StG 14 Abs. 1 lit. f die Übertragung der neu ausgegebenen Aktien der Beta AG auf die Alpha Holding AG.

Die publizierte Sachübernahme wird in der Praxis der Sacheinlage gleichgestellt.

Wird bei einer Sacheinlage oder Sachübernahme nicht nur Kapital liberiert oder Agio geschaffen, sondern werden den Einlegern Gutschriften erteilt oder Zahlungen geleistet, so gilt dieser Teil als Kauf, und die Umsatzabgabe ist auf diesem Kaufpreisanteil zu bezahlen.

Beispiel:

Beträgt im vorangehenden Beispiel der Verkehrswert der ausländischen Aktien CHF 800 000 und werden der Alpha Holding AG CHF 300 000 als Darlehen gutgeschrieben, ist auf CHF 300 000 die Umsatzabgabe zu entrichten.

- Die mit einer Umstrukturierung, insbesondere einer Fusion, Spaltung oder Umwandlung, verbundene Übertragung steuerbarer Urkunden von der übernommenen, spaltenden oder umwandelnden Unternehmung auf die aufnehmende oder umgewandelte Unternehmung (StG 14 Abs. 1 lit. i).
- Die im Zusammenhang mit der Übertragung von Vermögenswerten verbundene Übertragung von steuerbaren Urkunden wie z. B. bei der Ausgliederung von Betrieben oder Teilbetrieben sowie von Gegenständen des betrieblichen Anlagevermögens auf eine Tochtergesellschaft ist ebenfalls als Umstrukturierung von der Umsatzabgabe ausgenommen (StG 14 Abs. 1 lit. j). Das Gleiche gilt für die Veräusserung von steuerbaren Urkunden im Rahmen der Ersatzbeschaffung einer Beteiligung von mindestens 20 Prozent am Grund- oder Stammkapital einer anderen Gesellschaft sowie für den entsprechenden Erwerb von steuerbaren Urkunden einer Ersatzbeteiligung nach DBG 64 Abs. 1bis, soweit der Veräusserungserlös für den Erwerb der neuen Beteiligung verwendet wird. Mit der Unternehmenssteuerreform II wird die massgebliche Beteiligungsquote für diesen Ersatzbeschaffungstatbestand in DBG 64 Abs. 1bis (in Kraft ab 1. Januar 2011) auf 10 Prozent herabgesetzt, womit ab diesem Zeitpunkt diese tiefere Quote als Folge des Verweises in StG 14 Abs. 1 lit. j auch für die Ausnahme von der Umsatzabgabe gilt.

Bei Verletzung der im DBG vorgesehenen Sperrfrist ist die Umsatzabgabe auf dem entgeltlichen Teil der Übertragung geschuldet.

Beispiel:

Die Alpha Holding AG ist Effektenhändlerin. Sie gründet per 1.1.2008 die Tochtergesellschaft Beta AG, die die folgende Gründungsbilanz ausweist:

	CHF	CHF
Wertschriften Schweiz	1 000 000	
Wertschriften Ausland	500 000	
Übrige Aktiven	500 000	
Darlehen Alpha Holding AG		100 000
Bankschulden		900 000
Aktienkapital 500 Aktien zu CHF 1 000 nom.		500 000
Reserven		500 000
	2 000 000	2 000 000

Zwei Jahre nach der Ausgliederung verkauft die Alpha Holding AG die Beta AG. Die Umsatzabgabe wird nachträglich wie folgt berechnet (für den Fall, dass es sich bei den übertragenen Urkunden um qualifizierte Beteiligungen von mindestens 20% handelt, vgl. nachstehende Ausnahme):

Wenn nur steuerbare Urkunden übernommen bzw. eingebracht werden, erfolgt die Berechnung auf den gesamten Gutschriften an die Sacheinleger und den übernommenen Drittverpflichtungen. Weil im vorliegenden Fall neben steuerbaren Urkunden auch andere Aktiven übernommen werden, wird das Entgelt auf den anteiligen Gutschriften an die Sacheinleger und den übernommenen Verpflichtungen berechnet.

Der Anteil der Wertschriften an den Gesamtaktiven beträgt im Beispiel 75%. Vom Total der Gutschriften an die Sacheinleger und der übernommenen Verpflichtungen von CHF 1 000 000 ergibt sich ein anteiliges Entgelt für die Wertschriften von CHF 750 000. Dieses wird wiederum anteilig auf die Wertschriften Schweiz und Ausland im Verhältnis zwei Drittel zu einem Drittel aufgeteilt, sodass CHF 500 000 als Entgelt für die Wertschriften Schweiz und CHF 250 000 als Entgelt für die Wertschriften Ausland der Umsatzabgabe mit dem entsprechenden Steuersatz für schweizerische und ausländische Urkunden unterliegen, d. h. 1,5‰ von CHF 500 000 = CHF 750 und 3‰ von CHF 250 000 = CHF 750.

- Der Handel mit Bezugsrechten (StG 14 Abs. 1 lit. d).
- Schliesslich nimmt StG 14 Abs. 1 lit. j zweiter Halbsatz auch die Übertragung von mindestens 20 Prozent am Grund- oder Stammkapital anderer Gesellschaften auf eine in- oder ausländische Konzerngesellschaft von der Abgabepflicht aus. Der Gesetzgeber hat es unterlassen, die massgebliche Quote für diese Fälle im Rahmen der Unternehmenssteuerreform II analog zu den Umstrukturierungstatbeständen per 1. Januar 2011 ebenfalls zu senken, was wohl ein Versehen ist. Immerhin kann aber im Gegensatz zur Ausnahme bei den Umstrukturierungsfällen in diesen Fällen die Übertragung auch zum Verkehrswert erfolgen und es ist auch keine Sperrfrist vorgesehen.
- Die Rückgabe von Urkunden zur Tilgung (StG 14 Abs. 1 lit. e).

Beispiel:
Die Rücknahme von Anleihensobligationen bei Verfall zum Zweck der Tilgung der Kapitalschuld durch die schuldnerische Gesellschaft unterliegt nicht der Umsatzabgabe.

- Die Ausgabe von Obligationen ausländischer Schuldner, die auf eine fremde Währung lauten (sog. Euro-Obligationen), sofern sowohl die Zinszahlung als auch die Kapitalrückzahlung in ausländischer Währung erfolgt (StG 14 Abs. 1 lit. f).
- Die Ausgabe von Beteiligungsrechten an ausländischen Gesellschaften (StG 14 Abs. 1 lit. f).
- Der Handel mit in- und ausländischen Geldmarktpapieren (StG 14 Abs. 1 lit. g).

- Die Vermittlung oder der Kauf und Verkauf von ausländischen Obligationen, soweit der Käufer oder der Verkäufer eine ausländische Vertragspartei ist (StG 14 Abs. 1 lit. h). Damit können schweizerische Banken mit ausländischen Kunden Vermittlungsgeschäfte oder Käufe und Verkäufe mit ausländischen Obligationen tätigen, ohne dass diese Geschäfte mit der Umsatzabgabe belastet werden. Entsprechende Geschäfte mit Aktien und Fondsanteilen unterliegen jedoch der Umsatzabgabe.

Von der Umsatzabgabe ebenfalls befreit sind die gewerbsmässigen Effektenhändler von dem auf sie selbst entfallenden Teil der Abgabe, soweit sie Titel aus ihrem Handelsbestand veräussern oder für diesen erwerben (StG 14 Abs. 3).

Als gewerbsmässige Effektenhändler im Sinne der Umsatzabgabe gelten die Banken und die bankähnlichen Finanzgesellschaften im Sinne des Bankengesetzes sowie die Schweizerische Nationalbank (StV 25a Abs. 1). Die übrigen Effektenhändler können die Befreiung des Handelsbestandes nur beanspruchen, wenn sie nachweisen können, dass sie den Handel mit steuerbaren Urkunden gewerbsmässig betreiben (StV 25a Abs. 2). Nicht als gewerbsmässige Effektenhändler gelten demzufolge Steuerpflichtige, die als Anlage- oder Vermögensverwalter keine Handels-, sondern lediglich Vermittlungsgeschäfte tätigen, sowie die Fondsleitungen und die übrigen steuerpflichtigen Kapitalgesellschaften und Genossenschaften (vgl. nachfolgend 4.1.4).

Als Handelsbestand gelten jene steuerbaren Urkunden, die sich aus der Handeltätigkeit der gewerbsmässigen Händler ergeben. Nicht zum Handelsbestand gehören Beteiligungen und Wertschriftenbestände, die der Kapitalanlage dienen. Wertschriften, die z. B. wegen Verpfändung nicht frei verfügbar sind, zählen ebenfalls nicht zum Handelsbestand. Die Übertragung vom Handelsbestand in einen andern Bestand oder umgekehrt gilt als steuerpflichtiger Umsatz, d. h., der Effektenhändler schuldet eine halbe Abgabe (StV 25a Abs. 5).

Von der Umsatzabgabe ist auch die Ausgabe von Schweizer-Franken-Anleihen ausländischer Schuldner ausgenommen. Der Bundesrat hat diese Ausnahme aufgrund der ihm vom Gesetzgeber eingeräumten Kompetenz festgelegt. Zu dem der Umsatzabgabe unterliegenden Emissionsgeschäft gehört damit im Wesentlichen nur noch die Ausgabe von Anteilen an ausländischen Anlagefonds.

4.1.4 Effektenhändler

Der entgeltliche Umsatz von Urkunden ist nur dann steuerbar, wenn mindestens ein inländischer Effektenhändler als Vertragspartei oder als Vermittler beteiligt ist.

Als Effektenhändler gelten nach StG 13 Abs. 3:

- die Banken und die bankähnlichen Finanzgesellschaften im Sinne des Bankengesetzes sowie die Schweizerische Nationalbank;
- die nicht dem Bankengesetz unterstellten inländischen natürlichen und juristischen Personen und Personengesellschaften, inländischen Anstalten und Zweigniederlassungen ausländischer Unternehmen, deren Tätigkeit ausschliesslich oder zu einem wesentlichen Teil darin besteht, entweder für Dritte den Handel mit steuerbaren Urkunden zu betreiben (Händler) oder als Anlageberater oder Vermögensverwalter Kauf und Verkauf von steuerbaren Urkunden zu vermitteln (Vermittler);
- die übrigen inländischen Aktiengesellschaften, Gesellschaften mit beschränkter Haftung und Genossenschaften sowie inländische Einrichtungen der beruflichen und der gebundenen Vorsorge, deren Aktiven nach Massgabe der letzten Bilanz zu mehr als CHF 10 Mio. aus steuerbaren Urkunden bestehen. Die Abgabepflicht beginnt in diesem Fall sechs Monate nach Ablauf des Geschäftsjahres, in dem diese Voraussetzung erstmals erfüllt ist (StV 18 Abs. 2);

> **Beispiel:**
> Die Delta Holding AG, Zug, besitzt gemäss der letzten Bilanz vom 31.12.2009 erstmals steuerbare Urkunden mit einem Buchwert von über CHF 10 Mio. Die Delta Holding AG erwirbt am 12.8.2010 als neue Beteiligung die Gamma AG mit Sitz in Bern für CHF 5 Mio.
>
> Die Delta Holding AG gilt als Effektenhändlerin und hat auf diesem Kauf die Umsatzabgabe mit 1,5‰ von CHF 5 Mio. bzw. CHF 7500 zu bezahlen.

- die Steuerpflicht der ausländischen Mitglieder einer schweizerischen Börse (Remote Members) wird per 1. Juli 2010 aufgehoben (bisher StG 13 Abs. 3 lit. e);
- der Bund, die Kantone und die politischen Gemeinden, sofern sie in ihrer Rechnung für mehr als CHF 10 Mio. steuerbare Urkunden ausweisen, sowie die inländischen Einrichtungen der Soziaversicherung;

4.2 Steuerberechnungsgrundlage und Steuermass

Die Umsatzabgabe wird auf dem Entgelt berechnet (StG 16 Abs. 1). Sie beträgt:

- 1,5 Promille für von einem Inländer ausgegebene Urkunden;
- 3 Promille für von einem Ausländer ausgegebene Urkunden.

Besteht das Entgelt nicht aus Geld oder einer werthaltigen Forderung, sondern z.B. aus Sachwerten oder einer anderen Gegenleistung, ist der Verkehrswert der vereinbarten Gegenleistung massgebend (StG 16 Abs. 2).

4.3 Steuersubjekt und Abgabepflicht

Abgabepflichtig ist der Effektenhändler, der als Vertragspartei oder als Vermittler an einem steuerbaren Geschäft beteiligt ist (StG 17 Abs. 1). Für die ausländischen Mitglieder einer Schweizer Börse ist die Abgabepflicht durch die betreffende schweizerische Börse zu erfüllen (StG 17 Abs. 4).

Bei steuerbaren Geschäften schuldet der abgabepflichtige Effektenhändler nach StG 17 Abs. 2 je eine halbe Abgabe:

- wenn er vermittelt: für jede Vertragspartei, die sich nicht als registrierter Effektenhändler ausweist;
- wenn er Vertragspartei ist: für sich selbst und die Gegenpartei, die sich nicht als registrierter Effektenhändler ausweist.

Der Effektenhändler gilt als Vermittler, wenn er:

- mit seinem Auftraggeber zu den Originalbedingungen des mit der Gegenpartei abgeschlossenen Geschäftes abrechnet;
- lediglich Gelegenheit zum Geschäftsabschluss nachweist;
- die Urkunden am Tag ihres Erwerbes weiterveräussert.

Beispiel:

Die Delta Holding AG, St. Gallen, ist Effektenhändlerin. Sie kauft 100% der Anteile der Alpha GmbH, St. Gallen, von ihrem Alleinaktionär Beat Wirz zum Nominalwert von CHF 300 000. Der Verkehrswert der Alpha GmbH beträgt CHF 500 000.

Die Delta Holding AG hat für sich als Vertragspartei und für Beat Wirz als Nicht-Effektenhändler je eine halbe Abgabe vom Kaufpreis zu entrichten, d.h. 2 x 0,75‰ bzw. CHF 450. Die Differenz zwischen dem Kaufpreis und dem Verkehrswert von CHF 200 000 gilt als verdeckte Kapitaleinlage, welche nicht der Umsatzabgabe, sondern der Emissionsabgabe unterliegt.

Ist beim Abschluss eines Geschäftes mit ausländischen Urkunden eine der Vertragsparteien eine ausländische Bank oder ein ausländischer Börsenagent, dann ist für diese Partei keine Abgabe zu entrichten (StG 19 Abs. 1). Tritt der inländische Effektenhändler als Vermittler zwischen zwei ausländischen Banken oder Börsenagenten auf, so hat er keine Umsatzabgabe zu entrichten, sofern ausländische Titel gehandelt werden.

Beispiele:

- Die Bank Cash, Zürich, kauft von der Bank Gut, Hannover, D, Obligationen der Stadt München, D, im Betrag von EUR 10 Mio.

  Die Bank Cash hat für die Bank Gut als ausländische Bank nach StG 19 keine Umsatzabgabe zu entrichten. Für sich selber schuldet die Bank Cash ebenfalls keine Umsatzabgabe, da sie als gewerbsmässige Effektenhändlerin gilt und ihr Handelsbestand betroffen ist.

- Marlies Carving, St. Gallen, gilt aufgrund ihrer Tätigkeit als gewerbsmässig tätige Effektenhändlerin i.S.v. StG 13 Abs. 3 lit. b Ziff. 1. Sie kauft von der Bank Gut, Hannover, Aktien der Moto AG, Stuttgart, im Betrag von EUR 20 Mio. und verkauft die Aktien am gleichen Tag an die Bank Wolf, München, zum Preis von EUR 21 Mio.

  Die Effektenhändlerin Carving gilt als Vermittlerin. Sie hat nach StG 19 weder für die Bank Gut noch für die Bank Wolf als ausländische Banken eine Umsatzabgabe zu entrichten.

Zur Stärkung des Finanzplatzes Schweiz sind in StG 17a folgende Anleger von der Umsatzabgabe befreit:

a. ausländische Staaten und Zentralbanken;
b. inländische kollektive Kapitalanlagen nach KAG 7;
c. ausländische kollektive Kapitalanlagen nach KAG 119;
d. ausländische Einrichtungen der Sozialversicherung;
e. ausländische Einrichtungen der beruflichen Vorsorge;
f. ausländische Lebensversicherer, die einer der Bundesaufsicht vergleichbaren ausländischen Regulierung unterstehen;
g. ausländische Gesellschaften, deren Aktien an einer anerkannten Börse kotiert sind, sowie ihre ausländischen konsolidierten Konzerngesellschaften.

Zusammenfassend schuldet der inländische Effektenhändler folgende Abgaben:

Darstellung 26: Übersicht über die geschuldeten Umsatzabgaben

	inländische Urkunden	ausländische Obligationen	ausländische Aktien und Fondsanteile
• *als Vertragspartei und nicht gewerbsmässiger Effektenhändler*			
für sich	1/2	1/2	1/2
und für folgende Gegenpartei			
☐ inländischer Effektenhändler *	0	0	0
☐ inländischer Kunde	1/2	1/2	1/2
☐ ausländische Bank/Börsenagent	0	0	0
☐ ausländischer Kunde	1/2	0	1/2
☐ befreiter Anleger	0	0	0
• *als Vertragspartei und gewerbsmässiger Effektenhändler*			
für sich	0	0	0
und für folgende Gegenpartei			
☐ inländischer Effektenhändler *	0	0	0
☐ inländischer Kunde	1/2	1/2	1/2
☐ ausländische Bank/Börsenagent	0	0	0
☐ ausländischer Kunde	1/2	0	1/2
☐ befreiter Anleger	0	0	0
• *als Vermittler* zwischen			
inländischem Effektenhändler und	0	0	0
☐ anderem inländischen Effektenhändler *	0	0	0
☐ inländischem Kunden	1/2	1/2	1/2
☐ ausländischer Bank/Börsenagent	0	0	0
☐ ausländischem Kunden	1/2	0	1/2
☐ befreitem Anleger	0	0	0
ausländischer Bank/Börsenagent und	0	0	0
☐ anderer ausländischer Bank/Börsenagent	0	0	0
☐ inländischem Kunden	1/2	1/2	1/2
☐ ausländischem Kunden	1/2	0	1/2
☐ befreitem Anleger	0	0	0
inländischem Kunden und	1/2	1/2	1/2
☐ anderem inländischen Kunden	1/2	1/2	1/2
☐ ausländischem Kunden	1/2	0	1/2
☐ befreitem Anleger	0	0	0
ausländischem Kunden und	1/2	0	1/2
☐ anderem ausländischen Kunden	1/2	0	1/2
☐ befreitem Anleger	0	0	0

* inkl. Remote Members (bis 30.6.2010, Steuerpflicht per 1.7.2010 aufgehoben)

Wie erwähnt unterliegt bei gewerbsmässigen Effektenhändlern auch der Übertrag vom Handelsbestand auf einen anderen Bestand und umgekehrt einer halben Abgabe (StV 25a Abs. 5).

4.4 Entstehung und Fälligkeit der Abgabeforderung

Jeder Effektenhändler hat ein Umsatzabgaberegister zu führen, in welches alle steuerpflichtigen Geschäfte einzutragen sind (StV 21). Das Umsatzabgaberegister bildet die Grundlage für die grundsätzlich vierteljährliche Deklaration. Auf Gesuch hin kann dem Steuerpflichtigen gestattet werden, einmal jährlich die Abrechnung vorzunehmen, sofern keine Abgabe zu bezahlen ist oder diese weniger als CHF 5000 pro Jahr ausmacht.

Die Abgabeforderung der EStV entsteht mit dem Abschluss des Geschäftes (StG 15 Abs. 1). Bei bedingten Geschäften oder solchen mit einem Wahlrecht entsteht die Forderung mit der Erfüllung des Geschäftes (StG 15 Abs. 2).

Die Umsatzabgabe wird 30 Tage nach Ablauf des Vierteljahres zur Zahlung fällig, in dem die Abgabeforderung entstanden ist (StG 20).

5 Abgabe auf Versicherungsprämien

5.1 Steuerobjekt

Neben der Emissionsabgabe und der Umsatzabgabe umfasst die Stempelabgabe auch die Abgabe auf den Zahlungen von Versicherungsprämien. Gegenstand der Abgabe sind dabei Prämienzahlungen für Versicherungen, die nach StG 21

- zum inländischen Bestand eines der Bundesaufsicht unterstellten oder eines inländischen öffentlich-rechtlichen Versicherers gehören oder
- die ein inländischer Versicherungsnehmer mit einem nicht der Bundesaufsicht unterstellten ausländischen Versicherer abgeschlossen hat.

Von der Abgabepflicht ausgenommen sind nach StG 22 die Prämienzahlungen für die

- Lebensversicherung (Kapital- und Rentenversicherung). Von der Abgabepflicht nicht ausgenommen und damit steuerpflichtig sind jedoch Lebensversicherungen mit Einmalprämie;
- Kranken- und Invaliditätsversicherung;

- Unfallversicherung;
- Transportversicherung für Güter;
- Versicherung für Elementarschäden an Kulturland und Kulturen;
- Arbeitslosenversicherung;
- Hagelversicherung;
- Viehversicherung;
- Rückversicherung;
- bestimmte Kaskoversicherungen;
- Feuer-, Diebstahl-, Glas-, Wasserschaden-, Kredit-, Maschinen- und Schmuckversicherung, sofern der Abgabepflichtige nachweist, dass sich die versicherte Sache im Ausland befindet.

5.2 Steuerberechnungsgrundlage und Steuermass

Die Abgabe beträgt 5 Prozent der Barprämie (StG 24). Für Lebensversicherungen mit Einmalprämie beträgt sie 2,5 Prozent.

5.3 Entstehung und Fälligkeit der Steuer

Die Abgabeforderung entsteht mit der Zahlung der Prämie (StG 23). Sie wird 30 Tage nach Ablauf des Vierteljahres zur Zahlung fällig, in dem die Forderung entstanden ist (StG 26).

5.4 Steuersubjekt

Abgabepflichtig ist der Versicherer. Der inländische Versicherungsnehmer hat die Abgabe zu entrichten, wenn er eine Versicherung mit einem ausländischen Versicherer abgeschlossen hat (StG 25).

6   Verfahren und Rechtsmittel

Die Stempelabgaben sind, wie die Verrechnungssteuer, eine Selbstveranlagungssteuer; d. h., der Steuerpflichtige muss die Abgabe selber deklarieren, das Formular unaufgefordert der EStV einreichen und die Steuer bezahlen (StG 34).

Gegen Verfügungen und Entscheide der EStV kann der Steuerpflichtige innerhalb von 30 Tagen schriftlich Einsprache erheben (StG 39). Einspracheentscheide der EStV können mittels Beschwerde innert 30 Tagen beim

Bundesverwaltungsgericht (VGG 31 i. V. m. VwVG 5) angefochten werden, und der Entscheid des Bundesverwaltungsgerichts kann wiederum mittels Beschwerde in öffentlich-rechtlichen Angelegenheiten beim Bundesgericht angefochten werden (BGG 82 ff.).

7 Strafbestimmungen

Das Stempelabgabengesetz nennt die allgemeinen steuerrechtlichen Straftatbestände der Abgabegefährdung (StG 46) und der Hinterziehung (StG 45). Der Tatbestand des Abgabebetrugs ist wie bei der Verrechnungssteuer im Bundesgesetz über das Verwaltungsstrafrecht (VStR 14 Abs. 2) geregelt. Zusätzlich kennt die Stempelsteuer noch den Straftatbestand der Ordnungswidrigkeiten (StG 47). Für die Umschreibung der einzelnen Steuerdelikte wird auf die gesetzlichen Bestimmungen verwiesen.

V. TEIL: MEHRWERTSTEUER

Literatur zum neuen Mehrwertsteuergesetz:
FREI BENNO, Das neue MehrWertSteuer-Gesetz, Handbuch für die Praxis, 4. Auflage, Muri b. Bern 2010

Literatur zum alten Mehrwertsteuergesetz:
CAMENZIND/HONAUER/VALLENDER, Handbuch zum Mehrwertsteuergesetz, Schriftenreihe Finanzwirtschaft und Finanzrecht, Band 100, 2. Auflage, Bern 2003
HOHN/WALDBURGER, Steuerrecht I, S. 601 ff.
KOMPETENZZENTRUM MWST DER TREUHANDKAMMER (Hrsg.), mwst.com, Kommentar zum Bundesgesetz über die Mehrwertsteuer, Basel 2000
OBERSON, Droit fiscal, S. 304 ff.

1 Wesen der Mehrwertsteuer

Der Bund erhebt eine Mehrwertsteuer als allgemeine Verbrauchssteuer nach dem System der Netto-Allphasensteuer mit Vorsteuerabzug (MWSTG 1 Abs. 1). Die Mehrwertsteuer bezweckt die Besteuerung des nicht unternehmerischen Endverbrauchs im Inland.

Rechtsgrundlage für die Mehrwertsteuer ist seit 1. Januar 2010 das neue Mehrwertsteuergesetz vom 12. Juni 2009. Es hat das frühere Mehrwertsteuergesetz vom 2. September 1999, in Kraft getreten per 1. Januar 2001, abgelöst. Die folgenden Ausführungen stellen das neue Mehrwertsteuergesetz vom 12. Juni 2009 dar. Für das alte Gesetz wird auf die 5. Auflage verwiesen. Die Übergangsbestimmungen sind nachfolgend in Ziff. 8 dargestellt.

Die Mehrwertsteuer bezweckt die Besteuerung des nicht unternehmerischen Endverbrauchs im Inland. Die Mehrwertsteuer wird deshalb als Konsum- oder Verbrauchssteuer bezeichnet. Darin unterscheidet sich die Mehrwertsteuer von den Einkommens- und Vermögenssteuern, die an die Einkommenserzielung bzw. an den Besitz von Vermögen anknüpfen.

Ziele des neuen Mehrwertsteuergesetzes sind wesentliche Vereinfachungen, mehr Rechtssicherheit und Transparenz sowie eine stärkere Kundenorientierung. Zu diesem Zweck ist in MWSTG 1 Abs. 3 festgelegt, dass die Erhebung der Mehrwertsteuer nach den folgenden Grundsätzen zu erfolgen hat:

• Wettbewerbsneutralität;
• Wirtschaftlichkeit der Entrichtung und der Erhebung;
• Überwälzbarkeit.

Die Grundsätze der Steuererhebung sollen insbesondere auch die Leitplanken für die Steuerpraxis sein und die Steuererhebung auf die Besteuerung des nicht unternehmerischen Endverbrauchs ausrichten. Damit wird auch der Kritik an der vorher ausgeübten Praxis Rechnung getragen.

Das Mehrwertsteuergesetz ist dreiteilig aufgebaut und unterscheidet als Hauptsteuer die Inlandsteuer (MWSTG 10–44) sowie als Ergänzung die Bezugsteuer (MWSTG 45–49) und die Einfuhrsteuer (MWSTG 50–64).

Der Inlandsteuer unterliegen, sofern sie nicht ausdrücklich von der Steuer ausgenommen sind, im Inland durch steuerpflichtige Personen gegen Entgelt erbrachte Leistungen, d.h. die entgeltlichen Lieferungen von Gegenständen und gegen Entgelt erbrachte Dienstleistungen.

Die Bezugsteuer fällt auf dem Bezug von Leistungen (Dienstleistungen und gewisse Lieferungen) von Unternehmen mit Sitz im Ausland durch Empfänger im Inland an.

Der Steuer auf den Einfuhren unterliegen alle Gegenstände, sofern sie nicht ausdrücklich von der Steuer befreit sind (MWSTG 52 und 53). Als Gegenstände gelten alle beweglichen Sachen einschliesslich der damit verbundenen Dienstleistungen und Rechte sowie Elektrizität, Gas, Wärme, Kälte und Ähnliches (MWSTG 3 lit. b).

Was Gegenstand der Mehrwertsteuer oder ausdrücklich für steuerfrei erklärt wird, darf nicht durch gleichgeartete Kantons- oder Gemeindesteuern belastet werden (BV 134). Billett- und Handänderungssteuern gelten beispielsweise nicht als gleichartig (MWSTG 2).

Die Mehrwertsteuer findet Anwendung im Inland. Als Inland gelten nach MWSTG 3 lit. a und MWSTG 4:

• Das Gebiet der Schweiz. In den bündnerischen Gemeinden Samnaun und Sampuoir findet das MWSTG allerdings nur auf Dienstleistungen und auf Leistungen des Hotel- und Gastgewerbes Anwendung.

- Ausländische Gebiete gemäss staatsvertraglichen Vereinbarungen (Fürstentum Liechtenstein, deutsche Gemeinde Büsingen).

Die Mehrwertsteuer wird in MWSTG 1 Abs. 1 als allgemeine Verbrauchssteuer, in der Literatur häufig auch als Wirtschaftsverkehrssteuer bezeichnet. Sie ist eine Objektsteuer, da die persönlichen Verhältnisse des Unternehmers und des Abnehmers unberücksichtigt bleiben. Bei der Mehrwertsteuer ist der Leistungserbringer (Unternehmer) der Steuerpflichtige und damit der Steuerschuldner. Weil die Steuer aber überwälzt wird (MWSTG 6), ist der Abnehmer Steuerträger. Man zählt sie deshalb zu den indirekten Steuern.

Die Mehrwertsteuer wird auf allen Stufen des Produktions- und des Verteilungsprozesses erhoben. Steuerpflichtig sind daher grundsätzlich sämtliche Unternehmen, die entweder an der Herstellung und Verteilung von Gütern beteiligt sind oder Dienstleistungen erbringen.

Beispiel:

Die Möbel AG verkauft der Wohn AG einen Schrank für CHF 2000 zzgl. 7,6% MWST. Für die Herstellung des Schrankes hat die Möbel AG Material für CHF 500 zzgl. 7,6% MWST benötigt. Die Wohn AG verkauft den Schrank für CHF 3000 zzgl. 7,6% MWST an Anita Hobi.

Material		Schrank		Schrank	
Kaufpreis CHF 538 inkl. 7,6% MWST	Möbel AG	Kaufpreis CHF 2152 inkl. 7,6% MWST	Wohn AG	Kaufpreis CHF 3228 inkl. 7,6% MWST	Anita Hobi

	CHF
MWST-Abrechnung Möbel AG:	
Der Wohn AG berechnete Mehrwertsteuer: 7,6% von 2000	152
abzgl. auf dem Materialeinkauf zu zahlende Mehrwertsteuer (Vorsteuerabzug)[1]	– 38
Steuerforderung	114
MWST-Abrechnung Wohn AG:	
Der Kundin Anita Hobi berechnete Mehrwertsteuer: 7,6% von 3000	228
abzgl. an die Möbel AG zu zahlende Mehrwertsteuer (Vorsteuerabzug)[1]	– 152
Steuerforderung	76

[1] Zusätzlich kann auch die Mehrwertsteuer auf den Betriebsmitteln in Abzug gebracht werden.

Der Umsatz von CHF 3000 netto wird insgesamt mit der Mehrwertsteuer von CHF 228 bzw. 7,6% belastet, wobei jeder Unternehmer seinen gesamten Umsatz abzüglich der ihm belasteten Mehrwertsteuer versteuert.

Obwohl die Mehrwertsteuer bei jedem Vorgang des Wirtschaftsverkehrs erhoben wird, ist Berechnungsgrundlage im Endeffekt nicht der volle Wert jedes einzelnen Entgeltes, sondern nur der seit dem letzten steuerbaren Vorgang hinzugefügte Mehrwert. Dadurch wird der Gesamtwert der Ware oder der Dienstleistung nur einmal belastet, weshalb die Mehrwertsteuer als allgemeine Verbrauchssteuer nach dem System der Netto-Allphasen-steuer mit Vorsteuerabzug bezeichnet wird (MWSTG 1 Abs. 1). Dieser Effekt wird wie folgt erreicht:

- Das steuerpflichtige Unternehmen hat seine gesamten, der Steuer unter-liegenden Umsätze pro Abrechnungsperiode zusammenzuzählen und davon die steuerbefreiten Exporte abzuziehen.
- Von diesem Umsatzergebnis ist die Steuer zu den gesetzlichen Steuersät-zen zu berechnen (Bruttobetrag).
- Das steuerpflichtige Unternehmen kann von diesem Bruttobetrag die Summe der Vorsteuern abziehen, die bei ihm während der gleichen Abrechnungsperiode angefallen sind (= Vorsteuerabzug).
- Den verbleibenden Steuerbetrag (Bruttobetrag abzüglich Vorsteuern = Nettobetrag), der als Steuerforderung bezeichnet wird, hat das steuer-pflichtige Unternehmen der EStV abzuliefern. Ergibt sich ein Überschuss zu seinen Gunsten, wird ihm dieser gutgeschrieben oder ausbezahlt.

2   Inlandsteuer

2.1   Steuersubjekt

2.1.1   Grundsatz

Steuersubjekt bei der Mehrwertsteuer ist, wer ein Unternehmen betreibt und nicht von der Steuerpflicht befreit ist (MWSTG 10 Abs. 1; vgl. nachfol-gend 2.1.2). Die Rechtsform des Unternehmens, dessen Zweck und die Gewinnabsicht sind nicht von Bedeutung. Steuersubjekt können Einzelun-ternehmen, Personengesellschaften wie Kollektiv- oder Kommanditgesell-schaften und juristische Personen wie Aktiengesellschaften, GmbHs oder Genossenschaften sowie einfache Gesellschaften, wie die im Bauwesen häufig vorkommenden Arbeitsgemeinschaften oder Konsortien, sein.

Steuerpflichtig ist, wer ein Unternehmen betreibt, d.h., wer eine auf die nachhaltige Erzielung von Einnahmen aus Leistungen ausgerichtete beruf-liche oder gewerbliche Tätigkeit selbständig ausübt und dabei unter eige-nem Namen nach aussen auftritt. Nachhaltig ist die Tätigkeit, wenn sie auch von einer gewissen Dauer ist. Wer einmalig oder gelegentlich und damit nicht nachhaltig i. S. v. gewerblich oder beruflich tätig ist, wird auch dann nicht steuerpflichtig, wenn er aus einem Umsatz Einnahmen von mehr als CHF 100 000 erzielt.

Beispiele:
- Die Veräusserung eines wertvollen Bildes aus einer Erbschaft durch eine Privatperson für CHF 300 000 ist keine auf Dauer ausgerichtete Tätigkeit.
- Wenn jemand jedoch eine Bildersammlung aufbaut, Auktionen organisiert und selber mit einer gewissen Häufigkeit aktiv Bilder kauft und verkauft, wird er bei Erreichen der Umsatzgrenze von mehr als CHF 100 000 mehrwertsteuerpflichtig.
- Ein Baukonsortium, das für die Ausführung eines einzigen Bauwerkes gebildet wird, gilt als nachhaltig und damit als unternehmerisch tätig.

Als unternehmerische Tätigkeit gilt auch das Erwerben, Halten und Veräussern von Beteiligungen, womit auch Holdinggesellschaften mehrwertsteuerpflichtig werden können (MWSTV 9).

2.1.2   Befreiung von der Steuerpflicht

Das Gesetz nimmt verschiedene Unternehmen von der Steuerpflicht aus, nämlich:

- Unternehmen mit einem Umsatz aus steuerbaren Leistungen von weniger als CHF 100 000
- Gewisse ausländische Unternehmen
- Nicht gewinnstrebige, ehrenamtlich geführte Sportvereine und gemeinnützige Institutionen mit einem Umsatz aus steuerbaren Leistungen von weniger als CHF 150 000

2.1.2.1   Befreiung aufgrund des Umsatzes
Von der Steuerpflicht befreit ist, wer im Inland innerhalb eines Jahres weniger als CHF 100 000 Umsatz aus steuerbaren Leistungen erzielt, sofern der Unternehmensträger nicht auf die Befreiung von der Steuerpflicht verzichtet.

Der massgebende Umsatz bemisst sich dabei nach den vereinbarten Entgelten ohne Mehrwertsteuer. Für die Steuerpflicht massgebend ist der Gesamtumsatz aus allen steuerbaren Tätigkeiten mit Einschluss der Leistungen, die von der Steuer befreit sind (z. B. Exportlieferungen). Nicht relevant sind die von der Steuer ausgenommenen Leistungen.

2.1.2.2 Befreiung für Unternehmen mit Sitz im Ausland

Von der Steuerpflicht befreit sind gemäss MWSTG 10 Abs. 2 lit. b auch Unternehmen mit Sitz im Ausland, die im Inland ausschliesslich Leistungen erbringen, die der Bezugsteuer unterliegen (vgl. nachfolgend Ziff. 3). Darunter fallen insbesondere Leistungen auf dem Gebiet der Werbung, Leistungen von Beratern, Vermögensverwaltern, Treuhändern, Anwälten, Ingenieuren usw. Solche Leistungen sind dafür von den Leistungsbezügern in der Schweiz mittels der Bezugsteuer abzurechnen (MWSTG 10 Abs. 2 lit. b und 45).

> **Beispiel:**
> Die Werbe AG, München, D, erbringt für schweizerische Kunden Leistungen von über CHF 100 000 p.a. Die Werbe AG wird aufgrund dieser Leistungen in der Schweiz von Gesetzes wegen nicht mehrwertsteuerpflichtig; hingegen haben die schweizerischen Kunden die bezogenen Werbeleistungen mittels der Bezugsteuer abzurechnen.

Die Ausnahme gilt nicht für Unternehmen mit Sitz im Ausland, die im Inland Telekommunikations- oder elektronische Dienstleistungen sowie Lieferungen von Elektrizität und Erdgas in Leitungen an nicht steuerpflichtige Empfänger erbringen (MWSTG 10 Abs. 2 lit. b und MWSTV 109 Abs. 2).

2.1.2.3 Befreiung nicht gewinnstrebiger Sportvereine und gemeinnütziger Institutionen

Nicht steuerpflichtig sind auch nicht gewinnstrebige, ehrenamtlich geführte Sportvereine und gemeinnützige Institutionen, die einen Jahresumsatz von weniger als CHF 150 000 aus steuerbaren Leistungen erzielen (MWSTG 10 Abs. 2 lit. c). Damit sollen Einkünfte solcher Organisationen, die durch ehrenamtliche Tätigkeit der Mitglieder ermöglicht werden, nicht mit der Mehrwertsteuer belastet werden.

2.1.3 Verzicht auf die Befreiung von der Steuerpflicht

Unternehmen, die von der Steuerpflicht befreit sind, haben das Recht, auf die Befreiung von der Steuerpflicht zu verzichten (MWSTG 11). Der Verzicht auf die Steuerpflicht erfolgt dabei für mindestens ein Kalenderjahr.

Neu gegründete Unternehmen haben dabei die Möglichkeit, sich von Anbeginn ihrer Unternehmenstätigkeit bei der Mehrwertsteuer anzumelden, auch wenn sie noch keine Umsätze erzielen. Sie können damit schon während ihrer Gründungs- und Investitionsphase die auf den Investitionen lastenden Vorsteuern sofort zurückfordern.

Auch Unternehmen, die in der Schweiz nicht steuerpflichtig sind, weil sie z.B. überwiegend Dienstleistungen an im Ausland domizilierte Kunden erbringen und in der Schweiz steuerbare Umsätze von weniger als CHF 100000 erzielen, können ein Interesse am Verzicht auf die Befreiung von der Steuerpflicht haben, weil sie damit auf bezogenen Leistungen den Vorsteuerabzug geltend machen können.

2.1.4 Gruppenbesteuerung

2.1.4.1 Voraussetzungen
Juristische Personen, Personengesellschaften sowie natürliche Personen mit Sitz oder Betriebsstätte in der Schweiz, die eng miteinander verbunden sind, werden auf Antrag als eine einzige steuerpflichtige Person behandelt, was als Gruppenbesteuerung bezeichnet wird (MWSTG 13 Abs. 1).

Eine enge Verbindung liegt dann vor, wenn nach dem Gesamtbild der tatsächlichen Verhältnisse eine natürliche Person, eine Personengesellschaft oder eine juristische Person durch Stimmenmehrheit oder auf andere Weise eine oder mehrere juristische oder natürliche Personen oder Personengesellschaften unter einheitlicher Leitung zusammenfasst, wie dies z.B. im Mutter-Tochter-Verhältnis oder bei Holdingstrukturen der Fall ist. Stimmenmehrheit ist gegeben, wenn die beherrschende Gesellschaft über mehr als 50 Prozent der Stimmen einer anderen Gesellschaft verfügt. Bei Unternehmen, an denen eine Kapitalbeteiligung von mehr als 50 Prozent bei gleichzeitiger Stimmenmehrheit besteht, geht die EStV davon aus, dass diese Unternehmen unter einheitlicher Leitung stehen.

Die einheitliche Leitung kann daneben auch durch entsprechende Ausgestaltung der Statuten der Gruppenunternehmen, Verträge zwischen den beteiligten Unternehmen oder Verträge zwischen den Aktionären der Gruppengesellschaften bewirkt werden. Blosse Personalunion in der Geschäftsleitung allein genügt hingegen nicht, dass eine einheitliche Leitung vorliegt.

Die Gruppenbesteuerung ist auf in der Schweiz ansässige Gesellschaften beschränkt.

2.1.4.2 Steuerfolgen
Die Gruppenbesteuerung bewirkt, dass Innenumsätze zwischen den Gruppengesellschaften nicht steuerpflichtig sind. Die Gruppenbesteuerung bringt v.a. dann Vorteile, wenn konzerninterne Leistungen, die ohne Gruppenbesteuerung steuerbar wären, an Gruppengesellschaften erbracht

werden, die selbst nicht steuerpflichtig sind oder von der Steuer ausgenommene Umsätze tätigen und deshalb die Vorsteuer auf bezogenen
Leistungen nicht oder nicht vollständig in Abzug bringen können.

Beispiel:
Die Auto AG hält als 100-prozentige Tochtergesellschaften die Auto Management AG und die Auto Fahrschule AG. Die Auto AG und die Auto Management
AG sind mehrwertsteuerpflichtig und aufgrund ihrer Leistungen vollumfänglich vorsteuerabzugsberechtigt. Die Auto Fahrschule AG ist nicht mehrwertsteuerpflichtig.

Die Auto Management AG hat der Auto AG und der Auto Fahrschule AG im
letzten Quartal Beratungsleistungen für je CHF 100 000 erbracht sowie EDV-
Hard- und -Software zum Einstandswert von je CHF 100 000 exkl. Mehrwertsteuer geliefert.

Steuerfolgen ohne Gruppenbesteuerung

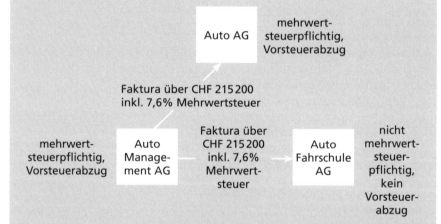

Die Umsätze zwischen Konzerngesellschaften sind wie solche gegenüber
Dritten steuerpflichtig. Die Auto Management AG hat der Auto AG und der
Auto Fahrschule AG für die Beratungsleistungen je CHF 100 000 und für die
EDV-Hard- und -Software ebenfalls je CHF 100 000, insgesamt je CHF 200 000
zzgl. 7,6% Mehrwertsteuer, d.h. je CHF 215 200, in Rechnung zu stellen. Weil
die Auto Fahrschule AG nicht mehrwertsteuerpflichtig ist, verbleibt ihr eine
Mehrwertsteuerbelastung von CHF 15 200, während die Auto AG die ihr
belastete Mehrwertsteuer von CHF 15 200 als Vorsteuer geltend machen kann.

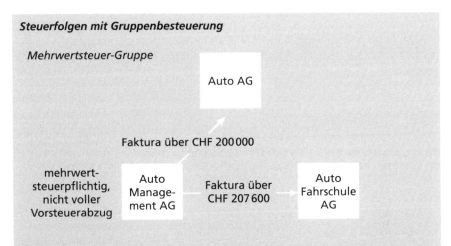

Steuerfolgen mit Gruppenbesteuerung

Mehrwertsteuer-Gruppe

Auto AG

Faktura über CHF 200 000

mehrwert-
steuerpflichtig,
nicht voller
Vorsteuerabzug

Auto
Manage-
ment AG

Faktura über
CHF 207 600

Auto
Fahrschule
AG

Die Beratungsleistungen der Auto Management AG an die Auto AG und an die Auto Fahrschule AG unterliegen nicht der Mehrwertsteuer, weil sie von einem Gruppenmitglied an ein anderes erbracht werden. Als Konsequenz der Gruppenbesteuerung kann die Vorsteuer von CHF 7600 auf der EDV-Hard- und -Software für die Auto Fahrschule AG nicht in Abzug gebracht werden. Die Auto Management AG wird der Auto Fahrschule AG folglich CHF 207 600 in Rechnung stellen. Die Mehrwertsteuer auf der EDV-Hard- und -Software für die Auto AG kann als Vorsteuer in der Mehrwertsteuer-Abrechnung hingegen in Abzug gebracht werden, weil diese Gruppengesellschaft vollumfänglich vorsteuerabzugsberechtigt ist. Die Gruppenbesteuerung ergibt somit einen Steuervorteil von CHF 7600.

Ein wesentlicher Vorteil der Gruppenbesteuerung besteht folglich darin, dass die Wertschöpfung, die eine steuerpflichtige Konzerngesellschaft an eine nicht oder nicht zum vollen Vorsteuerabzug berechtigte Konzerngesellschaft erbringt, nicht der Mehrwertsteuer unterliegt.

2.1.4.3 Verfahren
Gegenüber der EStV hat bei der Gruppenbesteuerung der sog. «Gruppenvertreter» abzurechnen. Die Gruppe kann dabei frei bestimmen, welche Gesellschaft als Gruppenvertreter auftreten soll. Als Gruppenvertreter kann auch eine aussenstehende Drittperson mit Sitz in der Schweiz bestimmt werden. Der Gruppenvertreter konsolidiert die Umsätze und Vorsteuern aller Gruppenmitglieder gestützt auf interne MWST-Abrechnungen der Gruppenmitglieder zu einer einzigen MWST-Abrechnung pro Abrechnungsperiode.

Zulässig ist auch die Bildung einer oder mehrerer Teilgruppen, sofern deren Mitglieder die Voraussetzungen als Mitglied der Teilgruppe erfüllen (MWSTV 17).

Der Zusammenschluss zu einer Mehrwertsteuergruppe kann auf den Beginn jeder Steuerperiode (in der Regel Kalenderjahr) festgelegt werden (MWSTG 13 Abs. 2), deren Beendigung ist auf das Ende einer Steuerperiode möglich.

2.1.5 Gemeinwesen

Bund, Kantone und Gemeinden sowie die übrigen Einrichtungen des öffentlichen Rechts und die mit öffentlich-rechtlichen Aufgaben betrauten Personen und Organisationen sind für Leistungen steuerpflichtig, die unternehmerischer Natur sind (MWSTG 12 Abs. 4). D. h., Gemeinwesen sind für solche Leistungen mehrwertsteuerpflichtig, die sie i. d. R. in Konkurrenz mit privatwirtschaftlichen Unternehmen erbringen.

Nicht mehrwertsteuerpflichtig sind Gemeinwesen für Leistungen, die sie in Ausübung hoheitlicher Gewalt erbringen, auch wenn sie für solche Leistungen Gebühren, Beiträge oder sonstige Abgaben erhalten (MWSTG 18 Abs. 2 lit. l; vgl. nachfolgend 2.2.4.9).

Beispiele:
* Steueramt
* Passkontrolle

Als unternehmerische Leistungen von Gemeinwesen gelten nach MWSTV 14 u. a.:

* Fernmeldewesen;
* Lieferungen von Wasser, Gas, Elektrizität;
* Beförderungen von Gegenständen und Personen;
* Dienstleistungen in Häfen und Flughäfen;
* Veranstaltungen von Messen und Ausstellungen mit gewerblichem Charakter;
* Betrieb von Badeanstalten und Kunsteisbahnen;
* Umsätze von betrieblichen Kantinen, Personalrestaurants, Verkaufsstellen und ähnlichen Einrichtungen;
* Tätigkeiten von Amtsnotarinnen und Amtsnotaren.

Steuersubjekte sind dabei die sog. «autonomen Dienststellen». Bei der Beurteilung der Steuerpflicht der Dienststellen ist zu prüfen, ob Leistungen an andere Dienststellen des gleichen Gemeinwesens, an Dienststellen eines anderen Gemeinwesens oder an Nichtgemeinwesen erbracht werden. Dienststellen sind nur dann steuerpflichtig, wenn sie für mehr als CHF 25 000 steuerbare Leistungen an Nichtgemeinwesen erbringen. Stammt der Umsatz zu mehr als CHF 25 000 aus steuerbaren Leistungen an Nichtgemeinwesen, ist die Dienststelle so lange nicht steuerpflichtig, als der Umsatz aus steuerbaren Leistungen an Nichtgemeinwesen und an andere Gemeinwesen weniger als CHF 100 000 im Jahr beträgt.

Beispiel:

Die Dienststelle Informatik der Stadt X erbringt Datenverarbeitungsleistungen (DVL) für andere Dienststellen (DS) der Stadt X, für andere Gemeinwesen sowie für Nichtgemeinwesen (Umsätze in TCHF).

	Beispiel 1	*Beispiel 2*
Umsatz DVL an DS des eigenen Gemeinwesens	3 000	2 980
Umsatz DVL an andere Gemeinwesen	50	60
Umsatz DVL an Nichtgemeinwesen	40	50
Gesamtumsatz DS Informatik	3 090	3 090

Der Umsatz an Nichtgemeinwesen ist in beiden Beispielen über CHF 25 000. In Beispiel 1 liegt der Umsatz an Nichtgemeinwesen und an andere Gemeinwesen unter CHF 100 000, sodass die Dienststelle Informatik von der Steuerpflicht befreit ist. In Beispiel 2 beträgt der Umsatz an Nichtgemeinwesen und an andere Gemeinwesen mehr als CHF 100 000, sodass die Steuerpflicht gegeben ist. Die DVL der Dienststelle Informatik an andere Dienststellen der Stadt X (gleiches Gemeinwesen) sind dabei von der Mehrwertsteuer ausgenommen (MWSTG 21 Abs. 2 Ziff. 28).

2.1.6 Beginn der Steuerpflicht

Für den Beginn der Steuerpflicht ist zwischen bestehenden Unternehmen mit gleich bleibender Geschäftstätigkeit und neu gegründeten oder übernommenen Unternehmen bzw. solchen mit erweiterter Geschäftstätigkeit zu unterscheiden.

Bestehende Unternehmen, die bisher von der Steuerpflicht befreit waren und die bei gleich bleibender Geschäftstätigkeit die massgebende Umsatzgrenze von CHF 100 000 überschreiten, werden nach Ablauf des Kalenderjahres steuerpflichtig, in dem der massgebende Umsatz erzielt worden ist (MWSTG 14 Abs. 3). Der massgebende Umsatz wird stets aufgrund des vereinbarten Entgelts berechnet. Wurde die für die Steuerpflicht massgebende Tätigkeit nicht während des ganzen Kalenderjahres ausgeübt, ist der Umsatz auf ein volles Jahr umzurechnen.

Wird die für die Steuerpflicht massgebende Tätigkeit neu aufgenommen, so beginnt die Steuerpflicht mit der Aufnahme der Geschäftstätigkeit, wenn anzunehmen ist, dass der für die Steuerpflicht massgebende Umsatz innerhalb der nächsten zwölf Monate CHF 100 000 übersteigen wird (MWSTV 11 Abs. 2). Ist bei Aufnahme der Geschäftstätigkeit noch nicht absehbar, ob die Umsatzgrenze überschritten wird, ist spätestens nach drei Monaten eine erneute Beurteilung vorzunehmen. Zeigt die Beurteilung, dass die massgebende Umsatzgrenze überschritten wird, endet die Befreiung von der Steuerpflicht wahlweise rückwirkend auf den Zeitpunkt der Aufnahme der Tätigkeit oder auf den Stichtag der erneuten Überprüfung, spätestens aber auf Beginn des vierten Monats.

Beispiele:

- Drei Bauunternehmen übernehmen als Arbeitsgemeinschaft die Ausführung von Tunnelarbeiten für CHF 8 Mio. Die Arbeitsgemeinschaft ist als einfache Gesellschaft von Beginn der Tätigkeit an steuerpflichtig.
- Eine Versicherungsgesellschaft eröffnet ein Personalrestaurant mit einem voraussichtlichen Jahresumsatz von CHF 300 000. Die Steuerpflicht beginnt mit der Eröffnung des Restaurants.

Die gleiche Regelung gilt bei Geschäftserweiterungen durch Übernahme eines Geschäfts sowie bei der Eröffnung eines neuen Betriebszweiges (MWSTV 11 Abs. 2 und 3). Unter Erweiterung der Tätigkeit ist dabei nicht eine blosse Erhöhung des Umsatzes zu verstehen.

Beispiele:

- Ein Bäckermeister schliesst seiner Bäckerei ein Café-Tearoom an.
- Ein Kolonialwarenhändler übernimmt das Geschäft eines Konkurrenten.

2.1.7 Ende der Steuerpflicht

Die Steuerpflicht endet (MWSTG 14):

- mit Beendigung der unternehmerischen Tätigkeit;
- bei Vermögensliquidation mit dem Abschluss des Liquidationsverfahrens;
- am Ende des Kalenderjahres, in welchem die für die Steuerpflicht massgebenden Beträge nicht mehr überschritten wurden und wenn zu erwarten ist, dass diese Beträge auch im nachfolgenden Kalenderjahr nicht überschritten werden. Vorbehalten ist der Verzicht auf die Befreiung von der Steuerpflicht. Wer die Voraussetzungen für die Steuerpflicht nicht mehr erfüllt, muss sich unaufgefordert bei der EStV abmelden. Erfolgt keine Abmeldung, wird angenommen, dass auf die Befreiung von der Steuerpflicht verzichtet werde (MWSTG 14 Abs. 3).

2.2 Steuerobjekt

2.2.1 Allgemeines

Steuerobjekt bei der Inlandsteuer sind die durch steuerpflichtige Personen im Inland gegen Entgelt erbrachten Leistungen, sofern sie nicht von der Steuer ausgenommen sind (MWSTG 18 Abs. 1).

Eine Leistung im Sinne des Mehrwertsteuergesetzes ist die Einräumung eines verbrauchsfähigen wirtschaftlichen Wertes an einen Leistungsempfänger gegen ein Entgelt (MWSTG 3 lit. c). Als verbrauchsfähige wirtschaftliche Werte gelten insbesondere gegen Entgelt erbrachte Lieferungen von Gegenständen sowie im Inland gegen Entgelt erbrachte Dienstleistungen inkl. immaterieller Werte wie Rechte, Patente, Know-how (MWSTG 3 lit. c, d und e).

Der Mehrwertsteuer unterliegen Leistungen, denen ein Entgelt mit einem wirtschaftlichen Zusammenhang gegenübersteht. Fehlt ein Entgelt, liegt kein steuerbarer Umsatz vor (vgl. nachfolgend 2.2.4). Speziell zu beachten sind die Entgeltsdefinitionen bei Leistungen an eng verbundene Personen sowie bei Tauschverhältnissen (vgl. nachfolgend 2.7.1).

2.2.2 Lieferung von Gegenständen

2.2.2.1 Übertragung eines Gegenstandes
Eine steuerbare Lieferung eines Gegenstandes liegt vor, wenn die Befähigung verschafft wird, gegen Entgelt in eigenem Namen über einen Gegenstand wirtschaftlich zu verfügen, wie z.B. aufgrund eines Kaufvertrages (MWSTG 3 lit. d Ziff. 1).

Gegenstände im Sinne der Mehrwertsteuer sind bewegliche und unbewegliche Sachen sowie Elektrizität, Gas, Wärme, Kälte und Ähnliches (MWSTG 3 lit. b). Als Sache gilt alles, was körperlich ist (ZGB 713), ausser der Mensch und seine Körperteile. Auch das Tier ist keine Sache; für Tiere aber gelten die für Sachen anwendbaren Regeln, sofern nicht besondere Vorschriften bestehen (ZGB 641a Abs. 2). Auch in der Praxis der Mehrwertsteuer werden daher Tiere als Gegenstände behandelt. Als bewegliche Sachen gelten, was Gegenstand eines Fahrniskaufes nach OR 187 oder eines Energielieferungsvertrages (Elektrizität, Gas, Wärme, Kälte und Ähnliches) sein kann. Zu den unbeweglichen Sachen gehören namentlich Liegenschaften, Gebäude und Teile davon (ZGB 655).

Beispiele:
- Verkauf von beweglichen Gegenständen wie Lebensmittel, Medikamente, Autos usw.;
- Lieferung von Gas, Wasser, Elektrizität, Brennstoffen.

2.2.2.2 Arbeit an einem Gegenstand

Als Lieferungen gelten nach MWSTG 3 lit. d Ziff. 2 auch die Arbeiten an Gegenständen, z.B. aufgrund eines Werkvertrages oder eines Auftrages, auch wenn die Gegenstände dadurch nicht verändert, sondern bloss geprüft, geeicht, reguliert, in der Funktion kontrolliert oder in anderer Weise behandelt werden.

Beispiele:
- Reparatur einer Uhr;
- Reinigung von Kleidern;
- alle Arbeiten an Gebäuden oder an Grundstücken, einschliesslich Reinigung, Leerung von Klärgruben, Gartenbau;
- Ablieferung eines Gebäudes, das der Generalunternehmer für fremde Rechnung hat erstellen lassen;
- Behandlung von Tieren durch Tierärzte, Tierspitäler sowie durch Hundesalons.

2.2.2.3 Überlassen eines Gegenstandes

Die dritte Form von Lieferungen ist nach MWSTG 3 lit. d Ziff. 3 das Überlassen eines Gegenstandes zum Gebrauch oder zur Nutzung, z.B. aufgrund eines Miet- oder Pachtvertrages.

Beispiele:
- Vermieten, Verleasen eines Autos, eines Fernsehgerätes;
- Miete einer Datenverarbeitungsanlage.

2.2.3 Dienstleistungen

Dienstleistung im Sinne der Mehrwertsteuer ist jede Leistung, die keine Lieferung eines Gegenstandes ist (MWSTG 3 lit. e). Zu den Dienstleistungen zählen auch das Überlassen von Immaterialgütern wie Patente und Lizenzen sowie das Unterlassen einer Handlung oder das Dulden einer Handlung bzw. eines Zustandes.

Beispiele von steuerbaren Dienstleistungen:
- Beförderung von Personen und Gegenständen;
- Aufbewahren von Gegenständen;
- Leistungen von Spediteuren und Frachtführern;
- Abtreten oder Einräumen von Immaterialgüter- und ähnlichen Rechten wie Urheber-, Patent-, Lizenz-, Marken-, Muster-, Modell-, Fabrikations- und Verlagsrechten, die elektronische Übermittlung von Software, Datenverarbeitungsleistungen, Betrieb von Datenbanken;
- Untersuchungen, Versuche, Forschungs- und Entwicklungsarbeiten, die z. B. auf die Herstellung von beweglichen und unbeweglichen Gegenständen oder auf die Schaffung von immateriellen Gütern gerichtet sind;
- Architektur- und Ingenieurarbeiten, Leistungen von Geologen, Geometern und Vermessungsbüros;
- Beratung, Begutachtung und Vertretung in juristischen, finanziellen, wirtschaftlichen und organisatorischen Belangen, Beurkundungen von Rechtsgeschäften;
- Vermögensverwaltung;
- Buchführung, Bücherrevision und Sekretariatsarbeiten für Dritte;
- Personalverleih (Zurverfügungstellen von Arbeitskräften);
- Gastgewerbliche Leistungen und Beherbergungen;
- Leistungen der Coiffeure und Kosmetiker;
- Leistungen, die der Werbung oder Bekanntmachung ohne Werbezweck dienen;
- Leistungen der Radio- und Fernsehgesellschaften sowie von Kabelnetzbetreibern;
- Dienstleistungen von Reisebüros;
- Recycling, Entsorgung;
- Vermittlungsleistungen.

2.2.4 Nicht-Entgelte

Wie ausgeführt, unterliegen nur Leistungen der Mehrwertsteuer, denen ein Entgelt mit einem wirtschaftlichen Zusammenhang gegenübersteht. Bei einer Zahlung, welcher keine entgeltliche Leistung zugeordnet werden kann, liegt somit kein steuerbares Entgelt, sondern ein nicht steuerbares sog. Nicht-Entgelt vor.

Mangels Leistung bilden die folgenden Zahlungen kein steuerbares Entgelt:

2.2.4.1 Subventionen und Spezialfälle von Subventionen
Keine Entgelte sind Subventionen und andere öffentlich-rechtliche Beiträge, auch wenn sie gestützt auf einen Leistungsauftrag oder eine Programmvereinbarung gemäss BV 46 Abs. 2 ausgerichtet werden (MWSTG 18 Abs. 2 lit. a).

Ebenfalls keine Entgelte sind Zahlungen, die Kur- und Verkehrsvereine ausschliesslich aus öffentlich-rechtlichen Tourismusabgaben erhalten und die sie im Auftrag von Gemeinwesen zugunsten der Allgemeinheit einsetzen (MWSTG 18 Abs. 2 lit. b).

Keine Entgelte sind auch Beiträge aus kantonalen Wasser-, Abwasser- oder Abfallfonds an Entsorgungsanstalten oder Wasserwerke (MWSTG 18 Abs. 2 lit. c).

2.2.4.2 Spenden
Spenden sind keine Entgelte, weil der Spender vom Empfänger keine Leistung erwartet bzw. erhält. Eine Spende liegt nach MWSTG 3 lit. i vor, wenn folgende Kriterien erfüllt sind:

- die Schenkungsabsicht steht im Vordergrund;
- die Spende erfolgt freiwillig (keine rechtliche Verpflichtung);
- die Spende erfolgt in Bereicherungsabsicht des Begünstigten;
- der Spender erwartet keine Leistung im mehrwertsteuerlichen Sinne.

Eine Zuwendung gilt auch dann als Spende, wenn die Zuwendung in einer Publikation in neutraler Form einmalig oder mehrmalig erwähnt wird, selbst dann, wenn die Firma oder das Logo des Spenders verwendet wird. Beiträge von Passivmitgliedern sowie von Gönnern an Vereine oder an gemeinnützige Organisationen gelten ebenfalls als Spenden.

2.2.4.3 Einlagen in Unternehmen, insbesondere zinslose Darlehen, Sanierungsleistungen und Forderungsverzichte
Einlagen in Unternehmen sind keine Entgelte, wenn der Einlagegeber vom Unternehmen keine Leistung erhält.

2.2.4.4 Dividenden, Tantiemen und Gewinnanteile
Dividenden (OR 675), Tantiemen und andere Gewinnanteile (OR 677) sind keine Entgelte, weil sie nicht für den Erhalt einer Leistung ausgerichtet werden.

2.2.4.5 Pfandgelder

Pfandgelder auf Umschliessungen und Gebinden gelten ebenfalls nicht als Entgelte und unterliegen unter folgenden Voraussetzungen nicht der Mehrwertsteuer:

- Die Umschliessung oder das Gebinde wird zusammen mit dem darin enthaltenen Gegenstand geliefert.
- Das Pfandgeld wird separat in Rechnung gestellt.
- Das Pfandgeld wird bei Rückgabe der Umschliessung oder des Gebindes zurückvergütet.

> **Beispiel:**
>
> Die Getränke AG verlangt bei der Lieferung eines Harasses Mineralwasser ein Pfandgeld von CHF 10, welches bei der Rückgabe des Harasses samt den leeren Flaschen zurückerstattet wird. Die Getränke AG hat das Pfandgeld von CHF 10 ohne Mehrwertsteuer in Rechnung zu stellen.

2.2.4.6 Zahlungen für Schadenersatz, Genugtuung und dergleichen

Zahlungen für Schadenersatz und Genugtuungszahlungen bilden kein steuerbares Entgelt. Als Schadenersatz gilt die Zahlung für den Ausgleich eines Schadens, mit dem der wirtschaftliche Zustand wieder hergestellt wird. Genugtuung ist der Ausgleich eines sog. immateriellen Unbills (Schmerzensgeld).

Auch die Zahlung eines vertraglich vereinbarten Reuegeldes nach OR 158 Abs. 3 für den Rücktritt von einem Vertrag gilt als Schadenersatz und bildet kein steuerbares Entgelt. Steuerbares Entgelt liegt hingegen vor, wenn der Vertrag kein Rücktrittsrecht vorsieht und sich eine Partei nachträglich bereit erklärt, die andere Partei gegen Abgeltung des bisher Geleisteten aus der vertraglichen Verpflichtung zu entlassen.

Dies gilt ebenfalls für die Zahlung von Konventionalstrafen, Betreibungs- und Konkurskosten sowie für Parteientschädigungen. Auch Entschädigungszahlungen von Versicherungen bei Eintritt eines Schadenfalls gelten als Schadenersatzzahlung und bilden kein steuerbares Entgelt.

2.2.4.7 Unselbständig ausgeübte Tätigkeiten

Entschädigungen für unselbständig ausgeübte Tätigkeiten wie Verwaltungsrats- und Stiftungsratshonorare, Behördenentschädigungen oder Sold bilden mehrwertsteuerlich ebenfalls kein steuerbares Entgelt (MWSTG 18 Abs. 2 lit. j).

2.2.4.8 Erstattungen, Beiträge und Beihilfen für Lieferungen von Gegenständen, die direkt ins Ausland befördert oder versendet werden

Ebenfalls kein Entgelt stellen Erstattungen, Beiträge und Beihilfen bei Lieferungen ins Ausland dar, die nach MWSTG 23 Abs. 2 Ziff. 1 von der Mehrwertsteuer befreit sind.

2.2.4.9 Gebühren, Beiträge oder sonstige Zahlungen für hoheitliche Tätigkeiten

Gebühren, Beiträge oder sonstige Zahlungen an Gemeinwesen für hoheitliche Tätigkeiten bilden ebenfalls kein steuerbares Entgelt, weil die Tätigkeit nicht unternehmerisch ist (MWSTG 18 Abs. 2 lit. l; vgl. vorstehend 2.1.5).

2.2.4.10 Weiterleitung von Nicht-Entgelten

Das Weiterleiten von Mitteln, die nach MWSTG 18 Abs. 2 keine Entgelte darstellen, gelten als Finanzierungsvorgang, der nicht der Mehrwertsteuer unterliegt (MWST-Info Steuerobjekt, 2.12).

> **Beispiel:**
> Die drei Hochschulen A, B und C, die alle mehrwertsteuerpflichtig sind, bearbeiten gemeinsam ein Projekt «Wärmerückgewinnung bei Einfamilienhäusern», das vom Schweizerischen Nationalfonds mit einem Beitrag von CHF 600000 unterstützt wird. Dem Schweizerischen Nationalfonds steht kein Exklusivrecht auf die Resultate der Forschung zu. Die Zahlung des gesamten Beitrages erfolgt an die Hochschule A, welche CHF 200000 für die von ihr selbst erbrachten Forschungsleistungen beansprucht und je CHF 200000 an die Hochschulen B und C weiterleitet. Die Hochschulen B und C müssen die ihnen von der Hochschule A weitergeleiteten Beiträge nicht mit der Mehrwertsteuer abrechnen. Die Hochschulen A, B und C erhalten im Betrag von je CHF 200000 öffentlich-rechtliche Beiträge, welche bei allen drei Hochschulen zu einer verhältnismässigen Kürzung ihres Vorsteuerabzugs führen (MWSTG 33 Abs. 2).

2.2.5 Mehrheit von Leistungen

Werden mehrere Leistungen miteinander verbunden bzw. kombiniert, stellt sich die Frage, ob diese Leistungen einzeln oder einheitlich behandelt werden können. Diese Frage ist v. a. dann von Bedeutung, wenn die verschiedenen Leistungen unterschiedlichen Steuersätzen unterliegen, wenn von der Steuer ausgenommene Leistungen mit steuerbaren Leistungen kombiniert werden oder wenn Leistungen sowohl im In- als auch im Ausland erbracht werden.

Bei der Mehrwertsteuer werden voneinander unabhängige Leistungen selbständig behandelt (MWSTG 19 Abs. 1).

Voneinander unabhängige Leistungen, die zu einer Sachgesamtheit vereinigt sind oder als Leistungskombination angeboten werden, können einheitlich nach der überwiegenden Leistung behandelt werden, wenn sie zu einem Gesamtentgelt erbracht werden und die überwiegende Leistung wertmässig mindestens 70 Prozent des Gesamtentgelts ausmacht.

Leistungen, die wirtschaftlich eng zusammengehören und so ineinandergreifen, dass sie als ein unteilbares Ganzes anzusehen sind, gelten als ein einheitlicher wirtschaftlicher Vorgang und sind nach dem Charakter der Gesamtleistung zu beurteilen.

> **Beispiele:**
> - Abgabe eines Löffels (Nebenleistung) zu einer Glace (Hauptleistung)
> - Tropfenzähler (Nebenleistung) und Medikament (Hauptleistung)

Nebenleistungen, namentlich Umschliessungen und Verpackungen, werden steuerlich gleich behandelt wie die Hauptleistung.

2.2.6 Zuordnung von Leistungen, Stellvertretung

Mit der Zuordnung von Leistungen wird festgelegt, wer für die betreffende Leistung steuerpflichtig ist. Dabei gilt als Grundsatz, dass eine Leistung von derjenigen Person als erbracht gilt, die nach aussen als Leistungserbringerin auftritt.

Bei Stellvertretungsgeschäften ist für die Mehrwertsteuer massgebend, ob ein Umsatzgeschäft zwischen dem Vertretenen und dem Dritten vorliegt oder ob zwei Umsatzgeschäfte vorliegen, nämlich eines zwischen dem Vertretenen und dem Vertreter sowie eines zwischen dem Vertreter und dem Dritten.

Handelt der Vertreter im Namen und auf Rechnung des Vertretenen und kann der Vertreter den Vertretenen eindeutig identifizieren und dem Leistungsempfänger bekannt geben oder ergibt sich das Stellvertretungsverhältnis aus den Umständen (OR 32 Abs. 1), kommt das Umsatzgeschäft direkt zwischen dem Vertretenen und dem Dritten zustande (MWSTG 20 Abs. 2).

Beispiel:
Aline Meier verkauft im Namen und auf Rechnung der mehrwertsteuerpflichtigen Taxi AG fünf Taxis für insgesamt CHF 80 000 an die Transport AG
gegen eine Provision von 10% des Kaufpreises.

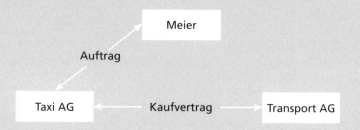

Der Kaufvertrag kommt zwischen der Taxi AG und der Transport AG zustande.
Die Taxi AG hat der Transport AG den Kaufpreis von CHF 80 000 zzgl. 7,6%
Mehrwertsteuer in Rechnung zu stellen. Ist Aline Meier aufgrund ihrer Vermitt-
lungstätigkeit ebenfalls steuerpflichtig, hat sie der Taxi AG die Provision von
CHF 8 000 zzgl. 7,6% Mehrwertsteuer in Rechnung zu stellen.

Tritt demgegenüber bei Lieferungen und Dienstleistungen für fremde
Rechnung der Vertreter nicht ausdrücklich im Namen des Vertretenen auf
(OR 32 Abs. 2), liegt sowohl zwischen dem Vertretenen und dem Vertreter
als auch zwischen diesem und dem Dritten eine Lieferung oder Dienstleistung vor (MWSTG 20 Abs. 3).

Das Gleiche gilt für Treuhandgeschäfte. Der treuhänderisch getätigte
Umsatz im Namen des Treuhänders wird diesem zugerechnet, d.h., die
Steuerpflicht richtet sich nach den Verhältnissen des Treuhänders. Dieser
hat auch die Mehrwertsteuer auf dem Entgelt für seine Treuhandtätigkeit
abzurechnen, sofern er mehrwertsteuerpflichtig ist.

Bei Agenturgeschäften wird nur ein Umsatz getätigt, weil der Agent entweder als blosser Vermittler handelt oder im Namen des Auftraggebers
auftritt. Ist der Agent steuerpflichtig, unterliegt jedoch sein Entgelt für die
Vermittlungstätigkeit der Mehrwertsteuer.

Wenn sich jemand verpflichtet, Arbeiten an einem Gegenstand zu besorgen, und diese Arbeiten ganz oder teilweise durch einen Dritten (Unterakkordanten) vornehmen lässt, liegen zwei steuerbare Leistungen vor: eine
zwischen dem Verpflichteten und dem Auftraggeber und eine zweite zwischen dem Verpflichteten und dem Dritten (MWSTG 20 Abs. 3). Diese
Regelung ist v. a. für Generalunternehmen im Baugewerbe von Bedeutung.

Beispiel:

Die Bergbahnbau AG erstellt als Generalunternehmung am Pizol eine neue Bergbahn, wobei die Ausführung z. T. durch Drittunternehmen (Bau-, Maler-, Sanitär-, Heizungsgeschäft) als Subunternehmer erbracht wird. Es liegen sowohl zwischen der Bergbahnbau AG und dem Seilbahnunternehmen als auch zwischen der Bergbahnbau AG und den Subunternehmen steuerpflichtige Leistungen vor. Dabei kann die Bergbahnbau AG die ihr von den Subunternehmern belastete Mehrwertsteuer als Vorsteuer in Abzug bringen.

2.3 Ort der steuerbaren Leistungen

Die Regelung des Ortes der Leistung legt den Anwendungsbereich der Mehrwertsteuer fest. Wenn sich der Ort einer Leistung nicht im Inland befindet, unterliegt das daraus erzielte Entgelt als Auslandumsatz nicht der schweizerischen Mehrwertsteuer. Das Inland umfasst nach MWSTG 3 das Gebiet der Schweiz sowie als Zollanschlussgebiete das Fürstentum Liechtenstein und die deutsche Gemeinde Büsingen. Eine Sonderstellung nehmen die bündnerischen Talschaften Samnaun und Sampuoir ein, die geografisch zur Schweiz gehören, jedoch nur für Dienstleistungen sowie Leistungen des Hotel- und Gastgewerbes als Inland gelten (MWSTG 4).

Das MWSTG regelt den Ort der Lieferungen sowie denjenigen der Dienstleistungen.

2.3.1 Ort der Lieferungen

Als Ort der Lieferung von Gegenständen gilt nach MWSTG 7:

- der Ort, wo sich der Gegenstand zum Zeitpunkt der Verschaffung der Verfügungsmacht, der Ablieferung oder der Überlassung zum Gebrauch oder zur Nutzung befindet (Abhollieferung; MWSTG 7 Abs. 1 lit. a), oder
- der Ort, wo die Beförderung oder Versendung des Gegenstandes zum Abnehmer beginnt (Beförderungs- bzw. Versandlieferung; MWSTG 7 Abs. 1 lit. b).

Bei Abhollieferungen holt der Empfänger den Gegenstand beim Lieferanten ab, während bei einer Beförderungslieferung der Lieferant den Gegenstand selber zum Empfänger transportiert. Bei einer Versandlieferung beauftragt der Lieferant einen Dritten, z. B. einen Spediteur, mit dem Transport.

Die Bedeutung dieser Regelung liegt darin, dass auch beim Export von Gütern der Lieferort im Inland liegt, d. h., dass grundsätzlich eine Inlandlieferung vorliegt und dass die Steuerbefreiung nur dann eintritt, wenn der Export gemäss MWSTG 23 nachgewiesen wird. Dabei gilt grundsätzlich die freie Beweiswürdigung.

Beispiele:
- Die Maschinen AG, St. Gallen, verkauft eine Maschine an die Pack AG, München, D. Die Pack AG holt die Maschine in St. Gallen ab. Es handelt sich dabei um eine Abhollieferung. Der Ort der Lieferung befindet sich in St. Gallen, weil hier die Verfügungsmacht auf die Pack AG übergeht.
- Die Maschinen AG, St. Gallen, verkauft eine weitere Maschine an die Kauf AG, München. Die Maschinen AG liefert die Maschine mit einem eigenen Lastwagen nach München (= Beförderungslieferung). Der Ort der Lieferung befindet sich in St. Gallen, weil hier der Transport beginnt. Die gleiche Beurteilung ergibt sich, falls der Transport von einem Spediteur vorgenommen wird (= Versandlieferung).

2.3.2   Ort der Dienstleistungen

2.3.2.1 Empfängerort als Grundsatz
Für Dienstleistungen gilt das sog. Empfängerortsprinzip; d. h., als Ort dieser Dienstleistungen gilt der Ort, an dem der Empfänger der Dienstleistung seinen Sitz oder eine Betriebsstätte hat (MWSTG 8 Abs. 1). Befindet sich der Sitz bzw. die Betriebsstätte des Empfängers im Ausland, unterliegt die Dienstleistung nicht der schweizerischen Mehrwertsteuer. Dienstleistungen, für welche das Empfängerortsprinzip zur Anwendung gelangt, sind z. B.:

- Abtretung und Einräumung von Immaterialgüter- und ähnlichen Rechten;
- Leistungen auf dem Gebiet der Werbung;
- Leistungen von Beratern, Vermögensverwaltern, Treuhändern, Inkassobüros, Ingenieuren, Studienbüros, Anwälten, Notaren, Buchprüfern, Dolmetschern und Übersetzern, Management-Dienstleistungen sowie sonstige ähnliche Leistungen; steht die Dienstleistung des Architekten, Ingenieurs usw. im Zusammenhang mit einem Grundstück, gilt allerdings das Lageortsprinzip (MWSTG 8 Abs. 2 lit. f; vgl. nachfolgend 2.3.2.6);
- die Datenverarbeitung, die Überlassung von Informationen und ähnliche Dienstleistungen;
- Telekommunikationsdienstleistungen;
- der Personalverleih;
- Bank-, Finanz- und Versicherungsumsätze, einschliesslich Rückversicherungsumsätzen, ausgenommen die Vermietung von Schliessfächern.

Beispiele:
- Die mehrwertsteuerpflichtige Werbe AG erstellt für eine Bank in Deutschland das Konzept für eine Werbekampagne.
- Die Privatbank Anlage AG verwaltet für ausländische Kunden Vermögen, welches auf schweizerischen und ausländischen Depots liegt. Bei der Vermögensverwaltung für im Ausland wohnhafte Kunden ist deren Domizil und nicht die Lage des Vermögens massgebend, weshalb keine Mehrwertsteuer auf der Entschädigung für die Vermögensverwaltung geschuldet ist.
- Der mehrwertsteuerpflichtige Steuerberater Peter Tax erstellt für einen ausländischen Kunden ein Gutachten.

MWSTG 8 Abs. 1 kommt im Sinne einer Auffangklausel nur zur Anwendung, wenn kein anderer Anknüpfungspunkt gemäss MWSTG 8 Abs. 2 besteht.

Das Empfängerortsprinzip gilt auch für Beförderungsleistungen, mit Ausnahme von Personenbeförderungsleistungen, die in MWSTG 8 Abs. 2 lit. e separat geregelt sind (vgl. nachfolgend 2.3.2.5).

2.3.2.2 Erbringerort
Bei Dienstleistungen, die typischerweise unmittelbar gegenüber physisch anwesenden Personen erbracht werden, gilt der Ort als massgebend, an dem die dienstleistende Person den Sitz ihrer wirtschaftlichen Tätigkeit oder eine Betriebsstätte hat (MWSTG 8 Abs. 2 lit. a). Als solche Dienstleistungen gelten u. a. Heilbehandlungen, Therapien, Pflegeleistungen, Körperpflege, Eheberatung usw.

Das Erbringerortsprinzip gilt auch für Dienstleistungen von Reisebüros und Organisatoren von Veranstaltungen, die ebenfalls als an dem Ort erbracht gelten, an dem die dienstleistende Person den Sitz ihrer wirtschaftlichen Tätigkeit hat.

2.3.2.3 Künstlerische, wissenschaftliche, sportliche und ähnliche Dienstleistungen
Bei künstlerischen, wissenschaftlichen, unterrichtenden, sportlichen, unterhaltenden oder ähnlichen Leistungen sowie bei den Leistungen des jeweiligen Veranstalters ist der Ort massgebend, an dem diese Tätigkeiten tatsächlich ausgeübt werden (MWSTG 8 Abs. 2 lit. c).

2.3.2.4 Gastgewerbliche Leistungen
Bei gastgewerblichen Leistungen ist der Ort massgeblich, an dem diese Leistung tatsächlich erbracht wird (MWSTG 8 Abs. 2 lit. d).

Beispiel:

Die mehrwertsteuerpflichtige Speiserestaurant Adler AG in Bad Ragaz muss die Rechnungen für die in Bad Ragaz servierten Speisen und Getränke sowohl an Schweizer als auch an ausländische Gäste mit Mehrwertsteuer ausstellen.

2.3.2.5 Personenbeförderungsleistungen

Personenbeförderungsleistungen gelten grundsätzlich als in dem Land erbracht, in welchem die zurückgelegte Strecke liegt (MWSTG 8 Abs. 2 lit. e).

Beispiel:

Die Bus AG führt eine Rundreise für CHF 30 durch von Sargans SG nach Schaan, FL, Feldkirch, A, Dornbirn, A, Bregenz, A, und zurück nach Sargans. Die gefahrene Strecke befindet sich zu 60% in der Schweiz, zu 10% in Liechtenstein und zu 30% in Österreich. Die Leistung unterliegt entsprechend der im Inland und Ausland zurückgelegten Strecke, d.h. zu 70% (CH und FL), der Mehrwertsteuer. Weil die Personenbeförderung nicht überwiegend über ausländisches Gebiet führt, findet keine Befreiung von der Schweizer Mehrwertsteuer Anwendung.

Unter die Regeln der Personenbeförderung fällt grundsätzlich auch der internationale Luft- und Eisenbahnverkehr, die indessen beide von der Steuer befreit sind, sofern nur der Ankunfts- oder der Abgangsort im Inland liegen (MWSTV 41 und 42; vgl. nachfolgend 2.6).

2.3.2.6 Ort der Liegenschaft

Dienstleistungen im Zusammenhang mit einem Grundstück gelten an dem Ort als erbracht, an dem das Grundstück gelegen ist. Zu solchen Dienstleistungen zählen die Verwaltung oder Schätzung des Grundstückes, Dienstleistungen im Zusammenhang mit dem Erwerb oder der Bestellung von dinglichen Rechten am Grundstück sowie Architektur- und Ingenieurarbeiten (MWSTG 8 Abs. 2 lit. f).

Auch Beherbergungsleistungen gelten als am Ort der Liegenschaft erbracht.

Beispiel:

Die Hotel-Therme AG in Davos muss die Rechnungen für Beherbergungsleistungen sowohl an Schweizer als auch an ausländische Gäste mit Mehrwertsteuer ausstellen.

2.3.2.7 Bestimmungsort

Bei Dienstleistungen im Bereich der internationalen Entwicklungshilfe und der humanitären Hilfe befindet sich der Ort der steuerbaren Leistung an dem Ort, für den die Dienstleistung bestimmt ist (MWSTG 8 Abs. 2 lit. g). Mit dieser Regelung sorgt der Gesetzgeber dafür, dass der Ort stets im Ausland liegt und die Entwicklungshilfe somit durchgehend von der Mehrwertsteuer befreit ist (bei vollem Vorsteuerabzug gestützt auf MWSTG 28).

2.4 Von der Steuer ausgenommene Leistungen

2.4.1 Allgemeines

Der Gesetzgeber hat zahlreiche Leistungen von der Mehrwertsteuer ausgenommen (MWSTG 21). Die Ausnahmen sind zurückzuführen auf sozialpolitische Gründe (Leistungen im Bereich des Gesundheitswesens, der Sozialfürsorge, der Erziehung und der Bildung), auf kulturelle Gründe (Ausnahme der kulturellen und sportlichen Leistungen), auf Zweckmässigkeitsgründe (Umsätze im Bereich des Geld- und Kapitalverkehrs) sowie zur Vermeidung von Doppelbesteuerungen (Handel mit Grundstücken).

Auf den von der Steuer ausgenommenen Leistungen im Inland darf allerdings kein Vorsteuerabzug gemacht werden, sofern für deren Versteuerung nicht optiert wird (MWSTG 29 Abs. 1; vgl. nachfolgend 2.5). Dies führt dazu, dass ein Unternehmer mit ausgenommenen Leistungen die von ihm bezahlte Mehrwertsteuer, weil er den Vorsteuerabzug nicht geltend machen kann, in seine Preise einkalkuliert und sie damit auf die Konsumenten überwälzt (ohne dass in der Rechnung ein Hinweis auf die Mehrwertsteuer enthalten ist). Dadurch fällt eine sog. Taxe occulte (Schattensteuer) an. Man spricht daher von einer unechten Steuerbefreiung.

> **Beispiel:**
> Die Schulgelder von Schulen sind gemäss MWSTG 21 Abs. 2 Ziff. 11 von der Mehrwertsteuer ausgenommen. Kauft eine Privatschule Mobiliar für CHF 100 000, wird ihr die Mehrwertsteuer von 7,6 % bzw. CHF 7 600 belastet, für welche ihr kein Vorsteuerabzug zusteht. In die Kalkulation der Schulgelder fliessen nun CHF 107 600 ein, womit die der Schule belastete Mehrwertsteuer auf die Schüler überwälzt wird.

2.4.2 Ausgenommene Leistungen

Im Gesetz werden die von der Mehrwertsteuer ausgenommenen Leistungen in MWSTG 21 abschliessend aufgezählt. Von der Mehrwertsteuer ausgenommen sind folgende Leistungen:

2.4.2.1 Beförderung von Gegenständen

Von der Mehrwertsteuer ausgenommen ist die Beförderung von Gegenständen, die unter die reservierten Dienste im Sinne der Postgesetzgebung fallen; steuerbar ist hingegen die Paketpost (MWSTG 21 Abs. 2 Ziff. 1).

Unter die reservierten Dienste fällt die Beförderung von adressierten Briefpostsendungen bis 50 Gramm sowie von Wertsendungen, Gerichts- und Betreibungsurkunden (Postverordnung vom 26. November 2003, Art. 2 Abs. 1; SR 783.01). Die übrigen Leistungen, insbesondere die Beförderung von Paketen, Schnellpostsendungen und abgehenden Briefpostsendungen im internationalen Verkehr sowie die Beförderung von Personen, unterliegen der Mehrwertsteuer, soweit sie nicht gemäss MWSTG 21 Abs. 2 Ziff. 19 als Umsatz im Bereich des Geld- und Kapitalverkehrs von der Steuer ausgenommen oder gemäss MWSTG 23 von der Steuer befreit sind.

2.4.2.2 Spitalbehandlung und ärztliche Heilbehandlung in Spitälern

Von der Mehrwertsteuer ausgenommen sind auch die Spitalbehandlung und die ärztliche Heilbehandlung in Spitälern im Bereich der Humanmedizin, einschliesslich der damit eng verbundenen Leistungen, die von Spitälern sowie Zentren für ärztliche Heilbehandlung und Diagnostik erbracht werden (MWSTG 21 Abs. 2 Ziff. 2).

Als eng verbundene Leistungen und damit ebenfalls von der Mehrwertsteuer ausgenommen gelten die Verabreichung von Medikamenten oder die Abgabe von im Rahmen der Heilbehandlung eingesetzten Prothesen (Körper-Ersatz), die nur mit einem operativen Eingriff im Körper eingesetzt und wieder entfernt werden können (z.B. künstliches Hüftgelenk). Steuerpflichtig ist dagegen die Abgabe von Medikamenten als solche, z.B. für die Mitnahme nach Hause. Damit wird eine Gleichbehandlung der Spitäler mit den Apotheken und den selbst dispensierenden Ärzten erreicht. Die Abgabe von Prothesen und orthopädischen Apparaten, die ohne operativen Eingriff entfernt und wieder eingesetzt werden können, gilt ebenfalls als steuerbare Leistung.

Als eng verbundene, von der Mehrwertsteuer ausgenommene Leistung zählt auch die Abgabe von Esswaren und Getränken, die von den Patienten im Spitalzimmer eingenommen werden. Zu versteuern sind dagegen in Spitälern die Leistungen von Restaurants, Kantinen, Cafeterias, Kiosken und Blumenständen, gleichgültig ob es sich bei den Abnehmern um Patienten, Besucher oder andere Personen handelt.

Als Zentren für ärztliche Heilbehandlung gelten z.B. Kurkliniken und Rehabilitationszentren. Von der Mehrwertsteuer ausgenommen sind dabei nur

Leistungen an solche Patienten, die ärztlich eingewiesen werden. Zentren für Diagnostik sind z. B. Röntgeninstitute und medizinische Labors.

2.4.2.3 Heilbehandlung von Angehörigen der Heil- und Pflegeberufe

Von der Mehrwertsteuer ausgenommen sind ebenfalls die Heilbehandlungen im Bereich der Humanmedizin, die von Ärzten, Zahnärzten, Psychotherapeuten, Chiropraktoren, Physiotherapeuten, Naturärzten, Hebammen, Krankenschwestern oder Angehörigen ähnlicher Heil- oder Pflegeberufe ausgeübt werden, soweit die Leistungserbringer über die notwendige kantonale Berufsbewilligung verfügen (MWSTG 21 Abs. 2 Ziff. 3). Die Abgabe von Prothesen inkl. Zahnprothesen und von orthopädischen Apparaten gilt hingegen als steuerbare Leistung.

Von der Mehrwertsteuer ausgenommen sind nur Heilbehandlungen im Bereich der Humanmedizin, nicht aber solche von Tierärzten.

Medikamente und medizinische Hilfsmittel, die durch die Angehörigen der Heilberufe im Rahmen ihrer Behandlung unmittelbar am Patienten selber verwendet werden, sind Teil der von der Steuer ausgenommenen Heilbehandlung. Werden sie hingegen den Patienten zur eigenen Anwendung nach Hause mitgegeben, sind sie als selbständige Lieferungen zum entsprechenden Satz zu versteuern.

2.4.2.4 Pflegeleistungen

Die von Krankenschwestern, Krankenpflegern, Krankenpflegerinnen, Organisationen der Krankenpflege und der Hilfe zu Hause (Spitex) oder in Heimen erbrachten Pflegeleistungen sind von der Mehrwertsteuer ausgenommen, sofern sie ärztlich verordnet sind (MWSTG 21 Abs. 2 Ziff. 4).

2.4.2.5 Lieferungen von menschlichen Organen und menschlichem Vollblut

Von der Mehrwertsteuer ausgenommen sind zudem die Lieferungen von menschlichen Organen durch medizinisch anerkannte Institutionen und Spitäler sowie von menschlichem Blut, einschliesslich Blutkomponenten und Blutderivaten, durch Inhaber einer hiezu erforderlichen Bewilligung (MWSTG 21 Abs. 2 Ziff. 5).

2.4.2.6 Dienstleistungen von Gemeinschaften, deren Mitglieder Angehörige von Heil- oder Pflegeberufen sind

Von der Mehrwertsteuer ausgenommen sind die Dienstleistungen von Gemeinschaften, deren Mitglieder Angehörige der in Ziff. 3 aufgeführten Heil- oder Pflegeberufe sind, soweit diese Dienstleistungen anteilsmässig zu Selbstkosten an die Mitglieder für die unmittelbare Ausübung ihrer Tätigkeiten erbracht werden (MWSTG 21 Abs. 2 Ziff. 6).

2.4.2.7 Beförderung von kranken, verletzten oder behinderten Personen

Die Beförderung von kranken oder verletzten Personen oder von Personen mit Behinderungen in dafür besonders eingerichteten Transportmitteln ist ebenfalls von der Mehrwertsteuer ausgenommen (MWSTG 21 Abs. 2 Ziff. 7).

Erfolgen solche Transporte in nicht speziell dafür eingerichteten Transportmitteln, unterliegen sie der Mehrwertsteuer. Neben dem Transport in speziell eingerichteten Fahrzeugen sind solche Transporte auch in entsprechend eingerichteten Helikoptern und anderen Luftfahrzeugen von der Mehrwertsteuer ausgenommen.

2.4.2.8 Leistungen von Einrichtungen und Organisationen im Sozial- und Pflegebereich

Von der Mehrwertsteuer ausgenommen sind auch die Leistungen von Einrichtungen der Sozialfürsorge, der Sozialhilfe und der sozialen Sicherheit, von gemeinnützigen Organisationen der Krankenpflege und der Hilfe zu Hause (Spitex) und von Alters-, Wohn- und Pflegeheimen (MWSTG 21 Abs. 2 Ziff. 8).

Von der Mehrwertsteuer ausgenommen sind dabei auch die Umsätze von sog. Seniorenresidenzen, auch wenn diese nicht aus gemeinnützigen Motiven, sondern mit Gewinnabsicht betrieben werden.

Nicht mehrwertsteuerpflichtig sind zudem u. a. Umsätze von Notschlafstellen, Frauenhäusern und von gemeinnützigen Organisationen, die Mahlzeiten an Betagte, Behinderte und Kranke abgeben.

> **Beispiel:**
> Der Verein Help wird von der Stadt St. Gallen beauftragt, ein Jugendzentrum zu betreiben. Diese Tätigkeit wird durch die Stadt St. Gallen pauschal entschädigt. Die Entschädigung der Stadt St. Gallen an den Verein Help ist von der Mehrwertsteuer ausgenommen (MWST-Info Steuerobjekt 5.9).

2.4.2.9 Kinder- und Jugendbetreuung

Die mit der Kinder- und Jugendbetreuung verbundenen Leistungen durch dafür eingerichtete Institutionen (Kinderkrippen, Kinderhorte, Tagesheime, Waisenhäuser) sind auch von der Mehrwertsteuer ausgenommen (MWSTG 21 Abs. 2 Ziff. 9). Anders als in Ziff. 11 sind dabei auch gastgewerbliche Leistungen, wie die Abgabe von Mahlzeiten in Kinderhorten, von der Mehrwertsteuer ausgenommen.

2.4.2.10 Kultur- und Bildungsförderung von Jugendlichen

Von der Mehrwertsteuer ausgenommen sind mit der Kultur- und Bildungsförderung von Jugendlichen eng verbundene Umsätze von gemeinnützigen Jugendaustauschorganisationen (MWSTG 21 Abs. 2 Ziff. 10).

2.4.2.11 Erziehung und Bildung

Die folgenden Leistungen im Bereich der Erziehung und Bildung mit Ausnahme der in diesem Zusammenhang erbrachten gastgewerblichen und Beherbergungsleistungen sind auch von der Mehrwertsteuer ausgenommen (MWSTG 21 Abs. 2 Ziff. 11):

a) die Leistungen im Bereich der Erziehung von Kindern und Jugendlichen, des Unterrichts, der Ausbildung, der Fortbildung und der beruflichen Umschulung, einschliesslich des von Privatlehrern oder Privatschulen erteilten Unterrichts;

b) Kurse, Vorträge und andere Veranstaltungen wissenschaftlicher oder bildender Art; die Referententätigkeit ist von der Mehrwertsteuer ausgenommen, unabhängig davon, ob das Honorar dem Unterrichtenden oder seinem Arbeitgeber ausgerichtet wird;

c) die im Bildungsbereich durchgeführten Prüfungen;

d) Organisationsdienstleistungen der Mitglieder einer Einrichtung, die von der Steuer ausgenommene Leistungen nach vorstehend lit. a–c erbringt, an diese Einrichtung;

e) Organisationsdienstleistungen an Dienststellen von Bund, Kantonen und Gemeinden, die von der Steuer ausgenommene Leistungen nach vorstehend lit. a–c entgeltlich oder unentgeltlich erbringen.

Beispiele:
- Ausgenommen sind der Unterricht an öffentlichen und privaten Schulen, wie z.B. Primar-, Sekundar- und Kantonsschule, Seminare, Hoch- und Fachhochschule, Sprachkurse, Vorbereitungskurse auf eidgenössische Berufsprüfungen usw. (lit. a).
- Die Lieferung von Lehr- und Lernmaterial, das unmittelbar im Unterricht eingesetzt und im Schulgeld enthalten ist, ist als Nebenleistung ebenfalls ausgenommen.
- Der Verkauf von Lehrbüchern durch die Lernstudio AG, die separat in Rechnung gestellt werden, gilt nicht als eng verbundener Umsatz und unterliegt der Mehrwertsteuer, sofern die Lernstudio AG die Voraussetzungen für die Steuerpflicht erfüllt.
- Der Treuhänderverband (Mitglied der Trägerschaft) stellt an die Trägerschaft Rechnung für die Führung des Prüfungssekretariats. Diese Leistungen sind als Organisationsdienstleistungen von der Mehrwertsteuer ausgenommen (lit. d).

2.4.2.12 Personalverleih durch nicht gewinnstrebige Einrichtungen

Von der Mehrwertsteuer ausgenommen ist auch das Zurverfügungstellen von Personal durch religiöse oder weltanschauliche, nicht gewinnstrebige Einrichtungen für Zwecke der Krankenbehandlung, der Sozialfürsorge und der sozialen Sicherheit, der Kinder- und Jugendbetreuung, der Erziehung und Bildung sowie für kirchliche, karitative und gemeinnützige Zwecke (MWSTG 21 Abs. 2 Ziff. 12).

Zweck dieser Bestimmung ist es, die gemäss MWSTG 21 Abs. 2 Ziff. 2 und Ziff. 8–11 von der Steuer ausgenommenen Umsätze sowie kirchliche, karitative und gemeinnützige Tätigkeiten nicht mit der Mehrwertsteuer zu belasten, auch wenn diese Leistungen entgeltlich durch Personal von religiösen oder weltanschaulichen, nicht gewinnstrebigen Einrichtungen erbracht werden.

2.4.2.13 Leistungen von nicht gewinnstrebigen Einrichtungen gegen einen statutarisch festgesetzten Betrag

Ebenfalls von der Mehrwertsteuer ausgenommen sind die Leistungen, die nicht gewinnstrebige Einrichtungen mit politischer, gewerkschaftlicher, wirtschaftlicher, religiöser, patriotischer, weltanschaulicher, philanthropischer, ökologischer, sportlicher, kultureller oder staatsbürgerlicher Zielsetzung ihren Mitgliedern gegen einen statutarisch festgesetzten Beitrag erbringen (MWSTG 21 Abs. 2 Ziff. 13).

2.4.2.14 Kulturelle Dienstleistungen

Von der Mehrwertsteuer ausgenommen sind auch dem Publikum unmittelbar erbrachte kulturelle Dienstleistungen der nachfolgend aufgeführten Art, sofern hiefür ein besonderes Entgelt verlangt wird (MWSTG 21 Abs. 2 Ziff. 14):

- Theater, musikalische und choreografische Aufführungen sowie Filmvorführungen,
- Darbietungen von Schauspielern, Musikern, Tänzern und anderen ausübenden Künstlern sowie von Schaustellern einschliesslich Geschicklichkeitsspielen,
- Besuche von Museen, Galerien, Denkmälern, historischen Stätten sowie botanischen und zoologischen Gärten,
- Dienstleistungen von Bibliotheken, Archiven und Dokumentationsstellen, namentlich die Einsichtsgewährung in Text-, Ton- und Bildträger in ihren Räumlichkeiten. Steuerbar sind jedoch die Lieferungen einschliesslich der Gebrauchsüberlassung von Gegenständen durch solche Institutionen.

Von der Mehrwertsteuer ausgenommen sind kulturelle Dienstleistungen, die dem Publikum unmittelbar erbracht werden und für die das Publikum ein besonderes Entgelt in Form eines Eintrittbillets oder dgl. zu entrichten hat. Konsumationszuschläge in Gaststätten, z.B. für einen Barpianisten, sind mehrwertsteuerpflichtig, sofern sie nicht separat für die kulturellen Dienstleistungen erhoben werden.

Leistungen, die zunächst auf einen Bild- oder Tonbildträger aufgezeichnet und anschliessend dem Publikum dargeboten werden, sind nicht von der Mehrwertsteuer ausgenommen.

2.4.2.15 Sportliche Anlässe

Von der Mehrwertsteuer ausgenommen sind überdies die für sportliche Anlässe verlangten Entgelte, einschliesslich derjenigen für die Zulassung zur Teilnahme an solche Anlässe (z.B. Startgelder), samt den darin eingeschlossenen Nebenleistungen (MWSTG 21 Abs. 2 Ziff. 15).

Neben den Eintrittsgeldern für Sportveranstaltungen sind auch die Entgelte für die Teilnahme an Sportveranstaltungen von der Mehrwertsteuer ausgenommen. Darunter fallen in erster Linie Startgelder für Volksläufe und Lizenzgebühren, die an Verbände für die Teilnahme an Meisterschaftsbetrieben zu zahlen sind. Ist im Startgeld eine kleinere Nebenleistung eingeschlossen, wie Verpflegung und Erfrischung an der Laufstrecke oder die Abgabe von Medaillen, sind auch diese Leistungen von der Mehrwertsteuer ausgenommen.

Steuerbar sind jedoch die Eintrittsgelder für die öffentliche Benutzung von Sportanlagen wie Schwimmbäder, Eisbahnen sowie die Beförderungsleistungen von Bergbahnen.

2.4.2.16 Kulturelle Dienstleistungen und Lieferungen von Werken durch deren Urheberinnen und Urheber

Kulturelle Dienstleistungen und Lieferungen von Werken durch deren Urheberinnen und Urheber wie Schriftsteller, Komponisten, Filmschaffende, Kunstmaler, Bildhauer sowie von den Verlegern und den Verwertungsgesellschaften zur Verbreitung dieser Werke erbrachten Dienstleistungen sind ebenfalls von der Mehrwertsteuer ausgenommen (MWSTG 21 Abs. 2 Ziff. 16).

Steuerfrei sind nur kulturelle Leistungen, während Umsätze, die z.B. Schriftsteller und Komponisten aus kommerziellen Tätigkeiten erzielen, wie das Verfassen von Werbetexten oder das Komponieren von Musik für Werbesendungen, der Mehrwertsteuer unterliegen.

Auch Kunstmaler und Bildhauer sind für die von ihnen persönlich hergestellten Kunstwerke nicht mehrwertsteuerpflichtig. Werden diese aber von
einem Händler in dessen eigenem Namen veräussert, z. B. durch eine Kunst-
galerie, so unterliegt dieser Verkauf der Steuer. Die Steuerbefreiung für
Kunstmaler und Bildhauer gilt auch nicht für andere Tätigkeiten, die der
Steuer unterliegen. Sie werden steuerpflichtig, wenn die daraus erzielten
Einnahmen die Beitragsgrenzen überschreiten.

> **Beispiel:**
> Ein Bildhauer führt neben seiner künstlerischen Tätigkeit noch ein Grabstein-
> geschäft.

2.4.2.17 Veranstaltungen für gemeinnützige Zwecke

Von der Mehrwertsteuer ausgenommen sind ebenfalls die Umsätze bei
Veranstaltungen wie Basaren und Flohmärkten

- von Einrichtungen, die von der Steuer ausgenommene Tätigkeiten auf
  dem Gebiet der Krankenbehandlung und Krankenpflege, der Sozialfürsorge, der Sozialhilfe und der sozialen Sicherheit, der Kinder- und Jugendbetreuung sowie des nicht gewinnstrebigen Sports ausüben, oder
- von Alters-, Wohn- und Pflegeheimen,

sofern die Erlöse zum Nutzen dieser Einrichtungen verwendet werden
(MWSTG 21 Abs. 2 Ziff. 17).

2.4.2.18 Versicherungs- und Rückversicherungsumsätze

Von der Mehrwertsteuer ausgenommen sind zudem die Versicherungs- und
Rückversicherungsumsätze mit Einschluss der Umsätze aus der Tätigkeit als
Versicherungsvertreter oder Versicherungsmakler (MWSTG 21 Abs. 2 Ziff. 18).

Von der Mehrwertsteuer ausgenommen sind die Versicherungsprämien,
welche grundsätzlich bereits der Stempelabgabe unterliegen, sowie die
Umsätze von selbständig erwerbenden Versicherungsvertretern und Ver-
sicherungsmaklern.

2.4.2.19 Geld- und Kapitalverkehr

Von der Mehrwertsteuer ausgenommen sind folgende Umsätze im Bereich
des Geld- und Kapitalverkehrs (MWSTG 21 Abs. 2 Ziff. 19):

- die Gewährung und Vermittlung von Krediten und die Verwaltung von
  Krediten durch die Kreditgeber;

- die Vermittlung und die Übernahme von Verbindlichkeiten, Bürgschaften und anderen Sicherheiten und Garantien sowie die Verwaltung von Kreditsicherheiten durch die Kreditgeber;
- die Umsätze, einschliesslich Vermittlung, im Einlagengeschäft und Kontokorrentverkehr, im Zahlungs- und Überweisungsverkehr, im Geschäft mit Geldforderungen, Checks und anderen Handelspapieren; steuerbar ist jedoch die Einziehung von Forderungen im Auftrag des Gläubigers (Inkassogeschäft);
- die Umsätze, einschliesslich Vermittlung, die sich auf gesetzliche Zahlungsmittel (in- und ausländische Valuten wie Devisen, Banknoten, Münzen) beziehen; steuerbar sind jedoch Sammlerstücke (Banknoten und Münzen), die normalerweise nicht als gesetzliches Zahlungsmittel verwendet werden;
- die Umsätze (Kassa- und Termingeschäfte), einschliesslich Vermittlung, von Wertpapieren, Wertrechten und Derivaten sowie von Anteilen an Gesellschaften und anderen Vereinigungen; steuerbar sind jedoch die Verwahrung und die Verwaltung von Wertpapieren, Wertrechten und Derivaten sowie von Anteilen (Depotgeschäft usw.) einschliesslich Treuhandanlagen;
- die Verwaltung von Anlagefonds und anderen Sondervermögen durch Fondsleitungen, Depotbanken und deren Beauftragte.

Steuerbare Leistungen mit Recht auf den Vorsteuerabzug sind:

- das Einziehen von Forderungen im Auftrag des Gläubigers (Inkassogeschäft). Das Einziehen von eigenen Forderungen gilt als eine von der Steuer ausgenommene Verwaltung von Krediten;
- der Handel mit Münzen und Noten, die nicht als gesetzliche Zahlungsmittel verwendet werden (Numismatik);
- das Vermögensverwaltungsgeschäft;
- die Verwahrung und Verwaltung von Wertpapieren und Anteilen (Depotgeschäft);
- Erbschaftsverwaltungen;
- Treuhandgeschäfte im Rahmen der Vermögensverwaltung;
- die Vermietung von Safes.

Steuerbefreite Leistungen mit Recht auf den Vorsteuerabzug sind:

- Vermögensverwaltung für Kunden mit Wohnsitz im Ausland;
- Inkassogeschäfte für Kunden mit Wohnsitz im Ausland;
- Lieferung von Münzen und Noten, die nicht als gesetzliche Zahlungsmittel verwendet werden (Numismatik), ins Ausland.

2.4.2.20 Dingliche Rechte an Grundstücken und Leistungen von Stockwerkeigentümergemeinschaften

Von der Mehrwertsteuer ausgenommen sind auch die Übertragung und Bestellung von dinglichen Rechten an Grundstücken sowie die Leistungen von Stockwerkeigentümergemeinschaften an die Stockwerkeigentümer, soweit die Leistungen in der Überlassung des gemeinschaftlichen Eigentums zum Gebrauch, seinem Unterhalt, seiner Instandsetzung und sonstigen Verwaltung sowie der Lieferung von Wärme und ähnlichen Gegenständen bestehen (MWSTG 21 Abs. 2 Ziff. 20).

Mit dieser Bestimmung werden Liegenschaftstransaktionen, welche der Handänderungs- sowie der Grundstückgewinnsteuer unterliegen, nicht noch zusätzlich mit der Mehrwertsteuer belastet. Die Nichtbesteuerung der Leistungen von Stockwerkeigentümergemeinschaften an die Stockwerkeigentümer ist sozialpolitisch zur Unterstützung von günstigem Wohnen begründet.

2.4.2.21 Vermietung und Verpachtung von Grundstücken

Die Überlassung von Grundstücken und Grundstücksteilen zum Gebrauch oder zur Nutzung ist von der Mehrwertsteuer ausgenommen (MWSTG 21 Abs. 2 Ziff. 21). Steuerbar sind jedoch:

* die Vermietung von Wohn- und Schlafräumen zur Beherbergung von Gästen sowie die Vermietung von Sälen im Hotel- und Gastgewerbe;
* die Vermietung von Campingplätzen;
* die Vermietung von nicht im Gemeingebrauch stehenden Plätzen für das Abstellen von Fahrzeugen, ausser es handle sich um eine unselbständige Nebenleistung zu einer von der Steuer ausgenommenen Immobilienvermietung;

> **Beispiel:**
> Wird im Zusammenhang mit der Vermietung einer Wohnung auch ein Parkplatz vermietet, gilt dies als unselbständige Nebenleistung zur von der Mehrwertsteuer ausgenommenen Wohnungsvermietung und ist ebenfalls von der Mehrwertsteuer ausgenommen.

* die Vermietung und Verpachtung von fest eingebauten Vorrichtungen und Maschinen, die zu einer Betriebsanlage, nicht jedoch zu einer Sportanlage gehören. Die Vermietung von Sportanlagen wie z.B. Tennisplätzen ist damit von der Mehrwertsteuer ausgenommen;
* die Vermietung von Schliessfächern;
* die Vermietung von Messestandflächen und einzelner Räume in Messe- und Kongressgebäuden.

Die Nichtbesteuerung der Wohnungsmieten ist wie die Nichtbesteuerung der Leistungen von Stockwerkeigentümergemeinschaften an die Stockwerkeigentümer zur Förderung von günstigem Wohnen sozialpolitisch motiviert.

2.4.2.22 Lieferung von Postwertzeichen und sonstigen amtlichen Wertzeichen

Auch die Lieferung von im Inland gültigen Postwertzeichen und sonstigen amtlichen Wertzeichen höchstens zum aufgedruckten Wert ist von der Mehrwertsteuer ausgenommen (MWSTG 21 Abs. 2 Ziff. 22).

Der Verkauf von inländischen, gültigen Briefmarken höchstens zum aufgedruckten Wert ist von der Mehrwertsteuer ausgenommen, unabhängig davon, ob sie für die Frankatur oder zum Sammeln verwendet werden. Demgegenüber unterliegt das Handeln von Briefmarken als Sammelobjekte über dem aufgedruckten Wert der Mehrwertsteuer.

2.4.2.23 Umsätze bei Wetten, Lotterien und sonstigen Glücksspielen mit Geldeinsatz

Die Umsätze bei Wetten, Lotterien und sonstigen Glücksspielen mit Geldeinsatz, soweit sie einer Sondersteuer oder sonstigen Abgaben unterliegen, sind ebenfalls von der Mehrwertsteuer ausgenommen (MWSTG 21 Abs. 2 Ziff. 23).

Die Nichtbesteuerung dieser Umsätze wird mit der Belastung durch andere Steuern begründet. Von der Mehrwertsteuer ausgenommen sind alle Arten von Glücksspielen wie Sport-Toto, Lotto sowie Umsätze von Spielcasinos. Steuerbar sind hingegen die Einnahmen aus Geschicklichkeitsspielen und Spielautomaten wie Billard, Flipperkästen, Videospiele sowie Geldspielautomaten in Restaurants.

2.4.2.24 Lieferung gebrauchter beweglicher Gegenstände

Von der Mehrwertsteuer ausgenommen sind auch die Lieferungen von gebrauchten beweglichen Gegenständen, die ausschliesslich zur Erbringung für von der Mehrwertsteuer ausgenommenen Leistungen verwendet wurden (MWSTG 21 Abs. 2 Ziff. 24).

Mit dieser Bestimmung wird verhindert, dass Betriebsmittel mehrfach der Mehrwertsteuer unterliegen. Wenn beim Erwerb kein Vorsteuerabzug geltend gemacht werden konnte, weil der Gegenstand für eine von der Mehrwertsteuer ausgenommene Tätigkeit verwendet wurde, soll der Gegenstand beim Occasionsverkauf nicht ein zweites Mal mit der Mehrwertsteuer belastet werden.

2.4.2.25   Leistungen von Ausgleichskassen

Von der Mehrwertsteuer ausgenommen sind zudem die Leistungen von Ausgleichskassen untereinander sowie die Umsätze aus Aufgaben, die den Ausgleichskassen aufgrund von gesetzlichen Bestimmungen übertragen werden und die zur Sozialversicherung gehören oder der beruflichen und sozialen Vorsorge sowie der beruflichen Aus- und Weiterbildung dienen (MWSTG 21 Abs. 2 Ziff. 25).

2.4.2.26   Urproduktion

Ebenfalls von der Mehrwertsteuer ausgenommen ist die Veräusserung von im eigenen Betrieb gewonnenen Erzeugnissen der Landwirtschaft, Forstwirtschaft und der Gärtnerei. Von der Steuer ausgenommen sind weiter der Verkauf von Vieh durch Viehhändler und der Verkauf von Milch durch Milchsammelstellen an milchverarbeitende Betriebe (MWSTG 21 Ziff. 26).

Unter die Kategorie Landwirtschaft, Forstwirtschaft und Gärtnerei gehören auch Baumschulen, Blumengärtnereien, Champignonzucht sowie Rebbauern, die ausschliesslich die im eigenen Betrieb gewonnenen Trauben oder die daraus hergestellten unvergorenen Traubenmoste verkaufen. Die selbst kelternden Weinbauern gelten nicht als Landwirte und sind deshalb mehrwertsteuerpflichtig.

Die Ausnahmeregelung für Landwirte, Forstwirte und Gärtner gilt nicht für andere Tätigkeiten, die der Steuer unterliegen. Jeder Landwirt, Forstwirt und Gärtner kann für eine oder mehrere weitere Tätigkeiten oder für Lieferungen von nicht im eigenen Betrieb gewonnenen Erzeugnissen der oben erwähnten Art steuerpflichtig werden, wenn die daraus erzielten Einnahmen die Umsatzgrenze von CHF 100 000 überschreiten.

Beispiel:
Ein Landwirt, der eine Gastwirtschaft betreibt oder für andere Landwirte Bodenbearbeitungs-, Spritz- oder Erntearbeiten ausführt, wird für diese Tätigkeiten steuerpflichtig, wenn die Umsatzgrenze von CHF 100 000 überschritten wird (MWSTG 10).

2.4.2.27   Bekanntmachungsleistungen

Bekanntmachungsleistungen, die gemeinnützige Organisationen zugunsten Dritter oder Dritte zugunsten von gemeinnützigen Organisationen erbringen, sind ebenfalls von der Mehrwertsteuer ausgenommen (MWSTG 21 Abs. 2 Ziff. 27).

2.4.2.28 Leistungen innerhalb des gleichen Gemeinwesens

Von der Mehrwertsteuer ausgenommen sind überdies die Leistungen innerhalb des gleichen Gemeinwesens (MWSTG 21 Abs. 2 Ziff. 28).

2.4.2.29 Schiedsgerichtsbarkeit

Die Ausübung von Funktionen der Schiedsgerichtsbarkeit ist ebenfalls von der Mehrwertsteuer ausgenommen (MWSTG 21 Abs. 2 Ziff. 29).

2.4.3 Option für die Versteuerung ausgenommener Leistungen

Unternehmen, die von der Mehrwertsteuer ausgenommene Leistungen erbringen, können diese Umsätze freiwillig der Mehrwertsteuer unterstellen (MWSTG 22; Option für die Versteuerung ausgenommener Umsätze). Die Möglichkeit der Option dient dazu, die sog. Taxe occulte zu eliminieren. Diese entsteht dadurch, dass die auf Vorleistungen für ausgenommene Leistungen lastende Mehrwertsteuer (insbesondere bei grösseren Investitionen) nicht zum Vorsteuerabzug berechtigt und daher (verdeckt) auf den Leistungsempfänger überwälzt wird; dies führt unter dem Strich zu einer Verteuerung der Dienstleistung oder des Produktes (vgl. dazu untenstehendes Beispiel zur Option bei Liegenschaftsvermietung).

Für die Option muss kein spezielles Gesuch gestellt werden. Sie erfolgt durch offenen Ausweis der Steuer und kann für jede von der Steuer ausgenommene Leistung, d. h. faktisch für jedes Vertragsverhältnis, je einzeln erfolgen.

Bei den meisten ausgenommenen Leistungen kann uneingeschränkt für deren Versteuerung optiert werden. Kein Optionsrecht besteht für Bank- und Versicherungsleistungen sowie für Wetten, Lotterien und Glücksspiele (MWSTG 22 Abs. 2 lit. a).

Für den Handel und die Vermietung von Immobilien ist die Option nur möglich, sofern die Gegenstände nicht ausschliesslich für private Zwecke genutzt werden (MWSTG 22 Abs. 2 lit. b). Der freiwillig steuerpflichtige Vermieter muss im Falle der Vermietung von Grundstücken und Liegenschaften die Mieteinkünfte mit der Mehrwertsteuer von 7,6% versteuern. Er kann dafür die Vorsteuer auf seinen Anlage- und Betriebskosten geltend machen. Die steuerpflichtigen Mieter können die ihnen auf der Miete in Rechnung gestellte Mehrwertsteuer als Vorsteuer wieder abziehen, womit die Steuerbelastung grundsätzlich eliminiert wird.

Beispiel: Option für Liegenschaftsvermietung

Das Baugeschäft Bau AG erstellt ein Geschäftshaus mit Baukosten von
CHF 10 000 000. Das Geschäftshaus soll an die Immo AG vermietet werden,
wobei eine Rendite von 7% erzielt werden soll.

Die Bau AG unterstellt die Miete nicht der Mehrwertsteuer:

	CHF
Anlagekosten	10 000 000
Mehrwertsteuer 7,6% von CHF 10 000 000	760 000
Total Gebäudekosten	10 760 000
Miete bei 7% Rendite p.a.	753 200

Die Bau AG unterstellt die Miete der Mehrwertsteuer:

Anlagekosten	10 000 000
Mehrwertsteuer 7,6% von CHF 10 000 000	760 000
Total Gebäudekosten	10 760 000
Vorsteuer	760 000
Total Gebäudekosten netto	10 000 000
Miete bei 7% Rendite	700 000
Mehrwertsteuer 7,6% von CHF 700 000	53 200
Total Miete p.a.	753 200

Für die Bau AG sind beide Varianten (ohne und mit Option) gleichwertig,
weil sie die gleiche Rendite einbringen. Für die Immo AG beträgt die effektive
Belastung durch die Miete ohne Option CHF 753 200 und mit Option
CHF 700 000 p.a. Die Miete mit Option ist für die Immo AG damit CHF 53 200
p.a. günstiger als ohne Option, weil sie die vom Vermieter in Rechnung
gestellte Mehrwertsteuer als Vorsteuer in Abzug bringen kann.

Ob sich die Option für die Beteiligten lohnt, hängt wesentlich davon ab,
ob und wie stark die Vorleistungen des Leistungserbringers mit Mehrwert-
steuern belastet sind. Bei einem Dienstleistungsunternehmen, dessen
Geschäftsaufwand primär aus Gehältern und nicht optierten Raummieten
besteht, werden sich deshalb die Option und der damit verbundene Mehr-
aufwand kaum vorteilhaft auswirken.

Beispiel: Option für Schulungsleistungen

Die Weiterbildung AG bietet Kurse in Steuerrecht an. Diese Kurse werden von
Lehrkräften im Anstellungsverhältnis in gemieteten Räumlichkeiten (ohne
Option) durchgeführt und sowohl von Privatpersonen als auch von mehrwert-
steuerpflichtigen Personen besucht.

Die Weiterbildung AG kann grundsätzlich in den Rechnungen an die mehrwertsteuerpflichtigen Kursteilnehmer die Mehrwertsteuer ausweisen und
damit für diese Teilnehmerkategorie optieren. In den Rechnungen an die nicht

mehrwertsteuerpflichtigen Teilnehmer kann sie auf den Ausweis der Mehrwertsteuer verzichten. Die Weiterbildung AG hat damit ein Wahlrecht für jeden einzelnen Kursteilnehmer.

Weil jedoch die Weiterbildung AG praktisch keine mit einer Vorsteuer belastete Vorleistungen einkauft (Investitionen, Dienstleistungen), bringt in diesem Fall – im Gegensatz zum vorstehenden Beispiel zur Liegenschaftsvermietung – die Option keinen spürbaren Preisvorteil für die mehrwertsteuerpflichtige Teilnehmerkategorie.

2.5 Von der Steuer befreite Leistungen

2.5.1 Allgemeines

Bei der Mehrwertsteuer werden Waren und Dienstleistungen an jenem Ort besteuert, an dem sie konsumiert werden. Dies wird als Bestimmungslandprinzip bezeichnet. Beim Export und den damit zusammenhängenden Dienstleistungen ist dies das Ausland, wo i.d.R. die ausländische Umsatzsteuer anfällt. Als Folge des Bestimmungslandprinzips werden Exporte und die damit zusammenhängenden Umsätze von der Mehrwertsteuer befreit.

Für die steuerbefreiten Leistungen kann, anders als bei den ausgenommenen Leistungen, der Vorsteuerabzug geltend gemacht werden (MWSTG 28). Dies hat zur Folge, dass die von der Mehrwertsteuer befreiten Leistungen vollständig von dieser Steuer entlastet sind. Man spricht deshalb auch von einer echten Steuerbefreiung. Im Gegenzug unterliegt die Exportleistung als Einfuhr von Gegenständen der Umsatzsteuer des Importlandes.

Nachfolgend werden die von der Mehrwertsteuer befreiten Leistungen dargestellt:

2.5.2 Befreite Leistungen

2.5.2.1 Direkte Ausfuhr von Gegenständen ins Ausland
Die Lieferungen von Gegenständen, die direkt ins Ausland befördert oder versandt werden, sind von der Mehrwertsteuer befreit (MWSTG 23 Abs. 2 Ziff. 1).

Nach MWSTG 23 Abs. 3 liegt eine direkte Ausfuhr vor, wenn der Gegenstand der Lieferung ohne Ingebrauchnahme im Inland ins Ausland oder in ein offenes Zollfreilager ausgeführt wird. Der Gegenstand der Lieferung kann vor der Ausfuhr durch Beauftragte des nicht mehrwertsteuerpflichtigen Abnehmers bearbeitet oder verarbeitet worden sein.

> **Beispiel:**
> Die Werbe AG, München, D, beauftragt die Karton AG, St. Gallen, Karton-
> schachteln herzustellen und diese der Druck AG, St. Gallen, zum Bedrucken
> und Weitersenden an die Werbe AG zuzustellen. Die Karton AG und die Druck
> AG erbringen steuerbefreite Exportlieferungen.

Bei Motorfahrzeugen ist das Kriterium der direkten Ausfuhr erfüllt, sofern
die Ausfuhr innert 48 Stunden ab Übernahme des Fahrzeugs erfolgt.

> **Beispiel:**
> Hans Mayer, München, kauft bei der mehrwertsteuerpflichtigen Garage AG,
> Zürich, ein Occasionsauto. Hans Mayer hat das Motorfahrzeug innert 48
> Stunden nach Deutschland auszuführen, damit eine steuerbefreite Exportliefe-
> rung vorliegt.

2.5.2.2 Überlassung von Gegenständen zur Nutzung im Ausland
Von der Mehrwertsteuer befreit ist auch die Überlassung von Gegenstän-
den zum Gebrauch oder zur Nutzung, namentlich die Vermietung und
Vercharterung von Gegenständen, sofern diese direkt ins Ausland befördert
oder versandt werden und vom Lieferungsempfänger überwiegend im
Ausland genutzt werden (MWSTG 23 Abs. 2 Ziff. 2).

So ist z. B. die Miete von Motorfahrzeugen von der Mehrwertsteuer befreit,
sofern diese ins Ausland überführt und zu mehr als 50% dort genutzt werden. Die überwiegende Nutzung des Fahrzeugs durch den Mieter im Ausland ist vom Vermieter mit geeigneten Unterlagen zu belegen (z. B. Tank-,
Übernachtungs- und Verpflegungsbelege).

2.5.2.3 Lieferung von Gegenständen unter Zollüberwachung
Von der Mehrwertsteuer befreit ist die Lieferung von Gegenständen, die
im Rahmen eines Transitverfahrens (ZG 49), Zolllagerverfahrens (ZG 50–57),
Zollverfahrens der vorübergehenden Verwendung (ZG 58) oder der aktiven
Veredelung (ZG 59) oder wegen Einlagerung in einem Zollfreilager (ZG
62–66) nachweislich im Inland unter Zollüberwachung standen (MWSTG
23 Abs. 2 Ziff. 3).

2.5.2.4 Verbringen oder Verbringenlassen von Gegenständen ins Ausland, das nicht im Zusammenhang mit einer Lieferung steht

Von der Mehrwertsteuer ebenfalls befreit ist das Verbringen oder Verbringenlassen von Gegenständen ins Ausland, das nicht im Zusammenhang mit einer Lieferung steht (z. B. Verbringen von Werkzeugen ins Ausland; MWSTG 23 Abs. 2 Ziff. 4).

Diese Bestimmung erlaubt es, den bei der Beschaffung eines Gegenstandes vorgenommenen Vorsteuerabzug auch dann beizubehalten, wenn dieser Gegenstand nicht im Rahmen einer Lieferung ins Ausland exportiert, sondern bloss ins Ausland verbracht oder versandt wird.

> **Beispiele:**
> * Eine Maschine wird zu Ausstellungszwecken von der Schweiz nach Deutschland überführt.
> * Werkzeuge werden für Montagearbeiten durch den Eigentümer ins Ausland gebracht.

2.5.2.5 Einfuhr-Transportleistungen

Von der Mehrwertsteuer befreit sind das mit der Einfuhr von Gegenständen im Zusammenhang stehende Befördern oder Versenden von Gegenständen und alle damit zusammenhängenden sonstigen Leistungen bis zum Bestimmungsort, an den die Gegenstände im Zeitpunkt der Entstehung der Steuerschuld nach MWSTG 56 zu befördern sind (MWSTG 23 Abs. 2 Ziff. 5).

Beförderungsdienstleistungen, die im Zusammenhang mit Importen von Gütern erbracht werden, sind ebenfalls von der Mehrwertsteuer befreit. Damit werden mögliche Doppelbelastungen vermieden, weil der Preis der Transportdienstleistung Teil des Entgeltes ist, auf dem die Steuer bei der Einfuhr erhoben wird.

2.5.2.6 Ausfuhr-Transportleistungen

Das mit der Ausfuhr von Gegenständen des zollrechtlich freien Verkehrs im Zusammenhang stehende Befördern oder Versenden von Gegenständen und alle damit zusammenhängenden sonstigen Leistungen sind auch von der Mehrwertsteuer befreit (MWSTG 23 Abs. 2 Ziff. 6).

Damit werden alle Transportdienstleistungen, die mit dem Export zusammenhängen, als Teil des Exportes betrachtet und sind auch von der Mehrwertsteuer befreit. Massgebend ist dabei allein, dass die Gegenstände ins Ausland gelangen.

> **Beispiel:**
> Die Transport AG, St. Gallen, transportiert eine Spezialmaschine der Maschinen AG von St. Gallen nach Wien, A. Für das Aufladen werden CHF 200 in Rechnung gestellt. Das Aufladen sowie die Transportkosten gelten als Teil des Exportes und sind von der Mehrwertsteuer befreit.

2.5.2.7 Logistikleistungen im Ausland oder im Zusammenhang mit Gegenständen, die unter Zollüberwachung stehen

Das Erbringen von Beförderungsleistungen und die Nebentätigkeiten des Logistikgewerbes, wie Beladen, Entladen, Umschlagen, Abfertigen oder Zwischenlagern, im Ausland oder im Zusammenhang mit Gegenständen, die unter Zollüberwachung stehen, sind ebenfalls von der Mehrwertsteuer befreit (MWSTG 23 Abs. 2 Ziff. 7).

2.5.2.8 Lieferung von Luftfahrzeugen und damit zusammenhängende Leistungen an gewerbsmässige Luftverkehrsunternehmen

Von der Mehrwertsteuer befreit ist auch die Lieferung von Luftfahrzeugen an Luftverkehrsunternehmen, die gewerbsmässige Luftfahrt im Beförderungs- oder Charterverkehr betreiben und deren Umsätze aus internationalen Flügen jene aus dem Binnenluftverkehr übertreffen. Von der Mehrwertsteuer befreit sind zudem Umbauten, Instandsetzungen und Wartungen an solchen Luftfahrzeugen sowie Lieferungen, Instandsetzungen und Wartungen der in diese Luftfahrzeuge eingebauten Gegenstände oder der Gegenstände für ihren Betrieb. Von der Mehrwertsteuer befreit sind weiter auch Lieferungen von Gegenständen zur Versorgung dieser Luftfahrzeuge sowie Dienstleistungen, die für den unmittelbaren Bedarf dieser Luftfahrzeuge und ihrer Ladungen bestimmt sind (MWSTG 23 Abs. 2 Ziff. 8).

2.5.2.9 Vermittlungsleistungen

Nach MWSTG 23 Abs. 2 Ziff. 9 sind die Dienstleistungen von ausdrücklich in fremdem Namen und für fremde Rechnung handelnden Vermittlern von der Mehrwertsteuer befreit, wenn der vermittelte Umsatz entweder nach MWSTG 23 von der Steuer befreit ist oder ausschliesslich im Ausland bewirkt wird. Wird der vermittelte Umsatz sowohl im Inland als auch im Ausland bewirkt, so ist nur der Teil der Vermittlung von der Steuer befreit, der auf Leistungen im Ausland oder auf Leistungen entfällt, die nach MWSTG 23 von der Steuer befreit sind. Obschon MWSTG 23 Abs. 2 Ziff. 9 für die Befreiung der Vermittlungsleistung das ausdrückliche Handeln des Vermittlers im Namen und für Rechnung des Vertretenen vorsieht, werden die Anforderungen an die Vermittlung bzw. an die direkte Stellvertretung gleich gehandhabt wie in MWSTG 20.

Beispiele:

- Die steuerpflichtige Immo AG, Zug, vermittelt einem Kunden mit Wohnsitz in Hannover, D, eine Liegenschaft in Südfrankreich. Obwohl sich die Immo AG in der Schweiz befindet, ist die vermittelte Leistung von der Mehrwertsteuer befreit, weil der vermittelte Umsatz im Ausland bewirkt wird.

- Der steuerpflichtige Urs Schrotti, St. Gallen, vermittelt gegen Provision für die Occasionsmaschinen AG, St. Gallen, in deren Namen und auf deren Rechnung eine Maschine an einen Kunden in Zürich und eine Maschine an einen Kunden in Kairo, EG. Die Provision für die Vermittlung der Maschine an den Kunden in Zürich unterliegt der Mehrwertsteuer, während auf der Provision für die Vermittlung der Maschine an den Kunden in Kairo keine Mehrwertsteuer geschuldet ist, weil diese vermittelte Maschine als Exportlieferung von der Mehrwertsteuer befreit ist.

2.5.2.10 Dienstleistungen von Reisebüros und Organisatoren von Veranstaltungen

Von der Mehrwertsteuer befreit sind überdies die in eigenem Namen erbrachten Dienstleistungen von Reisebüros und Organisatoren von Veranstaltungen, soweit sie Lieferungen und Dienstleistungen Dritter in Anspruch nehmen, die von diesen im Ausland bewirkt werden (MWSTG 23 Abs. 2 Ziff. 10). Werden diese Leistungen Dritter sowohl im Inland als auch im Ausland getätigt, so ist nur der Teil der Dienstleistungen des Reisebüros oder des Organisators steuerfrei, der auf die Leistungen im Ausland entfällt.

Beispiel:

Die Reisebüro AG, St. Gallen, bietet eine mehrtägige Osterreise mit dem Autobus in die Toscana an. Die Busfahrt wird von der Car AG, St. Gallen, durchgeführt werden. Die Teilnehmer werden in italienischen Hotels übernachten und in italienischen Restaurants die Mahlzeiten und Getränke einnehmen. Die Car AG hat ihre Leistung der Reisebüro AG ohne Mehrwertsteuer in Rechnung zu stellen, weil die Reise überwiegend in Italien erfolgt (MWSTV 43). Die Reisebüro AG hat ihre Rechnungen an die Kunden auch ohne Mehrwertsteuer auszustellen, weil der Beförderungsanteil überwiegend und der Beherbergungs- und Verpflegungsanteil ausschliesslich auf Italien entfällt.

2.5.2.11 Luftverkehr

Von der Mehrwertsteuer befreit sind auch Beförderungen im internationalen Luftverkehr, bei denen nur der Ankunfts- oder nur der Abflugsort im Inland liegt, sowie Beförderungen im Luftverkehr von einem ausländischen Flughafen zu einem andern ausländischen Flughafen über inländisches Gebiet (MWSTV 41).

2.5.2.12 Eisenbahnverkehr

Beförderungen im grenzüberschreitenden Eisenbahnverkehr sind ebenfalls von der Mehrwertsteuer befreit,

- wenn nur der Abgangs- oder der Ankunftsbahnhof im Inland liegt, oder
- wenn die inländischen Strecken im Transit benötigt werden, um die im Ausland liegenden Abgangs- und Ankunftsbahnhöfe zu verbinden (MWSTV 42).

2.5.2.13 Busverkehr

Auch der internationale Busverkehr ist von der Mehrwertsteuer befreit, wenn die Beförderung überwiegend über ausländisches Gebiet führt oder die inländischen Strecken im Transit benötigt werden, um die im Ausland liegenden Abgangs- und Ankunftsorte zu verbinden (MWSTV 43).

2.5.2.14 Steuerbefreiung von Inlandlieferungen von Privat-gegenständen zwecks Ausfuhr im Reiseverkehr

Von der Mehrwertsteuer befreit ist ebenfalls unter bestimmten Vorausset-zungen die Ausfuhr im Reise- und Grenzverkehr. Es handelt sich dabei v. a. um Verkäufe von Waren an Touristen im Detailhandel wie Verkäufe von Kleidergeschäften, Uhren- und Schmuckgeschäften. Das Eidgenössische Finanzdepartement, welches die entsprechenden Bedingungen festlegen kann (MWSTG 23 Abs. 5 und Verordnung des EFD vom 11. Dezember 2009 über die Steuerbefreiung von Inlandlieferungen von Gegenständen zwecks Ausfuhr im Reiseverkehr), sieht vor, dass solche Umsätze unter folgenden Bedingungen nicht versteuert werden müssen:

- Der Preis der gelieferten Gegenstände muss mindestens CHF 300 inkl. Mehrwertsteuer betragen.
- Der Abnehmer (Käufer, Tourist) darf nicht im Inland Wohnsitz haben. Er kann Ausländer oder Schweizer Bürger sein.
- Die Gegenstände müssen für den privaten Gebrauch oder für Geschenke bestimmt sein.
- Die Gegenstände müssen binnen 30 Tagen nach ihrer Übergabe an den Abnehmer ins Ausland ausgeführt werden.
- Der Nachweis ist ausschliesslich mit der zollamtlich gestempelten Dekla-ration für die Ausfuhr im Reise- und Grenzverkehr zu erbringen. Der zollamtliche Ausfuhrnachweis muss auf den Namen des Abnehmers lau-ten und darf nur an diesen gelieferte Gegenstände enthalten.

2.6 Bemessungsgrundlage und Steuersätze

2.6.1 Bemessungsgrundlage

2.6.1.1 Entgelt als Grundsatz

Bei Lieferungen und Dienstleistungen wird die Steuer vom tatsächlich emp-fangenen Entgelt berechnet (MWSTG 24 Abs. 1). Zum Entgelt gehört alles, was für den Erhalt einer Lieferung oder Dienstleistung vom Empfänger oder von einem Dritten aufgewendet wird.

Zum Entgelt gehört auch der Ersatz aller Kosten, selbst wenn diese gesondert in Rechnung gestellt werden, wie z. B.:

- Beschaffungskosten bei Lieferungen wie Bezugsfrachten, Zölle, LSVA;
- Auslagen für Reisen, Verpflegung, Unterkunft usw., selbst wenn diese im Ausland angefallen sind;
- Mahngebühren, vereinbarte Teilzahlungszuschläge und Vertragszinsen.

Betreibungs- und Konkurskosten gelten demgegenüber als Schadenersatz und damit als Nicht-Entgelt.

Entgelte in fremder Währung sind zur Berechnung der Mehrwertsteuer im Zeitpunkt der Entstehung der Steuerforderung in CHF umzurechnen (MWSTV 45). Die Umrechnung hat aufgrund der von der EStV im Voraus öffentlich bekannt gegebenen Durchschnittskurse für den folgenden Monat zu erfolgen, in welchem die Steuerforderung für die Leistung entsteht. Die EStV gibt jeweils am 25. bzw. am ersten Werktag nach dem 25. die Durchschnittskurse für die Umrechnung der im folgenden Monat entstehenden Steuerforderungen bekannt (über Internet abrufbar unter www.estv.admin.ch). Bei Abrechnung nach vereinbartem Entgelt gilt der Durchschnittskurs des Monats der Rechnungsstellung, bei Abrechnung nach vereinnahmtem Entgelt der Durchschnittskurs des Monats der Vereinnahmung des Entgeltes.

Zum Entgelt gehören auch öffentlich-rechtliche Abgaben, mit Ausnahme von Billettsteuern und Handänderungssteuern sowie der auf der Lieferung oder Dienstleistung selbst geschuldeten Mehrwertsteuer (MWSTG 24 Abs. 1 und Abs. 6 lit. a).

Beispiele:
- Vom mehrwertsteuerpflichtigen Unternehmen bei der Einfuhr bezahlte Zölle;
- Mineralölsteuer auf Erdöl und Mineralölsteuerzuschläge auf Treibstoff;
- Automobilsteuer;
- Tabaksteuer;
- CO_2-Abgabe und VOC-Abgabe (Lenkungsabgaben).

Nachträgliche Preisminderungen, Rückvergütungen, Umsatzboni und Debitorenverluste sind in der entsprechenden Abrechnungsperiode in der Mehrwertsteuer-Abrechnung in Abzug zu bringen.

2.6.1.2   Leistungen an das Personal und an eng verbundene Personen
Bei Leistungen an das Personal ist grundsätzlich das von diesem bezahlte
Entgelt Bemessungsgrundlage (MWSTV 47 Abs. 1). Diese Bestimmung gilt
nur für das Personal, das nicht massgeblich an der Unternehmung beteiligt
ist.

Bei Leistungen an eng verbundene Personen, wie z.B. an mitarbeitende
Mehrheitsaktionäre, ist der Preis, welcher von unabhängigen Dritten ver-
langt würde, massgebend (MWSTG 24 Abs. 2). Als eng verbunden gilt eine
Person, wenn sie mit mindestens 20 Prozent am Unternehmen beteiligt ist
(MWSTG 3 lit. h i. V. m. DBG 69; ab 1. Januar 2011 10 Prozent).

Sowohl beim Personal als auch bei eng verbundenen Personen gelten
Leistungen, die im Lohnausweis zu deklarieren sind, als entgeltlich und
grundsätzlich als unternehmerisch, d. h., sie sind mit der Mehrwertsteuer
abzurechnen und berechtigen vollumfänglich zum Vorsteuerabzug. Allfällige Pauschalen bei den direkten Steuern sind auch bei der Mehrwertsteuer
anzuwenden (MWSTV 47). So beträgt z. B. die Bemessungsgrundlage für
den Privatanteil bei Geschäftsfahrzeugen, die auch privat benutzt werden
können, sowohl bei den direkten Steuern als auch bei der Mehrwertsteuer
0,8% pro Monat vom Kaufpreis des Fahrzeugs exkl. MWST.

2.6.1.3   Tausch und Austauschreparaturen
Beim Tausch und bei tauschähnlichen Geschäften ist der Marktwert der
ausgetauschten Gegenstände oder Dienstleistungen massgebend. Es liegen
zwei Umsätze vor, sodass zwei Abgaben geschuldet sind (MWSTG 24 Abs. 3).

> **Beispiel:**
> Ein mehrwertsteuerpflichtiger Velohändler vereinbart mit dem mehrwert-
> steuerpflichtigen Inhaber eines Computergeschäftes, dass er diesem für einen
> Computer ein Velo an Zahlung gibt. Es liegen zwei steuerbare Lieferungen
> vor: Der Velohändler muss auf der Lieferung des Velos und der Inhaber des
> Computergeschäftes auf der Lieferung des Computers die Mehrwertsteuer
> abliefern, wobei beide die ihnen belastete Mehrwertsteuer als Vorsteuer in
> Abzug bringen können, falls die Gegenstände geschäftlich genutzt werden.

Bei Austauschreparaturen, d. h. Lieferungen von Gegenständen gegen die
Hingabe gleichartiger Altstoffe oder defekter Teile und Bezahlung eines
Aufpreises, umfasst das steuerbare Entgelt lediglich den Werklohn für die
ausgeführte Arbeit (MWSTG 24 Abs. 4). Zu versteuern ist der vom Kunden
bezahlte Aufpreis wie z. B. bei der Lieferung neuer oder reparierter Module
für Fernsehapparate gegen Hingabe defekter Module.

2.6.1.4 Nicht steuerbare Entgelte

Nicht steuerbare Entgelte sind gemäss MWSTG 24 Abs. 6 insbesondere:

- Billettsteuern, Handänderungssteuern sowie die auf der Leistung geschuldete Mehrwertsteuer;
- Beträge, die der Steuerpflichtige von seinen Abnehmern erhält für in ihrem Namen und auf ihre Rechnung getätigte Auslagen, falls diese dem Abnehmer separat in Rechnung gestellt werden.

> **Beispiele:**
> - Ein Anwalt bezahlt bei der Gründung einer Aktiengesellschaft die Handelsregistergebühren und verrechnet diese dem Kunden gesondert.
> - In der Hotelabrechnung separat ausgewiesene Kurtaxe.
> - Der Anteil des Entgelts, der bei der Veräusserung einer Liegenschaft auf den Wert des Bodens entfällt.

Ebenfalls nicht zum steuerbaren Entgelt zählen die Zahlungen, die i.S.v. MWSTG 18 Abs. 2 Nicht-Entgelte darstellen (vgl. vorstehend 2.2.4).

2.6.2 Steuersätze

Die Mehrwertsteuer kennt drei Steuersätze (MWSTG 25): einen Normalsatz von 7,6 Prozent und zwei reduzierte Sätze von 2,4 Prozent bzw. 3,6 Prozent.

Aufgrund der eidg. Volksabstimmung vom 27. September 2009 über die Zusatzfinanzierung der Invalidenversicherung werden die Steuersätze auf den 1. Januar 2011 wie folgt geändert:

	bis 2010	ab 2011
Normalsatz	7,6%	8,0%
Reduzierter Satz	2,4%	2,5%
Sondersatz für Beherbergungsleistungen	3,6%	3,8%

Die Erhöhung der Steuersätze ist befristet und gilt bis 31. Dezember 2017, der Sondersatz für Beherbergungsleistungen bis 31. Dezember 2013.

2.6.2.1 Normalsatz

Der Normalsatz von 7,6 Prozent kommt immer dann zur Anwendung, wenn der Umsatz nicht unter einen reduzierten Satz fällt (MWSTG 25 Abs. 1). Die Aufzählung der reduziert besteuerten Leistungen ist abschliessend.

2.6.2.2 Reduzierter Satz

Zum reduzierten Satz von 2,4 Prozent werden besteuert (MWSTG 25 Abs. 2):

• Wasser in Leitungen;
• Nahrungsmittel, ausgenommen alkoholische Getränke;
• Vieh, Geflügel, Fische;
• Getreide;
• Sämereien, Setzknollen und -zwiebeln, lebende Pflanzen, Stecklinge, Pfropfreiser sowie Schnittblumen und Zweige, auch zu Sträussen, Pflanzen und dgl. gebunden;
• Futtermittel, Silagesäuren, Streumittel für Tiere, Düngestoffe;
• Dünger, Pflanzenschutzmittel, Mulch und anderes pflanzliches Abdeckmaterial;
• Medikamente;
• Zeitungen, Zeitschriften, Bücher und andere Druckerzeugnisse ohne Reklamecharakter in den vom Bundesrat bestimmten Arten.

Nahrungsmittel, die im Rahmen von gastgewerblichen Leistungen abgegeben werden, unterliegen nicht dem reduzierten Satz, sondern dem Normalsatz von 7,6 Prozent (MWSTG 25 Abs. 3). Als gastgewerbliche Leistung gilt die Abgabe von Nahrungsmitteln, wenn der Steuerpflichtige sie beim Kunden zubereitet bzw. serviert oder wenn er für deren Konsum an Ort und Stelle besondere Vorrichtungen bereithält (Partyservice). Werden die Nahrungsmittel in einem Verpflegungsautomaten mit direkter Bezahlung an diesem angeboten oder sind sie zum Mitnehmen oder zur Auslieferung bestimmt, gelangt der reduzierte Satz von 2,4 Prozent zur Anwendung.

→ Essen im Restaurant / Take Away

Ebenfalls zum Satz von 2,4 Prozent werden die Dienstleistungen der Radio- und Fernsehgesellschaften besteuert, mit Ausnahme der Dienstleistungen mit gewerblichem Charakter (MWSTG 25 Abs. 2 lit. b).

Kulturelle und sportliche Veranstaltungen, die gemäss MWSTG 21 Ziff. 15 von der Mehrwertsteuer ausgenommen sind, unterliegen ebenfalls dem reduzierten Steuersatz von 2,4 Prozent, wenn die Veranstalter für die Mehrwertsteuer optieren (MWSTG 25 Abs. 2 lit. c).

2,4 Prozent gelangen auch auf den Leistungen im Bereich der Landwirtschaft zur Anwendung, die in einer mit der Urproduktion in unmittelbarem Zusammenhang stehenden Bearbeitung des Bodens oder von mit dem Boden verbundenen Erzeugnissen der Urproduktion bestehen (MWSTG 25 Abs. 2 lit. d).

Beispiel:
Der Lohnunternehmer Egger erntet im Auftrag von Bauer Marti dessen Roggen mit dem Mähdrescher.

2.6.2.3 Sondersatz

Für Beherbergungsleistungen beträgt die Mehrwertsteuer 3,6 Prozent (MWSTG 25 Abs. 4). Als Beherbergungsleistungen gelten die Gewährung von Unterkunft einschliesslich der damit in direktem Zusammenhang stehenden Nebenleistungen wie Reinigung der Zimmer, Zurverfügungstellung von Bett- und Frottierwäsche, Radio- und Fernsehbenützung sowie die Abgabe eines Frühstücks, auch wenn dieses separat berechnet wird. Der Sondersatz für Beherbergungsleistungen ist zeitlich befristet und gilt bis 31. Dezember 2013.

2.6.2.4 Mehrheit von Leistungen

Erbringt ein steuerpflichtiges Unternehmen verschiedenartige Leistungen i.S.v. MWSTG 19 Abs. 1, so ist grundsätzlich jeweils der für die betreffende Leistung gültige Steuersatz in Rechnung zu stellen.

Von diesem Grundsatz gibt es folgende Ausnahmen, in denen ein einheitlicher Steuersatz zur Anwendung gelangt:

• Bei Leistungen, die wirtschaftlich eng zusammengehören und die sich aus Elementen zusammensetzen, für die unterschiedliche Sätze gelten, richtet sich der massgebende Steuersatz nach den Grundsätzen, die für die Mehrheit von Leistungen zur Anwendung gelangen.

• Bei voneinander unabhängigen Leistungen, die zu einer Sachgesamtheit vereinigt oder als Leistungskombination angeboten werden (MWSTG 19 Abs. 2), gelangt der Steuersatz der überwiegenden Leistung zur Anwendung, wenn diese mindestens 70 Prozent des Gesamtentgelts ausmacht (70/30-Regel).

Beispiel:
Ein Lebensmittelgeschenkkorb mit einer Flasche Wein wird für CHF 100 verkauft. Der Wert des Weins beträgt CHF 20. In diesem Fall kann der gesamte Geschenkkorb zu 2,4 Prozent abgerechnet werden. Würde der Wert des Weins CHF 40 betragen, müsste dieser separat mit 7,6 Prozent abgerechnet werden.

• Nebenleistungen teilen das Schicksal der Hauptleistung. Eine Ausnahme zu diesem Grundsatz gilt für gastgewerbliche und Beherbergungsleistungen, die im Zusammenhang mit einem ausgenommenen Umsatz nach MWSTG 21 Ziff. 11 (Erziehung, Ausbildung, Weiterbildung) erbracht werden. Für solche Leistungen gelangt indessen auch die 70/30-Regel für Leistungskombination zur Anwendung.

Beispiele:

- Wenn an einem Strassenstand zusammen mit einer Glace ein Kunststofflöffel abgegeben wird, gilt dies als Nebenleistung zur Glace und es gilt für beide der reduzierte Satz von 2,4%.
- Die im Rahmen einer Weiterbildungsveranstaltung ohne zusätzliches Entgelt abgegebenen Unterlagen gelten als Nebenleistung und sind somit von der Mehrwertsteuer ausgenommen.
- Das anlässlich eines Weiterbildungsseminars servierte Mittagessen, welches im Preis für die Veranstaltung inbegriffen ist, gilt nicht als Nebenleistung. Beträgt der Marktpreis für das Essen mehr als 30% des Preises für die gesamte Veranstaltung, ist für das Essen die Mehrwertsteuer mit 7,6% abzurechnen.

- Umschliessungen, die der Lieferer mit dem Gegenstand abgibt, unterliegen dem gleichen Steuersatz wie die Lieferung des umschlossenen Gegenstandes (MWSTG 19 Abs. 4).

Beispiel:

Der Verkauf von Joghurt in einem Kunststoffbecher unterliegt der Mehrwertsteuer von 2,4 Prozent, obwohl beim Einkauf die Becher mit 7,6 Prozent Mehrwertsteuer belastet sind.

2.7　Rechnungsstellung und Steuerausweis

Mehrwertsteuerpflichtige Empfänger von Leistungen können die ihnen belastete Mehrwertsteuer im Rahmen des Vorsteuerabzuges geltend machen. Das Mittel dazu ist grundsätzlich die nach den gesetzlichen Vorschriften erstellte Rechnung des Erbringers der steuerbaren Leistung.

Jede mehrwertsteuerpflichtige Person hat deshalb auf Verlangen des mehrwertsteuerpflichtigen Empfängers über ihre Lieferung oder Dienstleistung eine Rechnung auszustellen, in der sie angeben muss (MWSTG 26):

- Name und Adresse sowie Mehrwertsteuernummer, unter denen sie im Register der steuerpflichtigen Personen eingetragen ist;
- Name und Adresse des Empfängers der Lieferung oder Dienstleistung;
- Datum und Zeitraum der Lieferung oder Dienstleistung;
- Art, Gegenstand und Umfang der Lieferung oder Dienstleistung;
- das Entgelt für die Lieferung oder Dienstleistung;

• den auf das Entgelt entfallenden Steuerbetrag. Schliesst das Entgelt die Steuer ein, so genügt die Angabe des Steuersatzes.

Für den Empfänger ist es wichtig, dass er korrekt erstellte Rechnungen erhält, damit er die Bezahlung der Mehrwertsteuer einfach nachweisen kann. Bei Kassenzetteln und Coupons von Registrierkassen kann bei Beträgen bis zu CHF 400 je Beleg aus Gründen der Einfachheit auf die Angabe des Namens und der Adresse des Kunden verzichtet werden. In Rechnungen an mehrwertsteuerpflichtige Empfänger für Lieferungen oder Dienstleistungen, die unterschiedlichen Steuersätzen unterliegen, ist anzugeben, wie sich das Entgelt auf die unterschiedlich besteuerten Umsätze verteilt.

Bei Rechnungen in fremder Währung darf weder der Umrechnungskurs noch der auf das Entgelt entfallende Steuerbetrag in CHF ausgewiesen werden. Auf dem Beleg sind die einzelnen Leistungen und das Rechnungstotal in Fremdwährung auszuweisen. Ergänzend kann auch der Gesamtbetrag in CHF angegeben sein.

2.8 Vorsteuerabzug

2.8.1 Grundsatz

Da die Mehrwertsteuer grundsätzlich auf allen Stufen des Produktions- und Verteilungsprozesses erhoben wird, ist zur Vermeidung einer Steuerkumulation das Mittel des Vorsteuerabzuges vorgesehen. Jeder Mehrwertsteuerpflichtige hat periodisch auf den gesamten der Steuer unterliegenden Umsätzen die Steuer zu berechnen. Er kann dabei die in der gleichen Periode auf ihn überwälzte Steuer als Vorsteuer in Abzug bringen.

Die mehrwertsteuerpflichtige Person kann folgende Vorsteuern abziehen (MWSTG 28 Abs. 1):

• die ihr von anderen Mehrwertsteuerpflichtigen in Rechnung gestellte Inlandsteuer;
• die von ihr deklarierte Bezugsteuer;
• die von ihr auf der Einfuhr von Gegenständen der Zollverwaltung entrichtete oder zu entrichtende Einfuhrsteuer;

sofern die Gegenstände oder Dienstleistungen für unternehmerische Tätigkeiten verwendet werden, insbesondere für:

- steuerbare Lieferungen;
- steuerbare Dienstleistungen;
- Umsätze, für deren Versteuerung optiert wurde;
- unentgeltliche Zuwendungen von Geschenken bis CHF 500 pro Empfänger und pro Jahr und von Warenmustern für Unternehmenszwecke;
- Leistungen nach MWSTV 60.

Es ist zu beachten, dass der Ort der Leistung keine Auswirkungen auf den Vorsteuerabzug hat, auch wenn der Ort der steuerbaren Leistung im Ausland liegt (MWSTG 28). Der «Dienstleistungsexport» berechtigt somit ebenso zum Vorsteuerabzug wie der Export von Gegenständen gemäss MWSTG 23. Dies gilt sogar für Leistungen, die nach MWSTG 21 Abs. 2 von der Mehrwertsteuer ausgenommen sind, aber als im Ausland erbracht gelten. Solche Leistungen berechtigen ebenfalls zum Vorsteuerabzug, sofern für die Leistungen die Option nach MWSTG 22 möglich ist (MWSTV 60).

Beispiel:

Die Künstlerin Marlies Bach erstellt für einen Kunden in der Schweiz und einen in Italien je eine grosse Bronze-Statue. Für Vorleistungen für die beiden Statuen beauftragt Marlies Bach die Kunstgiesserei St. Gallen AG. Die Kunstgiesserei St. Gallen AG stellt Marlies Bach ihre Leistungen zzgl. 7,6% MWST in Rechnung. Die Fertigung und die Ablieferung der beiden Statuen erfolgt bei den beiden Kunden in der Schweiz bzw. in Italien.

Die Leistungen von Marlies Bach sind gemäss MWSTG 21 Abs. 2 Ziff. 16 von der Mehrwertsteuer ausgenommen. Für Vorleistungen auf der Statue für den Kunden in Italien ist Marlies Bach auch ohne Option nach MWSTG 22 gemäss MWSTV 60 vorsteuerabzugsberechtigt.

Sind die vom Mehrwertsteuerpflichtigen aufgewendeten Entgelte niedriger als die vereinbarten oder sind ihm Entgelte zurückerstattet worden, so ist die Vorsteuer entweder nur vom tatsächlichen Entgelt zu berechnen oder in der Abrechnung über die Periode, in der die Entgeltsminderung eintritt, zu korrigieren (MWSTG 41 Abs. 2).

Abziehbare Vorsteuern in fremder Währung sind in CHF umzurechnen. Die Umrechnung ist aufgrund der von der EStV im Voraus bekannt gegebenen Durchschnittskurse vorzunehmen (vgl. vorstehend 2.8).

In formeller Hinsicht wird für den Vorsteuerabzug verlangt, dass die mehrwertsteuerpflichtige Person nachweisen kann, dass sie die Vorsteuer bezahlt hat (MWSTG 28 Abs. 4). In der Praxis erfolgt dies am einfachsten mittels einer formgerechten Rechnung sowie mit dem zugehörigen Zahlungsnachweis.

Neu gilt auch das Erwerben, Halten und Verwalten von Beteiligungen als unternehmerische Tätigkeit (MWSTV 9). Damit kann für das Erwerben, Halten und Veräussern von Beteiligungen sowie für Umstrukturierungen i. S. v. DBG 19 oder 61 der Vorsteuerabzug geltend gemacht werden. Als Beteiligungen gelten Anteile am Kapital anderer Unternehmen mit der Absicht der dauernden Anlage und einem Anteil von mindestens 10 Prozent am Kapital (MWSTG 29 Abs. 3). Bei Holdinggesellschaften kann für die unternehmerische Tätigkeit auf die gehaltenen Beteiligungsgesellschaften abgestellt werden (MWSTG 29 Abs. 4).

2.8.2 Fiktiver Vorsteuerabzug

Beim fiktiven Vorsteuerabzug kann der Mehrwertsteuerpflichtige im Rahmen seiner zum Vorsteuerabzug berechtigenden Tätigkeit auf dem Einkauf von bestimmten nicht mehrwertsteuerpflichtigen Verkäufern den Vorsteuerabzug geltend machen, auch wenn ihm diese Verkäufer keine Mehrwertsteuer in Rechnung stellen.

Der fiktive Vorsteuerabzug ist in folgenden zwei Fällen zulässig:

- Beim Kauf von Erzeugnissen der Landwirtschaft, der Forstwirtschaft, der Gärtnerei, von Vieh oder Milch bei nicht mehrwertsteuerpflichtigen Landwirten, Forstwirten, Gärtnern, Viehhändler und Milchsammelstellen kann der mehrwertsteuerpflichtige Käufer 2,4 Prozent des ihm in Rechnung gestellten Betrages als Vorsteuer in Abzug bringen (MWSTG 28 Abs. 2).

  Mit dem fiktiven Vorsteuerabzug im Bereich der Urproduktion sollen die Angehörigen der von der Mehrwertsteuerpflicht ausgenommenen Urproduktionszweige gegenüber ihren Abnehmern gleichgestellt werden mit den – mittels Option – mehrwertsteuerpflichtigen Anbietern solcher Erzeugnisse.

> **Beispiel:**
> Der nicht mehrwertsteuerpflichtige Bio-Landwirt Anton Brunner liefert dem mehrwertsteuerpflichtigen Früchtegeschäft Frutta AG, Zürich, 500 kg Äpfel zu CHF 1 je kg, insgesamt CHF 500.
> Die Frutta AG kann 2,4% von CHF 500 bzw. CHF 12 als Vorsteuer in Abzug bringen.

- Beim Kauf von gebrauchten, individualisierbaren beweglichen Gegenständen ohne Mehrwertsteuer für die Lieferung an einen Abnehmer im Inland kann der mehrwertsteuerpflichtige Käufer auf dem von ihm entrichteten Betrag den anwendbaren Steuersatz als Vorsteuer in Abzug bringen (MWSTG 28 Abs. 3).

Mit dem fiktiven Vorsteuerabzug beim Kauf von gebrauchten, individualisierbaren beweglichen Gegenständen soll die Mehrfachbelastung durch die Mehrwertsteuer bei solchen Gegenständen vermieden werden, weil schon auf dem ersten Verkauf die Mehrwertsteuer angefallen war und nun auch ein nachfolgender Verkauf wiederum vollumfänglich der Mehrwertsteuer unterliegt.

> *Beispiel:*
>
> Die mehrwertsteuerpflichtige Auto AG, Frauenfeld, kauft von Vreni Moser, Weinfelden, ein Occasionsauto für CHF 10 000 und verkauft dieses nach Instandstellung für CHF 20 000 exkl. MWST an Ruedi Zehnder.
>
> Die Auto AG hat auf dem Verkauf des Autos die Mehrwertsteuer mit 7,6% von CHF 20 000 bzw. CHF 1520 abzurechnen. Auf dem an Zahlung genommenen Auto kann die Auto AG 7,6% von CHF 10 000 (107,6%) bzw. CHF 706.30 als Vorsteuer in Abzug bringen. Damit wird dem Umstand Rechnung getragen, dass auch auf dem ursprünglichen Kauf des Autos bereits die Mehrwertsteuer erhoben wurde. Weil die Auto AG mit dem fiktiven Vorsteuerabzug nun auf dem Kaufpreis des Occasionsautos den Vorsteuerabzug machen kann, wird mit der Mehrwertsteuer auf dem Verkaufspreis nur noch die Differenz, d.h. die Leistung für die Instandstellung, mit der Mehrwertsteuer belastet.

2.8.3 Ausschluss des Anspruchs auf Vorsteuerabzug

Vom Vorsteuerabzug ausgeschlossen sind Ausgaben, die für von der Mehrwertsteuer ausgenommene Leistungen mit Leistungsort im Inland verwendet werden und für deren Versteuerung nicht optiert wird (MWSTG 29 Abs. 1). Liegt der Leistungsort solcher Leistungen im Ausland, berechtigen sie hingegen ebenfalls zum Vorsteuerabzug, sofern für die Leistungen die Option nach MWSTG 22 möglich ist (MWSTV 60).

> **Beispiele: von der Mehrwertsteuer ausgenommene Leistungen mit Leistungsort Inland ohne Anspruch auf Vorsteuerabzug**
>
> • Kauf von neuen Spitalbetten durch ein Spital in Zürich
> • Kauf von Computern und Installation einer IT-Infrastruktur durch eine Versicherungsgesellschaft mit Sitz in St. Gallen

Beispiel: von der Mehrwertsteuer ausgenommene Leistungen mit Leistungsort
Ausland mit Anspruch auf Vorsteuerabzug

Ein Sänger mit Wohnsitz in der Schweiz tritt regelmässig im Ausland auf. Die
für die Konzerte erhaltenen Entgelte sind gemäss MWSTG 21 Abs. 2 Ziff. 14
von der Steuer ausgenommen. Würden diese Darbietungen im Inland erbracht,
hätte der Künstler gemäss MWSTG 22 die Möglichkeit der Option. Auf den
Investitionen und Aufwendungen für die Auslandkonzerte besteht folglich ein
Anspruch auf Vorsteuerabzug, falls der Sänger mehrwertsteuerpflichtig ist.

Kein Anspruch auf Vorsteuerabzug besteht auch bei Ausgaben, die nicht
der unternehmerischen Tätigkeit dienen (MWSTG 28 Abs. 1). Dazu zählen
insbesondere Luxusausgaben, Ausgaben für Vergnügungen und gemäss
Praxis der EStV reine Repräsentationsaufwendungen.

Beispiele: Ausgaben, die nicht der unternehmerischen Tätigkeit dienen

- Mehrtägige Geschäftsausflüge;
- Kauf eines Motorbootes oder eines Sportflugzeuges für reine Repräsen-
  tationszwecke;
- Kauf eines schweren Motorrades ohne unternehmerische Notwendigkeit.

2.8.4 Gemischte Verwendung

Verwendet der Mehrwertsteuerpflichtige Gegenstände oder Dienstleistungen sowohl für unternehmerische als auch für nicht unternehmerische
Zwecke oder innerhalb der unternehmerischen Tätigkeit für Leistungen, die
zum Vorsteuerabzug berechtigen, wie auch für Leistungen, die vom Vorsteuerabzug ausgeschlossen sind, so ist der Vorsteuerabzug nach dem Verhältnis der Verwendung zu korrigieren (MWSTG 30). Das MWSTG schreibt
keine Aufteilungsmethode verbindlich vor. Aus Praktikabilitätsgründen
können pauschale Vorsteuerkorrekturen vorgenommen werden, sofern
diese zu einem sachgerechten Ergebnis führen (MWSTV 68 Abs. 1).

Die Korrektur des Vorsteuerabzugs kann gemäss der Praxis der EStV wie
folgt vorgenommen werden (vgl. auch MWST-Info «Vorsteuerabzug und
Vorsteuerkorrekturen»):

- Korrektur nach dem effektiven Verwendungszweck
- Pauschale Korrektur mit Zuordnung der Vorsteuern
- Pauschale Korrektur ohne Zuordnung der Vorsteuern (Umsatzschlüssel)
- Korrektur mittels individueller Pauschalen
- Korrektur mittels Branchenpauschalen

- Korrektur mittels weiterer Pauschalen
- Korrektur mittels Vereinfachung

Durch die Wahl einer Pauschalmethode darf sich für den Mehrwertsteuerpflichtigen kein offensichtlicher Vor- oder Nachteil ergeben.

Bei den Korrekturmethoden, bei denen die Vorsteuern zugeordnet werden, empfiehlt es sich, nach der «3-Topf-Methode» vorzugehen:

Darstellung 27: «3-Topf-Methode»

Topf A	Topf B	Topf C
Die der unternehmerischen Tätigkeit direkt zuordenbaren Vorsteuern für steuerbare, optierte und befreite Leistungen (MWSTG 23) sowie für Leistungen im Ausland nach MWSTV 60.	Die dem nicht unternehmerischen Bereich und den Entgelten aus ausgenommenen Leistungen direkt zuordenbaren Vorsteuern.	Vorsteuern, die zur Erzielung sowohl von Leistungen im Topf A als auch von Leistungen im Topf B zuordenbar sind, sind nach dem Umsatzschlüssel zu korrigieren.
Voller Abzug	*Nicht abziehbar*	*Gemischte Verwendung*

Aus verwaltungsökonomischen Gründen kann bei überwiegender Verwendung für steuerbare Umsätze (mehr als 50 Prozent) dem Mehrwertsteuerpflichtigen zugestanden werden, die Vorsteuer ungekürzt abzuziehen
und diese gemischte Verwendung jährlich einmal erst im 4. Quartal als
Eigenverbrauch zu korrigieren, sodass in den drei vorangehenden Perioden
nichts zu deklarieren ist (MWSTG 30 Abs. 2).

2.8.4.1   Korrektur nach dem effektiven Verwendungszweck
Bei der Korrektur der Vorsteuer nach der effektiven Methode sind sämtliche
Aufwendungen und Investitionen nach ihrer Verwendung zuzuordnen,
nämlich:

- dem unternehmerischen und zum Vorsteuerabzug berechtigenden
  Bereich
- dem unternehmerischen, nicht zum Vorsteuerabzug berechtigenden
  Bereich
- dem nicht unternehmerischen Bereich

Soweit eine Zuordnung der Aufwendungen und Investitionen nicht möglich ist, erfolgt die Verteilung nach betrieblich-objektiven Kriterien.

Beispiel:

Die Computer World AG, die den Verkauf von Computern sowie eine EDV-Schule (ohne Option) betreibt, weist im 3. Quartal 2010 folgende Umsätze und Aufwendungen aus (in CHF):

	Umsatz	
Verkauf Computer (steuerbarer Umsatz)	1 200 000	80%
Schulung (ausgenommener Umsatz)	300 000	20%
Total	1 500 000	100%

	Aufwendungen	Vorsteuer
Computereinkauf für Handel (107,6%)	600 000	42 379
Mobiliar für Schulung (107,6%)	50 000	3 532
Übrige Aufwendungen		
Miete (107,6%), 40% für Schulung	150 000	10 595
Büromobiliar (107,6%), 30% für Schulung	100 000	7 063
IT-Server, Betriebsmittel (107,6%), 10% für Schulung	150 000	10 595
Total übrige Aufwendungen	400 000	28 253

Berechnung der Vorsteuerkorrektur

	Topf A	Topf B	Topf C	Vorsteuer-abzug
Vorsteuer auf Computereinkauf	42 379			42 379
Vorsteuer auf Mobiliar		3 532		0
Übrige Aufwendungen				
Miete (107,6%)			10 595	
Davon abzugsberechtigt 60%			– 6 357	6 357
Büromobiliar (107,6%), 30% für Schulung			7 063	
Davon abzugsberechtigt 70%			4 944	4 944
IT-Server, Betriebsmittel (107,6%), 10% für Schulung			10 595	
Davon abzugsberechtigt 90%			– 9 536	9 536
Total abziehbare Vorsteuern				63 216

2.8.4.2 Pauschale Korrektur mit Teilzuordnung der Vorsteuern

Bei der Methode «Pauschale Korrektur mit Zuordnung der Vorsteuern» werden sämtliche Vorsteuerbeträge, soweit dies möglich ist,

- direkt den steuerbaren, optierten und befreiten Leistungen sowie den Leistungen im Ausland gemäss MWSTV 60 bzw. den nicht unternehmerischen, den Nicht-Entgelten oder den ausgenommenen Leistungen zugeordnet (Töpfe A und B);
- die übrigen Vorsteuern werden anteilsmässig aufgrund der Zusammensetzung des Umsatzes auf die steuerbaren, optierten und befreiten Leistungen, die Leistungen gemäss MWSTV 60 bzw. auf die nicht unternehmerischen, die Nicht-Entgelte oder auf die ausgenommenen Leistungen zugeteilt (Topf C).

Beispiel:

Die Computer World AG, die den Verkauf von Computern sowie eine EDV-Schule (ohne Option) betreibt, weist im 3. Quartal 2010 folgende Umsätze und Aufwendungen aus (in CHF):

	Umsatz	
Verkauf Computer (steuerbarer Umsatz)	1 200 000	80%
Schulung (ausgenommener Umsatz)	300 000	20%
Total	1 500 000	100%

	Aufwendungen	Vorsteuer
Computereinkauf für Handel (107,6%)	600 000	42 379
Mobiliar für Schulung (107,6%)	50 000	3 532
Übrige Aufwendungen (107,6%), Miete, Büromobiliar, IT-Server (Betriebsmittel)	400 000	28 253

Berechnung der Vorsteuerkorrektur

	Topf A	Topf B	Topf C	Vorsteuer-abzug
Vorsteuer auf Computereinkauf	42 379			42 379
Vorsteuer auf Mobiliar		3 532		0
Vorsteuer auf den übrigen Aufwendungen			28 253	
Davon abzugsberechtigt 80%				22 602
Total abzugsfähige Vorsteuer				64 981

2.8.4.3 Pauschale Korrektur ohne Zuordnung der Vorsteuern (Umsatzschlüssel)

Bei der Methode «Pauschale Korrektur ohne Zuordnung der Vorsteuern» bzw. «Pauschalmethode Umsatzschlüssel» wird die Vorsteuerkorrektur entsprechend der Zusammensetzung des massgebenden Umsatzes vorgenommen.

Beispiel:

Berechnung der Vorsteuerkorrektur (in CHF)	Vorsteuerabzug
Vorsteuer auf Computereinkauf	42 379
Vorsteuer auf Mobiliar	3 532
Vorsteuer auf den übrigen Aufwendungen	28 253
Total Vorsteuern	74 164
Abzugsberechtigt gemäss Umsatzschlüssel 80%	59 331

2.8.4.4 Korrektur mittels individueller Pauschalen

Die Korrektur der Vorsteuer kann bei gemischter Verwendung auch aufgrund einer eigenen Berechnung erfolgen. In diesem Fall hat die mehrwertsteuerpflichtige Person die Sachverhalte, die den Berechnungen zugrunde liegen, umfassend zu belegen und die Pauschale auf ihre Plausibilität zu überprüfen.

2.8.4.5   Korrektur mittels Branchenpauschalen

Branchenpauschalen gelangen insbesondere bei Banken und Versicherungsgesellschaften zur Anwendung.

2.8.4.6   Korrektur mittels weiterer Pauschalen

Mehrwertsteuerpflichtige, welche die Infrastruktur mehrheitlich für die Erzielung von steuerbaren Leistungen einsetzen, daneben diese aber auch für gewisse Nebentätigkeiten ohne Anspruch auf Vorsteuerabzug einsetzen, können aus Gründen der Praktikabilität die entsprechende Vorsteuerkorrektur mittels Pauschalen vornehmen. Voraussetzung solcher Pauschalen ist, dass eine sachgerechte Lösung resultiert. So sind insbesondere folgende Pauschalen vorgesehen (MWST-Info «Vorsteuerabzug und Vorsteuerkorrekturen» 8.5):

• Gewährung von Krediten, Zinseinnahmen und Einnahmen aus dem Handel mit Wertpapieren

Sofern diese Einnahmen nicht mehr als 5 Prozent des Gesamtumsatzes bzw. nicht mehr als CHF 10 000 ausmachen, ist keine Vorsteuerkorrektur vorzunehmen. Betragen diese Einnahmen mehr als 5 Prozent des Gesamtumsatzes bzw. mehr als CHF 10 000 pro Jahr, kann die Vorsteuerkorrektur für die gemischt verwendete Verwaltungsinfrastruktur mit 0,02 Prozent der von der Steuer ausgenommenen Entgelte wie Zinseinnahmen, Umsätze aus dem Verkauf von Wertpapieren usw. ermittelt werden.

• Verwaltung von nicht optierten Liegenschaften

Die Korrektur der Vorsteuer für die Verwaltung von nicht optierten Liegenschaften kann für die gemischt verwendete Infrastruktur mit pauschal 0,07 Prozent der von der Steuer ausgenommenen Bruttomieteinnahmen inkl. Nebenkosten vorgenommen werden.

• Referentenleistungen

Bei von der Mehrwertsteuer ausgenommenen Referentenleistungen kann die Vorsteuerkorrektur für die gemischt verwendete Infrastruktur mit pauschal 1 Prozent der Brutto-Referentenhonorare inkl. Nebenkosten berechnet werden. Diese Regelung gilt für Inhaber von Personenunternehmen, die Referentenleistungen erbringen. Werden solche von Mitarbeitern geleistet, liegt ein steuerbares Leistungsverhältnis zwischen dem Mitarbeiter und dem Unternehmen vor. Die Steuer berechnet sich auf dem tatsächlich bezahlten Entgelt, mindestens ist jedoch der Betrag geschuldet, der sich aufgrund der pauschalen Vorsteuerkorrektur ergibt.

- Entschädigungen für unselbständig ausgeübte Tätigkeiten wie Verwaltungsrats- und Stiftungsratshonorare

Wenn Honorare an Verwaltungs- oder Stiftungsräte für deren unselbständig ausgeübte Tätigkeit ausbezahlt werden, diese jedoch einen Teil oder den Gesamtbetrag dem Arbeitgeber abgeben müssen oder als Einzelunternehmer oder Gesellschafter einer Personenunternehmung tätig sind, unterliegt das Honorar bzw. der dem Arbeitgeber abgegebene Betrag nicht der Mehrwertsteuer, weil es sich nicht um steuerbares Entgelt handelt. In diesem Fall ist eine entsprechende Vorsteuerkorrektur vorzunehmen. Die Vorsteuerkorrektur für die gemischt verwendete Infrastruktur kann pauschal mit 1 Prozent der nicht steuerbaren Brutto-Honorare inkl. Nebenkosten vorgenommen werden. Die gleiche Regelung kann auch für Behördenentschädigungen angewendet werden.

2.8.4.7 Korrektur mittels Vereinfachung
In speziellen Fällen, z. B. bei der Vermietung von optierten Liegenschaften, die in geringem Umfang privat genutzt werden (Hauswartwohnung), kann anstelle einer Vorsteuerkorrektur die Leistung (z. B. Miete des Hauswarts) versteuert werden. Die Mehrwertsteuer darf dabei nicht offen durch den Vermieter gegenüber dem Hauswart (Mieter) ausgewiesen werden.

2.8.5 Eigenverbrauch

2.8.5.1 Allgemeines
Mehrwertsteuerpflichtige haben die Möglichkeit, für bezogene Leistungen den Vorsteuerabzug geltend zu machen. Werden solche Gegenstände bzw. Dienstleistungen nachträglich für Zwecke verwendet, für die kein Vorsteuerabzug besteht, muss eine entsprechende Vorsteuerkorrektur vorgenommen werden.

Beispiele:
- Der Bäcker nimmt Brot und Gebäck für den Bedarf seiner Familie nach Hause.
- Der Inhaber eines Elektrofachgeschäftes entnimmt dem Geschäft einen Fernseher und schenkt diesen seiner Tochter.

Die Vorsteuerkorrektur soll verhindern, dass mehrwertsteuerpflichtige Personen, die Gegenstände oder Dienstleistungen von Dritten für einen nicht der Mehrwertsteuer unterliegenden Zweck verwenden, gegenüber nicht mehrwertsteuerpflichtigen Personen steuerlich bessergestellt werden. Eine Vorsteuerkorrektur wegen Eigenverbrauchs gemäss MWSTG 31 muss vorgenommen werden, wenn folgende Voraussetzungen erfüllt sind:

- Die mehrwertsteuerpflichtige Person hat seinerzeit den Vorsteuerabzug vorgenommen oder Gegenstände und Dienstleistungen im Meldeverfahren nach MWSTG 38 bezogen.

- Die zu besteuernden Gegenstände und Dienstleistungen werden künftig (dauernd oder vorübergehend) für einen Zweck ohne Anrecht auf Vorsteuerabzug bzw. für eine nicht steuerbare unternehmerische Tätigkeit i.S.v. MWSTG 31 Abs. 2 lit. a–d verwendet.

Dienstleistungen gelten i.d.R. beim Bezug als verbraucht, sodass im Falle eines Eigenverbrauchs im Normalfall keine Vorsteuerkorrektur vorzunehmen ist. Ausnahmsweise haben indessen auch Dienstleistungen eine mehrjährige Nutzungsdauer. Bei solchen Dienstleistungen, deren Bezug zum vollen oder teilweisen Vorsteuerabzug berechtigt hat und die nun für unternehmensfremde Zwecke, für eine von der Mehrwertsteuer ausgenommene Tätigkeit oder für eine unentgeltliche Zuwendung verwendet werden oder die bei Wegfall der Steuerpflicht noch nicht bzw. noch nicht vollumfänglich verwendet worden sind (MWSTG 31 Abs. 2), ist eine Vorsteuerkorrektur vorzunehmen, sofern die Dienstleistungen im Zeitpunkt des Eigenverbrauchs noch einen Zeitwert (Restwert) aufweisen. Für die Bestimmung des Zeitwerts ist die buchhalterische Behandlung bzw. die Aktivierung der entsprechenden Dienstleistung nicht entscheidend.

Beispiele: Dienstleistungen, die beim Bezug i.d.R. als verbraucht gelten
- Beratungsleistungen (Anwalt, Steuerberater)
- Buchführungsleistungen
- Werbeleistungen

Beispiele: Dienstleistungen mit mehrjähriger Nutzungsdauer
- Lizenz- oder Patentrecht
- Ein bei der Übernahme eines Unternehmens bezahlter Goodwill

In MWSTG 31 werden folgende Fälle des Eigenverbrauchs unterschieden:

- Verwendung von Gegenständen bzw. Dienstleistungen ausserhalb der unternehmerischen Tätigkeit
- Verwendung von Gegenständen bzw. Dienstleistungen für eine unternehmerische Tätigkeit ohne Anrecht auf Vorsteuerabzug

- Verwendung von Gegenständen bzw. Dienstleistungen als Geschenke
- Vorhandene Gegenstände bzw. Dienstleistungen bei Wegfall der Steuerpflicht

2.8.5.2 Verwendung von Gegenständen bzw. Dienstleistungen ausserhalb der unternehmerischen Tätigkeit

Beim Eigenverbrauch «Verwendung von Gegenständen bzw. Dienstleistungen ausserhalb der unternehmerischen Tätigkeit» werden Gegenstände für unternehmensfremde Zwecke, insbesondere für den privaten Bedarf, verwendet (MWSTG 31 Abs. 2 lit. a), wie die Verwendung eines Geschäftswagens für den privaten Gebrauch, die Entnahme von Esswaren für die Zubereitung von Mahlzeiten des Hoteliers und seiner Familie.

Aus der Formulierung von MWSTG 31 Abs. 2 lit. a, dass die Entnahme von Gegenständen, die der Mehrwertsteuerpflichtige für seinen privaten Bedarf verwendet, Eigenverbrauch darstellt, folgt, dass diese Regelung nur auf Einzelunternehmer Anwendung findet. Bei Personenunternehmen und Kapitalgesellschaften liegt in solchen Fällen nicht Eigenverbrauch, sondern eine entgeltliche Leistung vor.

> **Beispiele:**
> - Ein Möbelhändler (Einzelunternehmen) scheidet einen für den Verkauf bezogenen Esstisch für seine Wohnung aus.
> - Der Inhaber eines Sanitärgeschäftes in der Rechtsform einer Einzelunternehmung verwendet das Geschäftsauto auch für private Zwecke.
> - Der Besitzer eines Restaurants (Einzelunternehmen) verwendet für das Restaurant eingekaufte Lebensmittel auch für seinen privaten Konsum.

2.8.5.3 Verwendung von Gegenständen bzw. Dienstleistungen für eine unternehmerische Tätigkeit ohne Anrecht auf Vorsteuerabzug

Nach MWSTG 31 Abs. 2 lit. b liegt ebenfalls ein Eigenverbrauch vor, wenn Gegenstände, für die ganz oder teilweise der Vorsteuerabzug vorgenommen wurde, für eine von der Steuer ausgenommene Tätigkeit gemäss MWSTG 21 verwendet werden (steuersystematischer Eigenverbrauch). Damit werden Mehrwertsteuerpflichtige, die einen Gegenstand von Beginn an für eine von der Mehrwertsteuer ausgenommene Tätigkeit verwenden und deshalb keinen Vorsteuerabzug vornehmen können, nicht schlechtergestellt als jene Mehrwertsteuerpflichtigen, die einen Gegenstand für einen steuerbaren oder befreiten Umsatz erwerben und den Gegenstand erst später in den ausgenommenen Bereich überführen.

Beispiele:

- Ein PC-Geschäft, welches neben dem PC-Handel auch entgeltliche PC-Kurse anbietet, stattet den Schulungsraum mit neuen Computern aus. Die nachträgliche Verwendung der mit Vorsteuerabzug eingekauften PCs für den von der Mehrwertsteuer ausgenommenen Unterricht führt als Eigenverbrauch zur Vorsteuerkorrektur.
- Ein Baugeschäft erstellt eine neue Werkhalle und verkauft die alte, ebenfalls selbst erstellte Halle. Der Verkauf von Immobilien, welche bisher ganz oder teilweise für eine steuerbare Tätigkeit verwendet wurden, gilt als Eigenverbrauch, sofern nicht für die Besteuerung des Verkaufs optiert wird oder die Übertragung der Immobilien nicht im Meldeverfahren erfolgt.
- Ein Baugeschäft erstellt eine neue Werkhalle und vermietet die alte Halle an einen nicht steuerpflichtigen Verein. Als Eigenverbrauch gilt auch die Vermietung von Immobilien, die bisher ganz oder teilweise für eine steuerbare Tätigkeit verwendet wurden und die neu ohne Option an Dritte vermietet werden.
- Ein Musikhaus nutzt das Erdgeschoss und den 1. Stock für den Verkauf, der 2. Stock ist durch eine Musikschule belegt. Neu wird auch der 1. Stock für die Musikschule verwendet. Bei Nutzungsänderungen von Immobilien, bei welchen die Flächenaufteilung bzw. Raumnutzung für steuerbare und ausgenommene Zwecke ändert, liegt Eigenverbrauch vor. Weil es sich dabei um eine partielle Nutzungsänderung handelt, kommt die annäherungsweise Ermittlung der Mehrwertsteuer in Betracht. Ein relevanter Eigenverbrauch liegt gemäss Praxis der EStV vor, wenn die Nutzungsänderung dabei mehr als 20 Prozentpunkte (Toleranzgrenze; vgl. nachfolgend 2.9.5.6) beträgt.
- Bei der Vermietung von Büroräumlichkeiten an eine Treuhandgesellschaft wurde optiert. Die Treuhandgesellschaft zieht aus und die Räumlichkeiten werden neu an eine Schule vermietet. Wenn für ein Mietverhältnis optiert wurde, löst die Beendigung der Option die Eigenverbrauchssteuer aus.

2.8.5.4 Verwendung von Gegenständen bzw. Dienstleistungen als Geschenke

Die unentgeltliche Zuwendung an Dritte stellt ebenfalls einen Eigenverbrauchstatbestand dar (MWSTG 31 Abs. 2 lit. c). Ausgenommen sind unentgeltliche Zuwendungen bis CHF 500 pro Empfänger und pro Jahr. Für die Bestimmung des Wertes von CHF 500 ist der Einkaufspreis oder der Zeitwert massgebend.

Bei Werbegeschenken sowie bei Warenmustern zur Erzielung steuerbarer oder steuerbefreiter Umsätze wird der unternehmerische Zweck vermutet, d.h., diese führen grundsätzlich nicht zu einer Vorsteuerkorrektur.

Beispiel: Eigenverbrauch

Die Bau AG schenkt dem Turnverein eine Auswahl guter Weine im Wert von CHF 1 000 für die Tombola des kantonalen Turnfests, ohne dass die Bau AG als Sponsorin erwähnt wird.

Beispiele: Kein Eigenverbrauch

- Die Bau AG schenkt zudem dem Fussballclub für das nächste Heimspiel den Spielball im Wert von CHF 200, ohne dass die Bau AG als Sponsorin erwähnt wird. Es handelt sich ebenfalls um eine unentgeltliche Zuwendung. Weil der Wert CHF 500 nicht übersteigt, ist keine Vorsteuerkorrektur vorzunehmen. Der Vorsteuerabzug kann grundsätzlich voll geltend gemacht werden. Wird der Betrag von CHF 500 überschritten, ist auf den ganzen Zuwendungen, d.h. nicht nur auf dem CHF 500 übersteigenden Betrag, eine Vorsteuerkorrektur vorzunehmen (Aufteilung nach Objekt).
- Eine Fahrradfabrik gibt gewissen Detailhändlern je ein neu entwickeltes Fahrrad im Wert von CHF 1 000 ab, damit die Händler das Fahrrad ausstellen und in ihr Sortiment aufnehmen. Es handelt sich um ein Warenmuster, für das die Vermutung der unternehmerischen Verwendung gilt und das vollumfänglich zum Vorsteuerabzug berechtigt.
- Die Karton AG schenkt ihren guten Kunden zum Jahreswechsel eine mit dem Firmensignet versehene Kartonpackung Wein im Wert von CHF 600. Die Kartonpackung Wein gilt als Werbegeschenk. Das Geschenk erfolgt im Interesse des Unternehmens, d.h. aus unternehmerischem Zweck, sodass der Vorsteuerabzug auf dem Einkauf des Weins geltend gemacht werden kann.

Als unentgeltliche Zuwendungen gelten auch Gratisleistungen an das eigene Personal, ohne dass der Arbeitgeber dazu arbeitsvertraglich verpflichtet ist. Bei solchen Gratisleistungen wird gemäss der Praxis der EStV ebenfalls die Freigrenze von CHF 500 für Schenkungen pro Empfänger und pro Jahr gewährt. Die Freigrenze von CHF 500 gelangt hingegen nicht zur Anwendung bei der Entnahme von Gegenständen durch den Inhaber des Einzelunternehmens oder durch seine in der Einzelunternehmung nicht mitarbeitenden Familienangehörigen.

Beispiel: Gratisleistungen

Der Besitzer eines Restaurants (Einzelunternehmen) schenkt den Mitarbeitern zu Weihnachten Lebensmittel im Wert von CHF 400 je Mitarbeiter, die er für das Restaurant eingekauft hat.

Weil der Wert der Lebensmittel weniger als CHF 500 je Mitarbeiter und pro Jahr beträgt, ist keine Vorsteuerkorrektur wegen Eigenverbrauchs vorzunehmen.

2.8.5.5   Vorhandene Gegenstände bzw. Dienstleistungen bei Wegfall der Steuerpflicht

Eine Vorsteuerkorrektur ist auch vorzunehmen auf Gegenständen, die sich bei Wegfall der Steuerpflicht noch im Besitz des Mehrwertsteuerpflichtigen befinden (MWSTG 31 Abs. 2 lit. d). Der Mehrwertsteuerpflichtige kann diese Gegenstände in Zukunft für steuerfreie Umsätze im Inland oder privat verwenden.

Beispiele:

- Ein Detaillist erfüllt die Voraussetzungen der Steuerpflicht wegen Umsatzrückgangs nicht mehr und lässt sich im Register der Steuerpflichtigen streichen. Eigenverbrauch liegt vor in Bezug auf sein Warenlager, aber auch in Bezug auf die Anlagegüter (z. B. Verkaufs- und Lagerräume, fest montierte Ladeneinrichtungen) und Betriebsmittel (wie z. B. Geschäftsfahrzeug, mobile Ladeneinrichtungen).
- Ein Maler hat seinen Betrieb aufgegeben, seine Warenvorräte und Betriebsmittel verkauft, aber ein Geschäftsfahrzeug und die Geschäftsräumlichkeiten (Lager- und Werkstattraum in seinem Wohnhaus) behalten. Gegenstand des Eigenverbrauchs bilden hier Geschäftsfahrzeug und -räumlichkeiten.

2.8.5.6 Eigenverbrauch bei partiellen Nutzungsänderungen

Werden Gegenstände nach einer Nutzungsänderung nicht mehr ausschliesslich für steuerbare Zwecke, sondern neu z. T. auch für eine ausgenommene Unternehmenstätigkeit, d. h. gemischt, verwendet, spricht man von einer partiellen Nutzungsänderung. Eine partielle Nutzungsänderung liegt auch vor, wenn sich das Verhältnis der gemischten Nutzung ändert.

Bei einer partiellen Nutzungsänderung muss die steuerpflichtige Person einmal jährlich aufgrund eines Vorjahresvergleichs prüfen, ob eine steuerlich relevante partielle Nutzungsänderung vorliegt. Die steuerpflichtige Person hat dabei das Wahlrecht zwischen der annäherungsweisen und der effektiven Ermittlung der Mehrwertsteuer. Bei der annäherungsweisen Ermittlung der Mehrwertsteuer ist eine partielle Nutzungsänderung steuerlich nur relevant, wenn sich der Verwendungszweck der Gegenstände oder Dienstleistungen gegenüber dem Vorjahr um mehr als 20 Prozentpunkte ändert.

Beispiel:

Die Beratung AG erbringt in einer eigenen Geschäftsliegenschaft steuerbare Beratungsleistungen und ausgenommene, nicht optierte Schulungsleistungen. Die Nutzung der Liegenschaft lautet wie folgt (in %):

	Beratung	Schule
2010	40	60
2011	42	58
2012	65	35

Der Verwendungszweck der Liegenschaft hat sich im Jahr 2011 gegenüber dem Jahr 2010 um 2 Prozentpunkte geändert; es liegt keine steuerlich relevante Nutzungsänderung vor. Im Jahr 2012 beträgt die Veränderung gegenüber dem Jahr 2011 23 Prozentpunkte, womit die Toleranzgrenze überschritten ist und ein anteiliger Eigenverbrauch abzurechnen ist.

2.8.5.7 Bemessungsgrundlage beim Eigenverbrauch

Beim Eigenverbrauch wird die Korrektur der Vorsteuer wie folgt berechnet (MWSTG 31):

• Endgültige Entnahme von neuen beweglichen und unbeweglichen Gegenständen sowie von Dienstleistungen

Bei der endgültigen Entnahme von neuen beweglichen und unbeweglichen Gegenständen sowie von Dienstleistungen ist der Vorsteuerabzug im Umfang des Neuwertes des Gegenstandes bzw. der Dienstleistung zu korrigieren. Bei neu gekauften Gegenständen ist die Bemessungsgrundlage damit der Einstandspreis und bei neu gekauften Dienstleistungen der Bezugspreis.

Bei selbst hergestellten Gegenständen ist die Vorsteuerkorrektur auf dem Einstandspreis der Bestandteile samt einem Zuschlag von 33 Prozent für die Benützung der vorsteuerentlasteten Infrastruktur vorzunehmen (MWSTV 69 Abs. 3).

> **Beispiel: Eigenverbrauch bei neuen Gegenständen und Dienstleistungen**
>
> Der steuerpflichtige Aldo Cari ist Eigentümer einer Garage in der Rechtsform einer Einzelunternehmung. Aldo Cari entnimmt dem Lager der Garage ein Auto mit einem Einstandspreis von CHF 30 000 zzgl. CHF 2280 MWST, für welches er beim Kauf den Vorsteuerabzug geltend gemacht hat, für seine Tochter.
>
> Es liegt eine dauernde Entnahme gemäss MWSTG 31 Abs. 2 lit. a vor. Cari hat die in Abzug gebrachte Vorsteuer im Betrag von CHF 2280 vollumfänglich zu korrigieren.

• Endgültige Entnahme von in Gebrauch genommenen beweglichen und unbeweglichen Gegenständen sowie von Dienstleistungen

Bei der endgültigen Entnahme von in Gebrauch genommenen beweglichen und unbeweglichen Gegenständen sowie von Dienstleistungen ist der Vorsteuerabzug im Umfang des Zeitwerts des Gegenstandes oder der Dienstleistung zu korrigieren. Zur Ermittlung des Zeitwerts wird bei beweglichen Gegenständen und bei Dienstleistungen der Anschaffungswert für jedes abgelaufene Jahr linear um einen Fünftel abgeschrieben. Bei Liegenschaften wird der Anschaffungswert für jedes abgelaufene Jahr linear um einen Zwanzigstel abgeschrieben (MWSTG 31 Abs. 3).

Beispiel: Eigenverbrauch bei gebrauchten beweglichen Gegenständen

Schreiner Walter Hobel gibt Mitte 2010 seinen Geschäftsbetrieb auf.
Er benützt die dreijährige EDV-Anlage (Hard- und Software), die ausschliesslich
für betriebliche Zwecke eingesetzt wurde, in Zukunft für private Zwecke.

	Basis Vorsteuerabzug CHF	Vorsteuer CHF
Ankaufspreis 2007 (exkl. MWST, MWST-Satz 7,6%)	20 000	1 520
Entnahme 2010		
./. – Abschreibungen jährlich 20%		
3 volle Jahre: 3 x 20% = 60%		– 912
Vorsteuerkorrektur		608

Beispiel: Eigenverbrauch bei gebrauchten Liegenschaften

Bauunternehmer Hammer erstellte 2004 einen Werkhof. Auf den für die
Erstellung verwendeten Materialien von CHF 1 000 000 (exkl. MWST) machte er
den Vorsteuerabzug geltend. Per Ende Dezember 2011 wird der Werkhof für
Dauervermietung ausgeschieden, ohne für die Vermietung zu optieren.

Mit der Nutzungsänderung für eine ausgenommene Leistung liegt ein Eigenverbrauchstatbestand gemäss MWSTG 31 Abs. 2 lit. b vor. Die Vorsteuerkorrektur berechnet sich wie folgt (in CHF):

	Basis Vorsteuerabzug CHF	Vorsteuer CHF
Einstandspreis Materialien 2004 (MWST-Satz 7,6%)	1 000 000	76 000
Zuschlag für die Benützung der vorsteuerentlasteten		
Infrastruktur 33% (MWSTV 69 Abs. 3)		25 080
Zwischentotal		101 080
./. – Abschreibungen jährlich 5%		
8 abgelaufene Jahre: 8 x 5% = 40%		– 40 432
Vorsteuerkorrektur		60 648

Bei der dauernden Entnahme von Liegenschaften sind zusätzlich in die
Bemessungsgrundlage für die Eigenverbrauchssteuer auch allfällige wertvermehrende Aufwendungen einzubeziehen, während für werterhaltende
Aufwendungen, Betriebsstoffe und andere Aufwendungen ohne Anlage-
charakter eine Vorsteuerkorrektur entfällt.

Beispiel: Eigenverbrauch bei Dienstleistungen

Die steuerpflichtige Xeno AG hat im Januar 2010 von der Medi AG ein Patent für die Herstellung von Spritzen für CHF 100 000 zzgl. 7,6% MWST gekauft. Der Kaufpreis wurde mit CHF 100 000 aktiviert. Die Xeno AG lässt sich per 31. Dezember 2012 wegen Nichterreichens der Umsatzgrenze aus dem MWST-Register streichen.

Beim Kauf des Patents konnte die Xeno AG für die in Rechnung gestellte Mehrwertsteuer den Vorsteuerabzug geltend machen. Mit Beendigung der Steuerpflicht tritt eine vollumfängliche Nutzungsänderung ein, weshalb die Xeno AG eine Vorsteuerkorrektur gemäss MWSTG 31 Abs. 3 vorzunehmen hat.

	Basis Vorsteuerabzug	Vorsteuer
	CHF	CHF
Einstandswert 2010, mit Vorsteuerabzug 7,6%	100 000	7 600
./. – Abschreibungen jährlich 20%		
3 abgelaufene Jahre: 3 x 20% = 60%		– 4 560
Vorsteuerkorrektur		3 040

- Vorübergehende Verwendung von Gegenständen

Bei der vorübergehenden Verwendung von Gegenständen für einen Zweck, für welchen kein Vorsteuerabzug zulässig ist, ist der Vorsteuerabzug im Umfang der Steuer zu korrigieren, die auf einer einem Dritten in Rechnung gestellten Miete anfallen würde. Eine vorübergehende Verwendung liegt grundsätzlich vor, wenn die steuerpflichtige Person bewegliche Gegenstände während maximal 6 Monaten und unbewegliche Gegenstände während maximal 12 Monaten für eine nicht steuerbare, insbesondere von der Mehrwertsteuer ausgenommene Unternehmenstätigkeit verwendet.

Beispiel: Eigenverbrauch bei vorübergehender Entnahme

Der Inhaber des Einzelunternehmens Moser Bau entnimmt für den privaten Gebrauch eine Baumaschine für zwei Monate. Für die Baumaschine wurde beim Kauf die Vorsteuer geltend gemacht. Die Berechnung des Mietpreises, wie er einem Dritten in Rechnung gestellt würde, kann mangels Vergleichswerten wie folgt berechnet werden:

	Basis Vorsteuerabzug	Vorsteuer
	CHF	CHF
Einstandswert Baumaschine 2010	100 000	
+ direkt zuordenbare Aufwendungen exkl. MWST	10 000	
Gesamtkosten	110 000	
Jahreskosten bei einer Lebensdauer von 5 Jahren	22 000	
+ nicht direkt zuordenbare Aufwendungen 10%	2 200	
Jahresmietwert exkl. MWST	24 200	
Mietwert für 2 Monate	4 033	
Vorsteuerkorrektur 7,6% von CHF 4 033		306

2.8.6 Einlageentsteuerung

Wenn beim Bezug von Lieferungen, Leistungen oder bei der Einfuhr von Gegenständen die Voraussetzungen für den Vorsteuerabzug nicht gegeben sind, kann die Vorsteuer nicht geltend gemacht werden. Treten diese Voraussetzungen zu einem späteren Zeitpunkt ein, kann der Vorsteuerabzug nachträglich vorgenommen werden (MWSTG 32). Diese sog. Einlageentsteuerung ist nur möglich, wenn die folgenden Voraussetzungen kumulativ erfüllt sind:

• Die Aufwendungen (Dienstleistungen und Gegenstände) müssen unter dem Regime der Mehrwertsteuer angefallen sein. Eine Entsteuerung von Aufwendungen, welche unter dem Regime der Warenumsatzsteuer entstanden sind, ist nicht möglich;
• Vorhandensein von Belegen, welche die Bedingungen der Rechnungsstellung erfüllen;
• die zu entsteuernden Gegenstände und Dienstleistungen müssen für einen künftigen steuerbaren Zweck bestimmt sein;
• die Dienstleistungen und Gegenstände weisen im Zeitpunkt der Einlageentsteuerung noch einen Restwert auf, wobei der Wertverzehr entsprechend zu berücksichtigen ist.

> **Beispiele:**
> • Die Gonzen-Garage, die auch eine Fahrschule betreibt, übernimmt ein Auto, das während eines Jahres für den Fahrunterricht verwendet wurde, als Serviceauto in den Garagebetrieb.
> • Eine Geschäftsliegenschaft, die bisher ohne Option an die Kader-Schule vermietet wurde, wird neu mit Option an die Handels AG vermietet.

Die Einlageentsteuerung ist gewissermassen das Gegenstück zum Eigenverbrauch: Bei der Einlageentsteuerung treten die Voraussetzungen für den Vorsteuerabzug erst nachträglich ein, weshalb die Vorsteuer nachträglich geltend gemacht werden kann. Beim Eigenverbrauch fallen die Voraussetzungen nachträglich weg, weshalb der Vorsteuerabzug korrigiert werden muss.

Die Berechnung der Einlageentsteuerung erfolgt analog der Eigenverbrauchsbesteuerung:

• Bei neuen Gegenständen kann die nachträglich geltend zu machende Vorsteuer vom Einkaufspreis dieser Gegenstände oder ihrer Bestandteile berechnet werden.

- Bei gebrauchten beweglichen Gegenständen kann die Vorsteuer auf dem Zeitwert geltend gemacht werden. Zur Ermittlung des Zeitwerts wird der Anschaffungswert für jedes abgelaufene Jahr linear um einen Fünftel abgeschrieben. Bei Gebäuden ist für die Ermittlung des Zeitwerts der Anschaffungswert für jedes abgelaufene Jahr linear um einen Zwanzigstel abzuschreiben (MWSTG 32 Abs. 2).

- Wird der Gegenstand nur vorübergehend für eine zum Vorsteuerabzug berechtigende unternehmerische Tätigkeit verwendet, kann der Vorsteuerabzug im Umfang der Steuer geltend gemacht werden, die auf einer Miete anfallen würde, wie sie einer Drittperson in Rechnung gestellt würde.

2.8.7 *Kürzung des Vorsteuerabzugs*

Zahlungen, die als Nicht-Entgelte gemäss MWSTG 18 Abs. 2 lit. d–l gelten, berechtigen gemäss MWSTG 33 Abs. 1 zum vollen Vorsteuerabzug, d. h., solche Zahlungen bewirken keine Vorsteuerkürzung.

Nicht-Entgelte gemäss MWSTG 18 Abs. 2 lit. a–c hingegen, d. h. Subventionen, Zahlungen, die Kur- und Verkehrsvereine ausschliesslich aus öffentlich-rechtlichen Tourismusabgaben erhalten, und Beiträge aus kantonalen Wasser-, Abwasser- oder Abfallfonds an Entsorgungsanstalten oder Wasserwerke (MWSTG 33 Abs. 2 i. V. m. MWSTG 8 Abs. 2 lit. a–c), führen zu einer verhältnismässigen Kürzung des Vorsteuerabzugs. Die Vorsteuer ist dabei z. B. entsprechend dem Verhältnis der Zahlungen zum Umsatz zu kürzen.

3   Bezugsteuer

3.1   Steuerpflicht und Steuerobjekt

Bei der Bezugsteuer hat der Leistungsempfänger gewisse Leistungen als Bezüger zu versteuern und nicht das leistende Unternehmen (sog. Reverse-Charge-Verfahren), d. h., die Steuerpflicht wird vom leistenden Unternehmen auf den Leistungsempfänger verlegt. Es handelt sich dabei um Leistungen, bei denen der Ort der Leistung im Inland liegt, das leistende Unternehmen aber Sitz im Ausland hat und in der Schweiz und im Fürstentum Liechtenstein nicht steuerpflichtig ist.

Der Bezugsteuer unterliegen gemäss MWSTG 45:
- Dienstleistungen von Unternehmen mit Sitz im Ausland, die nicht im

Register der steuerpflichtigen Personen eingetragen sind, wenn sich der Ort der Leistung im Inland befindet (MWSTG 45 Abs. 1 lit. a);
- die Einfuhr von Datenträgern ohne Marktwert mit den darin enthaltenen Dienstleistungen und Rechten (MWSTG 45 Abs. 1 lit. b);
- Lieferungen im Inland durch Unternehmen mit Sitz im Ausland, die nicht im Register der steuerpflichtigen Personen eingetragen sind, sofern diese Lieferungen nicht der Einfuhrsteuer unterliegen (MWSTG 45 Abs. 1 lit. c).

Steuerpflichtig ist bei der Bezugsteuer (MWSTG 45 Abs. 2):
- der bereits steuerpflichtige Empfänger der Leistung für jeden Bezug;
- der nicht bereits steuerpflichtige Empfänger der Leistung, sofern er im Kalenderjahr für mehr als CHF 10 000 solche Leistungen bezieht. Für den Bezug von Lieferungen im Inland ist der nicht bereits steuerpflichtige Empfänger nur steuerpflichtig, wenn er zuvor von der zuständigen Behörde über die Bezugsteuerpflicht informiert worden ist.

Beispiele:
- Der nicht steuerpflichtige Felix Blum lässt im Jahr 2010 in Österreich ein Gutachten für einen Prozess in der Schweiz erstellen (Ort der Dienstleistung im Inland gemäss MWSTG 8 Abs. 1). Das Gutachten kostet CHF 15 000. Felix Blum wird im Jahr 2010 steuerpflichtig und muss CHF 1140 Mehrwertsteuer an die EStV bezahlen (7,6% von CHF 15 000).
- Die mehrwertsteuerpflichtige Auto AG, St. Gallen, welche eine Autogarage betreibt und nur steuerbare oder befreite Leistungen erbringt, lässt von der Expertisa AG, Dornbirn, A, im Jahr 2011 ein Gutachten anfertigen. Das Gutachten kostet EUR 20 000. Die Auto AG muss den Bezug der Dienstleistung aus dem Ausland in der ordentlichen Mehrwertsteuerabrechnung deklarieren. Sie kann den entsprechenden Vorsteuerabzug geltend machen.
- Die mehrwertsteuerpflichtige Auto AG, St. Gallen, lässt überdies die Garagentüre von der Service AG, Konstanz, D, reparieren ohne Verwendung von Ersatzmaterial durch die Service AG. Auch diese Leistung unterliegt der Bezugsteuer. Die Auto AG muss den Bezug der Leistung aus dem Ausland wiederum in der ordentlichen Mehrwertsteuerabrechnung als Umsatz deklarieren. Sie kann den entsprechenden Vorsteuerabzug geltend machen. Würde die Service AG ein neues Tor in die Schweiz einführen und bei der Auto AG montieren, würde die Leistung nicht der Bezugsteuer, sondern der Einfuhrsteuer unterliegen (MWSTG 45 Abs. 1 lit. c).

3.2 Steuerbemessung, Steuersätze

Die Steuer ist vom tatsächlich bezahlten Entgelt zu berechnen (MWSTG 46 i. V. m. MWSTG 24).

Die Steuer beträgt 2,4 Prozent für reduziert besteuerte und 7,6% für andere Leistungen (MWSTG 46 i. V. m. MWSTG 25).

4 Ermittlung, Entstehung und Verjährung der Steuerforderung bei der Inland- und der Bezugsteuer

4.1 Steuerperiode

Die Mehrwertsteuer wird je Steuerperiode erhoben.

Steuerperiode ist das Kalenderjahr (MWSTG 34 Abs. 2).

Auf Antrag der steuerpflichtigen Person kann auch deren Geschäftsjahr als Steuerperiode festgelegt werden. Der Bundesrat bestimmt das Inkrafttreten (MWSTG 116 Abs. 2; noch nicht in Kraft per 1. Januar 2010).

4.2 Abrechnungsperiode

Die Mehrwertsteuer ist i.d.R. vierteljährlich abzurechnen (Kalendervierteljahr; MWSTG 35 Abs. 1 lit. a).

Bei Abrechnung nach Saldosteuersätzen erfolgt die Abrechnung halbjährlich (MWSTG 35 Abs. 1 lit. b).

Steuerpflichtigen, die regelmässig Vorsteuerüberschüsse ausweisen, kann die EStV auf Antrag die monatliche Abrechnung gestatten. Monatliche Abrechnung kann die EStV bewilligen, sofern die Vorsteuerüberschüsse regelmässig mehr als CHF 20 000 pro Monat und insgesamt mehr als CHF 250 000 pro Jahr betragen.

In begründeten Fällen kann die EStV auf Antrag auch andere Abrechnungsperioden gestatten (MWSTG 35 Abs. 2).

4.3 Umfang der Steuerforderung und Meldeverfahren

Die Abrechnung der Mehrwertsteuer kann auf vier Arten erfolgen, nämlich mittels:

- effektiver Abrechnung (vgl. nachfolgend 4.3.1)
- Abrechnung nach Saldosteuersätzen (vgl. nachfolgend 4.3.2)
- Abrechnung nach Pauschalsteuersätzen (vgl. nachfolgend 4.3.3)
- Meldeverfahren (vgl. nachfolgend 4.3.4)

4.3.1   Effektive Abrechnungsmethode

Die Steuerpflichtigen haben grundsätzlich die Mehrwertsteuer nach der effektiven Abrechnungsmethode abzurechnen (MWSTG 36 Abs. 1). Dabei bestimmt sich die Steuerforderung nach der Differenz zwischen der geschuldeten Inlandsteuer, der Bezugsteuer sowie der im Verlagerungsverfahren deklarierten Einfuhrsteuer und dem Vorsteuerguthaben der entsprechenden Abrechnungsperiode.

4.3.2   Abrechnung nach Saldosteuersätzen

Steuerpflichtige, die steuerbare Umsätze (inkl. Steuer) von maximal CHF 5 Mio. pro Jahr aufweisen und dabei eine Steuerschuld von höchstens CHF 100 000 pro Jahr erzielen, können gegenüber der EStV nach der Saldosteuersatzmethode abrechnen (MWSTG 37).

Zum steuerbaren Jahresumsatz zählen die steuerbaren und steuerbefreiten Lieferungen im Inland sowie die steuerbaren Dienstleistungen, bei denen der Ort der Dienstleistung im Inland ist (MWSTG 8). Steuerpflichtige, die mit der Saldosteuersatzmethode abrechnen, verzichten auf das Vorsteuerabzugsrecht und rechnen gegenüber der EStV die Mehrwertsteuer zu einem tieferen Satz ab, dem sog. Saldosteuersatz. Berechnungsgrundlage ist dabei der Totalumsatz einschliesslich Mehrwertsteuer. Den Kunden stellen die Steuerpflichtigen jedoch den gesetzlichen Steuersatz in Rechnung. Mit der Differenz wird dem Verzicht auf die Geltendmachung der Vorsteuer Rechnung getragen.

Die EStV hat für sämtliche Branchen Schätzungen über den Vorsteueranteil vorgenommen und entsprechende Steuersätze festgelegt. Steuerpflichtige, für deren Tätigkeiten verschiedene Steuersätze gelten, können höchstens mit zwei Saldosteuersätzen abrechnen, sofern der Anteil der einzelnen Tätigkeiten am Gesamtumsatz regelmässig mehr als 10 Prozent beträgt. Bei der Abrechnung mit Saldosteuersätzen ist die Eigenverbrauchsbesteuerung i. d. R. abgegolten. Leistungen an eng verbundene Personen sowie entgeltliche Leistungen an das Personal gelten nicht als Eigenverbrauch und unterliegen hingegen der Mehrwersteuer zum Saldosteuersatz.

> **Beispiel:**
> Ein steuerpflichtiger Velohändler erzielt während eines Semesters einen Umsatz von CHF 200 000 zzgl. 7,6% Mehrwertsteuer bzw. CHF 15 200. Der Velohändler deklariert in der Mehrwertsteuer-Abrechnung einen Umsatz von CHF 215 200 zum Saldosteuersatz von 2,3%, was eine geschuldete Steuer von CHF 4950 ergibt.

Steuerpflichtige, die mit der Saldosteuer abrechnen, verpflichten sich, diese Abrechnungsmethode während mindestens einer Steuerperiode bei- zubehalten. Bei Verzicht auf die Saldosteuersatzmethode kann nach frü- hestens drei Jahren wieder zu dieser Abrechnungsart gewechselt werden (MWSTG 37 Abs. 4).

Wird während zwei aufeinanderfolgenden Kalenderjahren die jährli- che Umsatzgrenze von CHF 5 Mio. und/oder die Steuerforderung von CHF 100000 überschritten, muss der Steuerpflichtige ab 1. Januar des dritten Jahres nach der effektiven Methode abrechnen. Wird eine oder beide dieser Grenzen in einem Kalenderjahr um mehr als 50 Prozent über- schritten, wird die Bewilligung zur Abrechnung mit Saldosteuersätzen üblicherweise bereits auf das Folgejahr hin entzogen (MWSTV 81).

4.3.3 Abrechnung nach Pauschalsteuersätzen

Gemeinwesen und verwandte Einrichtungen wie private Spitäler und Schu- len oder konzessionierte Transportanstalten sowie Vereine und Stiftun- gen können nach der Pauschalsteuersatzmethode abrechnen (MWSTG 37 Abs. 5).

Bei der Pauschalsteuersatzmethode wird die Steuerforderung wie bei der Saldosteuersatzmethode durch Multiplikation des Totals der steuerbaren Entgelte einer Abrechnungsperiode mit dem von der EStV bewilligten Pauschalsteuersatz ermittelt. Anders als bei der Saldosteuersatzmethode besteht bei der Pauschalsteuersatzmethode keine betragsmässige Ober- grenze. Die Pauschalsteuersatzmethode muss während mindestens dreier Steuerperioden beibehalten werden. Nach einem Wechsel zur effektiven Methode kann frühestens nach 10 Jahren wieder zur Pauschalsteuersatz- methode gewechselt werden.

4.3.4 Meldeverfahren

Bei Umstrukturierungen nach DBG 19 und 61 sowie bei anderen Über- tragungen eines Gesamt- oder Teilvermögens von einer steuerpflichtigen Person auf eine andere im Rahmen einer Gründung, einer Liquidation oder einer Umstrukturierung hat die steuerpflichtige Person die Steuerpflicht durch Meldung der steuerbaren Lieferung oder Dienstleistung zu erfül- len, sofern die auf dem Veräusserungspreis geschuldete Mehrwertsteuer CHF 10000 übersteigt oder die Veräusserung an eine eng verbundene Per- son erfolgt (MWSTG 38).

Für die Anwendung des Meldeverfahrens müssen folgende Voraussetzungen kumulativ gegeben sein (vgl. auch MWST-Info «Übertragung mit Meldeverfahren»):

- Steuerbarkeit der Übertragung. Das Meldeverfahren gelangt nur bei der Übertragung einer steuerbaren Leistung zur Anwendung. Keine steuerbare Leistung ist z.B. die Übertragung von Aktien, da solche Umsätze nach MWSTG 21 Ziff. 19 lit. e von der Mehrwertsteuer ausgenommen sind.
- Steuerpflicht aller Beteiligten. Damit das Meldeverfahren durchgeführt werden kann, müssen die Beteiligten mehrwertsteuerpflichtig sein oder durch die Übernahme steuerpflichtig werden.
- Vorliegen eines Umstrukturierungstatbestands gemäss DBG 19 oder 61 und/oder einer Umstrukturierung oder eines anderen im FusG vorgesehenen Rechtsgeschäfts oder Übertragung eines Gesamt- oder Teilvermögens.

Ein Gesamtvermögen umfasst alle Aktiven eines Unternehmens. Ein Teilvermögen i.S.v. MWSTG 38 Abs. 1 lit. b liegt vor, wenn es aus einer Mehrzahl von Gegenständen und/oder Dienstleistungen besteht, die aus der Sicht des Übertragenden eine organische Einheit bilden. Für die Übertragung von einzelnen Vermögensgegenständen ist das Meldeverfahren nicht möglich. Keine Reorganisation liegt vor, wenn z.B. ein Warenlager lediglich zum Zweck seiner Erneuerung veräussert wird.

Davon ausgenommen ist die Übertragung von Liegenschaften, die von einem Steuerpflichtigen auch einzeln mit dem Meldeverfahren übertragen werden können.

Beispiele:

- Die steuerpflichtige Büro AG verkaufte bisher Büromaschinen und Büromöbel. Nun gibt sie die Sparte Büromöbel auf und verkauft das gesamte Inventar an Büromöbeln an die ebenfalls steuerpflichtige Büromöbel AG. Das Inventar an Büromöbeln stellt ein Teilvermögen dar, und die Übertragung auf die Büromöbel AG kann bei der Mehrwertsteuer mit dem Meldeverfahren abgewickelt werden.
- Die Bau AG führt die beiden Geschäftsbereiche Hoch- und Strassenbau. Im Zuge einer Reorganisation wird der Bereich Strassenbau, bestehend aus einer Geschäftsliegenschaft mit Werkhof, Einrichtungen, Baumaschinen, Werkzeugen, Ersatzteilen, Büromaterial und Büromaschinen, auf die neu gegründete Schwestergesellschaft Strassenbau AG übertragen. Der Bereich Strassenbau stellt einen Teilbetrieb dar, sodass die Übertragung auf die Strassenbau AG bei der Mehrwertsteuer mit dem Meldeverfahren abgewickelt werden kann.

Sind die Voraussetzungen erfüllt, muss die Übertragung mit dem Meldeverfahren abgewickelt werden. Die Meldung ist im Rahmen der ordentlichen Abrechnung vorzunehmen. Wird das Meldeverfahren nicht angewendet, obwohl die Voraussetzungen erfüllt gewesen sind, kann es nicht nachträglich von der EStV angeordnet werden, sofern die Steuerforderung gesichert ist (MWSTG 38 Abs. 5). Dabei wird verlangt, dass die Mehrwertsteuer nicht nur abgerechnet, sondern auch bezahlt worden ist.

Rechtsformwechselnde Umwandlungen gemäss FusG 54, 97 und 99 führen nicht zu einem Wechsel des Steuersubjektes. Das Meldeverfahren gelangt in diesen Fällen nicht zur Anwendung und der Gesellschaft wird keine neue Mehrwertsteuernummer zugeteilt. Die Umwandlung ist der EStV innert 30 Tagen nach der Firmen- bzw. Namensänderung zu melden.

4.4 Abrechnungsart

Die Mehrwertsteuer ist grundsätzlich nach vereinbartem Entgelt abzurechnen (MWSTG 39 Abs. 1).

Ist das vereinnahmte Entgelt durch Skonto, Preisnachlass oder Verlust niedriger als das vereinbarte oder werden vereinnahmte Entgelte nachträglich durch gewährte Rabatte oder Rückvergütungen zurückerstattet, so kann in der Abrechnung über die Periode, in der die Entgeltsminderung verbucht oder rückvergütet wurde, ein entsprechender Abzug vom steuerbaren Umsatz vorgenommen werden.

Die EStV kann Steuerpflichtigen gestatten, wenn es aus Gründen des Rechnungswesens einfacher ist, die Steuer auch nach vereinnahmtem Entgelt abzurechnen (MWSTG 39 Abs. 4).

4.5 Entstehung der Steuerforderung

Die Steuerforderung entsteht bei Lieferungen und Dienstleistungen im Falle der Abrechnung nach vereinbartem Entgelt mit der Rechnungsstellung (MWSTG 40 Abs. 1). Bei Teilrechnungen oder Teilzahlungen wird die Steuerforderung mit der Ausstellung der Teilrechnung bzw. mit der Vereinnahmung der Teilzahlung begründet. Bei Vorauszahlungen sowie bei Lieferungen und Dienstleistungen ohne Rechnungsstellung entsteht die Steuerforderung mit der Vereinnahmung des Entgeltes.

> **Beispiel:**
> Die Druck AG, St. Gallen, bestellt am 10. Dezember 2010 bei der Maschinenbau AG, Bern, eine Druckmaschine, je 50% des Kaufpreises zahlbar, bei Vertragsabschluss und bei Abnahme der Maschine. Die Maschinenbau AG, die nach vereinbartem Entgelt abrechnet, stellt der Druck AG die Anzahlung von 50% des Kaufpreises am 20. Januar 2011 in Rechnung (Teilrechnung). Die Anzahlung wird im Februar 2011 überwiesen. Die Maschine wird im August 2011 ausgeliefert und unter Anrechnung der Anzahlung in Rechnung gestellt und von der Druck AG im September 2011 bezahlt. Die Maschinenbau AG hat die Anzahlung im 1. Quartal 2011 und den Restkaufpreis im 3. Quartal 2011 zu versteuern.

Im Falle der Abrechnung nach vereinnahmtem Entgelt entsteht die Steuererforderung mit der Vereinnahmung des Entgelts; dies gilt auch für Vorauszahlungen.

Beim Eigenverbrauch entsteht die Steuerforderung im Zeitpunkt, in dem er eintritt.

Bei der Bezugsteuer entsteht die Steuerforderung grundsätzlich mit der Zahlung des Entgelts für die Leistung (MWSTG 48). Bei bereits Steuerpflichtigen, die nach vereinbarten Entgelten abrechnen, entsteht die Steuerforderung mit Empfang der Rechnung sowie bei Leistungen ohne Rechnungsstellung mit der Zahlung des Entgelts.

4.6 Nachträgliche Änderung der Umsatzsteuerschuld und des Vorsteuerabzugs

Wird das vereinbarte Entgelt nachträglich korrigiert, so hat in dem Zeitpunkt bzw. mit der entsprechenden Mehrwertsteuer-Abrechnung, in dem die Korrektur verbucht oder das korrigierte Entgelt bezahlt bzw. vereinnahmt wird, der steuerpflichtige Leistungserbringer eine Anpassung der Umsatzsteuerschuld und der steuerpflichtige Leistungsempfänger eine Anpassung der Vorsteuer vorzunehmen (MWSTG 41).

> **Beispiel:**
> Die Säntis AG, Appenzell, bezahlt der Tech AG, Lugano, den Kaufpreis für eine Stanze unter Abzug eines Mängelrabatts von 10 Prozent. Die Säntis AG hat mit der Verbuchung der Bezahlung eine entsprechende Korrektur der Vorsteuer und die Tech AG mit der Verbuchung des Zahlungseingangs eine entsprechende Korrektur der Umsatzsteuer vorzunehmen.

4.7 Festsetzungsverjährung

Die Steuerforderung, bestehend aus der Differenz zwischen Umsatzsteuer und Vorsteuer, verjährt fünf Jahre nach Ablauf des Kalenderjahres, in dem sie entstanden ist (MWSTG 42). Der Fristenlauf beginnt mit der Entstehung der Steuerforderung. Die fünfjährige Verjährungsfrist gilt damit sowohl für die Umsatzsteuer als auch für den Vorsteuerabzug.

Die Verjährung wird unterbrochen durch eine auf Festsetzung oder Korrektur der Steuerforderung gerichtete empfangsbedürftige schriftliche Erklärung wie Ankündigung einer Kontrolle bzw. Beginn einer unangekündigten Kontrolle, eine Verfügung, einen Einspracheentscheid oder ein Urteil.

Wird die Verjährung durch die EStV oder eine Rechtsmittelinstanz unterbrochen, beginnt die Verjährungsfrist neu, beträgt aber nur noch zwei Jahre. Die absolute Verjährungsfrist beträgt 10 Jahre.

Die Verjährungsfrist steht still, sofern für die entsprechende Steuerperiode ein Mehrwertsteuer-Steuerstrafverfahren durchgeführt wird und dies dem Steuerpflichtigen mitgeteilt worden ist (MWSTG 42 Abs. 4).

5 Verfahrensrecht

5.1 Behörden

Die Steuer auf dem Umsatz im Inland wird durch die EStV erhoben (MWSTG 65). Sie erlässt die erforderlichen Weisungen und Entscheide, die nicht ausdrücklich einer anderen Behörde vorbehalten sind.

Die Steuerbehörden des Bundes, der Kantone, Bezirke, Kreise und Gemeinden gewähren der Mehrwertsteuerverwaltung Amtshilfe, d. h., sie haben die benötigten Auskünfte zu erteilen und Akteneinsicht zu gewähren.

Die Pflichten der Steuerpflichtigen sind in erster Linie im MWSTG und in der MWSTV geregelt. Weil die Mehrwertsteuer grundsätzlich als Selbstveranlagungssteuer ausgestaltet ist, hat die EStV gegenüber den Steuerpflichtigen ihre Praxis in besonders ausführlichen MWST-Infos festgelegt. Diese Anordnungen haben nicht Gesetzescharakter und können im Rahmen eines Rechtsmittelverfahrens durch eine Rechtsmittelbehörde auf ihre Gesetzmässigkeit überprüft werden. Die EStV ist gesetzlich verpflichtet, die

Praxisfestlegungen zu publizieren (MWSTG 65 Abs. 3). Eine Übersicht über MWST-Infos zum MWSTG zeigt Anhang 1.

5.1.1 An- und Abmeldung

Steuerpflichtige haben sich als Folge davon, dass die Mehrwertsteuer als Selbstveranlagungssteuer ausgestaltet ist, unaufgefordert innert 30 Tagen nach Beginn der Steuerpflicht bei der EStV schriftlich anzumelden (MWSTG 66 Abs. 1). Sie erhalten von dieser eine Mehrwertsteuernummer zugeteilt, die dazu dient, sich im Geschäftsleben als Steuerpflichtiger mit den dazugehörenden Rechten und Pflichten auszuweisen.

Beim Ende der Steuerpflicht hat sich die steuerpflichtige Person innert 30 Tagen nach der unternehmerischen Tätigkeit, spätestens aber mit dem Abschluss des Liquidationsverfahrens bei der EStV schriftlich abzumelden (MWSTG 66 Abs. 2).

Wer einzig aufgrund der Bezugsteuer steuerpflichtig ist, muss sich innert 60 Tagen nach Ablauf des betreffenden Kalenderjahres schriftlich bei der EStV anmelden und die steuerbaren Leistungsabzüge deklarieren (MWSTG 66 Abs. 3).

5.1.2 Auskunftspflicht, Auskunftsrecht und Aufzeichnungspflicht des Steuerpflichtigen

Der Steuerpflichtige ist verpflichtet, der EStV über alle wesentlichen Tatsachen Auskunft zu erteilen und auf Verlangen die erforderlichen Unterlagen vorzulegen (MWSTG 68). Das gesetzlich geschützte Berufsgeheimnis bleibt dabei vorbehalten.

Die Mehrwertsteuer ist grundsätzlich eine Selbstveranlagungssteuer. Für die Steuerpflichtigen kann deshalb im Einzelfall trotz der von der EStV publizierten Praxisfestlegung z. T. unklar sein, wie ein bestimmter Sachverhalt mehrwertsteuerlich zu beurteilen ist. Für solche Fälle sieht MWSTG 69 ein gesetzliches Auskunftsrecht vor. Die EStV hat dabei zu einem konkret umschriebenen Sachverhalt eines Steuerpflichtigen innert angemessener Frist Auskunft zu erteilen. Der Sachverhalt muss der EStV schriftlich unterbreitet werden und die Antwort ist zu diesem Sachverhalt dann rechtsverbindlich.

Damit die EStV die Mehrwertsteuer-Abrechnungen der Steuerpflichtigen kontrollieren kann, verpflichtet MWSTG 70 diese zu ordnungsgemässer Buchführung. Der Steuerpflichtige hat dabei seine Geschäftsbücher so zu führen, dass sich aus ihnen die für die Feststellung der Steuerpflicht sowie für die Berechnung der Steuer und der abziehbaren Vorsteuern massgeblichen Tatsachen leicht und zuverlässig ermitteln lassen (MWSTG 70). Die Geschäftsbücher sind während 10 Jahren aufzubewahren. Eine Aufbewahrungspflicht während 20 Jahren besteht für Geschäftsunterlagen im Zusammenhang mit Investitionen und Aufwendungen in Immobilien (MWSTG 70 Abs. 3).

Der Steuerpflichtige hat insbesondere jährlich eine Umsatzabstimmung und eine Vorsteuerabstimmung vorzunehmen.

Aus der Umsatzabstimmung muss die Übereinstimmung der Deklaration der Mehrwertsteuer für die Steuerperiode mit der Jahresrechnung ersichtlich sein (MWSTV 128 Abs. 2).

Mit der Vorsteuerabstimmung muss die Übereinstimmung der deklarierten Vorsteuern mit den Vorsteuerkonti oder sonstigen Aufzeichnungen nachvollziehbar dargestellt werden (MWSTV 128 Abs. 3).

5.1.3   Einreichen der Mehrwertsteuererklärung

Die Mehrwertsteuer ist eine Selbstveranlagungssteuer. Der Steuerpflichtige hat gegenüber der EStV innert 60 Tagen nach Ablauf der Abrechnungsperiode unaufgefordert mittels des amtlichen Formulars über die Steuer und die Vorsteuer abzurechnen (MWSTG 71). Bei Beendigung der Steuerpflicht läuft die Frist zur Einreichung der Abrechnung von diesem Zeitpunkt an.

Innerhalb von 60 Tagen nach Ablauf der Abrechnungsperiode ist die für diesen Zeitraum entstandene Steuerschuld (Umsatzsteuer abzgl. Vorsteuern) an die EStV zu zahlen (MWSTG 86). Bei verspäteter Zahlung ist ohne vorgängige Mahnung ein Verzugszins geschuldet.

5.1.4   Korrektur von Mängeln

Steuerperiode ist i. d. R. das Kalenderjahr (MWSTG 34 Abs. 2; vgl. vorstehend 4.1.1). Abrechnungsperiode ist bei der Abrechnung nach der effektiven Methode i. d. R. das Kalendervierteljahr, bei der Abrechnung nach der Saldosteuersatzmethode das Kalenderhalbjahr.

Wenn die steuerpflichtige Person im Rahmen der Erstellung des Jahresabschlusses und der damit verbundenen Umsatz- und Vorsteuerabstimmung gemäss MWSTV 126 bzw. 127 Mängel in ihren Steuerabrechnungen feststellt, so muss sie diese spätestens in der Abrechnung über jene Abrechnungsperiode korrigieren, in die der 180. Tag seit Ende des betreffenden Geschäftsjahres fällt (MWSTG 72 Abs. 1). Ohne Korrektur im Rahmen dieser sog. Finalisierung erklärt die steuerpflichtige Person die Richtigkeit der Mehrwertsteuer-Abrechnung der Steuerperiode. Den Abrechnungen der Quartale 1–4 bzw. der Semester 1 und 2 kommt damit vorerst nicht abschliessender Charakter zu.

Stellt die steuerpflichtige Person nachträglich Mängel in erstellten Abrechnungen von Vorjahren fest, ist sie verpflichtet, die Steuerperioden nachträglich zu korrigieren, soweit die Steuerforderungen dieser Steuerperioden noch nicht in Rechtskraft erwachsen oder verjährt sind.

5.1.5 Ermessenseinschätzung

Wenn keine oder nur unvollständige Aufzeichnungen vorliegen oder die ausgewiesenen Ergebnisse offensichtlich nicht mit dem wirklichen Sachverhalt übereinstimmen, nimmt die EStV eine Schätzung nach pflichtgemässem Ermessen vor (MWSTG 79). Sie kann dabei auf branchenspezifische Erfahrungszahlen abstellen (z.B. üblicher Verkaufszuschlag, produktive Löhne, Anteil Lohn- und Materialaufwand), muss aber den Umständen des Einzelfalles bestmöglich Rechnung tragen.

5.1.6 Überprüfung und Entscheide der EStV

Die EStV überprüft die richtige Erfüllung der dem Steuerpflichtigen obliegenden Pflichten wie die Anmeldung, die Abrechnung und die Steuerentrichtung (MWSTG 78). Sie kann Kontrollen im Betrieb des Steuerpflichtigen sowie bei auskunftspflichtigen Dritten vornehmen. Die Mehrwertsteuerkontrolle ist grundsätzlich schriftlich anzukündigen. Die Kontrolle ist innerhalb von 360 Tagen seit Ankündigung mit einer Einschätzungsmitteilung abzuschliessen.

Auch die steuerpflichtige Person kann ein Interesse an einer Mehrwertsteuerkontrolle haben, so z.B. im Falle des Verkaufs des Unternehmens. Der Steuerpflichtige hat einen gesetzlichen Anspruch auf die Durchführung einer Kontrolle (MWSTG 78 Abs. 4). Er muss in diesem Fall ein begründetes

Gesuch stellen. Die Kontrolle ist dann innerhalb von zwei Jahren durchzuführen. Der Bundesrat bestimmt das Inkrafttreten dieses gesetzlichen Anspruchs des Steuerpflichtigen (MWSTG 116 Abs. 2; noch nicht in Kraft per 1. Januar 2010).

Die EStV trifft von Amtes wegen oder auf Verlangen des Steuerpflichtigen alle Entscheide, welche die Steuererhebung notwendig macht, insbesondere wenn

- Bestand oder Umfang der Steuerpflicht bestritten wird;
- Eintragung oder Löschung im Register der Steuerpflichtigen bestritten wird;
- Bestand und Umfang der Steuerforderung oder der Mithaftung, des Vorsteuerabzugs oder des Anspruches auf Rückerstattung von Steuern streitig sind;
- der Steuerpflichtige oder Mithaftende die Steuer nicht entrichtet.

Erlässt die EStV eine Verfügung oder bezahlt der Steuerpflichtige vorbehaltlos nach Erhalt einer Einschätzungsmitteilung die in Rechnung gestellte Mehrwertsteuer, erwächst die Steuerforderung in Rechtskraft (MWSTG 43), sodass unrichtige Abrechnungen – vorbehältlich der Revision – nicht mehr korrigiert werden können.

5.1.7 Auskunftspflicht Dritter

Die EStV ist berechtigt, von gewissen Dritten kostenlos alle erforderlichen Auskünfte zu verlangen, die für die Feststellung der Steuerpflicht oder für die Berechnung der Steuer und der abziehbaren Vorsteuer massgebend sind (MWSTG 73). Sie kann zudem von Dritten Geschäftsbücher, Belege, Geschäftspapiere und sonstige Aufzeichnungen einverlangen. Zur Auskunft verpflichtet sind Personen, Anstalten, Gesellschaften und Personengesamtheiten, die:

- als Steuerpflichtige in Betracht fallen;
- neben dem Steuerpflichtigen oder an seiner Stelle für die Steuer haften (vgl. MWSTG 15);
- Lieferungen oder Dienstleistungen erhalten oder ausgeführt haben.

Das gesetzlich geschützte Berufsgeheimnis bleibt vorbehalten.

5.1.8 Rechtsmittel

Entscheide der EStV können innert 30 Tagen nach der Eröffnung mit schriftlicher Einsprache bei der EStV angefochten werden (MWSTG 83). Die Einsprache muss die Begehren, deren Begründung mit Angabe der Beweismittel sowie die Unterschrift des Einsprechers oder seines Vertreters enthalten.

Der Einspracheentscheid der EStV muss begründet sein und hat eine Rechtsmittelbelehrung zu enthalten. Einspracheentscheide der EStV können innert 30 Tagen nach der Eröffnung mit Beschwerde beim Bundesverwaltungsgericht angefochten werden (VGG 31 i. V. m. VwVG 44 ff.).

Beschwerdeentscheide des Bundesverwaltungsgerichts können innert 30 Tagen nach der Eröffnung durch Beschwerde in öffentlich-rechtlichen Angelegenheiten beim Bundesgericht angefochten werden (BGG 82 ff.). Zur Beschwerde in öffentlich-rechtlichen Angelegenheiten ist auch die EStV befugt.

Zugunsten des Steuerpflichtigen können rechtskräftige Entscheide und Einspracheentscheide der EStV, Entscheide des Bundesverwaltungsgerichts sowie des Bundesgerichts mittels Revision abgeändert werden (MWSTG 85). Die Revision ist allerdings nur bei Vorliegen spezieller Gründe möglich sowie wenn neue Tatsachen oder Beweismittel vorgebracht werden, die trotz gebührender Sorgfalt vorgängig nicht beigebracht werden konnten, oder wenn ein Entscheid durch eine strafbare Handlung beeinflusst worden ist. Materielle Unrichtigkeiten allein geben grundsätzlich keinen Anspruch auf Revision.

5.1.9 Bezug

5.1.9.1 Entrichtung der Mehrwertsteuer
Die Mehrwertsteuer ist innert 60 Tagen nach Ablauf der Abrechnungsperiode zu bezahlen (MWSTG 86). Bei verspäteter Zahlung wird ohne Weiteres ein Verzugszins geschuldet (MWSTG 87).

Werden geschuldete Steuern, Zinsen und Kosten auf Mahnung der EStV nicht bezahlt, so wird die Forderung betreibungsrechtlich durchgesetzt (MWSTG 89 i. V. m. VwVG 66 ff.).

Das Recht, die Steuerforderung samt Zinsen und Kosten geltend zu machen, verjährt fünf Jahre nachdem der entsprechende Anspruch rechtskräftig geworden ist (Bezugsverjährung; MWSTG 91), d.h. in der Regel 10 Jahre nach Ablauf der Steuerperiode, in der die Steuerforderung entstanden ist.

5.1.9.2 Steuerrückerstattung

Steuerpflichtige, die hauptsächlich von der Steuer befreite Umsätze tätigen, können die auf ihrem Sachaufwand und ihren Investitionen belastete Steuer vollumfänglich als Vorsteuer abziehen. Daraus kann sich auch eine Steuerforderung zu ihren Gunsten ergeben. Übersteigen die abziehbaren Vorsteuern die geschuldete Steuer, so wird der Überschuss dem Steuerpflichtigen ausbezahlt (MWSTG 88).

5.1.9.3 Zahlungserleichterung, Erlass

Wenn die Bezahlung der Mehrwertsteuer für den Steuerpflichtigen eine erhebliche Härte bedeuten würde, kann die EStV die Erstreckung der Zahlungsfrist oder Ratenzahlungen gewähren.

Ein Erlass der Mehrwertsteuer ist nur in Ausnahmefällen möglich, nämlich wenn die steuerpflichtige Person (MWSTG 92):

- die Steuer aus einem entschuldbaren Grund nicht in Rechnung gestellt und eingezogen hat, eine nachträgliche Überwälzung nicht möglich oder nicht zumutbar ist und die Bezahlung eine grosse Härte bedeuten würde;
- die Steuer einzig aufgrund der Nichteinhaltung von formellen Vorschriften oder aufgrund von Abwicklungsfehlern schuldet und erkennbar ist oder die steuerpflichtige Person nachweist, dass dem Bund kein Steuerausfall entstanden ist;
- aus einem entschuldbaren Grund ihren Verfahrenspflichten nicht nachkommen konnte, nachträglich aber nachweisen oder glaubhaft machen kann, dass die durch die EStV vorgenommene Ermessenseinschätzung zu hoch ausgefallen ist. In diesem Fall ist ein Steuererlass bis zur Höhe des zu viel veranlagten Betrages möglich.

Das Erlassgesuch muss schriftlich und mit Begründung samt allenfalls notwendigen Beweismitteln bei der EStV als zuständige Behörde eingereicht werden (MWSTG 92 Abs. 3).

6 Steuer auf der Wareneinfuhr

6.1 Allgemeines

Die Mehrwertsteuer ist eine allgemeine Verbrauchssteuer. Steuerträger soll der nicht unternehmerisch tätige Endverbraucher sein. Im internationalen Verhältnis ist derjenige Staat zur Erhebung der Mehrwertsteuer berechtigt, in dem der Endverbrauch erfolgt (sog. Bestimmungslandprinzip; vgl. vorstehend 2.5). Aus diesem Grund werden Exporte aus der Schweiz von der Mehrwertsteuer entlastet. Umgekehrt unterliegt die Einfuhr von Gegenständen in die Schweiz der schweizerischen Mehrwertsteuer.

Aus Gründen der Praktikabilität wird die Steuer bei der Einfuhr durch die Zollverwaltung (MWSTG 62) erhoben. Für die Steuer auf der Einfuhr von Gegenständen gilt deshalb die Zollgesetzgebung, soweit das Recht über die Mehrwertsteuer nichts anderes bestimmt (MWSTG 50).

6.2 Steuerpflicht

Steuerpflichtig sind die Zollschuldner (MWSTG 51).

6.3 Steuerobjekt

Der Steuer unterliegt die Einfuhr von Gegenständen ins Zollinland (MWSTG 52 Abs. 1). Als Gegenstände gelten:

- bewegliche Sachen mit Einschluss der darin enthaltenen Dienstleistungen und Rechte. Wird z. B. eine Diskette mit einem Wert von CHF 0.50, die ein Programm mit einem Verkaufspreis von CHF 25 000 enthält, eingeführt, so unterliegen CHF 25 000.50 der Einfuhrsteuer. Lässt sich hingegen bei der Einfuhr von Datenträgern kein Marktwert feststellen, so wird der Wert des Datenträgers einschliesslich der darin enthaltenen Dienstleistungen mit der Bezugsteuer gemäss MWSTG 45 ff. erfasst (MWSTG 52 Abs. 2);
- Elektrizität, Gas, Wärme, Kälte und Ähnliches.

Von der Steuer befreit ist u. a. die Einfuhr von (MWSTG 53):

- Gegenständen in geringfügigen Mengen, von unbedeutendem Wert oder mit kleinem Steuerbetrag. Als geringfügig gilt ein Steuerbetrag, wenn die Mehrwertsteuer pro Abfertigungsantrag im Handelswarenverkehr nicht mehr als CHF 5 ausmacht (Art. 1 Abs. 1 lit. b der Verordnung des

EFD über die steuerbefreite Einfuhr von Gegenständen in kleineren Mengen, von unbedeutendem Wert oder mit geringfügigem Steuerbetrag);

• menschlichen Organen und Vollblut durch medizinisch anerkannte Institutionen und Spitäler bzw. durch Inhaber der erforderlichen Bewilligung;
• Kunstwerken, die von Kunstmalern und Bildhauern persönlich bearbeitet und von ihnen selbst oder in ihrem Auftrag ins Inland verbracht werden;
• Gegenständen, die zur vorübergehenden Bearbeitung ins Ausland verbracht worden sind (MWSTG 53 Abs. 1 lit. i–k). Davon ausgenommen ist das Entgelt für die im Ausland besorgten Arbeiten (MWSTG 54 Abs. 1 lit. f);
• gesetzlichen Zahlungsmitteln und Wertpapieren;
• staatlich geprägten Goldmünzen;
• Elektrizität und Erdgas in Leitungen.

6.4 Steuerberechnungsgrundlage

Die Steuer wird erhoben auf dem Entgelt bzw. auf dem Marktwert, wenn die Gegenstände nicht im Rahmen eines Verkaufs- oder Kommissionsgeschäfts in die Schweiz eingeführt werden (MWSTG 54).

In die Bemessungsgrundlage sind einzubeziehen:

• die ausserhalb des Einfuhrlandes sowie aufgrund der Einfuhr geschuldeten Steuern, Zölle und sonstigen Abgaben, mit Ausnahme der zu erhebenden Mehrwertsteuer;
• die Kosten für das Befördern oder Versenden und alle damit zusammenhängenden Leistungen bis zum Bestimmungsort im Inland, an den die Gegenstände zum Zeitpunkt der Entstehung der Einfuhrsteuerschuld nach MWSTG 56 zu befördern sind.

6.5 Steuersatz

Die Steuer beträgt 2,4 Prozent auf der Einfuhr von reduziert besteuerten Gegenständen gemäss MWSTG 25 Abs. 2 lit. a und 7,6 Prozent auf der Einfuhr aller anderen Gegenstände (MWSTG 55).

7 Strafbestimmungen

Das MWSTG regelt die Delikte Steuerhinterziehung, Verletzung von Verfahrenspflichten, Steuerhehlerei sowie Widerhandlungen in Geschäftsbetrieben.

Verfolgende Behörde ist bei der Inlandsteuer und der Bezugsteuer die Eidg. Steuerverwaltung, bei der Einfuhrsteuer die Eidg. Zollverwaltung (MWSTG 103 Abs. 2).

Der Steuerbetrug ist im MWSTG nicht geregelt. Für diesen gelten wie bei der Verrechnungssteuer und der Stempelsteuer die Bestimmungen des Bundesgesetzes über das Verwaltungsstrafrecht (MWSTG 101 Abs. 3 i.V.m. VStR 14 Abs. 2 und 3; Tatbestand des Abgabebetrugs).

7.1 Steuerhinterziehung

Wer vorsätzlich oder fahrlässig dem Bund Steuern vorenthält, indem er

- in einer Steuerperiode nicht sämtliche Einnahmen, zu hohe Einnahmen aus von der Steuer befreiten Leistungen, nicht sämtliche der Bezugsteuer unterliegenden Ausgaben oder zu hohe zum Vorsteuerabzug berechtigende Ausgaben deklariert;
- eine unrechtmässige Rückerstattung erwirkt; oder
- einen ungerechtfertigten Steuererlass erwirkt,

wird mit Busse bis zu CHF 400 000 bestraft (MWSTG 96). Die Busse beträgt bis CHF 800 000, wenn die hinterzogene Steuer in den obigen Fällen in einer Form überwälzt wird, die zum Vorsteuerabzug berechtigt.

Mit Busse bis zu CHF 200 000 wird bestraft, wer vorsätzlich Sachverhalte steuerlich falsch qualifiziert.

Mit Busse bis zu CHF 800 000 wird bestraft (MWSTG 96 Abs. 4), wer

- vorsätzlich oder fahrlässig bei der Einfuhr Waren nicht oder nicht richtig anmeldet;
- vorsätzlich bei einer behördlichen Kontrolle bzw. einem Verwaltungsverfahren unrichtige Angaben macht.

7.2   Verletzung von Verfahrenspflichten

Wer die gesetzmässige Erhebung der Steuer gefährdet, indem er vorsätzlich
oder fahrlässig gesetzliche Pflichten verletzt, sich z. B. nicht als Steuerpflichtiger anmeldet oder trotz Mahnung die ordnungsgemässe Durchführung
einer Kontrolle erschwert, behindert oder verunmöglicht, wird mit Busse
bestraft (MWSTG 98).

7.3   Steuerhehlerei

Bei der Mehrwertsteuer gilt auch die Steuerhehlerei als Strafdelikt. Wegen
Steuerhehlerei wird bestraft, wer Gegenstände, von denen er weiss oder
annehmen muss, dass die darauf geschuldete Einfuhrsteuer vorsätzlich
hinterzogen worden ist, erwirbt, sich schenken lässt, zu Pfand oder sonst
in Gewahrsam nimmt, verheimlicht, absetzen hilft oder in Verkehr bringt.
Die Strafandrohung entspricht derjenigen, die auf den Täter Anwendung
findet (MWSTG 99).

7.4   Widerhandlungen im Geschäftsbetrieb

Wird eine Widerhandlung beim Besorgen der Angelegenheiten einer juristischen Person, Kollektiv- oder Kommanditgesellschaft, einem Einzelunternehmen oder einer Personengesamtheit ohne Rechtspersönlichkeit begangen, so kann von der Verfolgung der verantwortlichen Person abgesehen
werden und dafür der Geschäftsbetrieb zur Bezahlung der Busse verurteilt
werden, wenn eine Busse von höchstens CHF 100 000 in Betracht fällt und
die Untersuchungsmassnahmen für die Ermittlung der strafbaren Person
unverhältnismässig wären (MWSTG 100).

7.5   Selbstanzeige

Wenn eine steuerpflichtige Person eine Mehrwertsteuerwiderhandlung
anzeigt, bevor sie der zuständigen Behörde bekannt ist, wird von Strafverfolgung abgesehen (MWSTG 102).

7.6 Verfahrensgarantie

Bei Mehrwertsteuer-Strafverfahren hat die steuerpflichtige Person einen gesetzlichen Anspruch auf ein faires Strafverfahren und auf Einhaltung der Verfahrensgrundsätze des allgemeinen Strafrechts (MWSTG 104). So ist die beschuldigte Person insbesondere nicht verpflichtet, sich in einem Strafverfahren selbst zu belasten (Recht auf Schweigen). Auskünfte oder Beweismittel, die in einem Steuererhebungsverfahren oder einer Kontrolle erhoben worden sind, dürfen im Strafverfahren nur verwendet werden, wenn die beschuldigte Person die Zustimmung erteilt.

7.7 Verfolgungsverjährung

Das Recht, eine Strafuntersuchung einzuleiten, verjährt (MWSTG 105):

- bei der Verletzung von Verfahrenspflichten: im Zeitpunkt des Eintritts der Rechtskraft der Steuerforderung, die im Zusammenhang mit der betreffenden Tat steht; d.h. in der Regel fünf Jahre nach Ablauf der Steuerperiode, in der die Steuerforderung entstanden ist (MWSTG 105 Abs. 1 lit. a i.V.m. MWSTG 42 Abs. 1), d.h. in der Regel fünf Jahre nach Ablauf der betreffenden Steuerperiode; bei Steuerhinterziehung: sechs Monate nach Eintritt der Rechtskraft der entsprechenden Steuerforderung, d.h. in der Regel fünfeinhalb Jahre nach Eintritt der Rechtskraft bzw. fünfeinhalb Jahre nach Ablauf der betreffenden Steuerperiode; davon ausgenommen sind die schweren Fälle der Steuerhinterziehung gemäss MWSTG 96 Abs. 4 und alle Steuerhinterziehungen bei der Einfuhrsteuer, wo die Verjährung sieben Jahre nach Ablauf der betreffenden Steuerperiode eintritt;
- bei Steuerhehlerei und Steuerbetrug: sieben Jahre nach Ablauf der betreffenden Steuerperiode.

8 Übergangsbestimmungen

Das neue Mehrwertsteuergesetz vom 12. Juni 2009 ist per 1. Januar 2010 in Kraft getreten und hat das frühere Mehrwertsteuergesetz vom 2. September 1999, in Kraft getreten per 1. Januar 2001, abgelöst.

Die Übergangsbestimmungen in MWSTG 112 ff. regeln, in welchen Fällen noch das alte und wann das neue Recht zur Anwendung gelangt. Dabei gelten folgende Grundsätze:

- Für Tatsachen und Rechtsverhältnisse, die vor 2010 entstanden sind, gilt grundsätzlich das Mehrwertsteuergesetz, das bis Ende 2009 in Kraft war (MWSTG 112 Abs. 1).
- Für Tatsachen und Rechtsverhältnisse, die ab 1. Januar 2010 entstanden sind, gilt grundsätzlich das neue Mehrwertsteuergesetz (MWSTG 113).

VI. TEIL: ÜBRIGE STEUERN

1 Allgemeines

Literatur zur Vertiefung:
BLUMENSTEIN/LOCHER, System, S. 199 ff.
HÖHN/WALDBURGER, Steuerrecht I, S. 44 ff.
OBERSON, Droit fiscal, S. 384 ff.

Die übrigen von Bund und Kantonen erhobenen Steuern lassen sich grob in fünf Kategorien einteilen:

- Die besonderen Verbrauchssteuern: Dabei handelt es sich um Wirtschafts-verkehrssteuern, deren Erhebung dem Bund vorbehalten ist (BV 131 und 134). Zu den Wirtschaftsverkehrssteuern gehören neben der bereits behandelten Mehrwertsteuer (vgl. vorstehend V. Teil) die Tabaksteuer, die Biersteuer, die Alkoholsteuer, die Mineralölsteuer und die Automo-bilsteuer. Man kann auch die Spielbankenabgabe zu den Wirtschaftsver-kehrssteuern zählen, obwohl sie wesentliche Merkmale einer Spezial-steuer auf Einkünften aufweist.
- Die Rechtsverkehrssteuern: Eine der beiden wichtigsten Rechtsverkehrs-steuern, die eidgenössische Stempelabgabe, wurde bereits behandelt (vgl. vorstehend IV. Teil). Sie ist allein dem Bund zur Erhebung vorbehal-ten (BV 132 Abs. 1 und 134). Die andere, ausschliesslich in den Kantonen erhobene Rechtsverkehrssteuer ist die Erbschafts- und Schenkungssteuer. Sie wird nachfolgend in 3.1 behandelt. Weitere von den Kantonen und z. T. den Gemeinden erhobene Rechtsverkehrssteuern sind die Handän-derungssteuer (vgl. nachfolgend 3.3) sowie gewisse Stempel- und Regis-terabgaben auf Urkunden, die nicht dem Bund zur alleinigen Besteue-rung vorbehalten sind.
- Die Grundsteuer als Spezialvermögenssteuer: Sie wird von den Kantonen bzw. Gemeinden erhoben (vgl. nachfolgend 3.2).
- Die übrigen Steuern lassen sich weniger genau einordnen. Dazu gehören die sog. Besitzsteuern (z. B. Motorfahrzeug-, Wasserfahrzeug- und Hun-desteuer), die Gebrauchssteuern (z. B. die Autobahnvignette und die leistungsabhängige Schwerverkehrsabgabe), aber auch die in den meis-ten Kantonen bekannte Vergnügungssteuer (Billettsteuer) sowie die Kurtaxen und Beherbergungssteuern.

- Die Zölle schliesslich stellen eine besondere Art von Wirtschaftsverkehrssteuern dar. Sie werden ausschliesslich vom Bund auf der Einfuhr von Gegenständen erhoben.

2 Übrige Steuern des Bundes

Literatur zur Vertiefung:
Höhn/Waldburger, Steuerrecht I, S. 690 ff. und S. 783 ff.
Oberson, Droit fiscal, S. 384–389
Reich, Steuerrecht, S. 159 ff.

Speziell zu den besonderen Verbrauchssteuern:
Vallender, Sondersteuern des Verbrauchs, in: Keller/Richner/Stockar/Vallender, Schweizerisches Steuerlexikon, Band 2, Zürich 1999, S. 271 ff.

2.1   Biersteuer

Der Bund besitzt aufgrund von BV 131 Abs. 1 lit. c die Kompetenz, eine besondere Verbrauchssteuer auf Bier zu erheben. Er hat bis heute noch kein Bundesgesetz über die Biersteuer erlassen, sodass immer noch der Bundesratsbeschluss vom 4. August 1934 über die eidgenössische Getränkesteuer die konkretisierte Rechtsgrundlage für die Biersteuer darstellt.

Gegenstand der Biersteuer sind

- der erste Bierumsatz im Inland, d.h. die gewerbsmässige Lieferung von alkoholhaltigem Bier durch inländische Brauereien an inländische Abnehmer;
- die Einfuhr von ausländischem Bier.

Steuersubjekt ist der Hersteller oder der Importeur. Berechnungsgrundlage ist die Menge des abgegebenen bzw. eingeführten steuerpflichtigen Biers. Der Steuersatz bestimmt sich in Abhängigkeit vom Alkoholgehalt und beträgt zurzeit mindestens rund 17 Rappen und maximal rund 34 Rappen pro Liter Bier.

2.2   Tabaksteuer

Gemäss BV 131 Abs. 1 lit. a hat der Bund die Kompetenz, Steuern auf dem rohen und verarbeiteten Tabak sowie auf anderen Stoffen und daraus hergestellten Erzeugnissen, die wie roher und verarbeiteter Tabak verwendet werden, zu erheben. Die Tabaksteuer ist im Bundesgesetz vom 21. März 1969 über die Tabakbesteuerung (TStG; SR 641.3) geregelt.

Gegenstand der Tabaksteuer sind:

- verbrauchsfertige Tabakfabrikate wie Zigarren, Schnitttabak, Rollen-, Kau- und Schnupftabak, Zigaretten und zigarettenähnliche Erzeugnisse;
- Tabakersatzprodukte, d. h. Erzeugnisse, die keinen Tabak enthalten, aber wie Tabak verwendet werden, auch wenn sie für den Verbrauch nicht angezündet werden müssen.

Die Tabaksteuer wird bei der Herstellung der obigen Güter im Inland sowie bei deren Einfuhr erhoben.

Steuersubjekt ist der Hersteller oder der Importeur. Die Berechnungsgrundlage ist für die verschiedenen der Steuer unterliegenden Produkte unterschiedlich. So wird die Steuer für Zigarren, Zigarillos und Zigaretten pro Stück und in Prozent vom Kleinhandelspreis berechnet. Für Feinschnitttabak wird die Steuer pro Kilogramm und in Prozent des Kleinhandelspreises bestimmt. Für alle übrigen Produkte bemisst sich die Steuer allein in Prozent des Kleinhandelspreises. Die Steuer beträgt z. B. für Zigaretten 10,942 Rappen pro Stück plus 25 Prozent des Kleinhandelspreises, mindestens 19,067 Rappen pro Stück.

2.3   Steuern auf gebrannten Wassern (Alkoholsteuer)

Der Bund besitzt gemäss BV 131 Abs. 1 lit. b das Herstellungs- und Einfuhrmonopol für gebrannte Wasser, d.h. für Aethylalkohol. Er hat zu diesem Zweck das Bundesgesetz vom 21. Juni 1932 über die gebrannten Wasser (Alkoholgesetz, AlkG; SR 680) erlassen.

Soweit der Bund die Herstellung und Einfuhr durch Konzessionen an Private überträgt, erhebt er Monopolgebühren (z. B. Monopolabgaben auf eingeführten gebrannten Wassern und Brennereirohstoffen gemäss AlkG 28).

Die sog. Spezialitätenbranntweine hingegen unterliegen einer Steuer. Gegenstand dieser Steuer ist die Herstellung von Branntweinen aus inländischem Steinobst, Wein, Traubentrester, Weinhefe, Enzianwurzeln und ähnlichen Stoffen. Zusätzlich werden auch andere alkoholhaltige Erzeugnisse zu Trink- und Genusszwecken besteuert, nämlich Erzeugnisse mit einem Zusatz von gebrannten Wassern, Naturweine und ähnliche Weine mit mehr als 15 Volumenprozenten sowie Wermutwein und Ähnliches.

2.4 Automobilsteuer

Der Bund kann gemäss BV 131 Abs. 1 lit. d eine besondere Verbrauchssteuer auf Automobilen und ihren Bestandteilen erheben. Die Automobilsteuer ist im Automobilsteuergesetz vom 21. Juni 1996 (AStG; SR 641.51) geregelt.

Der Steuer unterliegen Automobile für den Personen- oder Warenverkehr. Von der Steuer befreit sind Fahrzeuge, welche der Schwerverkehrsabgabe unterliegen, sowie Elektro-Automobile. Steuerobjekt sind die Einfuhr von Automobilen sowie die Herstellung bzw. Lieferung und der Eigenverbrauch von Automobilen im Inland. Als Herstellung gelten der Bau von Automobilen und die Montage wichtiger Teile, während auf die Besteuerung der übrigen Automobilteile aus verwaltungsökonomischen Gründen verzichtet wird.

2.5 Mineralölsteuer

Nach BV 131 Abs. 1 lit. e und BV 86 Abs. 1 kann der Bund eine besondere Verbrauchssteuer erheben «auf Erdöl, andern Mineralölen, Erdgas und den bei der Verarbeitung gewonnenen Produkten sowie auf Treibstoffen aus andern Ausgangsstoffen». Die Mineralölsteuer ist im Mineralölsteuergesetz vom 21. Juni 1996 (MinöStG; SR 641.61) geregelt.

Neben der Mineralölsteuer erhebt der Bund einen Mineralölsteuerzuschlag auf Treibstoffen. Steuerobjekt sind die Herstellung und die Gewinnung der obigen Produkte im Inland sowie deren Einfuhr. Die Steuerforderung entsteht mit der Überführung der Waren in den steuerrechtlich freien Verkehr (MinöStG 4).

2.6 CO_2-Abgabe und ähnliche Lenkungsabgaben

Seit dem 1. Januar 2008 erhebt der Bund ausserdem die sog. CO_2-Abgabe. Die CO_2-Abgabe ist keine Fiskalsteuer, denn sie dient weder der Deckung des allgemeinen Finanzbedarfs noch dem Ausgleich von Kosten. Es handelt sich dabei vielmehr um eine reine Lenkungsabgabe, die zu höheren Preisen führt und damit einen Anreiz für den sparsamen Umgang mit fossilen

Brennstoffen und für den vermehrten Einsatz CO_2-neutraler oder CO_2-armer Energieträger setzt. Zudem werden Investitionen in energetisch effizientere Technologien attraktiver. Weil die Abgabe für den Staatshaushalt einkommensneutral sein soll, werden die Einnahmen aus der Abgabe den Bürgerinnen und Bürgern über die Krankenkassen und den Unternehmen proportional zur Lohnsumme zurückverteilt. Die Einnahmen des Jahres werden jeweils zwei Jahre später wieder verteilt, d. h., erstmals werden im Jahr 2010 die Einnahmen des Jahres 2008 verteilt. Im Sinne einer Massnahme zur Konjunkturstützung hat der Bund allerdings beschlossen, im Jahr 2010 auch schon die (voraussichtlichen) Erträge 2009 und 2010 vorzeitig zu verteilen. Ob diese Massnahme künftig weitergeführt wird, ist noch Gegenstand von Abklärungen.

Am 12. Juni 2009 beschloss das Parlament ausserdem, die CO_2-Abgabe nicht mehr vollumfänglich an die Bevölkerung und die Wirtschaft zurückzuverteilen. Ein Drittel der Einnahmen soll künftig zur Forderung klimafreundlicher Gebäudesanierungen eingesetzt werden. Diese Teilzweckbindung gilt während maximal 10 Jahren.

Entsprechend ihrer Natur und Zielsetzung ist die CO_2-Abgabe nicht gestützt auf die Verfassungsnormen der Finanzordnung (BV 126–135), sondern in Umsetzung des Bundesauftrages zur Umweltschutz- (BV 74) und Energiepolitik (BV 89) erlassen worden. Die Grundlagen für die Erhebung der Abgabe finden sich in den Art. 7–11 des CO_2-Gesetzes (SR 641.71), Einzelheiten sind in der CO_2-Verordnung vom 8. Juni 2007 geregelt (SR 641.712).

Die CO_2-Abgabe wird auf allen fossilen Brennstoffen wie z. B. Heizöl, Erdgas oder Kohle erhoben, soweit sie energetisch genutzt werden. Die Erhebung der Abgabe erfolgt durch die Eidg. Zollverwaltung. Die Treibstoffe (Benzin, Diesel) sind von der CO_2-Abgabe nicht betroffen.

Ab 1. Januar 2008 wird auf importierten fossilen Brennstoffen eine Abgabe von CHF 12 pro Tonne CO_2-Emissionen erhoben. Dies entspricht rund 3 Rappen pro Liter Heizöl bzw. 2,5 Rappen pro Kubikmeter Gas. Auf Holz und Biomasse wird keine Abgabe erhoben, da diese CO_2-neutral sind: Bei ihrer Verbrennung wird gleich viel CO_2 freigesetzt, wie während ihres Wachstums bzw. bei ihrer Entstehung vor kurzer Zeit gebunden wurde. In der Verordnung war von Anfang an vorgesehen, dass sich der Abgabesatz 2009 und 2010 stufenweise erhöht, falls sich die Emissionen nicht in ausreichendem Masse verringern (vgl. CO_2-Verordnung 3). Diese Erhöhung hat per 1. Januar 2010 stattgefunden, der Satz beträgt nun CHF 36 pro Tonne CO_2-Emissionen.

Unternehmen können sich von der Abgabe befreien lassen, wenn sie sich gegenüber dem Bund zu einer Begrenzung ihrer Emissionen verpflichten.

Die CO_2-Abgabe ist die bedeutsamste Lenkungsabgabe. Mit der CO_2-Abgabe vergleichbare reine Lenkungssteuern gibt es aber bereits seit einem Jahrzehnt:

• Seit 1. Januar 2000 wird auf flüchtigen organischen Stoffen (volatile organic compounds, VOC) eine Lenkungssteuer erhoben (USG 35a).
• Seit 1. Juli 1998 wird auf der Einfuhr und Herstellung von Heizöl extraleicht (HEL) mit einem Schwefelgehalt von mehr als 0,1 Prozent eine Lenkungssteuer erhoben (USG 35b), ebenso seit 1. Januar 2004 auf der Einfuhr und Herstellung von Benzin oder Dieselöl mit einem Schwefelgehalt von mehr als 0,001 Prozent (USG 35b[bis]).

2.7   Spielbankenabgabe

Die Bruttospielerträge von Spielbanken werden mit der eidgenössischen Spielbankenabgabe besteuert (Spielbankengesetz, SBG; SR 935.52; vgl. SBG 40 ff.). Obwohl die Spielbankenabgabe wesentliche Merkmale einer Spezialeinkommenssteuer aufweist, kann sie wegen des sehr eng gefassten Steuerobjektes auch zu den Wirtschaftsverkehrssteuern gezählt werden. Sie ist jedenfalls eine Zwecksteuer (vgl. dazu vorstehend I. 1), denn der Ertrag der Spielbankenabgabe ist zweckgebunden für den Bundesbeitrag an die AHV und IV.

Die Abgabe erfasst die Differenz zwischen den Spieleinsätzen und den ausbezahlten Spielgewinnen und beträgt i.d.R. 40–80 Prozent. Der Abgabesatz kann während den ersten vier Betriebsjahren einer Spielbank entsprechend den wirtschaftlichen Rahmenbedingungen bis auf 20 Prozent reduziert werden. Abgabeermässigungen bis höchstens um einen Drittel sind zudem möglich für Spielbanken in saisonalen Tourismusgebieten. Werden die Erträge einer Spielbank in wesentlichem Umfang für öffentliche Interessen der Region, namentlich zur Förderung kultureller Tätigkeiten oder für gemeinnützige Zwecke, verwendet, kann der Abgabesatz um höchstens einen Viertel reduziert werden. Liegen beide Reduktionsgründe vor, so kann der Abgabesatz um höchstens die Hälfte herabgesetzt werden.

Sofern auch die Kantone eine Spielbankenabgabe erheben, wird die Bundesabgabe entsprechend reduziert.

Die in Spielbanken bei Glücksspielen erzielten Gewinne sind von der Einkommenssteuer befreit (DBG 24 lit. i; StHG 7 Abs. 4 lit. l). Beim Spielbankenbetreiber hingegen wird die Spielbankenabgabe neben der allgemeinen Steuer vom Gewinn und Kapital erhoben.

2.8 Nationalstrassenabgabe (Autobahnvignette)

Der Bund erhebt gemäss BV 86 Abs. 2 für die Benützung der Nationalstrassen 1. und 2. Klasse (Autobahnen bzw. Autostrassen) auf in- und ausländischen Motorfahrzeugen und Anhängern bis zu einem Gesamtgewicht von 3,5 Tonnen eine jährliche Abgabe von gegenwärtig CHF 40. Die Ausgestaltung der Nationalstrassenabgabe erfolgt in der Verordnung vom 26. Oktober 1994 über die Abgabe für die Benützung von Nationalstrassen (Nationalstrassenabgabe-Verordnung, NSAV; SR 741.72). Als Zahlungsnachweis dient eine auf dem Fahrzeug aufgeklebte Vignette, weshalb die Nationalstrassenabgabe auch als «Autobahnvignette» bezeichnet wird.

Die Autobahnvignette ist nur dann geschuldet, wenn die Nationalstrassen 1. und 2. Klasse benützt werden. Sie wird für einen bestimmten Zeitraum, d. h. für ein Jahr, in einem pauschalen Betrag erhoben, unabhängig vom Ausmass der Benützung der Nationalstrassen. Wer nur einige Kilometer im Jahr auf Nationalstrassen fährt, hat gleich viel zu entrichten wie jener, der diese Strassen täglich für grössere Strecken benützt. Die Nationalstrassenabgabe zählt deshalb zu den Aufwandsteuern. Bezüglich der Ertragsverwendung ist sie eine Zwecksteuer, weil der Reinertrag nur zweckgebunden für Aufgaben und Aufwendungen im Zusammenhang mit dem Strassenverkehr verwendet werden darf (BV 86 Abs. 3).

2.9 Leistungsabhängige Schwerverkehrsabgabe (LSVA)

Nach BV 85 kann der Bund auf dem Schwerverkehr eine leistungs- oder verbrauchsabhängige Abgabe erheben, soweit der Schwerverkehr der Allgemeinheit Kosten verursacht, die nicht durch andere Leistungen oder Abgaben gedeckt sind. Der Reinertrag ist zur Deckung von Strassenverkehrskosten zu verwenden.

Der Bund regelt die leistungsabhängige Schwerverkehrsabgabe im Bundesgesetz über eine leistungsabhängige Schwerverkehrsabgabe vom 19. Dezember 1997 (Schwerverkehrsabgabegesetz, SVAG; SR 641.81).

Das SVAG verfolgt zwei Ziele: Kostendeckung und Lenkung. Mit der leistungsabhängigen Schwerverkehrsabgabe soll der Schwerverkehr die ihm zurechenbaren Wegekosten und Kosten zulasten der Allgemeinheit (externe Kosten) langfristig decken, soweit er für diese nicht bereits durch andere Leistungen oder Abgaben aufkommt (SVAG 1). Mit der leistungsabhängigen Schwerverkehrsabgabe soll überdies ein Beitrag dazu geleistet werden, dass die Rahmenbedingungen der Schiene im Transportmarkt verbessert und die Güter vermehrt durch die Bahn befördert werden (SVAG 1 Abs. 2).

Die leistungsabhängige Schwerverkehrsabgabe wird auf den im In- und Ausland immatrikulierten schweren Motorfahrzeugen und Anhängern für den Güter- oder den Personentransport erhoben. Die Bemessungsgrundlage bestimmt sich nach dem höchstzulässigen Gesamtgewicht des Fahrzeuges und nach den gefahrenen Kilometern (sog. Tonnenkilometer). Die Ausgestaltung des Steuertarifs obliegt dem Bundesrat. Der Tarif muss dabei mindestens 0,6 Rappen und darf höchstens 3 Rappen pro gefahrenen Kilometer und Tonne höchstzulässigen Gesamtgewichts betragen und wird seit 1. Januar 2005 der Teuerung angepasst. Ausnahmsweise kann die Abgabe auch pauschaliert werden.

2.10   Zölle

Die Erhebung von Zöllen und anderen Abgaben auf dem grenzüberschreitenden Warenverkehr ist ausschliesslich dem Bund vorbehalten (BV 133).

Das Zollgesetz vom 1. Oktober 1925 (ZG; SR 631.0) regelt einerseits den Verkehr über die Grenze (Zollmeldepflicht) und andererseits die Erhebung der bei der Ein- und Ausfuhr von Waren geschuldeten Abgaben und Kosten (Zollzahlungspflicht). Die Zollzahlungspflicht umfasst insbesondere die Entrichtung der auf den eingeführten Waren geschuldeten Zollabgaben gemäss Zolltarif.

3 Übrige kantonale und kommunale Steuern

Literatur zur Vertiefung:
Oberson, Droit fiscal, S. 390 ff.
Reich, Steuerrecht, S. 164 ff.

Speziell zu den Erbschafts- und Schenkungssteuern:
Hindermann/Myssen, Die Erbschafts- und Schenkungssteuern der Schweizer
    Kantone, Reihe Internationales Erbsteuerrecht und Nachlassplanung, Band 12,
    Köln 2003
Höhn/Waldburger, Steuerrecht I, S. 379 ff.
Oberson, Droit fiscal, S. 392 ff.
Schömmer/Bürgi, Internationales Erbrecht, Schweiz, 2., neu bearbeitete Auflage,
    München 2006, S. 223 ff.

Speziell zur Handänderungssteuer:
Höhn/Waldburger, Steuerrecht I, S. 769 ff.

3.1   Erbschafts- und Schenkungssteuer

3.1.1   Wesen

Die Erbschafts- und Schenkungssteuer erfasst den Rechtsübergang vom
Erblasser bzw. Schenker auf den bzw. die Begünstigten. Sie ist deshalb eine
Rechtsverkehrssteuer und gleichzeitig die wichtigste indirekte Steuer, die
von den Kantonen erhoben wird. Sie besteht in fast allen Kantonen.

Der Kanton Schwyz kennt zurzeit weder eine Erbschafts- noch eine Schenkungssteuer, während der Kanton Luzern lediglich eine Erbschafts-, nicht
aber eine Schenkungssteuer erhebt. Schenkungen, die in den letzten fünf
Jahren vor dem Tod des Erblassers stattgefunden haben, werden aber im
Kanton Luzern als Erbschaften besteuert.

Neben den Kantonen können z.T. auch die Gemeinden Erbschafts- und
Schenkungssteuern erheben. So sind im Kanton Graubünden neben dem
Kanton auch die Gemeinden zur selbständigen Erhebung einer Schenkungs-
steuer und einer Erbschaftssteuer (Erbanfallsteuer) berechtigt. Im Kanton
Luzern steht den Gemeinden das Recht zu, einen Vermögensanfall an die
Nachkommen mit einer Erbschaftssteuer zu belegen (Nachlasssteuer).

In den letzten Jahren haben die Kantone nach und nach den erb- oder schen-
kungsweisen Übergang von Vermögen auf direkte Nachkommen (alle ausser

AI, VD und NE sowie gewisse Gemeinden in LU) und den Ehepartner (alle Kantone) von der Besteuerung ausgenommen. In einzelnen Kantonen werden die Konkubinatspartner dem Ehepartner gleichgestellt (z.B. GR). Im Kanton Genf gilt die Befreiung der Nachkommen allerdings nur, sofern der Erblasser für die letzten drei definitiven Veranlagungen vor seinem Tod nicht nach dem Aufwand besteuert wurde. Eine analoge Bestimmung kennt der Kanton Jura.

Die Erbschaftssteuer kann als Nachlass- oder als Erbanfallsteuer ausgestaltet sein. In praktisch allen Kantonen ist sie als Erbanfallsteuer konzipiert. Steuerobjekt ist dabei der Vermögensübergang auf den einzelnen Erben bzw. Vermächtnisnehmer. Die Steuer richtet sich nach der Höhe der einzelnen Erbanfälle und nach dem Verwandtschaftsgrad.

Bei der Nachlasssteuer ist der Übergang des Nachlasses auf die Gesamtheit der Erben Steuerobjekt. Die Steuer wird nach der Höhe des Nachlasses bemessen. Eine Abstufung nach dem Verwandtschaftsgrad ist nicht möglich. Die Nachlasssteuer gelangt deshalb nur vereinzelt zur Anwendung (in SO und GR auf kantonaler Ebene; in SO wird zusätzlich eine Erbanfallsteuer erhoben, in GR sind die Gemeinden zur Erhebung einer Erbanfallsteuer ermächtigt).

Die Kombination von Erbschaftssteuer und Schenkungssteuer bewirkt, dass die Erbschaftssteuer nicht mittels Schenkungen unterlaufen werden kann.

Die Erbschafts- und Schenkungssteuern sind in der Schweiz nicht harmonisiert. Obwohl in der gesetzlichen Ausgestaltung der einzelnen Kantone in den Grundzügen weitgehende Übereinstimmung herrscht, ist die Ausgestaltung im Einzelnen z.T. recht unterschiedlich. Im Folgenden werden die übereinstimmenden Grundzüge dargestellt.

3.1.2 Steuerhoheit

Die Steuerhoheit für die Erhebung der Erbschafts- und Schenkungssteuer steht den Kantonen zu. Die Kantone erheben diese Steuer i.d.R. selber. Z.T. steht die Steuerhoheit kumulativ den Gemeinden zu (z.B. GR). Die Gemeinden sind aber häufig, auch ohne dass sie selber die Steuerhoheit besitzen, am Ertrag der kantonalen Erbschafts- und Schenkungssteuer beteiligt.

Im interkantonalen Verhältnis ist der letzte Wohnsitz des Erblassers bzw. der Wohnsitz des Schenkers für die Anknüpfung der Steuerpflicht massgeblich. Für das unbewegliche Vermögen steht die Steuerbefugnis dem Liegenschaftenkanton zu. Demgegenüber steht dem Wohnsitzkanton des

Schenkers bzw. des Erblassers auch für bewegliches Geschäftsvermögen in einem anderen Kanton das ausschliessliche Besteuerungsrecht zu. Lediglich bei internationalen Verhältnissen darf ein Betriebsstättekanton auch das übertragene bewegliche Geschäftsvermögen mit der Erbschafts- oder Schenkungssteuer erfassen. Vorbehalten bleibt aber auch in diesem Fall eine allfällige Einschränkung durch eines der wenigen von der Schweiz abgeschlossenen Abkommen zur Vermeidung der Doppelbesteuerung mit Erbschaftssteuern (vgl. dazu nachfolgend VII. 3.4.8).

3.1.3 Steuersubjekt

Steuersubjekt sind bei der Erbschaftssteuer die Erben und die Vermächtnisnehmer, bei der Schenkungssteuer die Beschenkten.

Der Leistungsempfanger hat als Steuersubjekt die Erbschafts- bzw. Schenkungssteuer zu bezahlen. Miterben und Schenker haften häufig solidarisch.

Von der Steuerpflicht ausgenommen sind bei der Erbschafts- und Schenkungssteuer insbesondere Zuwendungen an Institutionen mit gemeinnütziger Zwecksetzung. In fast allen Kantonen sind auch Zuwendungen an den Ehegatten und an Nachkommen von der Erbschafts- und Schenkungssteuer befreit (vgl. vorstehend 3.1.1).

3.1.4 Steuerobjekt

Bei der Erbschaftssteuer sind alle Vermögensanfälle von Todes wegen steuerbar: Erbschaft, Vermächtnis, Nacherbfolge. Massgeblich sind die zivilrechtlichen Bestimmungen des Erbrechts. Hat der Erblasser eine gültige Verfügung von Todes wegen (Testament oder Erbvertrag) hinterlassen, so ist diese auch für die Erhebung der Erbschaftssteuer massgebend. Ansonsten gilt die gesetzliche Erbfolge. Ein Vermächtnis muss testamentarisch festgelegt sein, damit es steuerlich anerkannt wird. Blosse Wünsche des Erblassers, die von den Erben befolgt werden, gelten als Schenkung der Erben an den oder die Begünstigten (sog. Querschenkung).

Bei der Nacherbschaft ist der Vorerbe verpflichtet, die Erbschaft an einen Nacherben auszuliefern (ZGB 488). Zivilrechtlich handelt es sich um zwei aufeinander folgende Erbanfälle, weshalb die Erbschaftssteuer i. d. R. zweimal geschuldet ist (Ausnahme: FR, VD, JU), nämlich beim Übergang vom Erblasser auf den Vorerben sowie beim Übergang vom Vorerben auf den Nacherben (vgl. nachfolgend 3.1.5 betreffend Bewertung). Weil der Nacherbe vom Erblasser und nicht vom Vorerben erbt, ist in beiden Fällen der Verwandtschaftsgrad zum ursprünglichen Erblasser massgebend. In jenen Kantonen, in welchen nur einmal besteuert wird, gelten unterschiedliche Regelungen. Es ist jedoch letztlich jenes Verwandtschaftsverhältnis tarifbestimmend, welches die höhere Steuerbelastung zur Folge hat.

Schenkungen auf den Todesfall unterliegen ebenfalls der Erbschaftssteuer.

Steuerobjekt der Schenkungssteuer sind die Schenkungen. Das Steuerrecht übernimmt aber häufig nicht den zivilrechtlichen Schenkungsbegriff gemäss OR 239. Die Steuergesetze definieren die Schenkung oft als eine freiwillige, unentgeltliche Zuwendung unter Lebenden. Anders als im Zivilrecht ist ein Schenkungswille gemäss kantonaler Praxis zu diesen Normen i.d.R. nicht Tatbestandsmerkmal (objektivierter Schenkungsbegriff). Deshalb unterliegen in diesen Kantonen auch Leistungen, die in Erfüllung einer sittlichen Pflicht erfolgen, der Schenkungssteuer. In der Literatur wird dies überwiegend kritisiert und mit Hinweis auf den zivilrechtlichen Schenkungsbegriff wird gefordert, dass zumindest ein Zuwendungswille als subjektives Tatbestandsmerkmal gegeben sein müsse. Auch das Bundesgericht hat sich schon verschiedentlich dieser Meinung angeschlossen (vgl. zuletzt BGE 118 Ia 497 ff.).

Als Schenkungen gelten namentlich Vorempfänge, Zuwendungen aus Erbauskauf, Zuwendungen an und aus Stiftungen, Einräumung von Nutzniessungsrechten, Erlass von Verbindlichkeiten, gemischte Schenkung.

Bei Versicherungsleistungen stellt sich oft die Frage, ob diese von der kantonalen Erbschafts- und Schenkungssteuer erfasst werden dürfen. Das Bundesgericht hat die Frage offen gelassen, ob der gleiche Kanton solche Leistungen kumulativ mit der Einkommenssteuer und der Erbschafts- und Schenkungssteuer erfassen darf. Die Frage ist aber insofern nicht mehr von Bedeutung, als die Erbschafts- und Schenkungssteuergesetze der Kantone regelmässig eine Besteuerung ausschliessen, sofern die empfangene Leistung der Einkommenssteuer unterliegt.

Somit kann für diese Frage auf die Rechtsprechung des Bundesgerichts im Zusammenhang mit der Vermeidung interkantonaler Doppelbesteuerung abgestellt werden. Aus der neueren Rechtsprechung lassen sich folgende Aussagen ableiten (vgl. StE 2005 BE/ZH A 24.35 Nr. 4):

- Leistungen, welche von der Einkommenssteuer befreit sind (DBG 24 lit. a und b; StHG 7 Abs. 4 lit. c und d), dürfen grundsätzlich mit der Erbschafts- und Schenkungssteuer erfasst werden.

- Umgekehrt ist die Erfassung mit der Erbschafts- und Schenkungssteuer für jene Leistungen nicht zulässig, welche nach harmonisiertem Recht der Einkommenssteuer unterliegen (vgl. dazu vorstehend II. A 3.6).

Für die Frage, ob eine Versicherungsleistung der Einkommenssteuer oder der Erbschafts- und Schenkungssteuer unterliegt, ist nach dieser neueren Rechtsprechung nicht auf die Begünstigung im Versicherungsvertrag abzustellen, sondern allein auf die Frage, ob die Leistung gemäss StHG und DBG von der Einkommenssteuer erfasst wird. In diesem Fall unterliegt sie dann nicht der Erbschafts- oder Schenkungssteuer. Es ist nach dieser Rechtsprechung somit unerheblich, ob die Leistung zivilrechtlich in den Nachlass fällt oder als Direktanspruch unmittelbar der begünstigten Person zufällt.

Daraus hat das Bundesgericht auch abgeleitet, dass die Leistung einer Versicherung bei Tod eines Versicherten, welche eine Prämienrückgewähr aus einer rückkaufsfähigen Leibrentenversicherung darstellt, teilweise mit der Erbschaftssteuer und teilweise mit der Einkommenssteuer erfasst werden kann. Der Einkommenssteuer unterliegen 40 Prozent der Leistung (DBG 22 Abs. 3; StHG 7 Abs. 2), was jenem Teil der Leibrente entspricht, der auch beim Erblasser zu Lebzeiten der Einkommenssteuer unterworfen war. Die übrigen 60 Prozent der Prämienrückgewähr hingegen stellen jene hypothetische Kapitalquote dar, welche bei der Einkommenssteuer freigestellt ist, weil sie für den Versicherungsnehmer eine Kapitalrückzahlung darstellte und ausdrücklich von der Einkommenssteuer befreit ist. Dieser Teil kann somit bei den Begünstigten nicht mit der Einkommenssteuer, wohl aber – gesetzliche Grundlage vorausgesetzt – mit der Erbschaftssteuer erfasst werden.

Was bei Auflösung des Güterstandes im Todesfall eines Ehegatten der überlebende Ehegatte aus Güterrecht erhält, gilt nicht als Vermögensanfall von Todes wegen. Dies gilt auch, wenn der überlebende Ehegatte aufgrund eines Erbvertrages mehr als den gesetzlichen Anteil am Vorschlag bzw. Gesamtgut erhält.

3.1.5 Steuerbemessung und Steuermass

Berechnungsgrundlage ist der Wert des Erbanfalls, des Vermächtnisses oder der Schenkung. Massgeblicher Wert ist der Verkehrswert.

Vom Wert der Zuwendung können die Schulden abgezogen werden, die auf dem zugewendeten Vermögen lasten. Wird mit der Zuwendung die Verpflichtung zur Übernahme von Ausbildungskosten abgelöst, so können diese in Abzug gebracht werden, soweit sie nicht ausgleichungspflichtig sind.

Bei Zuwendung einer Nutzniessung oder einer andern wiederkehrenden Leistung ist in den meisten Kantonen für den Begünstigten der kapitalisierte Wert erbschaftssteuerpflichtig, während die belasteten Erben oder Vermächtnisnehmer diesen Wert von dem ihnen zufallenden Vermögen in Abzug bringen können.

Für die Bewertung bei der Nacherbeneinsetzung ist zu unterscheiden zwischen der ordentlichen gesetzlichen Nacherbeneinsetzung und der Nacherbeneinsetzung auf den Überrest:

- Bei der ordentlichen Nacherbeneinsetzung gemäss ZGB 488 muss der Vorerbe die Kapitalsubstanz des übertragenen Vermögens erhalten. Seine Verfügungsgewalt ist somit beschränkt und erstreckt sich im Wesentlichen auf den Ertrag. In den Kantonen wird dieser Tatsache zunehmend dadurch Rechnung getragen, dass bei Vorerben nur der kapitalisierte Ertragswert des zugewendeten Vermögens besteuert wird. Beim Nacherben hingegen wird dann das ganze unbelastete Vermögen erfasst (vgl. z.B. StG-SG 151 Abs. 3). Es gibt aber auch noch kantonale Erbschaftssteuergesetze, welche die volle Erfassung des zugewendeten Vermögens zunächst beim Vorerben und dann beim Nacherben vorsehen; dies, obwohl das Bundesgericht diese Vorgehensweise als verfassungswidrig erklärt hat (vgl. den nicht publizierten Entscheid des BGer vom 25. November 2002, 2P.168/2002, E. 5.3.). Z.T. wird in diesen Kantonen die Überbesteuerung dadurch vermieden, dass die Erbschaftssteuer des Vorerben an jene des Nacherben angerechnet wird.

- Bei der Nacherbeneinsetzung auf den Überrest kann der Vorerbe grundsätzlich auch über die Substanz des zugewendeten Vermögens verfügen. Es rechtfertigt sich daher in diesem Fall, sowohl beim Vorerben als auch später beim Nacherben auf den ungeschmälerten Wert des übertragenen Vermögens im Zeitpunkt der Entstehung des Steueranspruchs abzustellen.

I.d.R. gelten gewisse Freibeträge, die nicht besteuert werden. Die Freibeträge sind häufig nach dem Verwandtschaftsgrad abgestuft (z.B. je CHF 25000 für die Elternteile, CHF 10000 für alle andern Empfänger von Zuwendungen). Bei mehreren Zuwendungen der gleichen Person im Laufe der Zeit kann der Freibetrag i.d.R. nur einmal geltend gemacht werden.

Das Steuermass ist bei der Erbanfall- und Schenkungssteuer i.d.R. progressiv ausgestaltet und richtet sich nach dem Verwandtschaftsgrad sowie der Höhe des Erbanfalls oder der Schenkung. Bei der Nachlasssteuer beschränkt sich die Progression naturgemäss auf die Höhe des steuerbaren Nachlassvermögens.

Um die Unternehmensnachfolge nicht durch die Belastung mit der Erbschafts- und Schenkungssteuer zu erschweren, sehen gewisse Kantone eine Ermässigung auf der geschuldeten Steuer vor, wenn der Empfänger Geschäftsvermögen erhält, welches ihm ganz oder teilweise zur Ausübung einer selbständigen Erwerbstätigkeit dient. Die gleiche Ermässigung gilt analog für massgebliche Beteiligungen an einem Unternehmen, in welchem der Empfänger als Arbeitnehmer tätig ist. Die Ermässigung entfällt jedoch nachträglich, wenn innert einer bestimmten Frist die Erwerbstätigkeit eingestellt oder das übernommene Geschäftsvermögen veräussert wird (z. B. StG-SG 155 f.; StG-ZH 25a f.).

3.2 Gewerbesteuer

Die Gemeinden des Kantons Genf erheben seit über 200 Jahren eine auf Napoleon zurückgehende Gewerbesteuer («taxe professionelle»).

Die Genfer Gewerbesteuer verlor in den letzten Jahrzehnten zwar kontinuierlich an Bedeutung, bringt aber alleine der Stadt Genf jährlich mehrere Dutzend Millionen Franken an Steuereinnahmen. Steuerpflichtig sind natürliche Personen mit einer selbständigen Erwerbstätigkeit und juristische Personen mit Sitz oder ständiger Betriebsstätte im Kanton.

Gegenstand der Gewerbesteuer sind der jährliche Umsatz, die Jahresmiete der beruflich genutzten Geschäftsräume und der durchschnittliche jährliche Personalbestand. Das Schwergewicht liegt auf der Steuer auf den Umsätzen, die alleine rund 80 Prozent der Gesamtsteuer ausmacht. Dennoch gilt die Steuer nicht als der Mehrwertsteuer gleichartig gemäss BV 134 bzw. MWSTG 2. Die Genfer Gewerbesteuer fällt vielmehr als der Einkommenssteuer ähnliche Steuer unter das Verbot der interkantonalen Doppelbesteuerung gemäss BV 127 Abs. 3.

3.3 Grundsteuer

Die Grundsteuer, z. T. auch als Liegenschaftensteuer bezeichnet, ist eine ebenfalls nicht harmonisierte Spezialvermögenssteuer. Sie ist als Objektsteuer ausgestaltet und bezweckt, den Gemeinden aus dem Grundeigentum ein minimales Steueraufkommen zu sichern, das nicht von der wirtschaftlichen Leistungsfähigkeit abhängig ist. Die Steuerhoheit liegt daher i.d.R. bei den Gemeinden.

Steuerpflichtig sind die Grundeigentümer und die Nutzniesser.

Steuerobjekt ist das Grundeigentum.

Bemessungsgrundlage ist der Vermögenssteuerwert ohne Berücksichtigung der Schulden. Für die Steuerberechnung gelangen unterschiedliche Ansätze je nach Eigentümer (natürliche oder juristische Personen) und Zweckbestimmung (z.B. private oder öffentliche Nutzung) zur Anwendung.

3.4   Handänderungssteuer

In den meisten Kantonen wird auf Handänderungen von Grundstücken die Handänderungssteuer erhoben. Die Handänderungssteuer ist eine ebenfalls nicht harmonisierte kantonale Rechtsverkehrssteuer, die als Objektsteuer ausgestaltet ist.

Die Steuerhoheit liegt oft bei den politischen Gemeinden. Steuersubjekt ist der Grundstückerwerber. Steuerobjekt ist die Handänderung, die Übertragung eines Grundstücks.

Als Handänderung gilt regelmässig:

- der zivilrechtliche Eigentumswechsel;
- die Übertragung der tatsächlichen und wirtschaftlichen Verfügungsgewalt (sog. wirtschaftliche Handänderung; vgl. vorstehend II. C 3.1.3);
- die entgeltliche Belastung mit privatrechtlichen Dienstbarkeiten oder öffentlich-rechtlichen Eigentumsbeschränkungen, wenn sie wesentlich und von Dauer sind.

Beispiele:

- Übertragung sämtlicher Aktien einer Immobiliengesellschaft.
- Dauernde Belastung eines Grundstückes mit Grunddienstbarkeiten.

Für die Steuerbemessung ist der Kaufpreis mit Einschluss aller weiteren Leistungen massgeblich. Wird kein Kaufpreis vereinbart oder liegt dieser wesentlich unter dem amtlichen Verkehrswert, so gilt Letzterer als Bemessungsgrundlage.

Der Steuersatz ist häufig proportional ausgestaltet und beträgt i.d.R. 0,5–2,0 Prozent. Handänderungen zwischen Eltern und Kindern sowie zwischen Geschwistern bei der Teilung des elterlichen Nachlasses werden z.T. zu einem reduzierten Satz besteuert.

Von der Steuerpflicht befreit sind i.d.R. Handänderungen von Grundstücken:

- unter Ehegatten;
- zufolge erbrechtlichen Erwerbs;
- im Zusammenhang mit steuerneutralen Umstrukturierungen von Gesellschaften (seit dem 1. Juli 2009 für alle Kantone verbindlich, FusG 103);
- die unmittelbar öffentlichen oder gemeinnützigen Zwecken dienen;
- im Bereich des Zwangsverwertungsverfahrens und im gerichtlichen Nachlassverfahren.

3.5 Motorfahrzeugsteuer

In allen Kantonen wird der Besitz von zum Verkehr zugelassenen Motorfahrzeugen besteuert.

Steuersubjekt ist der Fahrzeughalter. Steuerobjekt ist das Halten von Motorfahrzeugen.

Das Steuermass bemisst sich nach der Motorengrösse (PS, Hubraum) oder nach dem Gewicht des Fahrzeuges.

3.6 Wasserfahrzeugsteuer

In gewissen Kantonen werden auch die zum Verkehr zugelassenen Wasserfahrzeuge besteuert.

Steuersubjekt ist der Halter des Wasserfahrzeuges. Steuerobjekt ist das Halten von Wasserfahrzeugen, die im Kanton ihren gewöhnlichen Standort haben, für die eine Betriebsbewilligung des Kantons erforderlich ist sowie die vom kantonalen Ufer aus in Verkehr gesetzt werden (Wanderboote).

Für die Höhe der Steuer ist bei Motorschiffen die Motorenleistung, bei Segelschiffen die Segelfläche und bei Lastschiffen die Nutzlast massgeblich.

3.7 Personalsteuer

In gewissen Kantonen bzw. Gemeinden wird zusätzlich zur Einkommens-
und Vermögenssteuer von allen steuerpflichtigen natürlichen Personen
eine sog. Personal- oder Kopfsteuer erhoben. Damit sollen alle Steuerpflichtigen zumindest mit einem Minimalbetrag zum Steueraufkommen des
Gemeinwesens beitragen. Die Kopfsteuer beträgt ca. CHF 10–20. Insbesondere aus verwaltungsökonomischen Gründen haben aber bereits zahlreiche
Kantone die Kopfsteuer abgeschafft.

3.8 Vergnügungssteuer

In einigen Kantonen bzw. Gemeinden werden entgeltliche öffentliche
Veranstaltungen mit einer Billettsteuer erfasst. Steuerpflichtig sind sowohl
Veranstaltungen, die dem Vergnügen dienen, als auch belehrende und
kulturelle Veranstaltungen. Im Kanton Tessin beschränkt sich die Billettsteuer auf den Kinobesuch.

In steuerrechtlicher Hinsicht kann die Vergnügungssteuer als Aufwandsteuer oder als Wirtschaftsverkehrssteuer ausgestaltet sein. Die Billettsteuer gilt als Aufwandsteuer, wenn der Besuch der Veranstaltung Steuerobjekt ist. Der Besucher ist in diesem Fall Steuersubjekt und der Veranstalter, der die Steuer einzuziehen und abzuliefern hat, ist Steuersubstitut. Ist
die Veranstaltung selber Steuerobjekt, der Veranstalter Steuersubjekt und
sind die Besucher Steuerträger, handelt es sich um eine Wirtschaftsverkehrssteuer auf der Erbringung von Dienstleistungen durch den Veranstalter.

3.9 Hunde- und Reittiersteuer

In allen Kantonen wird das Halten von Hunden mit einer Hundesteuer
belastet.

Die Steuerhoheit besitzen die Kantone und/oder die Gemeinden. Steuer-
subjekt ist der Hundehalter, Steuerobjekt das Halten eines Hundes. Die
Steuer ist häufig für alle Hunde dieselbe (Einheitsmass). Z. T. wird noch nach
Grösse, Gewicht, erstem bzw. weiterem Hund, Bauernhunden bzw. anderen
Hunden unterschieden.

Eher ein Unikum stellt die Reittiersteuer dar, die in einigen ländlichen
Gemeinden im Kanton Solothurn erhoben wird. Der Abgabe von i.d.R.

CHF 150 pro Jahr unterliegen beschlagene Pferde, Maultiere, Esel und Ponys. Steuerpflichtig ist der Eigentümer des Tieres.

3.10 Stempelsteuern

Einige Kantone erheben Stempelsteuern auf gewissen Urkunden. Davon sind diejenigen Wertpapiere ausgenommen, die ausschliesslich dem Bund zur Besteuerung vorbehalten sind (vgl. vorstehend IV. Teil). Steuerobjekt sind Urkunden aller Art, Eingaben an Behörden, Quittungen, Spielkarten usw.

3.11 Kurtaxe und Beherbergungssteuern

In der Schweiz werden im Zusammenhang mit dem Tourismus verschiedene Abgaben erhoben, die der Finanzierung von Aufgaben für den Tourismus dienen. Die zwei häufigsten Abgaben sind die Kurtaxe und die Beherbergungssteuern, mit welchen Übernachtungen besteuert werden. Bei der Kurtaxe ist der Gast Steuersubjekt. Steuerobjekt ist das Übernachten ausserhalb des Wohnsitzes. Die Kurtaxe wird pro Logiernacht berechnet.

Die Kurtaxe muss als Zwecksteuer für die Finanzierung von touristischen Einrichtungen und Veranstaltungen ausgestaltet sein, damit sie nicht im Widerspruch zum interkantonalen Doppelbesteuerungsrecht steht.

Bei der Beherbergungssteuer ist der Beherberger Steuersubjekt. Steuerobjekt ist das Beherbergen, d. h. das Übernachtenlassen. Die Steuer wird i. d. R. pro Logiernacht oder im Sinne einer Pauschale pro Bett berechnet, welches den Gästen zur Verfügung steht.

3.12 Wohnungssteuern

Die Waadtländer Gemeinden können eine Mietsteuer («impôt sur les loyers») von höchstens 3 Prozent auf den Mieten (einschliesslich Eigenmietwerten) der auf Gemeindegebiet gelegenen Grundstücke erheben. Steuersubjekt dieser fakultativen Gemeindesteuer ist der Mieter bzw. die Eigentümerin, die ihre Wohnung selbst bewohnt. Soweit ersichtlich haben die Gemeinden von dieser Steuerkompetenz allerdings keinen Gebrauch gemacht.

Der Kanton Genf schreibt vor, dass Wohnungen, deren Bau staatlich subventioniert wurde, nur an Personen mit einem gewissen maximalen Einkommen vermietet werden dürfen. Übersteigt das Bruttoeinkommen einer Familie, die in einer staatlich subventionierten HLM («habitation à loyers modérés») wohnt, einen bestimmten Grenzwert (z. B. infolge nachträglicher Verbesserung der Einkommensverhältnisse), wird eine Abgabe erhoben, die sog. «surtaxe HLM». Diese Zuschlagstaxe auf verbilligten Wohnungen hat den Charakter einer Vorzugslast bzw. einer Lenkungssteuer. Sie bemisst sich nach der Differenz zwischen dem Mietwert der Wohnung und der effektiv bezahlten Miete.

3.13   Weitere kantonale und kommunale Steuern

Der Kanton Uri erhebt eine Steuer auf in der Öffentlichkeit angebrachten Reklameeinrichtungen wie Plakate, öffentliche Kundmachungen, Ankündigungen zu Erwerbszwecken, Reklametafeln usw.

In vier Kantonen (GL, GR, NW, VS) entrichten die Inhaber von im Kanton konzessionierten Wasserwerken eine Wasserwerksteuer.

VII. TEIL: INTERKANTONALES UND INTERNATIONALES STEUERRECHT

1 Übersicht

Die erhöhte Mobilität der Steuersubjekte sowie die Globalisierung der wirtschaftlichen Tätigkeit führen dazu, dass vermehrt Anknüpfungspunkte nicht nur zu einer Steuerhoheit, sondern gleich zu mehreren bestehen. Die Anknüpfungspunkte können in persönlicher (Wohnsitz, Aufenthalt, Sitz und tatsächliche Verwaltung) oder in wirtschaftlicher Zugehörigkeit (Grundeigentum, Erwerbstätigkeit, Betriebsstätte) zu einem Steuerhoheitsgebiet bestehen.

Wenn eine Person zu mehreren Steuerhoheitsträgern (Staaten, Kantone und Gemeinden) zugehörig ist, kann dies zur Folge haben, dass das gleiche Steuersubstrat beim gleichen Steuersubjekt von verschiedenen Steuerhoheitsträgern ganz oder teilweise und damit mehrfach besteuert wird. Dies wird als internationale bzw. interkantonale Doppelbesteuerung bezeichnet.

Eine Doppelbesteuerung lässt sich grundsätzlich auf zwei Arten vermeiden: Einerseits kann sich ein Steuerhoheitsträger einseitig Zurückhaltung bei der Besteuerung auferlegen (Beispiel: Freistellung von Geschäftsbetrieben, Betriebsstätten und Grundeigentum im Ausland nach DBG 6 Abs. 1). Andererseits kann das Besteuerungsrecht der betroffenen Steuerhoheitsträger durch übergeordnetes Recht eingeschränkt werden. Im interkantonalen Bereich geschieht dies durch eine entsprechende Verfassungsnorm (Verbot der interkantonalen Doppelbesteuerung nach BV 127 Abs. 3) sowie durch die darauf gestützte umfassende Rechtsprechung des Bundesgerichts; im internationalen Bereich erfolgt die Einschränkung durch bilaterale Staatsverträge zur Vermeidung der Doppelbesteuerung (Doppelbesteuerungsabkommen).

Sowohl das interkantonale wie auch das internationale Steuerrecht befassen sich mit der Abgrenzung der Steuerhoheiten bei konkurrierenden Besteuerungsansprüchen. Ausgangspunkt ist dabei immer die Anknüpfung an die Steuerpflicht (Steuerdomizile aufgrund persönlicher oder wirtschaftlicher Zugehörigkeit). Besteht eine Steuerpflicht zu mehreren Steuerhoheiten, stellt sich die Frage, wie das jeweilige Steuerrecht der betroffenen Steuerhoheiten die Besteuerungsbefugnis regelt und ob allenfalls eine Doppelbesteuerung resultiert. Soweit dies der Fall ist, muss geprüft werden, ob und allenfalls wie diese Doppelbesteuerung aufgrund der Regeln des interkantonalen bzw. internationalen Steuerrechts beseitigt werden kann.

2   Interkantonales Steuerrecht

Literatur zur Vertiefung:
BLUMENSTEIN/LOCHER, System, S. 92 ff.
HÖHN/WALDBURGER, Steuerrecht I, S. 799 ff.
OBERSON, Droit fiscal, S. 405 ff.
RYSER/ROLLI, Précis, S. 93 ff.

Ausführlich zu diesem Thema:
HÖHN/MÄUSLI, Interkantonales Steuerrecht, 4. Auflage, Schriftenreihe Finanzwirt-
    schaft und Finanzrecht, Band 34, Bern/Stuttgart/Wien 2000
LOCHER, Einführung in das interkantonale Steuerrecht, 3. Auflage, Bern 2009
DE VRIES REILINGH, La double imposition intercantonale, Bern 2005

Rechtsprechung des Bundesgerichts zum interkantonalen
Doppelbesteuerungsverbot:
LOCHER K., Das interkantonale Doppelbesteuerungsrecht/La double imposition
    intercantonale. Die Praxis der Bundessteuern: III. Teil, 5 Bände, Loseblattwerk,
    Basel – seit 1989 nachgeführt von Peter Locher

2.1   Begriff und Rechtsquellen des interkantonalen Steuerrechts

Das interkantonale Doppelbesteuerungsrecht umfasst sämtliche übergeordneten Normen des Bundesrechts, welche die Vermeidung der interkantonalen Doppelbesteuerung zum Gegenstand haben. Sie bilden zusammen mit den interkantonalen Vereinbarungen auf dem Gebiet der Steuern das interkantonale Steuerrecht.

Es bestehen folgende interkantonale Vereinbarungen:

• Zahlreiche Gegenrechtserklärungen, d. h. zweiseitige Vereinbarungen, in welchen sich zwei Kantone gegenseitig Steuerbefreiungen und Steuererleichterungen für gewisse Steuerpflichtige, v. a. kantonale Anstalten und gemeinnützige Institutionen, zusichern;

- Das Konkordat betreffend die Gewährung gegenseitiger Rechtshilfe zur Vollstreckung öffentlich-rechtlicher Ansprüche vom 23. August 1912, dem alle Kantone beigetreten sind;
- Das Konkordat über den Ausschluss von Steuerabkommen vom 10. Dezember 1948, welchem ebenfalls alle Kantone beigetreten sind. Dieses Konkordat bezweckt die Verhinderung ungerechtfertigter Steuerprivilegien und die Verbesserung des interkantonalen Meldewesens.

Den interkantonalen Vereinbarungen kommt keine massgebliche Bedeutung zu, weshalb im Folgenden nur das interkantonale Doppelbesteuerungsrecht dargestellt wird.

BV 127 Abs. 3 statuiert das an die Kantone (und ihre Gemeinden) gerichtete Verbot der interkantonalen Doppelbesteuerung:

«Die interkantonale Doppelbesteuerung ist untersagt. Der Bund trifft die erforderlichen Massnahmen.»

Bis heute fehlt eine Bundesgesetzgebung zum interkantonalen Doppelbesteuerungsverbot. Das Bundesgericht hat jedoch in einer langjährigen, direkt auf die Verfassungsnorm (BV 127 Abs. 3) gestützten Rechtsprechung das Doppelbesteuerungsverbot konkretisiert und Regeln zu ihrer Vermeidung aufgestellt. Deshalb ist das interkantonale Steuerrecht heute im Wesentlichen sog. Richterrecht.

Weil in der bis Ende 1999 gültigen Verfassung das interkantonale Doppelbesteuerungsverbot in aBV 46 Abs. 2 geregelt war, stützt sich der grösste Teil dieses Richterrechtes noch auf diese Norm. Diese Rechtsprechung gilt aber grundsätzlich unverändert auch unter der neuen Verfassung (BV 127 Abs. 3).

Das StHG enthält zwar vereinzelt Bestimmungen, welche direkt die Abgrenzung des Besteuerungsrechts zwischen den Kantonen regeln und die deshalb zu den Normen des interkantonalen Steuerrechts zu zählen sind. Von weit grösserer Bedeutung für die Vermeidung von Doppelbesteuerung ist das StHG jedoch durch die Vereinheitlichung der kantonalen Steuergesetze, weil es damit Konfliktpotenzial bei Anknüpfungspunkten zu mehreren Kantonen schon von vornherein weitgehend beseitigt.

2.2   Begriff der interkantonalen Doppelbesteuerung

Nach dem vom Bundesgericht konkretisierten Begriff der interkantonalen Doppelbesteuerung liegt eine unzulässige Doppelbesteuerung vor, wenn folgende Voraussetzungen erfüllt sind:

- Kollision der Steuersysteme von zwei oder mehreren Kantonen;
- Der gleiche Tatbestand wird in verschiedenen Kantonen von der gleichen oder einer ähnlichen Steuer erfasst (z. B. Einkommenssteuer und Grundstückgewinnsteuer, Schenkungssteuer und Erbschaftssteuer);
- Es ist das gleiche Steuersubjekt betroffen (oder u. U. zwei in besonderem Mass verbundene Steuersubjekte, z. B. Ehefrau und Ehemann, Eigentümer und Nutzniesser);
- Es wird das gleiche Steuerobjekt erfasst;
- Die Besteuerung betrifft die gleiche Bemessungsperiode.

> *Beispiel:*
> Sandra Meier wohnt im Kanton Zürich und arbeitet in Zug. Von beiden Kantonen erhält sie für das Jahr 2008 eine Steuerrechnung für das von ihr erzielte Erwerbseinkommen.

Wird das gleiche Steuersubstrat tatsächlich von zwei oder mehreren Kantonen besteuert, so liegt eine sog. effektive Doppelbesteuerung vor. Eine unzulässige Doppelbesteuerung liegt aber auch schon vor, wenn ein nichtberechtigter Kanton ein ihm nicht zustehendes Steuerobjekt besteuert, selbst wenn dieses vom berechtigten Kanton nicht besteuert wird (Verbot der virtuellen Doppelbesteuerung).

> *Beispiel:*
> Vanessa Glück wohnt in St. Gallen. Sie erhält von ihrem Onkel, der im Kanton Schwyz wohnt, zu ihrem Geburtstag eine Schenkung von CHF 20 000.
> Schenkungen können nach den Kollisionsregeln des interkantonalen Steuerrechts vom Wohnsitzkanton des Schenkers besteuert werden.
> Der Kanton Schwyz erhebt keine Schenkungssteuer. Der Kanton St. Gallen, der eine Schenkungssteuer kennt, darf auch in diesem Fall die Schenkung nicht besteuern, weil er sonst gegen das Verbot der virtuellen Doppelbesteuerung verstossen würde.

Aus dem verfassungsmässigen Verbot der interkantonalen Doppelbesteuerung hat schliesslich das Bundesgericht auch das sog. Schlechterstellungsverbot abgeleitet. Danach dürfen die Kantone Steuerpflichtige, welche nur für einen Teil des Einkommens oder Vermögens im Kanton steuerpflichtig sind, nicht aus diesem Grund anders oder stärker belasten als die ausschliesslich im Kanton Steuerpflichtigen.

> **Beispiel:**
> Der Kanton B kennt das dualistische System der Besteuerung von Grundstück-
> gewinnen, d.h., Gewinne aus der Veräusserung von Liegenschaften des
> Geschäftsvermögens unterliegen zusammen mit den übrigen Einkünften der
> Einkommens- bzw. Gewinnsteuer. Im interkantonalen Verhältnis können
> Wertzuwachsgewinne auf Liegenschaften grundsätzlich ausschliesslich vom
> Liegenschaftenkanton besteuert werden.
> Der Kanton B verstösst gegen das Schlechterstellungsverbot, wenn er bei der
> Veranlagung einer Aktiengesellschaft mit Sitz im Kanton S einen Verlust aus
> der Betriebsstätte im Kanton B nicht mit dem Veräusserungsgewinn aus dem
> Verkauf einer Betriebsliegenschaft im Kanton B verrechnet.

2.3 Methode zur Vermeidung der Doppelbesteuerung

Zur Vermeidung einer Doppelbesteuerung bieten sich grundsätzlich zwei
Methoden an: die international gebräuchliche Anrechnungsmethode und
die in der Schweiz übliche Freistellungsmethode (auch Befreiungsmethode
genannt).

Bei der Anrechnungsmethode werden im Ansässigkeitsstaat auch die im
Ausland erzielten Einkünfte besteuert. Die im Ausland bezahlten Steuern
werden aber an die geschuldeten Steuern angerechnet, maximal jedoch
bis zu dem auf die ausländischen Einkünfte entfallenden Steuerbetrag.
Die Anrechnungsmethode hat daher zur Folge, dass auf den ausserhalb
des Ansässigkeitsstaates erzielten Einkünften die jeweils höhere Steuerbelastung zum Tragen kommt.

> **Beispiel:**
> Heidi Looser bezieht Einkünfte von CHF 50 000 aus dem Staat B sowie
> CHF 100 000 aus dem Ansässigkeitsstaat A. Die Steuerbelastung beträgt im
> Ansässigkeitsstaat A 20% und im Staat B 15%.
>
> Der Staat A und der Staat B können die Einkünfte von Heidi Looser wie folgt
> besteuern:
>
> | | Total | Staat A | Staat B |
> |---|---|---|---|
> | Steuern auf CHF 100 000 | 20 000 | 20 000 | |
> | Steuern auf CHF 50 000 | 17 500 | 10 000 | 7 500 |
> | | 37 500 | 30 000 | 7 500 |
> | Anrechnung Steuern Staat B (max. CHF 10 000) | – 7 500 | – 7 500 | – |
> | | 30 000 | 22 500 | 7 500 |

Im interkantonalen Steuerrecht gelangt zur Vermeidung der Doppelbesteuerung im Gegensatz zum internationalen Steuerrecht ausschliesslich
die sog. Freistellungsmethode zur Anwendung. Die bundesgerichtliche
Praxis zum Doppelbesteuerungsverbot bestimmt, welcher Kanton ein
bestimmtes Steuerobjekt besteuern darf. Alle übrigen Kantone sind dann
von der Besteuerung dieses Steuerobjektes ausgeschlossen (Verpflichtung
zur Freistellung), dies selbst dann, wenn der berechtigte Kanton von seinem Besteuerungsrecht keinen Gebrauch macht (unbedingte Freistellung).

Die von der Besteuerung eines Steuerobjektes ausgeschlossenen Kantone
sind jedoch berechtigt, die von der Berechnungsgrundlage ausgenommenen Teile des Einkommens und Vermögens bei der Satzbestimmung
mitzuberücksichtigen. Mit diesem sog. Progressionsvorbehalt wird sichergestellt, dass die Steuerpflichtigen nicht durch die Aufteilung des Steuersubstrats auf zwei oder mehr Kantone einen Progressionsvorteil erzielen.

Beispiel:

Alex Müller wohnt und arbeitet im Kanton St. Gallen. Er ist ausserdem
Eigentümer einer Liegenschaft im Kanton Luzern. Sein Nettoerwerbseinkommen beträgt CHF 80 000, der Nettoliegenschaftenertrag CHF 24 000.

Die Kantone St. Gallen und Luzern können die Einkünfte von Alex Müller wie
folgt besteuern:

	Total	St. Gallen	Luzern
Steuerbares Einkommen	104 000	80 000	24 000
Steuersatz		104 000	104 000

Der Kanton St. Gallen darf das Nettoerwerbseinkommen von CHF 80 000
besteuern und für die Satzbestimmung das gesamte Nettoeinkommen
von CHF 104 000 berücksichtigen, der Kanton Luzern CHF 24 000 zum Satz
von CHF 104 000.

Die im interkantonalen Steuerrecht geltende unbedingte Freistellungsmethode mit Progressionsvorbehalt hat zur Folge, dass bei Steuerpflicht in
mehreren Kantonen das gesamte steuerbare Einkommen und Vermögen
auf die berechtigten Kantone zu verteilen ist. Steht fest, in welchen
Kantonen ein Steuerdomizil besteht (vgl. nachfolgend 2.4), werden die
einzelnen Steuerobjekte aufgrund der Zuteilungsnormen (vgl. nachfolgend 2.5) des Bundesgerichts den einzelnen Kantonen zur Besteuerung
zugewiesen. Die Aufteilung der Einkommens- und Vermögensbestandteile
im Einzelnen auf die berechtigten Kantone wird als Steuerausscheidung
bezeichnet (vgl. nachfolgend 2.6).

Darstellung 28: Vorgehen bei interkantonalen Sachverhalten

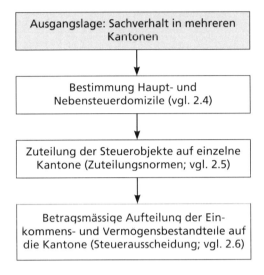

2.4 Steuerdomizile

2.4.1 Begriff und Arten von Steuerdomizilen

Die Orte, an denen eine Person aufgrund persönlicher oder wirtschaftlicher Beziehungen steuerpflichtig ist, werden als Steuerdomizile bezeichnet. Dabei wird unterschieden zwischen Haupt- und Nebensteuerdomizilen.

Jede steuerpflichtige Person hat ein Hauptsteuerdomizil. Dort ist sie unbeschränkt steuerpflichtig. Bei natürlichen Personen befindet sich das Hauptsteuerdomizil am steuerrechtlichen Wohnsitz oder – bei fehlendem Wohnsitz in der Schweiz – am Aufenthaltsort (StHG 3 Abs. 1), bei juristischen Personen am statutarischen Sitz bzw. am Ort der tatsächlichen Verwaltung (StHG 20 Abs. 1).

Bestehen neben dem Hauptsteuerdomizil noch wirtschaftliche Anknüpfungspunkte zu anderen Kantonen, so begründen diese dort ein Nebensteuerdomizil der steuerpflichtigen Person. Am Nebensteuerdomizil ist die Person immer nur beschränkt steuerpflichtig. Begrifflich wird dabei zwischen Spezialsteuerdomizilen (Liegenschaftsort, Geschäftsort) und dem sekundären Steuerdomizil der Betriebsstätte unterschieden.

Darstellung 29: Steuerdomizile

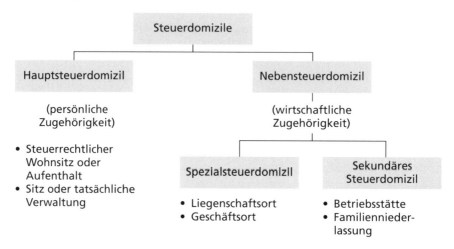

Für Spezialsteuerdomizile ist kennzeichnend, dass ihnen das betreffende Steuersubstrat grundsätzlich zur alleinigen Besteuerung zugewiesen wird (Geschäftsvermögen und -gewinn, Grundeigentum und Ertrag daraus). Beim sekundären Steuerdomizil der Betriebsstätte hingegen findet immer eine Aufteilung zwischen zwei oder mehreren Steuerdomizilen statt (Geschäftsort und Betriebsstätten). Das Gleiche gilt für das Nebensteuerdomizil der Familienniederlassung; in diesen Fällen findet eine Aufteilung zwischen Hauptsteuerdomizil (z.B. steuerrechtlicher Wohnsitz eines Wochenaufenthalters in leitender Stellung) und Familiendomizil statt.

2.4.2 Das Hauptsteuerdomizil natürlicher Personen

Das Hauptsteuerdomizil einer natürlichen Person befindet sich am steuerrechtlichen Wohnsitz, d.h. dort, wo sie sich mit der Absicht des dauernden Verbleibens aufhält (StHG 3 Abs. 2). Massgebend sind dabei die äusseren Kundgebungen der Absicht dauernden Verbleibens, eine blosse Willenskundgebung allein genügt nicht.

In den meisten Fällen deckt sich der steuerrechtliche Wohnsitz mit dem zivilrechtlichen Wohnsitz gemäss ZGB 23 ff. Bei Beziehungen zu mehreren Orten ist sowohl der zivilrechtliche wie auch der steuerrechtliche Wohnsitz dort anzunehmen, wo sich der Mittelpunkt der Lebensinteressen befindet. Am Wohnsitz haben z.B. auch die Pendler ihr Hauptsteuerdomizil. Bei getrenntem Arbeits- und Wohn- bzw. Familienort (Wochenaufenthalter) gilt bei Verheirateten und Konkubinatspaaren in aller Regel Letzteres als

Mittelpunkt des Lebensinteresses. Bei ledigen Personen kommt hingegen dem Arbeitsort oft die grössere Bedeutung zu (StE 2007 A 24.21 Nr. 17).

In gewissen Fällen weicht der steuerrechtliche Wohnsitzbegriff vom zivil rechtlichen ab:

- Das interkantonale Steuerrecht kennt keinen fiktiven Wohnsitz gemäss ZGB 24 Abs. 1;
- Bei Wochenaufenthaltern in leitender Stellung, welche regelmässig an den Familienort zurückkehren, befindet sich der steuerrechtliche Wohnsitz am Arbeitsort, selbst wenn sich der zivilrechtliche Wohnsitz am Familienort befindet;
- Das interkantonale Steuerrecht kennt im Gegensatz zum Zivilrecht ausnahmsweise auch den sog. «alternierenden Wohnsitz», d. h. ein geteiltes Hauptsteuerdomizil bei gleich starker persönlicher Beziehung zu zwei Wohnsitzen (z. B. Arbeitnehmer mit Saisonstellen).

2.4.3 Das Hauptsteuerdomizil juristischer Personen

Das Hauptsteuerdomizil juristischer Personen befindet sich grundsätzlich an deren statutarischem Sitz (StHG 20 Abs. 1). Nur wenn dem statutarischen Sitz lediglich formelle Bedeutung zukommt, wenn dieser ohne nähere Beziehung zum betreffenden Ort künstlich geschaffen wurde (sog. Briefkastendomizil), befindet sich das Hauptsteuerdomizil in einem anderen Kanton, nämlich am Ort der tatsächlichen Verwaltung.

2.4.4 Nebensteuerdomizile

Für natürliche und juristische Personen mit Hauptsteuerdomizil in einem anderen Kanton zählt das StHG drei mögliche Anknüpfungspunkte für die wirtschaftliche Zugehörigkeit auf (StHG 4 Abs. 1 und 21 Abs. 1). Das Bundesgericht hat für natürliche Personen zudem entschieden, dass bei getrenntem Wohnsitz von verheirateten Ehepartnern am jeweiligen Hauptsteuerdomizil des einen Ehegatten ein Nebensteuerdomizil des anderen besteht (sog. Familienniederlassung). Das interkantonale Steuerrecht kennt deshalb vier Arten von Nebensteuerdomizilen: das Nebensteuerdomizil des Grundeigentums, des Geschäftsortes, der Betriebsstätte und der Familienniederlassung. Nur für Personen ohne persönliche Zugehörigkeit in der Schweiz sind weitere Anknüpfungen zulässig (StHG 4 Abs. 2 und 22 Abs. 2).

2.4.4.1 Grundeigentum

Grundeigentum in einem Kanton ausserhalb des Hauptsteuerdomizils begründet dort ein Spezialsteuerdomizil.

Das Grundeigentum und der daraus fliessende Ertrag sind ausschliesslich an diesem Spezialsteuerdomizil steuerbar.

Besondere Regeln gelten für Geschäftsliegenschaften. Zwar begründen auch diese ein Spezialsteuerdomizil am Belegenheitsort. Handelt es sich aber um Betriebsliegenschaften, so kommt dem gleichzeitig begründeten Spezialsteuerdomizil des Geschäftsortes bzw. dem sekundären Steuerdomizil der Betriebsstätte grundsätzlich der Vorrang zu. Lediglich für Kapitalanlageliegenschaften sowie bezüglich der Wertzuwachsgewinne aus dem Verkauf von Betriebsliegenschaften gilt der Vorrang des Spezialsteuerdomizils des Grundeigentums (vgl. nachfolgend 2.5.6).

2.4.4.2 Geschäftsort

Ein Spezialsteuerdomizil des Geschäftsortes entsteht, wenn ausserhalb des Hauptsteuerdomizils in ständigen Anlagen und Einrichtungen ein Geschäftsbetrieb geführt oder eine selbständige Erwerbstätigkeit ausgeübt wird. Geschäftsvermögen und -gewinn stehen dem Kanton des Geschäftsortes zur alleinigen Besteuerung zu, sofern daneben kein sekundäres Steuerdomizil der Betriebsstätte besteht.

Das Gleiche gilt für die Beteiligung an einer Personengesellschaft, welche ihren Sitz ausserhalb des Hauptsteuerdomizils eines Gesellschafters hat. Für diesen Gesellschafter begründet die Beteiligung ein Spezialsteuerdomizil des Geschäftsortes am Sitz der Gesellschaft.

2.4.4.3 Betriebsstätte

Das Nebensteuerdomizil der Betriebsstätte ist immer sekundäres Steuerdomizil zum Hauptsteuerdomizil des Steuerpflichtigen oder zu einem Spezialsteuerdomizil des Geschäftsortes (primäres Steuerdomizil) ausserhalb des Hauptsteuerdomizils. Das Geschäftsvermögen und der Gewinn sind zwischen dem primären und dem sekundären Steuerdomizil aufzuteilen.

Beispiel:

Gabriel Müller hat seinen Wohnsitz in Zug (Hauptsteuerdomizil). Er ist mit 60% an der Kollektivgesellschaft Müller & Co. in Luzern beteiligt (Spezialsteuerdomizil des Geschäftsortes, primäres Steuerdomizil), welche Zweigniederlassungen in Zürich und Aarau (sekundäre Steuerdomizile) betreibt.

Als Betriebsstätte gilt im interkantonalen Steuerrecht analog der Bestimmung bei der direkten Bundessteuer (DBG 4 Abs. 2 und DBG 51 Abs. 2) jede ständige körperliche Anlage oder Einrichtung, in welcher ein qualitativ und quantitativ wesentlicher Teil der Geschäftstätigkeit des Unternehmens ausgeübt wird.

Beispiele:
- Produktionseinrichtungen;
- Feste Transportanlagen;
- Geschäftsniederlassungen;
- Verkaufsstellen.

2.4.4.4 Familienniederlassung

Trotz Fortbestehens der ehelichen Gemeinschaft und trotz gemeinsamer Verwendung der Mittel können Ehegatten getrennte Wohnsitze haben und damit auch je ein separates Hauptsteuerdomizil begründen. Obwohl StHG 4 eine abschliessende Aufzählung der aufgrund wirtschaftlicher Zugehörigkeit begründeten Nebensteuerdomizile enthält, nimmt das Bundesgericht am jeweiligen Hauptsteuerdomizil jedes Ehegatten gestützt auf StHG 3 Abs. 2 und 3 auch ein sekundäres Steuerdomizil des anderen Ehepartners an (StE 2004 BE/ZH A 24.24.3 Nr. 2).

2.5 Zuteilungsnormen

2.5.1 Allgemeines

Die Zuteilungsnormen geben Auskunft darüber, welchem Kanton bei kollidierenden Besteuerungsansprüchen das Recht zur Besteuerung zusteht. Auch diese Regeln sind in langjähriger Praxis des Bundesgerichts zum interkantonalen Doppelbesteuerungsverbot gewachsen.

Die Zuteilungsnormen weisen lediglich für die einzelnen Einkommens- und Vermögensbestandteile das Besteuerungsrecht dem einen oder dem anderen Kanton zu. Wie die Aufteilung der Einkünfte und Ausgaben sowie des Vermögens und der Schulden bei natürlichen Personen und des Ertrages und Aufwandes bzw. des steuerbaren Kapitals bei juristischen Personen erfolgt, darüber geben die Regeln über die Steuerausscheidung Auskunft, welche weiter hinten behandelt werden (vgl. nachfolgend 2.6).

2.5.2 Einkünfte aus unselbständiger Erwerbstätigkeit

Die Einkünfte aus unselbständiger Erwerbstätigkeit sind immer am Hauptsteuerdomizil steuerbar.

Damit ist die Abgrenzung der unselbständigen von der selbständigen Erwerbstätigkeit für das interkantonale Steuerrecht von entscheidender Bedeutung. Dabei ist nicht allein auf die zivilrechtlichen Vereinbarungen, sondern auf die gesamten Umstände des Einzelfalles abzustellen. Entscheidend ist das Mass der persönlichen und wirtschaftlichen Selbständigkeit bzw. Unselbständigkeit bei der Ausübung der Tätigkeit.

> *Beispiel:*
>
> Der in Herisau AR wohnhafte Schneider Franco Müller arbeitet in seinem Atelier in der Stadt St. Gallen für seine eigene Kundschaft im Auftragsverhältnis. Zweimal wöchentlich begibt er sich in das Kleidergeschäft Mode GmbH in St. Gallen, wo er gegen feste Bezahlung durch die Mode GmbH die jeweils für ihn bereitgelegten Flick- und Änderungsarbeiten ausführt.
>
> Für die Einkünfte aus selbständiger Erwerbstätigkeit aus seinem Atelier ist Müller am Spezialsteuerdomizil des Geschäftsortes in St. Gallen steuerpflichtig, für das Einkommen aus unselbständigem Nebenerwerb hingegen an seinem Wohnsitz Herisau im Kanton Appenzell Ausserrhoden.

2.5.3 Selbständige Erwerbstätigkeit

Das Einkommen aus selbständiger Erwerbstätigkeit eines Einzelunternehmers oder einer freiberuflich tätigen Person wird am Spezialsteuerdomizil des Geschäftsortes besteuert. Das Gleiche gilt für das Geschäftsvermögen.

Bei kaufmännischen Kollektiv- oder Kommanditgesellschaften sind das Vermögen sowie der Ertrag aus Beteiligungen am Kapital von solchen Gesellschaften (Kapitalzinsen, Gewinnanteile) vom Gesellschafter grundsätzlich am Sitz der Gesellschaft zu versteuern (Spezialsteuerdomizil des Geschäftsortes).

Einen Teil dieses Ertrages aus einer Personengesellschaft weist aber das Bundesgericht in Anlehnung an die Regeln für die Einkünfte aus unselbständiger Erwerbstätigkeit dem Wohnsitzkanton (Hauptsteuerdomizil) zur Besteuerung zu. Demnach darf am Hauptsteuerdomizil jene Quote des Gewinnes der Personengesellschaft besteuert werden, welche einem für die Tätigkeit des Gesellschafters üblichen Arbeitsentgelt entspricht.

Was darüber hinausgeht, darf allein am Geschäftsort (Spezialsteuerdomizil; primäres Steuerdomizil) und an allfälligen weiteren Nebensteuerdomizilen aufgrund von Betriebsstätten (sekundäres Steuerdomizil) besteuert werden.

> **Beispiel:**
>
> Andreas Hinz, mit Wohnsitz in Aarau, und Bruno Kunz, mit Wohnsitz in Zürich, betreiben die Hinz & Kunz, eine Kollektivgesellschaft mit Sitz und Geschäftsräumen in Aarau. Sie sind zu je 50% am Gewinn der Gesellschaft beteiligt. Beide beziehen ein jährliches Gehalt von CHF 50 000. Der Gewinn für das Jahr 2010 beträgt CHF 80 000 und das investierte Eigenkapital von je CHF 20 000 wird mit 5% verzinst.
>
> Hinz ist für das anteilige Geschäftsvermögen, das Arbeitsentgelt, den Kapitalzins sowie den Gewinnanteil im Kanton Aargau steuerpflichtig. Kunz ist für das Arbeitsentgelt im Kanton Zürich, für das anteilige Geschäftsvermögen, den Kapitalzins und den Gewinnanteil im Kanton Aargau steuerpflichtig

Bei Beteiligungen an einfachen oder stillen Gesellschaften sind hingegen sämtliche Einkünfte (Zins, Gewinnanteil und Arbeitsentgelt) sowie das Geschäftsvermögen ausschliesslich am Geschäftsort der Gesellschaft steuerbar.

> **Beispiel:**
>
> Würde es sich im vorstehenden Beispiel bei der Hinz & Kunz um eine einfache Gesellschaft handeln, so wäre auch das Arbeitsentgelt von Kunz im Kanton Aargau und nicht im Kanton Zürich steuerpflichtig.

Bestehen neben dem Geschäftsort noch Betriebsstätten, so wird das Besteuerungsrecht zwischen dem Geschäftsort und den Betriebsstättekantonen aufgeteilt.

2.5.4 Gewinn und Kapital juristischer Personen

Der Gewinn und das Kapital von juristischen Personen sind grundsätzlich immer an deren Hauptsteuerdomizil steuerbar, es sei denn, es bestehen Betriebsstätten ausserhalb dieses Kantons. Dann ist eine Aufteilung zwischen dem primären Steuerdomizil (Sitz) und den sekundären Steuerdomizilen (Betriebsstätten) vorzunehmen.

Auch ohne ausserkantonale Betriebsstätte ist aber eine Aufteilung von Gewinn und Kapital notwendig, wenn die juristische Person über Liegenschaften in anderen Kantonen verfügt (vgl. dazu nachfolgend 2.5.6).

2.5.5   Bewegliches Vermögen und Erträge daraus

Das bewegliche Privatvermögen und die Erträge daraus (z. B. Zinsen, Dividenden) sind am Hauptsteuerdomizil des Eigentümers steuerbar. Bei Nutzniessungsverhältnissen besteht jedoch die Steuerpflicht für Vermögen und Ertrag beim Nutzniesser an dessen Hauptsteuerdomizil.

Das bewegliche Geschäftsvermögen unterliegt am Geschäftsort und allenfalls anteilsmässig in Betriebsstättekantonen der Besteuerung.

2.5.6   Unbewegliches Vermögen und Erträge daraus

Das unbewegliche Privatvermögen und dessen Ertrag sind ausschliesslich am Ort der Belegenheit steuerbar. Dies gilt auch für die Veräusserungsgewinne von Privatliegenschaften. Dazu gehören auch Gewinne aus der Veräusserung einer Mehrheit der Beteiligungsrechte an einer Immobiliengesellschaft (sog. wirtschaftliche Handänderung; vgl. vorstehend II. C 3.1). Die Gewinne aus einer solchen wirtschaftlichen Handänderung können im Kanton, wo sich die betreffenden Immobilien befinden, besteuert werden.

Beim unbeweglichen Geschäftsvermögen ist zu unterscheiden zwischen Betriebsliegenschaften und Kapitalanlageliegenschaften. Je nachdem kommen unterschiedliche Zuteilungsnormen zum Tragen:

- Bei Kapitalanlageliegenschaften ausserhalb des Kantons des Geschäftsortes (Sitzkanton) ist der Liegenschaftenkanton zur ausschliesslichen Besteuerung von Vermögen und Ertrag, einschliesslich Veräusserungsgewinnen, befugt;
- Bei Betriebsliegenschaften hingegen ist der Belegenheitskanton nicht zur ausschliesslichen Besteuerung befugt. Ihm steht im Rahmen der Aufteilung des Gewinns und des Kapitals zwischen Hauptsteuerdomizil und sekundärem Steuerdomizil der Betriebsstätte ein Anteil am Gesamtvermögen und -gewinn zur Besteuerung zu. Lediglich bei Veräusserungsgewinnen steht dem Belegenheitskanton das ausschliessliche Besteuerungsrecht zu, allerdings auch nur für die Wertzuwachsquote; für die wieder eingebrachten Abschreibungen ist ebenfalls eine Aufteilung zwischen Hauptsteuerdomizil und Betriebsstätte vorzunehmen (quotenmässige Ausscheidung);
- Genau gleich wie für Betriebsliegenschaften sind die Zuteilungsnormen für Kapitalanlageliegenschaften, wenn diese im Sitzkanton gelegen sind.

> **Beispiel:**
>
> Die Muster AG ist eine Produktionsgesellschaft. Sie hat ihren Sitz im Kanton Bern und eine Betriebsstätte im Kanton Zürich. Sie verfügt über eine voll vermietete Wohnliegenschaft in der Stadt Thun sowie eigene Fabrikationsliegenschaften in Bern und Zürich.
>
> Die Wohnliegenschaft in Thun wird zur Liquiditätsbeschaffung verkauft. Der Verkaufserlös beträgt CHF 10 Mio. Der ursprüngliche Anschaffungswert betrug CHF 8 Mio., der Buchwert im Zeitpunkt des Verkaufs CHF 7 Mio.
>
> Bei den Fabrikationsliegenschaften in Bern und Zürich handelt es sich um Betriebsliegenschaften. Die Liegenschaft in Thun ist eine Kapitalanlageliegenschaft. Weil sie aber im Kanton des Hauptsteuerdomizils gelegen ist, gelten für sie die gleichen Regeln wie für Betriebsliegenschaften.
>
> Der Gewinn aus dem Verkauf der Liegenschaft ist somit wie folgt auf die Kantone zu verteilen: Der Wertzuwachsgewinn von CHF 2 Mio. (Differenz zwischen Veräusserungserlös und Anschaffungskosten) steht dem Belegenheitskanton Bern zur ausschliesslichen Besteuerung zu. Der restliche Gewinn von CHF 1 Mio. wird als wieder eingebrachte Abschreibung im Rahmen der Aufteilung des Gesamtgewinnes aus betrieblicher Tätigkeit (d. h. unter Ausklammerung des Wertzuwachsgewinnes) zur Besteuerung auf die Kantone Bern und Zürich verteilt.

2.5.7 Übrige Einkünfte

Es gilt der Grundsatz, dass alle Einkünfte, die nicht einem Nebensteuerdomizil zur Besteuerung zugewiesen sind, nur am Hauptsteuerdomizil der berechtigten Person besteuert werden können.

2.5.8 Erbschaften und Schenkungen

Unentgeltliche Zuwendungen von Todes wegen oder unter Lebenden sind grundsätzlich am letzten Wohnsitz des Erblassers bzw. am Wohnsitz des Schenkers oder der Schenkerin steuerbar. Eine Ausnahme gilt für das unbewegliche Vermögen, welches unabhängig vom Wohnsitz der verfügenden Person am Belegenheitsort steuerpflichtig ist.

Abgrenzungsfragen stellen sich insbesondere bei Versicherungsleistungen, welche im Erbfall zur Auszahlung gelangen (vgl. dazu vorstehend VI. 3.1.4).

2.6   Steuerausscheidung

2.6.1   Allgemeines

Die interkantonale Steuerausscheidung dient dazu, das Steuersubstrat auf die verschiedenen Steuerdomizil-Kantone aufzuteilen, welche zur Besteuerung einer Person berechtigt sind. Während die Zuteilungsnormen die Frage regeln, welcher Kanton ein bestimmtes Steuerobjekt besteuern darf, befassen sich die Steuerausscheidungsregeln mit der Frage, wie die einzelnen Einkommens- und Vermögensbestandteile sowie die dazugehörenden Aufwendungen und Belastungen betragsmässig auf die einzelnen Steuerdomizil-Kantone verteilt werden.

> **Beispiel:**
> Die Zuteilungsnormen bestimmen, dass bei einer interkantonalen Unternehmung sowohl der Sitzkanton als auch der Betriebsstättekanton einen Anteil am Gewinn und Kapital besteuern dürfen.
> Die Steuerausscheidungsregeln bestimmen, wie die Quote des durch den Sitz- bzw. Betriebsstättekanton zu besteuernden Gewinns bzw. Kapitals ermittelt wird.

Es gibt grundsätzlich drei Methoden für die Steuerausscheidung: die objektmässige Methode, die quotenmässig direkte Methode und die quotenmässig indirekte Methode.

Bei der objektmässigen Methode werden Einkommens- und Vermögensbestandteile jeweils als Ganzes dem berechtigten Steuerdomizil-Kanton zugewiesen. Diese Methode gelangt im interkantonalen Steuerrecht insbesondere für die Ausscheidung von Einkommen und Vermögen natürlicher Personen sowie bei Privatliegenschaften und Kapitalanlageliegenschaften zur Anwendung.

Bei der quotenmässigen Ausscheidung wird dagegen das Steuersubstrat als Quote des Ganzen auf die jeweiligen Steuerdomizil-Kantone verteilt. Sie kommt bei der interkantonalen Ausscheidung von Unternehmensgewinnen zur Anwendung. Dabei stehen zwei verschiedene Methoden der Quotenermittlung zur Auswahl (vgl. dazu die Beispiele in nachfolgend 2.6.3.3):

- Bei der quotenmässig direkten Methode wird die dem jeweiligen Steuerdomizil-Kanton zustehende Quote aufgrund der Betriebsstättebuchhaltung ermittelt. Der Gesamtgewinn wird im Verhältnis der an den einzelnen Standorten erzielten Ergebnisse auf den Hauptsteuerdomizil-

Kanton und die Betriebsstättekantone verteilt. Diese Methode hat nach der bundesgerichtlichen Rechtsprechung Vorrang vor der quotenmässig indirekten Methode.

- Bei der quotenmässig indirekten Methode wird die Quote für die Steuerausscheidung aufgrund von Hilfsfaktoren ermittelt. Als solche kommen insbesondere die Erwerbsfaktoren Arbeit und Kapital sowie der erzielte Umsatz in Frage. In der Praxis gelangt diese Methode sehr oft zur Anwendung, weil detaillierte Betriebsstättebuchhaltungen häufig fehlen.

Darstellung 30: Objektmässige und quotenmässige Ausscheidung

Objektmässige Ausscheidung		• Direkte Zuweisung von Einkommens- und Vermögensbestandteilen; • Fiktion eines eigenständigen Unternehmens in jeder Steuerhoheit; • Ermittlung des steuerbaren Ergebnisses pro Steuerhoheit.
Quotenmässige Ausscheidung	direkt	• Schlüssel: Betriebsstättebuchhaltung
	indirekt	• Hilfsfaktoren (Umsatz, Erwerbsfaktoren)

2.6.2 Steuerausscheidung bei natürlichen Personen

2.6.2.1 Grundsätze

Die Einkommens- und Vermögensbestandteile von natürlichen Personen werden im Wesentlichen nach der objektmässigen Methode ausgeschieden. Zunächst werden die positiven Elemente (Vermögensbestandteile, Einkünfte) gemäss den Zuteilungsnormen zugewiesen.

Beispiele:
- Einkommen aus unselbständiger Erwerbstätigkeit wird dem Kanton des Hauptsteuerdomizils zugewiesen, ebenso Erträge aus beweglichem Vermögen.
- Der Kapitalzins sowie der Gewinnanteil aus der Beteiligung an einer Kollektivgesellschaft ausserhalb des Hauptsteuerdomizils wird dem entsprechenden Kanton zugewiesen.
- Vermögen und Einkünfte aus der Vermietung einer ausserkantonalen Liegenschaft werden dem Belegenheitskanton zugeteilt (vgl. nachfolgend 2.6.2.2).

Dann werden die negativen Elemente zugeteilt: die Gewinnungskosten, die Schulden und Schuldzinsen sowie andere Abzüge.

Die Gewinnungskosten – ohne die Schuldzinsen – werden ebenfalls objektmässig zugeteilt und folgen den jeweiligen Einkünften (z. B. Liegenschafts-
unterhaltskosten am Belegenheitsort, nicht vergütete Geschäftsspesen
eines Angestellten am Hauptsteuerdomizil usw.). Ein Gewinnungskosten-
überschuss an einem Nebensteuerdomizil ist jedoch grundsätzlich vom
Hauptsteuerdomizil zu übernehmen. Übersteigen jedoch die Gewinnungskosten am Hauptsteuerdomizil die dort steuerbaren Einkünfte, so verpflichtet das Bundesgericht in seiner neueren Rechtsprechung auch einen
Liegenschaftenkanton (Nebensteuerdomizil) zur Verrechnung dieses
Gewinnungskostenüberschusses mit Liegenschaftenertrag (vgl. StE 2005
ZH A 24.43.1 Nr. 15).

Schulden und Schuldzinsen werden nach Quoten, und zwar proportional
im Verhältnis der Aktiven, auf die berechtigten Kantone verteilt. Dabei ist
die Regel zu beachten, dass Schuldzinsen in erster Linie auf den Vermögensertrag zu verlegen sind. Das hat zur Folge, dass ein Überschuss des einem
Kanton zugewiesenen Schuldzinsenanteils über den dort steuerbaren Vermögensertrag von den übrigen Kantonen zu tragen ist, solange dort noch
Vermögensertrag verbleibt (vgl. zur Illustration das Beispiel nachstehend).

Die proportionale Verlegung der Schulden und Schuldzinsen gilt grund-
sätzlich sowohl für private wie auch für geschäftliche Schulden; eine
Ausnahme gilt jedoch für die Steuerausscheidung von Beteiligungen an
Kollektiv- und Kommanditgesellschaften (vgl. nachfolgend 2.6.2.2).

Die übrigen Abzüge (Freibeträge, Sozialabzüge) werden ebenfalls nach
Quoten verlegt, und zwar proportional im Verhältnis des in den jeweiligen
Kantonen steuerbaren Reineinkommens bzw. -vermögens. Die Höhe der
in den einzelnen Kantonen zu gewährenden Abzüge richtet sich zunächst
nach kantonalem Recht. Von dem nach kantonalem Recht vorgesehenen Abzug muss der betreffende Kanton die auf ihn entfallende Quote
gewähren.

Beispiel:
Die Steuerausscheidung für eine natürliche Person mit ausserkantonalen
Liegenschaften kann wie folgt aussehen (aus der Sicht des Hauptsteuerdomizils;
zur Vereinfachung gehen wir davon aus, dass die Repartitionswerte [vgl. dazu
nachfolgend 2.6.2.2] in den Kantonen A und B je 100% betragen, womit sich
eine Umrechnung erübrigt):

Vermögensausscheidung (in CHF):

	Total	Haupt-steuer-domizil	Kanton A	Kanton B
Liegenschaften	900 000		300 000	600 000
Wertschriften	300 000	300 000		
Übriges Vermögen	300 000	300 000		
Total	1 500 000	600 000	300 000	600 000
Quote (Schulden-/	100%	40%	20%	40%
Schuldzinsenverlegung)				
Schulden	– 800 000	– 320 000	– 160 000	– 320 000
Total Reinvermögen	700 000	280 000	140 000	280 000
Quote für übrige Abzüge	100%	40%	20%	40%
Freibetrag für Verheiratete				
mit 2 Kindern (Annahme)	– 50 000	– 20 000		
Steuerbares Vermögen	650 000	260 000		

Einkommensausscheidung (in CHF):

	Total	Haupt-steuer-domizil	Kanton A	Kanton B
Lohn (netto)	100 000	100 000		
Wertschriftenertrag (netto)	16 000	16 000		
Nettoliegenschaftsertrag	30 000		6 000	24 000
Schuldzinsen (1. Verlegung)	– 40 000	– 16 000	– 8 000	– 16 000
Schuldzinsenüberhang		0	– 2 000	+ 8 000
Schuldzinsen (2. Verlegung)			+ 2 000	– 2 000
Total Reineinkommen	106 000	100 000	0	6 000
Quote für übrige Abzüge	100%	94,34%	0%	5,66%
Abzug für Versicherungsprämien,				
Kinderabzug u. a. (Annahme)	– 8 000	– 7 547		
Steuerbares Einkommen	98 000	92 453		

2.6.2.2 Steuerausscheidung bei Liegenschaften des Privatvermögens

Bei der Ausscheidung des Vermögens werden Privatliegenschaften objektmässig dem Belegenheitskanton zur Besteuerung zugewiesen.

Im Gegensatz zu den Aktiven erfolgt die Ausscheidung der Schulden quotenmässig, und zwar im Verhältnis der Liegenschaftswerte zum Wert der Gesamtaktiven. Für die Steuerausscheidung des Vermögens ist daher die Höhe der auf den Liegenschaften lastenden Hypotheken ohne Bedeutung. Die gesamten Schulden (ohne Geschäftsschulden einer Personengesellschaft; vgl. dazu nachfolgend 2.6.2.3) des Steuerpflichtigen werden quotenmässig nach Lage der Aktiven auf die Kantone verteilt.

Für die Besteuerung des Vermögens verzichtet das Bundesgericht in seiner Rechtsprechung darauf, den Kantonen einen einheitlichen Bewertungsmassstab für Liegenschaften vorzuschreiben. Es schreibt ihnen lediglich vor, dass sie im Rahmen der Steuerausscheidung sowohl die ihnen zugewiesenen als auch die ausserkantonalen Liegenschaften nach den gleichen Regeln bewerten müssen.

Bei der Einkommensausscheidung werden die Liegenschaftserträge und die damit verbundenen Unterhalts- und Verwaltungskosten objektmässig den Liegenschaftenkantonen zugewiesen. Für die Schuldzinsen erfolgt die Aufteilung quotenmässig nach Lage der Aktiven.

Im Gegensatz zur Ausscheidung und Besteuerung des Vermögens verlangt das Bundesgericht für die Verlegung der Schuldzinsen eine einheitliche Bewertung der Liegenschaften, weil nur so sichergestellt ist, dass die beteiligten Kantone zusammen 100 Prozent der Schuldzinsen übernehmen. Die Kantone bewerten aber die Liegenschaften nach eigenen und i. d. R. unterschiedlichen Regeln. Die Bewertung der Liegenschaften erfolgt regelmässig durch amtliche Schätzungen, welche z. T. nach unterschiedlichen Gesichtspunkten vorgenommen werden. Die kantonalen Gesetze schreiben oft Schätzungsmethoden vor, welche für die Liegenschaften einen unter dem effektiven Wert liegenden Steuerwert ergeben.

Zum Zwecke einer einheitlichen Bewertung der Liegenschaften für die interkantonale Steuerausscheidung gibt deshalb die Schweizerische Steuerkonferenz periodisch ein Kreisschreiben über die Bewertung von Grundstücken mit den sog. Repartitionswerten für alle Kantone heraus (siehe Anhang 2). Der Repartitionswert wird in Prozenten des kantonalen Steuerwertes ausgedrückt und bringt so die unterschiedlichen kantonalen Liegenschaftswerte für die Steuerausscheidung auf eine vergleichbare Basis. So beträgt z. B. für die Steuerperioden ab 2002 der Repartitionswert für den Kanton Zürich 90 Prozent und jener für den Kanton Solothurn 225 Prozent, während für den Kanton Bern ein Repartitionswert von 100 Prozent gilt. Das bedeutet, dass für die Zwecke der Steuerausscheidung der nach kantonalen Grundsätzen ermittelte Steuerwert von Liegenschaften in Zürich auf 90 Prozent reduziert, in Solothurn auf 225 Prozent erhöht und in Bern unverändert belassen wird. Diese Umrechnung bewirkt aber nicht eine Änderung in der Besteuerung durch die einzelnen Kantone, sie wirkt sich lediglich für die Steuerausscheidung und die Satzbestimmung aus. Zur Ermittlung der Bemessungsgrundlage für die Besteuerung in den einzelnen Kantonen wird die Umrechnung rückgängig gemacht.

Beispiel:

Arabella Misteli hat Wohnsitz in eigener Liegenschaft im Kanton Zug und besitzt eine weitere Liegenschaft im Kanton Zürich.

Ausscheidung des Vermögens (aus der Sicht des Kantons Zug, in TCHF)	*Total*	*Kanton ZG*	*Kanton ZH*
Liegenschaften (kant. Steuerwerte)	1200	1000	200
Repartitionswert[1]		110%	90%
Liegenschaften zum Repartitionswert	1280	1100	180
Übriges Vermögen	300	300	
Total Vermögen	1580	1400	180
Massgebende Quote für Schulden- und Schuldzinsenverlegung	100%	88,61%	11,39%
Schulden	(500)	(443)	(57)
	100%	88,61%	11,39%
Zwischentotal	1080	957	123
Korrektur Repartitionswert[2]	(116)	(100)	(16)
Reinvermögen	964[3]	857[4]	107[5]

[1] Die Liegenschaft im Kanton ZG ist im interkantonalen Vergleich eher tief bewertet; darum wird sie hochgerechnet. Die Liegenschaft im Kanton ZH ist eher hoch bewertet, weshalb sie heruntergerechnet wird.

[2] Bewertung der Liegenschaften nach den für den Kanton ZG geltenden Massstäben (massgebende Liegenschaftswerte für den Kanton ZG: Liegenschaft Kanton ZG 1000, Liegenschaft Kanton ZH 164, d.h. 180 : 110 x 100)

[3] Satzbestimmendes Vermögen. Die Umrechnung des Steuerwertes der Zürcher Liegenschaft auf das tiefere Zuger Bewertungsniveau stellt sicher, dass Arabella Misteli bei der Satzbestimmung nicht schlechter gestellt wird als eine Steuerpflichtige, deren Liegenschaften ausschliesslich im Kanton ZG liegen (Schlechterstellungsverbot).

[4] Im Kanton ZG steuerbares Vermögen (vor Sozialabzügen).

[5] Für den Kanton ZH ist dieser Wert nicht massgebend. Der Kanton ZH nimmt die Steuerausscheidung nach seiner eigenen Sicht vor und rechnet die Steuerwerte für die Satzbestimmung und die Ermittlung des im Kanton steuerbaren Vermögens auf das Bewertungsniveau des Kantons ZH um. Für die Ermittlung der Quoten für die Schulden- und Schuldzinsenverlegung ist er aber aufgrund des Verbotes der interkantonalen Doppelbesteuerung verpflichtet, genau gleich wie der Kanton ZG vorzugehen.

Ein allfälliger Überschuss der Gewinnungskosten über die Bruttoerträge aus Liegenschaften, der in einem Liegenschaftenkanton entsteht, ist vom Hauptsteuerdomizil zulasten des dort steuerbaren Einkommens zu übernehmen.

Ein Schuldzinsenüberschuss in einem Liegenschaftenkanton ist in erster Linie auf die noch vorhandenen Netto-Vermögenserträge in anderen Kantonen zu verlegen (vgl. vorstehend 2.6.2.1). Erst in zweiter Linie, d.h., wenn die gesamten Schuldzinsen den gesamten Netto-Vermögensertrag übersteigen, gehen auch diese Überschüsse zulasten des Hauptsteuerdomizil-Kantons.

Übersteigen die aus anderen Kantonen übernommenen oder die im Hauptsteuerdomizil-Kantons angefallenen Gewinnungskosten die in diesem Kanton steuerbaren Einkünfte, so haben nach der neueren Rechtsprechung des Bundesgerichts die Nebensteuerdomizil-Kantone (insbesondere Liegenschaftenkantone) sich an der Übernahme dieser Gewinnungskostenüberschüsse zu beteiligen. Dadurch wird eine Überbesteuerung (sog. Ausscheidungsverlust) vermieden (vgl. StE 2005 ZH A 24.43.1 Nr. 15).

Veräusserungsgewinne aus Liegenschaften des Privatvermögens werden dem Liegenschaftenkanton zur Besteuerung zugewiesen. Dieser Kanton hat auch die wertvermehrenden Aufwendungen und die Veräusserungskosten zu übernehmen.

2.6.2.3 Steuerausscheidung bei Geschäftsorten

Für die Steuerausscheidung bei Geschäftsorten ist zwischen Einzelunternehmen und einfachen sowie stillen Gesellschaften einerseits und Kollektiv- und Kommanditgesellschaften andererseits zu unterscheiden.

Bei Inhabern von Einzelunternehmungen (bzw. bei Teilhabern an einfachen oder stillen Gesellschaften) werden für die Vermögensausscheidung zunächst die einzelnen privaten und geschäftlichen Aktiven gemäss Zuteilungsnormen dem Hauptsteuerdomizil und dem Geschäftsort (und allfälligen weiteren Steuerdomizilen) zugewiesen. Dann werden die privaten und geschäftlichen Schulden proportional nach Lage der Aktiven verlegt.

Genau gleich wird für das Einkommen vorgegangen: Dem Geschäftsort wird zunächst der Bruttoertrag aus der Geschäftstätigkeit zugewiesen. Ebenso wird der Geschäftsaufwand (ohne Schuldzinsen) dem Geschäftsort zugewiesen. Die privaten und die geschäftlichen Schuldzinsen werden schliesslich proportional auf die beteiligten Steuerdomizile verlegt. Die Schuldzinsen sind wiederum in erster Linie auf den Vermögensertrag zu verteilen, wobei als Vermögensertrag auch ein kalkulatorischer Eigenkapitalzins auf dem investierten Kapital gilt. Für die Höhe des kalkulatorischen Eigenkapitalzinses wird auf den jeweils für die Ermittlung des AHV-pflichtigen Einkommens massgebenden Zinssatz abgestellt; dieser beträgt für das Jahr 2010 3,5 Prozent.

Beispiel:

Anita Henggeler hat ihren Wohnsitz in Luzern und betreibt ein Einzelunternehmen in Zug. Daneben arbeitet sie zu 20% als Buchhalterin bei einem Treuhandunternehmen in Luzern. Der ausgewiesene Gewinn des Einzelunternehmens beträgt CHF 60 000; darin sind Schuldzinsen von CHF 2000, aber kein Arbeitsentgelt enthalten.

Die Steuerausscheidung von Anita Henggeler kann wie folgt aussehen:

Vermögensausscheidung (in CHF):

	Total	Luzern	Zug
Wertschriften	30 000	30 000	
Geschäftsvermögen	80 000		80 000
Übriges Vermögen	50 000	50 000	
Total	160 000	80 000	80 000
Quote	100%	50%	50%
Privat- und Geschäftsschulden	− 40 000	− 20 000	− 20 000
Total Reinvermögen	120 000	60 000	60 000

Einkommensausscheidung (in CHF):

	Total	Luzern	Zug
Gewinn Einzelunternehmen (ohne Berücksichtigung der Schuldzinsen)	62 000		62 000[1]
Einkommen Nebenerwerb	20 000	20 000	
Wertschriftenertrag (netto)	2 000	2 000	
Schuldzinsen (geschäftlich CHF 2000, privat CHF 1000)	− 3 000	− 1 500	− 1 500
	100%	50%	50%
Total Reineinkommen	81 000	20 500	60 500

[1] Bei einem investierten Kapital von CHF 60 000 und einem kalkulatorischen Zinssatz von 3,5% sind darin CHF 2100 Eigenkapitalzins enthalten.

Bei Teilhabern von kaufmännischen Kollektiv- und Kommanditgesellschaften hingegen bildet der Gesellschaftsanteil ein Sondervermögen, welches mit dem Nettobetrag objektmässig dem Kanton des Geschäftsorts zur Besteuerung zugewiesen wird. Dieses Sondervermögen wird mit anderen Worten auch nicht in die proportionale Schulden- und Schuldzinsenverlegung mit einbezogen. Beim Einkommen sind der Eigenkapitalzins und der Gewinnanteil am Geschäftsort, das Arbeitsentgelt am Hauptsteuerdomizil steuerbar.

Beispiel:

Andreas Hinz, mit Wohnsitz in Aarau, und Bruno Kunz, mit Wohnsitz in Zürich, betreiben die Hinz & Kunz, eine Kollektivgesellschaft mit Sitz und Geschäftsräumen in Aarau. Sie sind zu je 50% am Gewinn der Gesellschaft beteiligt. Beide beziehen ein jährliches Gehalt von CHF 50 000. Der Gewinn für das Jahr 2010 beträgt CHF 80 000, und das investierte Eigenkapital von je CHF 50 000 wird gemäss Gesellschaftsvertrag mit 5% verzinst.

Die Steuerausscheidung für Kunz kann wie folgt aussehen:

Vermögen (in CHF):

	Total	Zürich	Aargau
Wertschriften	100 000	100 000	
Privatschulden	− 30 000	− 30 000	
Gesellschaftskapital 50%	50 000		50 000
Reinvermögen	120 000	70 000	50 000

Einkommen (in CHF):

	Total	Zürich	Aargau
Wertschriftenertrag	8 000	8 000	
Private Schuldzinsen	− 2 000	− 2 000	
Gesellschaftskapitalzins	2 500		2 500
Gewinnanteil	40 000		40 000
Arbeitsentgelt	50 000	50 000	
Reineinkommen	98 500	56 000	42 500

Für die Steuerausscheidung zwischen Geschäftsort (primäres Steuerdomizil) und anderen geschäftlichen Steuerdomizilen (Betriebsstätte als sekundäres Steuerdomizil sowie Spezialsteuerdomizil der Kapitalanlageliegenschaft) finden die Grundsätze der Steuerausscheidung für Unternehmungen Anwendung (vgl. nachfolgend 2.6.3).

2.6.2.4 Steuerausscheidung bei separaten Hauptsteuerdomizilen von Ehepartnern

Im Gegensatz zu den allgemeinen Grundsätzen der Steuerausscheidung bei natürlichen Personen wird bei getrennten Hauptsteuerdomizilen mit Weiterbestehen der ehelichen Gemeinschaft das beiden Ehegatten zufliessende Erwerbseinkommen und das ihnen gehörende bewegliche Vermögen (inkl. Erträge) zwischen den beiden Kantonen quotenmässig, zumeist hälftig, aufgeteilt. Von dieser Teilung ausgenommen sind ausserkantonale Geschäftsbetriebe, Betriebsstätten und ausserkantonale Liegenschaften.

2.6.2.5 Steuerausscheidung bei Erbschaften

Der Kanton des letzten Wohnsitzes einer verstorbenen Person sowie die Liegenschaftenkantone können den gesamten Nachlass und die Legate mit jener Quote besteuern, die dem Verhältnis der auf sie entfallenden Aktiven zu den Gesamtaktiven entspricht.

> **Beispiel:**
>
> Fritz Müller, mit letztem Wohnsitz in St. Gallen, hinterlässt Aktiven im Wert von CHF 1 Mio., wovon CHF 600 000 auf ein Ferienhaus im Kanton Graubünden entfallen, und Schulden von CHF 600 000. Das Nettonachlassvermögen und die Legate belaufen sich somit auf CHF 400 000.
>
> Der Kanton St. Gallen darf – unabhängig vom Wohnsitz der Empfänger – von sämtlichen Nachlassanteilen und Legaten je 40%, d.h. total CHF 160 000, besteuern. Auf den Kanton Graubünden entfallen 60%, d.h. CHF 240 000.

Obwohl die sog. direkten Ansprüche aus einer Versicherung mit Begünstigungsklausel nicht in den Nachlass fallen, unterliegen sie u.U. der Erbschaftssteuer (vgl. dazu vorstehend VI. 3.1.4). Soweit diese jedoch mit der Einkommenssteuer erfasst werden dürfen, werden diese Leistungen ausschliesslich dem Kanton des Hauptsteuerdomizils des Empfängers zur Besteuerung zugewiesen.

2.6.3 Steuerausscheidung bei Unternehmungen

2.6.3.1 Allgemeines

Eine Steuerausscheidung für Unternehmungen ist notwendig, wenn diese ausserhalb des Sitzkantons Betriebsstätten oder Liegenschaften besitzen.

Interkantonale Unternehmungen sind Unternehmungen mit Betriebsstätten ausserhalb des Sitzkantons. Ihr Gesamtkapital und der Gesamtgewinn werden nach Quoten auf den Sitzkanton und die Betriebsstättekantone aufgeteilt.

Die Grundsätze der Steuerausscheidung für Unternehmungen gelten generell für juristische Personen. Bei Personenunternehmen gelten sie für jenen Teil des Einkommens und Vermögens der beteiligten Personen, welcher zum Geschäftsvermögen gehört.

2.6.3.2 Kapitalausscheidung

Bei interkantonalen Unternehmungen wird das Geschäftskapital proportional im Verhältnis der Aktiven der Betriebsstätten und des Sitzes zu den Gesamtaktiven ausgeschieden.

Die Zuteilung der Aktiven erfolgt nach ihrer örtlichen und wirtschaftlichen Beziehung zur Betriebsstätte bzw. zum Sitz der Unternehmung:

- Die lokalisierbaren Aktiven, d.h. Aktiven, welche unmittelbar einer Betriebsstätte dienen, werden dieser zugewiesen;
- Beteiligungen und Vorschüsse werden i.d.R. dem Sitzkanton zugewiesen;
- Die mobilen Konti (Kasse, Bank usw.) werden je nach Art der Unternehmung unterschiedlich zugewiesen:
  - Bei Fabrikationsunternehmen nach Lage der übrigen lokalisierten Aktiven;
  - Bei Handelsunternehmen an den Sitzkanton.

Beispiel:

Die Handels AG mit Sitz in Zug und Betriebsstätte in Luzern weist ein Kapital von CHF 700 000 aus und verfügt über Aktiven mit einem Buchwert von CHF 1 Mio.

Die Kapitalausscheidung kann wie folgt aussehen (in CHF):

	Total	*Zug*	*Luzern*
Kapital gemäss Buchhaltung	700 000	30 000	400 000
Betriebsliegenschaften	300 000	200 000	100 000
Übrige lokalisierbare Aktiven	200 000	100 000	100 000
Beteiligungen	100 000	100 000	
Mobile Konti	400 000	400 000	
Total Aktiven	1 000 000	800 000	200 000
Quote	100%	80%	20%
Steuerbares Kapital	700 000	560 000	140 000

2.6.3.3 Gewinnausscheidung

Der Gewinn von interkantonalen Unternehmen wird i.d.R. nach der quotenmässig direkten oder nach der quotenmässig indirekten Methode auf den Sitzkanton und die Betriebsstättekantone aufgeteilt.

Bei der quotenmässig direkten Methode wird der Gesamtgewinn auf jene Betriebsstätten bzw. den Hauptsitz verteilt, die gemäss getrennter Buchhaltung mit Gewinn abgeschlossen haben. Betriebsstätten, welche einen Verlust ausweisen, werden bei der Verteilung nicht berücksichtigt. Diese Methode findet v.a. bei Banken Anwendung.

Beispiel:

Die Moneten Bank AG mit Sitz im Kanton Bern und Betriebsstätten in Aarau, Solothurn und Freiburg weist einen Gesamtgewinn von CHF 800 000 aus.

Die Steuerausscheidung kann wie folgt aussehen (in CHF):

	Total	Bern	Aargau	Solothurn	Freiburg
Buchhaltungsergebnis	800 000	400 000	−200 000	400 000	200 000
Quoten	100%	40%	0%	40%	20%
Steuerbarer Reingewinn	800 000	320 000	0	320 000	160 000

Bei der quotenmässig indirekten Methode gelangen für die Quotenermittlung Hilfsfaktoren zur Anwendung. Diese sind unterschiedlich je nach Art der Unternehmung:

Bei Handels- und Dienstleistungsunternehmen wird auf die erzielten Umsätze abgestellt.

Da insbesondere bei der quotenmässig indirekten Methode auf der Grundlage der Umsätze die Bedeutung der Zentralleitung für die Erzielung des Gesamtergebnisses oft zu wenig Berücksichtigung findet, wird dem Hauptsitz i. d. R. vorweg ein Vorausanteil (Präzipuum) von 10 bis 20 Prozent des Gewinns zugewiesen.

Beispiel:

Die Steuerausscheidung der Handels AG mit Sitz in Zug und Betriebsstätte in Luzern kann wie folgt aussehen (in CHF):

	Total	Zug	Luzern
Gewinn	600 000		
Umsatz	10 000 000	6 000 000	4 000 000
Quoten	100%	60%	40%
Vorausanteil 20%	120 000	120 000	
Rest nach Umsatzquoten	480 000	(60%) 288 000	(40%) 192 000
Steuerbarer Reingewinn	600 000	408 000	192 000
Steuerbare Quote	100%	68%	32%

Bei Fabrikationsunternehmen werden die Erwerbsfaktoren zur Quotenermittlung beigezogen. Diese setzen sich wie folgt zusammen:

• Kapital: Aktiven plus die mit 6 Prozent kapitalisierten Mietaufwendungen;
• Arbeit: die mit 10 Prozent kapitalisierten Löhne und Gehälter.

Auf die Zuweisung eines Vorausanteils wird bei der Ausscheidung nach Erwerbsfaktoren oft verzichtet, weil den Zentralfunktionen durch die Zuteilung der Kadergehälter an den Hauptsitz i. d. R. genügend Rechnung getragen wird.

Beispiel:

Die Steuerausscheidung der Fabrikations AG mit Sitz in Zug und Betriebsstätte in Luzern kann wie folgt aussehen (in CHF):

Ermittlung der Erwerbsfaktoren:

	Total	Zug	Luzern
Aktiven	10 000 000	8 000 000	2 000 000
Löhne (kapitalisiert mit 10%)	20 000 000	12 000 000	8 000 000
Mietaufwand (kapitalisiert mit 6%)	15 000 000	10 000 000	5 000 000
Total Erwerbsfaktoren	45 000 000	30 000 000	15 000 000
Quoten	100%	66,67%	33,33%
Steuerausscheidung			
Gewinn	600 000	400 000	200 000
Quoten	100%	66,67%	33,33%

2.6.3.4 Besonderheiten bei Unternehmungsliegenschaften

Unternehmungen ohne Betriebsstätten können ausserhalb des Sitzkantons lediglich Kapitalanlageliegenschaften besitzen. Die Ausscheidung zwischen dem Geschäftsort und dem Spezialsteuerdomizil des Grundeigentums erfolgt in diesen Fällen wie bei den Privatliegenschaften objektmässig mit proportionaler Schulden- und Schuldzinsenverlegung.

Bei interkantonalen Unternehmungen, d. h. Unternehmungen mit Betriebsstätten ausserhalb des Sitzkantons, ist zu unterscheiden zwischen Kapitalanlageliegenschaften ausserhalb des Sitzkantons einerseits und den übrigen Liegenschaften andererseits (Betriebsliegenschaften und Kapitalanlageliegenschaften im Sitzkanton):

- Kapitalanlageliegenschaften ausserhalb des Sitzkantons begründen ein Spezialsteuerdomizil des Grundeigentums. Dies gilt selbst dann, wenn sich im gleichen Kanton auch eine Betriebsstätte befindet. Die Ausscheidung erfolgt nach den gleichen Grundsätzen wie bei Privatliegenschaften, d. h. objektmässig mit proportionaler Schulden- und Schuldzinsenverlegung. Von den Schulden und Schuldzinsen entfällt jener Anteil auf das Spezialsteuerdomizil, welcher dem Verhältnis der objektmässig besteuerten Liegenschaften zu den Gesamtaktiven entspricht. Veräusserungsgewinne sind ebenfalls ausschliesslich an diesem Spezialsteuerdomizil steuerbar. Dieses Besteuerungsrecht des Liegenschaftenkantons wird jedoch in der neueren Praxis des Bundesgerichts eingeschränkt, wenn ein Unternehmen im betreffenden Jahr einen Betriebsverlust ausweist. In diesem Fall muss der Liegenschaftenkanton noch nicht verrechnete Betriebsverluste selbst dann mit einem Veräusserungsgewinn verrechnen, wenn er Grundstückgewinne des Geschäftsvermögens mit der Grundstückgewinnsteuer erfasst (sog. monistisches System; vgl. StE 2007 SZ/ZH A 24.43.2 Nr. 2).

- Betriebsliegenschaften sowie Kapitalanlageliegenschaften im Sitzkanton werden in die quotenmässige Steuerausscheidung für Gewinn und Kapital der betreffenden Unternehmung einbezogen. Lediglich bei Veräusserungsgewinnen wird dem Belegenheitskanton vorweg der Wertzuwachsgewinn zur ausschliesslichen Besteuerung zugewiesen. Soweit der realisierte Gewinn auch einen Buchgewinn (wieder eingebrachte Abschreibungen) enthält, fällt dieser den Regeln für die übrigen Erträge folgend in die quotenmässige Ausscheidung.

Für Liegenschaftenhändler und Generalbauunternehmer gelten besondere Regeln. Im Gegensatz zu einer langjährigen Praxis werden gemäss der jüngsten Praxis des Bundesgerichts aber nun auch bei diesen Steuerpflichtigen die Schuldzinsen nicht mehr objektmässig, sondern entsprechend der allgemeinen Regel quotenmässig nach Lage der Aktiven zugewiesen (StE 2007 TG/SG A 24.43.1 Nr. 19).

2.7 Besonderheiten bei Begründung und Aufhebung von Steuerdomizilen

2.7.1 Allgemeines

Mit dem Bundesgesetz vom 15. Dezember 2000 zur Koordination und Vereinfachung der Veranlagungsverfahren für die direkten Steuern im interkantonalen Verhältnis (Vereinfachungsgesetz) wurden verschiedene Änderungen im StHG vorgenommen, welche insbesondere die Zuteilung der Besteuerungsbefugnis sowie die Steuerausscheidung bei Begründung und Aufhebung von Steuerdomizilen regeln.

Die Schweizerische Steuerkonferenz hat in Konkretisierung der Bundesgesetzgebung eine Reihe von Kreisschreiben verfasst, welche die Praxis ausführlich erläutern und anhand von Beispielen vertiefen (vgl. KS Nrn. 15–18 der SSK; siehe Anhang 2).

2.7.2   Veränderung der persönlichen Zugehörigkeit

2.7.2.1   Wohnsitzverlegung einer natürlichen Person innerhalb der Schweiz

StHG 68 Abs. 1 ordnet an, dass im Fall eines Wohnsitzwechsels innerhalb der Schweiz die steuerrechtliche Zugehörigkeit i.s.v. StHG 3 Abs. 1 für die ganze Steuerperiode (Kalenderjahr) nur zu jenem Kanton besteht, wo sich der steuerrechtliche Wohnsitz am Ende des Jahres befindet. Das hat zur Folge, dass nur dieser Kanton die steuerpflichtige Person aufgrund persönlicher Zugehörigkeit besteuern darf, selbst wenn der Wechsel irgendwann im Verlauf des Jahres erfolgt ist. Dem Wegzugskanton bleibt lediglich die Möglichkeit einer Besteuerung aufgrund wirtschaftlicher Zugehörigkeit, sofern eine solche Anknüpfung vor und/oder nach dem Wegzug gegeben ist (z. B. Liegenschaft, Geschäftsort). Zur Vermeidung einer interkantonalen Doppelbesteuerung sind dabei die interkantonalen Ausscheidungsregeln zu beachten.

> **Beispiel:**
> Anita und Marco Cavegn-Schmied verlegen am 1. Oktober 2010 ihren Wohnsitz von Trimmis im Kanton Graubünden nach Bern.
> Das Ehepaar Cavegn-Schmied ist für die ganze Steuerperiode 2010 im Kanton Bern unbeschränkt steuerpflichtig.

Die interkantonale Zuteilungsnorm von StHG 68 Abs. 1 enthält aber auch zwei Vorbehalte:

- Einerseits bezüglich der Kapitalleistungen i.S.v. StHG 11 Abs. 3. Diese sind in dem Kanton steuerbar, in welchem die steuerpflichtige Person im Zeitpunkt der Fälligkeit ihren Wohnsitz hatte.
- Andererseits bezüglich der Besteuerung an der Quelle. Nach StHG 38 Abs. 4 dürfen bei Wohnsitzwechsel einer quellenbesteuerten natürlichen Person innerhalb der Schweiz die jeweiligen Kantone die Quellensteuer pro rata temporis erheben.

2.7.2.2   Sitzverlegung einer juristischen Person innerhalb der Schweiz

Anders als bei den natürlichen Personen ist die Zuteilung der Besteuerungsbefugnis im Falle der Sitzverlegung von juristischen Personen geregelt. StHG 22 Abs. 1 bestimmt, dass bei Verlegung des Sitzes oder der tatsächlichen Verwaltung im Laufe der Steuerperiode (Geschäftsjahr) die persönliche Zugehörigkeit i.S.v. StHG 20 Abs. 1 für die ganze Steuerperiode zu beiden Kantonen besteht. Eine Gesellschaft, die während des Geschäftsjahres ihren Sitz und die tatsächliche Verwaltung von einem Kanton in den anderen verlegt, ist somit für die ganze Steuerperiode in beiden Kantonen unbeschränkt steuerpflichtig.

Diese Zuteilungsnorm bedingt weitere Regeln zur Vermeidung einer Doppelbesteuerung. So schreibt StHG 22 Abs. 3 vor, dass Gewinn und Kapital unter den beteiligten Kantonen «in sinngemässer Anwendung des Bundesrechts über das Verbot der interkantonalen Doppelbesteuerung ausgeschieden» werden. I. d. R. werden die steuerbaren Elemente im Verhältnis zur Dauer des in dem jeweiligen Kanton bestehenden Sitzes aufgeteilt. U. U. rechtfertigt sich aber auch eine andere Ausscheidung, so z. B., wenn im betreffenden Geschäftsjahr im Zuge der Liquidation des bisherigen Hauptsitzes ausserordentliche Gewinne erzielt wurden, oder wenn als Folge der Sitzverlegung am bisherigen Hauptsitz eine Betriebsstätte bestehen bleibt.

Beispiel:

Die Censo AG hat ihren Sitz im Kanton A. Der Jahresabschluss wird auf den 31. Dezember erstellt. Am 1. Juli 2010 verlegt die Censo AG ihren Sitz in den Kanton B. Die frühere Geschäftstätigkeit erfährt in diesem Kanton keine nennenswerten Änderungen. Der steuerbare Gesamtgewinn für das Geschäftsjahr 2010 beläuft sich nach der Gesetzgebung des Kantons A auf CHF 100 000, nach derjenigen des Kantons B auf CHF 120 000. Im steuerbaren Reingewinn ist ein ausserordentlicher Gewinn von CHF 20 000 enthalten, der im März 2010 aus dem Verkauf einer Maschine resultierte. Für die Steuerperiode 2010 beträgt das steuerbare Kapital nach der Gesetzgebung des Kantons A CHF 500 000, nach derjenigen des Kantons B CHF 520 000.

Kanton A: Steuerperiode 2010 (1.1.2010 bis 30.6.2010)		
Reingewinn gemäss Erfolgsrechnung		100 000
Steuerbarer Reingewinn:		
Ausserordentlicher Gewinn	20 000	
Ordentlicher Gewinn (80 000 : 360 x 180; Quote 50%)	<u>40 000</u>	60 000
Gesamtkapital		500 000
Steuerbares Kapital (500 000 : 360 x 180; Quote 50%)		250 000
Kanton B: Steuerperiode 2010 (1.7.2010 bis 31.12.2010)		
Reingewinn gemäss Erfolgsrechnung		120 000
Steuerbarer Reingewinn:		
Ordentlicher Gewinn (100 000 : 360 x 180; Quote 50%)		50 000
Gesamtkapital		520 000
Steuerbares Kapital (520 000 : 360 x 180; Quote 50%)		260 000

Weil in der Steuerperiode des Sitzwechsels zwei Hauptsteuerdomizile bestehen, muss auch die Zuständigkeit für die Veranlagung und den Bezug geregelt werden. Nach StHG 22 Abs. 1 zweiter Satz ist als Veranlagungsbehörde der Kanton des steuerrechtlichen Sitzes am Ende der Steuerperiode zuständig. Diese Regelung deckt sich mit jener von DBG 105 Abs. 3.

2.7.3   Verlustverrechnung nach einer Wohnsitz- bzw. Sitzverlegung

Im Vereinfachungsgesetz wurde ausserdem die bis anhin geltende Rechtsprechung des Bundesgerichts bezüglich Verlustvortrag nach einem Wohn-
sitz- bzw. Sitzwechsel durch eine explizite Gesetzesnorm abgeändert. So
garantieren nun StHG 67 Abs. 1 und StHG 25 Abs. 4 im Zuzugskanton die
Anrechnung der vor der Verlegung erlittenen Verluste.

> **Beispiel:**
> Angela Merz hat ihren Wohnsitz im Kanton Zug. Sie führt ein Einzelunter-
> nehmen, welches in den letzten zwei Jahren Verluste von CHF 50 000 erlitten
> hat. Diese Verluste konnten mit übrigen Einkünften im Umfang von total
> CHF 30 000 verrechnet werden.
>
> Am 1. Januar 2010 verlegt Angela Merz ihren Wohnsitz und das Einzelunter-
> nehmen in den Kanton St. Gallen. Sie erwirtschaftet in diesem Jahr mit dem
> Einzelunternehmen einen Gewinn.
>
> Der Kanton St. Gallen ist verpflichtet, den Verlustvortrag von CHF 20 000
> mit dem Gewinn des Jahres 2010 zu verrechnen (StHG 67 Abs. 1 und 2 bzw.
> StG-SG 42 Abs. 1).

2.7.4   Veränderung der wirtschaftlichen Zugehörigkeit

2.7.4.1   Grundsatz
StHG 68 Abs. 2 für natürliche Personen bzw. StHG 22 Abs. 2 für juristische
Personen regeln die zeitliche Zuteilung der Besteuerungsbefugnis bei
Begründung oder Beendigung der beschränkten Steuerpflicht aufgrund
wirtschaftlicher Zugehörigkeit ausserhalb des Hauptsteuerdomizil-
Kantons. Danach besteht die wirtschaftliche Zugehörigkeit jeweils für die
gesamte Steuerperiode, auch wenn sie im Laufe des Jahres begründet,
verändert oder aufgehoben wird.

Diese Zuteilungsregel bedingt ähnlich wie die Regelung bei Sitzverlegung
von juristischen Personen weitere Normen zur Vermeidung der Doppelbesteuerung. Diese werden nachfolgend dargestellt.

2.7.4.2   Begründung und Aufhebung der wirtschaftlichen Zugehörigkeit
             von natürlichen Personen
Die wirtschaftliche Zugehörigkeit zu einem anderen Kanton als dem des
Hauptsteuerdomizils wird insbesondere durch Erwerb einer Liegenschaft
sowie durch die Errichtung eines Geschäftsortes oder einer Betriebsstätte
begründet. Analog dazu wird die wirtschaftliche Zugehörigkeit aufgehoben, wenn diese Anknüpfungsobjekte veräussert bzw. liquidiert werden.

Nach StHG 68 Abs. 2 ist eine Doppelbesteuerung in diesen Fällen dadurch zu vermeiden, dass das Einkommen und Vermögen zwischen den beteiligten Kantonen in sinngemässer Anwendung der Grundsätze über das Verbot der interkantonalen Doppelbesteuerung ausgeschieden werden. Eine spezielle Regelung gilt jedoch für das Vermögen, welches nach StHG 66 Abs. 1 am Stichtag per Ende der Steuerperiode bemessen wird: Der Wert der in den jeweiligen Kantonen steuerpflichtigen Vermögensobjekte wird pro rata temporis vermindert. Diese Aufteilung dient nicht nur der Steuerausscheidung für die Vermögenssteuer, sie wirkt sich auch auf die Verteilung der Schulden und Schuldzinsen aus (vgl. vorstehend 2.6.2.1).

Beispiel:
(entspricht dem Beispiel Nr. 6 des KS Nr. 18 der SSK)

Peter Muster mit Wohnsitz im Kanton A erwirbt per 1. April 2010 eine Liegenschaft im Kanton B (Steuerwert: CHF 300 000). Der Kaufpreis in der Höhe von CHF 400 000 wird wie folgt finanziert:

Verkauf von Wertschriften	100 000
Eigenkapital	40 000
Hypothekarschuld auf der neuen Liegenschaft	160 000
Erhöhung der Hypothek auf einer anderen Liegenschaft	100 000

Das Vermögen von Peter Muster setzt sich am 31. Dezember 2010 wie folgt zusammen:

Wertschriften:	100 000
Liegenschaft im Kanton C (Steuerwert)[1]	1 000 000
Liegenschaft im Kanton B (Steuerwert)[2]	300 000
Schulden:	(460 000)
Nettovermögen:	940 000

[1] *Repartitionswert für den Kanton C: 110%*
[2] *Repartitionswert für den Kanton B: 120%*

Im Jahr 2010 erzielte Peter Muster folgende Einkünfte:

Wertschriftenertrag	5000
Nettoliegenschaftsertrag Kanton C	64 000
Nettoliegenschaftsertrag Kanton B	22 500
Nettolohn	140 000
Schuldzinsen	(22 000)
Nettoeinkünfte	209 500

Ausscheidung der Vermögenswerte zur Bestimmung der steuerbaren Vermögensanteile in jedem beteiligten Kanton und Verteilung der Schuldzinsen:

Vermögen am 31.12.2010	Total	Kanton A	Kanton B	Kanton C
Wertschriften	100 000	100 000		
Liegenschaft C: Repartitionswert 110%	1 100 000			1 100 000
Liegenschaft B: Repartitionswert 120%	360 000		360 000	
Korrektur zugunsten von Kanton A				
Pro rata temporis (360 000/360 x 90)		90 000	(90 000)	
Total der Vermögenswerte	*1 560 000*	*190 000*	*270 000*	*1 100 000*

Quoten für die Ausscheidung des Nettovermögens und der Schuldzinsen	100%	12,18%	17,31%	70,51%

Steuerbares Vermögen[1] in den Kantonen[2] A und C:

	Total	Kanton A	Kanton B	Kanton C
Vermögen	1 560 000	190 000	270 000	1 100 000
Schulden	460 000	56 028	79 626	324 346
Nettovermögen	1 100 000	133 972	190 374	775 654
Differenz auf den Liegenschaftssteuerwerten[3])				
Kanton C (11 000 000/110 x 10)	(100 000)			(100 000)
Kanton B[4]) (3 600 000/110 x 10)	32 727		(32 727)	
Kanton A[4]) (327 270/360 x 90)		(8182)	8182	
Steuerbares Vermögen A und C	*967 273*	*125 790*	*165 829*	*675 654*

[1] In allen Beispielen entspricht «steuerbares Vermögen» dem Nettovermögen gemäss kantonalem Recht. Dieses berechnet sich nach dem Bruttovermögen abzüglich der Schulden. Ebenfalls berücksichtigt sind die Repartitionswerte, welche der Bestimmung der Liegenschaftswerte für die Ausscheidungen dienen.

[2] Zwecks Vereinfachung entsprechen die Beispiele den jeweiligen kantonalen Gesetzgebungen.

[3] Die Korrektur der Liegenschaftswerte im Hinblick auf die Ausscheidung erfolgt aus der Sicht der Kantone A (Hauptsteuerdomizil) und C. Die Repartitionswerte für die Kantone A und C betragen 110%, jener für den Kanton B beträgt 120%.

[4] Zur Bestimmung des steuerbaren Vermögens der Kantone A und C muss der Steuerwert der Liegenschaft C (100/110 von CHF 360 000) um CHF 32 727 vermindert werden. Ein Teil dieser Verminderung (CHF 8182) geht zulasten des Kantons A.

Nettoeinkommen Einkommen 2010	Total	Kanton A	Kanton B	Kanton C
Wertschriftenertrag	5000	5000		
Nettoliegenschaftsertrag C	64 000			64 000
Nettoliegenschaftsertrag B	22 500		22 500	
Bruttovermögensertrag	91 500	5000	22 500	64 000
Schuldzinsen	(22 000)	(2680)	(3808)	(15 512)
	100%	12,18%	17,31%	70,51%
Nettovermögensertrag	69 500	2320	18 692	48 488
Lohn	140 000	140 000		
Nettoeinkommen	209 500	142 320	18 692	48 488

2.7.4.3 Begründung und Aufhebung der wirtschaftlichen Zugehörigkeit von juristischen Personen

Die für die natürlichen Personen geltenden Regeln bei Begründung oder Aufhebung der wirtschaftlichen Zugehörigkeit finden analog auch für juristische Personen Anwendung (StHG 22 Abs. 3).

Für juristische Personen bemisst sich das steuerbare Kapital – wie das steuerbare Vermögen bei natürlichen Personen – nach dem Stand am Ende der Steuerperiode (StHG 31 Abs. 4). Deshalb ist auch bei den juristischen Personen für die Ausscheidung des steuerbaren Kapitals der verkürzten Dauer der jeweiligen wirtschaftlichen Zugehörigkeit Rechnung zu tragen.

2.8 Verfahren

Das Verbot der interkantonalen Doppelbesteuerung ist in BV 127 Abs. 3 verankert. Die Verletzung von verfassungsmässigen Rechten und damit auch die Verletzung des Verbotes der interkantonalen Doppelbesteuerung können mit dem Rechtsmittel der Beschwerde in öffentlich-rechtlichen Angelegenheiten gerügt werden (BGG 82).

Dabei ist auch in Fällen, bei welchen eine verbotene interkantonale Doppelbesteuerung gerügt wird, der kantonale Instanzenzug einzuhalten. Es genügt jedoch, wenn dies nur in einem der betroffenen Kantone erfolgt. Gegen den dort erwirkten letztinstanzlichen Entscheid kann die betroffene Person beim Bundesgericht Beschwerde in öffentlich-rechtlichen Angelegenheiten (BGG 82 ff.) erheben und dabei auch die früher ergangenen, nicht letztinstanzlichen Entscheide anderer Kantone anfechten.

Auch wenn die steuerpflichtige Person die Veranlagung des zuletzt veranlagenden Kantons anerkennen will, muss sie dennoch in diesem Kanton den Instanzenzug durchlaufen, um schliesslich vor Bundesgericht die Aufhebung der eine Doppelbesteuerung bewirkenden Veranlagung der anderen Kantone beantragen zu können (StE 2008 SO/BS A 24.5 Nr. 5). Dies gilt insbesondere auch, wenn sie in den übrigen Kantonen bereits definitiv veranlagt ist. Das Bundesgericht tritt jedoch nur dann auf die Beschwerde ein, wenn auch die Veranlagung in diesem letzten Kanton zu einer Beschwer des Steuerpflichtigen führt. Ist die Doppelbesteuerung allein auf die Veranlagungen der bereits früher erfolgten Verfügungen in anderen Kantonen zurückzuführen, dann darf der Steuerpflichtige nicht bis zur letzten Veranlagung zuwarten (BGer-Urteil vom 15. Mai 2009, 2C_702/2008 = StR 64 (2009, S. 816 ff.) Diese strenge Praxis des Bundesgerichts zwingt die Steuerpflichtigen, schon ein Rechtsmittel zu ergreifen, bevor alle Kan-

tone veranlagt haben, sobald die Vermutung besteht, ein Kanton über-
schreite seine Steuerhoheit.

Die Beschwerdefrist beträgt 30 Tage ab Eröffnung des letztinstanzlichen
kantonalen Entscheides (BGG 100). Der Fristenlauf beginnt spätestens
dann, wenn in allen betroffenen Kantonen Entscheide getroffen worden
sind, gegen welche Beschwerde in öffentlich-rechtlichen Angelegenheiten
beim Bundesgericht geführt werden kann (BGG 100 Abs. 5). Sind mehrere
Kantone involviert, so ist demnach die Frist eingehalten, wenn innert 30
Tagen Beschwerde erhoben wird, nachdem in einem Kanton ein letztins-
tanzlicher Entscheid gefällt worden ist, welcher eindeutig eine Kollision
der Steuerhoheiten erkennen lässt. Mit dieser Beschwerde können zugleich
die vorangehenden Verfügungen angefochten werden, auch wenn diese
bereits in Rechtskraft erwachsen sind. Diese müssen aber nach der Praxis
des Bundesgerichts in der Beschwerde explizit angefochten werden, weil
das Bundesgericht nicht von Amtes wegen prüft, ob Verfügungen anderer
Kantone das Doppelbesteuerungsverbot verletzen. Umgekehrt braucht
aber eine steuerpflichtige Person nicht abzuwarten, bis sämtliche Kantone
eine Verfügung erlassen haben, wenn erkennbar ist, dass der erstverfü-
gende Kanton seine Steuerhoheit überschreitet.

Es ist als Besonderheit der Doppelbesteuerungsbeschwerde zu beachten,
dass die steuerpflichtige Person u. U. durch ihr eigenes Verhalten das
Beschwerderecht verwirkt. Die Verwirkung wird aber nicht von Amtes
wegen, sondern nur auf Antrag eines Kantones geprüft. So ist das Recht
zur Erhebung der Beschwerde in öffentlich-rechtlichen Angelegenheiten
verwirkt, wenn trotz Kenntnis des kollidierenden Steueranspruchs die
Steuerpflicht ausdrücklich oder konkludent anerkannt wird, so z. B., wenn
vorbehaltlos die Steuererklärung eingereicht wird oder auf die Erhebung
einer Einsprache verzichtet wird. Das Gleiche gilt, wenn in Kenntnis des
kollidierenden Steueranspruchs die Steuerschuld vorbehaltlos bezahlt
wird. Das Beschwerderecht ist jedoch nicht verwirkt, wenn die steuerpflichtige Person bei Bezahlung der Steuerschuld bloss damit rechnen
musste, dass ein kollidierender Steueranspruch besteht. Schliesslich kann
auch die Verletzung von Mitwirkungspflichten im Veranlagungsverfahren
zur Verwirkung des Beschwerderechts führen, wenn die subjektive Steuerpflicht offensichtlich gegeben ist.

Umgekehrt kann ein Kanton sein Besteuerungsrecht verwirken, dies, wenn
er mit der Erhebung der Steuer seines Besteuerungsanspruches ungebühr-
lich lange zuwartet und ein anderer Kanton in entschuldbarer Unkenntnis
des kollidierenden Steueranspruches die Steuer bereits ordnungsgemäss
bezogen hat. Die Einrede der Verwirkung kann aber im Beschwerdever-

fahren nur vom anderen Kanton und nicht vom Steuerpflichtigen erhoben werden.

Die Beschwerde muss neben der Darstellung des Sachverhaltes insbesondere auch Anträge mit Begründung enthalten (BGG 42), welche sich gegen alle involvierten Kantone richten und auf die Aufhebung einer oder mehrerer Verfügungen zielen. Das Bundesgericht prüft nur, was rechtsgenüglich vorgebracht und beantragt wird. So muss auch die geltend gemachte Verletzung des interkantonalen Doppelbesteuerungsverbotes substanziiert werden, ein blosser Hinweis auf BV 127 Abs. 3 genügt nicht. Bei Doppelbesteuerungsbeschwerden können – trotz grundsätzlichem Novenverbot bei Beschwerden in öffentlich-rechtlichen Angelegenheiten (BGG 99) – auch neue Tatsachen und Beweismittel vorgebracht werden.

Während die auf StHG 73 gestützte Beschwerde in öffentlich-rechtlichen Angelegenheiten ein rein kassatorisches Rechtsmittel ist (so explizit StHG 73 Abs. 3), kann das Bundesgericht bei Doppelbesteuerungsbeschwerden grundsätzlich auch reformatorisch urteilen. Das Bundesgericht entscheidet aber oft nicht selbst in der Sache, sondern hebt den Entscheid auf und weist ihn zur Neubeurteilung an den unterlegenen Kanton zurück. Dabei kann die Rückweisung auch direkt an die erste Instanz erfolgen (BGG 107 Abs. 2), was oft sinnvoll sein wird, wenn es um die Neuberechnung von Steuerfaktoren geht. In Doppelbesteuerungssachen kann das Bundesgericht zudem seinen Entscheid mit Weisungen verbinden, welche für die involvierten Kantone verbindlich sind. Ausserdem ordnet das Bundesgericht die Rückerstattung zu viel bezahlter Steuern an, sofern dies in der gutgeheissenen Beschwerde beantragt wurde. Die Rückerstattung wird jedoch nur dann angeordnet, wenn die Steuer bei Kenntnis der konkurrierenden Steueransprüche unfreiwillig oder unter ausdrücklichem Vorbehalt bezahlt wurde.

3 Internationales Steuerrecht

Literatur zur Vertiefung:
BLUMENSTEIN/LOCHER, System, S. 113 ff.
HÖHN/WALDBURGER, Steuerrecht I, S. 877 ff.

Ausführlich zu diesem Thema:
HILTY THOMAS, Kompaktkommentar zum Doppelbesteuerungsabkommen (DBA)
   Deutschland-Schweiz, 2. Auflage, Zürich 2005
HÖHN, Internationale Steuerplanung, Schriftenreihe Finanzwirtschaft und
   Finanzrecht, Band 79, Bern/Stuttgart/Wien 1996
HÖHN (Hrsg.), Handbuch des Internationalen Steuerrechts der Schweiz,
   2. Auflage, Schriftenreihe Finanzwirtschaft und Finanzrecht, Band 38,
   Bern/Stuttgart/Wien 1993
LOCHER, Einführung in das internationale Steuerrecht, 3. Auflage, Bern 2005
LUTZ GEORG, Abkommensmissbrauch, Massnahmen zur Bekämpfung des
   Missbrauchs von Doppelbesteuerungsabkommen, Zürich/Basel/Genf 2005
OBERSON, Précis de droit fiscal international, 3. Auflage, Bern 2009

3.1 Begriff, Rechtsquellen und Funktion des internationalen Steuerrechts

Als Folge der Verschiedenheit der Steuersysteme sind bei internationalen Beziehungen eines Steuersubjektes Kollisionen von nationalen Besteuerungsansprüchen viel häufiger als bei interkantonalen Verhältnissen. Eine Vermeidung oder Beseitigung der dadurch entstehenden Doppelbesteuerung ist nur möglich, wenn das innerstaatliche Aussensteuerrecht entsprechende steuerpflichtbegrenzende Normen kennt oder wenn ein entsprechendes Doppelbesteuerungsabkommen (DBA) besteht. In allen anderen Fällen muss mit einer definitiven Doppelbesteuerung gerechnet werden.

Der Begriff des internationalen Steuerrechts wird sehr unterschiedlich verwendet:

• Im weitesten Sinn umfasst er alle Steuerrechtsnormen, welche sich mit internationalen Sachverhalten befassen (Staatsvertragsrecht, steuerpflichtbegrenzendes und steuerpflichtbegründendes Aussensteuerrecht);
• Ein etwas engerer Begriff umfasst alle Normen des Steuerrechts, welche sich auf die Vermeidung von Doppelbesteuerungen beziehen (Staatsvertragsrecht und steuerpflichtbegrenzendes Aussensteuerrecht);

- Unter internationalem Steuerrecht im engeren Sinne werden die völkerrechtlichen Normen verstanden, welche der Vermeidung der Doppelbesteuerung dienen, insbesondere also die DBA und die dazugehörenden innerstaatlichen Ausführungsbestimmungen. Aber auch andere Abkommen zählen dazu, die zwar nicht primär die generelle Vermeidung von Doppelbesteuerungskonflikten zum Gegenstand haben, aber Bestimmungen enthalten, welche zur Vermeidung von Besteuerungskonflikten beitragen, so z.B. das Zinsbesteuerungsabkommen mit der EU (ZBstA) sowie diverse bilaterale Vereinbarungen über die Besteuerung von Schiff- und Luftfahrtunternehmen.

Die wichtigste Rechtsquelle des internationalen Steuerrechts stellen die DBA dar. Es handelt sich dabei um bilaterale Staatsverträge, welche als übergeordnetes Bundesrecht dem kantonalen Steuerrecht vorgehen und entsprechend ihrer Zwecksetzung auch das Bundesgesetzesrecht einschränken. Zurzeit hat der Bund mit rund 80 Staaten umfassende DBA abgeschlossen, welche die Einkommenssteuer regeln. In etwas über der Hälfte dieser Abkommen wird auch die Vermögenssteuer abgedeckt. Die Vermögenssteuer ist regelmässig nur Gegenstand des DBA, wenn auch der Partnerstaat eine solche kennt. Lediglich mit zehn dieser Staaten hat die Schweiz überdies ein DBA zur Vermeidung der Doppelbesteuerung bei Erbschaften abgeschlossen. Weitere Abkommen werden laufend abgeschlossen. Die meisten dieser Abkommen sind dem Musterabkommen der OECD (OECD-MA) nachgebildet und sind daher weitgehend übereinstimmend.

Im Bereich der Besteuerung von Dividenden, Zinsen und Lizenzen zwischen nahestehenden Unternehmen gilt es ausserdem das Zinsbesteuerungsabkommen mit der EU zu beachten, welches dann zum Tragen kommt, wenn die dort geregelte Entlastung günstiger ist als jene des anwendbaren Doppelbesteuerungsabkommens (ZBstA 15).

Weitere Rechtsquellen finden sich in ergänzenden Vereinbarungen des Bundes zu den DBA und in anderen Staatsverträgen, welche z.T. steuerliche Vorschriften enthalten. Vereinzelt haben auch die Kantone Staatsverträge auf dem Gebiet des Steuerrechts abgeschlossen (insbesondere Gegenrechtsvereinbarungen bezüglich Befreiung von der Erbschafts- und Schenkungssteuer).

Schliesslich sind die vom Bund erlassenen Ausführungsvorschriften zu den DBA und dem ZBstA von grosser Bedeutung, so insbesondere:

- Der Bundesbeschluss über die Durchführung von zwischenstaatlichen Abkommen des Bundes zur Vermeidung der Doppelbesteuerung (SR 672.2);
- Der Bundesratsbeschluss betreffend Massnahmen gegen die ungerechtfertigte Inanspruchnahme von Doppelbesteuerungsabkommen des Bundes (SR 672.202) sowie die dazugehörigen Kreisschreiben der EStV;
- Die Verordnung des Bundesrates über die pauschale Steueranrechnung (SR 672.201);
- Das Bundesgesetz zum Zinsbesteuerungsabkommen mit der Europäischen Gemeinschaft vom 17. Dezember 2004 (Zinsbesteuerungsgesetz, ZBstG; SR 641.91).

Die Wirkung der DBA beschränkt sich jedoch auf die Begrenzung der Besteuerungsbefugnisse der Vertragsstaaten, die Normen der DBA vermögen selbst keine Steuerpflicht zu begründen. Weist also ein DBA der Schweiz für eine in der Schweiz ansässige Person das ausschliessliche Besteuerungsrecht für Kapitalgewinne aus dem Verkauf von beweglichem Vermögen zu, so darf eine Besteuerung nur insoweit stattfinden, als dies in einem schweizerischen Steuergesetz vorgesehen ist.

Wie eingangs erwähnt, umfasst das internationale Steuerrecht im weitesten Sinn neben dem Staatsvertragsrecht die unilateralen steuerpflichtbegründenden und die steuerpflichtbegrenzenden Normen des schweizerischen Steuerrechts. Nachfolgend werden die Normen des schweizerischen Aussensteuerrechts (3.2), anschliessend jene der DBA (3.3) dargestellt.

3.2   Das Schweizer Aussensteuerrecht

3.2.1   *Steuerpflichtbegründendes Aussensteuerrecht*

3.2.1.1   *Allgemeines*
Das Schweizer Steuerrecht geht – wie die Steuergesetze der meisten Staaten – vom Grundsatz aus, dass die in der Schweiz ansässigen Personen hier mit ihrem weltweiten Einkommen und Vermögen (Ertrag und Kapital) der Besteuerung unterliegen (DBG 6 Abs. 1 sowie DBG 52 Abs. 1, jeweils erster Halbsatz; StHG 7 Abs. 1, StHG 13 Abs. 1, StHG 24 Abs. 1 und StHG 29 Abs. 1). Man spricht deshalb in diesen Fällen auch von unbeschränkter Steuerpflicht. Anknüpfungspunkt dafür ist die persönliche Zugehörigkeit zur Schweiz (DBG 3 und 50; StHG 3 und 20).

Die Anknüpfungsnormen für die unbeschränkte Steuerpflicht sind steuer-pflichtbegründende Normen. Unter den steuerpflichtbegründenden Normen des Aussensteuerrechts werden aber insbesondere auch jene verstanden, welche bei fehlender persönlicher Zugehörigkeit eine Steuerpflicht begründen. Diese Normen knüpfen an wirtschaftliche Sachverhalte an (DBG 4 Abs. 1 und DBG 51 Abs. 1; StHG 4 und StHG 21) und begründen lediglich eine beschränkte Steuerpflicht in der Schweiz (DBG 6 Abs. 2 und 4 sowie DBG 52 Abs. 2 und 4; im StHG nicht explizit geregelt).

Die allein an die wirtschaftliche Zugehörigkeit anknüpfenden steuer-pflichtbegründenden Normen haben regelmässig eine Überschneidung mit den Steueransprüchen des Ansässigkeitsstaates zur Folge, welcher das unbeschränkte Besteuerungsrecht der steuerpflichtigen Person beansprucht.

Eine Doppelbesteuerung tritt nur dann *nicht* ein, wenn

- der Ansässigkeitsstaat die Doppelbesteuerung durch einseitige Massnahmen (steuerpflichtbegrenzende Normen oder Vermeidung der Doppelbesteuerung durch unilaterale Steueranrechnung) vermeidet oder
- ein Doppelbesteuerungsabkommen diese durch ausschliessliche Zuweisung des Steuersubstrats an den einen oder den anderen Staat verhindert (Zuteilungsnormen) oder – bei nicht ausschliesslicher Zuweisung – die Vermeidung der Doppelbesteuerung regelt (Methodenartikel).

3.2.1.2 Geschäftsbetriebe, Betriebsstätten und Grundstücke als wirtschaftliche Anknüpfungspunkte

Sowohl natürliche als auch juristische Personen, die nicht in der Schweiz ansässig sind, werden in der Schweiz aufgrund wirtschaftlicher Zugehörigkeit beschränkt steuerpflichtig, wenn sie hier

- Inhaber, Teilhaber oder Nutzniesser von Geschäftsbetrieben sind (DBG 4 Abs. 1 lit. a und DBG 51 Abs. 1 lit. a; StHG 4 Abs. 1 und StHG 21 Abs. 1 lit. a);
- Betriebsstätten unterhalten (DBG 4 Abs. 1 lit. b und DBG 51 Abs. 1 lit. b; StHG 4 Abs. 1 und StHG 21 Abs. 1 lit. b);
- an Grundstücken Eigentum, dingliche oder diesen wirtschaftlich gleichkommende persönliche Nutzungsrechte haben (DBG 4 Abs. 1 lit. c und DBG 51 Abs. 1 lit. c; StHG 4 Abs. 1 und StHG 21 Abs. 1 lit. c).

Bei Grundstücken hat neben Eigentum oder Nutzungsrecht auch deren Vermittlung die beschränkte Steuerpflicht zur Folge (DBG 4 Abs. 1 lit. d und DBG 51 Abs. 1 lit. e; StHG 4 Abs. 1 und StHG 21 Abs. 2 lit. b). Selbst eine Forderung, somit bewegliches Vermögen, führt in der Schweiz zu wirt-

Beispiel (in CHF):

Die Bruttodividende von 100 wird im Quellenstaat mit einer Steuer von 20% belegt. In der Schweiz werden nur 80 besteuert, weil keine DBA-Entlastung geltend gemacht werden kann. Bei einer Steuerbelastung von 40% ergibt dies eine schweizerische Steuer von 32. Es verbleiben von den ausgeschütteten 100 somit nur 48 zur freien Verfügung der Empfängerin.

Auch nach den DBA sind diese Vermögenswerte und die Erträge daraus in der Schweiz steuerpflichtig (OECD-MA 10, 11, 12, 13 Abs. 4 und 21 Abs. 1 sowie 22 Abs. 4). Die Zuweisung an die Schweiz als Ansässigkeitsstaat ist jedoch für Dividenden, Zinsen und Lizenzeinkünfte nicht ausschliesslich, d.h., der Quellenstaat ist ebenfalls zur Besteuerung berechtigt. Dieses Besteuerungsrecht ist i.d.R. auf einen bestimmten Prozentsatz der Brutto-einkünfte beschränkt (vgl. OECD-MA 10 Abs. 2 und 11 Abs. 2). Die Schweiz hat sich daher in praktisch allen DBA dazu verpflichtet, die an der Quelle erhobene ausländische Steuer an die schweizerische Steuer anzurechnen. Dies geschieht auf dem Weg der sog. pauschalen Steueranrechnung.

Beispiel (in CHF):

Die Bruttodividende von 100 wird im Quellenstaat aufgrund der Beschränkung des DBA mit einer reduzierten Steuer von 10% belegt. In der Schweiz werden 100 besteuert, weil eine DBA-Entlastung geltend gemacht werden kann. Bei einer Steuerbelastung von 40% ergibt dies eine schweizerische Steuer von 40. Dafür wird aber die nicht rückforderbare Quellensteuer des anderen Vertrags-staates auf dem Weg der pauschalen Steueranrechnung mit der schweizeri-schen Steuerschuld verrechnet. D.h., der in der Schweiz zu entrichtende Steuerbetrag reduziert sich – etwas vereinfacht dargestellt – auf 30 (für die genaue Darstellung der pauschalen Steueranrechnung vgl. vorstehend 3.3.6.3). Es verbleiben von den ausgeschütteten 100 somit 60 zur freien Verfügung der Empfängerin; die Steuerbelastung von 40 entspricht jener bei ausschliesslicher Steuerpflicht in der Schweiz.

Das Besteuerungsrecht des Quellenstaates kann aber auch durch das ZBstA eingeschränkt sein, wenn es sich beim Schuldner um eine Tochtergesell-schaft mit Sitz im EU-Raum handelt und die Empfängerin eine in der Schweiz ansässige Gesellschaft ist, die mit mindestens 25 Prozent am Kapi-tal der leistenden Gesellschaft beteiligt ist (ZBstA 15). Ist ZBstA 15 anwend-bar, so gilt der Nullsatz im Quellenstaat auch dann, wenn ein bestehendes DBA dem Quellenstaat eine höhere Quote zur Besteuerung zugesteht.

Bundesgericht ausgeschlossen. Umstritten ist zudem die Frage, ob diese Bestimmungen gegen das Diskriminierungsverbot der DBA verstossen (OECD-MA 24).

3.2.1.5 Progressionsvorbehalt

Das satzbestimmende Einkommen und Vermögen für natürliche Personen wird – trotz beschränkter Steuerpflicht – wie bei unbeschränkter Steuerpflicht festgesetzt. Das bedeutet, dass auch bei beschränkter Steuerpflicht für die Satzbestimmung auf das weltweite Einkommen und Vermögen abgestellt wird (sog. Progressionsvorbehalt; DBG 7 Abs. 1; für juristische Personen entfällt beim Bund als Folge des proportionalen Tarifs der Progressionsvorbehalt).

Im Gegensatz zu den vorstehend beschriebenen Normen dient diese Ausdehnung des Besteuerungsumfanges bezüglich der Satzbestimmung lediglich der Gleichbehandlung aller Steuerpflichtigen und führt nicht zu einer Mehrbelastung im Vergleich zur ausschliesslichen Steuerpflicht in der Schweiz.

Bei beschränkter Steuerpflicht bestimmt sich der Steuersatz jedoch im Falle von Auslandverlusten mindestens nach dem in der Schweiz erzielten Einkommen (DBG 7 Abs. 2), was ebenfalls eine Schlechterstellung zur Folge haben kann (vgl. vorstehend 3.2.1.4).

3.2.2 Steuerpflichtbegrenzendes Aussensteuerrecht

3.2.2.1 Allgemeines

Das steuerpflichtbegrenzende Aussensteuerrecht umfasst nur jene Normen der Schweizer Steuergesetze, welche die einseitige Abgrenzung der schweizerischen Steuerhoheit im einschränkenden Sinne regeln. Die DBA und andere staatsvertragliche Vereinbarungen sowie die Ausführungsbestimmungen dazu fallen nach der hier vertretenen Auffassung nicht darunter.

Die steuerbegrenzenden Normen bezwecken die einseitige Vermeidung einer Doppelbesteuerung primär in jenen Fällen, in denen auch die Schweizer Steuergesetze eine wirtschaftliche Anknüpfung für die Besteuerung von nicht ansässigen Personen vorsehen. Sie stellen somit eine Art spiegelbildliches Zugeständnis des besseren Besteuerungsrechtes an den jeweils anderen Staat dar.

3.2.2.2 Freistellung von Geschäftsbetrieben, Betriebsstätten und Grundstücken im Ausland

Als Gegenstück zum eigenen Besteuerungsanspruch im Falle von Geschäftsbetrieben, Betriebsstätten und Grundstücken nimmt die Schweiz diese von der Besteuerung aus, wenn sie sich im Ausland befinden (DBG 6 Abs. 1 und DBG 52 Abs. 1, jeweils zweiter Halbsatz; keine analoge Norm im StHG). Schon vor der Kodifizierung im DBG haben Rechtsprechung und Praxis diese unilaterale Befreiung praktiziert, weshalb die Kantone sie auch ohne entsprechende Vorschrift des StHG ebenfalls in ihre Steuergesetze aufgenommen haben (z. B. StG-ZH 5 Abs. 1 und 57 Abs. 1).

Es fällt jedoch auf, dass der Katalog der unilateralen Befreiungstatbestände – v. a. im Bereich der Grundstücke – weit weniger ausführlich ist als jener der steuerpflichtbegründenden Anknüpfungspunkte. Deshalb kann die einseitige Befreiung in diesem Bereich längst nicht alle Fälle von Doppelbesteuerung beseitigen.

3.2.2.3 Einschränkung der Besteuerung bei in der Schweiz ansässigen Unternehmen mit starkem Auslandbezug

Die Kantone schränken ihr Besteuerungsrecht von ausschliesslich oder überwiegend im Ausland tätigen Gesellschaften (sog. Domizil- und gemischten Gesellschaften) einseitig ein (StHG 28 Abs. 3 und 4; vgl. dazu vorstehend II. B 5.3 und 5.4). Das Gleiche gilt gemäss Praxis der EStV auch für die direkte Bundessteuer im Falle einer sog. Principal-Gesellschaft (vgl. nachfolgend 3.4.7.3 sowie KS Nr. 8 der EStV «Internationale Steuerausscheidung von Principal-Gesellschaften» vom 18. Dezember 2001).

Obwohl für ausländische Betriebsstätten grundsätzlich die Freistellung gilt, ist für die direkte Bundessteuer ausserdem die provisorische Übernahme von Verlusten vorgeschrieben, die in einer ausländischen Betriebsstätte eines schweizerischen Unternehmens (Personenunternehmen oder Kapitalgesellschaft) entstanden sind (DBG 6 Abs. 3 und DBG 52 Abs. 3, jeweils zweiter Satz; viele Kantone haben diese Regelung im Zuge der Steuerharmonisierung übernommen). Diese Massnahme ist jedoch nur von Bedeutung, wenn die objektmässige Ausscheidungsmethode zur Anwendung gelangt, weil bei der quotenmässigen Methode der Gesamtgewinn verteilt wird, d. h. der Gewinn nach Berücksichtigung allfälliger Betriebsstätteverluste (vgl. das Beispiel zur Moneten Bank AG vorstehend in 2.6.3.3).

3.2.2.4 Pauschalbesteuerung von unbeschränkt steuerpflichtigen Personen

Die Pauschalbesteuerung oder Besteuerung nach dem Aufwand stellt insofern einen steuerpflichtbegrenzenden Tatbestand dar, als in gewissen Fällen von einem intensiven Auslandbezug (langjährige Auslandabwesenheit, ausländische Staatsangehörigkeit) ausgegangen und deshalb die Bemessungsgrundlage pauschal nach dem geschätzten Aufwand festgesetzt wird (DBG 14; StHG 6; vgl. dazu vorstehend II. A 3.12).

Die Aufwandbesteuerung stellt eine Besserstellung einer Kategorie von in der Schweiz Ansässigen gegenüber den restlichen unbeschränkt steuerpflichtigen Personen dar, die umstritten ist. Da sie auf einem Bundesgesetz basiert, kann sie aber nicht auf ihre Verfassungsmässigkeit überprüft werden (BV 191).

3.2.2.5 Beginn und Ende der Steuerpflicht

Schliesslich sind auch diejenigen Normen steuerpflichtbegrenzend, welche die Steuerpflicht in zeitlicher Hinsicht abgrenzen, z. B. bei Zu- und Wegzug (DBG 8 und 54; im StHG lediglich im interkantonalen Bereich geregelt: StHG 22 und 68).

Im Gegensatz zu ausländischen Staaten kennt die Schweiz keine Ausdehnung der Steuerpflicht für gewisse Einkünfte in zeitlicher Hinsicht (steuerpflichtbegründende Norm; z. B. erweiterte beschränkte Steuerpflicht nach AStG 2 in Deutschland).

3.2.3 Verhältnis zu den Doppelbesteuerungsabkommen

Doppelbesteuerungsabkommen sind Staatsverträge, welche nach schweizerischer Rechtsauffassung mit dem Austausch der Ratifikationsurkunden nicht nur völkerrechtlich verbindlich, sondern auch direkt Bestandteil des innerstaatlichen Rechts werden.

Das Bundesgericht räumt einem Staatsvertrag in aller Regel den Vorrang vor Bundesrecht ein (vgl. BGE 117 Ib 370 = ASA 61, 783). Dieser Vorrang gilt absolut bezüglich der kantonalen Steuergesetze sowie bei ausdrücklichem Vorbehalt bezüglich abweichender völkerrechtlicher Normen, wie dies z. B. im DBG der Fall ist (DBG 6 Abs. 3 sowie DBG 52 Abs. 3).

Die DBA vermögen aber internes Recht nicht aufzuheben. Die innerstaatlichen Vorschriften bleiben immer Grundlage für die Besteuerung. Sie finden aber insoweit nicht oder nur eingeschränkt Anwendung, als sie im

Widerspruch zu Bestimmungen eines DBA stehen. Die DBA bilden somit Schranken für die Ausschöpfung der grundsätzlich umfassenden Steuerhoheit der Schweiz. Dies wird als «negative Wirkung» der DBA bezeichnet.

Die sog. negative Wirkung der DBA bedeutet ausserdem, dass ein DBA weder eine Steuerpflicht begründen noch eine bestehende erweitern kann. Die Zuteilungsnormen der DBA (vgl. nachfolgend 3.3.2) regeln bloss die Frage, ob ein Vertragsstaat ein bestimmtes Steuerobjekt einer steuerpflichtigen Person besteuern darf. Ob und wie der berechtigte Vertragsstaat sein Besteuerungsrecht wahrnimmt, bleibt vollständig dem innerstaatlichen Recht überlassen. Wenn mit anderen Worten nach dem innerstaatlichen Recht des Ansässigkeitsstaates eine Besteuerung unterbleibt, kann auch die Zuweisung des Steuersubstrats an diesen Staat keine Grundlage für eine Besteuerung schaffen. Die DBA entfalten somit ausschliesslich negative Wirkung.

> **Beispiel:**
>
> Die Gewinne aus der Veräusserung von beweglichem Privatvermögen werden regelmässig in den DBA dem Ansässigkeitsstaat zur ausschliesslichen Besteuerung zugewiesen (OECD-MA 13 Abs. 5).
>
> Der Kapitalgewinn eines privaten Investors mit Wohnsitz in der Schweiz aus der Veräusserung von Aktien einer in einem DBA-Staat ansässigen Handelsgesellschaft bleibt in der Schweiz nach innerstaatlicher Regelung steuerfrei (DBG 16 Abs. 3; StHG 7 Abs. 4 lit. b), auch wenn das entsprechende DBA der Schweiz das ausschliessliche Recht zur Besteuerung zuweist.

3.2.4 Vorgehen bei der Beurteilung internationaler Sachverhalte

Aus der dargestellten Rangordnung der Normen sowie der ausschliesslich negativen Wirkung der DBA lassen sich für das Vorgehen bei der steuerlichen Beurteilung internationaler Sachverhalte sechs aufeinander folgende Schritte ableiten:

Darstellung 31: Vorgehen bei internationalen Sachverhalten

- Schritt 1: Bestehen steuerpflichtbegründende Normen im schweizerischen Steuerrecht, welche den Sachverhalt erfassen? Ist dies nicht der Fall, so endet hier die Beurteilung aus Schweizer Sicht, weil keine Anknüpfung für eine Besteuerung besteht.

- Schritt 2: Bestehen steuerpflichtbegrenzende Normen im schweizerischen Steuerrecht, welche die Besteuerung einschränken?

Eine solche Beschränkung kann bereits dazu führen, dass eine Doppelbesteuerung vermieden wird.

- Schritt 3: Bestehen steuerpflichtbegründende Normen im ausländischen Steuerrecht, welche den Sachverhalt erfassen? Ist dies nicht der Fall, so endet hier die Beurteilung, weil kein Anlass für eine Doppelbesteuerung besteht.

- Schritt 4: Bestehen steuerpflichtbegrenzende Normen im ausländischen Steuerrecht, welche die Besteuerung dort einschränken? Eine solche Beschränkung kann bereits dazu führen, dass eine Doppelbesteuerung vermieden wird.

- Schritt 5: Hat die Schweiz mit dem oder den involvierten anderen Staaten ein DBA abgeschlossen und wird darin das schweizerische Besteuerungsrecht eingeschränkt? Fehlt ein DBA, kann eine allfällig bestehende Doppelbesteuerung i.d.R. nicht vermieden werden. Liegt ein DBA vor, ist zunächst zu prüfen, ob die steuerpflichtige Person abkommensberechtigt ist. Ist dies der Fall, bildet dieses DBA mit seinen Zuteilungsnormen die Schranke für die Besteuerung in der Schweiz und/oder in den anderen involvierten Staaten, was i.d.R. eine Doppelbesteuerung verhindert.

- Schritt 6: Steuerausscheidung auf der Grundlage der Zuteilungsnormen des anwendbaren Doppelbesteuerungsabkommens.

3.3 Die Funktionsweise der Doppelbesteuerungsabkommen und Ausführungsbestimmungen sowie des Zinsbesteuerungsabkommens

3.3.1 Allgemeines

Die schweizerischen DBA basieren auf dem OECD-MA und sind daher weitgehend vereinheitlicht. Die DBA betreffend Einkommens- und Vermögenssteuern sind daher regelmässig wie folgt aufgebaut:

- Geltungsbereich (OECD-MA 1 und 2)
- Begriffsbestimmungen (OECD-MA 3 bis 5)
- Zuteilungsnormen (OECD-MA 6 bis 22)
- Methodenartikel (OECD-MA 23A bzw. 23B)
- Besondere Bestimmungen (Diskriminierungsverbot, Verständigungsverfahren, Amts- und Rechtshilfe; OECD-MA 24 bis 30).

Für die Auslegung der einzelnen DBA-Bestimmungen kann deshalb auch auf den Kommentar der OECD zu den einzelnen Artikeln abgestellt werden. Es gilt aber immer zu beachten, dass die DBA vom Wortlaut des OECD-MA abweichen können und individuelle, unilaterale Staatsverträge darstellen, welche u. U. auch anders auszulegen sind.

3.3.2 Sachlicher Geltungsbereich der DBA

Die DBA bieten nur Schutz vor einer Doppelbesteuerung bezüglich jener Steuern, welche im DBA selbst im Artikel zum sachlichen Geltungsbereich als solche bezeichnet werden (vgl. OECD-MA 2). Auf Steuern, welche vom sachlichen Geltungsbereich des DBA nicht erfasst sind, ist das DBA nicht anwendbar. Dies gilt z. B. für Handänderungssteuern, Stempelabgaben, die Mehrwertsteuer sowie auch für Sozialabgaben wie die AHV-Beiträge.

Die meisten der über 75 DBA, welche die Schweiz mit anderen Staaten abgeschlossen hat, gelten für die Steuern auf dem Einkommen. Die Art der Erhebung der Steuer spielt dabei keine Rolle, d. h., der Geltungsbereich umfasst regelmässig auch die schweizerische Verrechnungssteuer (meistens allerdings ohne jene auf Lotteriegewinnen) sowie die Quellensteuern nach DBG 83 ff. bzw. StHG 32 ff.

Die Vermögenssteuern werden von den DBA regelmässig nur dann abgedeckt, wenn auch der andere Vertragsstaat eine Vermögens- oder Kapitalsteuer kennt. Dies ist bei rund zwei Dritteln der Abkommen der Fall.

Die Erbschafts- und Schenkungssteuern werden von den DBA zur Vermeidung der Doppelbesteuerung vom Einkommen nicht erfasst. Die Schweiz hat aber mit knapp einem Dutzend Staaten separate DBA betreffend Erbschafts-, Nachlass- oder Erbanfallsteuern abgeschlossen (darunter Deutschland, Frankreich, Grossbritannien und USA). Zu beachten ist dabei, dass diese Abkommen die Schenkungssteuer nicht abdecken.

3.3.3 Persönlicher Geltungsbereich der DBA (Abkommensberechtigung)

Die DBA schützen nur Personen vor einer Doppelbesteuerung, die in einem oder beiden Vertragsstaaten ansässig sind (OECD-MA 1).

Eine Person gilt als in einem Vertragsstaat ansässig, wenn sie dort nach dem innerstaatlichen Steuerrecht aufgrund ihres Wohnsitzes, ihres ständigen Aufenthalts, des Ortes ihrer Geschäftsleitung oder eines ähnlichen Merkmals steuerpflichtig ist (OECD-MA 4).

Ist eine natürliche Person aufgrund dieser Definition in beiden Staaten ansässig, so gilt die Person für die Anwendung des Abkommens in jenem Staat als ansässig, in welchem ein weiteres Kriterium zutrifft. Dabei sind folgende Kriterien hierarchisch durchzugehen, wobei das erste, welches eine Zuweisung ermöglicht, massgebend ist (OECD-MA 4 Abs. 2):

- Die Person verfügt über eine ständige Wohnstätte in einem der beiden Staaten;
- Der Mittelpunkt der Lebensinteressen befindet sich in einem der beiden Staaten;
- Die Person hat ihren gewöhnlichen Aufenthalt in einem der beiden Staaten;
- Die Person ist Staatsangehörige eines der beiden Staaten.

Wenn eine Zuweisung immer noch nicht möglich ist, wird die Frage in einer Verständigungsvereinbarung zwischen den zuständigen Behörden der Vertragsstaaten geregelt.

Ist eine juristische Person in beiden Vertragsstaaten ansässig, so gilt sie für die Anwendung des Abkommens in jenem Staat als ansässig, in welchem sich ihre tatsächliche Geschäftsleitung befindet (OECD-MA 4 Abs. 3).

Beispiel:

Die Product Ltd. hat ihren Sitz und die tatsächliche Geschäftsleitung in Grossbritannien. Sie betreibt je eine Niederlassung in der Schweiz und in Frankreich. Sowohl Frankreich als auch die Schweiz besteuern nach Auffassung der Gesellschaft gewisse Einkünfte aus Verkaufstätigkeiten in Europa.

Die geltend gemachte Doppelbesteuerung besteht zwischen der Schweiz und Frankreich. Die Product Ltd. kann sich aber nur auf die bilateralen Abkommen zwischen Grossbritannien und der Schweiz bzw. Grossbritannien und Frankreich berufen. Das DBA zwischen der Schweiz und Frankreich ist nicht anwendbar, weil die Gesellschaft in keinem der beiden Vertragsstaaten ansässig ist.

3.3.4 Zuteilungsnormen der DBA

3.3.4.1 Ausschliessliche und nicht ausschliessliche Zuteilung

Zuteilungsnormen regeln die Frage, welchem Staat das Besteuerungsrecht an einem bestimmten Steuersubstrat des Steuerpflichtigen zukommen soll. Mit anderen Worten halten sie fest, ob ein bestimmtes Steuerobjekt von Staat A (Ansässigkeitsstaat) oder von Staat B (Quellenstaat) besteuert werden darf. Die Zuteilung erfolgt jedoch regelmässig unter dem Progressionsvorbehalt. Das bedeutet, dass auch derjenige Staat, dessen Besteuerungsbefugnis eingeschränkt wird, für die Satzbestimmung auf das Gesamteinkommen bzw. -vermögen abstellen darf.

Die Zuteilung kann entweder eine ausschliessliche oder eine nicht ausschliessliche sein. Diese Unterscheidung ist von entscheidender Bedeutung für die Vermeidung der Doppelbesteuerung. Ob eine Zuteilungsnorm ausschliesslich ist oder nicht, kann aus deren Wortlaut im DBA abgeleitet werden. I. d. R. bedeutet die deutsche Formulierung, dass ein bestimmtes Steuerobjekt «nur in diesem Staat besteuert werden» kann, eine ausschliessliche Zuweisung.

Erfolgt die Zuteilung eines bestimmten Steuersachverhaltes ausschliesslich an einen Staat, so braucht es zur Vermeidung der Doppelbesteuerung grundsätzlich keine weiteren Massnahmen mehr.

> **Beispiel:**
> Alex Friedli hat seinen Wohnsitz in der Schweiz. Er erhält von einer in London ansässigen Bank Zinsen auf einer Festgeldanlage.
> Art. 11 Abs. 1 des DBA mit Grossbritannien hält fest:
> «Zinsen, die aus einem Vertragsstaat stammen und an eine im anderen Vertragsstaat ansässige Person gezahlt werden, können, wenn diese Person der Nutzungsberechtigte ist, nur im anderen Staat besteuert werden.»
> Dem Quellenstaat Grossbritannien ist die Besteuerung untersagt. Nur die Schweiz darf das Einkommen in Form des Zinsertrages besteuern. Damit ist die Doppelbesteuerung bereits vermieden.

Anders bei nicht ausschliesslicher Zuteilung: Hier wird ein Steuerobjekt zwar einem der beiden Staaten primär zur Besteuerung zugewiesen, gleichzeitig wird aber auch dem anderen Staat eine Besteuerungsbefugnis zugestanden, oft allerdings mit einer Beschränkung des Besteuerungsumfanges.

Zur Vermeidung der Doppelbesteuerung braucht es deshalb bei nicht ausschliesslicher Zuteilung weitere Massnahmen, welche im Methodenartikel des DBA (vgl. OECD-MA 23A bzw. 23B) verankert sind. Dieser legt dann fest, ob die Doppelbesteuerung im konkreten Fall anhand der Befreiungs- oder der Anrechnungsmethode vermieden wird (vgl. dazu nachfolgend 3.3.5).

Beispiel:

Rosa Püntener hat ihren Wohnsitz in der Schweiz. Sie erhält von einer in Brüssel ansässigen Bank Zinsen auf einer Festgeldanlage.

Art. 11 Abs. 1 und 2 des DBA mit Belgien halten fest:

«1. Zinsen, die aus einem Vertragsstaat stammen und an eine im anderen Ver- tragsstaat ansässige Person gezahlt werden, können im anderen Staat besteuert werden.

2. Diese Zinsen können jedoch auch in dem Vertragsstaat, aus dem sie stammen, nach dem Recht dieses Staates besteuert werden; die Steuer darf aber, wenn der nutzungsberechtigte Empfänger der Zinsen im anderen Vertragsstaat ansässig ist, 10 vom Hundert des Bruttobetrags der Zinsen nicht übersteigen.»

Beiden Staaten steht das Besteuerungsrecht für den Zinsertrag zu, wobei die Schweiz ohne Einschränkung, Belgien jedoch nur bis maximal 10% Steuern erheben darf. Die Vermeidung der Doppelbesteuerung erfolgt gestützt auf Art. 24 Abs. 2 Ziff. 2 lit. b des DBA mit Belgien durch pauschale Steueranrech- nung in der Schweiz (vgl. nachfolgend 3.3.6.2).

3.3.4.2 Zuteilungsnormen für die wichtigsten Steuerobjekte

Einkünfte aus unbeweglichem Vermögen dürfen im Belegenheitsstaat besteuert werden (nicht ausschliessliche Zuweisung; OECD-MA 6). Was als unbewegliches Vermögen gilt, richtet sich nach dem Recht des Belegen- heitsstaates (OECD-MA 6 Abs. 2). I.d.R. umfasst der Begriff auch die Zuge- hör sowie die im Grundbuch eingetragenen dinglichen Rechte sowie die Nutzungsrechte an unbeweglichem Vermögen. Die Zuteilungsnorm für unbewegliches Vermögen gilt auch für Einkünfte aus unbeweglichem Ver- mögen eines Unternehmens oder im Rahmen einer selbständigen Erwerbs- tätigkeit (OECD-MA 6 Abs. 4).

Unternehmensgewinne dürfen nur im Ansässigkeitsstaat besteuert wer- den, es sei denn, das Unternehmen übt seine Geschäftstätigkeit im ande- ren Staat durch eine dort gelegene Betriebsstätte aus (OECD-MA 7 Abs. 1).

Der Begriff des Unternehmens wird in OECD-MA 3 Abs. 1 lit. c als «Aus- übung einer Geschäftstätigkeit» definiert. Er umfasst somit sowohl die Geschäftstätigkeit juristischer Personen (Gesellschaften) als auch die selb- ständige Erwerbstätigkeit natürlicher Personen.

Als Betriebsstätte gilt «eine feste Geschäftseinrichtung, durch die die Tätigkeit eines Unternehmens ganz oder teilweise ausgeübt wird» (OECD-MA 5 Abs. 1). In OECD-MA 5 Abs. 2–6 wird dieser Begriff weiter konkretisiert, einerseits durch positive Aufzählung von Beispielen (Abs. 2) und eine Negativliste (Abs. 4) und andererseits durch eine Präzisierung bezüglich vorübergehender Baustellen (Abs. 3) bzw. der Vertreterbetriebsstätte (Abs. 5 und 6). Als Betriebsstätte gelten insbesondere (OECD-MA 5 Abs. 2):

- Ein Ort der Leitung (falls die Geschäftsleitung an mehreren Orten stattfindet);
- Eine Zweigniederlassung;
- Eine Geschäftsstelle;
- Eine Fabrikationsstätte;
- Eine Werkstätte;
- Ein Bergwerk und ähnliche Stätten der Ausbeutung von Bodenschätzen;
- Eine Bau- oder Montagestelle, wenn diese für längere Zeit (i.d.R. mehr als 12 Monate) besteht.

Eine feste Geschäftseinrichtung wird dann jedoch nicht zu einer Betriebsstätte, wenn darin lediglich vorbereitende Tätigkeiten oder Hilfsfunktionen ausgeübt werden (vgl. OECD-MA 5 Abs. 4). Ausserdem begründet eine Muttergesellschaft alleine dadurch, dass sie eine Tochtergesellschaft im anderen Staat beherrscht, nicht eine Betriebsstätte im anderen Staat (OECD-MA 6 Abs. 7).

Dividenden, Zinsen und Lizenzen werden zwar grundsätzlich dem Ansässigkeitsstaat zugewiesen, jedoch nicht ausschliesslich; dem Quellenstaat wird eine beschränkte Besteuerung zugestanden (OECD-MA 10–12).

Die Einkünfte aus unselbständiger Erwerbstätigkeit werden in den DBA zunächst grundsätzlich dem Wohnsitzstaat zur ausschliesslichen Besteuerung zugewiesen. Wird aber die Tätigkeit im anderen Vertragsstaat ausgeübt, so ist auch der Arbeitsstaat zur Besteuerung berechtigt (OECD-MA 15 Abs. 1; nicht ausschliessliche Zuteilung).

Es gibt aber bedeutende Ausnahmen von dieser Zuteilung des Besteuerungsrechtes an den Arbeitsstaat. Die Einkünfte unterliegen nämlich dennoch ausschliesslich im Wohnsitzstaat der Besteuerung, wenn:

- die Tätigkeit im anderen Staat nicht während mehr als 183 Tagen pro Jahr ausgeübt wird (und gewisse weitere Voraussetzungen erfüllt sind; sog. Monteur-Klausel in OECD-MA 15 Abs. 2; vgl. dazu nachfolgend 3.4.2.2);

- die Tätigkeit als Grenzgänger ausgeübt wird (nur in den DBA mit Deutschland, Österreich, Frankreich, Italien und Liechtenstein geregelt; vgl. dazu nachfolgend 3.4.2.3);
- die Tätigkeit im Rahmen eines öffentlichen Dienstverhältnisses ausgeübt wird (OECD-MA 19 Abs. 1; vgl. dazu nachfolgend 3.4.2.4);
- es sich um Ruhegehälter für frühere unselbständige Erwerbstätigkeit handelt (OECD-MA 18; ausgenommen sind Ruhegehälter aus öffentlichem Dienstverhältnis [OECD-MA 19 Abs. 2]; vgl. dazu nachfolgend 3.4.2.5).

Für die Einkünfte von Künstlern und Sportlern gilt abweichend von den Zuteilungsnormen für selbständige und unselbständige Erwerbstätigkeit generell das nicht ausschliessliche Besteuerungsrecht des Staates, wo die Tätigkeit persönlich ausgeübt wird (OECD-MA 17; vgl. dazu nachfolgend 3.4.4).

3.3.4.3 *Transferpreise zwischen verbundenen Unternehmen*
OECD-MA 9 regelt die Gestaltung von Transferpreisen zwischen verbundenen Unternehmen, d.h. das Festlegen von Preisen für Intercompanyleistungen. OECD-MA 9 erlaubt es dabei den Vertragsstaaten, Gewinnkorrekturen vorzunehmen, wenn der Leistungsaustausch zwischen verbundenen Unternehmen nicht zu Bedingungen abgewickelt wird, wie sie unter unabhängigen Dritten angewendet würden. Der jeweils andere Staat ist dann verpflichtet, diese Korrektur ebenfalls nachzuvollziehen (sog. «corresponding adjustment»; OECD-MA 9 Abs. 2).

Die Problematik der internationalen Gewinnabgrenzung im Konzern beschäftigt die OECD seit langer Zeit. Sie hat daher Richtlinien ausgearbeitet, welche besagen, dass die Preise bei konzerninternem Leistungsaustausch (Transferpreise) grundsätzlich wie unter unabhängigen Vertragsparteien festgelegt werden müssen, damit sie steuerlich anerkannt werden (sog. Prinzip des «dealing at arm's length»).

Die OECD-Richtlinien regeln die zulässigen Methoden zur Festlegung bzw. Überprüfung von Transferpreisen auf ihre Drittvergleichstauglichkeit. Sie unterscheiden zwei Kategorien von Transferpreismethoden: die Transaktions- und die Gewinnmethoden.

Die Transaktionsmethoden verwenden Preise oder Margen von Drittunternehmen als Grundlage für den Drittvergleich. Die Gewinnmethoden verwenden die Ergebnisse von Gruppengesellschaften im Vergleich zu den Ergebnissen von vergleichbaren Drittunternehmen als Vergleichsgrösse.

Gemäss den OECD-Richtlinien sollen für die Beurteilung von konzern-
internen Transferpreisen soweit möglich die Transaktionsmethoden angewendet werden. Demgegenüber sind die gewinnorientierten Methoden
lediglich dann anzuwenden, wenn die Transaktionsmethoden (sog. Standardmethoden) nicht geeignet erscheinen. Die gebräuchlichsten Transaktionsmethoden sind:

- Comparable Uncontrolled Price Method (CUP-Methode)

  Die CUP-Methode vergleicht Transferpreise zwischen verbundenen
  Unternehmen mit Preisen von vergleichbaren Dritttransaktionen. Die
  CUP-Methode ist die allgemein anerkannte Methode für Transferpreis-
  vergleiche, wenn Daten über gleiche oder vergleichbare Transaktionen
  vorliegen und daher allfällige Abweichungen begründet werden können (z.B. Abweichungen als Folge von Unterschieden im Volumen, Lie-
  fer- oder Zahlungsbedingungen usw.).

- Cost Plus Method, Cost Sharing Pool Method

  Bei der Cost-Plus-Methode werden die Kosten für die Herstellung eines
  Gegenstands oder einer Dienstleistung ermittelt und mit einem Mark-up
  für allgemeine Funktionen bzw. für die Marktverhältnisse addiert. Die
  Cost-Plus-Methode gelangt insbesondere beim Fehlen von vergleichbaren Drittpreisen für Warenlieferungen und für konzerninterne Dienstleistungen zur Anwendung.

  Bei der Cost-Sharing-Pool-Methode werden die Kosten von Dienstleistungen, welche eine Gruppengesellschaft für sich und/oder andere
  Gruppengesellschaften erbringt, «gepoolt» und nach einem zu bestim-
  menden Schlüssel auf alle begünstigten Gruppengesellschaften verteilt.
  Die Cost-Sharing-Pool-Methode gelangt insbesondere für konzerninterne Dienstleistungen zur Anwendung.

- Resale Price Method (Wiederverkaufspreismethode)

  Die Wiederverkaufspreismethode geht von dem Preis aus, zu dem eine
  bei einem Nahestehenden gekaufte Ware bzw. Leistung an einen unabhängigen Abnehmer weiterveräussert wird. Von dem Preis aus diesem
  Wiederverkauf wird auf den Verrechnungspreis zurückgerechnet, der
  für die Lieferung bzw. Leistung zwischen den Nahestehenden anzuset-
  zen ist. Dazu wird der Wiederverkaufspreis um marktübliche Abschläge
  vermindert, die der Funktion und dem Risiko des Wiederverkäufers entsprechen. Die Wiederverkaufspreismethode gelangt insbesondere bei

Vertriebsgesellschaften zur Anwendung, wenn die CUP-Methode und die Cost-Plus-Methode nicht angewendet werden können.

Jüngst hat die OECD einen Entwurf für die grundlegend überarbeiteten Kapitel I bis III der Verrechnungspreisrichtlinien veröffentlicht. Die sog. gewinnorientierten Methoden werden neu mit den Standardmethoden gleichgestellt. Neu soll nun die am besten geeignete Methode (Standard- oder Gewinnmethode) zur Anwendung gelangen. Nur noch dann, wenn beide Methoden gleichwertige Ergebnisse liefern können, soll den Standardmethoden der Vorrang zukommen.

Verschiedene Staaten haben gestützt auf die OECD-Richtlinien eigene Transferpreisvorschriften erlassen. Damit auch eine entsprechende Überprüfung durch die Steuerbehörden möglich ist, sind diese i.d.R. mit strengen Dokumentationsvorschriften gekoppelt. Entspricht die Dokumentation der Transferpreismethode und der Grundlagen zur Ermittlung der Transferpreise nicht den Vorschriften, hat dies nicht nur massive Bussen zur Folge, sondern führt oft auch mangels rechtsgenüglicher Unterlagen zu Gewinnaufrechnungen nach Ermessen der Steuerbehörden.

So kennt beispielsweise Deutschland strenge Dokumentationsvorschriften:

- Die Steuerpflichtigen müssen die rechtlichen und wirtschaftlichen Verbindungen zwischen den einzelnen Gruppengesellschaften darstellen.

- Die Dokumentation wird verlangt für Transaktionen sowohl zwischen rechtlich selbständigen Einheiten als auch im Verhältnis zu Betriebsstätten.

- Die Steuerpflichtigen müssen die Unterlagen innerhalb von 60 Tagen nach Aufforderung vorlegen können.

- Ausserordentliche Transaktionen müssen zeitnah erfasst werden und innerhalb von sechs Monaten nach Abschluss des Geschäftsjahrs verfügbar sein.

- Falls keine Dokumentation verfügbar oder diese ungenügend ist, erfolgt eine Beweislastumkehr und die Steuerbehörde kann die ungünstigste Variante wählen.

Auch die USA kennen vergleichbare Dokumentationsvorschriften. In der Schweiz gelten keine speziellen Transferpreis- und Dokumentationsvorschriften und es sind auch keine geplant. Die Schweizer Steuerbehörden halten sich aber bei der Überprüfung der Transferpreise an die OECD-Richtlinien.

3.3.5 Steuerausscheidung

Die DBA enthalten zwar Zuteilungsnormen, aber keine Regeln für die Steuerausscheidung.

In der Praxis gelangen die gleichen Grundsätze für die Steuerausscheidung zur Anwendung, wie sie vom Bundesgericht zum interkantonalen Doppelbesteuerungsverbot entwickelt worden sind (vgl. auch DBG 6 Abs. 3 und DBG 52 Abs. 3; zur Steuerausscheidung vgl. ausführlich vorstehend 2.6).

Im Gegensatz zum interkantonalen Steuerrecht ist aber im schweizerischen internationalen Steuerrecht auch die objektmässige Methode für die Ausscheidung von Unternehmensgewinnen zulässig. Dies wird aus der Sonderregel von DBG 6 Abs. 3 bzw. DBG 52 Abs. 3 (jeweils zweiter Satz) abgeleitet, welche die provisorische Übernahme von Betriebsstätteverlusten vorsieht (vgl. vorstehend II. A 2.3 und B 2.4).

Ausserdem ist abweichend vom interkantonalen Steuerrecht immer dann die objektmässige Steuerausscheidung anzuwenden, wenn die Steuerpflicht in der Schweiz lediglich aufgrund wirtschaftlicher Zugehörigkeit besteht (DBG 6 Abs. 2 zweiter Satz sowie DBG 52 Abs. 4; vgl. dazu vorstehend 3.2.2.4).

3.3.6 Methoden der DBA zur Vermeidung der Doppelbesteuerung

3.3.6.1 Grundsatz
Die meisten DBA vermeiden eine Doppelbesteuerung durch das Zusammenwirken von Zuteilungsnormen einerseits und einer Norm, welche den Staaten die Methode zur Beseitigung der Doppelbesteuerung vorschreibt (Methodenartikel), andererseits.

Bei nicht ausschliesslicher Zuteilung wird eine Doppelbesteuerung durch die Zuteilungsnormen nicht oder nur teilweise ausgeschlossen. Die Beseitigung der Doppelbesteuerung wird daher erst durch die Anwendung des sog. Methodenartikels erreicht. Dieser schreibt den Staaten entweder die Befreiungs- oder die Anrechnungsmethode vor (vgl. OECD-MA 23A und 23B).

Für die schweizerischen DBA gilt folgende Methode:

- Die Schweiz als Ansässigkeitsstaat ist nach allen Abkommen zur unbedingten Freistellung mit Progressionsvorbehalt verpflichtet. Einzige Ausnahme sind auch hier die Dividenden, Zinsen und Lizenzeinkünfte, welche im Quellenstaat besteuert werden dürfen. Für diese gilt die Freistellung nicht; dafür gewährt die Schweiz in den meisten Fällen die pauschale Steueranrechnung (die Ausnahmen betreffen einzelne ältere DBA).
- Die Partnerstaaten sind als Ansässigkeitsstaaten, wenn das Steuersubstrat der Schweiz nicht zur ausschliesslichen Besteuerung zugewiesen ist, i.d.R. nur zur Anrechnung der schweizerischen Steuern verpflichtet. Nur in wenigen DBA gilt auch für die Partnerstaaten die Freistellungsmethode analog zur Schweiz, d.h. unter Ausnahme der Dividenden, Zinsen und Lizenzeinkünfte, wobei in diesen Fällen ebenfalls die Anrechnung der schweizerischen Quellensteuer vorgeschrieben ist.

Beispiel:
Fredy Travel hat seinen Wohnsitz im Staat A. Von seinem Einkommen von insgesamt CHF 80000 stammen CHF 60000 aus dem Staat A und CHF 20000 aus dem Staat B. Der Steuersatz beträgt im Staat A für ein Einkommen von CHF 80000 30%, und für ein Einkommen von CHF 60000 beträgt der Steuersatz 20%. Im Staat B wird eine Quellensteuer von 40% erhoben.

Methode	Staat A	Staat B	Total A und B
Befreiung mit Progressions-vorbehalt	30% von 60000 = 18000	40% von 20000 = 8000	26000
Gewöhnliche Anrechnung	30% von 80000 = 24000 Anrechnung 30% von 20000 = 6000 18000	40% von 20000 = 8000	26000

3.3.6.2 Entlastungs- und Rückerstattungsverfahren bei Quellensteuern

Dividenden, Zinsen und Lizenzeinkünfte unterliegen in verschiedenen Ländern einer Quellensteuer gemäss internem Recht dieser Staaten. In den DBA werden diese Quellensteuersätze meist auf bestimmte Maximalsätze begrenzt. I.d.R. wird diese Begrenzung der Besteuerung im Quellenstaat dadurch erreicht, dass zwar die volle Quellensteuer nach internem Recht erhoben wird, die Differenz zum maximal zulässigen Steuersatz aber gemäss DBA auf Antrag des Empfängers zurückerstattet wird. Voraussetzung dazu

ist ein Rückerstattungsantrag, welcher bei der Steuerbehörde des Ansässigkeitsstaates zur Weiterleitung an den Quellenstaat einzureichen ist. Darin
bescheinigt der Ansässigkeitsstaat, dass der Antragsteller zur Beanspruchung
der Entlastung von der Quellensteuer aufgrund des DBA berechtigt ist.

Nur vereinzelt erfolgt die Reduktion der Quellensteuer bereits aufgrund
des Wohnsitzes des Empfängers. Dies birgt jedoch die Gefahr von Abkommensmissbrauch, wenn zum Zwecke der Entlastung lediglich eine Schweizer Adresse vorgeschoben wird oder wenn es sich bei der Schweizer Empfängerin beispielsweise um eine Bank handelt, welche die Zahlung für ihre
Kunden in Empfang nimmt. Deshalb erfolgt die Entlastung an der Quelle
in diesen Fällen nur aufgrund eines vorgängigen Gesuches an die Steuerbehörde des Quellenstaates, welches die Überprüfung der Abkommensberechtigung ermöglicht.

Eine Sonderstellung nimmt das Entlastungsverfahren im Verhältnis zu den
USA ein. Weil das interne amerikanische Recht grundsätzlich nur die Entlastung aufgrund der Wohnsitzadresse vorsieht, stellt das amerikanische
Recht hohe Ansprüche an die Identifikation des Empfängers. Die amerikanische Zahlstelle muss im Besitz weit reichender Informationen zur Person
des Empfängers sein, damit sie die Reduktion der Quellensteuer vornehmen darf. Zu diesem Zweck muss der Empfänger das US-Formular W-8BEN
ausfüllen und der Zahlstelle einreichen.

Für Schweizer Banken als Empfänger solcher Zahlungen aus den USA
besteht die Möglichkeit, mit den US-Steuerbehörden eine Vereinbarung
abzuschliessen, wonach sie als sog. «Qualified Intermediary» gelten. Dieser Status ermöglicht es der US-Zahlstelle, die Reduktion der Quellensteuer
auch ohne Details zur Person des wirtschaftlich berechtigten Empfängers
vorzunehmen, sofern es sich nicht um eine in den USA unbeschränkt
steuerpflichtige Person handelt (d. h. US-«citizen» oder US-«resident»). Bei
US-Kunden verpflichtet sich der Qualified Intermediary, im Falle der Beanspruchung der Entlastung die Identität des wirtschaftlich Berechtigten
gegenüber der Zahlstelle und den US-Steuerbehörden offenzulegen.

Ausserdem wird von den Schweizer Banken auf solchen US-Erträgen zur
Sicherstellung der Besteuerung derselben in der Schweiz der sog. «zusätzliche Steuerrückbehalt» von 15 Prozent in Abzug gebracht, wenn der Empfänger in der Schweiz steuerpflichtig ist. Dieser Steuerrückbehalt wird
anonym an die EStV überwiesen und kann vom Empfänger im Zeitpunkt
der Deklaration der Erträge in der Schweizer Steuererklärung zurückgefordert werden (vgl. zum Ganzen Art. 9 ff. der Verordnung zum schweize-
risch-amerikanischen Doppelbesteuerungsabkommen [SR 672.933.61]).

Das Verfahren für die Rückerstattung des zusätzlichen Steuerrückbehaltes richtet sich stark nach jenem der Rückerstattung der Verrechnungssteuer, wobei hier aber das Formular 826 zur Anwendung gelangt.

3.3.6.3 Pauschale Steueranrechnung

Oft wird die im Quellenstaat erhobene Steuer aufgrund des DBA nur reduziert und nicht gänzlich untersagt. Im Ausmass, in welchem weder eine Entlastung noch eine Rückerstattung möglich ist, stellt diese Quellensteuer somit eine definitive Steuerbelastung im Quellenstaat dar. Diese sog. Sockelsteuer führt zu einer Doppelbesteuerung, welche aufgrund des Methodenartikels im DBA zu vermeiden ist. Die Schweiz verpflichtet sich in diesen Fällen zur pauschalen Steueranrechnung.

> **Beispiel:**
> Sara Klarmüller mit steuerlichem Wohnsitz in der Schweiz bezieht von einer Gesellschaft in Österreich eine Dividende, welche in Österreich mit einer Quellensteuer von 25% belegt wird. Das DBA mit Österreich begrenzt die Quellensteuer für natürliche Personen auf 15% (Sockelsteuersatz; DBA CH-A 10 Abs. 2). Wenn alle Voraussetzungen gemäss DBA erfüllt sind, kann Sara Klarmüller 10% der österreichischen Quellensteuer zurückfordern (DBA CH-A 28). Die 15% nicht rückforderbare Quellensteuer verbleibt in Österreich als definitive Belastung. In der Schweiz kann Sara Klarmüller dafür grundsätzlich die pauschale Steueranrechnung geltend machen (DBA CH-A 23 Abs. 3).

Die pauschale Steueranrechnung kann nur für Erträge beansprucht werden, die den Einkommenssteuern des Bundes, der Kantone und der Gemeinden unterliegen. Zudem muss sie im entsprechenden DBA der Schweiz vorgesehen sein. Sie wird nur auf Antrag gewährt und kann von natürlichen wie auch juristischen Personen geltend gemacht werden. Sie ist in der Verordnung über die pauschale Steueranrechnung vom 22. August 1967 inkl. Nebenerlassen geregelt (VO-PStA; SR 672.201).

Die pauschale Steueranrechnung kann für den nicht rückforderbaren Teil der im Ausland im Laufe des Steuerjahres erhobenen Quellensteuern geltend gemacht werden. Ist die Summe dieser nicht rückforderbaren Steuern höher als die auf die entsprechenden Dividenden, Zinsen und Lizenzeinkünfte entfallenden schweizerischen Steuern (sog. Maximalbetrag; VO-PStA 9 und 10), so wird die Anrechnung nur für diesen Maximalbetrag gewährt. Bei der Berechnung des Maximalbetrages ist der steuermindernde Effekt von Schuldzinsen und anderen mit den Einkünften zusammenhängenden Kosten zu berücksichtigen.

Beispiel:

Bruno Galliker mit Wohnsitz in Zürich erhält Dividenden aus Deutschland und Kanada, auf welchen Quellensteuern erhoben wurden. Er beantragt die pauschale Steueranrechnung wie folgt (in CHF):

	Brutto	Quellen- steuer	Netto	DBA- Sockel	nicht rück- forderbar
Dividende Deutschland	6 000	1 200	4 800	15%	900
Dividende Kanada	7 000	1 750	5 250	15%	1050
Total	13 000				1950

Durch die pauschale Steueranrechnung kann der Betrag von CHF 1950 bei der inländischen Einkommenssteuer angerechnet werden, falls der Maximalbetrag nicht überschritten wird.

Berechnung des Maximalbetrages (Annahmen):

• Vermögen Ende Steuerperiode 500 000, davon machen die deutschen und kanadischen Aktien 100 000 aus.
• Schuldzinsen 20 000
• Anwendbarer Steuersatz bei Bruttodeklaration der Dividenden = 22% (inkl. dBSt)

Bruttodividenden	13 000	
./.1/5 Schuldzinsen	– 4 000	
Inländische Steuer	9 000 x 22% = 1980 (= Maximalbetrag)	

Bei Bruno Galliker wird somit der volle Betrag von CHF 1950 zurückerstattet oder von seiner Steuerrechnung in Abzug gebracht.

Natürliche Personen, die in der Schweiz ihre Steuern nach dem Aufwand entrichten (Pauschalbesteuerte), können die pauschale Steueranrechnung nur beantragen, sofern sie für die in Frage stehenden quellensteuerbelasteten Einkünfte die sog. modifizierte Pauschalbesteuerung anwenden (vgl. vorstehend II. A 3.12).

Bei juristischen Personen, denen in der Schweiz ein Steuerprivileg gewährt wird (Holding-, Domizil- oder Verwaltungsgesellschaften), wird die pauschale Steueranrechnung teilweise herabgesetzt (VO-PStA 5 Abs. 2 und 3). Die pauschale Steueranrechnung ist zudem nicht möglich, falls und soweit der Beteiligungsabzug nach DBG 69 ff. in Anspruch genommen wird (VO-PStA 5 Abs. 1).

Ausgeschlossen ist die pauschale Steueranrechnung ausserdem in Missbrauchsfällen (VO-PStA 6). Der Missbrauch beurteilt sich nach dem Bundesratsbeschluss betreffend Massnahmen gegen die ungerechtfertigte Inanspruchnahme von Doppelbesteuerungsabkommen des Bundes (BRB 62) inkl. der dazugehörigen Kreisschreiben (1962 und 1999) der EStV (vgl. nachfolgend 3.3.7).

3.3.7 Das Zinsbesteuerungsabkommen mit der EU

3.3.7.1 Rechtsgrundlagen

Das Zinsbesteuerungsabkommen mit der EU (ZBstA; SR 0.641.926.81) ist Bestandteil der bilateralen Verträge II, die am 26. Oktober 2004 von der Schweiz und der EU unterzeichnet wurden. Es ist am 1. Juli 2005 in Kraft getreten.

Das Zinsbesteuerungsabkommen wird durch das Bundesgesetz zum Zinsbesteuerungsabkommen mit der Europäischen Gemeinschaft vom 17. Dezember 2004 (Zinsbesteuerungsgesetz, ZBstG; SR 641.91) ergänzt. Das ZBstG regelt insbesondere das Verfahren und die Organisation, die beim Steuerrückbehalt (auch Zinssteuer genannt) und bei der Amtshilfe in Fällen von Steuerbetrug und bei ähnlichen Delikten im Rahmen des ZBstA zum Zuge kommen.

Ausserdem gibt die letztmals am 29. Februar 2008 aktualisierte Wegleitung der EStV zur EU-Zinsbesteuerung den Zahlstellen in der Schweiz eine Übersicht über die Rechte und Pflichten, die ihnen aus dem System der EU-Zinsbesteuerung erwachsen. Am 15. Juli 2005 publizierte die EStV auch eine Wegleitung, welche die Aufhebung der schweizerischen Verrechnungssteuer auf Dividendenzahlungen zwischen verbundenen Kapitalgesellschaften im Verhältnis zwischen der Schweiz und den Mitgliedstaaten der EU zum Gegenstand hat. Die jeweils aktuellen Wegleitungen finden sich auf der Website der EStV unter www.estv.admin.ch/euzinsbesteuerung/dokumentation.

3.3.7.2 Steuerrückbehalt

Kernstück des Abkommens ist das Engagement der Schweiz zur Einführung eines Steuerrückbehalts (ZBstA 1; vgl. auch nachfolgend 3.5.5.2). Damit unterstützt die Schweiz einerseits die Bemühungen der EU zur vollständigen Erfassung von Kapitalerträgen von in einem Mitgliedstaat steuerpflichtigen Personen. Andererseits konnten dank dieser Kompromisslösung mit der EU die Schweizer Rechtsordnung und das Bankgeheimnis gewahrt bleiben.

Die Vereinbarung eines Steuerrückbehalts verpflichtet schweizerische Zahlstellen, bei der Auszahlung von Zinsen auf ausländischen Forderungen an natürliche Personen mit Wohnsitz im EU-Raum einen Abzug vorzunehmen (ZBstA 1) und der EStV abzuliefern. Der Abzug betrug in den ersten drei Jahren 15 Prozent. Seit dem 1. Juli 2008 gilt während drei weiterer Jahren ein Abzug von 20 Prozent und ab dem 1. Juli 2011 schliesslich 35 Prozent. Der Ertrag dieses Steuerrückbehaltes fliesst zu 75 Prozent an den jeweiligen Mitgliedstaat, 25 Prozent des Ertrages verbleiben dem Schweizer Fiskus.

Zur Vornahme des Steuerrückbehaltes sind nur sog. schweizerische Zahlstellen verpflichtet. Als Zahlstelle gelten insbesondere die Banken im Sinne
des Bankengesetzes (BankG; SR 952.0) und Wertpapierhändler im Sinne
des Bundesgesetzes über die Börsen und Effektenhändler (BEHG; SR 954.1).
Auch andere natürliche oder juristische Personen können grundsätzlich als
Zahlstelle qualifizieren, dies allerdings nur, wenn sie im Rahmen ihrer
Geschäftstätigkeit Vermögenswerte von Dritten entgegennehmen und
bewirtschaften.

Der Steuerrückbehalt ist immer dann vorzunehmen, wenn einerseits der
Schuldner eine ausländische natürliche oder juristische Person ist und
andererseits die Nutzungsberechtigung für die Zinsen einer natürlichen
Person mit Wohnsitz innerhalb des EU-Raumes zusteht. Im Zinsbesteuerungsabkommen wird ausdrücklich festgehalten, dass die Doppelbesteuerungsabkommen zwischen der Schweiz und den Mitgliedstaaten dieser
Besteuerung nicht entgegenstehen (ZBstA 14).

3.3.7.3   *Quellensteuerbefreiung von Zahlungen im Konzernverhältnis*
Bestandteil der Einigung mit der EU und deren Mitgliedstaaten ist ausserdem die Abschaffung der Besteuerung von Dividenden, Zinsen und Lizenzgebühren zwischen verbundenen Unternehmen im Quellenstaat (ZBstA
15; vgl. auch nachfolgend 3.4.7.1). Dies bedeutet, dass z. B. die Dividenden
einer französischen Tochtergesellschaft, die an die Muttergesellschaft in
der Schweiz ausgeschüttet werden, in Frankreich nicht besteuert werden
dürfen und umgekehrt.

3.3.7.4   *Amtshilfe*
Als wesentlicher Bestandteil des ZBstA findet sich schliesslich in ZBstA 10
eine Vereinbarung zum gegenseitigen Informationsaustausch. In Konkretisierung dieser Klausel verpflichtete sich die Schweiz gegenüber der EU,
mit den EU-Mitgliedsländern Verhandlungen aufzunehmen und in den
bestehenden und künftigen DBA eine Klausel zur allgemeinen Amtshilfe
bei Steuerbetrug einzufügen (ZBstA 10 Ziff. 4). Bereits seit 2004 ist die im
DBA mit Deutschland vereinbarte Klausel zur Amtshilfe bei «Betrugsdelik-
ten» anwendbar (DBA CH-D 27), für den Informationsaustausch mit Österreich und Finnland gilt diese Klausel seit 2007.

Diese allgemeine Amtshilfe betrifft natürliche Personen und Personengesellschaften und wird auf begründete Anfrage hin bei Steuerbetrug nach
schweizerischem Recht sowie bei sinngemäss gleich schwerwiegenden
Delikten geleistet, d. h. in Fällen von «Steuerbetrug oder ähnlichen Delikten» (vgl. ZBstA 10 Ziff. 1). Sinngemäss mit Steuerbetrug vergleichbar sind
Verstösse gegen genau bestimmbare steuerstrafrechtliche Vorschriften

anderer Staaten, die denselben Unrechtsgehalt aufweisen wie beim Steuerbetrug im schweizerischen Steuerrecht, aber im Schweizer Verfahren und somit auch im Schweizer Recht nicht vorkommen. Nicht unter diese Bestimmung fällt bis anhin die einfache Steuerhinterziehung.

Unter dem massiven Druck sowohl der OECD als auch der USA und der EU-Staaten werden zurzeit zahlreiche weitere DBA an die Standards zum Informationsaustausch gemäss OECD-MA 26 angepasst, was insbesondere zur Folge hat, dass nun ein Informationsaustausch nicht nur bei Steuerbetrug, sondern auch bei (schwerer) Steuerhinterziehung ermöglicht wird.

3.3.8 Bestimmungen zur Bekämpfung des Abkommensmissbrauchs

3.3.8.1 Allgemeines

Gestützt auf den Bundesbeschluss über die Durchführung von zwischenstaatlichen Abkommen des Bundes zur Vermeidung der Doppelbesteuerung vom 22. Juni 1951 (SR 672.2) erliess der Bundesrat am 14. Dezember 1962 den Bundesratsbeschluss betreffend Massnahmen gegen die ungerechtfertigte Inanspruchnahme von Doppelbesteuerungsabkommen des Bundes (sog. Missbrauchsbeschluss, kurz BRB 62; SR 672.202). In diesem Beschluss sowie in den dazu erlassenen Kreisschreiben vom 31. Dezember 1962 (KS 1962) und vom 17. Dezember 1998 (KS 1999) der EStV wird festgelegt, welche Voraussetzungen erfüllt sein müssen, damit die Beanspruchung einer Entlastung von der ausländischen Quellensteuer nicht als missbräuchlich angesehen wird.

Der BRB 62 gilt grundsätzlich für alle DBA, auch wenn diese keinen entsprechenden Vorbehalt enthalten. Gewisse DBA weisen aber ausdrücklich auf die schweizerischen Missbrauchsvorschriften hin. Ausserdem wendet die EStV den BRB 62 sowie die Ausführungsvorschriften dazu bei der Anwendung des Nullsatzes auf Dividenden, Zinsen und Lizenzeinkünften gemäss ZBstA 15 an (vgl. dazu vorstehend 3.3.7).

In den DBA mit Belgien, Frankreich und Italien sind Teile des BRB 62 übernommen und ergänzt worden. Diese Missbrauchsbestimmungen im DBA werden durch den BRB 62 und die dazugehörigen Kreisschreiben nicht eingeschränkt. Das bedeutet insbesondere auch, dass die im KS 1999 eingeführten Erleichterungen (vgl. nachfolgend 3.3.8.2) bezüglich Finanzierungsvorschriften, aktiver Geschäftstätigkeit und Börsenkotierung bei diesen DBA nicht zur Anwendung gelangen.

Das DBA mit den USA enthält eine ausführliche Bestimmung über die Begrenzung der Abkommensvorteile (limitation on benefits; DBA CH-USA 22). Die Vorschriften des BRB 62 finden deshalb auf das DBA CH-USA keine Anwendung.

Wird eine ungerechtfertigte Inanspruchnahme eines DBA festgestellt, so sieht der BRB 62 verschiedene Massnahmen vor. So können die schweizerischen Steuerbehörden die auf einem Antragsformular für die Rückerstattung von Quellensteuern vorgesehene amtliche Bescheinigung verweigern, das Antragsformular nicht weiterleiten oder bereits abgegebene Bescheinigungen widerrufen. Die EStV kann ausserdem die ungerechtfertigt in Anspruch genommene Entlastung durch Steuereinzug rückgängig machen oder nötigenfalls der ausländischen Steuerbehörde Meldung erstatten.

3.3.8.2 Missbrauchstatbestände und «Safe haven»-Regeln

Gestützt auf den BRB 62 stellen die KS 1962 und KS 1999 Grundsätze zur Überprüfung eines Missbrauchs auf. Umgekehrt stellen die in den Kreisschreiben aufgestellten Kriterien aber auch sog. «safe havens» dar, d. h., bei Einhaltung der aufgestellten Grundsätze liegt keine missbräuchliche Inanspruchnahme eines DBA vor. Um die Steuerentlastung aufgrund eines DBA beanspruchen zu können, müssen deshalb zusätzlich zu den Anspruchsvoraussetzungen des DBA folgende Voraussetzungen erfüllt sein:

- Keine übermässige Weiterleitung von abkommensbegünstigten Einkünften

Von den abkommensbegünstigten Einkünften darf höchstens die Hälfte zur Erfüllung von Ansprüchen nicht abkommensberechtigter Personen verwendet werden. Eine solche Weiterleitung kann in Form von Schuldzinsen, Lizenzgebühren, Kommissionen, Beiträgen an Entwicklungskosten sowie Ersatz von Werbe- und Reisekosten usw. erfolgen. Auch die Abschreibung von Vermögenswerten, welche von nicht abkommensberechtigten Personen erworben wurden, gilt als Erfüllung solcher Ansprüche. Dies betrifft namentlich die Abschreibung entgeltlich erworbener Immaterialgüter (Urheberrechte, Patente, Marken, Know-how).

Zum Kreis der nicht abkommensberechtigten Personen gehören dabei alle natürlichen und juristischen Personen sowie Personengesellschaften, die nach dem anwendbaren DBA als nicht in der Schweiz ansässig gelten oder aus anderen Gründen nicht abkommensberechtigt sind.

• Keine Thesaurierung von abkommensbegünstigten Einkünften

Für ausländisch beherrschte Gesellschaften sieht der BRB 62 vor, dass eine Steuerentlastung ausserdem nur beansprucht werden kann, wenn die Gesellschaft eine angemessene Gewinnausschüttung vornimmt (BRB 62 Art. 2 Abs. 2 lit. b). Als angemessene Ausschüttung wurde ursprünglich eine Ausschüttung im Ausmass von mindestens 25 Prozent des abkommensbegünstigten Bruttoertrages verlangt (KS 1962). Seit Anfang 2002 wird das Ausschüttungsverhalten einer Gesellschaft so lange als angemessen angesehen, als keine Gefährdung des Steuerbezuges i.S.v. VStG 47 Abs. 1 lit. a i.V.m. VStV 9 Abs. 1 vorliegt (vgl. dazu vorstehend III. 2.4).

• Lockerung der Praxis für aktiv tätige, börsenkotierte und Holding-gesellschaften

Gemäss KS 1999 dürfen aktiv tätige und börsenkotierte Gesellschaften sowie reine Holdinggesellschaften auch mehr als 50 Prozent der abkommensbegünstigten Einkünfte zur Erfüllung von Ansprüchen nicht abkommensberechtigter Personen verwenden, wenn diese Aufwendungen geschäftsmässig begründet sind und belegt werden können. Demgegenüber müssen Holdinggesellschaften, die neben der Verwaltung und Finanzierung von Beteiligungen noch andere Aktivitäten ausüben (z.B. Lizenzverwertung, Refakturierung usw.), das Weiterleitungsverbot uneingeschränkt einhalten.

Unter dem Begriff «aktive Geschäftstätigkeit» ist das Gegenstück zur Ausübung einer rein passiven, verwaltenden und ausführenden Funktion zu verstehen. Demzufolge ist entscheidend, dass die in der Schweiz im Zusammenhang mit den abkommensbegünstigten Erträgen ausgeübten Tätigkeiten zur wirtschaftlichen Wertschöpfung beitragen und nicht blosse Hilfs- und/oder Administrationstätigkeiten sind. Die in der Schweiz beschäftigten Mitarbeiter müssen somit aktiv und in direkter Weise an der operativen Geschäftsführung beteiligt sein.

• Besonderheiten bei natürlichen Personen, Personengesellschaften und Familienstiftungen

Bei natürlichen Personen ist faktisch eine missbräuchliche Inanspruchnahme eines DBA ausgeschlossen, wenn die Voraussetzungen für die Abkommensberechtigung, insbesondere die Ansässigkeit (OECD-MA 4), erfüllt sind. Besondere Beachtung wird lediglich der wirtschaftlichen Nutzungsberechtigung geschenkt, indem speziell festgehalten wird, dass bei Treuhandverhältnissen die Abkommensberechtigung beim Treugeber gegeben sein muss (BRB 62 2 Abs. 2 lit. c). Ausserdem haben Personengesellschaften ohne Geschäftsbetrieb in der Schweiz keinen Anspruch auf Steuerentlastung, sofern sie die abkommensbegünstigten Einkünfte zu mehr als der Hälfte nicht abkommensberechtigten Personen gutschreiben (BRB 62 2 Abs. 2 lit. d). Keinen Anspruch auf Steuerentlastung haben ausserdem Familienstiftungen, an denen nicht abkommensberechtigte Personen zu einem wesentlichen Teil interessiert sind.

3.4 Schweizerische Besteuerung von in der Schweiz ansässigen Personen mit Auslandbeziehung

3.4.1 Allgemeines

In der Schweiz ansässige Personen unterliegen grundsätzlich der unbeschränkten Steuerpflicht, d.h., es wird das weltweite Einkommen und Vermögen besteuert.

Im innerstaatlichen Steuerrecht der Schweiz finden sich nur wenige Vorschriften, welche als einseitige Massnahmen zur Vermeidung von Doppelbesteuerungen den Umfang der Steuerpflicht einschränken (vgl. dazu vorstehend 3.2.2).

In allen Fällen, wo eine Doppelbesteuerung nicht durch eine einseitige Massnahme ausgeschlossen ist, kann diese nur durch ein entsprechendes DBA beseitigt werden.

3.4.2 Unselbständige Erwerbstätigkeit im Ausland

3.4.2.1 Allgemeines
Einkünfte aus unselbständiger Erwerbstätigkeit im Ausland sind so lange uneingeschränkt in der Schweiz steuerpflichtig, als sich hier der steuerrechtliche Wohnsitz der betreffenden Person befindet. Dies ist insbesondere bei Grenzgängern und Monteuren in aller Regel der Fall. Weil solche Erwerbseinkünfte aber oft auch im Staat der Erwerbstätigkeit besteuert werden, ist in diesen Fällen die Gefahr einer Doppelbesteuerung gross, wenn diese nicht durch ein DBA vermieden wird.

3.4.2.2 Monteur-Klausel

Die sog. Monteur-Klausel von OECD-MA 15 Abs. 2 ist immer dann von Bedeutung, wenn ein Arbeitnehmer eines Unternehmens vorübergehend eine Tätigkeit ausserhalb der Schweiz ausübt. Häufig trifft dies bei Monteuren zu, welche z.T. für mehrere Monate auf einer ausländischen Baustelle beschäftigt sind.

Weil der steuerliche Wohnsitz in diesen Fällen in der Schweiz nicht aufgegeben wird, bleibt ein Monteur für das ganze Jahr in der Schweiz unbeschränkt steuerpflichtig, auch wenn er sich während mehreren Wochen oder gar Monaten im Ausland aufhält. D. h., das ganze Jahresgehalt inkl. des Anteils für die Auslandtätigkeit unterliegt in der Schweiz der Einkommenssteuer.

Im Ausland wird durch die ausgedehnte Tätigkeit vor Ort oft eine beschränkte Steuerpflicht begründet (analog zu DBG 5 Abs. 1 lit. a).

Damit entsteht eine Doppelbesteuerung, welche lediglich bei Vorliegen eines DBA nach der Zuteilungsnorm für die Einkünfte aus unselbständiger Erwerbstätigkeit vermieden werden kann (OECD-MA 15). Danach darf der Arbeitsstaat das dort erzielte Einkommen besteuern, sofern nicht die Ausnahme der sog. Monteur-Klausel greift.

Damit die Monteur-Klausel greift und das Einkommen nur in der Schweiz besteuert werden darf, müssen folgende Voraussetzungen kumulativ erfüllt sein (OECD-MA 15 Abs. 2 lit. a–c):

- Der Mitarbeiter darf sich insgesamt nicht länger als 183 Tage innerhalb eines Zeitraums von 12 Monaten, der während der Steuerperiode beginnt oder endet, im Arbeitsstaat aufhalten, und
- Das Gehalt darf nicht von einem Arbeitgeber oder für einen Arbeitgeber gezahlt werden, welcher im Arbeitsstaat ansässig ist, und
- Das Gehalt darf auch nicht einer allfälligen Betriebsstätte des Schweizer Arbeitgebers im Arbeitsstaat belastet werden.

Sind die Voraussetzungen der Monteur-Klausel nicht erfüllt, darf der Arbeitsstaat das Einkommen besteuern. Die Schweiz nimmt diesen Teil des Gehalts von der Bemessungsgrundlage aus. Weil für die Satzbestimmung aber auch dieses Gehalt berücksichtigt wird, muss das gesamte Jahresgehalt deklariert werden, unter Hinweis auf die Besteuerung im Ausland.

3.4.2.3 Grenzgänger

Im Gegensatz zum OECD-MA enthalten die DBA mit Deutschland, Frankreich, Italien und Österreich sowie das beschränkte DBA mit Liechtenstein besondere Zuteilungsnormen für sog. Grenzgänger.

Der Begriff des Grenzgängers ist nicht einheitlich definiert. In allen diesen DBA wird als Grenzgänger bezeichnet:

- Eine unselbständig erwerbstätige Person,
- die ihren Wohnsitz im grenznahen Raum hat und
- täglich im anderen Staat einer Arbeit nachgeht und regelmässig jeweils abends an den Wohnsitz zurückkehrt.

Wie beim Monteur wird auch in diesen Fällen aufgrund der Tätigkeit im jeweils anderen Staat eine beschränkte Steuerpflicht begründet, welche sich mit der unbeschränkten Steuerpflicht in der Schweiz überschneidet. Zur Beseitigung dieser Doppelbesteuerung sehen die betreffenden DBA z. T. unterschiedliche Regelungen vor:

- Mit Ausnahme des DBA mit Italien wird das primäre Besteuerungsrecht für das Einkommen aus unselbständiger Erwerbstätigkeit des Grenzgängers grundsätzlich dem Wohnsitzstaat zugewiesen.
- Nach den DBA mit Deutschland und Österreich darf der jeweilige Arbeitsstaat auf dem Bruttogehalt eine Quellensteuer erheben. Im Verhältnis zu Deutschland ist diese Quellensteuer auf maximal 4,5 Prozent begrenzt, im Verhältnis zu Österreich gelangen ohne Beschränkung die nach internem Recht anwendbaren Quellensteuertarife zur Anwendung. Die Schweiz vermeidet die Doppelbesteuerung, indem sie das aus Deutschland stammende Bruttogehalt für die Steuerbemessung um einen Fünftel herabsetzt (DBA-D 15a Abs. 3 lit. b) bzw. das in Österreich besteuerte Einkommen von der Besteuerung ausnimmt (unter Progressionsvorbehalt DBA-A 23 Abs. 1). Im Verhältnis zu Österreich entschädigt der steuerberechtigte Arbeitsstaat den Wohnsitzstaat mit einem Finanzausgleich von 12 Prozent der erhobenen Steuern.
- Nach den DBA mit Frankreich und Liechtenstein ist die Zuteilung an den Ansässigkeitsstaat ausschliesslich. Im Verhältnis zu Frankreich erfolgt aber ein zwischenstaatlicher Ausgleich, indem der Wohnsitzstaat jährlich 4,5 Prozent des Gesamtbetrages der jährlichen Bruttovergütungen an Grenzgänger dem anderen Staat überweist.
- Das DBA mit Italien weist das Besteuerungsrecht ausschliesslich dem Arbeitsstaat zu (DBA-I 15 Abs. 4 i.V.m der Vereinbarung vom 3. Oktober 1974 zwischen der Schweiz und Italien über die Besteuerung der Grenzgänger und dem finanziellen Ausgleich zugunsten der italienischen

Grenzgemeinden; SR 0.642.045.42). Auch hier findet aber ein zwischenstaatlicher Ausgleich statt, indem die Kantone Graubünden, Tessin und Wallis den italienischen Grenzgemeinden einen Anteil von 40 Prozent der von den italienischen Genzgängern bezahlten Steuern überweisen.

3.4.2.4 Tätigkeit im öffentlichen Dienst

Besondere Regeln gelten für Vergütungen, die ein Vertragsstaat, eine seiner politischen Unterabteilungen oder lokalen Körperschaften einer Person für die geleisteten Dienste bezahlt (OECD-MA 19). Diese Bestimmungen sehen regelmässig das ausschliessliche Besteuerungsrecht dieses anderen Staates vor, d.h., die Schweiz darf solche Einkünfte einer hier unbeschränkt steuerpflichtigen Person nicht besteuern. Diese Sonderregelung gilt jedoch nicht für Vergütungen von Regiebetrieben des anderen Vertragsstaates, welche eine gewerbliche oder kaufmännische Tätigkeit ausüben; für diese gelten die allgemeinen Regeln für unselbständige Erwerbstätigkeit (OECD-MA 19 Abs. 3).

Ausnahmsweise darf aber dennoch ausschliesslich die Schweiz als Wohnsitzstaat (und nicht der Partnerstaat als Schuldner der Vergütungen) diese Einkünfte besteuern (OECD-MA 19 Abs. 1 lit. b), wenn

- die Dienste in der Schweiz geleistet werden (z.B. bei einer ausländischen Botschaft in Bern) und
- der in der Schweiz ansässige Bedienstete entweder Schweizer Bürger ist oder nicht ausschliesslich deshalb in der Schweiz ansässig geworden ist, um die Dienste zu leisten.

3.4.2.5 Ruhegehälter und Renten aus dem Ausland

Bei den Ruhegehältern und Renten ist zu unterscheiden zwischen den privaten Ruhegehältern (OECD-MA 18) und den Ruhegehältern für frühere Tätigkeit im öffentlichen Dienst (OECD-MA 19 Abs. 2).

Die meisten DBA weisen das ausschliessliche Besteuerungsrecht für private Ruhegehälter dem Ansässigkeitsstaat, d.h. der Schweiz, zu (OECD-MA 18). Vereinzelt wird auch ein Besteuerungsrecht des Quellenstaates vorbehalten (so z.B. DBA CH-CDN 18 Abs. 1). In diesen Fällen wird die Doppelbesteuerung durch die Schweiz vermieden, indem die besteuerten Ruhegehälter ganz oder teilweise von der Steuer befreit werden (vgl. z.B. DBA CH-CDN 22 Abs. 2 lit. d).

Renten unterscheiden sich dadurch von den Ruhegehältern, dass sie nicht aufgrund eines früheren unselbständigen Arbeitsverhältnisses bezahlt werden. Nur in wenigen DBA werden die für Ruhegehälter geltenden

Regeln auch auf die Renten ausgedehnt. In allen andern Abkommen sind sie als «andere Einkünfte» (OECD-MA 21) zu behandeln, welche ausschliesslich dem Wohnsitzstaat zur Besteuerung zugewiesen werden.

Ruhegehälter für frühere Tätigkeit im öffentlichen Dienst werden i.d.R. dem Schuldnerstaat zur ausschliesslichen Besteuerung zugewiesen (OECD-MA 19 Abs. 2 lit. a). In diesem Fall sind die Ruhegehälter in der Schweiz von der Besteuerung befreit.

Eine Ausnahme gilt in den meisten DBA für Angehörige des Wohnsitzstaates: Ist der in der Schweiz ansässige Empfänger solcher Ruhegehälter gleichzeitig Schweizer Staatsbürger, so ist ausschliesslich die Schweiz zur Besteuerung berechtigt. Analog zu den Zuteilungsnormen bei Tätigkeit im öffentlichen Dienst (vgl. vorstehend 3.4.2.4) gelten diese Regeln nicht für die Ruhegehälter, welche von Regiebetrieben des anderen Vertragsstaates ausgerichtet werden.

3.4.3 Selbständige Erwerbstätigkeit im Ausland (freie Berufe)

Auch die Einkünfte aus selbständiger Erwerbstätigkeit ohne Unternehmung, d.h. aus der Ausübung eines freien Berufes (Rechtsanwälte, Ärzte, Architekten usw.), sind ohne Einschränkung in der Schweiz steuerpflichtig, solange die betreffende Person ihren steuerrechtlichen Wohnsitz in der Schweiz hat.

Nach den DBA muss die Schweiz ausländische Einkünfte aus selbständiger Erwerbstätigkeit (ohne Künstler und Sportler) von der Besteuerung ausnehmen (Freistellung), sofern diese dort in einer Betriebsstätte ausgeübt wird (OECD-MA 7 und 23A). Die Freistellung ist allerdings auch schon im internen Recht verankert (DBG 6 Abs. 1).

Beispiel:
Der selbständigerwerbende Musiklehrer Werner Geige wohnt in Buchs SG und unterrichtet in eigenen Schulungsräumen in Buchs und in Feldkirch, A.
Werner Geige ist in Buchs und in Österreich steuerpflichtig. Würde er in Österreich bei den Schülern zu Hause unterrichten, wären seine gesamten Unterrichtseinkünfte mangels einer festen Geschäftseinrichtung in Österreich nur in der Schweiz zu versteuern.

3.4.4 Tätigkeit im Ausland als Künstler oder Sportler

Hat ein Künstler oder Sportler seinen steuerrechtlichen Wohnsitz in der Schweiz, so sind Einkünfte aus seiner Tätigkeit in der Schweiz steuerpflichtig, auch wenn sie im Ausland erzielt werden. Ohne DBA besteht deshalb die grosse Gefahr einer Doppelbesteuerung, weil diese Einkünfte oft auch im Staat besteuert werden, wo der Auftritt erfolgt (i.d.R. Quellensteuer analog zu DBG 92 in der Schweiz).

Nach den DBA sind die Einkünfte von in der Schweiz ansässigen Künstlern und Sportlern für Auftritte im Ausland grundsätzlich immer am Arbeitsort steuerpflichtig (OECD-MA 17). Die Zuweisung an den Arbeitsort hängt in diesen Fällen nicht vom Vorhandensein einer Betriebsstätte im anderen Staat ab. Diese Regelung gilt in den meisten DBA ausdrücklich auch für Einkünfte, welche nicht dem Künstler oder Sportler selbst, sondern einer Drittperson zufliessen (OECD-MA 17 Abs. 2).

Ausnahmen gelten in einigen Abkommen für Einkünfte von Künstlern (vereinzelt auch von Sportlern), die aus öffentlichen Mitteln des Wohnsitzstaates unterstützt werden. In diesen Fällen geht das Besteuerungsrecht des Wohnsitzstaates vor.

Die Schweiz – die Ausnahmen vorbehalten – muss diese Einkünfte somit von der Besteuerung ausnehmen (Freistellung; OECD-MA 23A). Dennoch sind aber die Einkünfte in der Schweizer Steuererklärung aufzuführen, weil sie für die Satzbestimmung Berücksichtigung finden (Progressionsvorbehalt).

3.4.5 Kapitalanlagen im Ausland

Ausländisches Grundeigentum ist nicht nur nach internem Recht von der Besteuerung ausgenommen, sondern auch aufgrund der entsprechenden DBA (OECD-MA 6 und 13 Abs. 1 sowie 22 Abs. 1).

Kapitalanlagen in ausländische bewegliche Vermögenswerte (ausländische Beteiligungsrechte, Forderungen mit ausländischem Schuldner usw.) und die Erträge daraus sind nach internem Steuerrecht in der Schweiz steuerpflichtig. Besteht kein DBA, wird eine gewisse Entlastung von der Doppelbesteuerung auf den Erträgen lediglich dadurch erreicht, dass die im Quellenstaat erhobene ausländische Steuer von der Bemessungsgrundlage in Abzug gebracht werden kann.

Beispiel (in CHF):
Die Bruttodividende von 100 wird im Quellenstaat mit einer Steuer von 20% belegt. In der Schweiz werden nur 80 besteuert, weil keine DBA-Entlastung geltend gemacht werden kann. Bei einer Steuerbelastung von 40% ergibt dies eine schweizerische Steuer von 32. Es verbleiben von den ausgeschütteten 100 somit nur 48 zur freien Verfügung der Empfängerin.

Auch nach den DBA sind diese Vermögenswerte und die Erträge daraus in der Schweiz steuerpflichtig (OECD-MA 10, 11, 12, 13 Abs. 4 und 21 Abs. 1 sowie 22 Abs. 4). Die Zuweisung an die Schweiz als Ansässigkeitsstaat ist jedoch für Dividenden, Zinsen und Lizenzeinkünfte nicht ausschliesslich, d. h., der Quellenstaat ist ebenfalls zur Besteuerung berechtigt. Dieses Besteuerungsrecht ist i. d. R. auf einen bestimmten Prozentsatz der Brutto-einkünfte beschränkt (vgl. OECD-MA 10 Abs. 2 und 11 Abs. 2). Die Schweiz hat sich daher in praktisch allen DBA dazu verpflichtet, die an der Quelle erhobene ausländische Steuer an die schweizerische Steuer anzurechnen. Dies geschieht auf dem Weg der sog. pauschalen Steueranrechnung.

Beispiel (in CHF):
Die Bruttodividende von 100 wird im Quellenstaat aufgrund der Beschränkung des DBA mit einer reduzierten Steuer von 10% belegt. In der Schweiz werden 100 besteuert, weil eine DBA-Entlastung geltend gemacht werden kann. Bei einer Steuerbelastung von 40% ergibt dies eine schweizerische Steuer von 40. Dafür wird aber die nicht rückforderbare Quellensteuer des anderen Vertrags-staates auf dem Weg der pauschalen Steueranrechnung mit der schweizeri-schen Steuerschuld verrechnet. D. h., der in der Schweiz zu entrichtende Steuerbetrag reduziert sich – etwas vereinfacht dargestellt – auf 30 (für die genaue Darstellung der pauschalen Steueranrechnung vgl. vorstehend 3.3.6.3). Es verbleiben von den ausgeschütteten 100 somit 60 zur freien Verfügung der Empfängerin; die Steuerbelastung von 40 entspricht jener bei ausschliesslicher Steuerpflicht in der Schweiz.

Das Besteuerungsrecht des Quellenstaates kann aber auch durch das ZBstA eingeschränkt sein, wenn es sich beim Schuldner um eine Tochtergesell-schaft mit Sitz im EU-Raum handelt und die Empfängerin eine in der Schweiz ansässige Gesellschaft ist, die mit mindestens 25 Prozent am Kapi-tal der leistenden Gesellschaft beteiligt ist (ZBstA 15). Ist ZBstA 15 anwend-bar, so gilt der Nullsatz im Quellenstaat auch dann, wenn ein bestehendes DBA dem Quellenstaat eine höhere Quote zur Besteuerung zugesteht.

3.4.6 Schweizerische Personenunternehmungen mit Auslandbeziehungen

Nicht in der Schweiz ansässige Inhaber von schweizerischen Personenunternehmungen unterliegen für ihre Anteile am Geschäftsvermögen und am Gewinn der schweizerischen Besteuerung als beschränkt steuerpflichtige Personen (DBG 4 Abs. 1 lit. a bzw. 51 Abs. 1 lit. a).

Die Beteiligung von Personen mit Wohnsitz im Ausland an einer schweizerischen Personenunternehmung gilt als Betriebsstätte der betreffenden Personen in der Schweiz, womit auch nach den DBA das schweizerische Besteuerungsrecht Bestand hat (OECD-MA 7).

Soweit die schweizerische Personenunternehmung über Grundeigentum oder Betriebsstätten im Ausland verfügt, sind diese bereits aufgrund der einseitigen Massnahmen des internen Rechts von der Besteuerung in der Schweiz ausgenommen (vgl. dazu vorstehend 3.2.2.2).

3.4.7 Schweizerische Kapitalgesellschaften mit Auslandbeziehungen

3.4.7.1 Allgemeines

Ausländische, d.h. nicht in der Schweiz ansässige Anteilsinhaber einer Schweizer Kapitalgesellschaft können die schweizerische Verrechnungssteuer von 35 Prozent auf Dividenden und anderen geldwerten Leistungen nur zurückfordern, wenn ein entsprechendes DBA angerufen werden kann. Besteht ein DBA, so kann die Verrechnungssteuer – meist jedoch nur teilweise – zurückgefordert werden. Der andere Staat ist dann zur Anrechnung der nicht rückforderbaren Quellensteuer verpflichtet.

Zu beachten gilt es aber, dass u. U. zwischen verbundenen Unternehmen die Erhebung der Verrechnungssteuer in der Schweiz durch das ZBstA ausgeschlossen wird (ZBstA 15), wenn es sich beim Anteilsinhaber um eine Kapitalgesellschaft mit Sitz in der EU handelt und diese mindestens 25 Prozent am Kapital der schweizerischen Gesellschaft hält. Diese Regelung geht einer für die Steuerpflichtigen ungünstigeren DBA-Bestimmung vor.

Ist eine schweizerische Kapitalgesellschaft ausländisch beherrscht, so sind für die von ihr vereinnahmten ausländischen Dividenden, Zinsen und Lizenzerträge gewisse Einschränkungen betreffend die Entlastung von ausländischen Quellensteuern zu beachten. Eine solche ist nur möglich, wenn die Gesellschaft die Bedingungen des Bundesratsbeschlusses betreffend Massnahmen gegen die ungerechtfertigte Inanspruchnahme von

Doppelbesteuerungsabkommen des Bundes erfüllt. Die DBA mit Frankreich, Belgien, Italien sowie den USA enthalten eigene Missbrauchsklauseln; vgl. dazu ausführlich vorstehend 3.3.8.

Soweit die schweizerische Kapitalgesellschaft über Grundeigentum oder Betriebsstätten im Ausland verfügt, sind diese bereits aufgrund der einseitigen Massnahmen des internen Rechts von der Besteuerung in der Schweiz ausgenommen. Erfolgt die Geschäftstätigkeit im Ausland nicht über eine Betriebsstätte (z.B. Export), so sind die Erträge daraus ausschliesslich in der Schweiz steuerpflichtig. Dies gilt auch nach den anwendbaren DBA (OECD-MA 7).

3.4.7.2 Besonderheiten bei Principal-Strukturen

Eine Besonderheit gilt für sog. Principal-Gesellschaften bezüglich ihrer ausländischen Vertriebsgesellschaften. Soweit die Aktivitäten der Tochtergesellschaften im Ausland auf eine Kommissionstätigkeit für die Principal-Gesellschaft entfallen, begründen solche Gesellschaften nach der Praxis der EStV eine Betriebsstätte der Principal-Gesellschaft (Muttergesellschaft) im Ausland. Deshalb wird bei der Veranlagung der in der Schweiz ansässigen Principal-Gesellschaft ein Anteil am Gewinn aus der Handelstätigkeit dem Sitzstaat der jeweiligen Vertriebsgesellschaft zur Besteuerung zugewiesen.

Als Principal-Gesellschaft wird eine Gesellschaft bezeichnet, bei welcher innerhalb einer Konzernstruktur wesentliche Funktionen, Verantwortlichkeiten und Risiken für ganze Produktgruppen oder Märkte zentralisiert werden. Die Principal-Gesellschaft übernimmt für ihre globalisierten Märkte insbesondere den Einkauf, die Planung der Forschung und Entwicklung, die Produktionsplanung und -steuerung, die Lagerverwaltung und Logistikplanung, die Entwicklung der Marketingstrategie, die Absatzplanung und -steuerung, Treasury and Finance sowie die Administration.

Die Produktion erfolgt oft im Auftrag und für Rechnung der Principal-Gesellschaft durch Konzerngesellschaften oder durch Dritte («Lohnfabrikation»). Die Entschädigung solcher Gesellschaften wird aufgrund der Fertigungskosten und eines prozentualen Gewinnaufschlages («cost plus») festgelegt. Es gibt jedoch auch Strukturen, bei denen die fertigen Waren von Dritten oder von Konzerngesellschaften bezogen werden.

Verkauft werden die Waren durch Konzerngesellschaften (Vertriebsgesellschaften). Der Verkauf erfolgt dabei ausschliesslich im eigenen Namen der Vertriebsgesellschaft, aber für Rechnung der Principal-Gesellschaft. Die Principal-Gesellschaft ist somit als Eigentümerin der Ware Produzentin

und/oder Eigenhändlerin. Die Vertriebsgesellschaften üben für die Principal-Gesellschaft ausschliesslich die Funktion abschlussberechtigter Agen-
ten (Kommissionäre) aus.

Darstellung 32: Typische schweizerische Principal-Struktur

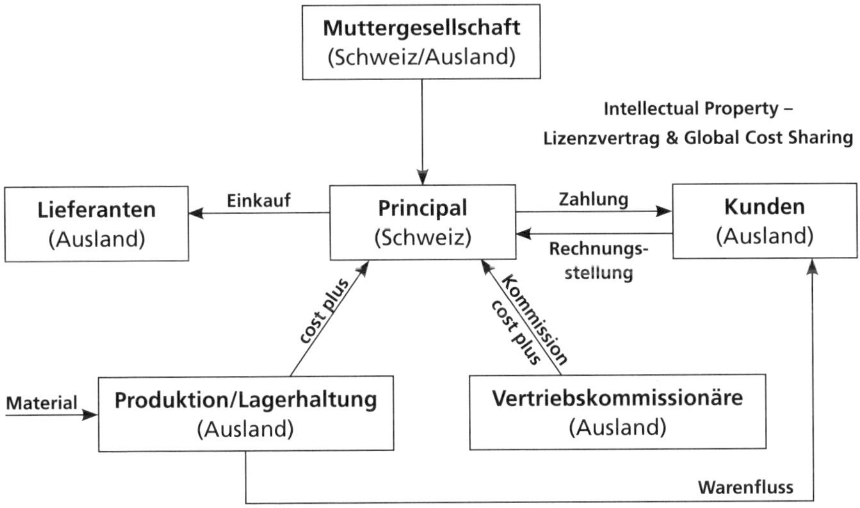

Das KS Nr. 8 der EStV «Internationale Steuerausscheidung von Principal-
Gesellschaften» vom 18. Dezember 2001 hält fest, dass es sich dabei um
sog. «Vertreter-Betriebsstätten» i.S.v. OECD-MA 5 Abs. 5 handle. Nicht entscheidend ist dabei für die Anwendung dieser Praxis, ob auch der Sitzstaat
der Vertriebsgesellschaft dort eine Betriebsstätte der Principal-Gesellschaft
annimmt und entsprechend besteuert.

Dabei werden auch Vertriebsgesellschaften, welche als Eigenhändler unter
sog. «stripped buy-sell»-Verträgen arbeiten, den Kommissionären gleichgestellt, sofern die entsprechenden Verträge mit Kommissionsgeschäften
im Ergebnis vergleichbar sind, namentlich bezüglich wirtschaftlicher
Abhängigkeit des Vertreters mit Abschlussvollmacht und Verlagerung des
Unternehmensrisikos an die Principal-Gesellschaft.

In die internationale Steuerausscheidung für Vertreter-Betriebsstätten
fällt gemäss KS Nr. 8 nur derjenige Teil des Reingewinnes, der auf die Handelstätigkeit zurückzuführen ist. Der Gewinnanteil aus Finanzanlagen und
übrigen Aktivitäten ist vollumfänglich dem Sitz der Principal-Gesellschaft

zuzurechnen. Dieser Gewinnanteil ist aufgrund einer Spartenrechnung zu ermitteln. Werden sämtliche an Dritte verkauften Fertigfabrikate durch Konzerngesellschaften oder durch Dritte, aber für Rechnung der Principal-Gesellschaft hergestellt (Lohnfabrikation), gelten in allen Fällen 70 Prozent des Reingewinnes aus Produktion und Handel als Gewinn aus Handelstätigkeit. Die restlichen 30 Prozent des Gewinnes stellen Gewinn aus der Eigenproduktion der Principal-Gesellschaft dar. Diese pauschale Gewinnaufteilung ist fester Bestandteil der internationalen Steuerausscheidung von Principal-Gesellschaften.

Beispiel (aus KS Nr. 8) einer Principal-Gesellschaft mit eigener Produktion (Lohnfabrikation):

Gewinnbestandteile	Betrag
Gesamter Reingewinn	2000
./. Ergebnis aus Finanzanlagen	–400
./. Ergebnis aus übrigen Aktivitäten (ohne Produktion und Handel)	–200
Gewinn aus Produktion und Handel (100%)	1400
Anteil Gewinn aus Produktion (30%)	420
Anteil Gewinn aus Handel (70%)	980
Gewinn aus Produktion und Handel	1400

Weil diese Vertreter-Betriebsstätten über keine eigene Buchhaltung verfügen, ist gemäss KS Nr. 8 die Steuerausscheidung durch eine funktionsbezogene Gewinnaufteilung vorzunehmen. Die Gewinnquoten sind dabei im Einzelfall unter Berücksichtigung einer individuellen Funktionsanalyse festzulegen. Weil dies oft schwierig sein wird, hält das KS Nr. 8 fest, dass der dem Sitz der Principal-Gesellschaft zuzurechnende Gewinnanteil aus Handel mindestens 50 Prozent betragen muss.

Beispiel (aus KS Nr. 8) einer Principal-Gesellschaft mit eigener Produktion (Lohnfabrikation):

Gewinnbestandteile	Gesamt	Ausland	Schweiz
Reingewinn aus Produktion	420 (30%)	–	420
Reingewinn aus Handel (50%)	980 (70%)	490	490
Ergebnis aus Finanzanlagen	400	–	400
Ergebnis aus übrigen Aktivitäten (ohne Produktion und Handel, z.B. Lizenzertrag)	200	–	200
Steuerbarer Reingewinn	2000	490	1510

3.4.8 *Erbschaften und Schenkungen aus dem Ausland*

Die Erbschafts- und Schenkungssteuergesetze der Kantone knüpfen grundsätzlich an den Wohnsitz des Schenkers bzw. letzten Wohnsitz des Erblassers an. Liegt dieser im Ausland, so entfällt in aller Regel eine Erbschafts- oder Schenkungssteuer in der Schweiz, wenn es sich bei dem zugewendeten Vermögen um bewegliches Vermögen handelt. Diese Zuflüsse sind überdies auch von der Einkommenssteuer befreit (DBG 24 lit. a; StHG 7 Abs. 4 lit. c).

Eine Erbschafts- oder Schenkungssteuerpflicht in der Schweiz und damit ein möglicher Doppelbesteuerungskonflikt mit dem Wohnsitzstaat des Schenkers bzw. Erblassers kann aber entstehen, wenn ein in der Schweiz gelegenes Grundstück, ein Geschäft oder Betriebsstättevermögen zugewendet werden. Vereinzelt knüpfen die kantonalen Steuergesetze die Steuerpflicht auch an im Inland gelegenes bewegliches Vermögen von Personen mit Wohnsitz im Ausland (z.B. Kunstsammlungen im Kanton Genf; in einigen Kantonen amtlich verwaltetes Vermögen).

In diesen Fällen kann eine Doppelbesteuerung nur vermieden werden, wenn ein entsprechendes DBA besteht, was nur mit 10 Staaten der Fall ist (A, D, DK, F, GB, N, NL, S, SF, und USA), wobei sich diese Abkommen auf die Erbschaftssteuer beschränken.

Die Abkommen weisen i.d.R. das bewegliche Vermögen grundsätzlich dem letzten Wohnsitz des Erblassers zur ausschliesslichen Besteuerung zu; soweit es sich aber um im anderen Staat gelegenes Betriebsstättevermögen handelt, wird dieses, wie auch das unbewegliche Vermögen, dem Belegenheitsstaat zur Besteuerung zugewiesen.

3.5 Schweizerische Besteuerung von im Ausland ansässigen Personen mit Beziehung zur Schweiz

3.5.1 *Allgemeines*

Im Ausland ansässige Personen sind in der Schweiz lediglich aufgrund ihrer wirtschaftlichen Zugehörigkeit beschränkt steuerpflichtig.

Die Schweiz beschränkt das Besteuerungsrecht auf die Teile der Einkünfte und des Vermögens, welche die Steuerpflicht in der Schweiz begründen (DBG 6 Abs. 2 und 52 Abs. 2; die Kantone kennen analoge Bestimmungen). Es ist jedoch in Durchbrechung des Grundsatzes der Besteuerung nach der wirtschaftlichen Leistungsfähigkeit mindestens das in der Schweiz erzielte Einkommen steuerpflichtig (DBG 6 Abs. 2 letzter Satz und 52 Abs. 4).

Weil im Ausland für Einkünfte aus schweizerischen Geschäftsbetrieben, Betriebsstätten und Grundeigentum oft einseitig eine Steueranrechnung gewährt wird, ist häufig – aber nicht immer – eine Doppelbesteuerung auch ohne DBA ausgeschlossen.

Die DBA weisen das aufgrund der wirtschaftlichen Zugehörigkeit steuerpflichtige Steuersubstrat der Schweiz zur nichtausschliesslichen Besteuerung zu. Z. T. wird das Besteuerungsrecht eingeschränkt. Die Vermeidung der Doppelbesteuerung erfolgt i. d. R. durch Anrechnung der schweizerischen Steuer im Ansässigkeitsstaat.

3.5.2   Unselbständige Erwerbstätigkeit in der Schweiz

3.5.2.1   Allgemeines
Die Ausübung einer unselbständigen Erwerbstätigkeit (dazu gehört auch die Tätigkeit als Verwaltungsrat) durch eine nichtansässige Person begründet grundsätzlich die schweizerische Steuerpflicht aufgrund wirtschaftlicher Zugehörigkeit (DBG 5 Abs. 1 lit. a und b; StHG 4 Abs. 2 lit. a und b). Die Steuer wird an der Quelle erhoben (DBG 91 und 93; StHG 35 Abs. 1 lit. a, c und d).

Die DBA schränken dieses Besteuerungsrecht der Schweiz grundsätzlich nicht ein. Die vorstehend in 3.4.2 dargestellten Einschränkungen betreffend kurzfristige Tätigkeit (Monteur-Klausel), Grenzgänger und andere Fälle gelten jedoch analog.

3.5.2.2   Monteur-Klausel
Darf das Einkommen des in der Schweiz tätigen ausländischen Arbeitnehmers in der Schweiz aufgrund der Ausnahme der sog. Monteur-Klausel (OECD-MA 15 Abs. 2; vgl. ausführlich vorstehend 3.4.2.2) nicht besteuert werden, so entfällt die Steuerpflicht in der Schweiz vollständig; dies, obwohl er nach internem Recht schon aufgrund der hier ausgeübten Erwerbstätigkeit beschränkt (DBG 5 Abs. 1 lit. a) oder bei mehr als 30 Tage dauernder Tätigkeit gar unbeschränkt steuerpflichtig (DBG 3 Abs. 3 lit. a) wird.

3.5.2.3 Grenzgänger

Ausländische Arbeitnehmer, welche als Grenzgänger qualifizieren (vgl. dazu vorstehend 3.4.2.3), sind aufgrund ihrer Erwerbstätigkeit in der Schweiz beschränkt steuerpflichtig (DBG 5 Abs. 1 lit. a). Die Steuer wird grundsätzlich vom Arbeitgeber beim Lohn in Abzug gebracht (Quellensteuer nach DBG 83 ff.; StHG 32 ff.).

Aufgrund der Zuteilungsnormen in den entsprechenden DBA (vgl. vorstehend 3.4.2.3) wird aber die Quellenbesteuerung in der Schweiz wie folgt eingeschränkt:

- Für Grenzgänger mit Wohnsitz in Frankreich und Liechtenstein ist in der Schweiz keine Quellensteuer zu erheben, weil das Besteuerungsrecht ausschliesslich beim Wohnsitzstaat liegt.
- Für Grenzgänger mit Wohnsitz in Deutschland ist zwar eine Quellensteuer zu erheben, sie ist jedoch auf max. 4,5 Prozent des Bruttogehaltes beschränkt, weil in diesen Fällen die Zuteilung an den Wohnsitzstaat nicht ausschliesslich erfolgt.
- Für Grenzgänger mit Wohnsitz in Österreich und Italien wird die volle schweizerische Quellensteuer erhoben, weil das ausschliessliche Besteuerungsrecht dem Arbeitsstaat zugewiesen ist. In beiden Fällen erfolgt ein Finanzausgleich von der Schweiz als Arbeitsstaat an die Wohnsitzstaaten Österreich mit 12 Prozent bzw. Italien mit 40 Prozent der von den Grenzgängern erhobenen Quellensteuer.

3.5.2.4 Im Ausland ansässige Verwaltungsräte/Geschäftsführer einer Schweizer Gesellschaft

Im Ausland ansässige Personen, welche als Mitglieder der Verwaltung oder Geschäftsführung von juristischen Personen mit Sitz oder Betriebsstätte in der Schweiz Tantiemen, Sitzungsgelder, feste Entschädigungen oder ähnliche Vergütungen beziehen, sind in der Schweiz beschränkt steuerpflichtig (DBG 5 Abs. 1 lit. b). Die Erhebung der Steuer erfolgt an der Quelle (DBG 93; StHG 35 Abs. 1 lit. c und d).

Beispiel:
Der in Vaduz, FL, wohnhafte Peter Pfahl ist Verwaltungsrat der Holz GmbH, St. Gallen, von welcher er eine Verwaltungsratsentschädigung von CHF 20 000 bezieht. Die Verwaltungsratsentschädigung unterliegt in der Schweiz der Quellensteuer, welche die Holz GmbH bei der Auszahlung des Verwaltungsratshonorars in Abzug zu bringen und an die Steuerverwaltung zu überweisen hat.

Nach den DBA können die von einer schweizerischen Gesellschaft ausgerichteten Verwaltungsratsvergütungen in der Schweiz besteuert werden (OECD-MA 16). Darunter fallen sämtliche Vergütungen, welche diese Personen in ihrer Eigenschaft als Mitglied des Verwaltungsrates beziehen. Für die Bezüge eines Geschäftsführers sind hingegen die Zuteilungsnormen von OECD-MA 15 für unselbständige Erwerbstätigkeit anwendbar, d. h., i. d. R. sind solche Vergütungen dem Wohnsitzstaat zur Besteuerung zugewiesen.

Die DBA enthalten i. d. R. keine Definition des Begriffs Verwaltungsrat. In Abgrenzung zur unselbständigen Erwerbstätigkeit muss es sich aber um eine Funktion als Organ einer Gesellschaft oder Genossenschaft handeln, welches Leitungs- und Aufsichtsfunktionen wahrnimmt und sich nicht mit der laufenden Geschäftsführung befasst.

Ist ein Verwaltungsrat gleichzeitig in anderer Eigenschaft für das Unternehmen tätig, so richtet sich das Besteuerungsrecht für diese Entschädigungen nach den Bestimmungen über die unselbständige Erwerbstätigkeit (z. B. Geschäftsführer oder Finanzchef des Unternehmens; OECD-MA 15) oder über die selbständige Erwerbstätigkeit (z. B. Beratungsmandat; OECD-MA 7).

3.5.2.5 Tätigkeit im öffentlichen Dienst

Durch die Zuweisung des Besteuerungsrechtes an den Partnerstaat (vgl. vorstehend 3.4.2.4) in den DBA wird die nach internem Recht in DBG 5 Abs. 1 bzw. StHG 4 Abs. 2 lit. a begründete beschränkte Steuerpflicht in der Schweiz eingeschränkt. Die vorstehend (vgl. 3.4.2.4) dargestellten Regeln gelten analog.

3.5.2.6 Ruhegehälter

Beziehen Personen mit Wohnsitz im Ausland Leistungen aus einer schweizerischen privatrechtlichen Einrichtung der beruflichen Vorsorge oder aus anerkannten Formen der gebundenen Selbstvorsorge, so begründet dies eine beschränkte Steuerpflicht in der Schweiz (DBG 5 Abs. 1 lit. e; StHG 4 Abs. 2 lit. e). Die Steuer ist als Quellensteuer von der Vorsorgeeinrichtung einzubehalten und abzuliefern (DBG 96; StHG 35 Abs. 2 lit. g).

Bei Vorliegen eines DBA mit dem Wohnsitzstaat sind private Ruhegehälter von der schweizerischen Steuer zu befreien (OECD-MA 18). Eine Ausnahme gilt lediglich im DBA mit Kanada, welches eine Quellensteuer von max. 15 Prozent zulässt (DBA CH-CDN 18 Abs. 1; vgl. auch vorstehend 3.4.2.5).

Eine andere Regelung gilt bezüglich der an Personen mit Wohnsitz im Ausland geleisteten Ruhegehälter für frühere Tätigkeit im schweizerischen öffentlichen Dienst. Im Gegensatz zu den privatrechtlichen Vorsorgeleistungen steht in diesen Fällen der Schweiz i.d.R. das ausschliessliche Besteuerungsrecht zu (OECD-MA 19 Abs. 2). In den meisten DBA ist jedoch als Ausnahme vom Grundsatz der Besteuerung im Schuldnerstaat vorgesehen, dass stattdessen dem Wohnsitzstaat das Besteuerungsrecht zusteht, wenn der Empfänger dessen Staatsangehörigkeit besitzt.

Unter diese Regelung fallen sämtliche Leistungen, welche ihren Grund in einer früher erbrachten Tätigkeit im öffentlichen Dienst haben. Dazu gehören auch Witwen- und Waisen-Pensionen. Nicht dazu gehören aber die Leistungen aus Sozialversicherungen (insbesondere AHV), denn diese sind nicht Entgelt für im öffentlichen Dienst erbrachte Arbeits- oder Dienstleistungen.

Die Grundlage für die Besteuerung der Pensionen, Ruhegehälter und anderen Leistungen, die aufgrund eines früheren öffentlich-rechtlichen Arbeitsverhältnisses von einem Arbeitgeber oder einer Vorsorgeeinrichtung mit Sitz in der Schweiz an eine Person mit Wohnsitz im Ausland ausgerichtet werden, ergibt sich aus DBG 5 Abs. 1 lit. d bzw. StHG 4 Abs. 2 lit. d. Die Besteuerung erfolgt wie bei den privatrechtlichen Ruhegehältern auf dem Wege der Quellensteuer (DBG 95; StHG 35 Abs. 1 lit. f).

3.5.3 Selbständige Erwerbstätigkeit in der Schweiz (freie Berufe)

Auch die selbständige Erwerbstätigkeit einer nichtansässigen Person in der Schweiz begründet die schweizerische Steuerpflicht (DBG 5 Abs. 1 lit. a; StHG 4 Abs. 2 lit. a). Selbst ohne eigene aktive Erwerbstätigkeit in der Schweiz begründet die Beteiligung an einer schweizerischen Personengesellschaft eine beschränkte Steuerpflicht aufgrund selbständiger Erwerbstätigkeit in der Schweiz (DBG 4 Abs. 1 lit. a; StHG 4 Abs. 1; vgl. dazu vorstehend 3.4.6).

Die Steuer wird auf dem Veranlagungsweg erhoben, was oft einige praktische Probleme aufwirft.

Die DBA schränken allerdings das schweizerische Besteuerungsrecht stark ein, indem eine Besteuerung durch die Schweiz nur zulässig ist, wenn die Tätigkeit in einer Betriebsstätte ausgeübt wird (OECD-MA 7).

3.5.4   Tätigkeit als Künstler, Sportler oder Referent in der Schweiz

Die Einkünfte, welche im Ausland ansässige Künstler, Sportler oder Referenten für Auftritte in der Schweiz erhalten, unterliegen der schweizerischen Quellensteuer (DBG 5 Abs. 1 lit. a i. V. m. DBG 92; StHG 4 Abs. 2 lit. a
i. V. m. StHG 35 Abs. 1 lit. b). Die DBA weisen in diesen Fällen i. d. R. das
Besteuerungsrecht der Schweiz zu (OECD-MA 17 Abs. 1; für die Ausnahmen vgl. vorstehend 3.4.4). Dies gilt jedoch nur für Künstler und Sportler;
die Zuständigkeit für die Besteuerung der Referenten richtet sich nach den
allgemeinen Grundsätzen für unselbständige (OECD-MA 15) oder selbständige Erwerbstätigkeit (OECD-MA 7).

3.5.5   Kapitalanlagen in der Schweiz

3.5.5.1   Unbewegliches Vermögen
Schweizerisches Grundeigentum und der Ertrag daraus unterliegen der
schweizerischen Besteuerung (DBG 4 Abs. 1 lit. c und d; StHG 4 Abs. 1).
Dem Grundeigentum sind dabei die dinglichen oder diesen wirtschaftlich
gleichkommenden Nutzungsrechte (z. B. Wohnrecht) gleichgestellt. Sehr
extensiv ist ausserdem die Begründung der Steuerpflicht in der Schweiz
alleine durch die Vermittlungstätigkeit an Grundstücken (DBG 4 Abs. 1 lit. d;
StHG 4 Abs. 1). Die Besteuerung erfolgt im ordentlichen Verfahren.

Die DBA beschränken dieses Besteuerungsrecht regelmässig nicht (OECD-
MA 6 und 13 Abs. 1 sowie 22 Abs. 1); dies mit Ausnahme der Steuerpflicht
aufgrund der Vermittlungstätigkeit bezüglich in der Schweiz gelegener
Grundstücke: Für diese Einkünfte sind die für selbständige (OECD-MA 7)
oder unselbständige Erwerbstätigkeit (OECD-MA 15) anwendbaren Regeln
massgebend.

Was als unbewegliches Vermögen anzusehen ist, ist nach dem Recht des
Belegenheitsstaates zu bestimmen (OECD-MA 6 Abs. 2). Nicht als unbewegliches Vermögen gelten grundpfandgesicherte Forderungen sowie
Anteile an Immobiliengesellschaften. Gewinne aus der Veräusserung von
Immobiliengesellschaften dürfen aber im Belegenheitsstaat besteuert
werden (wirtschaftliche Handänderung), wenn dies das Abkommen ausdrücklich vorsieht (OECD-MA 13 Abs. 4).

3.5.5.2   Bewegliches Vermögen
Kapitalanlagen von nicht in der Schweiz ansässigen Personen in inländi-
sche bewegliche Vermögenswerte (schweizerische Beteiligungsrechte,
Forderungen gegenüber in der Schweiz ansässigem Schuldner usw.) unter-

liegen grundsätzlich mangels steuerlicher Anknüpfungspunkte nicht der schweizerischen Einkommens- und Vermögensbesteuerung. Ausnahmen bestehen für Hypothekarzinsen sowie die der Verrechnungssteuer unterliegenden Erträge, insbesondere Zinsen und Beteiligungserträge.

Soweit die Erträge aus beweglichem Vermögen der schweizerischen Verrechnungssteuer unterliegen (insbesondere Dividenden und Zinsen, soweit nicht das ZBstA den Nullsatz vorschreibt; vgl. dazu vorstehend 3.3.7), ist eine Rückerstattung derselben an die nicht in der Schweiz ansässigen Personen grundsätzlich ausgeschlossen (VStG 22 und 24). Die DBA weisen aber das Besteuerungsrecht regelmässig dem Ansässigkeitsstaat zu, gestatten dem Quellenstaat (hier: Schweiz) aber eine beschränkte Besteuerung dieser Erträge (OECD-MA 10 und 11). Dies führt dazu, dass bei Anwendbarkeit eines DBA die Verrechnungssteuer auch von nicht in der Schweiz ansässigen Personen gestützt auf das Abkommen – und nicht auf VStG 21 ff. – ganz oder teilweise zuruckgefordert werden kann.

> **Beispiele:**
> - Hans Stock, Konstanz, D, besitzt Aktien der Druck AG, Kreuzlingen. Die Druck AG hat auf Dividendenzahlungen die Verrechnungssteuer von 35% in Abzug zu bringen. Gemäss DBA-D kann die Schweiz Dividenden mit 15% besteuern. Hans Stock kann von der Schweiz 20% der Verrechnungssteuer zurückfordern, während er die nichtrückforderbare Sockelsteuer von 15% in Deutschland zur Anrechnung bringen kann.
> - Der in Vaduz, FL, wohnhafte Peter Pfahl besitzt Anteile an der Holz GmbH, St. Gallen. Dividendenzahlungen der Holz GmbH unterliegen der Verrechnungssteuer von 35%, welche Peter Pfahl mangels einer entsprechenden Bestimmung im DBA zwischen der Schweiz und Liechtenstein nicht zurückfordern kann.

Eine weitere Ausnahme gilt für Gläubiger oder Nutzniesser von Forderungen, die durch Grund- oder Faustpfand auf Grundstücken in der Schweiz gesichert sind. Diese Personen sind in der Schweiz beschränkt steuerpflichtig (DBG 5 Abs. 1 lit. c; StHG 4 Abs. 2 lit. c). Der Schuldner ist verpflichtet, von den geschuldeten Zinszahlungen die Quellensteuer in Abzug zu bringen und für den steuerpflichtigen Gläubiger dem Schweizer Fiskus abzuliefern (DBG 94; StHG 35 Abs. 1 lit. e). Diese Besteuerung muss in allen Fällen eingeschränkt werden, wo ein DBA mit dem Ansässigkeitsstaat des Gläubigers besteht, denn es sind auch für diese Forderungen die Zuteilungsnormen für Zinsen anwendbar (OECD-MA 12). Das auf wenige Doppelbesteuerungskonflikte beschränkte DBA mit dem Fürstentum Liechtenstein schliesst die schweizerische Besteuerung ganz aus, wenn der Gläubiger im Fürstentum ansässig ist (DBA CH-FL 4). Der Schuldner ist berechtigt, den

Quellensteuerabzug auf das gemäss DBA zulässige Mass zu kürzen (d.h. kein Rückerstattungsverfahren wie bei der Verrechnungssteuer).

Eine Besonderheit ergibt sich aus dem ZBstA, welches die Schweiz mit der EU abgeschlossen hat und das seit dem 1. Juli 2005 in Kraft ist. Danach verpflichten sich schweizerische Zahlstellen, d. h. insbesondere die Banken, bei der Auszahlung von Zinsen auf Forderungen gegenüber natürlichen Personen mit Wohnsitz in einem EU-Staat einen Steuerrückbehalt in Abzug zu bringen (ZBstA 1). Der Abzug betrug in den ersten drei Jahren 15 Prozent. Seit dem 1. Juli 2008 gilt während drei weiterer Jahren ein Abzug von 20 Prozent und ab dem 1. Juli 2011 schliesslich 35 Prozent (vgl. vorstehend 3.3.7).

3.5.6 Ausländische Personenunternehmungen mit Beziehungen zur Schweiz

In der Schweiz ansässige Personen, welche an einer ausländischen Personenunternehmung beteiligt sind, werden für diesen Teil ihres Einkommens und Vermögens von der schweizerischen Besteuerung ausgenommen (unter Progressionsvorbehalt). Dies ergibt sich schon aus der einseitigen Freistellung von ausländischen Geschäftsbetrieben und Betriebsstätten durch das schweizerische Steuerrecht (DBG 6 Abs. 1 und 52 Abs. 1; die Kantone kennen analoge Bestimmungen).

Betreibt eine ausländische Personenunternehmung in der Schweiz eine Betriebsstätte oder verfügt sie über Grundeigentum, vermittelt sie solches oder ist sie Gläubigerin oder Nutzniesserin von durch schweizerische Grundstücke sichergestellten Forderungen, so ist sie aufgrund wirtschaftlicher Zugehörigkeit hier steuerpflichtig (DBG 4 Abs. 1 lit. b, c und d; StHG 21 Abs. 1 lit. b und c sowie Abs. 2 i.V.m. StHG 20 Abs. 2). Für die Besteuerung gelten die Regeln für juristische Personen (DBG 11 und 49 Abs. 3; StHG 20 Abs. 2).

Diese Besteuerung steht grundsätzlich in Einklang mit den DBA, welche Betriebsstätten und Grundeigentum regelmässig der Schweiz zur Besteuerung zuweisen (OECD-MA 6 und 7). Umstritten ist jedoch, ob die Vorschrift, wonach mindestens das in der Schweiz erzielte Einkommen der Besteuerung unterliegt (DBG 52 Abs. 4), einen Verstoss gegen das in den meisten DBA verankerte Gleichbehandlungsgebot (OECD-MA 24) darstellt.

3.5.7 Ausländische Kapitalgesellschaften mit Beziehungen zur Schweiz

In der Schweiz ansässige Personen, die an einer ausländischen Kapitalgesellschaft beteiligt sind, unterliegen für die Beteiligungsrechte und die Erträge daraus der schweizerischen Besteuerung. Das oben zu den Kapitalanlagen im Ausland bezüglich Besteuerungsrecht des Ansässigkeitsstaates der Beteiligten Gesagte gilt hier analog für die Schweiz (vgl. vorstehend 3.4.5).

Ausländische Kapitalgesellschaften werden in der Schweiz beschränkt steuerpflichtig, wenn sie hier eine Geschäftstätigkeit in einer Betriebsstätte ausüben oder Grundeigentum besitzen, solches vermitteln sowie Gläubiger oder Nutzniesser von durch schweizerische Grundstücke sichergestellten Forderungen sind (DBG 51 Abs. 1 lit. b–e; StHG 21 Abs. 1 lit. b und c sowie Abs. 2). Für die Besteuerung wird die Kapitalgesellschaft jener schweizerischen juristischen Person gleichgestellt, welcher sie am ähnlichsten ist (DBG 49 Abs. 3; StHG 20 Abs. 2).

Bezüglich Vermeidung der Doppelbesteuerung gilt das oben für die ausländischen Personenunternehmungen Gesagte analog (vgl. vorstehend 3.5.6).

3.5.8 Erbschaften und Schenkungen ins Ausland

Die kantonalen Erbschafts- und Schenkungssteuergesetze knüpfen die Steuerpflicht u.a. an den letzten Wohnsitz des Erblassers bzw. an den Wohnsitz des Schenkers. Liegt dieser in der Schweiz, so erfolgt regelmässig eine umfassende Besteuerung (vgl. dazu ausführlich vorstehend VI. 3.1).

Bestehen ausserdem Anknüpfungspunkte für eine Besteuerung im Ausland, kann eine Doppelbesteuerung nur vermieden werden, wenn mit dem anderen Staat ein DBA zur Vermeidung der Doppelbesteuerung bei Erbschaftssteuern besteht. Dies ist mit 10 Staaten der Fall (A, D, DK, F, GB, N, NL, S, SF, und USA). Keines dieser Abkommen befasst sich mit der Vermeidung von Doppelbesteuerung bei der Schenkungssteuer. Einzig im DBA mit Deutschland wird festgehalten, dass sich ein Verständigungsverfahren auch auf Schenkungen beziehen kann (DBA-Erb CH-D 12 Abs. 3). So ist eine Verständigungsvereinbarung bezüglich der Schenkung von GmbH-Anteilen sowie von beweglichem Geschäftsvermögen zustande gekommen.

ANHANG 1

Publikationen der Eidgenössischen Steuerverwaltung für die direkte Bundessteuer, die Verrechnungssteuer, die Stempelabgaben und die EU-Zinsbesteuerung, Stand 1. Mai 2010
(Im Internet unter www.estv.admin.ch/dokumentation abrufbar)

Kreisschreiben

- Kreisschreiben Nr. 27 vom 17. Dezember 2009: Steuerermässigung auf Beteiligungserträgen von Kapitalgesellschaften und Genossenschaften

- Kreisschreiben Nr. 26 vom 16. Dezember 2009: Neuerungen bei der selbständigen Erwerbstätigkeit aufgrund der Unternehmenssteuerreform II

- Kreisschreiben Nr. 25 vom 5. März 2009: Besteuerung kollektiver Kapitalanlagen und ihrer Anleger

- Kreisschreiben Nr. 24 vom 1. Januar 2009: Kollektive Kapitalanlagen als Gegenstand der Verrechnungssteuer und der Stempelabgaben

- Kreisschreiben Nr. 23 vom 17. Dezember 2008: Teilbesteuerung der Einkünfte aus Beteiligungen im Geschäftsvermögen und zum Geschäftsvermögen erklärte Beteiligungen

- Kreisschreiben Nr. 22 vom 16. Dezember 2008: Teilbesteuerung der Einkünfte aus Beteiligungen im Privatvermögen und Beschränkung des Schuldzinsenabzugs

- Kreisschreiben Nr. 21 vom 1. April 2008: Belege für die Rückerstattung der Verrechnungssteuer bei Ertragsgutschriften ausländischer Banken

- Kreisschreiben Nr. 20 vom 27. März 2008: Besteuerung von Trusts

- Kreisschreiben Nr. 19 vom 6. Februar 2008: Leasinggeschäfte mit gewerblichen oder industriellen Liegenschaften

- Kreisschreiben Nr. 18 vom 17. Juli 2008: Steuerliche Behandlung von Vorsorgebeiträgen und -leistungen der Säule 3a

- Kreisschreiben Nr. 17 vom 3. Oktober 2007: Wohneigentumsförderung mit Mitteln der beruflichen Vorsorge

- Kreisschreiben Nr. 16 vom 13. Juli 2007: Unzulässigkeit des steuerlichen Abzugs von Bestechungsgeldern

- Kreisschreiben Nr. 15 vom 7. Februar 2007: Obligationen und derivative Finanzinstrumente als Gegenstand der direkten Bundessteuer, der Verrechnungssteuer sowie der Stempelabgaben

- Kreisschreiben Nr. 14 vom 6. November 2007: Verkauf von Beteiligungsrechten aus dem Privat- in das Geschäftsvermögen eines Dritten («indirekte Teilliquidation»)

- Kreisschreiben Nr. 13 vom 1. September 2006: Securities Lending- und Repo-Geschäft als Gegenstand der Verrechnungssteuer, ausländischer Quellensteuern, der Stempelabgaben und der direkten Bundessteuer

- Kreisschreiben Nr. 12 vom 20. Dezember 2005: Umsatzabgabe

- Kreisschreiben Nr. 11 vom 31. August 2005: Abzug von Krankheits- und Unfallkosten sowie von behinderungsbedingten Kosten

- Kreisschreiben Nr. 10 vom 15. Juli 2005: Meldeverfahren bei schweizerischen Dividenden aus wesentlichen Beteiligungen ausländischer Gesellschaften basierend auf Artikel 15 Absatz 1 des Zinsbesteuerungsabkommens mit der EG (Ergänzung zu Kreisschreiben Nr. 6 vom 22.12.2004)

- Kreisschreiben Nr. 9 vom 22. Juni 2005: Nachweis des geschäftsmässig begründeten Aufwandes bei Ausland-Ausland-Geschäften

- Kreisschreiben Nr. 8 vom 21. Juni 2005: Gewerbsmässiger Wertschriftenhandel

- Kreisschreiben Nr. 6 vom 22. Dezember 2004: Meldeverfahren bei schweizerischen Dividenden aus wesentlichen Beteiligungen ausländischer Gesellschaften

- Kreisschreiben Nr. 5 vom 1. Juni 2004: Umstrukturierungen

- Kreisschreiben Nr. 4 vom 19. März 2004: Besteuerung von Dienstleistungsgesellschaften

- Kreisschreiben Nr. 3 vom 27. Januar 2003: Zinssätze für die Berechnung der geldwerten Leistungen (Merkblatt vom 20.1.2003)

- Kreisschreiben Nr. 2 vom 14. Januar 2003: Abzüge, Tarife und Zinssätze bei der direkten Bundessteuer

- Kreisschreiben Nr. 1 vom 3. Oktober 2002: Die Abgangsentschädigung resp. Kapitalabfindung des Arbeitgebers

- Kreisschreiben Nr. 10 vom 31. Januar 2002: Zinssätze für die Berechnung der geldwerten Leistungen (Merkblatt vom 28.1.2002)

- Kreisschreiben Nr. 8 vom 18. Dezember 2001: Internationale Steuerausscheidung von Principal-Gesellschaften

- Kreisschreiben Nr. 7 vom 17. Dezember 2001: Zinssätze, Abzüge, Ansätze und Tarife 2002 bei der direkten Bundessteuer (Änderung vom 28.11.2001 der Verordnung vom 10.12.1992, Übersicht über Abzüge, Ansätze und Tarife, Stand 1.1.2002)

- Kreisschreiben Nr. 6 vom 6. Juni 2001 (Verordnung über die pauschale Steueranrechnung, Änderung vom 9.3.2001 der Verordnung vom 22.8.1967, Änderung vom 23.3.2001 der Verordnung vom 6.12.1967)

- Kreisschreiben Nr. 5 vom 9. April 2001: Verordnung über die zeitliche Bemessung der direkten Bundessteuer bei natürlichen Personen (Änderung vom 9.3.2001 der Verordnung vom 16.9.1992)

- Kreisschreiben Nr. 4 vom 5. Februar 2001: Zinssätze für die Berechnung der geldwerten Leistungen (Merkblatt vom 31.1.2001)

- Kreisschreiben Nr. 2 vom 15. Dezember 2000: Direkte Bundessteuer der natürlichen Personen in den Steuerperioden 2001 (Post) und 2001/02 (Prae)

- Kreisschreiben Nr. 1 vom 19. Juli 2000: Die Beschränkung des Schuldzinsenabzuges und die zum Geschäftsvermögen erklärten Beteiligungen nach dem Bundesgesetz vom 19. März 1999 über das Stabilisierungsprogramm 1998

- Kreisschreiben Nr. 9 vom 2. Februar 2000: Zinssätze für die Berechnung der geldwerten Leistungen (Merkblatt vom 31.1.2000)

- Kreisschreiben Nr. 8 vom 21. Januar 2000: Zinssätze, Abzüge und Tarife 2000 bei der direkten Bundessteuer

- Kreisschreiben Nr. 7 vom 20. Januar 2000: Familienbesteuerung nach dem Bundesgesetz über die direkte Bundessteuer (DBG); Übertragung der gemeinsamen elterlichen Sorge auf unverheiratete Eltern und die gemeinsame Ausübung der elterlichen Sorge durch getrennte oder geschiedene Eltern

- Kreisschreiben Nr. 6 vom 20. August 1999: Übergang von der zweijährigen Pränumerando- zur einjährigen Postnumerandobesteuerung bei natürlichen Personen. Änderungen des Artikels 218 DBG und der Artikel 7 bis 13 der Verordnung vom 16. September 1992 über die zeitliche Bemessung der direkten Bundessteuer bei natürlichen Personen

- Kreisschreiben Nr. 5 vom 19. August 1999: Unternehmenssteuerreform 1997 – Neuregelung des Erwerbs eigener Beteiligungsrechte

- Kreisschreiben Nr. 3 vom 19. Februar 1999: Zinssätze, Abzüge und Tarife 1999 bei der direkten Bundessteuer

- Kreisschreiben Nr. 2 vom 18. Februar 1999: Zinssätze für die Berechnung der geldwerten Leistungen

- Kreisschreiben vom 6. Januar 1999: Regeln für die Bewertung der Grundstücke bei der interkantonalen Steuerausscheidung in der Steuerperiode 1999/2000 (Kreisschreiben vom 11.12.1998)

- Kreisschreiben Nr. 1 vom 18. September 1998: Direkte Bundessteuer der natürlichen Personen in den StP 1999/2000 (Prae) und 1999 (Post)

- Kreisschreiben Nr. 10 vom 10. Juli 1998: Übergang von Beteiligungen auf ausländische Konzerngesellschaften

- Kreisschreiben Nr. 9 vom 9. Juli 1998: Auswirkungen des Bundesgesetzes über die Reform der Unternehmensbesteuerung 1997 auf die Steuerermässigung auf Beteiligungserträgen von Kapitalgesellschaften und Genossenschaften

- Kreisschreiben Nr. 8 vom 3. Februar 1998: Zinssätze, Abzüge und Tarife 1998 bei der direkten Bundessteuer

- Kreisschreiben Nr. 6 vom 6. Juni 1997: Verdecktes Eigenkapital (Art. 65 und 75 DBG) bei Kapitalgesellschaften und Genossenschaften (in Anhang 5)

- Kreisschreiben Nr. 5 vom 30. April 1997: Besteuerung von Mitarbeiteraktien und Mitarbeiteroptionen

- Kreisschreiben Nr. 3 vom 30. Januar 1997: Zinssätze, Abzüge und Tarife 1997 bei der direkten Bundessteuer

- Kreisschreiben Nr. 2 vom 26. Juli 1996: Abzug von Berufskosten und Bewertung der Naturalbezüge bei der direkten Bundessteuer

- Kreisschreiben Nr. 1 vom 30. April 1996: Ausgleich kalte Progression bei der direkten Bundessteuer, im Praenumerando-System gültig ab StP 1997/98

- Kreisschreiben Nr. 30 vom 15. März 1996: Abzüge und Tarife für natürliche Personen bei der direkten Bundessteuer (Ausgleich kalte Progression/Höchstbezüge Säule 3a/Berufskosten)

- Kreisschreiben Nr. 28 vom 29. Januar 1996: Der Bezug der direkten Bundessteuer

- Kreisschreiben Nr. 26 vom 22. September 1995: Abzug von Berufskosten der unselbständigen Erwerbstätigkeit

- Kreisschreiben Nr. 24 vom 30. Juni 1995: Kapitalversicherungen mit Einmalprämie

- Kreisschreiben Nr. 23 vom 5. Mai 1995: Wohneigentumsförderung mit Mitteln der beruflichen Vorsorge

- Kreisschreiben Nr. 22 vom 4. Mai 1995: Freizügigkeit in der beruflichen Alters-, Hinterlassenen- und Invalidenvorsorge

- Kreisschreiben Nr. 21 vom 7. April 1995: Das Nachsteuer- und das Steuerstrafrecht nach dem DBG

- Kreisschreiben Nr. 20 vom 8. März 1995: Mitteilungen zur direkten Bundessteuer

- Kreisschreiben Nr. 19 vom 7. März 1995: Auskunfts-, Bescheinigungs- und Meldepflicht im DBG

- Kreisschreiben Nr. 17 vom 15. Dezember 1994: Steuerermässigung bei Liquidation von Immobiliengesellschaften

- Kreisschreiben Nr. 16 vom 14. Dezember 1994: Abzug von Krankheits-, Unfall- und Invaliditätskosten

- Kreisschreiben Nr. 15 vom 27. September 1994: Änderungen bei der direkten Bundessteuer (Merkblätter A 1995 über Abschreibungen auf dem Anlagevermögen geschäftlicher Betriebe, dem Anlagevermögen der Elektrizitätswerke, Luftseilbahnen, Schiffen und Schifffahrtsanlagen)

- Kreisschreiben Nr. 14 vom 29. Juli 1994: Familienbesteuerung nach dem DBG

- Kreisschreiben Nr. 13 vom 28. Juli 1994: Abzug bei Erwerbstätigkeit beider Ehegatten

- Kreisschreiben Nr. 12 vom 8. Juli 1994: Steuerbefreiung juristischer Personen, die öffentliche oder gemeinnützige Zwecke oder Kultuszwecke verfolgen; Abzugsfähigkeit von Zuwendungen

- Kreisschreiben Nr. 11 vom 8. Juni 1994: Besteuerung von Leistungen aus Militärversicherung

- Kreisschreiben Nr. 10 vom 6. Mai 1994: Erträge aus Luxemburger SICAV-Fonds

- Kreisschreiben Nr. 9 vom 3. Dezember 1993: Verordnung über die Besteuerung nach dem Aufwand bei der direkten Bundessteuer

- Kreisschreiben Nr. 7 vom 26. April 1993: Zur zeitlichen Bemessung der direkten Bundessteuer bei natürlichen Personen

- Kreisschreiben Nr. 4 vom 26. November 1992: Zur Verordnung über die zeitliche Bemessung der direkten Bundessteuer bei juristischen Personen

- Kreisschreiben Nr. 3 vom 25. November 1992: Neuerungen für die Land- und Forstwirtschaft aufgrund des DBG

- Kreisschreiben Nr. 2 vom 12. November 1992: Einkommen aus selbständiger Erwerbstätigkeit nach Artikel 18 DBG (Ausdehnung der Kapitalgewinnsteuerpflicht, Übergang zur Präponderanzmethode und deren Anwendung)

- Kreisschreiben Nr. 7 vom 12. Mai 1993: Bewertung der Naturalbezüge

- Kreisschreiben Nr. 6 vom 26. Mai 1989: Neukonzeption der Arbeitsbeschaffungsreserven (ABR)

- Kreisschreiben Nr. 6 vom 3. Februar 1987: Einbringen von Beteiligungen in eine vom gleichen Aktionär beherrschte Gesellschaft

- Kreisschreiben Nr. 8 vom 6. Mai 1985: Liquidation und Löschung von Kapitalgesellschaften und Genossenschaften; Beendigung der Steuerpflicht

- Kreisschreiben Nr. 2 vom 20. April 1982: Steuerliche Behandlung der Pflichtlager

- Kreisschreiben Nr. 14 vom 1. Juli 1981: Forderungsverzicht durch Aktionäre im Zusammenhang mit Sanierungen von Aktiengesellschaften (in Anhang 6)

- Kreisschreiben Nr. 4 vom 30. April 1980: Steuerliche Behandlung der Entschädigung nach Artikel 334 ZGB (Lidlohn)

- Kreisschreiben Nr. 2 vom 28. Januar 1980: Aufbewahrungs- und Aufzeichnungspflicht Selbständigerwerbender

- Kreisschreiben Nr. 2 vom 18. April 1972: Steuerliche Auswirkungen der Änderung von Währungsparitäten

- Kreisschreiben Nr. 8 vom 25. Februar 1971: Zuwendungen des Schweizerischen Nationalfonds zur Förderung der wissenschaftlichen Forschung

• Kreisschreiben Nr. 4 vom 24. September 1970: Verbuchung der verrechnungssteuerbelasteten Einkünfte durch juristische Personen sowie
  durch Kollektiv- und Kommanditgesellschaften

• Kreisschreiben Nr. 2 vom 27. Mai 1966: Abschreibungen auf Tankanla-
  gen für Pflichtlager an flüssigen Treib- und Brennstoffen

• Kreisschreiben Nr. 15 vom 8. April 1953: Steuerliche Behandlung von
  Preisen, Ehrengaben und Stipendien an Schriftsteller, Musiker, Maler,
  Bildhauer, Wissenschafter usw.

Merkblätter zur direkten Bundessteuer

• Merkblatt vom Dezember 2000 und Oktober 1994 betreffend Abschreibungen auf dem Anlagevermögen land- und forstwirtschaftlicher
  Betriebe

• Merkblatt vom April 2001 und Oktober 1994 betreffend Abschreibungen auf dem Anlagevermögen geschäftlicher Betriebe

• Merkblatt vom April 2001 und Oktober 1994 betreffend Abschreibungen auf dem Anlagevermögen der Elektrizitätswerke

• Merkblatt vom April 2001 und Oktober 1994 betreffend Abschreibungen auf Luftseilbahnen

• Merkblatt vom April 2001 und Oktober 1994 betreffend Abschreibungen auf Schiffen und Schifffahrtsanlagen

• Merkblatt vom 28. Mai 1976 betreffend Abschreibungen auf gewerblichen Liegenschaften und Abgrenzung zwischen werterhaltenden und
  wertvermehrenden Aufwendungen für private Liegenschaften

• Merkblatt vom 16. Januar 1996 betreffend Aktionärs- oder Gratis-
  optionen

• Merkblatt vom Januar 1980 betreffend Aufbewahrungs- und Aufzeichnungspflicht, welcher Steuerpflichtige mit selbständiger Erwerbstätigkeit unterliegen

- Merkblatt vom Oktober 2006, Juni 2000 und April 1993 betreffend Bewertung der Naturalbezüge und der privaten Unkostenanteile von Geschäftsinhaberinnen und Geschäftsinhabern

- Merkblatt vom Oktober 2006 und Dezember 2000 betreffend Bewertung der Naturalbezüge und der privaten Unkostenanteile von Geschäftsinhabern in der Land- und Forstwirtschaft

- Merkblatt vom Oktober 2006, Juni 2000 und April 1993 betreffend Bewertung von Verpflegung und Unterkunft von Unselbständigerwerbenden

- Merkblatt vom 18. April 1972 betreffend steuerliche Auswirkungen der Änderung von Währungsparitäten

Merkblätter zur Verrechnungssteuer und zu den Stempelabgaben

- Merkblatt vom April 2004 betreffend Ausfüllen des rosafarbigen Meldeformulars 563 für Kapitalleistungen

- Merkblatt vom April 2004 betreffend Ausfüllen des gelben Meldeformulars 565 für Leibrenten und Pensionen

- Merkblatt vom April 2004 betreffend Ausfüllen des Meldeformulares WEF über Vorbezüge und Rückzahlungen gemäss Verordnung über die Wohneigentumsförderung mit Mitteln der beruflichen Vorsorge

- Merkblatt vom November 2001 betreffend Neue Formulare für die Rückerstattung der Verrechnungssteuer auf nicht gemeldeten Versicherungsleistungen

- Merkblatt vom 30. April 1998 betreffend Bankenerklärung (Affidavit)

- Merkblatt vom Februar 2001 betreffend Bestimmung des Leistungsempfängers bei der Verrechnungssteuer

- Merkblatt vom 1. April 1993 betreffend Emissionsabgabe auf Festgeldanlagen bei inländischen Banken

- Merkblatt vom April 1999 betreffend Geldmarktpapiere und Buchforderungen inländischer Schuldner

- Merkblatt vom 30. Juni 2002 betreffend Gesuch um Meldung statt Entrichtung der Verrechnungssteuer für Dividenden aus Beteiligungen im schweizerischen Konzernverhältnis (Art. 26a VStV)

- Merkblatt vom 1. Januar 2004 betreffend Inanspruchnahme von Doppelbesteuerungsabkommen (DBA) durch schweizerische Anlagefonds – Staatenverzeichnis

- Merkblatt vom April 1999 betreffend Kundenguthaben

- Merkblatt vom Februar 2004 betreffend Mitwirkungspflichten im Verrechnungssteuer-Abschlagsrückerstattungsverfahren (Formular 21)

- Merkblatt vom April 1999 betreffend Obligationen

- Merkblatt vom Mai 2003 betreffend Pauschale Steueranrechnung für ausländische Dividenden, Zinsen und Lizenzgebühren aus Vertragsstaaten

- Merkblatt vom Juni 2002 betreffend Rückerstattung der Verrechnungssteuer an Gemeinschaftsunternehmen (Baukonsortien und dergleichen) i.S.v. Art. 55 Bst. a der Vollziehungsverordnung zum Bundesgesetz über die Verrechnungssteuer vom 19. Dezember 1966 (VStV)

- Merkblatt vom Oktober 2006 betreffend Rückerstattung der Verrechnungssteuer an Stockwerkeigentümergemeinschaften i.S.v. Art. 712a ff. des Schweiz. Zivilgesetzbuches (ZGB)

- Merkblatt vom 29. September 2000 betreffend Rückerstattung der Verrechnungssteuer im Zusammenhang mit Kapitalanlagen in Betreibungs- und Konkursverfahren und in anderen besonderen Fällen (wie Nachlassverfahren, Prozesskostenvorschüssen, Honorarvorauszahlungen und ausgeschlagenen Verlassenschaften)

- Merkblatt vom Mai 2005 betreffend Steuerentlastungen für deutsche Dividenden, Zinsen und Lizenzgebühren (Form. R-D)

- Merkblatt vom März 2005 betreffend Steuerentlastungen für Einkünfte aus französischen Quellen (Form. R-F)

- Merkblatt vom Juli 2003 betreffend Steuerentlastungen für Einkünfte aus britischen Quellen (Form. R-GB)

- Merkblatt vom Juni 2004 betreffend Steuerentlastungen für Einkünfte aus italienischen Quellen (Form. R-I)

- Merkblatt vom 30. September 1996 betreffend steuerliche Behandlung von Anlagestiftungen

- Merkblatt vom Juni 2002 betreffend steuerliche Behandlung von inländischen Investment-Clubs

- Merkblatt vom Januar 2000 betreffend steuerliche Behandlung von Konsortialdarlehen, Schuldscheindarlehen, Wechseln und Unterbeteiligungen

- Merkblatt vom Oktober 1967 (Nachdruck September 1993) betreffend Treuhandverhältnisse

- Merkblatt vom 31. Mai 1965 (neue Auflage Mai 1993) betreffend Treuhandkonto

- Merkblatt vom August 2006 betreffend Verbuchung der verrechnungssteuerbelasteten Einkünfte als Ertrag bei doppelter Buchhaltung

- Merkblatt vom Oktober 2006 betreffend Verbuchung der verrechnungssteuerbelasteten Einkünfte bei einfacher Buchhaltung

- Merkblatt vom 30. April 1999 betreffend Verrechnungssteuer auf Gratisaktien, Gratispartizipationsscheinen und Gratisliberierungen

- Merkblatt vom 22. September 1986 betreffend Verrechnungssteuer auf Zinsen von Bankguthaben, deren Gläubiger Banken sind (Interbankguthaben)

- Merkblatt vom März 2001 betreffend zusätzlicher Steuerrückbehalt beim Bezug von amerikanischen Dividenden und Zinsen über schweizerische Zwischenstellen («Qualified Intermediaries») für Fälligkeiten ab 1. Januar 2001

- Merkblatt Emissionsabgabe auf Festgeldanlagen bei inländischen Banken vom 1. April 1993

- Merkblatt vom April 1993 betreffend Umsatzabgabe auf Report- und Deportgeschäften

ANHANG 2

Publikationen der Schweizerischen Steuerkonferenz (SSK), Stand 1. Mai 2010

(Im Internet unter www.steuerkonferenz.ch/d/kreisschreiben.htm abrufbar)

- Kreisschreiben Nr. 32 vom 1. Juli 2009: Milderung der wirtschaftlichen Doppelbelastung und ihre Auswirkungen auf die interkantonale Steuerausscheidung

- Kreisschreiben Nr. 31 vom 18. Januar 2008: Interkantonale Repartition der Pauschalen Steueranrechnung

- Kreisschreiben Nr. 30 vom 22. August 2008: Besteuerung von Trusts

- Kreisschreiben Nr. 29 vom 27. Juni 2007: Leasinggeschäfte mit gewerblichen oder industriellen Liegenschaften

- Kreisschreiben Nr. 28 vom 28. August 2008: Wegleitung zur Bewertung von Wertpapieren ohne Kurswert für die Vermögenssteuer

- Kommentar vom 21. Dezember 2009 zu Wegleitung zur Bewertung von Wertpapieren ohne Kurswert für die Vermögenssteuer

- Kreisschreiben Nr. 27 vom 15. März 2007: Die Vermeidung von Ausscheidungsverlusten

- Kreisschreiben Nr. 26 vom 22. Juni 2006: Steuerliche Bewertung von Pflichtlagern

- Kreisschreiben Nr. 25 vom 18. Januar 2008: Muster-Spesenreglemente für Unternehmen und für Non-Profit-Organisationen

- Kreisschreiben Nr. 24 vom 17. Dezember 2003: Verrechnung von Vorjahresverlusten in der interkantonalen Steuerausscheidung

- Kreisschreiben Nr. 23 vom 21. November 2006: Steuerausscheidung von Versicherungsgesellschaften

- Kreisschreiben Nr. 22 vom 21. November 2006: Regeln für die Bewertung der Grundstücke bei interkantonalen Steuerausscheidungen in den Steuerperioden 1997–2008

- Kreisschreiben Nr. 21 vom 28. November 2001: Vorgehen bei Sonderfällen mit Auswirkungen auf mehrere Steuerhoheiten

- Kreisschreiben Nr. 20 vom 28. November 2001: Interkantonale Steuerausscheidung bei Telekommunikationsunternehmungen (fix und mobil) mit eigener Netzinfrastruktur

- Kreisschreiben Nr. 19 vom 31. August 2001: Ersatzbeschaffung mit nur teilweiser Reinvestition

- Kreisschreiben Nr. 18 vom 27. November 2001: Die interkantonale Ausscheidung bei Änderungen der Steuerpflicht während der Steuerperiode im System der einjährigen Postnumerandobesteuerung mit Gegenwartsbemessung (Natürliche Personen)

- Kreisschreiben Nr. 17 vom 27. November 2001: Die interkantonale Ausscheidung bei Änderungen der Steuerpflicht während der Steuerperiode im System der einjährigen Postnumerandobesteuerung mit Gegenwartsbemessung (Juristische Personen)

- Kreisschreiben Nr. 16 vom 31. August 2001: Die Verordnung des Bundesrates vom 9. März 2001 über die Anwendung des Steuerharmonisierungsgesetzes im interkantonalen Verhältnis

- Kreisschreiben Nr. 15 vom 31. August 2001: Koordination und Vereinfachung der Veranlagungsverfahren für die direkten Steuern im interkantonalen Verhältnis

- Kreisschreiben Nr. 14 vom 6. Juli 2001: Interkantonaler Wohnsitzwechsel von quellensteuerpflichtigen Personen, die nachträglich ordentlich veranlagt werden (Art. 90 Abs. 2 DBG, Art. 34 Abs. 2 StHG)

- Kreisschreiben Nr. 12 vom 23. März 2000: Steuerpflicht der Krankenkassen nach dem Krankenversicherungsgesetz (KVG)

• Kreisschreiben Nr. 10 vom 11. März 1999: Interkantonale Steuerausscheidung «DIE POST»

• Kreisschreiben Nr. 8 vom 14. August 1998: Satzungen der Kommission
für Erfahrungszahlen

• Kreisschreiben Nr. 6 vom 15. Juni 1995: Einkommenssteuerliche Folgen
der Hofübergabe zum Ertragswert gemäss dem Bundesgesetz über das
bäuerliche Bodenrecht

• Kreisschreiben Nr. 5 vom 24. Februar 1995: Steuerausscheidung bei den
Banken

• Kreisschreiben Nr. 4 vom 7. Juni 1994: Besteuerung der Militärversiche-
rungsleistungen

• Kreisschreiben Nr. 3 vom 18. März 1994: Interkantonale Steuerausscheidung bei Immobilien-Leasinggesellschaften (ILG)

• Kreisschreiben Nr. 2 vom 11. Oktober 1986: Zweite Säule – Umschreibung der beruflichen Vorsorge

• Kreisschreiben Nr. 1 vom 14. Juni 2000: Besteuerung von natürlichen
Personen im Ausland mit einem Arbeitsverhältnis zum Bund oder zu
einer andern öffentlich-rechtlichen Körperschaft oder Anstalt des Inlandes

ANHANG 3

Publikationen der Eidgenössischen Steuerverwaltung zum neuen Mehrwertsteuergesetz, Stand 1. Mai 2010

(Im Internet unter www.estv.admin.ch/mwst/dokumentation abrufbar)

Informationsbroschüre

605.510.01 Informationsbroschüre Nr. 01.01: Übersicht über die wichtigsten Änderungen des neuen Mehrwertsteuer-gesetzes

MWST-Infos

605.525.01	MWST in Kürze und Übergangs-Info
605.525.02	Steuerpflicht
605.525.03	Gruppenbesteuerung
605.525.04	Steuerobjekt (*)
605.525.05	Subventionen und Spenden (*)
605.525.06	Ort der Leistungserbringung (*)
605.525.07	Steuerbemessung und Steuersätze (*)
605.525.08	Privatanteile (*)
605.525.09	Vorsteuerabzug und Vorsteuerkorrekturen (*)
605.525.10	Nutzungsänderungen (*)
605.525.11	Meldeverfahren (*)
605.525.12	Saldosteuersätze
605.525.13	Pauschalsteuersätze
605.525.14	Bezugsteuer
605.525.15	Abrechnung und Steuerentrichtung (Effektive Abrechnungsmethode)
605.525.16	Buchführung und Rechnungsstellung
605.525.17	Leistungen an diplomatische Vertretungen und internationale Organisationen
605.525.18	Vergütungsverfahren (*)
605.525.19	Steuersatzerhöhung per 1.1.2011 (IV-Zusatzfinanzierung) (*)

(*) = am 1. Mai 2010 noch nicht erschienen

MWST-Praxis-Info

605.535.01   Präzisierungen zur MWST Übergangsinfo 01

Branchen-Infos*

610.540-01   Urproduktion und nahestehende Bereiche
610.540-02   Gärtner und Floristen
610.540-03   Druckerzeugnisse
610.540-04   Baugewerbe
610.540-05   Motorfahrzeuggewerbe
610.540-06   Detailhandel
610.540-07   Elektrizität und Erdgas in Leitungen
610.540-08   Hotel- und Gastgewerbe
610.540-09   Transportwesen
610.540-10   Transportunternehmungen des öffentlichen und des touris-
              tischen Verkehrs
610.540-11   Luftverkehr
610.540-12   Reisebüros sowie Kur- und Verkehrsvereine
610.540-13   Telekommunikation und elektronische Dienstleistungen
610.540-14   Finanzbereich
610.540-15   Vorsteuerpauschale für Banken
610.540-16   Versicherungswesen
610.540-17   Liegenschaftsverwaltung/Vermietung und Verkauf von
              Immobilien
610.540-18   Rechtsanwälte und Notare
610.540-19   Gemeinwesen
610.540-20   Bildung
610.540-21   Gesundheitswesen
610.540-22   Hilfsorganisationen, sozialtätige und karitative
              Einrichtungen
610.540-23   Kultur
610.540-24   Sport
610.540-25   Forschung und Entwicklung
610.540-26   Betreibungs- und Konkursämter

* am 1. Mai 2010 noch nicht erschienen

SACHREGISTER

A

A-fonds-perdu-Zuwendungen, Emissionsabgabe 375, 376, 387
A-fonds-perdu-Zuwendungen, Gewinnsteuer 201, 206
A-fonds-perdu-Zuwendungen, Verrechnungssteuer 340
Abfindung siehe Kapitalabfindung
Abfindungsbilanz 114
Abgabe auf Versicherungsprämien 403 f.
Abgabebetrug, Emissionsabgabe 405
Abgabebetrug, Mehrwertsteuer 493
Abgabebetrug, Verrechnungssteuer 365, 366
Abhollieferung 427 f.
Abkommensmissbrauch 574, 579 ff.
Abrechnung, Mehrwertsteuer 478 ff.
Abrechnungsverfahren, vereinfachtes 173, 278
Abschreibungen 105 ff., 199 ff.
Abschreibungen, wieder eingebrachte 112 f., 115, 239 f., 249, 266, 270, 530 f., 545
Abschreibungssätze 106
Absorption 211 ff., 378 f.
Absorption, Mutterabsorption 219 ff., 379
Absorption, Tochterabsorption 216 f.
Abspaltungen 225 ff., 381
Abzüge siehe Gewinnungskosten, allgemeine Abzüge, Sozialabzüge
Affidavit 346, 354
Agenturgeschäfte, Mehrwertsteuer 426

Agio, Emissionsabgabe 369, 371, 375, 377, 386
Agio, Fusionsagio 213, 215, 220 f.
Agio, Gewinn- und Kapitalsteuer 201
Agio, Umsatzabgabe 395
Agio, Verrechnungssteuer 329, 330, 342
AHV/IV, Einkommenssteuer 150, 152, 157
AHV/IV, Internationales Steuerrecht 564, 597
AHV/IV, Spielbankenabgabe 502
AHV/IV, Verrechnungssteuer 362
AHV-Rentenalter 150
Akteneinsicht, direkte Steuern 289, 293
Akteneinsicht, Mehrwertsteuer 484
Aktien, Einkommenssteuer auf Erträgen 134 ff.
Aktien, Verrechnungssteuer auf Erträgen 329 ff.
Aktienbewertung 178 f.
Aktiengesellschaften 187 ff.
Aktiensplit 370
Aktiven siehe Geschäftsaktiven
Aktivierung von Gütern, Einkommenssteuer 104
Aktivierung von Gütern, Gewinnsteuer 198
Aktivierung von Gütern, Mehrwertsteuer 467
Alimente bei Scheidung oder Trennung siehe Unterhaltsbeiträge
Alkoholsteuer 53, 55 f., 497, 499 f.
Alleinerziehende siehe Steuertarif
Allgemeine Abzüge 159 ff.
Altreserven 357
Alternativgüter 96

Amtliche Veranlagung 283
Amtshilfe, direkte Steuern 289
Amtshilfe, internationale 577,
    578 f.
Amtshilfe, Mehrwertsteuer 484
Amtspflichten 288 f.
Änderung der Rechtsform siehe
    Umwandlung
Änderung rechtskräftiger Veranla-
    gungen siehe Nachsteuer, Revi-
    sion
Anlagefonds siehe kollektive
    Anlageformen
Anlagekosten 90, 149, 159
Anlagekosten, Grundstückgewinn-
    steuer 272 ff.
Anleihensobligationen 327 ff., 349,
    390 f., 393
An- und Abmeldung, Mehrwert-
    steuer 485
Anrechnungsmethode, internatio-
    nales Steuerrecht 521, 567, 572
Ansässigkeit 561
Ansässigkeitsstaat, internationales
    Steuerrecht 521, 566
Anschaffungsnahe Aufwendungen
    149
Anschaffungswert, Einkommens-
    steuer 105, 107
Anschaffungswert, Mehrwertsteuer
    472, 476
Anstiftung zur Steuerhinterziehung
    317 f.
Äquivalenzprinzip 52
Arbeit an einem Gegenstand,
    Mehrwertsteuer 403
Arbeitgeberanteil 104
Arbeitgeberbeitragsreserve 104,
    199
Arbeitnehmeranteil 104
At arm's length 186, 194, 569
Aufbewahrungspflicht, direkte
    Steuern 290

Aufbewahrungspflicht, Mehrwert-
    steuer 486
Aufenthaltsort 73
Aufenthaltsort, interkantonales
    Steuerrecht 523
Aufgelder 201, 272, 288, 329, 345,
    386, 392
Aufspaltungen 225 ff., 381 f.
Aufwandbesteuerung siehe
    Pauschalbesteuerung
Aufwendungen, anrechenbare
    273 f.
Aufwertungen 111, 228, 250
Aufwertungen von Liegenschaften
    112
Auktionen, Mehrwertsteuer 411
Ausbeutung des Bodens siehe Kies-
    ausbeutung
Ausbildungskosten 91
Ausfuhr im Reise- und Grenzver-
    kehr, Mehrwertsteuer 450
Ausfuhr von Gegenständen, Mehr-
    wertsteuer 445 f.
Ausfuhr-Transportleistungen 447 f.
Ausgenommene Umsätze, Mehr-
    wertsteuer 431 ff.
Ausgleichszahlung 214, 378
Ausgliederungen, Emissionsabgabe
    382 f.
Ausgliederungen, Gewinnsteuer
    230 ff.
Ausgliederungen, Umsatzabgabe
    396
Auskunft, unrichtige, von Steuer-
    behörden 294 f.
Auskunftspflicht Dritter, direkte
    Steuern 291
Auskunftspflicht Dritter, Mehrwert-
    steuer 488
Auskunftspflicht von Behörden 292
Ausländische Angehörige diploma-
    tischer Missionen und konsulari-
    scher Vertretungen 79

Ausländische Arbeitnehmer, Quellensteuer 277 f.
Ausländische Geschäftsbetriebe, Betriebstätten und Grundstücke 75
Ausländische Kapitalgesellschaften 601
Ausländische Personengesellschaften 72, 187 f., 247
Ausländische Quellensteuern siehe Quellensteuern, ausländische
Ausländische staatliche Sozialversicherungen 152
Ausländische Unternehmen, Mehrwertsteuerpflicht 412
Ausländische Unternehmen, Rückerstattung der Verrechnungsteuer 354
Ausländisches Grundeigentum 587
Ausnahmen von der objektiven Einkommenssteuerpflicht (steuerfreie Einkünfte) 80 f.
Ausnahmen von der objektiven Emissionsabgabepflicht 377 ff.
Ausnahmen von der objektiven Mehrwertsteuerpflicht, ausgenommene Leistungen 431 ff.
Ausnahmen von der objektiven Mehrwertsteuerpflicht, befreite Leistungen 445 ff.
Ausnahmen von der objektiven Umsatzabgabepflicht 394
Ausnahmen von der objektiven Vermögenssteuerpflicht 177
Ausnahmen von der subjektiven Einkommens- und Vermögenssteuerpflicht 79
Ausnahmen von der subjektiven Gewinn- und Kapitalsteuerpflicht 191
Ausnahmen von der subjektiven Mehrwertsteuerpflicht siehe Befreiung von der Mehrwertsteuerpflicht

Aussensteuerrecht 556 ff.
Ausserordentliche Einkünfte, Selbständigerwerbende 110, 114
Austauschreparaturen 452
Autobahnvignette 55, 503
Automobilsteuer 55, 500
Autonome Dienststellen 416 f.

B

Bankenerklärung siehe Affidavit
Bankgeheimnis, Verfahrensrecht 289, 291
Bankgeheimnis, Zinsbesteuerung 577
Barabgeltung 214
Barfusion 214
Barleistungen, Erwerbseinkommen 84 f.
Baukreditzinsen 159
Baurechtsverträge, Einkünfte 148
Baurechtszins 160
Beförderungsleistungen Mehrwertsteuer 416, 421, 429, 430, 437, 448
Beförderungslieferungen 427 f.
Beförderung von Gegenständen, Ausnahme von der Mehrwertsteuer 432
Befreite Leistungen, Mehrwertsteuer 445 ff.
Befreiung von der Mehrwertsteuerpflicht 411 ff.
Befreiungsmethode siehe Freistellungsmethode
Beginn der Steuerpflicht, Einkommens- und Vermögenssteuer 77 ff.
Beginn der Steuerpflicht, Gewinn- und Kapitalsteuer 190 f.
Beginn der Steuerpflicht, Mehrwertsteuer 417 f.
Beherbergungssteuern 515
Behinderungsbedingte Kosten 162

Behörden siehe Steuerbehörden

Beiträge siehe Versicherungsprämien

Beiträge der öffentlichen Hand, Emissionsabgabe 386

Beiträge der öffentlichen Hand, Mehrwertsteuer 421, 424

Bemessung, Einkommenssteuer 165 ff.

Bemessung, Emissionsabgabe 391 f.

Bemessung, Erbschafts- und Schenkungssteuer 509 f.

Bemessung, Gewinnsteuer 240 f.

Bemessung, Grundstückgewinnsteuer 272 ff.

Bemessung, Kapitalsteuer 246

Bemessung, Mehrwertsteuer 450 ff., 472 ff., 477

Bemessung, Minimalsteuern 263

Bemessung, Umsatzabgabe 400

Bemessung, Vermögenssteuer 181

Bemessung, Verrechnungssteuer 326 ff., 360, 362

Bemessungsperiode 165, 520

Berechnungsgrundlage 58, 65 f.

Berufliche Vorsorge 104, 152 f., 161, 281, 292, 399

Berufsauslagen bei unselbständiger Erwerbstätigkeit 90 f.

Berufsgeheimnis, direkte Steuern 290 f.

Berufsgeheimnis, Mehrwertsteuer 485, 488

Bescheinigungspflicht Dritter 291

Beschränkte Steuerpflicht, Einkommens- und Vermögenssteuer 74, 76, 77, 172

Beschränkte Steuerpflicht, erweiterte, internationales Steuerrecht 561

Beschränkte Steuerpflicht, Gewinn- und Kapitalsteuer 189

Beschränkte Steuerpflicht, interkantonales Steuerrecht 523, 548

Beschränkte Steuerpflicht, internationales Steuerrecht 557 f., 583, 584, 596, 597

Beschwerde, direkte Steuern 299, 300 ff.

Beschwerde, Mehrwertsteuer 489

Beschwerde, Stempelabgaben 404 f.

Beschwerde, Verrechnungssteuer 364

Beschwerde in öffentlich-rechtlichen Angelegenheiten, direkte Steuern 302 ff.

Beschwerde in öffentlich-rechtlichen Angelegenheiten, interkantonales Steuerrecht 551 ff.

Beschwerde in öffentlich-rechtlichen Angelegenheiten, Mehrwertsteuer 489

Beschwerde in öffentlich-rechtlichen Angelegenheiten, Stempelabgaben 405

Beschwerde in öffentlich-rechtlichen Angelegenheiten, Verrechnungssteuer 364

Besitzesdauerrabatt siehe Grundstückgewinnsteuer

Bestechungsgelder 104, 198

Besteuerung nach dem Aufwand 174 f.

Bestimmungslandprinzip, Mehrwertsteuer 445, 491

Beteiligung als gewillkürtes Geschäftsvermögen 98 f.

Beteiligungsertrag, Einkommenssteuer 134 ff.

Beteiligungsertrag, Gewinn- und Kapitalsteuer 242, 245, 249 ff.

Beteiligungsertrag, Verrechnungssteuer 329 ff.

Beteiligungsgesellschaften 247 ff.

Beteiligungsrechte, Einkommensteuer auf Erträgen 134 ff.
Beteiligungsrechte, Verrechnungssteuer auf Erträgen 329 ff.
Betriebsliegenschaften, interkantonales Steuerrecht 521, 530 f., 544 f.
Betriebsstätte, Einkommens- und Vermögenssteuer 79 ff., 173
Betriebsstätte, Gewinn- und Kapitalsteuer 188 ff.
Betriebsstätte, sekundäres Steuerdomizil, interkantonales Steuerrecht 526
Betriebsstätte, internationales Steuerrecht 557
Beweislast 137, 290
Bezug siehe Steuerbezug
Bezugsrechte 136, 248
Bezug von Dienstleistungen siehe Dienstleistungsimport
Biersteuer 498
Bilanzänderung 193
Bilanzberichtigung 193
Bilanzvorsicht 102
Bildung, Ausnahme von der Mehrwertsteuer 431, 435 f., 442, 456 f.
Billettsteuer 497
Briefkastendomizil 257, 525
Bruttomethode, Verrechnungssteuer 331, 333 f.
Buchführung, Mehrwertsteuer 421, 486
Buchführungspflicht 92
Buchführungsvorschriften Selbständigerwerbender 99 f.
Buchmässige Aufwertung 99 f., 111
Bundesgericht siehe Beschwerde in öffentlich-rechtlichen Angelegenheiten
Busse bei Steuerhinterziehung 317 f.

C
CO_2-Abgabe 500 ff.
Corresponding Adjustment 569
Cost Plus Method 570
Cost Sharing Method 570

D
Darlehen, partiarisches 131
Darlehen, simulierte 336 f.
Dauernde Lasten 82, 160 f.
Degressiver Steuertarif siehe Steuertarif
Delkredere 102
Dienstaltersgeschenk, Erwerbseinkommen 84
Dienstleistungen, Eigenverbrauch, Mehrwertsteuer 467
Dienstleistungen, Mehrwertsteuer 420 ff.
Dienstleistungen, Ort, Mehrwertsteuer 427 ff.
Dienstleistungsexport, Mehrwertsteuer 458
Direktbegünstigungstheorie, Verrechnungssteuer 339, 341, 384
Direkte Steuern 58
Diskontbonds 132
Diskontierung 86
Diskriminierungsverbot 60, 558 f.
Disposition, nicht wieder rückgängig zu machende 294
Dividenden, Einkommenssteuer 134 ff., 170 ff.
Dividenden, Kollektive Kapitalanlagen 72, 145
Dividenden, Mehrwertssteuer 422
Dividenden, Verrechnungssteuer 330 f.
Dividenden, Zinsbesteuerung 555, 577 ff.
Domizilgesellschaften 256 ff.
Domizilgesellschaften, internationales Steuerrecht 560

Doppelbesteuerung, effektive 520
Doppelbesteuerung, interkanto-
nale 511, 515, 517 ff., 520 ff.
Doppelbesteuerung, internationale
517, 554 ff.
Doppelbesteuerung, virtuelle 520
Doppelbesteuerungsabkommen
325, 554 ff., 561 ff.
Doppelverdienerabzug 82, 162
Dreieckstheorie, Einkommenssteuer
136, 215 f., 339 ff.
Dreieckstheorie, Emissionsabgabe
376, 384
Dreieckstheorie, Verrechnungs-
steuer 216, 339 ff.
Dreisäulenprinzip 150 f.
Drittvergleich 336 f.,560
Dualistisches System, Grundstück-
gewinnsteuer 265 ff.
Dumont-Praxis 149

E
Effektenhändler, Umsatzabgabe
399
Ehepaare 69 f., 317
Ehepaare, getrennter Wohnsitz,
interkantonales Steuerrecht 525,
527, 540
Eigenkapital 100 f., 243 f.
Eigenkapital, verdecktes 243 f.,337
Eigenmietwert 147 f.
Eigentumsgarantie 61 f.
Eigenverbrauch, Bemessungsgrund-
lage, Mehrwertsteuer 472 ff.
Eigenverbrauch, Mehrwertsteuer
462, 466 ff.
Einfache Gesellschaften 71, 353
Einfache Steuer 157, 168 f., 174,
181 225, 241 f.
Einfuhr von Gegenständen, Mehr-
wertsteuer 490 ff.
Einheitsmass 514

Einkauf, fiktiver 153 f., 157
Einkauf in die berufliche Vorsorge
152 f.
Einkommenssteuer 79 ff.
Einkünfte 80 f.
Einkünfte aus Baurechtsverträgen
148
Einkünfte aus der Ausbeutung des
Bodens 148
Einkünfte aus immateriellen Gütern
145
Einkünfte aus Lotterien 158
Einkünfte aus selbständiger
Erwerbstätigkeit 91 ff., 110 ff.
Einkünfte aus unselbständiger
Erwerbstätigkeit 83 ff.
Einkünfte aus Vermietung, Ver-
pachtung, Nutzniessung 144, 147
Einkünfte aus Vorsorge 150 ff.
Einlageentsteuerung 475 f.
Einmalerledigungsverfahren,
Abschreibungen 107
Einmalige Steuern 57
Einmalverzinsung bei Obligationen
siehe Obligationen mit überwie-
gender Einmalverzinsung
Einsprache, direkte Steuern 299 ff.
Einsprache, interkantonales Steuer-
recht 552
Einsprache, Mehrwertsteuer 489
Einsprache, Stempelabgaben 404
Einzelunternehmung 96 f., 118, 183
Emissionsabgabe auf Beteiligungs-
rechten 369 ff.
Emissionsabgabe auf Obligationen
und Geldmarktpapieren 390 ff.
Emissionsspesen 352
Empfängerort, Mehrwertsteuer
428 f.
EMRK 314
Ende der Steuerpflicht, Einkom-
mens- und Vermögenssteuer
77 ff.

Ende der Steuerpflicht, Gewinn-
und Kapitalsteuer 191
Ende der Steuerpflicht, Mehrwert-
steuer 418
Entgelt, Mehrwertsteuer 450 ff.
Entlastung von der ausländischen
Quellensteuer 555, 573 ff., 579 ff.
Entrichtung der Mehrwertsteuer
489
Entsteuerung siehe Einlageent-
steuerung
Entwicklungshilfe 430 f.
Erbanfallsteuer 505
Erbanfallsteuer, internationales
Steuerrecht 564
Erbengemeinschaften 71
Erbenhaftung bei Steuerhinterzie-
hung 222
Erbschaft 80 f., 270
Erbschaften aus dem Ausland 593
Erbschaften ins Ausland 601
Erbschafts- und Schenkungssteuer
505 ff.
Erbschafts- und Schenkungssteuer,
interkantonales Steuerrecht 520,
531
Erbschafts- und Schenkungssteuer,
internationales Steuerrecht 555,
564
Erbschaftsverwalter 308, 310
Erbschaftsverwaltung, Mehrwert-
steuer 439
Erbteilung eines Geschäftsbetriebs
114
Erbvorbezug, Grundstückgewinn-
steuer 270
Erfahrungszahlen, Ermessensveran-
lagung 297, 487
Erfolgsprinzip im Steuerstrafrecht
314
Ergänzungsleistungen AHV/IV,
steuerfreie Einkünfte 81, 152
Erlass der Emissionsabgabe 387 f.

Erlass der direkten Steuern 311,
316, 318
Erlass, Mehrwertsteuer 490
Ermessensveranlagung, direkte
Steuern 296 f.
Ermessensveranlagung, Mehrwert-
steuer 487
Ersatzabgaben 52 f.
Ersatzbeschaffung, Grundstückge-
winnsteuer 271
Ersatzbeschaffung, juristische Per-
sonen 238 ff.
Ersatzbeschaffung, Selbständig-
erwerbende 129 f.
Ersatzeinkommen 156
Ertrag aus Anteilen an kollektiven
Kapitalanlagen 145, 262, 346
Ertrag aus Beteiligungen 134
Ertrag aus beweglichem Vermögen
130 ff.
Ertrag aus beweglichem Vermögen,
interkantonales Steuerrecht 530
Ertrag aus unbeweglichem Vermö-
gen 146 ff.
Ertrag aus unbeweglichem Vermö-
gen, interkantonales Steuerrecht
530 f.
Ertrag aus unbeweglichem Vermö-
gen, internationales Steuerrecht
567, 598
Erträge, ordentliche und ausseror-
dentliche 110 ff.
Ertragswert, Vermögenssteuer
178 f.
Erwerb eigener Aktien, siehe Teil-
liquidation, direkte
Erwerbseinkommen siehe selbstän-
dige Erwerbstätigkeit, unselbständige Erwerbstätigkeit
Erwerbsfaktoren, interkantonale
Steuerausscheidung 533, 543 f.
Erwerbstätigkeit, interkantonales
Steuerrecht 528

Erwerbstätigkeit, internationales
  Steuerrecht 582
Erwerbstätigkeit, selbständige
  83 ff.
Erwerbstätigkeit, unselbständige
  91 ff.
Erwerbspreis 272 f.
Exporte, Mehrwertsteuerbefreiung
  428, 447 f., 458

F
Fahrkosten 90
Fahrlässigkeit 313
Faktorenaddition 69
Fälligkeit der Einkünfte 85
Fälligkeit der Emissionsabgabe
  386 f., 392
Fälligkeit der Steuer 310 f.
Fälligkeit der Verrechnungssteuer
  349 f., 361, 363
Familienbesteuerung 70, 177
Familienniederlassung, sekundäres
  Steuerdomizil, interkantonales
  Steuerrecht 524, 527
Familienstiftungen 581 f.
Feste Geschäftseinrichtung 74, 189,
  568
Fiktiver Einkauf siehe Einkauf,
  fiktiver
Fiktiver Vorsteuerabzug siehe Vor-
  steuerabzug, fiktiver
Fiktiver Wohnsitz siehe Wohnsitz,
  fiktiver
Fiskalischer Zweck 52
Forderungsverzichte, Emissionsab-
  gabe 375, 387
Forderungsverzichte, Gewinnsteuer
  202, 205
Forderungsverzichte, Mehrwert-
  steuer 422
Forderungsverzichte, Verrech-
  nungssteuer 340

Forschung und Entwicklung, Rück-
  stellungen 102
Forstwirtschaft siehe Land- und
  Forstwirtschaft
Freibeträge siehe Steuerfreibeträge
Freie Selbstvorsorge 155 f.
Freigrenze, Emissionsabgabe 370 f.,
  373, 376 f., 382, 386
Freistellungsmethode, interkanto-
  nales Steuerrecht 521 f.
Freistellungsmethode, internatio-
  nales Steuerrecht 560, 572 ff.
Freiwillige Leistungen 84, 163,
  199 f.
Freiwillige Steuerpflicht, Mehrwert-
  steuer 412 f.
Fremdkapital, Einkommenssteuer
  100
Fremdkapital, Verrechnungssteuer
  337, 356
Fürstentum Liechtenstein 325, 368,
  427
Fusion, echte 121 ff., 211 ff., 378 f.
Fusion, unechte 211, 380 f.
Fusionen, Emissionsabgabe 378 ff.
Fusionen von Kapitalunternehmen
  212 ff.
Fusionen von Personenunterneh-
  men 121 ff.
Fusionen, Verrechnungssteuer 332,
  340
Fusionsagio siehe Agio, Fusionsagio

G
Garantierückstellungen 102
Gärtnereien, Ausnahmen von der
  Mehrwertsteuerpflicht 442
Gebrannte Wasser siehe Alkohol-
  steuer
Gebrauchsgegenstände, persönli-
  che, Vermögenssteuer 177
Gebrauchssteuern 497
Gebühren 51 f.

Gebundene Selbstvorsorge 154 f., 157, 161, 281

Gegenstände, Mehrwertsteuer 408, 419

Gegenwartsbemessung 166

Gehaltsnebenleistungen, Einkommenssteuer 88

Gehilfenschaft bei Steuerhinterziehung 317

Geldtreffer, Verrechnungssteuer 360

Geld- und Kapitalverkehr, Ausnahme von der Mehrwertsteuer 431 f., 438 ff.

Geldwerte Leistungen 186, 194 ff., 202, 230, 245, 317, 328 ff., 334 ff., 376, 589

Geldwerte Vorteile 85 f., 131, 136

Gemeinde 68, 173 f.

Gemeinnützige Zuwendungen siehe Freiwillige Leistungen

Gemeinsame Veranlagung der Ehegatten 69 f., 177, 287

Gemeinwesen, Mehrwertsteuerpflicht 416 f.

Gemengsteuern 52

Gemischt genutzte Güter 96

Gemischte Gesellschaften 259

Gemischte Veranlagung 283 f.

Gemischte Verwendung 461 f., 464

Genossenschaften 183 ff., 187, 223

Genossenschaftsanteile, Einkommenssteuer auf Erträgen 134 ff.

Genossenschaftsanteile, Verrechnungssteuer auf Erträgen 329 ff.

Genugtuungssummen, steuerfreie Einkünfte 81, 158

Genussscheine, Beteiligungsgesellschaften 247 f., 251

Genussscheine, Emissionsabgabe 369, 371, 387

Genussscheine, Kapitalsteuer 243

Genussscheine, Umsatzabgabe 393, 395

Genussscheine, Verrechnungssteuer 329 f.

Gerichtshof für Menschenrechte, Europäischer 314

Gesamteigentümer 114

Gesamtreineinkommensbesteuerung 80, 109

Gesamtvermögen 481

Geschäftsaktiven 94, 99 f.

Geschäftsbetrieb, internationales Steuerrecht 557 f., 560, 582, 594, 600

Geschäftsführer, Quellensteuer 280

Geschäftsführung, Holdinggesellschaft 256

Geschäftsführung, internationales Steuerrecht 558, 581

Geschäftsmässig begründete Aufwendungen 104 f., 194, 198 ff.

Geschäftsort 95

Geschäftsort, Spezialsteuerdomizil, interkantonales Steuerrecht 523 ff., 528 ff.

Geschäftsort, Steuerausscheidung, interkantonales Steuerrecht 538 ff.

Geschäftspassiven 95, 100 ff.

Geschäftsvermögen 95 ff., 180, 193, 204, 210, 214, 221, 222, 265, 267, 268, 270, 521, 524, 526, 528

Geschäftsvermögen, erbrechtlicher Übergang 97

Geschäftsvermögen, gewillkürtes 98 f.

Gesellschaften mit beschränkter Haftung siehe GmbH

Gestehungskosten 135, 203, 217 f., 221, 232 f., 248 ff.

Gewerbesteuer 511

Gewerbliche Tätigkeit, Mehrwertsteuer 410 f.

Gewinnausschüttungen, verdeckte, direkte Steuern 136, 194 ff., 200, 202 f., 243 ff.

Gewinnausschüttungen, verdeckte, Verrechnungssteuer 329, 334 ff., 337

Gewinnsteuer 192 ff.

Gewinnungskosten, Einkommenssteuer 81 ff., 90 f., 148, 159, 197, 339

Gewinnungskosten, interkantonales Steuerrecht, 533 f., 537 f.

Gewinnungskosten, Quellensteuer 278

Gewinnvorwegnahme 136, 194, 195 ff., 202 f., 238, 317, 339

Glaubens- und Gewissensfreiheit 60, 62 f., 187

Gleichbehandlung, internationales Steuerrecht 558, 559, 600

Gleichbehandlung, Minimalsteuer 263

Gleichbehandlung, Spitalbehandlungen 432

Gleichbehandlung, Verfahrensrecht 304

Gleichbehandlung von in der Schweiz gelegenen Betriebsstätten 558

Gleichbehandlungsgebot siehe Rechtsgleichheit

Globalverzinsliche Obligationen 132

Glücksspiele, steuerfreie Einkünfte 81

GmbH 183 ff.

GmbH-Anteile, Einkommenssteuer auf Erträgen 134 ff.

GmbH-Anteile, Verrechnungssteuer auf Erträgen 329 ff.

Gold, Vermögenssteuer 62, 178

Goldmünzen, Mehrwertsteuer 492

Gratifikationen, Erwerbseinkommen 84

Gratisaktien/Gratisnennwerterhöhungen, Beteiligungsertrag 136, 214, 220, 228

Gratisaktien/Gratisnennwerterhöhungen, Emissionsabgabe 369, 379

Gratisaktien/Gratisnennwerterhöhungen, Verrechnungssteuer 333

Gratisleistungen, Mehrwertsteuer 470

Grenzgänger 280, 569, 582, 584, 595

Grossreparaturen, Rückstellungen 102

Grundeigentum siehe Grundstücke

Grundpfandrechte 312

Grundsatz der Allgemeinheit der Besteuerung 60

Grundsatz der Besteuerung nach der wirtschaftlichen Leistungsfähigkeit 61, 558, 594

Grundsatz der Gleichmässigkeit der Besteuerung 60

Grundsatz der Massgeblichkeit der Handelsbilanz für die Steuerbilanz siehe Massgeblichkeitsprinzip

Grundsatz des milderen Rechts 319

Grundsteuer 511 f.

Grundstücke, Ausnahme von der Mehrwertsteuer 440 f.

Grundstücke, Nebensteuerdomizil 74, 524

Grundstücke, Spezialsteuerdomizil, interkantonales Steuerrecht 524

Grundstücke, internationales Steuerrecht 557 f., 560

Grundstückgewinnsteuer 105, 111 f., 265 ff.

Gruppenbesteuerung, Mehrwertsteuer 413 ff.
Gruppenvertreter, Gruppenbesteuerung, Mehrwertsteuer 415 f.
Güterrechtliche Auseinandersetzung 80

H

Haftpflichtversicherung, übrige Ein-
künfte 158
Haftung des Steuervertreters für
Steuerbussen 318
Haftung, solidarische 70 f., 257, 348
Haltedauer, Grundstückgewinn-
steuer 276
Handänderungssteuer 512 f.
Handänderungssteuer, internatio-
nales Steuerrecht 564
Harmonisierung der direkten
Steuern 64
Hauptsteuerdomizil 72 f.
Hauptsteuerdomizil, interkantona-
les Steuerrecht 524 f.
Haushaltsabzug 82
Haushaltskosten 162
Hausrat, Vermögenssteuer 177
Heilbehandlungen (Humanmedi-
zin), Ausnahme von der Mehr-
wertsteuer 432 f.
Herstellungskosten 99
Hilfsfaktoren, interkantonale
Steuerausscheidung 533, 543
Hilfsgesellschaften 247
Hinterziehung siehe Steuerhinter-
ziehung
Hinzurechnungsverfahren,
Abschreibungen 107 f.
Hoheitliche Tätigkeit 416, 424
Holdinggesellschaften 179 f., 246,
255 f.
Holdinggesellschaften, internatio-
nales Steuerrecht 576, 581
Hundesteuer 541 f.

I

Immobiliengesellschaften 179, 269,
275, 530
Imparitätsprinzip 102
Inanspruchnahme, ungerechtfer-
tigte, von Doppelbesteuerungs-
abkommen 579 f., 589 f.
Indirekte Steuern 58
Individualbeschwerde, EMRK 314
Inland, Mehrwertsteuer 408 f.
Innenumsätze, Mehrwertsteuer
413 f.
Instandhaltungskosten 148 f.
Instandstellungskosten 148 f., 274,
260
Interkantonale Doppelbesteuerung
511, 515, 517 ff., 520 ff.
Interkantonales Steuerrecht 518 ff.
Internationales Steuerrecht 554 ff.
Invaliditätskosten siehe behinde-
rungsbedingte Kosten
Inventar nach Todesfall 309 f.
Investmentgesellschaften 71 f., 145,
187, 262, 348, 368
Investitionsabzug bei Risikokapital-
gesellschaften 163
IV siehe AHV/IV

J

Jahressteuer, separate, siehe Kapitalleistungen aus Vorsorge und
Liquidationsgewinnung bei Aufgabe der selbständigen Erwerbstätigkeit
Jugendbetreuung, Ausnahme von
der Mehrwertsteuer 434 f.
Juristische Personen 183 ff., 187 f.,
191

K

Kanton 169, 174
Kapitalabfindungen des Arbeitgebers 87 f.

Kapitalanlageliegenschaften, inter-
kantonales Steuerrecht 526,
530 f., 532, 540, 544
Kapitalanlageliegenschaften, inter-
nationales Steuerrecht 76, 189
Kapitalanlagen im Ausland 587 f.
Kapitalanlagen in der Schweiz
598 ff.
Kapitaleinlage 201 f.
Kapitaleinlage, verdeckte, Emis-
sionsabgabe 375
Kapitaleinlage, verdeckte, Umsatz-
abgabe 400
Kapitaleinlageprinzip 137, 144
Kapitaleinlage, verdeckte, Gewinn-
steuer 231
Kapitalentnahme, offene 202
Kapitalentnahme, verdeckte 202 ff.
Kapitalerträge, Verrechnungssteuer
325, 326 ff.
Kapitalertragseinkommen 131
Kapitalgesellschaften mit Ausland-
beziehungen 589 ff.
Kapitalgewinne, private 80, 131,
145, 214, 222
Kapitalgewinne, juristische Perso-
nen, 194
Kapitalgewinne, Selbständigerwer-
bende 93, 95
Kapitalleistungen aus Vorsorge
151, 156, 172
Kapitalleistungen aus Vorsorge bei
Wohnsitzwechsel innerhalb der
Schweiz 546
Kapitalrückzahlung, Einkommens-
steuer 202
Kapitalrückzahlung, Verrechnungs-
steuer 329
Kapitalrückzahlung, Umsatzabgabe
397
Kapitalsteuer 242 ff.

Kapitalverkehr, Ausnahme von der
Mehrwertsteuer siehe Geld- und
Kapitalverkehr
Kapitalversicherung, rückkaufs-
fähige 81
Kapitalversicherung, rückkaufs-
fähige mit Einmalprämie 81, 133 ff.
Kapitalzahlungen bei Stellen-
wechsel 81
Kassenobligationen 327, 390 ff.
Kausalabgaben 51 f.
Kettengeschäft 268
Kiesausbeutung, Vermögensertrag
148
Kinder, Einkommens- und Vermö-
genssteuer 71, 177
Kinderabzug 82, 164, 181
Kinderabzug, Abzug von dem
Steuerbetrag 169
Kinderalimente siehe Unterhalts-
beiträge
Kinderbetreuung, Ausnahme von
der Mehrwertsteuer 434 f.
Kinderdrittbetreuungsabzug 162
Kinderzulagen 84
Kirchensteuerpflicht juristischer
Personen 62 f., 187
Kollektive Kapitalanlagen, Einkom-
mens- und Vermögenssteuer
71 f., 145
Kollektive Kapitalanlagen, Emissi-
onsabgabe 386
Kollektive Kapitalanlagen, Gewinn-
und Kapitalsteuer 187, 191, 262 f.
Kollektive Kapitalanlagen, Thesau-
rierungsfonds 145, 350
Kollektive Kapitalanlagen, Umsatz-
abgabe 393, 395, 401
Kollektive Kapitalanlagen, Verrech-
nungssteuer 346, 348, 354
Kollektive Kapitalbeschaffung 326,
328, 390

Kollektivgesellschaften 71 f., 98, 117, 188

Kombinationsfusion 211 ff., 378

Kommanditaktiengesellschaften siehe Aktiengesellschaften

Kommanditgesellschaften 71 f., 98, 117, 188

Kommanditgesellschaft, interkantonales Steuerrecht 528, 534, 538

Kommanditgesellschaft, Mehrwertsteuer 410, 494

Kommanditgesellschaft, Verrechnungssteuer 358, 365

Kommanditgesellschaft für kollektive Kapitalanlagen 71 f., 262, 348

Kommissionsgeschäfte, Mehrwertsteuer 492

Kommissionstätigkeit, internationales Steuerrecht 590 f.

Konfiskatorische Besteuerung 61 f.

Konkurrenz, unechte 315

Kopfsteuer 514

Kostenanlastungssteuern 52 f.

Kostendeckungsprinzip 52

Krankheitskosten 82, 161

Kreisschreiben für die direkte Bundessteuer (Anhang 1) 603 ff.

Kreisschreiben der SSK (Anhang 2) 614 ff.

Kulturelle Dienstleistungen, Ausnahme von der Mehrwertsteuer 436

Künstler, Quellensteuer 280

Künstler, Tätigkeit im Ausland 587

Künstler, Tätigkeit in der Schweiz 598

Kurtaxe 515

L

Land- und Forstwirtschaft, Mehrwertsteuer 442, 459

Land- und forstwirtschaftliche Grundstücke, Einkommens- und Vermögenssteuern 115, 178

Land- und forstwirtschaftliche Grundstücke, Grundstückgewinnsteuer 271

Landumlegungen, Grundstückgewinnsteuer 270

Lebensaufwand, Ermessensveranlagung 297

Lebensaufwand, Pauschalbesteuerung 175

Lebenshaltungskosten, nicht abziehbare 81 f., 90, 147, 159, 161

Lebenshaltungskosten, private, verdeckte Gewinnausschüttung 335

Lebens- und Rentenversicherungen, Vermögenssteuer 180

Lebensversicherungen 362, 403 f.

Leibrente 82, 151, 155, 157, 362

Leistungsabhängige Schwerverkehrsabgabe 500, 503 f.

Leitende Stellung siehe Wochenaufenthalter

Lenkungsabgaben 50, 500 ff.

Lex mitior siehe Grundsatz des milderen Rechts

Liebhaberei 93

Liechtenstein 325, 368, 427

Lieferung von Gegenständen ins Ausland, Mehrwertsteuerbefreiung 445

Lieferung von Gegenständen, Mehrwertsteuer 419

Lieferung von Gegenständen, Ort, Mehrwertsteuer 427

Lieferung von menschlichen Organen und menschlichem Vollblut, Ausnahme von der Mehrwertsteuer 433

Liegenschaftenhändler 92, 110

Liegenschaftenhändler, interkantonales Steuerrecht 545

Liegenschaftensteuer siehe Grundsteuer

Liegenschaftskosten 148 f.

Limitation on Benefits 580

Liquidationsgewinn bei Aufgabe der selbständigen Erwerbstätigkeit 153 f., 157

Liquidationsgewinne, juristische Personen 191, 248

Liquidationsgewinne, selbständig Erwerbende 111 f.

Liquidationsüberschuss, Beteiligungsertrag 138, 211

Liquidationsüberschuss, Verrechnungssteuer 342

Lizenzgebühren, internationales Steuerrecht, 580

Lizenzgebühren, Mehrwertsteuer 437

Lizenzgebühren, Zinsbesteuerung 578

Lohnausweis 87 ff., 288, 291, 320, 452

Lotteriegewinne 80, 158

Lotteriegewinne, internationales Steuerrecht 569

Lotteriegewinne, Verrechnungssteuer 324 f., 358, 360 f.

Lotterieumsätze, Ausnahme von der Mehrwertsteuer 441, 443

LSVA siehe leistungsabhängige Schwerverkehrsabgabe

M

Mahnung, direkte Steuern 290, 291, 296, 315

Mahnung, Mehrwertsteuer 486, 489, 493

Mandatssteuern siehe Zuwendungen an politische Parteien

Mantelhandel, Emissionsabgabe 370, 376 f., 386 f.

Mantelhandel, Gewinn- und Kapitalsteuer 191, 201, 213

Mantelhandel, Verrechnungssteuer 342 f.

Marchzinsen, Einkommenssteuer 132, 160

Marchzinsen, Verrechnungssteuer 328

Massgeblichkeitsprinzip 94, 193

Mehrkosten für Verpflegung 90

Mehrwertsteuer 407 ff.

Mehrwertsteuer, internationales Steuerrecht 564

Mehrwertsteuernummer 456, 482, 485

Meldepflicht Dritter 291 f.

Meldepflicht von Behörden 292

Meldeverfahren, Mehrwertsteuer 467, 480 ff.

Meldeverfahren, Verrechnungssteuer 331 ff., 345, 350 f.

Menschenrechts-Konvention siehe EMRK

Methodenartikel, internationales Steuerrecht 537

Mietsteuer 515 f.

Mietwert siehe Eigenmietwert

Milderes Recht siehe Grundsatz des milderen Rechts

Milderung der wirtschaftlichen Doppelbelastung siehe Wirtschaftliche Doppelbelastung

Militärversicherung 156

Mineralölsteuer 497, 500

Minimalsteuer 263

Missbrauchsbeschluss 579

Mitarbeiterbeteiligungen (Mitarbeiteraktien/-optionen), Erwerbseinkommen 85 ff.

Mitwirkung bei Steuerhinterziehung 314, 317 f.

Mitwirkung des Verkäufers, indirekte Teilliquidation 141 ff.
Mitwirkungspflichten des Steuerpflichtigen, direkte Steuern 283, 290, 552
Mitwirkungspflichten des Steuerpflichtigen, Verrechnungssteuer 365
Monistisches System, Grundstückgewinnsteuer 112 f., 115, 265 ff.
Monteur-Klausel 568, 583, 594
Motorfahrzeugsteuer 53, 55, 283, 497, 513
Multiplikator siehe Steuerfuss
Musterabkommen der OECD 555
Mutterabsorption siehe Absorption, Mutterabsorption

N
Nachbesteuerung, vereinfachte 308, 318
Nachbesteuerung, Vermögenssteuer 178
Nacherben 507 f., 510
Nachlasssteuer 505 f., 511
Nachlasssteuer, internationales Steuerrecht 564
Nachlasswerte, Steuerstrafrecht 322
Nachsteuer 305, 307 f., 314, 317, 318, 320
Nachsteuerverfahren 142, 230, 237, 314
Namenaktien siehe Vinkulierte Namenaktien
Nationalstrassenabgabe 55, 503
Naturaldividende, Gewinn- und Kapitalsteuer 234
Naturaldividende, Verrechnungssteuer 330 f.
Naturallasten 51, 53
Naturalleistungen, Erwerbseinkommen siehe Gehaltsnebenleistungen

Nebenleistungen, Mehrwertsteuer 425, 437, 440
Nebensteuerdomizil 44 f.
Nebensteuerdomizil, interkantonales Steuerrecht 524, 525 ff.
Negative Wirkung von DBA 564
Nennwertprinzip 203
Netto-Allphasensteuer mit Vorsteuerabzug 407, 410
Nettomethode, Verrechnungssteuer 333
Nicht-Entgelte, Mehrwertsteuer 421, 424
Nicht periodische Steuern 57
Niederlassungsbewilligung 277, 278
Niederstwertprinzip 99
Nominalwertprinzip, Beteiligungsertrag 175
Nullsatz, internationales Steuerrecht 579, 588, 599
Nutzniesser, Grundsteuer 512
Nutzniesser, Einkommens- und Vermögenssteuer 74
Nutzniesser, interkantonales Steuerrecht 520, 530
Nutzniesser, internationales Steuerrecht 557, 599, 600 f.
Nutzniesser, Verrechnungssteuer 331
Nutzniessung, Einkommenssteuer 131, 144, 146 f.
Nutzniessung, Entschädigung für Nichtausübung 158
Nutzniessung, Vermögenssteuer 176 ff.

O
Objektmässige Methode, interkantonale Steuerausscheidung 189 f., 532 ff.
Objektsteuern 57, 265, 324, 409, 511, 512

Obligationen, Emissionsabgabe 390 ff.

Obligationen mit überwiegender Einmalverzinsung 132

Obligationen, Umsatzabgabe 393 ff.

Obligationen, Verrechnungssteuer auf Erträgen 326 ff.

Öffentliche Abgaben 51 ff.

Öffentliche Abgaben, Mehrwertsteuer 435

Öffentliche Gemeinwesen, Mehrwertsteuerpflicht siehe Gemeinwesen, Mehrwertsteuerpflicht

Öffentliche Lasten 51

Option für Mehrwertsteuerpflicht 443 ff.

Option siehe Mitarbeiterbeteiligungen

Optionen, Umsatzabgabe 394

Optionsanleihe 140 f., 345

Ordentliche Veranlagung, Quellensteuer 277 f., 279 f.

Organische Abzüge 81

Ort der tatsächlichen Verwaltung 188

Ort der tatsächlichen Verwaltung, interkantonales Steuerrecht 517, 523

Ort des steuerbaren Umsatzes, Mehrwertsteuer 427 ff.

P

Parteispenden siehe Zuwendungen an politische Parteien

Partizipationsscheine, Verrechnungssteuer 326, 329, 333

Partnerinnen und Partner, eingetragene 70 f., 177

Passiven siehe Geschäftspassiven

Pauschalabzug für Liegenschaftsunterhalt 149

Pauschalbesteuerung 174 f., 561

Pauschale Steueranrechnung, internationales Steuerrecht 573, 575 f., 588

Pauschalspesen 88, 90, 452

Pauschalsteuersatzmethode 480

Periodische Steuern 57

Periodizitätsprinzip 105, 193

Personalsteuer 514

Personenbeförderungsleistungen, Mehrwertsteuer 429, 430

Personengemeinschaften, Einkommens- und Vermögenssteuer 71 f.

Personengesellschaften 72, 98, 117 f., 121, 352, 399, 413

Personengesellschaften mit Auslandbeziehungen 589

Persönliche Voraussetzungen für die Steuerpflicht, Einkommens- und Vermögenssteuer 69 ff.

Persönliche Zugehörigkeit, Einkommens- und Vermögenssteuer 72, 546 ff., 556

Persönliche Zugehörigkeit, Gewinn- und Kapitalsteuer 188, 546 ff.

Pfandgelder 437

Pfandrechte siehe Grundpfandrechte

Pflegeleistungen, Ausnahme von der Mehrwertsteuer 429, 433 f.

Pflichten des Steuerpflichtigen siehe Mitwirkungspflichten

Phantom-Stock-Options 86

Plakatsteuern 516

Politische Parteien siehe Zuwendungen an politische Parteien

Postdienstleistungen, Ausnahme von der Mehrwertsteuer 432

Postgeheimnis 289

Postnumerandobesteuerung 161, 164, 165 ff.

Postwertzeichen, Ausnahme von der Mehrwertsteuer 441

Pränumerandobesteuerung 166

Präponderanzmethode 96
Präzipuum, interkantonale Steuer-
   ausscheidung 543
Principal-Gesellschaften 247, 257
Principal-Gesellschaften, internatio-
   nales Steuerrecht 560, 590 ff.
Privateinlagen 99, 101, 288
Privatentnahme 95, 97, 101, 104,
   112, 122 f., 127 f., 270, 272, 288
Privatvermögen 95 ff.
Privilegierungsverbot 60
Progression, Einkommenssteuer
   168, 172 f.
Progressionsvorbehalt, interkanto-
   nales Steuerrecht 522
Progressionsvorbehalt, internatio-
   nales Steuerrecht 559, 566, 573,
   584, 587, 600
Proportionale Steuern 167
Proportionaler Tarif 169, 241, 261 f.
Pro-rata-Besteuerung 166

Q

Qualified Intermediary 574
Quasifusion 221 f., 234 f.
Quellensteuerabzug 161
Quellensteuer, Steuerart 58
Quellensteuern 277 ff.
Quellensteuern, ausländische 131,
   146, 178, 579
Quellensteuern, interkantonales
   Steuerrecht 546
Quellensteuern, internationales
   Steuerrecht 564, 573 ff.
Quellensteuern, Steuerstrafrecht
   316, 318, 319, 324
Quellensteuern, vereinfachtes
   Abrechnungsverfahren siehe
   Abrechnungsverfahren, verein-
   fachtes
Querschenkung 507

Quotenmässige Methode, interkantonale Steuerausscheidung 530,
   532 ff.

R

Realisation, Steueraufschub bis zur
   97
Realisation, Überführung ins Privat-
   vermögen 95, 101
Realisation, Zeitpunkt 85
Realisationsprinzip 194
Rechnungsfehler 308 f.
Rechnung, Mehrwertsteuer 456 f.
Rechtliches Gehör 293
Rechtmässigkeit der Besteuerung
   59 ff.
Rechtsformänderung siehe
   Umwandlung
Rechtsgleichheit 60
Rechtsgrundlagen 59 ff.
Rechtskraft der Veranlagungen,
   direkte Steuern 192, 300, 305 ff.,
   312, 316
Rechtskraft der Veranlagungen,
   interkantonales Steuerrecht 552
Rechtskraft der Veranlagungen,
   Mehrwertsteuer 487 ff., 495
Rechtsmittel, direkte Steuern
   298 ff.
Rechtsmittel, Mehrwertsteuer 489
Rechtsmittel, Stempelabgaben
   404 f.
Rechtsmittel, unvollkommenes
   302 f.
Rechtsmittel, Verrechnungssteuer
   364
Rechtsmittelbelehrung 295, 301,
   489
Rechtsverkehrssteuern 497, 505,
   512
Referent, Quellensteuer 280
Reformatio in melius 300
Reformatio in peius 300

Regelmässig fliessende Einkünfte,
   Umrechnung 166 f.
Register siehe Steuerregister
Reines Einkommen 80
Reinvermögen 176
Reittiersteuer 514 f.
Reklameeinrichtungen, Steuer auf
   516
Rekurs siehe Beschwerde
Relative Methode, Steueraufschub,
   Grundstückgewinnsteuer 271
Remote member 399
Renten 151 ff., 278, 281, 326
Renten aus dem Ausland 585
Reorganisation 481
Repartitionswerte 536 f.
Resale Price Method 570
Reverse Merger 219 f., 379
Revision 305 ff., 488, 489
Risikokapitalgesellschaften 95, 163,
   248, 384 f.
Risikokapitalversicherungen 156
Rückerstattung der Mehrwert-
   steuer 490
Rückerstattung siehe auch Verwir-
   kung des Rückerstattungsan-
   spruchs
Rückerstattung der Verrechnungs-
   steuer auf Kapitalerträgen 352 ff.
Rückerstattung der Verrechnungs-
   steuer auf Lotteriegewinnen 361
Rückerstattung der Verrechnungs-
   steuer auf Versicherungsleistun-
   gen 363
Rückkaufsfähige Kapitalversiche-
   rung siehe Kapitalversicherung,
   rückkaufsfähige
Rückvergütungen 200, 451, 482
Rückkauf eigener Aktien siehe Teilliquidation, direkte
Rückstellungen 100, 102 f., 199

S
Sacheinlage, Emissionsabgabe 369,
   370, 372 ff., 380, 383
Sacheinlage, Gewinnsteuer 213,
   230, 234, 235
Sacheinlage, Umsatzabgabe 395
Sachertragseinkommen 131
Sachübernahme, Emissionsabgabe
   369, 370, 372 ff.
Sachübernahme, Umsatzabgabe
   395
Säule 1 siehe Sozialversicherung,
   staatliche
Säule 2 siehe berufliche Vorsorge
Säule 3 siehe Selbstvorsorge
Safe haven, Abkommensmissbrauch
   580
Safe haven, Steuerumgehung bei
   der Rückerstattung der Verrech-
   nungssteuer 356
Saldosteuersatzmethode, Mehr-
   wertsteuer 478, 479 f., 486
Sanierung 110, 137, 204 ff.
Sanierungsfusion 215 f., 340, 379
Sanierungsgewinne, echte 205
Sanierungsgewinne, unechte 205,
   217
Schattensteuer 431
Scheidung 60
Schenkung, gemischte 272
Schenkung, Mehrwertsteuer 422,
   470
Schenkung, steuerfreie Einkünfte
   80 f.
Schenkung, Umsatzabgabe 394
Schenkung, Unternehmensumstruk-
   turierungen 119, 123, 127
Schenkung, Verrechnungssteuer
   340 f.
Schenkungen aus dem Ausland 593
Schenkungen ins Ausland 601
Schenkungen, Grundstückgewinn-
   steuer 270, 272

Schenkungssteuer 505 ff.

Schenkungssteuer, DBA 555, 564

Schlechterstellungsverbot, interkantonales Steuerrecht 520, 531

Schmiergelder, Erwerbseinkommen
84

Schranken der Besteuerung 59 ff.

Schreibversehen 308 f.

Schuldenabzug 177

Schuldzinsen 159 f.

Schwarzarbeit 173

Schwerverkehrsabgabe 497, 500,
503 f.

Securities Lending und Borrowing
394

Sekundäres Steuerdomizil der
Betriebsstätte, interkantonales
Steuerrecht 523 f., 526 f.

Selbständige Erwerbstätigkeit 91 ff.

Selbständige Erwerbstätigkeit im
Ausland 586

Selbständige Erwerbstätigkeit in
der Schweiz 597

Selbstanzeige einer Steuerhinterziehung 318 f., 322, 494

Selbstveranlagung 283, 364, 404,
484 ff.

Selbstvorsorge, freie 155 f.

Selbstvorsorge, gebundene 75,
150 f., 154 f., 161, 281, 596

Separate Jahressteuer siehe
Kapitalleistungen aus Vorsorge

SICAF 72, 145

SICAV 72

Sicherstellung 312, 352

Sitz 188

Sitz, interkantonales Steuerrecht
523, 525

Sitzverlegung in die Schweiz 190,
384

Sitzverlegung innerhalb der
Schweiz 190, 286, 546 f.

Sitzverlegung ins Ausland 343 f.

Sitzverlegung, Verrechnungssteuer
auf Liquidationsüberschuss 351

Sockelsteuer, internationales
Steuerrecht, 575, 599

Sofortabschreibung 107 f., 129

Sold, steuerfreie Einkünfte 81

Sozialabzüge 82, 151, 164

Sozialabzüge, interkantonales
Steuerrecht 534

Sozialabzüge, Quellensteuer 278

Sozialversicherung, staatliche 150,
152

Spaltung, asymmetrische und
symmetrische 124 f., 224 f.

Spaltung, Emissionsabgabe 381 ff.

Spaltung, horizontale 224, 230, 382

Spaltung, Verrechnungssteuer 332

Spaltungen von Kapitalunternehmen 223 ff.

Spaltungen von Personenunternehmen 124 ff.

Spekulationszuschlag, Grundstückgewinnsteuer 276

Spenden siehe auch Parteispenden

Spenden, Mehrwertsteuer 422

Sperrfrist, bei indirekten Teilliqui-
dationen 142

Sperrfrist, bei Umstrukturierungen,
Einkommenssteuer 119 ff.

Sperrfrist, bei Umstrukturierungen,
Emissionsabgabe 373

Sperrfrist, bei Umstrukturierungen,
Gewinnsteuer 213, 228, 231 ff.

Sperrfrist, bei Umstrukturierungen,
Umsatzabgabe 396 f.

Sperrfrist, Mitarbeiterbeteiligungen
85 f.

Spesenreglement 88

Spesenvergütungen 88

Spezialeinkommenssteuer 265, 324,
502

Spezialsteuerdomizil, interkantonales Steuerrecht 489

Spezialvermögenssteuer 497, 511
Spielbankenabgabe 502 f.
Spielbanken, erzielte Gewinne,
    steuerfreie Einkünfte 81
Spitalbehandlung, Ausnahme von
    der Mehrwertsteuer 432 f.
Splitting169
Sport, Ausnahme von der Mehr-
    wertsteuer 431, 436, 437, 454
Sport-Toto 360 f., 441
Sportler, internationales Steuer-
    recht 569, 586
Sportler, Quellensteuer 280
Sportler, Tätigkeit im Ausland 587
Sportler, Tätigkeit in der Schweiz
    598
Sportliche Dienstleistung, Mehr-
    wertsteuer 429
Sportvereine, Befreiung von der
    Mehrwertsteuerpflicht 411, 412
Sprungbeschwerde 299, 300
Squeeze-Out 214
Staatsverträge zur Vermeidung der
    internationalen Doppelbesteue-
    rung 63, 554 f., 561 f.
Stellvertreter 295, 302
Stellvertretung, Mehrwertsteuer
    425 ff., 448
Stempelabgaben 367 ff.
Stempelabgaben, internationales
    Steuerrecht 564
Stempelsteuern, kantonale 515
Steuerarten 54, 57 ff.
Steuerausscheidung, interkantona-
    les Steuerrecht 532 ff.
Steuerausscheidung, internationa-
    les Steuerrecht 572
Steuerbefreiung siehe Ausnahmen
Steuerbehörden, Mehrwertsteuer
    484 f.
Steuerberechnung siehe Bemes-
    sung

Steuerbetrug 296, 307, 315, 317,
    319, 320 ff.
Steuerbetrug, internationale Amts-
    hilfe 579
Steuerbezug 310 f.
Steuerdomizile, interkantonales
    Steuerrecht 523 ff.
Steuereinnahmen Bund/Kantone/
    Gemeinden 56
Steuererklärung 287 f.
Steuererlass 284 f., 296, 311
Steuerfaktoren 165, 297
Steuerforderung, Mehrwertsteuer
    410, 478 ff.
Steuerfreibeträge 181
Steuerfuss 169, 174, 181, 242, 246
Steuergefährdung, siehe Verfah-
    renspflichten, Verletzung
Steuergefährdung, Verrechnungs-
    steuer 365
Steuergrundpfandrechte siehe
    Grundpfandrechte
Steuerharmonisierung 64
Steuerhinterziehung 314 ff.
Steuerhinterziehung, internatio-
    nale Amtshilfe 579
Steuerhinterziehung, Mehrwert-
    steuer 43, 495
Steuerhinterziehung, Stempelabga-
    ben 405
Steuerhinterziehung, Verrech-
    nungssteuer 493, 495
Steuerhinterziehung, versuchte
    319 f.
Steuerhinterziehung, vollendete
    316 ff.
Steuerhoheit 59, 65 f.
Steuerhoheit, Einkommens- und
    Vermögenssteuer 67 f.
Steuerhoheit, Erbschafts- und
    Schenkungssteuer 506 f.
Steuerhoheit, Gewinn- und Kapital-
    steuer 187 ff.

Steuerhoheit, Grundsteuer 512
Steuerhoheit, Handänderungs-
steuer 512
Steuerhoheit, Mehrwertsteuer 407
Steuerhoheit, Stempelabgaben
367 f.
Steuerhoheit, Verrechnungssteuer
324 f.
Steuerhoheitsträger 55, 65, 517
Steuerkonferenz, Schweizerische
88, 178, 286 f., 536, 545, 614
Steuermass 60, 65 f.
Steuermass, Ausnahme von der
Steuerharmonisierung 304
Steuermass, Einkommenssteuer
167 f.
Steuermass, Emissionsabgabe
370 f., 391
Steuermass, Erbschafts- und Schen-
kungssteuer 509 f.
Steuermass, Gewinn- und Kapital-
steuer 241 f., 246
Steuermass, Grundstückgewinn-
steuer 276
Steuermass, Umsatzabgabe 400
Steuermass, Vermögenssteuer 181
Steuermass, Verrechnungssteuer
326 ff., 360, 362
Steuernachfolge, Einkommens- und
Vermögenssteuern 79
Steuerneutrale Übertragung stiller
Reserven siehe Umstrukturierun-
gen
Steuerobjekt, Abgabe auf Versiche-
rungsprämien 403 f.
Steuerobjekt, Einkommenssteuer
79 ff.
Steuerobjekt, Emissionsabgabe 369,
390
Steuerobjekt, Erbschafts- und
Schenkungssteuer 507 ff.
Steuerobjekt, Gewinn- und Kapital-
steuer 194 ff., 242 ff.

Steuerobjekt, Grundstückgewinn-
steuer 267 ff.
Steuerobjekt, Mehrwertsteuer
419 ff., 476, 491
Steuerobjekt, Umsatzabgabe
393 ff.
Steuerobjekt, Vermögenssteuer
176 f.
Steuerobjekt, Verrechnungssteuer
326 ff., 360, 362
Steuerperiode 166
Steuerpflicht, Einkommens-
und Vermögenssteuer 75 ff.
Steuerpflicht, Gewinn- und Kapital-
steuer 187 ff.
Steuerpflicht, Mehrwertsteuer 411
Steuerrechtliche Zugehörigkeit,
Einkommens- und Vermögens-
steuer 72 ff.
Steuerrechtsverhältnis 65 f.
Steuerregister 285
Steuerrückbehalt USA, zusätzlicher
574 f.
Steuerrückbehalt, Zinsbesteuerung
577 f.
Steuerrückstellungen 193, 199
Steuersatz, Einkommenssteuer 169,
172
Steuersätze, Mehrwertsteuer
453 ff., 477, 479 f.
Steuersicherung 312
Steuerstrafrecht, direkte Steuern
313 ff.
Steuerstrafrecht, Mehrwertsteuer
492 ff.
Steuerstrafrecht, Stempelabgaben
405
Steuerstrafrecht, Verrechnungs-
steuer 365 f.
Steuersubjekt 54 f., 59, 65 f.
Steuersubjekt, Einkommens- und
Vermögenssteuer 68 ff.

Steuersubjekt, Emissionsabgabe 386, 392

Steuersubjekt, Erbschafts- und Schenkungssteuer 507

Steuersubjekt, Gewinn- und Kapitalsteuer 188

Steuersubjekt, Grundstückgewinnsteuer 267

Steuersubjekt, interkantonale Doppelbesteuerung 517, 520

Steuersubjekt, Mehrwertsteuer 410 ff.

Steuersubjekt, Umsatzabgabe 400 f.

Steuersubjekt, Verrechnungssteuer 348, 360, 362

Steuersubstitution 71, 277, 514

Steuersubstrat 165, 513

Steuersukzession, Einkommens- und Vermögenssteuer 79

Steuersukzession, Gewinnsteuer 213

Steuersystem 54

Steuertarif, Alleinerziehende 169

Steuertarif, Alleinstehende 70, 278

Steuertarif, degressiver 61

Steuertarif, Einkommenssteuer 157

Steuertarif, progressiver 168

Steuerträger 58

Steuerträger, Mehrwertsteuer 409, 490

Steuerträger, Vergnügungssteuer 514

Steuerträger, Verrechnungssteuer 348, 360, 362

Steuerumgehung, Emissionsabgabe 370

Steuerumgehung, juristische Personen 188, 191, 213, 219, 228, 232, 236

Steuerumgehung, Verrechnungssteuer 330, 335 ff.

Steuervertreter 313, 321

Steuerverwaltung, Eidgenössische 284

Stichtagprinzip 181, 246

Stiftungen 187, 262

Stille Reserven auf Warenlager 103

Stille Reserven, Realisation, 111

Stille Reserven, versteuerte 111 ff., 242 f.

Stimmrechtsaktien 179, 239

Stockwerkeigentümergemeinschaften, Rückerstattung der Verrechnungssteuer 353

Strafbestimmungen siehe Steuerstrafrecht

Straffreiheit siehe Selbstanzeige

Stufentarif 241

Stundung siehe Erlass

Subgruppen, Gruppenbesteuerung, Mehrwertsteuer 393

Subjektsteuer 57, 176

Substanzverzehr, Beteiligungsertrag 131, 135, 146

Substanzverzehr, Kiesausbeutung 148

Substanzwert, Emissionsabgabe 373

Substanzwert, Vermögenssteuer 179

Subventionen, Mehrwertsteuer 421 f., 476

Surtaxe HLM 516

T

Tabaksteuer 451, 497, 498 f.

Tarif siehe Steuertarif

Taxe occulte, Mehrwertsteuer 431, 443

Taxe professionelle 511

Teilbetrieb 117 ff., 226 ff., 381 ff., 396, 481

Teileinkünfteverfahren 129, 136 f., 159, 170 f., 204

Teilliquidation, direkte, Einkommenssteuer 138 ff., 230

Teilliquidation, direkte, Verrechnungssteuer 344 f., 349

Teilliquidation, indirekte, Einkommenssteuer 141 f., 144

Teilliquidation, indirekte, Verrechnungssteuer 330, 344, 358

Teilsatzverfahren 136, 170 f., 204

Teilsplitting 169

Teilung siehe Spaltung

Teilvermögen 223, 480 f.

Thesaurierungsfonds siehe Kollektive Kapitalanlagen

Thesaurierungsverbot, Bekämpfung von Abkommensmissbrauch 581

Tochterabsorption siehe Absorption, Tochterabsorption

Tonnenkilometer 509

Toto siehe Sport-Toto

Transferpreise, internationales Steuerrecht 569 ff.

Transponierung, Einkommenssteuer 143 f.

Transponierung, Verrechnungssteuer 330, 344, 358

Trennung der Ehe 70, 81 f., 158

Treu und Glauben, Grundsatz von 293 ff.

Treuhandanlagen, Verrechnungssteuer 347 f.

Treuhandgeschäfte, Mehrwertsteuer 426, 439

Treuhandverhältnisse 177, 582

Trinkgelder, Erwerbseinkommen 81, 84

U

Überabschreibungen 107

Überlassen eines Gegenstandes, Mehrwertsteuer 420

Überpari-Emissionen 371

Übertragung von Vermögenswerten, Emissionsabgabe 380, 383 f.

Übertragung von Vermögenswerten, Kapitalgesellschaften 207 ff.

Übertragung von Vermögenswerten, Personengesellschaften 127 ff.

Übertragung von Vermögenswerten, Verrechnungssteuer 332

Überwälzung der Mehrwertsteuer 409, 431, 443, 490

Überwälzung der Verrechnungssteuer 324 f., 331 f., 349, 361

Übrige Einkünfte 158, 531

Übrige Steuern 497 ff.

Übriges Vermögen 180

Umrechnung siehe regelmässig fliessende Einkünfte

Umsatzabgabe 393 ff.

Umschulungskosten 90 f.

Umstrukturierungen, Einkommenssteuer 116 ff.

Umstrukturierungen, Emissionsabgabe 378 ff.

Umstrukturierungen, Gewinnsteuer 207 ff.

Umstrukturierungen, Verrechnungssteuer 332 f.

Umwandlungen, Einkommens- und Vermögenssteuer 117 ff.

Umwandlungen, Emissionsabgabe 383

Umwandlungen, Gewinn- und Kapitalsteuer 190 f., 208 ff.

Umwandlung, Mehrwertsteuer 482

Umwandlung, Verrechnungssteuer 322

Unbeschränkte Steuerpflicht, Einkommens- und Vermögenssteuer 73, 75

Unbeschränkte Steuerpflicht, Gewinn- und Kapitalsteuer 189

Unbeschränkte Steuerpflicht, inter-
kantonales Steuerrecht 523, 546
Unbeschränkte Steuerpflicht, inter-
nationales Steuerrecht 556 ff.,
361, 576, 582 ff., 594
Unbeschränkte Steuerpflicht, Quel-
lensteuer 278
Unbeschränkte Steuerpflicht, Ver-
rechnungssteuer 346, 352
Unentgeltliche Zuwendungen, Ein-
kommenssteuer 81
Unentgeltliche Zuwendungen, Erb-
schafts- und Schenkungssteuer
508, 531
Unentgeltliche Zuwendungen,
Mehrwertsteuer 458, 467, 469 f.
Unfallkosten 161
Unfallversicherung, Abgabe auf
Versicherungsprämien 404
Unfallversicherung, Einkommens-
steuer 156 f., 158, 161
Unrichtigkeit, offensichtliche,
Ermessensveranlagung 297, 301
Unselbständige Erwerbstätigkeit
83 ff.
Unselbständige Erwerbstätigkeit,
interkantonales Steuerrecht 528
Unselbständige Erwerbstätigkeit,
internationales Steuerrecht
568 f., 582 ff., 594 ff.
Unterakkordanten 426
Unterhaltsbeiträge 70, 81 f., 158,
161
Unterhaltskosten 148, 273, 534
Unternehmensgewinn 94 f.
Unternehmenssteuerrecht 184
Unternehmenssteuerreform II, Ein-
kommenssteuer 97, 114, 170 f.
Unternehmenssteuerreform II,
Gewinnsteuer 185, 239, 242, 246,
251
Unternehmenssteuerreform II,
Umsatzabgabe 396, 397

Unternehmenssteuerreform II, Ver-
rechnungssteuer 349
Unternehmungteilungen siehe
Spaltung, Ausgliederung
Unterstützungsleistungen, steuer-
freie Einkünfte 81
Untersuchungsgrundsatz 289 f.
Urkunden, Abgabebetrug 366
Urkunden, Emissionsabgabe 369,
390
Urkunden, Stempelabgaben 367 f.
Urkunden, Stempelsteuern 497, 515
Urkunden, Steuerbetrug 320
Urkunden, Umsatzabgabe 393 ff.
Urkundenfälschung 319

V
Veranlagung, amtliche 283
Veranlagung, ergänzende ordentli-
che, Quellensteuer 279
Veranlagung, gemeinsame, von
Ehepaaren siehe Ehepaare
Veranlagung, gemischte 283 f.
Veranlagung, nachträgliche ordent-
liche, Quellensteuer 279
Veranlagungsbehörden siehe
Steuerbehörden
Veranlagungsperiode 165 f.
Veranlagungsverfahren, direkte
Steuern 287 ff.
Veranlagungsverfahren, Mehrwert-
steuer 484 ff.
Veranlagungsverfügung 295, 299 f.,
305
Veranlagungsverjährung siehe Ver-
jährung, Veranlagung
Veräusserungserlös, Grundstückge-
winnsteuer 274 f.
Verbindlichkeit behördlicher Aus-
künfte 293
Verbot der interkantonalen Dop-
pelbesteuerung 59, 63, 189, 511,
517, 519, 547

Verbot widersprüchlichen Verhaltens 294

Verbrauchssteuern 54, 63

Verbrauchssteuern, allgemeine 407, 409 f., 490

Verbrauchssteuern, besondere 497

Verdeckte Gewinnausschüttung siehe Gewinnausschüttung

Verdeckte Kapitaleinlage siehe Kapitaleinlage

Verdecktes Eigenkapital siehe Eigenkapital

Verein 187, 261

Vereinbartes Entgelt, Mehrwertsteuer 482

Vereinfachte Nachbesteuerung in Erbfällen siehe Nachbesteuerung, vereinfachte

Vereinfachtes Abrechnungsverfahren siehe Abrechnungsverfahren, vereinfachtes

Vereinnahmtes Entgelt, Mehrwertsteuer 482

Verfahren, direkte Steuern 283 ff.

Verfahren, Mehrwertsteuer 484 ff.

Verfahren, Stempelabgaben 404 f.

Verfahren, Verrechnungssteuer 364

Verfahrensgarantien 60, 292, 314, 494

Verfahrenspflichten, Verletzung, direkte Steuern 315

Verfahrenspflichten, Verletzung, Mehrwertsteuer 493

Verfassungsmässigkeit der Besteuerung 59 ff.

Verfügung siehe Veranlagungsverfügung

Vergangenheitsbemessung 166

Vergnügungssteuer 497, 514

Verhältnismässigkeit 295

Verheiratetentarif 169

Verjährung, Mehrwertsteuer, Bezug 490

Verjährung, Mehrwertsteuer, Festsetzung 484

Verjährung, Mehrwertsteuer, Verfolgung 495

Verjährung, Steuerbezug 312

Verjährung, Steuerstrafverfahren wegen Steuerbetrug 321

Verjährung, Steuerstrafverfahren wegen Steuerhinterziehung 318, 320

Verjährung, Veranlagung 296

Verjährung, Verrechnungssteuer 350

Verkehrswert, Vermögenssteuer 178

Verletzung, der Sperrfrist siehe Sperrfrist

Verletzung, von Verfahrenspflichten siehe Verfahrenspflichten

Verluste aus einzelnen Einkommensquellen 80

Verlustrisiken, Rückstellungen 102

Verlustübernahme 76, 190

Verlustverrechnung 75, 100, 109 ff., 200 f.

Verlustverrechnung nach einer Wohnsitz- bzw. Sitzverlegung 548

Verlustvortrag, bei Umwandlung 119, 123

Vermächtnis 80, 154, 270, 506 f., 509 f.

Vermietung, Einkommenssteuer 97, 144, 147

Vermietung, Mehrwertsteuer 428, 439, 440 f., 443 f.

Vermittlungsgeschäfte, Mehrwertsteuer 414 f.

Vermögen siehe Ertrag aus Vermögen

Vermögensentwicklung, Ermessensveranlagung 289, 297

Vermögensertrag siehe Ertrag aus Vermögen

Vermögensstandsgewinn 95
Vermögenssteuer 176 ff.
Vermögensübertragung 237 f.
Vermögensverwalter, Umsatzabgabe 398, 399
Vermögensverwaltung, Einkommenssteuer 93, 146
Vermögensverwaltung, Mehrwertsteuer 412, 421, 428, 439
Vermögensverwaltungsgesellschaften 179, 356
Verpachtung siehe Vermietung
Verpachtung eines Geschäftsbetriebs 97, 114
Verpflegung und Getränke, Mehrwertsteuer 437, 446, 451
Verpflegungskosten 90
Verpfründung 151, 155
Verrechnungspreise siehe Transferpreise
Verrechnungssteuer 324 ff.
Versandlieferung 427 f.
Verschuldensprinzip im Steuerstrafrecht 313 f.
Versicherungsleistungen, Einkommens- und Vermögenssteuer 150 ff.
Versicherungsleistungen, Erbschafts- und Schenkungssteuer 508 f., 531
Versicherungsleistungen, Verrechnungssteuer 362 ff.
Versicherungsprämien, Einkommenssteuer 104, 148, 156
Versicherungsprämien, Stempelabgaben 403 f.
Versicherungsumsätze, Ausnahme von der Mehrwertsteuer 428, 438
Versuchte Steuerhinterziehung siehe Steuerhinterziehung
Vertrauensprinzip 293
Vertreter siehe Stellvertreter und Steuervertreter

Vertreter, Steuerstrafrecht 316, 318 f., 321
Verwaltungsgesellschaften 247
Verwaltungsgesellschaften, internationales Steuerrecht 576
Verwaltungskosten, Beteiligungsabzug 251 ff.
Verwaltungskosten, bewegliches Vermögen 146
Verwaltungskosten, unbewegliches Vermögen 147, 149, 536
Verwaltungsräte, internationales Steuerrecht 594, 595 f.
Verwaltungsräte, Mehrwertsteuer 423, 466
Verwaltungsräte, Quellensteuer 280 f.
Verwirkung des Rückerstattungsanspruchs, Verrechnungssteuer 357 f.
Verwirkung des Beschwerderechts, interkantonales Steuerrecht 552
Verwirkung des Besteuerungsrechts durch den Kanton 552
Verwirkungsfrist, absolute 307
Verzicht auf Befreiung von der Mehrwertsteuerpflicht 412 f.
Vesting, Mitarbeiterbeteiligungen 86
Vignette 497, 503
Vinkulierte Namenaktien, Einkommenssteuer 139, 141
Vinkulierte Namenaktien, Verrechnungssteuer 345
Vinkulierung, Vermögenssteuer 179
Virtuelle Doppelbesteuerung 520
Völkerrechtliche Normen 555, 561
Vollsplitting 169
Vorausanteil, interkantonale Steuerausscheidung 543 f.
Vorsatz 313
Vorsichtsprinzip siehe Bilanzvorsicht

Vorsorgeleistungen 87, 150 f.
Vorsorgeleistungen, internationales Steuerrecht 558, 597
Vorsteuerabzug, Mehrwertsteuer 457 ff.
Vorsteuerabzug, fiktiver 459 f.
Vorzugslasten 51 f., 516

W
Wandelanleihe 140, 345, 391 f.
Warendrittel 103
Wareneinfuhr, Mehrwertsteuer 490 ff.
Warenlager 103
Warenmuster 458, 469 f.
Wasserfahrzeugsteuer 283, 513
Wasserwerksteuer 516
Wechselpauschale 149
Weiterbildungskosten 90 f.
Weltweites Einkommen, internationales Steuerrecht 556, 559, 582
Weltweites Einkommen und Vermögen 75 ff., 189
Werbegeschenke 469 f.
Wertabhängiges Mass 167
Wertpapiere 92, 178 ff.
Wertschriftenhändler 85 f., 92, 128
Wertvermehrende Aufwendungen 149, 272 ff.
Wertzuwachsgewinn 112, 115, 266 f., 270
Wertzuwachsgewinn interkantonales Steuerrecht 521, 526, 531, 545
Widerhandlungen im Geschäftsbetrieb 494
Widersprüchliches Verhalten 293 f.
Wieder eingebrachte Abschreibungen siehe Abschreibungen, wieder eingebrachte
Willensvollstrecker 308, 310
Willkürverbot 60, 61, 293, 309
Wirtschaftliche Doppelbelastung 184 f., 195, 210

Wirtschaftliche Doppelbelastung, Milderung 136, 170 f., 185
Wirtschaftliche Handänderung 268 ff., 275, 512
Wirtschaftliche Leistungsfähigkeit 61
Wirtschaftliche Zugehörigkeit, Einkommens- und Vermögenssteuer 74 ff., 172, 188
Wirtschaftliche Zugehörigkeit, Gewinn- und Kapitalsteuer 188 f.
Wirtschaftliche Zugehörigkeit, interkantonales Steuerrecht 524, 548
Wirtschaftliche Zugehörigkeit, Quellensteuer 277, 280
Wirtschaftsfreiheit 60, 62
Wirtschaftsgüter 99 f.
Wirtschaftsverkehrssteuern 409, 497 ff., 502, 514
Wochenaufenthalter 73, 90, 280
Wochenaufenthalter, interkantonales Steuerrecht 524 f.
Wochenaufenthalter in leitender Stellung 525
Wohneigentumsförderung 155
Wohnrecht 177, 274, 598
Wohnsitz 73
Wohnsitz, alternierender 525
Wohnsitz, fiktiver 525
Wohnsitz, interkantonales Steuerrecht 523 ff.
Wohnsitzwechsel innerhalb der Schweiz 78, 546
Wohnungssteuern 515 f.

Z
Zahlstelle 574, 577 f., 600
Zeitwert 411, 437 ff., 467, 469, 472, 476
Zerobonds 132
Zinsbesteuerungsabkommen 577 ff.
Zinsen, Zinsbesteuerung 578

Zinsertrag, Einkommenssteuer
  131 ff.
Zinsertrag, Verrechnungssteuer
  326 ff.
Zölle 509
Zollfreilager 445 f.
Zugehörigkeit siehe persönliche
  Zugehörigkeit, wirtschaftliche
  Zugehörigkeit
Zusammenschlüsse siehe Fusion
Zuschlag bei kurzer Eigentums-
  dauer siehe Haltedauer, Grund-
  stückgewinnsteuer
Zuschüsse, Einkommenssteuer 137,
  203
Zuschüsse, Emissionsabgabe 369,
  370, 375 f., 385
Zuschüsse, Gewinnsteuer 204, 288
Zuschüsse, Verrechnungssteuer 329,
  345
Zuteilungsnormen, interkantonales
  Steuerrecht 527 ff.
Zuteilungsnormen, internationales
  Steuerrecht 566 ff.
Zuwendungen an politische Par-
  teien 82, 162 f.
Zuwendungen für gemeinnützige
  und öffentliche Zwecke siehe
  freiwillige Leistungen
Zwecksteuer 53, 502, 503, 515